Laos

Nordlaos
S. 67

**Luang
Prabang &
Umgebung**
S. 34

**Vientiane, Vang
Vieng & Umgebung**
S. 136

**Zentral-
laos**
S. 188

Südlaos
S. 216

Kate Morgan, Tim Bewer, Nick Ray, Richard Waters

WAT HO PHA BANG (S. 36),
LUANG PRABANG

MÄDCHEN IN NORDLAOS

BUDDHAS IM WAT SI SAKET
(S. 140), VIENTIANE

Inhalt

LAOS VERSTEHEN

PRAKTISCHE INFORMATIONEN

SPECIALS

Willkommen in Laos

Während sich die Nachbarländer rasant entwickeln, vereint Laos, das Land der Lotusblütenesser, auf kleinem Raum einige der Hauptattraktionen Südostasiens.

Authentisch asiatisch

Laos hat sich viele Traditionen bewahrt, die andernorts längst weichen mussten. Vientiane ist für eine Hauptstadt eigentlich viel zu verschlafen, und das Leben auf dem Land wirkt wie aus der Zeit gefallen. Im bezaubernden Luang Prabang wandeln am Morgen Hunderte Mönche in safrangelben Roben durch die Straßen und nehmen Almosen entgegen – ihr Anblick steht sinnbildlich für die Region. Abenteuerlustige Traveller können sich auf ein Land freuen, das bisher vom Massentourismus verschont geblieben ist, und Asien in Zeitlupe erleben.

Kaleidoskopische Mischung

Dank seiner geografischen Lage am Dreh- und Angelpunkt von Asien zählt Laos zu den asiatischen Ländern mit der größten ethnischen Vielfalt. Die abgehärteten Hmong in den Bergdörfern des Nordens leben von der Landwirtschaft, die Kahu und Alak in den isolierten Dörfern des Südens haben als einzige laotische Ethnien noch tätowierte Gesichter, und in Zentrallaos sind in den verschlafenen Dörfern der Katang auch die Waldgeister stets präsent. In Laos kann man wunderbare Begegnungen mit Einheimischen haben, sowohl in den Städten des Tieflands als auch in den abgelegenen Dörfern des Hochlands.

50 Grüntöne

Dunkler brütender Dschungel, smaragdgrün leuchtende Reisfelder, funkelnde Teeblätter, die sich wie eine Decke über die Berge legen... Laos' Natur ist ein echtes Chamäleon. Und nicht nur die Landschaft ist grün: Auch in Sachen Ökotourimus gibt Laos in Südostasien den Ton an. Naturschutzgebiete prägen die entlegenen Regionen des Landes, und Reisende können die spekakuläre Natur und das authentische Laos erleben, indem sie bei gemeindeorientierten touristischen Angeboten Wandertouren mit Homestay in einem Dorf verbinden.

Vielseitiges Asien

Laos begeistert Reisende aus gutem Grund. Abenteurer erwarten unterirdische Höhlen, Ziplines durch den Regenwald oder Klettertouren auf Karstbergen. Naturliebhaber beobachten in freier Wildbahn exotische Tiere wie Gibbons oder Elefanten. Kulturliebhaber erkunden altehrwürdige Tempel und tauchen in das spirituelle Leben von Laos ein. Gourmets peppen ihre Reise mit einem laotischen Kochkurs und kulinarischen Experimenten in den französisch geprägten Städten auf. Und wem das alles zu anstrengend klingt, der kann hervorragend in einem Spa oder beim Yogakurs entspannen. Laos bietet etwas für jeden Geschmack!

Warum ich Laos liebe

Von Nick Ray, Autor

1995 lernte ich Laos als Backpacker kennen und erlag sofort dem Charme der Landschaft – ganz zu schweigen vom eisgekühlten Beerlao. 20 Jahre und zahllose Abenteuer später ist Laos noch immer für Überraschungen gut. Bei meinem letzten Besuch habe ich die unberührte Provinz Khammuan erkundet, einen Ausflug in die Unterwelt von Tham Kong Lor gemacht, eine Motorradtour über den Loop absolviert und viele authentische Restaurants und trubelige Bars der Hauptstadt Vientiane besucht. Reisende lernen hier das echte Asien kennen und werden noch lange nach der Heimreise intensive Eindrücke davon behalten.

Mehr über unsere Autoren siehe S. 347

Heißluftballon über dem Nam Song, Vang Vieng (S. 176)

Laos

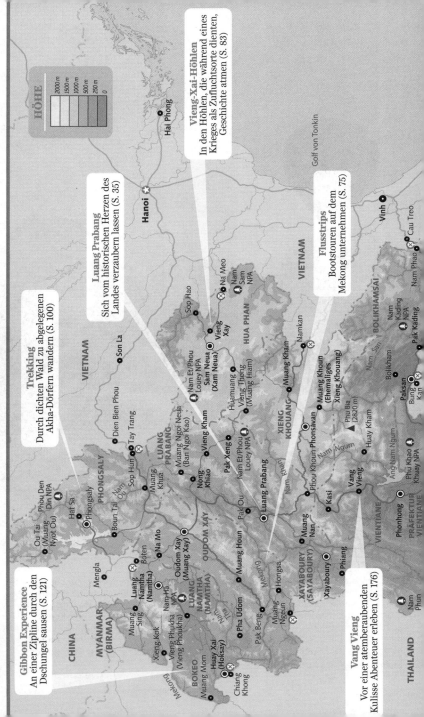

Gibbon Experience
An einer Zipline durch den Dschungel sausen (S. 121)

Trekking
Durch dichten Wald zu abgelegenen Akha-Dörfern wandern (S. 100)

Luang Prabang
Sich vom historischen Herzen des Landes verzaubern lassen (S. 35)

Vieng-Xai-Höhlen
In den Höhlen, die während eines Krieges als Zufluchtsorte dienten, Geschichte atmen (S. 83)

Flusstrips
Bootstouren auf dem Mekong unternehmen (S. 75)

Vang Vieng
Vor einer atemberaubenden Kulisse Abenteuer erleben (S. 176)

100 km

HÖHE
2000 m
1500 m
1000 m
500 m
250 m
0

CHINA

MYANMAR
(BIRMA)

VIETNAM

THAILAND

Golf von Tonkin

Hanoi

Hai Phong

Son La

Dien Bien Phou

Tay Trang

Na Meo

Sop Hao

Namkan

Vinh

Cau Treo

Nam Phao

BOKEO

LUANG NAMTHA (NAMTHA)

OUDOM XAY

PHONGSALY

LUANG PRABANG

HUA PHAN

XIENG KHOUANG

XAYABOURY (SAYABOURY)

BOLIKHAMSAI

VIENTIANE

PRÄFEKTUR VIENTIANE

Chiang Khong

Huay Xai (Hoksay)

Muang Mom

Xieng Kok

Vieng Phukha (Vieng Phoukha)

Muang Sing

Luang Namtha (Namtha)

Nam Ha NPA

Mengla

Boten

Na Mo

Oudom Xay (Muang Xay)

Ou Tai (Muang Nyot Ou)

Phou Den Din NPA

Phongsaly

Hat Sa

Boun Tai

Sop Hun

Nam Ou

Muang Khua

Pha Udom

Pak Beng

Muang Ngeun

Hongsa

Muang Houn

Xayaboury

Phiang

Muang Ngoi Neua (Ban Ngoi Kao)

Nong Khiao

Nam Et/Phou Louey NPA

Sam Neua (Xam Neua)

Vieng Xay

Pak Xeng

Vieng Kham

Huamuang

Vieng Thong (Muang Hiam)

Luang Prabang

Pak Ou

Nam Et/Phou Louey NPA

Muang Nan

Kasi

Muang Kham

Phou Khoun

Phonsavan

Muang Khoun (Ehemaliges Xieng Khouang)

Phu Bia ▲ 2820 m

Nam Ngum

Nam Khan

Huay Kham

Vang Vieng

Phonhong

Ang Nam Ngum

Phu Khao Khuay NPA

Bolikham

Paksan

Bung Kan

Nam Kading NPA

Pak Kading

Nam San

Nam Phun

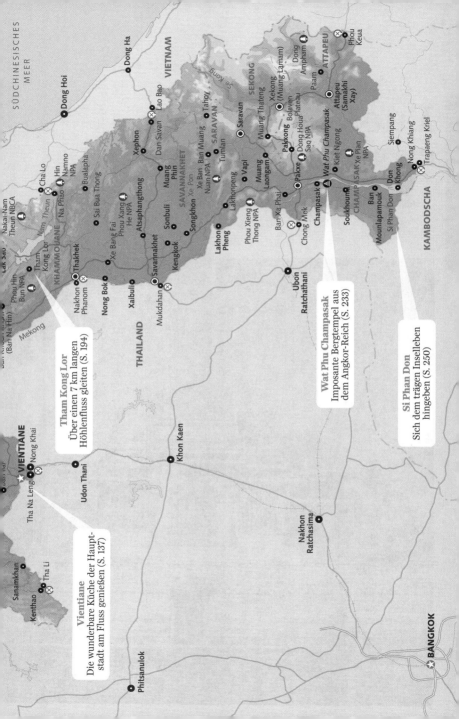

SÜDCHINESISCHES
MEER

VIETNAM

Tham Kong Lor
Über einen 7 km langen
Höhlenfluss gleiten (S. 194)

Vientiane
Die wunderbare Küche der Hauptstadt am Fluss genießen (S. 137)

Wat Phu Champasak
Imposante Bergtempel aus
dem Angkor-Reich (S. 233)

Si Phan Don
Sich dem trägen Inselleben
hingeben (S. 250)

THAILAND

KAMBODSCHA

★ BANGKOK

Laos
Top 10

Luang Prabang

1 Eine faszinierende royale Geschichte, safrangelb gekleidete Mönche, ein eindrucksvoller Flussblick, eine erstklassige französische Küche und die besten Boutique-Hotels Südostasiens: Die zeitlose Tempelstadt (S. 35) zwischen Mekong und Khan bietet wirklich traumhafte Reiseerlebnisse. Hier erwarten einen Radtouren über die Nebenstraßen der tropischen Halbinsel, Kochkurse und erholsame Massagen in einem der vielen günstigen Spas. Ein großzügiges Zeitmanagement zahlt sich aus, denn manch einer bleibt länger als gedacht. Wat Ho Pha Bang, Königliches Palastmuseum (S. 36)

Vang Vieng

2 Vang Vieng (S. 176), eine Flussoase in einer Karstlandschaft neben dem Nam Song und unter hohen Klippen, ist Laos Abenteuerhauptstadt. Seit die Partymeute weiterzog, ist hier wieder Ruhe eingekehrt und Familienurlauber erholen sich bei gut organisierten Aktivitäten wie Ballonfahrten, Trekking, Höhlenwanderungen und Klettertouren. Am beliebtesten ist aber Tubing. Zu den Budgetpensionen und Fast-Food-Buden gesellen sich auch immer mehr schickere Boutique-Hotels sowie Gourmetrestaurants, die leckeres Essen kredenzen. Heißluftballon über dem Nam Song

AVIGATOR THAILAND/SHUTTERSTOCK ©

THANACHET MAVIANG/SHUTTERSTOCK ©

3

Si Phan Don

3 Laos' Hängematten-
mekka lockt schon
seit Jahren abgespannte
Urlauber an. Die tropischen
Inseln (S. 250) inmitten des
Mekong sind vor allem bei
Sonnenanbetern beliebt,
und auch aktiveren Be-
suchern wird jede Menge
geboten. Dabei reicht die
Bandbreite von Tubing und
Radtouren durch Reisfelder
über Kajakfahrten und
Begegnungen mit dem
seltenen Irawadidelfin bis
hin zu Bootsausflügen bei
Sonnenuntergang.

Vientiane

4 Die langgezogene
Schönheit am Mekong
(S. 137) ist die wohl lässigste
Hauptstadt Südostasiens.
An den rissigen Straßen
stehen Tamarindenbäume
und in den engen Gassen
verbergen sich französische
Villen, chinesische Häu-
serzeilen sowie funkelnde
Wats. Vientiane prägt ein
Mix aus Straßenhändlern, in
Safran gehüllten Mönchen,
feiner französischer Küche,
Boutique-Hotels und einem
tollen Erholungsangebot
mit Spas, Yoga und Rad-
fahren. Optisch mag die
Stadt zwar nicht mit Luang
Prabang mithalten kön-
nen, aber dafür versprüht
sie ihren ganz eigenen
dynamisch-freundlichen
Charme. Spa in Vientiane

Trekking & Homestays

5 Laos ist bekannt für
von Einheimischen or-
ganisierte Trekkingtouren,
die oft sogenannte Ho-
mestays, also Übernach-
tungen bei laotischen Fa-
milien, umfassen. Möglich
sind diese im ganzen Land,
doch der Norden zählt zu
den beliebtesten Zielen.
Touren (S. 100) rund um
Phongsaly gehören zu den
authentischsten Möglich-
keiten und bieten die Chance, das farbenfrohe Volk
der Akha kennenzulernen.
Luang Namtha ist die
zugänglichste Ausgangs-
basis für Wanderungen
im wunderbaren Nam Ha
National Protected Area.
Frau vom Stamm der Akha nahe
Luang Namtha (S. 110)

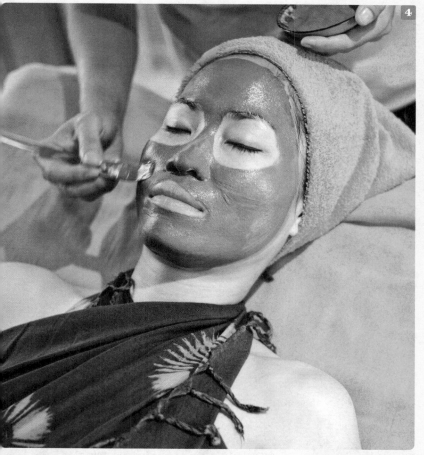

Vieng-Xai-Höhlen

6 Hier erwartet Besucher steingewordene Geschichte. Vieng Xay (S. 83), eine eindrucksvolle Naturlandschaft, diente während der US-Bombenangriffe (1964–1973) als Hauptsitz der kommunistischen Bewegung Pathet Lao. Neben der atemberaubenden Schönheit der Höhlen überzeugt vor allem die mitreißende Audiotour. Wenn die Bomber zum Soundtrack von Jimi Hendrix über einem dröhnen, sucht man automatisch im grünen Garten des Roten Prinzen Schutz.

Die Gibbon Experience

7 An der Zipline hoch über dem Waldboden gleiten. Im Bokeo-Naturschutzgebiet, Lebensraum des Schwarzen Schopfgibbons und des Asiatischen Tigers, erstreckt sich ein brillantes Seilsystem über dem Dschungel – einige Routen sind mehr als 500 m lang. Ein Teil der Einnahmen kommt den namensgebenden bedrohten Primaten zugute, außerdem sind die Guides ehemalige Wilderer, die nun als Ranger arbeiten. Nach einer Tour übernachtet man in schwindelerregenden Baumhäusern mitten im Regenwald. Laos' Highlight für Tierfans und Adrenalinjunkies!

6

Tham Kong Lor

8 Man nehme den zerklüfteten Eingang einer Flusshöhle unter einem riesigen Kalksteinfelsen und einen Bootsmann, der sein klappriges Gefährt mitten in die tiefste Dunkelheit steuert – ein gruseliges Szenario! Die Tour unter der hochaufragenden Stalaktitendecke dieser außergewöhnlichen 7,5 km langen Höhlenwelt (S. 198) in der abgeschiedenen Khammouane-Provinz ist einfach großartig. Trotzdem fällt einem ein Stein vom Herzen, wenn man am anderen Ende des Tunnels wieder Licht erblickt. In dem Dorf Ban Kong Lor sind in den letzten Jahren jede Menge Pensionen und kleine Resorts enstanden, was es zu einer idealen Basis zur Erkundung der Höhle macht.

9

Flussfahrten

9 Boote (S. 75) sind ein wichtiges Fortbewegungsmittel für Traveller. Eine der populärsten Routen verbindet Luang Prabang, Pak Beng und Houay Xay, das Eingangstor zum Goldenen Dreieck. Es gibt etwas für jedes Budget, von lokalen Booten bis zu Luxuskreuzern, darunter Ausflüge zum verschlafenen Si Phan Don im äußersten Süden. Jenseits des Mekong führen zahlreiche wichtige Zuflüsse wie der Nam Ou und der Nam Tha zu so facettenreichen Orten wie Nong Khiao und Muang Khua (in Phongsaly). Einige dieser kleineren Flüsse kann man auch bei mehrtägigen Kajaktrips sehen. Nam Ou, Nong Khiao (S. 86)

Wat Phou Champasak

10 Diese Khmer-Ruine (S. 233) an einem Berghang mag nicht ganz so imposant sein wie die Tempel von Angkor, aber sie ist genauso mysteriös und beeindruckt durch viel Kunstfertigkeit und eine tolle Kulisse. Einst befand sich hier eine wichtige Stadt, heute wirkt die Ruine am Hang des Phu Pasak ziemlich verlassen. Beim Weg auf den Gipfel gibt es auf jeder Ebene etwas zu entdecken. Oben angekommen, bietet sich eine tolle Aussicht – und zwar ohne viel Gesellschaft. Weitere Ruinen findet man in den Reisfeldern und Wäldern weiter unten.

Gut zu wissen

Weitere Informationen siehe S. 305

Währung
Laotische Kip (K)

Sprache
Laotisch

Visa
Touristenvisa für 30 Tage werden unkompliziert an internationalen Flughäfen und an den meisten Landgrenzübergängen ausgestellt.

Geld
Obwohl es nach dem Gesetz nur eine gültige Währung gibt, wird tatsächlich mit drei Währungen bezahlt: Laotische Kip (K), Thailändischer Baht (B) und US-Dollars (US$).

Handys
Roaming ist möglich, aber teuer. Laotische SIM-Karten und SIM-Lock-freie Handys bekommt man problemlos.

Zeit
Indochina Time (MEZ + 6 Std, MESZ + 5 Std.)

Reisezeit

Luang Prabang
REISEZEIT Okt.–Feb.

Vientiane
REISEZEIT Okt.–April

Savannakhet
REISEZEIT Nov.–Feb.

Pakxe
REISEZEIT Juni–Feb.

tropisches Klima, feuchte & trockene Jahreszeiten warme bis heiße Sommer, milde Winter

Hochsaison
(Nov.–März)

➡ In großen Teilen von Laos herrschen angenehme Temperaturen. In den Bergen ist es kalt.

➡ Alles in allem die beste Zeit für einen Besuch.

➡ Zur Spitzenzeit rund um Weihnachten und Neujahr Unterkünfte im Voraus buchen.

Zwischensaison
(Juli & Aug.)

➡ Fast überall ist es nass und die Luftfeuchtigkeit ist hoch, aber dafür leuchtet die Landschaft smaragdgrün.

➡ Beliebte Reisezeit bei italienischen und spanischen Touristen sowie bei Studenten, die lange Sommerferien haben.

Nachsaison
(April–Juni, Sept. & Okt.)

➡ Im April und Mai herrscht in Laos Hitze: Die Temperaturen erreichen 40 °C

➡ Der September und Oktober können sehr feucht sein, doch die Regengüsse werden manchmal von faszinierenden Wolkenformationen begleitet.

Nützliche Websites

Lonely Planet (www.lonely planet.com/laos) Infos zu Reisezielen, Hotelbuchungen, Reiseforum und mehr.

Ecotourism Laos (www. ecotourismlaos.com) Wichtiges zur Umwelt in Laos mit einem Schwerpunkt auf Wanderungen und anderen ökotouristischen Aktivitäten..

lao*miao* (www.laomeow. blogspot.com) Aktuelles zu Transportmitteln, insbesondere für den Norden.

Lao National Tourism Administration (www.tourismlaos. org) Meist gute Reiseinfos der laotischen Regierung.

RFA (Radio Free Asia; www.rfa. org/english/news/laos) Unvoreingenommene und unzensierte Nachrichten über Laos von in Asien lebenden Journalisten.

Wichtige Telefonnummern

Um aus dem Ausland in Laos anzurufen, wählt man 00, dann die Landesvorwahl und schließlich die Telefonnummer (ohne die 0, die bei Inlandsgesprächen benutzt wird)

Landesvorwahl	☎856
Feuerwehr	☎190
Krankenwagen	☎195
Polizei	☎191

Wechselkurse

Eurozone	1 €	8788 K
Schweiz	1 SFr	7729 K
Thailand	10 B	2289 K
USA	1 US$	8005 K
Vietnam	10 000 D	3524 K

Aktuelle Wechselkurse gibt's unter www.xe.com.

Tagesbudget

Günstig:
unter 50 US$

➡ Billiges Zimmer im Gästehaus: 3–10 US$

➡ Lokale Mahlzeiten und Straßenessen: 1–2 US$

➡ Lokale Busse: 2–3 US$ pro 100 km

Mittelteuer:
50–150 US$

➡ Hotelzimmer mit Klimaanlage: 15–50 US$

➡ Mahlzeit in guten einheimischen Restaurants: 5–10 US$

➡ Laotischer Touristenführer: 25 US$ pro Tag

Teuer:
Mehr als 150 US$

➡ Boutique-Hotel oder Resort: 50–500 US$

➡ Mahlzeit in gehobenen Restaurants mit Getränken: 15–50 US$

➡ Mietwagen mit Allradantrieb: 60–120 US$ pro Tag

Öffnungszeiten

Bars und Clubs 17–23.30 Uhr (in Vientiane länger)

Geschäfte 9–18 Uhr

Nudelläden 7–13 Uhr

Restaurants 10–22 Uhr

Staatliche Behörden Mo–Fr 8–12 & 13–17 Uhr

Ankunft in Laos

Internationaler Flughafen Wattay (Vientiane; S. 316) Vom/zum Flughafen fahren Busse und *jumbos*. Der Festpreis für Taxis beträgt 7/8 US$.

Internationaler Flughafen Luang Prabang (S. 316) Taxis vom/zum Flughafen kosten einheitlich 50 000 Kip.

Internationaler Flughafen Savannakhet (S. 316) *Jumbos* vom Flughafen schlagen mit 30 000 Kip zu Buche.

Pakse International Airport (S. 316) Für ein *sähm-lór* oder *tuk-tuk* zum Flughafen zahlt man etwa 50 000 Kip.

Unterwegs vor Ort

Verkehrsmittel in Laos sind grundsätzlich sehr preiswert. Leider dauern die Fahrten oft länger, als man angesichts der Entfernungen auf der Landkarte vermuten würde.

Auto Für Traveller, die es sich leisten können, bietet ein Mietwagen mit Fahrer die unkomplizierteste Möglichkeit, in begrenzter Zeit große Teile des Landes zu bereisen.

Bus In Laos gibt's einige recht schicke Busse, die auf den Hauptrouten von Vientiane aus verkehren, doch in abgelegenen Gegenden sind Fahrzeuge geschätzt so alt wie die Hügel.

Flugzeug Bei einem eher kurzen Besuch spart man mit den vielen laotischen Airlines eine Menge Zeit.

Schiff Die Flüsse sind quasi die Adern des Landes, daher sind Boote ein wichtiger Bestandteil des Verkehrsnetzes.

Mehr zum Thema
Unterwegs vor Ort
siehe S. 321

REISEPLANUNG GUT ZU WISSEN

Wie wär's mit ...

Outdooraktivitäten

Vang Vieng Eine beliebte Gegend für Tubing, Kajaktrips, Höhlenausflüge sowie Kletter- und Radtouren. (S. 176)

Tha Khaek In den Karstlandschaften warten tiefe Höhlen und steile Überhänge. (S. 196)

Bolaven Plateau Beeindruckende Wasserfälle, Motorradtrips und die rasante Treetop-Explorer-Zipline (S. 237)

Luang Namtha Das Tor zu Abenteuern im Nordwesten eignet sich zum Wandern, Radeln und Kajakfahren. Weiter entlang des Dschungelpfades lockt die Gibbon Experience. (S. 110)

Kulinarische Erlebnisse

Vientiane Die kulinarische Hauptstadt mit Hausmacherkost, französischer Küche und weiteren internationale Geschmacksrichtungen, darunter Indisch und Italienisch. (S. 137)

Luang Prabang Am Mekongufer der Halbinsel genießt man herrliche Sonnenuntergänge und am Nam Khan raffinierte Menüs. (S. 35)

Luang Namtha Mehrere hervorragende Restaurants haben sich auf die Küche ethnischer Minderheiten spezialisiert. (S. 110)

Si Phan Don Statt Touristenkost sollte man die große Auswahl an Gerichten mit frisch aus dem Mekong gefangenem Fisch probieren. (S. 250)

Flussfahrten

Von Huay Xai nach Luang Prabang Eine der unkompliziertesten Flusstouren in Laos mit einer Übernachtung im spektakulär gelegenen Pak Beng. (S. 64)

Si Phan Don Der Name bedeutet „Viertausend Inseln" – Bootsfahrten in diesem schönen südlichen Abschnitt des Mekong sind also ein echtes Highlight. (S. 250)

Tham Kong Lor Eine etwas andere Flussreise durch eine 7 km lange Höhle. (S. 194)

Vang Vieng Tubing auf dem Nam Song ist ein Initiationsritus für junge Backpacker, aber man kann hier auch tolle Kajaktrips machen. (S. 176)

Alte Tempel

Luang Prabang Die Stadt beherbergt über 30 vergoldete Tempel, darunter der beeindruckende Wat Xieng Thong. (S. 35)

Wat Phu Champasak Einst herrschten die alten Khmer über einen Großteil der Mekong-Region. Der Wat Phou war einer

ihrer auf einem Gipfel gelegenen Tempel. (S. 233)

Vientiane Zu den schönsten Bauwerken der Hauptstadt zählen der Pha That Luang mit seinem goldenen Stupa, dem Nationalsymbol des Landes, und der Wat Sisaket mit Tausenden Darstellungen des verehrten Buddhas. (S. 137)

Savannakhet Hier befindet sich der That Ing Hang, einer der bedeutendsten Tempel in ganz Laos, und dazu die antike Khmer-Ruine Heuan Hin. (S. 205)

Abseits der üblichen Pfade

Vieng-Xai-Höhlen Während der Bombardierung durch die USA dienten die Höhlen als Basis der Pathet Lao. (S. 83)

Provinz Phongsaly Im abgelegenen äußersten Norden von Laos kann man einige der authentischsten Wanderungen zu Bergdörfern unternehmen. (S. 94)

Provinz Khammouane Karstgipfel sprenkeln die zerklüftete Provinz im Zentrum des Landes, die zu Touren mit einem Geländemotorrad einlädt. (S. 189)

Nam-Nern-Nachtsafari Eine Bootstour bei Nacht durch die Nam Et/Phou Louey National Protected Area (NPA) – mit Glück bekommt man Tiger und andere Wildtiere zu sehen! (S. 85)

Märkte

Luang Prabangs Nachtmarkt
In Luang Prabang gibt's alle
möglichen Märkte, darunter auch
einen Nachtmarkt mit Kunsthandwerk auf der Hauptstraße
und einen günstigen Lebensmittelmarkt. (S. 58)

Vientianes Talat Sao Der Talat
Sao (Morgenmarkt) erinnert
teilweise eher an ein Kaufhaus
oder Shoppingcenter, zählt aber
zu den besten Adressen in Laos,
um Kunsthandwerk und Textilien
zu kaufen. (S. 165)

Sam Neuas Hauptmarkt Auf
dem riesigen Markt werden
interessante Textilien aus
dieser abgelegenen Region sowie
Importwaren aus China und
Vietnam verkauft. (S. 80)

**Savannakhets Lebensmittel-
markt** Bei Nacht erwacht der
Marktplatz zum Leben, wenn die
Einheimischen die Straßenstän-
de ansteuern. (S. 208)

Talat Dao Heuang Der größte
Markt in Pakxe, und im ganzen
Land, hält ein unglaubliches An-
gebot an Gütern bereit. (S. 218)

Wellness

Luang Prabang Laos' größtes
Wellness-Zentrum bietet in den
großen Hotels und Resorts jede
Menge beeindruckende Spas.
(S. 35)

Vientiane In der Hauptstadt gibt's
luxuriöse Spas, Fitnessstudios
nach westlichem Standard und
eine Yoga-Schule. (S. 137)

Champasak Das Champasak Spa
ermöglicht es jungen Frauen in
dem kleinen Ort einen Lebensunterhalt zu verdienen. (S. 228)

Nong Khiao Beim Yoga im
Mandala Ou Resort oder einer
Behandlung bei Sabai Sabai
kommt man bestimmt in Form.
(S. 86)

Oben: Sonnenaufgang in Si Phan Don (S. 250)
Unten: Nudelgericht, Luang Prabang

Monat für Monat

Januar

Hochsaison im Großteil des Landes. Eine relaxte Zeit für einen Besuch der Hauptzentren und sehr kalt in den Höhenlagen.

✯ Internationales Neujahr

Gesetzlicher Feiertag für die in Laos wohnhaften Botschaftsangehörigen und Entwicklungshelfer.

✯ Bun Khun Khao

Beim jährlichen Erntedankfest Mitte Januar danken die Dorfbewohner den Erdgeistern dafür, dass sie die Pflanzen gedeihen lassen.

Februar

Meist ist das Wetter noch kühl und trocken, außerdem fallen das chinesische und vietnamesische Neujahr meist in diesen Monat.

✯ Makha Busa

Auch bekannt als Magha Puja oder Bun Khao Chi. Das von Gesängen und Opfergaben dominierte Vollmondfest gedenkt einer Rede Buddhas vor 1250 erleuchteten Mönchen. Die schönsten Feiern gibt's in Vientiane und beim Wat Phu Champasak. (S. 234)

✯ Vietnamesisches Tet & Chinesisches Neujahr

In Vientiane, Pakxe und Savannakhet wird das neue Jahr mit Partys, Feuerwerk sowie Besuchen vietnamesischer und chinesischer Tempel begrüßt. Viele chinesisch und vietnamesisch geführte Unternehmen schließen für mehrere Tage.

März

Es wird wärmer. Der März ist eine gute Zeit für einen Abstecher zu höher gelegenen Orten wie Xieng Khouang und Phongsaly.

✯ Bun Pha Wet

Bei dem Tempelfest wird die Jataka (Geburtslegende) von Prinz Vessantara, Buddhas vorletzter Inkarnation, rezitiert. Laoten lassen sich zu dieser Zeit gern zu Mönchen weihen.

April

Der April ist mit bis zu 40 °C der heißeste Monat des Jahres.

✯ Bun Pi Mai

Das laotische Neujahr ist der wichtigste Feiertag des Jahres. Häuser werden geputzt, Buddhafiguren gewaschen und die Leute legen neue Kleidung an. Einheimische bespritzen sich gegenseitig und manchmal auch ahnungslose Touristen mit Wasser – eine passende Aktivität in diesem heißen Monat. Besonders eindrucksvoll sind die Feierlichkeiten in Luang Prabang, wo Prozessionen stattfinden und die Menschen traditionelle Kostüme tragen. Am 14., 15. und 16. April, öffentlichen Feiertagen, haben fast alle Geschäfte und Restaurants geschlossen. (S. 49)

Mai

Im Mai gibt's großen Krach, wenn Raketen in die Luft gejagt werden. Die „grüne" (Neben-)Saison beginnt, und die Preise sinken.

✯ Visakha Busa

Visakha Busa (oder Visakha Puja) fällt auf den 15. Tag des sechsten Mondmonats, der als Tag von Buddhas Geburt, Erleuchtung und *parinibbana* (Ableben) gilt. Die landesweiten Feierlichkeiten, darunter wundervolle kerzenbeleuchtete Abendprozessionen, konzentrieren sich auf die Tempel.

✩ Bun Bang Fai

Das Raketenfest ist eine vorbuddhistische Regenzeremonie, die gleichzeitig mit Visakha Busa in Laos und im Nordosten Thailands gefeiert wird. Bei Musik, Tanz und Volkstheater, Prozessionen und Feierlichkeiten, die ihren Höhepunkt im Abfeuern von Bambusraketen finden, geht's manchmal recht wild zu. Die Raketen sollen den Himmel anregen, die Regenzeit einzuleiten, damit die Reisfelder die dringend nötige Bewässerung bekommen.

Juli

Die Regenzeit bringt heftige Schauer, die aber nur kurz anhalten, was den Juli zu einem schönen Monat zum Herumreisen macht.

✩ Bun Khao Phansa

Auch bekannt als Khao Watsa. Das Vollmondfest ist der Beginn der traditionellen dreimonatigen „Regenklausur", während der buddhistische Mönche ausschließlich im Kloster leben sollen. Traditionell treten zu dieser Zeit viele Männer vorübergehend dem Mönchtum bei, daher finden nun zahlreiche Weihen statt.

August

Die Sommerferien in Europa führen zu einem Mini-Hoch in der Nebensaison.

✩ Haw Khao Padap Din

Bei dem düsteren Vollmondfest erweisen die Lebenden den Toten die letzte Ehre. Es gibt viele Feuerbestattungen – dafür werden sogar Knochen wieder ausgegraben – und der buddhistische Orden (Sangha) erhält Geschenke, damit die Mönche für die Verstorbenen singen.

Oktober

In diesem Monat dreht sich alles um Flüsse. Man hat die Wahl zwischen Drachenbootrennen in der Hauptstadt oder schwimmenden Kerzen im Rest des Landes.

✩ Bun Awk Phansa

Am Ende der dreimonatigen Regenklausur können die Mönche die Klöster verlassen, um zu reisen. Dafür bekommen sie Kleider und Almosenschalen. Der Abend des Awk Phansa (Ok Watsa) wird mit Partys und in der Nähe von Flüssen mit dem Aussetzen von Bananenblattbooten gefeiert, die mit Kerzen und Räucherwerk gefüllt sind. Die Zeremonie heißt Van Loi Heua Fai und gleicht Loy Krathong in Thailand. Viele besuchen das Fest in Luang Prabang. (S. 49)

☆ Bun Nam

In Flussstädten wie Vientiane und Luang Prabang werden am Tag nach Awk Phansa Bootsrennen veranstaltet. In den kleineren Städten verschiebt man diese oft bis zum Nationalfeiertag (2. Dezember), damit die Einwohner nicht kurz hintereinander zwei teure Feste feiern müssen. Bun Nam ist auch bekannt als Bun Suang Heua. (S. 150)

November

Die Hochsaison hält endgültig Einzug und die Unterkunftspreise steigen.

✩ Bun Pha That Luang

Zum einwöchigen Festival rund um den Pha That Luang in Vientiane gehören Feuerwerk, Musik und Trinkgelage in der ganzen Stadt. Frühmorgens am ersten Festtag erhalten Hunderte von Mönchen Almosen und Blumenspenden. Das Ganze endet mit einer kerzenbeleuchteten Prozession. (S. 152)

Dezember

Weihnachten mag kein großes laotisches Fest sein, doch in dieser Zeit kommen viele Ausländer nach Laos. Im Voraus buchen und sich auf höhere Preise gefasst machen.

✩ Laotischer Nationalfeiertag

Der Feiertag am 2. Dezember erinnert mit Paraden und Ansprachen an den Sieg über die Monarchie 1975. Überall im Land werden laotische Nationalflaggen und kommunistische Fahnen mit Hammer- und Sichelsymbol aufgehängt.

☆ Luang Prabang Film Festival

Bei dem Festival Anfang Dezember gibt's an mehreren Veranstaltungsorten in der Stadt kostenlose Filmvorführungen. Der Fokus liegt auf den Werken südostasiatischer Produktionsunternehmen. Alle Filme haben englische Untertitel. (S. 49)

Reiserouten

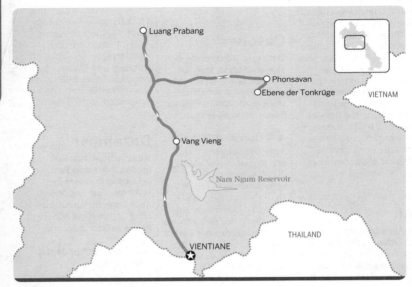

 ## Eine Woche Laos

Das klassische Laos-Abenteuer beginnt in **Vientiane**, der stimmungsvollen Hauptstadt. Mal abgesehen von einigen Tempeln gibt's nicht viele echte Sehenswürdigkeiten, doch die Lage am Mekong ist spektakulär, man kann einige hervorragende Cafés, Restaurants und Bars besuchen, und die Shoppingmöglichkeiten zählen zu den besten des Landes.

Danach geht's Richtung Norden nach **Vang Vieng**. Das frühere Backpacker-Mekka, in dem alles möglich war, hat sich als Abenteuerzentrum des Landes neu erfunden und bietet Höhlenaktivitäten, Klettern, Seilrutschen, Kajak-, Mountainbike- und Trekkingtouren – und natürlich das berühmte Fluss-Tubing, das die Stadt bekannt gemacht hat.

Auf dem Weg nach Norden auf der Route 13 wartet **Phonsavan**, das Tor zur **Ebene der Tonkrüge** mit geheimnisvollen Gefäßen, eins der beliebtesten Ausflugsziele in Laos.

Höhepunkt der Tour ist **Luang Prabang**, Lan Xangs Hauptstadt und eine Unesco-Welterbestätte. Man sollte ein paar Tage einplanen, um die zeitlose Atmosphäre der Altstadt zu erleben – etwa das *tak bat* (das morgendliche Bitten um Almosen) der vielen Mönche der Stadt. Und auch Outdoor-Abenteuer gibt's mehr als genug – im Angebot sind Wasserfälle, Mountainbike-Trails, Kajaktouren und Dschungelwanderungen.

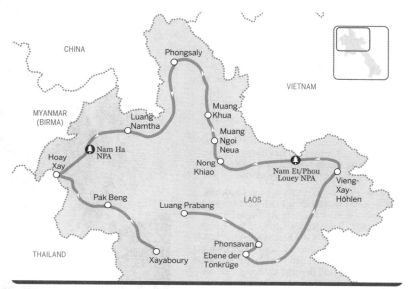

 3 WOCHEN **Auf in den Norden**

Für Abenteueraktivitäten ist Nordlaos eine der beliebtesten Gegenden des Landes, außerdem gibt's hier authentische Einblicke in den Alltag der ethnischen Minderheiten. Mitten im Herzen der Region liegt Luang Prabang, ein idealer Start- oder Endpunkt für eine Fahrt durch den entlegenen Norden.

Im bezaubernden **Luang Prabang** sollte man sich Zeit nehmen, um die Altstadt und ihre Tempel, historischen Bauten, Kunstmuseen, Cafés sowie Geschäfte zu erkunden.

Von Luang Prabang geht's Richtung Südosten nach **Phonsavan**, das als Ausgangspunkt für den Besuch der beeindruckenden **Ebene der Tonkrüge** dient. Dann folgen die abgelegenen **Höhlen von Vieng Xay** inmitten einer spektakulären Karstlandschaft. Die historische Audiotour zählt zu den intensivsten Erlebnissen eines Laosbesuchs.

Weiter westlich unternimmt man im Naturschutzgebiet **Nam Et/Phou Louey National Protected Area (NPA)** eine Safari mit Übernachtung. Anschließend wartet **Nong Khiao**, ein schönes Dorf am Ufer des Nam Ou, umgeben von imposanten Kalksteinklippen. Hier starten abenteuerliche Bootstouren in die Provinz Phongsaly, vorbei an den Weilern **Muang Ngoi Neua** und **Muang Khua**. **Phongsaly** gilt als authentischstes Wandergebiet des Landes; wer möchte, kann in den Stammesdörfern der Akha übernachten.

Nächstes Ziel ist **Luang Namtha**, eine wunderbar gastfreundliche Basis für Abenteuertouren durch den Nordwesten. Von hier kann man ins **Nam Ha NPA** wandern oder in der Umgebung Rad- und Kajaktouren unternehmen.

Weiter geht's nach **Houay Xay**, eine Grenzstadt am Mekong und das Tor zur Gibbon Experience. Wer wenig Zeit hat, kann die Tour hier beenden, es bietet sich jedoch an, über den Fluss zurück nach Luang Prabang zu fahren. Die zweitägige Bootsfahrt von Houay Xay über **Pak Beng** nach Luang Prabang zählt zu den besten des Landes.

Oder man macht nur eine eintägige Bootstour bis Pak Beng und fährt von dort nach **Xayaboury** und zum fantastischen Elefantenschutzzentrum am Nam-Tien-See, das sich aber auch von Luang Prabang aus besuchen lässt.

Zentral- & Südlaos

Die klassische Südroute führt ins Herz des laotischen Tieflands, eine Welt aus weiten mit Reis bepflanzten Flussebenen und selbst gebauten Webstühlen im Schatten von Stelzenhäusern.

Die Tour beginnt in der Landeshauptstadt **Vientiane** mit Sightseeing, Shopping und Nachtleben, denn anschließend geht's ruhiger zu. Ein Abstecher führt in das Backpackermekka **Vang Vieng** zwischen zerklüfteten, von Höhlen durchzogenen Kalksteingipfeln.

Dann reist man gen Süden nach **Thakhek**, eine typische verschlafene Stadt am Mekong, und weiter auf der Route 12 Richtung Osten zu den Höhlen der Kalksteinregion von Khammouane, wo sich mit die besten Klettermöglichkeiten des ganzen Landes finden. Oder man gibt Vollgas und erkundet den kompletten **Loop** mit dem Motorrad und besucht unterwegs die unglaubliche **Tham-Kong-Lo-Flusshöhle**.

Südlich in **Savannakhet** bekommt man einen Eindruck davon, wie Vientiane aussah, bevor die Regierung es mit internationalen Geldern aufpolieren ließ. Man bewundert die alte französische Architektur in den schläfrigen Straßen und schaut sich an den Imbissständen des Savannakhet Plaza Food Markets um.

In **Pakxe** beginnt Champasak, die südlichste Provinz. Von der Stadt **Champasak**, die noch relaxter als Pakxe ist, erreicht man Laos' bedeutendste archäologische Stätte – den Wat Phou Champasak, eine Tempelruine an den Ausläufern des heiligen Bergs Phou Pasak.

Ein lohnender Abstecher führt auf das **Bolaven-Plateau** und zu den imposantesten Wasserfällen des Landes, darunter der Tad Fane. Hier lockt auch die Dschungel-Zipline Treetop Explorer. In **Pakxong** sollte man unbedingt etwas Java-Kaffee kaufen, bevor es zum schönen Tad Lo weitergeht. Dort kann man unter dem Wasserfall schwimmen und durch die Dörfer spazieren.

Weiter südlich wartet im Dorf **Kiet Ngong** die archäologische Stätte Phou Asa oder man beobachtet Vögel in den Wäldern und Feuchtgebieten der Umgebung, an denen man auf dem Weg gen Süden nach **Si Phan Don** (Viertausend Inseln) vorbeikommt. In dem Archipel aus idyllischen Flussinseln wird noch wie vor 100 Jahren Feldbau betrieben und gefischt. Die Eilande laden dazu ein, in der Hängematte zu relaxen, bevor man nach Kambodscha oder über Chong Mek nach Thailand weiterreist.

Oben: Patuxai (S. 130), Vientiane
Unten: In der Sonne getrocknete
Kaffeebohnen, Bolaven-Plateau (S. 237)

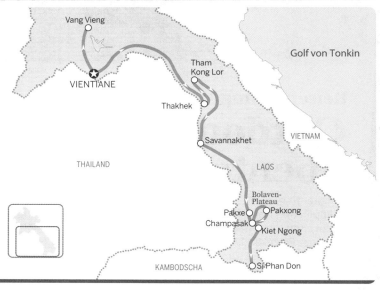

Radfahrer auf einer Talstraße

Reiseplanung

Outdoor-abenteuer

Dichter Regenwald, verhangene Berge, endlose Wasserwege, hohe Klippen und Haarnadelkurven: Laos bietet unbegrenzte Möglichkeiten für aufregende Erlebnisse. Ob man lieber die Höhen luftiger Gipfel erklimmt oder in die Dunkelheit riesiger Höhlen abtaucht, es gibt für jeden etwas Besonderes.

Reisezeit

November bis Februar

Die kühle Trockenzeit gilt als beste Saison für Aktivitäten wie Wandern, Radeln und Motorradfahren. Für Wanderungen in größeren Höhen wie Phongsaly eignen sich Frühjahr und Herbst besser, da es im Winter auf 1500 m sehr kalt ist.

März bis Mai

In der heißen Jahreszeit steigen die Temperaturen regelmäßig auf 40 °C. Dann ist es eine gute Idee, rund um Vang Vieng oder Thakhek unterirdische Höhlen zu erkunden oder sich bei Kajaktouren auf dem Nam Ou oder Tubing auf dem Nam Song abzukühlen.

Juni bis Oktober

In der nassen Jahreszeit bieten sich Wassersportaktivitäten an, z. B. Rafting oder Kajakfahren, denn selbst kleinere Flüsse führen dann mehr Wasser.

Wandern

Beim Wandern in Laos erkundet man die Naturschutzgebiete (National Protected Areas; NPAs) und besucht farbenfrohe Dörfer der ethnischen Minderheiten – viele beherbergen Wandergruppen über Nacht. Alles ist möglich, von halbtägigen Wanderungen bis zu wochenlangen Expeditionen inklusive Rad- und Kajakfahren. Die meisten Wandertouren haben sowohl einen kulturellen als auch einen ökologischen Fokus, denn die Wanderer schlafen in den Häusern der Dorfbewohner und ihr Geld fließt direkt in die ärmsten Gemeinden

des Landes. Inzwischen kann man aus über zwölf Gegenden auswählen. Weniger anstrengend sind Ausflüge zu Wasserfällen und Spaziergänge durch Dörfer in isolierter Lage. Die Landschaft aus tiefen Hochlandtälern, Reisterrassen und hohen Kalksteinbergen ist oft atemberaubend. Wanderungen werden meist von kleinen örtlichen Unternehmen angeboten, die keine englischsprachigen Führer haben. Die Preise – inklusive Verpflegung, Guides, Transfer, Unterkunft und Parkgebühren – beginnen für größere Gruppen bei 25 US$ pro Tag und Person. Lange Touren in entlegenen Regionen können mit mehreren Hundert Dollar zu Buche schlagen. Meist kann man Wanderungen auch zu zweit buchen, doch mit zunehmender Teilnehmerzahl sinken die Kosten.

Ausflugstipps

➡ **Nam Ha NPA** (S. 111) Luang Namtha hat ein preisgekröntes Ökotourismusprojekt für Dorfbesuche bei ethnischen Minderheiten in dem Nationalpark entwickelt.

➡ **Provinz Phongsaly** (S. 97) In einem der authentischsten Wandergebiete der Region die faszinierende Umgebung der Bergvölker entdecken! Hier ist es gebirgig und im Winter kalt. Auf den mehrtägigen Touren übernachtet man bei dem farbenfrohen Volk der Akha.

➡ **Phu Hin Bun NPA** (S. 197) Viele Flüsse schlängeln sich durch diesen Nationalpark, der außerdem riesige Kalksteinberge bereithält.

➡ **Se Pian NPA** (S. 236) Von der hiesigen Gemeinde organisierte Wandertouren bieten einfach Exkursionen in tiefe Wälder.

➡ **Dong Natad** (S. 213) Savannakhets „Eco-Guides" organisieren Wanderungen durch wunderschöne Landschaften.

Radfahren

Laos entwickelt sich langsam, aber stetig zu einer Destination für Radfahrer. Besonders angesagt für Hardcorebiker sind die Berge in Nordlaos. Wer ein sanfteres Training bevorzugt, kann durch die Dörfer am Mekong radeln, was besonders in Südlaos rund um Si Phan Don sehr schön ist.

An Orten, die von genügend Touristen besucht werden, lassen sich für ca. 20 000 Kip pro Tag einfache Eingangräder mieten. Bessere Mountainbikes kosten

40 000 bis 80 000 Kip bzw. 5 bis 10 US$ pro Tag. Für ambitioniertere Touren sollte man sein eigenes Rad mitbringen. Die Auswahl in Laos ist im Vergleich zu den Nachbarländern Thailand und Kambodscha recht begrenzt.

Einige Reisebüros und Pensionen organisieren Mountainbiketouren von ein paar Stunden bis zu mehreren Wochen.

Ausflugstipps

➡ **Luang Namtha** (S. 110) Radfahren durch die Dörfer der Einheimischen.

➡ **Luang Prabang** (S. 35) Mit dem Rad lassen sich die Altstadt und die Landschaft in der Umgebung wunderbar erkunden.

➡ **Si Phan Don** (S. 250) An friedlichen Reisfeldern und tosenden Wasserfällen vorbeiradeln.

➡ **Oudom Xay** (S. 103) Dreitägige sportliche Radtour zu den Chom-Ong-Höhlen.

Motorbiking

Motorradtouren in entlegene Regionen von Laos sind ein unvergessliches Erlebnis. Mit dem Motorrad lassen sich Wege befahren, auf denen selbst der robusteste Vierradantrieb nicht weiterkommt. Man ist dem Land und seinen Gerüchen, Menschen und Landschaften näher als mit dem Auto oder Bus. Doch auch wenn die Szenerie spektakulär ist, sollte man unbedingt auf die Straße schauen! Da viele Laoten Motorrad fahren, gibt's überall Werkstätten, zudem ist es vergleichsweise billig, einen Fahrer zu engagieren. Das beste Transportmittel für Abenteurer!

Tham Kong Lor (S. 194)

Ausflugstipps

➡ **Der Loop** (S. 200) Von Thakhek aus auf einer Rundtour die Hinterstraßen des unerforschten Zentrallaos erkunden.

➡ **Southern Swing** (S. 250) Die abenteuerliche Motorradtour zum Bolaven-Plateau verläuft durch abgelegene Gegenden in Südlaos.

➡ **Westliches Vang Vieng** (S. 176) Landschaftlich atemberaubende Route tief in das Karstgebirge am Westufer des Nam-Song-Flusses.

SICHER WANDERN

➡ Nie die Wege verlassen, denn es gibt in vielen Teilen von Laos noch immer Blindgänger.

➡ Guides sind preiswert, sprechen die Landessprache und bringen einem die einheimische Kultur nahe.

➡ Hunde können aggressiv sein; ein dicker Stock leistet gute Dienste.

➡ Knöchelhohe Wanderschuhe sind eine lohnende Investition.

➡ Wer in Malariagebieten wandert, sollte ein Moskitonetz mitnehmen.

➡ Zum Schutz gegen Blutegel hochwertige Socken tragen und Insektenschutzmittel verwenden.

➡ Wasserreinigungstabletten mitnehmen.

➡ Energieriegel für längere Touren einpacken.

Tubing auf dem Nam Song (S. 178), Vang Vieng

Bootstouren, Kajakfahrten & Tubing

Der Mekong teilt das Land in der Mitte, deswegen zählen Bootsfahrten in Laos zu den touristischen Highlights. Außerdem gibt's die Möglichkeit, kleine Nebenflüsse im Regenwald zu erkunden, die zu entlegenen Dörfern der Minderheiten führen.

Kajaktrips werden immer beliebter, besonders rund um Luang Prabang, Nong Khiao und Vang Vieng. Preise starten bei 25 US$ pro Person und die Exkursionen gibt's oft in Kombination mit Radtouren.

In Vang Vieng war es lange Zeit angesagt, sich auf Reifenschläuchen den Fluss hinuntertreiben zu lassen, doch seitdem die Behörden rigoros gegen die Uferbars und Anlegestege vorgegangen sind, geht es ruhiger zu. Tubing macht Spaß, aber wie Autofahren ist es nüchtern sicherer.

Ausflugstipps

➡ **Von Huay Xai nach Luang Prabang** (S. 120) Vom Goldenen Dreieck den mächtigen Mekong hinab über Pak Beng in die alte königliche Hauptstadt von Laos.

➡ **Von Nong Khiao nach Muang Ngoi Neua** (S. 86) Kurze, aber entzückende Fahrt durch eine herrliche Karstlandschaft.

➡ **Si Phan Don** (S. 250) Nur mit Kajak oder Boot geht's zu den Viertausend Inseln, wo der Mekong in der Regenzeit fast 13 km breit wird.

➡ **Tham Kong Lor** (S. 194) Laos' Pendant zum Fluss Styx: Das außerirdisch anmutende 7 km lange Höhlensystem ist eine Erkundung wert.

➡ **Vang Vieng** (S. 176) Auf dem Nam Song treiben in der Tubing-Hauptstadt von Laos.

Klettern & Höhlenklettern

Wer eine Bergtour machen möchte, ist in Vang Vieng richtig, wo einen Südostasiens beste Klettersteige, hervorragende Ausbilder und sichere Ausrüstung erwarten. In der Region zahlt man dafür 25 US$ pro Person bei mindestens vier Teilnehmern. Besondere Routen oder Kurse sind teurer.

Echte Touren für Höhlenforscher gibt's nur bei professionellen Expeditionen. Aber viele ausgedehnte Höhlensysteme sind für Besucher zugänglich.

ZIPLINING

Ziplining (Seilrutschen) ist in Laos im wahrsten Sinne des Wortes durchgestartet. Als Erste etablierte Gibbon Experience (S. 121) im Bokeo-Naturschutzgebiet Ziplines über dem Blätterdach des Regenwaldes. Besucher hängen an einem Sicherheitsgurt am Seil und sausen durch den Wald, währenddessen begleitet vom Gebrüll der Gibbons. Anschließend kann man in Baumhäusern übernachten und sich in dem herrlich gelegenen Gibbon Spa seine müden Glieder massieren lassen.

Für Leute auf der Suche nach einem Adrenalinkick bietet der Ökotourismuspionier Green Discovery (S. 219) eine weitere Zipline in Südlaos an. Die aufregende Treetop-Explorer-Tour besteht aus einem ganzen Netz schwindelerregender Seilrutschen über dem halbimmergrünen Blätterdach im Süden des Dong Houa Sao National Protected Area. Es geht so nah an einem riesigen Wasserfall vorbei, dass man das Spritzwasser schmeckt.

Vang Vieng hat sich in letzter Zeit zu einem regelrechten Ziplining-Zentrum entwickelt – zahlreiche Unternehmen bieten Abenteuer hoch oben zwischen Baumwipfeln, darunter Vang Vieng Challenge (S. 180).

Ausflugstipps

➡ **Vang Vieng** (S. 176) Viele der über 200 Klettersteige auf den Kalksteinklippen sind mit Tritten und Griffen versehen. Außerdem gibt's eindrucksvolle Höhlen zu erforschen.

➡ **Höhlen von Vieng Xai** (S. 83) In Kriegszeiten dienten die Höhlen als unterirdische Basis und Zentrale der kommunistischen Pathet Lao.

➡ **Tham Kong Lor** (S. 194) Die Flusshöhle ist nichts für schwache Nerven, gehört aber zu den spektakulärsten Erlebnissen, die Laos unter der Erde zu bieten hat.

➡ **Tham Lot Se Bangfai** (S. 204) Khammouanes am meisten beeindruckendes Höhlensystem: Ein Fluss schneidet sich 6,5 km durch einen Kalksteinberg. Es kann nur zwischen Januar und März erkundet werden.

Tiere beobachten

Laos ist zwar nicht gerade die Serengeti, trotzdem kann man hier durchaus spannende Begegnungen mit Wildtieren erleben.

Ausflugstipps

➡ **Gibbon Experience** (S. 121) Ab in die Bäume und leben wie die Gibbons: Das ermöglicht dieses berühmte Ökotourismusprojekt.

➡ **Elefantenschutzzentrum** (S. 299) In diesem wundervollen Zentrum für Arterhaltung nahe Xayaboury lernt man viel über laotische Elefanten.

➡ **Si Phan Don** (S. 250) Der Irawadidelfin zählt zu den seltensten Säugetieren der Erde: Nicht einmal mehr 100 Exemplare leben im Mekong. Vor Don Khon in Südlaos kann man die Tiere in ihrem natürlichen Umfeld beobachten.

➡ **Nam Nern Night Safari** (S. 85) Bei der aufregenden nächtlichen Tour durch das Nam Et/ Phou Louey NPA, Laos' letztes offizielles Tiger-Habitat, wird mit Fackellicht nach Wildtieren gesucht, die zum Trinken an den Fluss kommen.

➡ **Kuang-Si-Bärenrettungszentrum** (S. 65) Den Tad Kuang Si muss man schon allein wegen des mentholblauen Wassers besuchen! Zudem bietet es die Möglichkeit, asiatische Schwarzbären zu sehen, die vor dem illegalen Wildtierhandel gerettet wurden.

Laos im Überblick

Viele Kurzbesucher des Landes sehen sich nur das eindrucksvolle Luang Prabang an, das zu Recht zu den UNESCO-Welterbestätten gehört. Laos' zweite „Metropole", die Hauptstadt Vientiane, wirkt für eine asiatische Stadt recht dörflich, hat aber eine Menge Charme und trumpft mit hübschen Cafés, eleganten Restaurants sowie quirligen kleinen Bars auf.

Vor ihren Toren erstreckt sich der Norden, eine Landschaft aus hohen Bergen und dichten Wäldern mit riesigen Nationalparks, seltenen Wildtierarten und den buntesten Bergvölkern der gesamten Region.

Die Landesmitte zählt zu den ursprünglichsten Gegenden. Sie bietet einige der spektakulärsten Höhlensysteme Asiens, eine malerische Natur und bröckelnde Orte aus der Kolonialzeit.

Wer Entschleunigung sucht, sollte sich gen Süden aufmachen. Die meisten Traveller verweilen länger als gedacht auf den Mekong-Inseln von Si Phan Don und begeistern sich für das Bolaven-Plateau, das nicht nur mit tollem Kaffee überzeugt.

Luang Prabang & Umgebung

Essen
Aktivitäten
Shoppen

Kulinarische Genüsse
Luang Prabangs Restaurants sind Weltklasse. Viele befinden sich in restaurierten Kolonialbauten. Später am Abend warten schicke und unkonventionelle Bars.

Rund um Luang Prabang
Nicht alles dreht sich um Tempel und Mönche, auch wenn diese zum typischen Bild gehören. Direkt vor den Toren der Stadt locken Action und Abenteuer, darunter Wasserfälle, Mountainbikestrecken und Ziplines.

Kunst & Antiquitäten
Lichterketten erhellen den Nachtmarkt an der Hauptstraße voller Textilien und Nippes. Außerdem kann man in zahlreichen Kunstgalerien und Antiquitätengeschäften stöbern.

S. 34

Nordlaos

Abenteuer
Bootstouren
Geschichte

Regenwald
Der riesige Dschungel in Nordlaos beherbergt tolle Nationalparks und die besten Wandergebiete des Landes. Darüber hinaus wartet er mit Kajak- und Radstrecken sowie Ziplines auf.

Alles an Bord
Der Mekong-Abschnitt vom Goldenen Dreieck bis Luang Prabang zählt zu den schönsten Bootsrouten der Region. Kleine Flüsse sind ebenfalls eine Reise wert, insbesondere der Nam Ou rund um Nong Khiao.

Auf den Spuren des Krieges
In den Vieng-Xay-Höhlen, Zufluchtsstätten zu Kriegszeiten, erwacht die komplexe Geschichte des modernen Laos zum Leben. Auch die Ebene der Tonkrüge ist ein historisches Highlight.

S. 67

Vientiane, Vang Vieng & Umgebung

Essen
Aktivitäten
Shoppen

Gastronomische Vielfalt

Vientianes Spektrum internationaler Küchen reicht von Italienisch bis Japanisch. Der absolute Hit sind jedoch die schicken französischen Lokale, die so sehr an Indochina erinnern, dass die Seine vor Neid erblassen könnte.

Gesund leben

Es gibt in Vientiane großartige Radwege, Yoga-Kurse, Joggingclubs, Swimmingpools und frühmorgens kostenlose Gymnastik im Mao-Stil am Flussufer.

Souvenirs

Die hiesigen Läden führen örtliche Produkte wie Seife, maßgeschneiderte Seidenhemden, Kleider und Pashminas sowie ausgefallenere Sachen wie Tintin-Drucke auf Lack und alte russische Uhren.

S. 136

Zentrallaos

Höhlen
Architektur
Abenteuer

Ab unter die Erde

Zentrallaos ist honigwabenartig unterhöhlt. Es gibt kleine, mit Buddhas verzierte Grotten voll grüner Lagunen, und monströs große Flusshöhlen wie die in übernatürliche Dunkelheit gehüllte Tham Kong Lor.

Kolonialstädte

Neben Baguette und Boule hinterließen die Franzosen elegante Architektur, die heute in Städten wie Thakhek und Savannakhet zu sehen ist – mal toll restauriert, mal gespenstisch.

Unterwegs auf zwei Rädern

Mit dem Motorrad oder Drahtesel (Achtung: anstrengend!) entdeckt man die wundervolle Landschaft und erreicht Orte, die Welten vom Mainstream-Asientourismus entfernt zu sein scheinen.

S. 188

Südlaos

Flüsse
Aktivitäten
Abenteuer

Mekong-Inseln

Eine Auszeit in Si Phan Don ist das Highlight im Süden, aber man sollte zwischendurch die Hängematte verlassen, um mit den entspannten Menschen zu plaudern oder Kajak zu fahren.

Wanderungen & Wasserfälle

Dschungelwanderungen durch mehrere Nationalparks führen zu Dörfern ethnischer Minderheiten, verfallenen Tempeln und einigen der höchsten Wasserfälle des Landes. Und anschließend warten Homestays bei Einheimischen.

Zweiradtouren

Südlaos lässt sich toll mit dem Mountainbike oder Motrad erkunden. Auch abseits der Bundesstraßen werden die Routen zunehmend erneuert, auch der alte Ho-Chi-Minh-Pfad.

S. 216

Unterwegs
in Laos

Luang Prabang & Umgebung

Gut essen

➜ Dyen Sabai (S. 56)
➜ Le Banneton (S. 55)
➜ Coconut Garden (S. 55)
➜ The Apsara (S. 56)
➜ Tamarind (S. 56)

Schön übernachten

➜ La Résidence Phu Vao (S. 54)
➜ The Apsara (S. 56)
➜ Satri House (S. 54)
➜ Amantaka (S. 53)
➜ Sofitel Luang Prabang (S. 54)

Auf nach Luang Prabang

Luang Prabang entschleunigt und inspiriert mit Komfort und Spiritualität. Das UNESCO-geschützte Juwel am heiligen Zusammenfluss von Mekong und Nam Khan bietet eine einzigartige nostalgisch-romantische Mischung aus 33 vergoldeten Tempeln, safranfarben gekleideten Mönchen, verblassten Villen und exquisiter französischer Küche.

In den vergangenen 20 Jahren flossen viele Investitionen in die Stadt. Einstmals bröckelnde französische Villen erstrahlen nun als nach wie vor bezahlbare Boutique-Hotels in neuem Glanz. Hier findet man auch die Restaurants einiger der besten Küchenchefs Südostasiens. Die Bevölkerungszahl ist gewachsen, aber die Halbinsel ist immer noch so verschlafen und nett wie ein Dorf. Es ist, als sei die Zeit stehen geblieben.

Neben dem historischen Erbe der einst französischen Altstadt locken Wasserfälle, Wandermöglichkeiten, Mountainbikestrecken, Kajaktouren, Flussfahrten und eine herrliche Landschaft vor der Kulisse nebliger grüner Berge.

Reisezeit

Luang Prabang

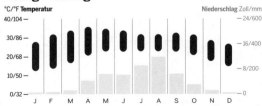

Nov.–Feb. Vom Wetter her die ideale Zeit für einen Besuch, aber da das alle wissen, ist jetzt Hochsaison.

März–Mai Brandrodungen vernebeln den Himmel; das Pi-Mai-Fest zieht Besucher an.

Juni–Okt. Es ist Regenzeit, weswegen sowohl die Preise als auch die Touristenzahlen sinken.

LUANG PRABANG
ຫລວງພະບາງ

55 000 EW. / 📞 071

Geschichte

Der Legende nach wurde Luang Prabang von Phunheu Nhanheu gegründet, einer sexuell ambivalenten Gestalt mit einem leuchtend roten Gesicht und einem sehnigen Körper. Seine/ihre zeremoniellen Statuen werden im Wat Wisunarat versteckt und nur zu Pi Mai (dem laotischen Neujahr) hervorgeholt. Nachbildungen sind ein beliebtes Souvenir.

Der Stadtstaat, ab 698 Muang Sawa (Muang Sua) und ab dem 11. Jh. Xiang Dong Xiang Thong (Stadt des Goldes) genannt,

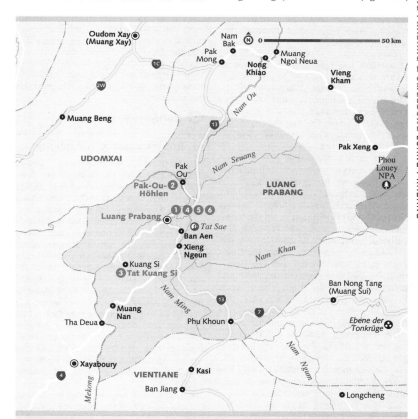

Highlights

❶ Luang Prabang (S. 35)
Frühmorgens miterleben, wie Einheimische Mönchen Almosen geben.

❷ Pak-Ou-Höhlen (S. 65)
Den Mekong bis zu dieser heiligen Stätte voller Buddhafiguren hochschippern.

❸ Tad Kuang Si (S. 65)
An einem der schönsten Wasserfälle des Landes ins tiefblaue Wasser eintauchen.

❹ Wat Xieng Thong
(S. 40) Das geschwungene Dach eines der ältesten, und schönsten Tempel im Zentrum von Luang Prabang bestaunen.

❺ Handicraft Night Market (S. 58) Auf dem berühmten Nachtmarkt nach Souvenirs und kuriosen Antiquitäten stöbern.

❻ Bamboo Tree Cooking Class (S. 49) Nach einem halbtägigen Kochkurs mit Marktbesuch und Kochbuch zum Mitnehmen und Marktbesuch ein paar laotische Gerichte kochen können.

gehörte im Laufe der Jahrhunderte abwechselnd zum Reich Nanzhao (yunnanesisch), zu den Khmer und zu größeren mongolischen Reichen. Seine Blütezeit erlebte er als Herzstück von Lan Xang, nachdem dieses Königreich 1353 vom Eroberer Fa Ngum, einem Günstling der Khmer, gegründet worden war. 1512 nahm Lan Xangs König Visoun den Pha Bang, eine berühmte Buddhafigur, als Geschenk der Khmer-Könige an. Ihm zu Ehren wurde die Stadt in Luang (Großer oder Königlicher) Prabang (Pha Bang) umbenannt.

Obwohl Viang Chan (Vientiane) 1560 Hauptstadt von Lan Xang wurde, konzentrierte sich die königliche Macht größtenteils in Luang Prabang. Nach dem Tod des Monarchen Souligna Vongsa 1695 zerfiel Lan Xang in drei Teile. Ein Enkel Soulignas errichtete in Luang Prabang ein unabhängiges Königreich, das mit jenen von Vientiane und Champasak rivalisierte.

Nun war die Monarchie jedoch so geschwächt, dass es wiederholt zu Invasionen durch Siamesen, Birmanen und Vietnamesen kam. Nach der Niederlage des chinesischen Taiping-Aufstandes flohen mehrere Gruppen von Ho-Milizen nach Südchina und schlossen sich zu Söldner- oder Räuberbanden zusammen. Die bekannteste war die Armee der Schwarzen Flagge, die Luang Prabang 1887 verwüstete und dabei praktisch jedes Kloster der Stadt zerstörte und plünderte. Infolge des Angriffs ging Luang Prabang ein Schutzbündnis mit den Franzosen ein und in der Königsstadt wurde ein französisches Kommissariat eingerichtet.

Die Franzosen behielten die Monarchie bei. Schon bald war die Stadt ein beliebter Zufluchtsort für französische Siedler, die ihre Heimat so weit wie möglich hinter sich lassen wollten. Noch bis zum Zweiten Weltkrieg dauerte eine Flussreise von Saigon nach Luang Prabang länger als die Überfahrt mit dem Dampfschiff von Saigon nach Frankreich!

Die Stadt überlebte eine Invasion der Japaner und blieb während der Indochinakriege der Monarchie treu, weshalb sie vor den US-Bombardierungen verschont blieb, denen praktisch alle anderen nordlaotischen Städte zum Opfer fielen. In den 1980er-Jahren führte die Kollektivierung der Wirtschaft zu einem Exodus von zahllosen Geschäftsleuten, Aristokraten und Intellektuellen. Da nur wenig Geld zur Verfügung stand und kaum Interesse bestand, den ehemaligen königlich-kolonialen Charme der Stadt zu bewahren, war Luang Prabang bald nur noch ein Schatten seiner selbst. Doch nach 1989 eröffneten neue und über lange Zeit geschlossene Läden, baufällige Villen wurden in Hotels und Pensionen umgewandelt. 1995 wurde die Stadt zum UNESCO-Welterbe erklärt, was den Prozess beschleunigte, zum internationalen Ansehen der Stadt beitrug und im Prinzip garantierte, dass alle neu errichteten Gebäude in der Altstadt dem ursprünglichen architektonischen Stadtbild angepasst werden mussten. Im 21. Jh. erreichte die Stadt eine so große internationale Beliebtheit, dass es heute in manchen Vierteln mehr Pensionen, Restaurants, Boutiquen und Galerien als Wohnhäuser gibt.

⊙ Sehenswertes

◎ Königspalast & Umgebung

★**Königliches Palastmuseum** MUSEUM
(ພະຣາຊວັງໂຮງຫຼວງແກວ, Ho Kham; Karte S. 44; ☑ 071-212470; Th Sisavangvong; Eintritt 30 000 Kip; ◷ Mi–Mo 8–11.30 & 13.30–16 Uhr, letzter Einlass 15.30 Uhr) Der ehemalige Königspalast, der 1904 erbaut wurde, vereint den traditionellen laotischen Stil mit französischer Beaux-Arts-Architektur. Er war die Hauptresidenz von König Sisavang Vong (reg. 1905–1959), dessen Statue vor dem Gebäude steht. Innen befinden sich die geschmackvollen schlichten Wohnräume der Königsfamilie. Mehrere Zimmer sehen noch fast so aus wie im Jahr 1975, als der König vom Pathet Lao gefangen genommen wurde. In separaten Nebengebäuden wird die **Fotoausstellung des Schwebenden Buddha** (Karte S. 44) mit meditierenden Mönchen und die fünfteilige Autosammlung des Königspalasts präsentiert.

Kein Schatz in Laos ist historisch bedeutender als der **Pha Bang** (ພະບາງ; Karte S. 44), ein 83 cm hoher Buddha aus Goldlegierung. Man gelangt dorthin, indem man an der südlichen Außenterrasse des Palasts Richtung Osten geht. Am Ende des Gebäudes kann man durch die Gitter in den Raum blicken. Der **Wat Ho Pha Bang** (ວັດຫໍພະບາງ; Karte S. 44) in der südöstlichen Ecke des Palastgartens wurde extra für den Pha-Bang-Buddha gebaut.

Vor Betreten des Museums muss man die Schuhe ausziehen und die Taschen in den Schließfächern gleich rechts vom Haupteingang deponieren. Fotografieren ist verboten.

LUANG PRABANG IN...

zwei Tagen

Nach dem Frühstück mit Kaffee und Croissants im **Le Banneton** (S. 55) erkundet man bei einem Bummel Tempel und historische Gebäude in der **Altstadt** von Luang Prabang. Auf jeden Fall sollte man sich den imposanten **Wat Xieng Thong** (S. 40) und das **Königliche Palastmuseum** mit der berühmten **Pha-Bang-Buddha-Statue** anschauen und sich auch durch die engen Gassen zwischen den Ufern des Mekong und des Nam Khan treiben lassen. Mittags lockt das **Joma Bakery Café** (S. 56) am langsam dahinfließenden Nam Khan, nach Sonnenuntergang kehrt man zum Abendessen in ein Restaurant am Ufer von Vater Mekong ein. Am zweiten Tag heißt es früh aufstehen, um das **tak bat** zu erleben: Die Mönche verlassen ihre Klöster und ziehen um Almosen bittend umher. Um die vielen Fotografen an der Hauptstraße zu vermeiden, folgt man den Mönchen durch das Innere der Halbinsel. Nach einem Besuch auf dem turbulenten **Morgenmarkt** (S. 55) bietet sich eine Bootstour flussaufwärts zu den **Pak-Ou-Höhlen** (S. 60) an. Wer noch Zeit hat, geht nachmittags wandern und badet an den Wasserfällen des **Tad Kuang Si** (S. 65). Ein köstliches laotisches Abendessen im **Tamarind** (S. 56) ist ein schöner Tagesabschluss; anschließend kann man sich ins Nachtleben stürzen, z. B. im coolen **Utopia** (S. 57).

vier Tagen

Hat man die Altstadt und die wichtigsten Sehenswürdigkeiten abgehakt, ist es Zeit für einen Adrenalinkick oder etwas Kultur. Abenteuerlustige können in der Umgebung wandern, radeln oder mit dem Kajak fahren. **Tiger Trail** (S. 49) oder Green Discovery (Karte S. 44; 071-212093; www.greendiscoverylaos.com; 44/3 Th Sisavangvong; 8–21 Uhr) sind zuverlässige Anbieter. Auf kulturell Interessierte warten z. B. die Kochkurse im **Tamarind** (S. 48) oder **Bamboo Tree** (S. 49), ein Webkurs bei **Ock Pop Tok** (S. 49) oder ein Besuch des hervorragenden **Traditional Arts & Ethnology Centre** (S. 39). Auf jeden Fall sollte man sich in den stilvollen internationalen Restaurants von Luang Prabang kulinarisch verwöhnen lassen, z. B. im **Tangor** (S. 55) oder **Blue Lagoon** (S. 57). Noch etwas? **La Pistoche** (S. 58) bietet eine Art Stranderlebnis in der Stadt. Und wer auf einem Tagesausflug Ziplining und eine Bootsfahrrt verbinden möchte, steuert das vor Kurzem eröffnete **Green Jungle Flight** (S. 65) an.

Autosammlung des Königspalasts
MUSEUM

(Karte S. 44; Gelände des Königspalasts; Mi–Mo 8–11.30 & 13.30–16 Uhr, letzter Einlass 15.30 Uhr) Zu der fünfteiligen Autosammlung des Königspalsts gehören zwei Lincoln Continentals aus den 1960er-Jahren, ein seltener Edsel Citation von 1958, ein heruntergekommener Citroën DS und auch ein Schnellboot aus Holz, mit dem der König flussaufwärts fuhr, um seinen Gemüsegarten zu besuchen.

Wat Mai Suwannaphumaham
BUDDHISTISCHER TEMPEL

(ວັດໃໝ່ສຸວັນນະພູມມອາຮາມ; Karte S. 44; Th Sisavangvong; 10 000 Kip; 8–17 Uhr) Der Wat Mai ist eines der prächtigsten Klöster der Stadt. Seine hölzerne *sĭm* (Versammlungshalle) hat ein fünfstöckiges Dach im typischen Luang-Prabang-Stil. Die goldenen Reliefs auf der unüblicherweise überdachten vorderen Veranda zeigen Szenen aus dem Dorfleben, dem *Ramayana* und von der vorletzten Geburt Buddhas. 1887 überstand die Wat Mai den Überfall chinesischer Ho-Banden, die ihn angeblich zu schön fanden, um ihn zu zerstören. Seit 1894 dient er als Sitz des Sangha-Rats (Oberster Patriarch des laotischen Buddhismus).

★ Phou Si
HÜGEL

(ພູສີ; Karte S. 44; 20 000 Kip; 8–18 Uhr) 329 Stufen führen auf den 100 m hohen Hügel Phou Si hinauf, der das ehemalige Stadtzentrum beherrscht. Die Anstrengung nimmt man aber gerne in Kauf, um die tollen Sonnenuntergänge zu beobachten. Oben thront der 24 m hohe vergoldete Stupa **That Chomsi** (ທາດຈອມສີ; Karte S. 44; im Eintritt zum Phou Si enthalten). Aus der Ferne wirkt das Bauwerk, als schwebe es wie ein Kronleuchter in der diesigen Luft, besonders nachts, wenn es erleuchtet ist.

Luang Prabang

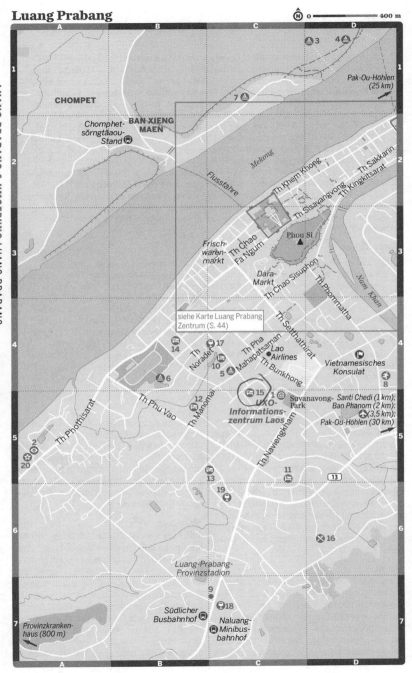

N 0 ▬▬▬▬▬ 400 m

CHOMPET

Chomphet-sŏrngtǎaou-Stand

BAN XIENG MAEN

Pak-Ou-Höhlen (25 km)

Mekong

Flussfähre

Th Khem Khong

Th Sisavangvong

Th Sakkarin

Th Kingkitsarat

Frisch-warenmarkt

Th Chao Fa Ngum

Phou Si

Dára-Markt

Th Chao Sisuphon

Nam Khan

Th Phommatha

siehe Karte Luang Prabang Zentrum (S. 44)

Th Setthathirat

14

Th Norad̄et

17

Th Pha Mahapatsaman

Lao Airlines

Th Bunkhong

Vietnamesisches Konsulat

8

10

5

6

12

Th Manomai

15

1

UXO-Informations-zentrum Laos

Suvanavong-Park

Santi Chedi (1 km); Ban Phanom (2 km); (3,5 km); Pak-Ou-Höhlen (30 km)

Th Phu Vao

Th Phothisarat

2

20

13

11

13

19

16

Luang-Prabang-Provinzstadion

9

Südlicher Busbahnhof

18

Provinzkranken-haus (800 m)

Naluang-Minibus-bahnhof

Luang Prabang

Neben einem Fahnenmast steht eine kleine Kanone, die in den Kriegsjahren zur Abwehr von Flugzeugen verwendet wurde.

Erklimmt man den Phou Si von der Nordseite aus, lohnt sich ein Zwischenstopp am **Wat Pa Huak** (ວັດປ່າຮວກ; Karte S. 44; Eintritt gegen Spende). Die vergoldeten und geschnitzten Holztüren sind meist geschlossen, aber ein Wärter öffnet Besuchern gegen ein Trinkgeld die Tür. Die Wandmalereien im Tempelinneren stammen aus dem 19. Jh. und zeigen historische Szenen vom Mekong-Ufer, z. B. chinesische Diplomaten und Krieger, die auf dem Fluss und mit Pferdekarawanen anreisen.

Den That Chomsi kann man auch von der Süd- und der Ostseite aus erreichen. Zwei Pfade führen durch den großen **Wat Si Phutthabat Thippharam** (ວັດສີພຸດທະບາດ; Karte S. 44) GRATIS und zu einem interessanten Miniaturschrein, der einen **Fußabdruck von Buddha** (Karte S. 44) GRATIS bewahrt – allerdings müsste Buddha dafür die Größe eines Brontosaurus gehabt haben. Unmittelbar südwestlich davon stehen einige neue vergoldete Buddhas in Felsspalten und Nischen rund um den **Wat Thammothayalan** (Karte S. 44); der Besuch ist kostenlos, wenn man nicht weiter bis zum That Chomsi klettert.

Wat Pa Phon Phao   BUDDHISTISCHER TEMPEL
GRATIS Auf einem Spaziergang oder mit dem Fahrrad ist der Wat Pa Phon Phao, 3 km nordöstlich der Stadt bequem zu erreichen. Der Meditationstempel im Wald ist für die Lehren des einstigen Tempelvorstehers Ajahn Saisamut bekannt. Dessen Beerdigung im

Jahr 1992 war eines der größten und meistbesuchten Begräbnisse eines Mönchs in den vergangenen Jahrzehnten.

TAEC   MUSEUM
(Traditional Arts & Ethnology Centre; Karte S. 44; ☑ 071-253364; www.taeclaos.org; nahe Th Kitsarat; 25 000 Kip; ⊕ Di–So 9–18 Uhr) ✔ Ein Besuch in den drei Ausstellungsräumen dieses professionell konzipierten Museums ist ein Muss, besonders wenn man eine Wanderung plant, denn hier lernt man viel über die zahlreichen Bergvölker in Nordlaos. Es gibt genug zu sehen, ohne dass Einsteiger überfordert wären. Neben einigen Volkstrachten ist hier die hervorragende neue Ausstellung „Kulturelle Errungenschaften: Von lebenden Pflanzen bis zum Handwerk" zu sehen. Das TAEC liegt in der ehemaligen Villa eines französischen Richters, die in den 1920er-Jahren zu den prunkvollsten Gebäuden der Stadt zählte. Es gibt ein Café und einen Laden, in dem Kunsthandwerk, Kunstdrucke und Bilder verkauft werden.

◎ Xieng-Mouane-Bezirk

Wat Pa Phai   BUDDHISTISCHER TEMPEL
(ວັດປ່າໄຜ່; Karte S. 44; Th Sisavang Vatthana) Über der vergoldeten, mit Holzschnitzereien verzierten Fassade des Wat Pa Phai sieht man ein klassisches Thai-Lao-Fresko mit Alltagsszenen aus dem Leben in Laos gegen Ende des 19. Jhs.

Villa Xieng Mouane   ARCHITEKTUR
(ເຮືອນມໍລະດົກຊຽງມ່ວນ; Karte S. 44; Th Xotikhoumman) Fußwege führen von der Einkaufs-

straße zurück in eine kleine, ruhige und palmenbeschattete Oase, die sich rund um die Villa Xieng Mouane erstreckt. Das authentische traditionelle Langhaus steht auf Baumwurzeln und wird z. B. für gelegentliche Ausstellungen genutzt.

Heritage House Information Centre
AUSSTELLUNG

(Karte S. 44; ⊙ Mo–Sa 9–17 Uhr) An den Computern des benachbarten Heritage House Information Centre findet man Fotos und Beschreibungen zu den zahlreichen von der UNESCO gelisteten historischen Gebäuden der Stadt.

Wat Xieng Mouane
BUDDHISTISCHER TEMPEL

(ວັດຊຽງມ່ວນ; Karte S. 44; Th Xotikhoumman; ⊙ 8–17 Uhr) GRATIS Die Decke des Wat Xieng Mouane in der Altstadt ist mit goldenen *nagas* (Flussschlangen) bemalt. Nagas schmücken auch beide Enden der fein gearbeiteten *háang thíen* (Kerzenleisten). Mit Unterstützung der UNESCO und Neuseelands wurden die Räume der Mönche zu einem Klassenzimmer für Novizen und Mönche modernisiert. Hier erlernen junge Mönche Holzschnitzerei und Malerei sowie den Guss von Buddhafiguren und weitere Fähigkeiten, die sie benötigen, um Luang Prabangs Tempel zu erhalten. Weil Aktivitäten dieser Art nach der Revolution 1975 gänzlich eingestellt wurden, herrscht heute ziemlicher Nachholbedarf.

Wat Choumkhong
BUDDHISTISCHER TEMPEL

(ວັດຈຸມຄອງ; Karte S. 44; Th Xotikhoumman) GRATIS Der Garten um den kleinen Wat Choumkhong ist besonders reizvoll, wenn die Weihnachtssterne leuchtend rot blühen. Seinen Namen erhielt das 1843 errichtete Gebäude nach einer Buddhafigur, die aus einem eingeschmolzenen Gong gegossen wurde.

◉ Der obere Teil der Halbinsel

Auf der vom Mekong und vom Nam Khan geformten Nordspitze der Halbinsel erstrecken sich zahlreiche Klöster. Eine Weile vor Sonnenaufgang hallen die Gebäude von mysteriösen Trommelklängen wider, und wenn sich der Morgennebel auflöst, entströmen ihnen stumme Prozessionen von safranfarben gekleideten Mönchen. Am bekanntesten ist der Wat Xieng Thong, doch die vielen anderen Tempel sind häufig ruhiger, weniger touristisch und auf ihre Weise faszinierend.

Wat Xieng Thong

Von einem schönen Aussichtspunkt beim Hotel Mekong Riverside blickt man auf die Flussgabelung. An der äußersten Spitze der Halbinsel führt eine Bambusbrücke, die zu jeder Trockenzeit neu gebaut wird, über den Nam Khan (hin & zurück 5000 Kip Maut) zu einem „Strand" mit einer schlichten Bar. Hier kann man den Sonnenuntergang genießen. Gleichzeitig ist die Brücke eine Abkürzung ins etwa 1 km weiter nordöstlich gelegene Ban Xang Khong.

★ Wat Xieng Thong
BUDDHISTISCHER TEMPEL

(ວັດຊຽງທອງ; Karte S. 44; nahe Th Sakkarin; 20 000 Kip; ⊙ 8–17 Uhr) Das Herzstück von Luang Prabangs bekanntestem Kloster ist eine *sĭm* (Versammlungshalle) von 1560. Ihr Dach reicht tief hinab bis auf den Boden, und an der westlichen Außenwand ist ein eigenwilliges Mosaik mit dem „Baum des Lebens" zu sehen. In der Nähe stehen mehrere Stupas sowie drei *hŏr* genannte Kapellen. Die wie ein großes Grab geformte **Hŏr Đai** beherbergt heute einen stehenden Buddha. Die **Hŏr Đai Pha Sai-nyàat** (Heiligtum des liegenden Buddhas) wurde von den Franzosen La Chapelle Rouge (Rote Kapelle) getauft. Innen befindet sich ein besonders seltener liegender Buddha.

Wat Pakkhan
BUDDHISTISCHER TEMPEL

(ວັດປາກຄານ; Karte S. 44; Th Sakkarin) GRATIS Ursprünglich stammt der Wat Pakkhan aus dem Jahr 1737, doch er wurde zu Beginn des 20. Jhs. neu errichtet. Er verfügt über ein schlichtes und ansprechend altmodisches Aussehen mit abgewinkelten Streben, die das untere der beiden Dächer stützen. Die ockerfarbene Kolonialvilla auf der anderen

Straßenseite, die heute mehrere **UNESCO-Büros** beherbergt, war einst das Zollamt der Stadt.

Wat Souvannakhili   BUDDHISTISCHER TEMPEL
(ວັດສຸວັນນະຄີລີ, Wat Khili; Karte S. 44; nahe Th Sakkarin) GRATIS Das auffälligste Kloster vor Ort sieht eher wie eine Villa aus der Kolonialzeit aus. Seine kleine *sǐm* gilt als Paradebeispiel des heute seltenen Xieng-Khouang-Stils.

Wat Sensoukaram   BUDDHISTISCHER TEMPEL
(ວັດແສນສຸກາອາຣາມ; Karte S. 44; Th Sakkarin) GRATIS Mit einer prächtigen tiefroten und goldverzierten Fassade wartet der Wat Sensoukaram auf. Angeblich bezieht sich sein Name auf die Spende von 100 000 Kip, die für seinen Bau gemacht wurde – 1718 war das ein anständiges Sümmchen.

◉ Rund um den Wat Wisunarat (Wat Visoun)

Zwei der historisch wichtigsten Tempel von Luang Prabang stehen unter Palmyrapalmen auf schönen, allerdings vom Verkehr umtosten Grundstücken, von denen man hinauf zum Phou Si blickt.

Wat Wisunarat   BUDDHISTISCHER TEMPEL
(ວັດວິຊຸນ, Wat Visoun; Karte S. 44; Th Wisunarat; Eintritt 20 000 Kip; ◷ 8–17 Uhr) Obwohl er als einer der ältesten noch genutzten Tempel der Stadt beworben wird, handelt es sich tatsächlich um einen Nachbau von 1898, der nach den Angriffen durch die Armee der Schwarzen Flagge entstand. Hier kann man eine Sammlung alter vergoldeter, um Regen bittender Buddhas mit langen Armen

---

TAK BAT – DIE ALMOSENPROZESSION DER MÖNCHE

Jeden Morgen bei Tagesanbruch ziehen safrangelb gekleidete Mönche barfuß durch die Straßen, um in ihren Bettelschalen Klebreisbällchen von frommen Stadtbewohnern einzusammeln. So befolgen sie ihr Armuts- und Demutsgelübde, während die gläubigen Einheimischen einen spirituellen Gewinn aus dem respektvollen Geben ziehen.

Ruhige, meditative Prozessionen dieser Art finden zwar in ganz Laos statt, doch die friedliche Atmosphäre in der Altstadt von Luang Prabang und die einmalige Anzahl nebelumwobener Tempel sorgen entlang der Th Sakkarin und der Th Kamal am Morgen für eine besonders romantische Stimmung. Leider führt das dazu, dass sich unter die Teilnehmer immer mehr Touristen mischen. Trotz regelmäßiger Kampagnen, in denen Besucher gebeten werden, den Mönchen mit ihren Kameras nicht zu nahe zu kommen, halten viele keinen angemessenen Abstand. Feinfühlige Beobachter, die nicht an der Prozession teilnehmen, sollten:

➡ auf der anderen Straßenseite stehen oder das Ganze (wenn möglich) unauffällig vom Fenster ihres Hotels aus beobachten,

➡ keine Fotos machen oder die Mönche zumindest nur aus größerer Entfernung mit Zoom und niemals mit Blitz knipsen,

➡ die Stille wahren (zu Fuß oder mit dem Fahrrad kommen und sich nicht unterhalten).

Wer unbedingt an der Prozession teilnehmen möchte, kann das tun, sollte sich aber nicht fotografieren lassen. Vorher muss man sich ein wenig vorbereiten, um nicht negativ aufzufallen. Außerdem sollte man sich während der Prozession nicht von Verkäufern zur halbherzigen Teilnahme beschwatzen lassen: Sie profitieren von der Kommerzialisierung und bieten oftmals überteuerten schlechten Reis an. Diesen zu geben ist schlimmer, als gar nichts in die Schalen zu legen. Stattdessen bittet man das Personal in seinem Gästehaus, etwas *kao kai noi* (der hochwertige Klebreis) zu kochen. Alternativ kauft man ihn frisch zubereitet auf dem Morgenmarkt und transportiert ihn in einem unauffälligen Körbchen, niemals in einer Plastiktüte. Ebenso wie für den Besuch eines Tempels ist respektvolle Kleidung ein Muss (Oberarme und Brust sind bedeckt, Frauen tragen lange Röcke, Männer lange Hosen). Um den Geschmack der Reisbällchen nicht zu verändern bzw. diese nicht zu verschmutzen, wäscht man sich vorher die Hände und benutzt keine Parfums oder Cremes.

Vor Ort zieht man die Schuhe aus und bedeckt die linke Schulter mit einer Schärpe oder einem Schal. Frauen sollten mit nach hinten geknickten Füßen knien (nicht sitzen), Männer stehen. Keinen Augenkontakt mit den Mönchen herstellen.

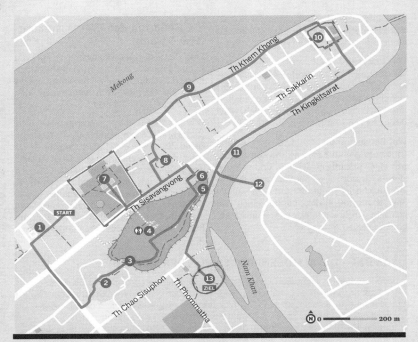

🏃 Spaziergang
Das alte Luang Prabang

START MORGENMARKT
ZIEL UTOPIA
LÄNGE/DAUER 4,5 KM; 4–5 STD.

Dieser Spaziergang durch das Herz der Altstadt dauert mit zahlreichen Zwischenstopps etwa einen halben Tag. Wir empfehlen, früh aufzubrechen, um nicht in die Nachmittagshitze am Phou Si zu geraten. Achtung: Dienstags sind die Museen geschlossen. Will man nur etwas Atmosphäre schnuppern und die Cafés besuchen, ist die Tour jederzeit machbar.

Nach einem Bummel über den **1 Morgenmarkt** (S. 55) und Frühstück vor Ort geht's zum **2 TAEC** (S. 39) und seiner hervorragenden kleinen Ausstellung zur ethnischen Vielfalt im Norden von Laos. Anschließend läuft man durch das untouristische Labyrinth aus Wohnhäusern zur Südseite des **3 Phou Si** (S. 37). Bevor es tagsüber zu heiß wird, geht's zum **4 That Chomsi** (S. 37) hinauf. Bei diesem Wetter schlendert man um den Hügel herum und am gigantischen **5 Fußabdruck von Buddha** (S. 39) vorbei hinab zur Hauptstraße durch den **6 Wat Si Phuttha-**bat Thippharam (S. 39). Wer um 11 Uhr hier ist, kann das **7 Königliche Palastmuseum** (S. 36) besuchen und sehen, wie die laotische Königsfamilie bis 1975 lebte. Außerdem gibt's hier die Pha-Bang-Buddha-Statue zu bewundern. Dann geht's über die von Palmen beschatteten Fußwege des **8 Xieng-Mouane-Bezirks** zum **9 Mekong-Ufer** mit einladenden Caféterrassen und laotisch-französischen Kolonialhäusern. Wer die atmosphärischen Wats noch nicht in der Morgendämmerung nach der Almosenprozession der Mönche erkundet hat, sollte bei einem Streifzug über die Halbinsel ein paar Abstecher einplanen, insbesondere zum bekannten **10 Wat Xieng Thong** (S. 40). Auf dem Rückweg bummelt man ein Stück am reizvollen **11 Nam-Khan-Ufer** entlang. In der Trockenzeit kann man die Bambusbrücke überqueren und sich ein Mittagessen im **12 Dyen Sabai** (S. 56) gönnen. Wenn es keine Brücke gibt (Juni–Nov.) oder man nachmittags unterwegs ist, bietet sich eine Rast im **13 Utopia** (S. 57) an, um bei einem Drink die Ruhe und den Blick zum Nam Khan zu genießen.

anschauen. Die Figuren wurden aus mehreren verlassenen oder zerstörten Tempeln gerettet und gemeinsam mit mittelalterlichen geweihten Steinen hierhergebracht.

That Makmo
BUDDHISTISCHER SCHREIN

(ທາດໝາກໂມ; Karte S. 44; Th Phommatha) Der halbkugelige füllige Stupa wird von den Stadtbewohnern That Makmo genannt, was so viel wie „Wassermelonen-Stupa" bedeutet. Er wurde 1503 errichtet und während der Zerstörungen 1887 auf der Suche nach versteckten Schätzen ausgeplündert. Seit seiner letzten Renovierung im Jahr 1932 ist er in grauen Beton gehüllt.

⊙ Südlich des Zentrums

UXO-Informationszentrum Laos
MUSEUM

(Karte S. 38; ☎ 071-252073, 020-22575123; www.uxolao.gov.la; nahe Th Naviengkham; Eintritt gegen Spende; ⊙ Mo–Fr 8–11.45 & 14–16 Uhr) Ein Besuch in diesem ernüchternden Informationszentrum fördert das Verständnis für die Verwüstung Laos' im Zweiten Indochinakrieg und für die tödliche Gefahr, die noch 40 Jahre später im laotischen Alltag von Blindgängern ausgeht. In Phonsavan gibt's ein ähnliches Zentrum. Im September 2016 kündigte Ex-Präsident Obama an, dass die USA zusätzliche 90 Million US-Dollar bereitstellen würden, um in den nächsten drei Jahren das Problem der Blindgänger in Laos zu mildern.

Wat Manorom
BUDDHISTISCHER TEMPEL

(ວັດມະໂນລົມ, Wat Mano, Wat Manolom; Karte S. 38; Th Pha Mahapatsaman) GRATIS Gewundene Gassen führen in Richtung Westen zu diesem Tempel, der inmitten von Frangipanibäumen außerhalb der nicht mehr erhaltenen Stadtmauern steht. Er ist vermutlich der älteste Wat in Luang Prabang. Seine *sĭm* beherbergt die 6 m hohe Statue eines sitzenden Buddhas aus dem Jahr 1372. Während der Invasionen 1887 wurde die Figur zertrümmert und 1919 aus Bruchstücken rekonstruiert. 1971 ersetzte man die fehlenden Gliedmaßen durch mit Blattgold verzierte Betonteile.

Wat That Luang
BUDDHISTISCHER TEMPEL

(ວັດທາດຫຼວງ; Karte S. 38; 10 000 Kip; ⊙8–18 Uhr) Die traditionelle Begräbnisstätte des laotischen Königshauses, der Wat That Luang, soll im 3. Jh. v. Chr. von Missionaren des Herrschers Ashoka errichtet worden sein. Ihre große *sĭm (Versammlungshalle)* ist ein Nachbau von 1818; die belaubten Kapitelle

---

ABSTECHER

LIVING LAND FARM

Living Land (☎ 020-77778335, 020-55199208; www.livinglandlao.com; Ban Phong Van; Tour 344 000 Kip pro Pers.; ⊙8.30–12 Uhr) ✈ liegt ca. 5 km außerhalb von Luang Prabang an der Straße zum Tad Kuang Si. Bei dieser hervorragenden Reis-Kooperative kann man einen halben Tag verbringen, um zu lernen, wie Klebreis, das in Laos allgegenwärtige Gericht, gepflanzt und kultiviert wird. Dazu wird das Reisfeld mit dem geselligen Wasserbüffel Rudolph vorbereitet, wobei man knietief im Schlamm versinkt. Kinder sind begeistert! Anschließend schmeckt der Reis so gut wie nie zuvor.

Living Land unterstützt die Ausbildung von Kindern aus benachteiligten Familien der lokalen Gemeinde.

---

sehen eher korinthisch als indisch aus. Flankiert wird die Halle von zwei Stupas. Der größere enthält angeblich die sterblichen Überreste von König Sisavang Vong, obwohl er 1910 erbaut wurde, also schon 50 Jahre vor dessen Tod.

Ock Pop Tok
Living Crafts Centre
KUNSTHANDWERKSZENTRUM

(OPT; Karte S. 38; ☎ 071-212597; www.ockpoptok.com; ⊙9–17 Uhr) ✈ Die schön angelegte Werkstatt im traditionellen Stil, in der Weber, Spinner und Batikhersteller hochwertige Stoffe fabrizieren, liegt erfreulich nah am Mekong und bietet halbstündlich kostenlose Führungen an. Das tolle Café mit Blick auf den Fluss serviert Getränke und hervorragendes laotisches Essen. Außerdem kann man eine Tasse des überraschend leckeren Tees aus Exkrementen der Seidenraupe probieren. Oder – und das ist vielleicht noch besser – man nimmt an einem Kurs zum Verarbeiten von Bambus teil (S. 49).

⊙ Am anderen Mekong-Ufer

Eine eher „dörfliche" Atmosphäre herrscht in Muang Chomphet am anderen Ufer des Mekong. Um dorthin zu kommen, nimmt man die Fähre (Einheimische/Ausländer 2000/5000 Kip) ab dem Schifffahrtsamt (S. 64) hinter dem Königspalast. Die Boote legen ab, sobald genügend Passagiere an Bord sind. Alternativ wird man von mehreren Stellen

Luang Prabang Zentrum

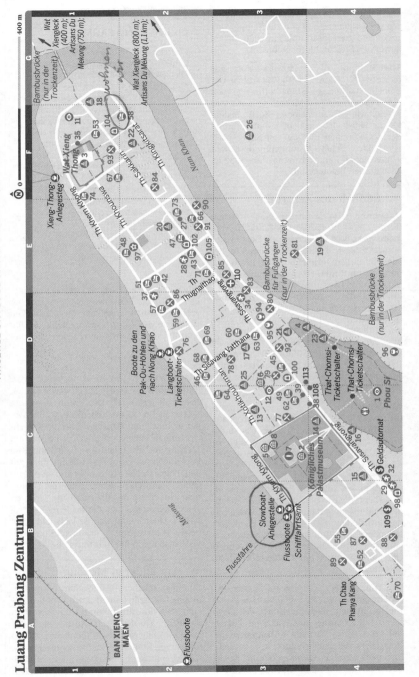

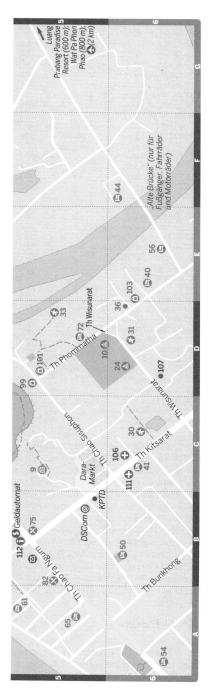

in Luang Prabang zu praktisch jedem Fleckchen am Nordufer gebracht (20 000 Kip pro Boot). Wenn der Wasserpegel stimmt, macht es Spaß, einen solchen Kahn zu mieten und sich zum Wat Longkhun (S. 45) übersetzen zu lassen. Von dort kann man über Ban Xieng Maen zur Hauptanlegestelle zurückspazieren. Da sich die Sandbank je nach Saison verändert, ist es allerdings nicht immer möglich, den Wat Longkhun anzusteuern.

Am anderen Ufer werden oberhalb des Fähranlegers in einer Filiale von **Jewel Travel Laos** (Karte S. 44; ☎ 020-55687663; www.jeweltravellaos.com; Sisavangvong Rd, Ban Xieng Muane; ⏲ 8–16 Uhr; ☎) Mountainbikes (50 000 Kip pro Tag) verliehen. Um die schönen Tempel zu besuchen, die sich vom verkehrsberuhigten Dorf Ban Xieng Maen am Fluss entlang gen Osten erstrecken, braucht man jedoch weder ein Rad noch einen Plan.

Wat Xieng Maen BUDDHISTISCHER TEMPEL
(ວັດຊຽງແມນ; Karte S. 38; Ban Xieng Maen; 10 000 Kip) 1592 gegründet, erlangte dieser Tempel 1867 besonderen Ruhm, als er für sieben Nächte den Pha Bang (S. 36) beherbergte, der nach 40 Jahren in thailändischer Hand nach Luang Prabang zurückkehrte. In der erneuerten und heute ziemlich bunten *sĭm* (Versammlungshalle) steht eine schöne Buddha-„Familie". Die Namen der US-amerikanischen Spender, die ihre Renovierung finanziell unterstützt haben, sind auffällig in die verzierten Säulen eingearbeitet.

Wat Chomphet BUDDHISTISCHER TEMPEL
(ວັດຈອມເພັດ; Karte S. 38; Ban Xieng Maen; ⏲ 8–17 Uhr) Ban Xieng Maens lange, schmale und von Ziegeln eingefasste „Straße" wird langsam zu einem holprigen Pfad. Am Ende ist sie kaum mehr als ein steiniger Fußweg. Etwa an dieser Stelle führt eine gut sichtbare Treppe mit 123 Stufen hinauf zum Wat Chŏmpet aus dem Jahr 1888. Vor dem Gebäude erheben sich zwei ergraute Pagoden. Der Tempel auf dem Hügel ist fast leer, dafür hat man von oben einen ungetrübten Blick auf den Ort und den Fluss.

Wat Longkhun BUDDHISTISCHER TEMPEL
(ວັດລອງຄູນ; Karte S. 38; Ban Xieng Maen; 10 000 Kip; ⏲ 8–17 Uhr) Wenn die Krönung eines Königs von Luang Prabang anstand, verbrachte der neue Herrscher hier drei Tage, bevor er den Thron bestieg. Eine der alten Wandmalereien in der zentralen *sĭm* (Versammlungshalle) zeigt, wie ein riesiger Fisch schiffbrüchige Seeleute angreift. Am Ticketschalter bekommt man den Schlüssel

Luang Prabang Zentrum

für den Besuch der **Tham Sakkalin** (im Eintritt für den Wat Longkhun enthalten), eine feuchte, rutschige, 100 m lange Kalksteinhöhle. Zuerst spaziert man drei Minuten lang in Richtung Osten, dann geht's ein paar Stufen hinauf. In der Höhle lagern einige Buddha-Fragmente. Taschenlampe mitbringen!

◉ Am anderen Ufer des Nam Khan

Sobald in der Trockenzeit der Wasserpegel deutlich gesunken ist, werden Fußgängerbrücken aus Bambus (2000 Kip) gebaut, über die man ans Ostufer des Nam Khan und in die halbländlichen Gegenden gelangt. Bei hohem Wasserstand (von Juni bis November) verschwinden die Brücken.

Wer die südliche Bambusbrücke überquert und einige Treppenstufen hinaufläuft, kommt zum wunderbaren Gartencafé Dyen Sabai (S. 56) neben dem **Wat Punluang** (Karte S. 44; Ban Phan Luang) GRATIS. Die Straße, die nach links abzweigt, führt zu den Ruinen des Tempels **Watpakha Xaingaram** (Karte S. 44) GRATIS und zum **Wat Xiengleck** GRATIS im idyllisch-verfallenen Angkor-Stil. 500 m dahinter erstreckt sich Ban Xang Khong mit einer 400 m langen Zeile alter Häuser und Kunsthandwerksläden, in denen man Webern und Papierherstellern bei der Arbeit zuschauen kann. Die optisch auffälligste Werkstatt mit Galerie ist **Artisans du Mekong** (Ban Xang Khong; ◉ 9–16 Uhr) hinter einem gewaltigen „Stoßzahn-Tor". Sie hat ein nettes Café.

✦ Aktivitäten

Einige der beliebtesten Aktivitäten finden in der ländlichen Umgebung von Luang Prabang statt. Im Zentrum dreht sich alles um Yoga, Massagen und Kochkurse.

Yoga

Luang Prabang Yoga YOGA
(Karte S. 44; www.luangprabangyoga.org; Kurs 1/1½
Std. 40 000/60 000 Kip; ☺ Kurse meist um 7.30 &
17 Uhr) Runterkommen, entspannen und die
Seele auf die relaxte Atmosphäre der Stadt
einpendeln – das klappt am besten bei Yo-
gakursen an heiteren Orten, vom grünen
Garten am Flussufer des Utopia (S. 57) bis
zu Dachterrassen mit Aussicht auf den Sonnenuntergang. Die Yoga-Vereinigung der
Stadt informiert auf ihrer Webseite aktuell
über Kurstermine und Orte. Wir haben diese Einrichtung als gut betriebenes Netzwerk
qualifizierter Lehrer erlebt. Alle Niveaus
sind willkommen.

Luang Prabang Yoga bietet auch entspan-
nende dreitägige Yoga-Ferien in dem herrlichen Mandala Ou Resort (S. 89) in Nong
Khiao an. Informationen unter www.laosyo
garetreats.com

Massagen & Saunas

Laotisches Rotes Kreuz MASSAGE, SPA
(Karte S. 44; ☎ 071-253448; Th Wisunarat; Sauna
15 000 Kip, 1 Std. traditionelle/aromatherapeutische
Massage 50 000/80 000 Kip; ☺ 7–22.30 Uhr)
Das blaue Haus im traditionellen laotischen
Stil wurde kürzlich renoviert. Bevor die
Hipster kamen, war es ein ursprünglicher
Ort für Sauna und Massage. Es mag un-
scheinbar wirken, aber gut geschultes Peso-
nal führt hier erstklassige Massagen durch
und in der herrlichen Sauna gibt's Aufgüs-
se mit Heilpflanzen, die wirkungsvoll die
Atemwege freimachen. Inzwischen ist eine
Klimaanlage vorhanden.

Der Erlös geht direkt an Hilfsprojekte für
die ärmsten Dörfer des Landes.

Dhammada MASSAGE
(Karte S. 44; ☎ 071-212642; www.dhammada.com;
Namneua Lane; Fuß- /Aromatherapie-Massage pro

LUANG PRABANG MIT KINDERN

Tempel und Museen sind mit lebhaften Kindern vielleicht nicht das ideale Programm, aber in und um Luang Prabang gibt's inzwischen zahlreiche Attraktionen, die ihnen gefallen werden. Kinder jeden Alters haben Spaß an den natürlichen Schwimmbecken und Ziplines des **Tad Kuang Si** (S. 65) und **Tad Sae** (S. 66). Am Tad Kuang Si kann man auch faszinierende Asiatische Braunbären in ihrem eindrucksvollen Gehege beobachten. Neu in Kuang Si sind der **Kuang-Si-Schmetterlingspark** (S. 65) und **Green Jungle Flight** (S. 65). Bootsfahrten auf dem Mekong, z. B. zu den **Pak-Ou-Höhlen** (S. 65), sind eine schöne Ablenkung für angehende Forscher.

Auf größere Kinder warten Aktivitäten in der Umgebung, z. B. Rad- oder Kajakfahren. Kleinere können auch ein wenig Zeit auf dem Spielplatz und mit den Ziplines der ABC School (Karte S. 38; ☑020-56920137; 20 000 Kip pro Kind; ☉Mo–Fr 15–21, Sa & So 9–21 Uhr) verbringen. In der Stadt gibt's viele familienfreundliche Cafés, aber wenn die Kinder von einem Swimmingpool träumen, ist es wahrscheinlich am besten, sich außerhalb der Altstadt einzuquartieren oder tagsüber ins relaxte **La Pistoche** (S. 58) zu fahren.

Std. 100 000/160 000 Kip; ☉11–23 Uhr) Zu den besten Einrichtungen der Stadt zählt dieser stilvolle, rustikale Ort hinter einem kontemplativen Lotus-Teich. Wie immer bei Massagen hängt es davon ab, wer sie durchführt und wie engagiert der Masseur ist; daher bekam das Dhammada gute und schlechte Kritiken. Uns hat es gefallen. Es wird von Kranchit betrieben und ist entspannt, sauber und erholsam.

Flusskreuzfahrten

Mekong River Cruises KREUZFAHRT
(Karte S. 44; ☑030-78600017, 071-254768; www.cruisemekong.com; 22/2 Th Sakkarin, Ban Xieng Thong; Kreuzfahrt mit Flug von/ab Bangkok 1650–2980 US$ pro Pers.) Mekong River Cruises bietet mit dem fantastischen Boot *Mekong Explorer* eine luxuriöse Möglichkeit, den Mekong in Isan zu erkunden. Die einwöchigen und längeren Kreuzfahrten von Ubon Ratchathani bis Nong Khai sind von November bis März möglich. Die Länge der Touren und andere Faktoren können sich saisonal bedingt je nach Wasserstand ändern. So startet und endet die Tour von April bis Oktober z. B. in Nakhon Phanom.

Neben Sightseeing vom Deck aus und Massagen an Bord werden zahlreiche Exkursionen angeboten. Buchen kann man über **Thai Drem Tours** (☑043 332113; www.thaidreamtours.com) und Isan Explorer (☑085 354 9165; www.isanexplorer.com) in Khon Kaen.

Shompoo Cruise KREUZFAHRT
(Karte S. 44; ☑071-213190; www.shompoocruise.com; Th Khem Khong; Kreuzfahrt mit Frühstück und zwei Mittagessen 110 US$) Shompoo bietet zweitägige Kreuzfahrten zwischen Houay Xai und Luang Prabang, bei denen man den Mekong stilvoll von einem komfortablen Langboot aus entdeckt. Außerdem ist es preiswerter als bei anderen Anbietern derselben Tour. Abfahrt am Xieng-Thong-Anleger (Karte S. 44).

Luang Say Cruise KREUZFAHRT
(Mekong Cruises; Karte S. 44; ☑071-254768; www.luangsay.com; 50/4 Th Sakkarin; Kreuzfahrt 362–490 US$; ☉9.30–21.30 Uhr) Die wahrscheinlich luxuriöseste Art, den Mekong auf einer Zweitagestour nach/ab Houay Xay an der thailändischen Grenze zu bereisen! Die Boote mit Holzelementen sind sehr romantisch und der Service ist großartig. Die Preise variieren je nach Saison. Abfahrt am Xieng-Thong-Anleger.

Banana Boat Laos KREUZFAHRT
(Karte S. 44; ☑071-260654; www.bananaboatlaos.com; Ma Te Sai, Th Sisavangvong) Das Unternehmen bekommt gute Kritiken für seine kombinierten Touren, z. B. zu den Pak-Ou-Höhlen und zum Kuang-Si-Wasserfall. Toll ist auch die Sonnenuntergangstour mit Tempelbesichtigung. Am beliebtesten ist die Tour zum Kuang-Si-Sun-Bärenreservat (sie kostet 45 US$ pro Pers. zu zweit, in Gruppen weniger). Das Boot ist komfortabel und das Personal spricht ein wenig Englisch.

🍴 Kurse

★**Tamarind** KOCHEN
(Karte S. 44; ☑020-77770484; www.tamarindlaos.com; Ban Wat Nong; Kurs ganztägig/abends 285 000/215 000 Kip) Tamarind veranstaltet eintägige Kochkurse in einem Pavillon am Teich. Die Teilnehmer treffen sich morgens im Restaurant, dann geht's zum Markt, um die Zutaten für klassische Gerichte wie *mok*

pa (gedünsteter Fisch in Bananenblättern) einzukaufen. Die Abendkurse beeinhalten keinen Marktbesuch.

Ock Pop Tok KURSE
(Karte S. 38; ☑ 071-212597; www.ockpoptok.com; halb-/ganztägiger Kurs im Verarbeiten von Bambus 240 000/284 000 Kip, Hmong-Batik-Kurs 480 000/640 000 Kip, dreitägiger Kurs im Färben mit Naturfarben und Weben 1 584 000 Kip; ☺ Mo–Sa 8.45–16 Uhr) 🏊 Bei Ock Pop Tok lernt man Schals und Textilien zu weben oder kann an einem halbtägigen Kurs im Verarbeiten von Bambus teilnehmen. Die Lehrer sind erfahrene Kunsthandwerker. Man darf sein eigenes Erzeugnis behalten, im Preis ist zudem ein Mittagessen inbegriffen. 2 km hinter dem Phusy-Markt gelegen, ein *tuk-tuk* holt die Teilnehmer kostenfrei ab und bringt sie wieder zurück.

Bamboo Tree Cooking Class & Restaurant KOCHEN
(Karte S. 44; ☑ 020-22425499; bambootreelp@live.com; Th Sakkarin; Kochkurs 250 000 Kip; ☺ 9–22 Uhr, Kurse von 9–14 Uhr) Die Lehrer sind renommierte Küchenchefs und leiten in dem großen luftigen Restaurant des Bamboo Tree zum Kochen von fünf oder sechs laotischen Speisen an, z. B. *láhp* (Salat aus Schweinehack mit Minze, Schalotten und Koriander). Die Teilnehmer bekommen ein Kochbuch zum Mitnehmen.

👉 Geführte Touren

★ Motolao ABENTEUER
(Karte S. 44; ☑ 020-54548449; www.motolao.com; Ban Phone Peang Rd; ☺ 9–18 Uhr) Motolao zählt zu den besten Motocross-Reiseagenturen im ganzen Land. Bei einer fantastischen Zweirad-Odyssee erlebt man das authentische laotische Leben in den abgelegenen Gegenden, die sonst schwer erreichbar sind. Motolao bietet bestes Material und gut gewartete Motorräder; es gehört zu dem zuverlässigen Betreiber **Tiger Trail** (Karte S. 44; ☑ 071-252655; www.laos-adventures.com; Th Sisavangvong; geführte Touren ab 50 US$; ☺ 8.30–21 Uhr) 🏊. Vermietet werden auch Mountainbikes (50 000 Kip pro Tag) und 250-ccm-Hondas (50 US$ pro Tag).

E-Bus Tour BUS
(Karte S. 38; ☑ 071-253899; www.laogreengroup.com; geführte Tour 40 US$, Kinder unter 10 Jahren frei; ☺ geführte Touren morgens 8.30–12.30, nachmittags 13–17.30 Uhr) Der E-Bus von Lao Green Travel bietet geführte City-Touren für bis zu sechs Passagiere. Dabei besucht man den örtlichen Markt und den Königspalast und lernt viel über laotische Architektur, während man den Wat Xieng Thong und seine ruhigen Nebenstraßen besichtigt. Es ist möglich, sich im Hotel abholen zu lassen. Das Büro liegt gegenüber vom Südbahnhof.

White Elephant WANDERN
(Karte S. 44; ☑ 071-254481; www.white-elephant-adventures-laos.com; Th Sisavangvong; ☺ 8.30–21 Uhr) 🏊 White Elephant wird sehr gelobt, denn das Unternehmen pflegt engen Kontakt zu abgelegenen Dörfern der Hmong und Khamu und man gewinnt einen tiefen Einblick in das Leben dieser Völker. Die zwei- oder dreitägigen Touren kann man zu Fuß oder mit dem Rad unternehmen. Das Büro ist an der kommunistischen Fahne und dem BMW-Motorrad vor der Tür gut zu erkennen.

Off Road Laos ABENTEUER
(Karte S. 44; ☑ 020-598144423, 071-254695; www.offroadlaosadventures.com; Th Phommatha; Dreitagestouren ab 280 US$ pro Pers. zu zweit; ☺ Mo–Fr 8.30–17, Sa & So bis 12 Uhr) Begeisterte und unerschütterliche Motorradfahrer können Laos auf diese Weise so intensiv erkunden, wie es mit öffentlichen Verkehrsmitteln nicht möglich ist. Geboten werden erfahrene Guides und erstklassige Honda 250 ccm Dirt Bikes. Die Touren kann man je nach Interessen, Motorraderfahrung und Unternehmungslust individuell planen lassen. Schweres Gepäck kann im Laden gelagert werden.

🎆 Feste & Events

Luang Prabang Film Festival FILM
(LPFF; www.lpfilmfest.org) Jedes Jahr Anfang Dezember präsentiert das Luang Prabang Film Festival die besten Filme aus zehn südostasiatischen Ländern. Sie werden in der ganzen Stadt open-air gezeigt. Bis jetzt ist der Eintritt noch frei.

Bun Pi Mai KULTURELL
(Laotisches Neujahr) Im April kommen viele Besucher für dieses vergnügliche „Wasserschlacht-Fest" nach Luang Prabang. Man wird wahrscheinlich triefend nass, den Fotoapparat also entsprechend schützen! Unterkünfte sollten in dieser Zeit vorab gebucht werden (siehe Kasten S. 50).

Bun Awk Phansa KULTURELL
(Ende der Regenzeit) Beim Bun Awk Phansa im September bzw. Oktober finden Bootsrennen auf dem Nam Khan statt. Am Abend lassen Buddhisten kleine Boote aus Bananenblättern

BUN PI MAI (LAOTISCHES NEUJAHR)

Wenn Mitte April die Trockenzeit ihren Temperaturhöhepunkt erreicht und die Sonne vom Tierkreiszeichen der Fische in das des Widders übertritt, findet das laotische Neujahrsfest Bun **Pi Mai** statt. Der Geist des alten Jahres verschwindet und macht Platz für einen neuen, der mit zahlreichen Feierlichkeiten und einer großen fröhlichen Wasserschlacht begrüßt wird. Besonders farbenfroh geht's in Luang Prabang zu, wo die Einwohner sich für die bedeutendsten Events, die sieben Tage dauern, traditionelle Gewänder anziehen.

mit angezündeten Kerzen darin flussabwärts treiben. Dabei gilt es vor allem, das Pech des vergangenen Jahres zu vertreiben und Mutter Mekong zu danken sowie der *naga* (Flussschlange), die als Wächter dient und in ihren Flussarmen zu Hause ist. Wirklich bezaubernd!

🛏 Schlafen

🛏 Thanon Sisavangvong & Umgebung

Bou Pha Guesthouse PENSION $
(Karte S. 44; 🕿 071-252405; Th Sisavangvong; Zi. 60 000–100 000 Kip; 🛜) In diesem alten und preiswerten Haus mitten in der Stadt fühlt man sich wie im Luang Prabang der 1990er-Jahre. Die billigsten Zimmer haben Gemeinschaftsbäder; die etwas teureren im Obergeschoss blicken auf die Straße. In dem spärlich beleuchteten Laden werden einige seltene Antiquitäten verkauft.

Paphai Guest House PENSION $
(Karte S. 44; 🕿 071-212752; Th Sisavang Vatthana; Zi. ohne Bad 50 000 Kip; 📧) Haben die Besitzer dieses wackeligen traditionellen Holzhauses im Herzen der Halbinsel vergessen, die Preise zu erhöhen? Die Zimmer verfügen über Ventilatoren, Rattanwände und Türen mit Vorhängeschlössern. Die Pension wird von einem liebenswerten älteren Paar betrieben und hat vorne einen hübschen Garten.

★ Chang Inn BOUTIQUE-HOTEL $$
(Karte S. 44; 🕿 071-255031; www.burasariheritage. com; Th Sakkarin; Zi. ab 150 US$; ✳🛜) Ein erstaunlich gemackvolles romantisches Juwel im indonesischen Stil! An den mit Schwarzweißfotos von Laos dekorierten Wänden ticken Pendeluhren, die Möbel sind aus Holz mit Perlmutt-Einlegearbeiten, die Böden aus Rosenholz und es gibt duftendes Leinen und Kronleuchter. Die Holzverkleidung der Klimaanlagen hält den Eindruck einer Zeitreise 100 Jahre in die Vergangenheit aufrecht. Hinter dem Haus liegt ein grüner Garten, der mit Ziegelsteinen ausgelegt ist.

Pack Luck Villa PENSION $$
(Karte S. 44; 🕿 071-253373; www.packluck.in; Th Thugnaithao; Zi. 55 US$; ✳🛜) Das beeindruckende Boutique-Hotel wartet mit einer erlesenen Mischung aus Hartholz, Papierlaternen, Chromventilatoren und Persertteppichen auf. Abends bringt die dezente Beleuchtung die Blattgoldprägung an den weinroten Wänden zur Geltung. Die Zimmer sind etwas eng, doch von den drei Balkonen im Obergeschoss kann man die morgendlichen Mönchsprozessionen beobachten. Im Erdgeschoss liegt die beliebte Weinbar Pack Luck Liquor.

Khong Kham Villa HOTEL $$
(Karte S. 44; 🕿 071-212800; nahe Th Sisavangvong; Zi. 45 US$; ✳🛜) In einem Innenhof mit vielen Palmen, gelegen in einer Seitenstraße der Th Sisavangvong, bietet die Khong Cham Villa kleine stilvolle Zimmer. Zur Ausstattung gehören Bäder mit Fliesen im Schachbrettmuster (der Wasserstrahl der Duschen ist leider schwach), weiche Betten, Leselampen, Flachbildfernseher, Safes und Gemeinschaftsbalkone. In der Nebensaison ist der Preis gut verhandelbar.

Oui Guesthouse PENSION $$
(Karte S. 44; 🕿 071-252374, 020-54349589; Zi. mit/ohne Balkon 35/45 US$; 🛜) Die Pension liegt friedlich am Ende der Halbinsel mit Blick zum Nam Khan. Hier ist es so ruhig, dass man die Brise hören kann. Die einfachen Zimmer im Erdgeschoss haben Holzdecken und gefliese Böden, Vorhänge mit folkloristischen Mustern und blitzblanke Bäder. Die Zimmer im Obergeschoss mit Veranda und Flussblick kosten 10 US$ mehr.

Phunsab Guesthouse PENSION $$
(Karte S. 44; 🕿 071-212975; www.Phun-thavy-sab. jimdo.com; Th Sisavangvong; Zi. 30–40 US$; ✳🛜) Mitten im Geschäftszentrum der Altstadt findet man das Phunsab, dessen neuere Zimmer an einem schmalen Hof liegen. Die großen luftigen Räume nach vorne mit Holzverkleidung und polierten Dielen bieten ein tolles Preis-Leistungs-Verhältnis. Die Klima-

anlage ist leise und stört nicht beim Schlafen; es gibt private Balkone und Zimmer mit Bad; das Personal ist hilfsbereit und der Nachtmarkt beginnt fast vor dem Eingang.

Villa Senesouk
HOTEL **$$**

(Karte S. 44; ☑ 071-212074; www.luangphabang. com/senesouk; Th Sakkarin; Zi. 40–60 US$; ❋ ☎) Morgens zieht die Mönchsprozession direkt an den Fenstern der günstigeren Zimmer vorbei. Die Räume oben sind heller und teilen sich einen Gemeinschaftsbalkon mit Blick auf den Wat. Die holzvertäfelten Zimmer für 40 US$ bieten jeglichen Komfort und sind geräumiger, die Zimmer nach hinten sind teurer.

Magic m Guesthouse
PENSION **$$**

(Karte S. 44; ☑ 020-98837237; nahe Th Sakkarin; Zi. mit Frühstück 45 US$; ☎) Eine freundliche Chinesin vermietet hier Zimmer mit Holzböden und Wagenlampen an den Wänden. Sie haben Balkone, Privatbäder und Flachbildfernseher. Das Haus liegt in einer ruhigen Straße am Ende der Halbinsel.

Sackarinh Guest House
PENSION **$$**

(Karte S. 44; ☑ 071-254512; sackarinh888@hotmail. com; Th Sisavangvong; Zi. 200 000–250 000 Kip; ❋ ☎) Das hübsche Haus steht in einer versteckten Seitenstraße der Hauptstraße und hat 14 absolut saubere, geräumige Zimmer. Es gibt nicht viel Dekor, dafür aber gemütliche Betten und saubere Bettwäsche. Zentral gelegen, sympatisch und nah am Geschehen – eine gute Option für Traveller, die auf ihr Budget achten.

Auberge les 3 Nagas
BOUTIQUE-HOTEL **$$$**

(Karte S. 44; ☑ 071-253888; www.3-nagas.com; Th Sakkarin; Zi. ab 200 US$; ❋ @ ☎) Mangobäume und ein burgunderfarbener Mercedes aus den 1950er-Jahren flankieren das Boutique-Hotel im Luang-Prabang-Stil. Das 100-jährige Gebäude verströmt das Flair der Alten Welt und wurde vor Kurzem unter neuer Leitung renoviert. Prunkvolle Suiten warten mit Himmelbetten auf, in denen man fantastisch schläft; die Bäder sind mit gebeiztem Holz verkleidet und das moderne asiatische Design integriert die ursprünglichen Elemente aus der französischen Kolonialzeit. Auf einer Terrasse im Schatten von Palmen serviert das Restaurant ausschließlich laotische Küche.

Villa Santi
HISTORISCHES HOTEL **$$$**

(Karte S. 44; ☑ 071-252157; www.villasantihotel.com; Th Sakkarin; Zi. 128–288 US$; ❋ ☎ ❋) Die imposante alte königliche Residenz hat drei verschiedene Bereiche. Die Villa aus dem 19. Jh. bewohnte einst König Sisavang Vongs Ehefrau. Sie umfasst sechs riesige „königliche" Suiten sowie einen Frühstücksraum im Obergeschoss mit einer Terrasse und Aussicht auf die Straße. Die Standardzimmer findet man in einem ruhigen und atmosphärischen zentralen Nebengebäude, weitere Gästezimmer befinden sich in einer gut eingerichteten Hotelanlage 5 km südlich der Stadt.

Victoria Khoum
Xiengthong Guesthouse
PENSION **$$$**

(Karte S. 44; ☑ 071-212906; www.khoumxiength ong.com; Th Sisalernsak; Zi. 90 US$; ❋ ☎) Das Haus liegt so nah am Wat Xieng Thong, dass das Echo der Gebetsgongs durch die mit Teelichtern bedeckten Ziergärten schallt. Ein duftender Hauch indonesischer Chic, goldene Wandteppiche an weißen Wänden, Steinfußböden und Ventilatoren aus Chrom prägen die Zimmer. Nr. 2 (Untergeschoss) und Nr. 5 (Obergeschoss) sind riesig und warten u.a. mit Himmelbetten und stilvollen modernen Bädern auf.

🚶 Nam-Khan-Ufer

1989 Guesthouse
PENSION **$**

(Karte S. 44; ☑ 020-91701061; joannethinking@ yahoo.com; nahe Th Phommatha; B/Zi. 19/25 US$; ☎) Eine liebenswerte Chinesin betreibt diesen herrlich alternativen Traveller-Treffpunkt. Die Terrasse im Innenhof lädt zum Chillen ein und die Rezeption ist von Reisesouvenirs und Fotos aus Tibet geradezu übersät. Zur Auswahl stehen zwei Zweibettzimmer, ein Doppelzimmer und drei geräumige Schlafsäle.

Meune Na Backpacker Hostel
HOSTEL **$**

(Karte S. 44; ☑ 071-260851; Th Phetsarath; B 30 000 Kip, Zi. ab 60 000 Kip; ☎) Die Schlafsäle dieser echten Budgetherberge nahe der alten Nam-Khan-Brücke haben nur fünf Betten und sind daher nicht so eng belegt wie einige andere Backpackerhostels in der Stadt. Nebenan gibt's einen traditionellen Kostümladen, falls man gern ein Souvenirfoto in laotischer Hochzeitskleidung hätte.

Bel Air Boutique Resort
RESORT **$$**

(Karte S. 44; ☑ 071-254699; www.lebelairhotels. com; Zi. ab 60 US$; ❋ ☎) Von außen wirken die strohgedeckten Hütten des Bel Air rustikal, aber innen sind sie modern und geschmackvoll eingerichtet. Es gibt Bäder, die durch Vorhänge abgetrennt sind, und Balkone, von denen aus man den Sonnenuntergang sehen kann. Die Standardzimmer sind groß und ähnlich komfortabel. Sie liegen in einem Bereich, der sich weit zwischen Palmen und gut gepflegtem Rasen erstreckt. Das Resort liegt auf der gegenüberliegenden Seite des Nam-Khan-Flusses.

Luang Prabang Paradise Resort HOTEL $$
([📞]071-213103; www.luangprabangparadiseresort. com; 13 North Rd, Ban Meuang Nga; Zi. 75 US$; [❄][📶][⛱]) Ein erholsamer Ort, wenn man jede Hektik hinter sich lassen möchte. Das Hotel liegt nahe dem Nam Khan, aber weit abseits des Zentrums auf der anderen Seite der neuen Brücke. Die hübschen sonnendurchfluteten Bungalows verfügen über polierte Teakholzböden und farbenfrohe Bettdecken sowie riesige Badezimmer. Draußen erwartet die Gäste ein von Palmen gesäumter Pool.

⭐ The Apsara BOUTIQUE-HOTEL $$$
(Karte S. 44; [📞]071-254252; www.theapsara.com; Th Kingkitsarat; Zi. mit Frühstück Standard/gehoben 81/123 US$; [❄][📶]) Vom Apsara genießt man einen schönen Blick auf den verschlafenen Nam Khan. Seidenlaternen schmücken den indochinesisch eingerichteten Empfangsraum und die Bar wirkt wie einem alten Film entsprungen. Jedes der offen angelegten Zimmer ist individuell gestaltet. Von den türkisen Wänden bis zu den bunten Buddhas aus Glas zeugen sämtliche Details von Stil. Das Restaurant (S. 56) und die Bar sind romantisch und abends am schönsten.

🛏 Mekong-Ufer & Umgebung

Boungnasouk Guesthouse PENSION $
(Karte S. 44; [📞]071-212749; 1/3 Th Khem Kong; Zi. 10 US$; [📶]) Die preiswerte und heitere familiengeführte Pension hat eine entzückende Lage unten am Mekong-Ufer. Es gibt nur sechs Zimmer, drei mit zwei Betten und drei mit Doppelbetten, allerdings ohne Flussblick, denn diesen hat die Familie für sich gepachtet. Nachts kann es laut werden.

Ammata Guest House PENSION $$
(Karte S. 44; [📞]071-212175; pphilasouk@yahoo. com; Ban Wat Nong; Zi. 30–40 US$; [❄][📶]) In dem netten, attraktiven Gästehaus aus Holz, das von einer Familie geführt wird, darf man sich auf ein unkompliziertes Ambiente, saubere, geräumige Zimmer mit polierter Holzeinrichtung und renovierte Bäder freuen. Die meisten Räume liegen im Obergeschoss an einem schattigen Gemeinschaftsbalkon. Das Personal ist freundlich und das Haus ideal gelegen, um die morgendliche Prozession der Mönche, die um Almosen bitten, zu beobachten, ohne dass allzuviele Kameras klicken.

Muang Lao Riverside Villa HOTEL $$
(Karte S. 44; [📞]071-252219; www.xandriahotels. com; Th Khem Khong; Zi. 25–45 US$; [❄][📶]) Die kleinen Zimmer in dem charmanten Anwesen aus Holz mit Blick über den Mekong haben angesichts ihrer Lage ein sehr gutes Preis-Leistungs-Verhältnis. Ausgestattet sind sie mit Bettläufern aus weißen Quilts, Parkettböden, Klimaanlage, Flachbildfernsehern, Minibar, Kühlschrank, Kleiderschränken und Regenduschen. Einige Zimmer bieten vom Balkon Blick auf den Fluss. In den Privatbädern gibt's Warmwasserduschen.

Kongsavath Guesthouse PENSION $$
(Karte S. 44; [📞]071-212994; www.khongsavath. com; Th Khem Khong; Zi. 50–60 US$; [❄][📶]) In der bezaubernden weinberankten Villa in bester Lage oberhalb des Mekong erinnern holzverkleidete Zimmer an Kapitänskajüten alter Segelschiffe. Am schönsten ist die Familiensuite mit Blick über den Fluss. Ein großartiges Frühstück und sehr hilfsbereites Personal machen die Pension zu einer sicheren Wahl für Familien und Paare.

Villa Champa PENSION $$
(Karte S. 44; [📞]071-260252, 071-253555; www.villa champa.com; Th Sisavang Vatthana; EZ/DZ 35/ 49 US$; Superior-Zi. 56 US$; [❄][📶]) In erstklassiger Lage zwischen dem Mekong und dem alten Tempelviertel findet man dieses geschmackvoll renovierte traditionelle Haus. Die neun Zimmer bieten modernen Komfort wie Klimaanlage, TV und Minibar. Laotische Textilien runden das Bild ab. Frisch und luftig – eine gute Wahl auf der Halbinsel.

Luang Prabang River Lodge HOTEL $$
(Karte S. 44; [📞]071-253314; www.luang-prabang-river-lodge.com; Th Khem Khong; Zi. 40–60 US$; [❄][📶]) Das Eckhaus im Kolonialstil verfügt über einen reizvollen Innenhof voller Weinreben mit einem überdachten Toreingang und alten Bombenhülsen. Die zurückhaltend eingerichteten Zimmer sind mit sauberer Bettwäsche, Holzböden, weißen Wänden und Kabel-TV ausgestattet, einige bieten eine Aussicht auf den Mekong. Eine der wenigen Unterkünfte in Luang Prabang, in denen Haustiere willkommen sind.

Villa Chitdara PENSION $$
(Karte S. 44; [📞]071-254949; www.villachitdara.com; Th Khounswa; Zi. ab 55 US$; [❄][📶]) Die Almosen-

prozession der Mönche bei Sonnenaufgang führt direkt an der Villa Chitdara vorbei. Diese liegt in einem grünen Garten mitten in der Altstadt und ist eine fantastische Basis für Erkundungen auf der Halbinsel. In den Zimmern gibt's Fernseher, warmes Wasser und Safes. Das Frühstück ist gut. Die sympathischen und herzlichen Besitzer sprechen fließend Französisch.

En Provence Guesthouse — PENSION $$
(Karte S. 44; ☑ 071-212380, 071-212035; Zi. mit Frühstück 414 000 Kip; ✳🛜) Am friedlichen Ende der Halbinsel betreibt ein netter Franzose diese hübsche laotische Villa. Die zitronengelben Zimmer sind mit Flachbildfernsehern, Böden und Möbeln aus Hartholz sowie tadellosen Bädern mit großen Badewannen ausgestattet. Der Blick zum Mekong ist herrlich!

Sala Prabang — HOTEL $$$
(Karte S. 44; ☑ 071-252460, 071-254087; www.sala lao.com; 102/6 Th Khem Khong; Zi. mit Frühstück 90–155 US$; ✳🛜) Die Zimmer in einer alten französischen Villa und weiteren sieben eng zusammenstehenden Gebäuden überzeugen mit weiß getünchten Wänden, Bettzeug in der Farbe von Guacamole und Hartholzböden. Die Bäder sind hinter einer japanischen Trennwand versteckt. Die Zimmer sind unterschiedlich groß, daher sollte man sie sich vorher ansehen. Sehr geschmackvolles, durchgehend hübsches Haus.

Xiengthong Palace — HISTORISCHES HOTEL $$$
(Karte S. 44; ☑ 071-213200; www.xiengthongpalace. com; Th Khem Khong; Zi. 200–500 US$; ✳@🛜🏊) Die einstige königliche Residenz hat eine imposante Lage neben dem Wat Xieng Thong mit Blick über den Mekong. Hier warten 26 luxuriös ausgestattete Zimmer, darunter offene Mekong-Suiten mit direktem Flussblick und zweistöckige Suiten mit privaten Tauchbecken und Lounges.

🛏 Ban Hoxieng

Phonemaly Guesthouse — PENSION $
(Karte S. 44; ☑ 071-253504; Th Hoxieng; Zi. ab 100 000 Kip; ✳🛜) Die beiden neuen, aber traditionell eingerichteten Holzbauten in der Nähe des Nachtmarkts werden von einer netten Familie geführt und wirken fast wie Privathäuser, bieten jedoch alle Annehmlichkeiten einer gehobenen Pension. Im Obergeschoss liegen die besten Fachwerkzimmer. Kostenlose Extras: Bananen und Kaffee sowie das Wiederauffüllen von Wasser. Gute Klimaanlage und WLAN.

Sayo Naga Guesthouse — PENSION $$
(Karte S. 44; ☑ 071-252614, 071-212484; www.sayo guesthouse.com; Th Wat That; Zi. 35–80 US$; 🛜) Das von *nagas* (Flussschlangen) bewachte weiße Haus mit grünen Fensterläden bietet Zimmer mit viel Atmosphäre und polierten Holzböden. Außerdem haben sie Bäder, Moskitonetze, schöne Möbel sowie Balkone. Hinzu kommen Nachttischlampen und Hmong-Überwürfe. Alles in allem ein Schnäppchen! In einem separaten Block im hinteren Teil des Gartens gibt's ebenfalls kleine Zimmer, aber man wohnt besser im Haus.

Villa Pumalin — BOUTIQUE-HOTEL $$
(Karte S. 44; ☑ 071-212777; www.villapumalin.com; Th Hoxieng; Zi. inkl. Frühstück 55–75 US$; ✳🛜) Treppen aus Rosenholz führen über einen winzigen Karpfenteich hinauf zu den hervorragend eingerichteten Zimmern mit stilvollen Bädern, halbtraditionellem Fachwerk, erstklassiger Bettwäsche und kostenlosem WLAN. Das beste Zimmer (Nr. 201) hat einen eigenen Balkon mit Flussblick. Die Zimmer im Obergeschoss bieten mehr Privatsphäre und eine schönere Aussicht.

Manichan Guesthouse — PENSION $$
(Karte S. 44; ☑ 020-56920137; www.manichangue sthouse.com; nahe Th Khem Khong; Zi. mit/ohne Bad 37/27 US$; ✳🛜) Andy und Venus führen das Manichan mit viel Charakter und warmer Atmosphäre; es lockt mit klimatisierten Zimmern und tollem Frühstück mit Crêpes, hausgemachten Marmeladen, Vollkornbrot, Fruchtsalaten und Joghurt. Im Obergeschoss gibt's ein Gemeinschaftsbad sowie in einem Boutique-Hotel und eine große Terrasse mit Phu-Si-Blick; im Untergeschoss sind die Zimmer mit Bädern und Duschen ausgestattet.

Ban Lao Hotel — HOTEL $$
(Karte S. 38; ☑ 071-252078; www.banlaohotel.com; Th Thammamikalath, Ban Mano; Zi. inkl. Frühstück 25–75 US$; ✳@🛜) Hinter einer „ausgeschlachteten" Villa aus der späten Kolonialzeit liegen geschmackvoll-gemütliche Zimmer, darunter Deluxe-Räume auf Stelzen und mit Schaukelstühlen. Bereits beim Einchecken genießt man einen tollen Blick auf die Palmen und Jackfruchtbäume im Garten. Das im Übernachtungspreis enthaltene Frühstück wird in einem großen Pavillon über einem Teich serviert. Das ruhige Haus bietet ein gutes Preis-Leistungs-Verhältnis.

★ Amantaka — LUXUSHOTEL $$$
(Karte S. 44; ☑ 071-860333; www.amanresorts. com; Th Kitsarat; Suiten ab 1000 US$; ✳🛜🏊)

Im von Flechtwerk geschmückten Restaurant dieser schön renovierten Villa aus der französischen Kolonialzeit könnte Graham Greene noch heute unter einem Ventilator aus Holz sitzen und schreiben. Es ist von gepflegtem Rasen umgeben, im Zentrum wartet ein jadegrüner Pool und es gibt ein traumhaftes Spa mit Fitnessraum. Die Suiten mit Wohnzimmer und Himmelbetten sind riesig; die meisten haben hinten im Garten einen privaten Pool. Wohl eins der feinsten Hotels in Luang Prabang!

⭐**Satri House**　　　HISTORISCHES HOTEL **$$$**
(Karte S. 38; ☑ 071-253491; www.satrihouse.com; nahe Th Phothisarath; Zi. 192–384 US$; ✳⬛🔆⬛) Diese schöne Villa ist das frühere Wohnhaus des „Roten Prinzen" von Laos. Sie trumpft mit spektakulären Zimmern auf, in denen riesige Betten, vornehme Möbel und ein unvergleichlich dekoratives Ambiente warten. Pfade führen durch üppig grüne Gärten mit Lampenstatuen indischer Götter, Zierteichen voller Wasserlilien, einem jadegrünen Pool und einem Labyrinth aus Fluren mit indonesischem Chic. Das Spa ist fantastisch.

⭐**Sofitel Luang Prabang**　　SPA HOTEL **$$$**
(Karte S. 38; ☑ 071-260777; www.accorhotels.com; Zi. ab 250 US$; ✳⬛🔆⬛) Hinter hohen Mauern dieser früheren Residenz eines Gouverneurs verbirgt sich ein Paradies aus hohen Palmen und exotischer Vegetation; der größte Blickfang ist der kirschfarben geflieste Pool. In einem von Ventilatoren gekühlten Pavillon serviert das Restaurant Governor's Grill fantastische westliche Küche. Zudem gibt's ein tolles Spa. Die Zimmer sind riesig; an den grauen Wänden hängen Kunstwerke und es gibt ebenerdige Duschen. Hervorragend!

Le Sen Boutique Hotel　　BOUTIQUE-HOTEL **$$$**
(Karte S. 38; ☑ 071-261661; www.lesenhotel.com; 113 Th Manomai; Zi. 95–160 US$; ✳⬛@🔆⬛) Besser und preiswerter als viele der Unterkünfte, die in den historischen Gebäuden der Altstadt zusammengepfercht sind, ist dieses stilvolle Boutique-Hotel südwestlich der Stadt. Seine Zimmer blicken auf den Pool mit Jacuzzi in der Mitte und haben modische Bäder sowie Flachbildfernseher. Zu den Extras gehören ein recht gut ausgestatteter Fitnessraum und kostenlose Leihfahrräder. Das Personal ist sehr zuvorkommend und das Haus gut organisiert.

Maison Dalabua　　BOUTIQUE-HOTEL **$$$**
(Karte S. 44; ☑ 071-255588; www.maison-dala bua.com; Th Phothisarat, Ban That Luang; Zi. 75–100 US$; ✳⬛🔆) Das Maison Dalabua auf seinem weitläufigen Grundstück mit dem großen von Wasserlilien bedeckten Teich ist ein echtes Refugium. Die 15 Zimmer in dem schönen Haus sind mit Flachbildfernsehern und großzügig bemessenen Betten, geschmackvollen Möbeln und Sinn für Freiraum ausgestattet. Die teureren Räume haben auch Badewannen.

📖 Südlich des Phou Si

Villa Sayada　　　　HOTEL **$**
(Karte S. 44; ☑ 071-254872; www.villa-shayada-la os.com; Th Phommatha; Zi. 120 000–200 000 Kip; ✳⬛🔆) Das gastfreundliche Mini-Hotel mit neun Zimmern gegenüber des Wat Visoun betreibt der liebenswerte Herr Takashi, ein sanftmütiger Japaner, der seine Gäste mit einem Glas Rum begrüßt. Die großzügig bemessenen cremefarbenen und wolkenweißen Zimmer zeichnen sich durch dekorativ aufgehängte Textilien, handgemachte Lampen und gute Duschen aus. Die kleinen Balkone bieten einen schönen Ausblick.

Khounsavanh Guesthouse　　PENSION **$**
(Karte S. 44; ☑ 071-212297; Ban Thongchaleum; B ab 48 000 Kip, Zi. 80 000–140 000 Kip, ohne Bad 60 000 Kip; ✳⬛🔆⬛) Das Khounsavanh an einer ruhigen Straße in der Nähe des Dara-Marktes bietet eine Auswahl klimatisierter Zimmer mit Bad und Blick auf den Tempel auf dem Gipfel des Phou Si sowie Schlafsäle (einer mit vier Betten nur für Frauen und zwei für Frauen und Männer). Die Toiletten sind zwar beklagenswert schmutzig, aber der tolle Swimmingpool ist ein Plus. Zudem ist es ein guter Ort, um andere Traveller zu treffen.

⭐**La Résidence Phu Vao**　　LUXUSHOTEL **$$$**
(Karte S. 38; ☑ 071-212530; www.belmond.com/la-residence-Phu-vao-luang-prabang; Zi. mit Frühstück ab 492 US$; ✳⬛@🔆⬛) Luang Prabangs erstes Luxushotel lässt indonesischen Chic wieder aufleben. Es hat eine beeindruckende Lage auf einem Hügel, guten Service und stilvolle Zimmer in Holzoptik. Im Infinity-Pool spiegelt sich der Phou Si und nebenan gibt's ein erstklassiges französisch-laotisches Restaurant. Das spektakuläre Mekong Spa bekam mehrere internationale Preise. Kein anderes Hotel hat so einen tollen Blick auf die Stadt und die Berge. Super!

Luang Say Residence　　LUXUSHOTEL **$$$**
(Karte S. 38; ☑ 071-260891; www.luangsayresiden ce.com; Ban Phonepheng; Suiten mit Frühstück ab 170 US$; ✳⬛@🔆⬛) Das noble Suite-Hotel er-

innert an die koloniale Blütezeit von Luang Prabang. Es liegt südwestlich der Stadt und ist mit einer kurzen *tuk-tuk*-Fahrt zu erreichen. Das Hotel besteht aus sechs Gebäuden im französischen Stil, die von einem grünen Garten umgeben sind. Es wartet mit prunkvollem Mobiliar und einem einladenden Swimmingpool auf. Das Belle-Epoque-Restaurant zählt zu den besten der Stadt. Man kann hier auf einer Terrasse mit Blick auf einen schönen Garten essen.

✗ Essen

Nach den Entbehrungen in den entlegeneren Gegenden von Laos kann man sich in Luang Prabang auf eine riesige Auswahl und ein hochwertiges kulinarisches Angebot freuen. Abgesehen von einigen sehr noblen laotischen Restaurants ist die Gastronomieszene weitgehend französisch geprägt. Luang Prabang hat auch wundervolle Cafés und jede Menge Bäckereien.

Zu den typischen Gerichten gehören die an nahezu jeder Ecke angebotenen Würstchen aus der Gegend und ein Eintopf namens *orlam* (*âw lám*) aus Fleisch, Pilzen und Auberginen mit bitter-scharfen Holzspänen (nicht mitessen!). Ein weiterer toller regionaler Snack ist das an *nori*-Seegras erinnernde *kai baan* (Mekong-Seegras).

Auf den Lebensmittelmärkten findet man großartiges frisches Obst. Selbstversorger sollten den **Morgenmarkt** (Karte S. 44; ☺ Sa-Mo 5.30–16 Uhr) besuchen.

🍴 Thanon Sisavongvong & Umgebung

★ **Le Banneton** BÄCKEREI $
(Karte S. 44; Th Sakkarin; Mahlzeiten 20 000–40 000 Kip; ☺ 6.30–18 Uhr; ✳ 🛜) Ein zartes Gebäck, das im Mund zerschmilzt, zieht uns immer wieder in unsere Lieblingsbäckerei in Luang Prabang. Dort wird *pain au chocolat* (Schokoladencroissants) verkauft, aber auch Pizza, Terrinen, Baguette-Sandwiches, Salate, Crêpes und vieles mehr stehen zur Auswahl. Arabesken schmücken die Decke, in jeder Ecke dreht sich ein kühlender Ventilator und die weißen Wände kontrastieren mit den orangen Kutten der draußen vorbeiziehenden Mönche aus dem Kloster gegenüber.

Le Café Ban Vat Sene FRANZÖSISCH $
(Karte S. 44; http://elephant-restau.com/cafebanvatsene; Th Sakkarin; Hauptgerichte 50 000–75 000 Kip; ☺ 7.30–22 Uhr; ✳ 🛜) Luang Prabangs stilvollste Einkehr für Nachmittagstee und

Scones! Über der heiter beleuchteten Theke drehen sich Ventilatoren, während Éclairs (Liebesknochen), Zitronenkuchen und Himbeermousse in der Dessertauslage selbst kalorienbewusste Besucher in große Versuchung führen. Auf der Karte stehen auch Rindersteaks, Salate, Pizza, gegrilltes Hähnchen und Barsch. Essen kann man draußen oder im kühlen Innenraum.

Xieng Thong Noodle-Shop LAOTISCH $
(Karte S. 44; Th Sakkarin; Nudelsuppe 20 000 Kip; ☺ 7–14 Uhr) Die besten *kòw beak sèn* (runde Reisnudeln in Brühe mit Huhn oder knusprig gebratenen Stücken Schweinebauch) der Stadt tischt ein komplett unexotischer Laden weit oben auf der Halbinsel auf. Um 14 Uhr ist meist alles ausverkauft.

★ **Coconut Garden** LAOTISCH, INTERNATIONAL $$
(Karte S. 44; ☎ 071-252482; www.elephant-restau.com/coconutgarden; Th Sisavangvong; Gerichte 35 000–150 000 Kip, Menü 100 000 Kip; ☺ 8–23 Uhr; 🛜📶) Bei dem hervorragenden vegetarischen Menü werden fünf erstklassige laotische Gerichte aufgetischt: So kann man bei einem einzigen Abendessen raffinierte Geschmacksrichtungen kennenlernen wie sonst nur bei einem Festmahl für viele Leute. Das Coconut Garden hat vorne und hinten Höfe und ist ein toller Ort für ein Mittag- oder Abendessen. Auch internationale Küche wird serviert.

Café Toui FUSIONSKÜCHE $$
(Karte S. 44; www.cafetoui.com; Th Sisavang Vatthana; Hauptgerichte 50 000–80 000 Kip; ☺ 7–23 Uhr; 🛜📶) Das elegante, kerzenbeleuchtete Café Toui ist ein Juwel und seine laotische Küche ein echter Genuss. Es verblüfft mit Goldprägung an den dunkelroten Wänden, hervorragendem Service und asiatischer Fusionsküche mit ganz besonderen Gerichten wie *mok pa* (gedünsteter Fisch in Bananenblättern) und peppigem *láhp*. Es bietet auch ein tolles Degustationsmenü.

Tangor FUSIONSKÜCHE $$
(Karte S. 44; ☎ 071-260761; www.letangor.com; Th Sisavangvong; Hauptgerichte 40 000–80 000 Kip; ☺ 11–22 Uhr; 🛜) Hartholz, orange Wände, alte Reispapierposter und spärliche Beleuchtung sorgen für Atmosphäre. Das Tangor serviert handgemachte Fusionsküche, bei der die besten saisonalen Produkte aus Laos eine französische Note bekommen. Zu essen gibt's z. B. Rinderfilet, Filet Mignon vom Schwein sowie Tapas, und es steht eine gute Weinauswahl zur Verfügung.

✖ Nam Khan Riverfront & Umgebung

★ Dyen Sabai LAOTISCH, INTERNATIONAL $

(Karte S. 44; ☑ 020-55104817; http://dyensabairestaurant.wordpress.com; Ban Phan Luang; Hauptgerichte 20 000–35 000 Kip; ⏱ 8–23 Uhr; 🛜) Um fantastische laotische Küche zu genießen, ist das Dyen Sabai eine der besten Adressen in Luang Prabang. Der Auberginen-Dip und die gebratenen Mekong-Algen schmecken hier ausgezeichnet. Man sitzt in rustikalen, nach einer Seite geöffneten Pavillons auf Kissensesseln. Über die Bambusbrücke, die den Nam Khan überspannt, ist es in der Trockenzeit schnell zu Fuß zu erreichen, ansonsten setzt ein kostenloses Boot über.

Rosella Fusion FUSIONSKÜCHE $

(Karte S. 44; www.facebook.com/rosellafusion; Th Kingkitsarat; Hauptgerichte 35 000 Kip; ⏱ 9–22.30 Uhr) Ein ehemaliger Barkeeper aus dem Amantaka führt dieses Restaurant am Fluss, das erschwingliche, innovative Fusionsküche serviert. Besonders stolz ist der Besitzer auf seine preisgünstigen Cocktails. Ideal für einen Sundowner schon vor dem Essen!

Joma Bakery Cafe BÄCKEREI $

(Karte S. 44; www.joma.biz; Th Kingkitsarat; Hauptgerichte 40 000 Kip; ⏱ 7–21 Uhr; ❄🛜) Die zweite Filiale des Joma in Luang Prabang bietet die gewohnte verführerische Auswahl, z. B. Sorbets, Obstsalat, Cookies, individuell belegte Croissants und fair gehandelten Kaffee. Essen kann man in dem gemütlichen Raum mit viel Holz oder auf der ventilatorgekühlten Terrasse mit tollem Blick zum Nam Khan.

★ Tamarind LAOTISCH $$

(Karte S. 44; ☑ 071-213128; www.tamarindlaos.com; Th Kingkitsarat; Hauptgerichte 40 000 Kip, Abendmenüs 100 000–150 000 Kip; ⏱ 11–22 Uhr; 🛜) Am Nam-Khan-Ufer hat das minzgrüne Tamarind seine eigene Version moderner laotischer Küche kreiert. Das À-la-carte-Menü umfasst u. a. köstliche Probiergerichte wie Bambusdips, gefülltes Zitronengras und *meuyang* (Päckchen aus Nudeln, Kräutern, Fisch und Chilipaste zum Selbstrollen mit Gemüse). Es gibt auch Büffelfleisch-*láhp* und Wurst aus Luang Prabang. Zu Recht beliebt!

★ The Apsara FUSIONSKÜCHE $$

(Karte S. 44; ☑ 071-254670; www.theapsara.com; Apsara Hotel, Th Kingkitsarat; Hauptgerichte 60 000–110 000 Kip; ⏱ 7–22 Uhr; 🛜) Das edle Restaurant mit Blick zum Nam Khan serviert Fusionsküche mit asiatischen und westlichen Einflüssen. Als Hauptgericht hat man die Wahl zwischen Büffelsteaks, gefülltem *panin*-Fisch für zwei Personen oder geschmortem Schweinebauch. Platz lassen für die himmlischen Desserts, z. B. pochierte Nashi-Birne in Zitronensaft oder Ingwersirup mit Kokoseis und einem laotischen Papadam.

Couleur Cafe INTERNATIONAL $$

(Karte S. 44; ☑ 071-254694; Th Kingkitsarat; Hauptgerichte 40 000–100 000 Kip; ⏱ 11–22 Uhr; 🛜) Das Couleur Café wird von Leuten empfohlen, die sich längere Zeit in Luang Prabang aufhalten. Es liegt an der Nam-Khan-Seite der Halbinsel und serviert kreativ präsentierte laotische Küche mit französischen Akzenten. Zu den Highlights der Speisekarte gehören die Hühnerfleisch-Kasserolle mit Ingwer und Zitronengras und die Entenbrust mit Honig und Mango-Chutney.

✖ Mekong-Ufer & Umgebung

Riverside Barbecue Restaurant MIT TISCHGRILLS $

(Karte S. 44; Th Khem Khong; All you can eat 60 000 Kip; ⏱ 17–23 Uhr) Auf den Restauranttischen von Luang Prabang sind *sîn daat* (Tischgrills für laotisches Hotpot-Barbecue) der Renner, und dieses Restaurant am Mekong-Ufer ist eine der beliebtesten Adressen dafür. Da es ein wenig an der Hygiene mangeln kann, sollte man darauf achten, Garnelen, Rind- und Hühnerfleisch gut durchzubraten.

Big Tree Cafe KOREANISCH, INTERNATIONAL $$

(Karte S. 44; www.bigtreecafe.com; Th Khem Khong; Hauptgerichte 35 000–50 000 Kip; ⏱ 9–21 Uhr; 🛜☑) Das Big Tree Cafe in einem beeindruckenden Holzhaus serviert das beste koreanische Essen der Stadt. So zieht es stets viele Koreaner an, ebenso wie Ästheten, die sich in der Galerie im Obergeschoss (S. 58) die Fotografien von Adri Berger ansehen möchten. Essen kann man drinnen oder auf der Terrasse in dem ruhigen grünen Garten. Zudem gibt's westliche und japanische Küche.

L'Elephant Restaurant FRANZÖSISCH $$$

(Karte S. 44; www.elephant-restau.com; Ban Wat Nong; Hauptgerichte 80 000–250 000 Kip; ⏱ 11.30–22 Uhr; ❄) In einer renovierten Villa mit Holzböden, stuckierten Säulen, ockerfarbenen Wänden mit Goldprägung und tollem Ambiente serviert das L'Elephant die wohl nobelste Küche der Stadt. Zum Menu du

Chasseur gehören Terrinen, Suppen, Entenbrust und andere französische Spezialitäten.

Königliches Palastmuseum & Ban Hoxieng

Joma Bakery Cafe BÄCKEREI $
(Karte S. 44; www.joma.biz; Th Chao Fa Ngum; Hauptgerichte 35 000 Kip; ◷ 7–21 Uhr; ✻ 🛜) Diese kühle Oase mit bequemen Stühlen und moderner Einrichtung zählt zu den am besten besuchten Bäckereien der Stadt. Sie bietet köstliche Snackküche – Suppen, Salate, Bagel – sowie kreative Kaffees und gesunde Shakes. Es gibt eine zweite Filiale (S. 56) mit Blick auf den Nam-Khan-Fluss.

Abendliche Essensstände LAOTISCH $
(Karte S. 44; ◷ 18–22 Uhr; 🖉) An der engen Straße hinter der Touristeninformation werden bei Sonnenuntergang Imbissbuden mit beleuchteten Gemeinschaftstischen aufgebaut, an denen man sitzen kann. Nirgendwo sonst findet man eine größere Auswahl an günstigem, gut zubereitetem Essen der Region. Zahlreiche vegetarische Stände bieten Gerichte für nur 15 000 Kip an. Ein ganzer gebratener Fisch, gefüllt mit Zitronengras, kostet etwa 25 000 Kip, ein echtes Schnäppchen!

Baguettestände SANDWICHES $
(Karte S. 44; Ecke Th Kitsarat & Th Chao Fa Ngum; ◷ 7–22 Uhr) An improvisierten Ständen gegenüber der Touristeninformation bekommt man eine große Auswahl gut belegter Baguettes. Die laotische Pâté ist köstlich. Frische Fruchtshakes sind hier ebenfalls beliebt.

Blue Lagoon INTERNATIONAL $$
(Karte S. 44; www.blue-lagoon-restaurant.com; Th Ounheun; Hauptgerichte 75 000–140 000 Kip; ◷ 10–22 Uhr; 🛜) Mit seinen laternengeschmückten Wänden, dem luftigen Innenhof und der von Jazzklängen durchdrungenen Atmosphäre ist das Blue Lagoon bei Auswanderern beliebt. Auf der Speisekarte stehen Wurst aus Luang Prabang, Pasta, Boeuf bourguignon, Salate und sehr schmackhafter *làhp*.

Südlich vom Phou Si

Secret Pizza ITALIENISCH $$
(Karte S. 38; 📞 020-56528881; www.facebook.com/pizzasecret; Ban Nasaphanh; Hauptgerichte 50 000–60 000 Kip; ◷ Di & Fr ab 18.30 Uhr) Ein Geheimtipp ist das lange Zeit vorwiegend von Stadtbewohnern frequentierte Lokal jetzt vielleicht nicht mehr, aber der Besuch lohnt sich. Wirt Andrea bereitet im Garten seines hübschen Hauses Holzofenpizzas, klassische Lasagne und handgemachte Gnocchi zu. Eine gute Flasche italienischer Wein und Profiteroles runden das Mahl ab.

Ausgehen & Nachtleben

★ Icon Klub BAR
(Karte S. 44; www.iconklub.com; Th Sisavang Vatthana; ◷ 17 Uhr–open end; 🛜) Man stelle sich für das Leben nach dem Tod einen Ort vor, an dem sich Schriftsteller treffen und an dem die Gespräche so frei fließen wie hier die wundervollen Signature Cocktails. Man beginnt, mit Jack Kerouac zu plaudern, während in dem gemütlichen Sessel nebenan Anaïs Nin sitzt und ein Buch liest … Genau so ein Ort ist das Icon! Aus der Wand ragt eine Engelsskulptur und für Unterhaltung sorgen Poetry Slams, Jam Sessions und super Musik.

Utopia BAR
(Karte S. 44; www.utopialuangprabang.com; Hauptgerichte 30 000 Kip; ◷ 8–23 Uhr; 🛜) In der Bar am grünen Flussufer mit idyllischer Aussicht auf den Nam-Khan-Fluss findet man Sitz- und Liegekissen, niedrige Tische und Wasserpfeifen. Man chillt bei einem Fruchtshake, Burger, Frühstück oder Omelett, spielt ein Brettspiel oder Volleyball, oder verliert sich ganz einfach bei Sonnenuntergang in einem Meer aus Kerzen. Stilvoll mit Nachbildungen von Khmer-Ruinen und Weinreben eingerichtet. Wohl die lebhafteste Outdoor-Bar der Stadt!

Bar 525 BAR
(Karte S. 38; 📞 071-212424; www.525.rocks; ◷ 17–23.30 Uhr; 🛜) Angesichts der abgelegenen Lage in einer ruhigen Straße eine unerwartet schicke urbane Bar. Man kann draußen auf der Terrasse sitzen und die Sterne betrachten oder sich drinnen an der langen, dezent beleuchteten Theke niederlassen. Alternativ entspannt man sich in der gemütlichen Lounge. Viele Cocktails, festliches Ambiente, faszinierende Fotos an den Wänden und erlesene Gäste!

Chez Matt BAR
(Karte S. 44; Th Sisavang Vatthana; ◷ 19 Uhr–open end; 🛜) Blutrote Wände, Kerzenlicht und eine hübsche Theke, an der polierte Kristalle funkeln, prägen die zentral gelegene ruhige Kneipe, die dem Nachtleben von Luang Prabang einen Hauch gehobener Raffinesse verleiht. Geboten werden Cocktails, ein Weinkeller mit französischen und italienischen Tropfen und coole Musik. Eine

gute Adresse, um sich vor einem vornehmen Abendessen im besten Outfit einen Drink zu genehmigen!

La Pistoche
BAR

(Karte S. 38; http://lapistochepool.wordpress. com; Ban Phong Pheng; Eintritt 30 000 Kip; ☺10–23 Uhr; 🛜🛝) Eine Wohltat im Binnenland Laos ist das La Pistoche in einem Vorort südlich der Stadt, denn es hat zwei Swimmingpools in einem großen Garten. Im Eintritt inbegriffen sind Pétanque und Wasservolleyball, falls man aktiv werden möchte. Dank der großzügigen Happy Hour von 12 bis 19 Uhr herrscht schon tagsüber ein hippiehaft schräges Ambiente, aber man darf auch mit Vollmondpartys rechnen.

Lao Lao Garden
BAR

(Karte S. 44; Th Kingkitsarat; Hauptgerichte 30 000 Kip; ☺17 Uhr–open end; 🛜) Die Gartenbar am Fuß des Phou Si leuchtet, als sei sie Las Vegas im Dschungel. Hier kann man bei Kerzenlicht chillen, sich von leichter Musik berieseln lassen und die Seele an der Feuerstelle wärmen. Neben Cocktails gibt's eine große Auswahl an Gerichten, z. B. *orlam* und Büffeleintopf sowie *sîn daat* (laotisches Hotpot-Barbecue) zum Selbstbrutzeln.

Dao Fah
CLUB

(Karte S. 38; Route 13; ☺9–23.30 Uhr) Ein junges laotisches Publikum füllt den höhlenartigen Club in der Nähe des Busbahnhofs Süd. Livebands spielen Lao und Tau Pop, DJs gegen zur Abwechslung Rap und Hip-Hop auf.

☆ Unterhaltung

Moonlight Cinema
KINO

(Karte S. 38; http://ockpoptok.com/eat/moonlight -cinema; Ock Pop Tok Living Crafts Centre; Eintritt mit tuk-tuk für den Rückweg & Abendessen 70 000 Kip; ☺9–22 Uhr; 🛜) 🡒 Die spätesten Filme zeigt das Ock Pop Tok-Zentrum jeden Donnerstag um 19.30 Uhr, direkt nach dem Abendessen um 19 Uhr. Das *tuk-tuk* ist im Preis inbegriffen; es fährt um 18.45 Uhr vor der Joma Bakery (S. 57) an der Th Chao Fa Ngum ab. Buchen kann man online.

Garavek Storytelling
THEATER

(Karte S. 44; ☑020-96777300; www.garavek.com; Th Khounswa; Tickets 50 000 Kip; ☺18.30 Uhr) 🡒 Garavek heißt „magischer Vogel", und tatsächlich entführt diese bezaubernde einstündige Vorführung die Fantasie der Zuschauer zu Höhenflügen. Auf der Bühne spielt ein alter Mann in Volkstracht eindringlich eine *khene* (laotische Leier), während ein lebhafter Geschichtenerzähler (auf Englisch) regionale laotische Volkssagen und Legenden zum Besten gibt. Das kleine Theater hat 30 Plätze. Im Voraus buchen!

L'Etranger Books & Tea
KINO

(Karte S. 44; www.facebook.com/booksandtea; Th Kingkitsarat; ☺Mo–Sa 8–22, So 10–22 Uhr; 🛜) 🡒 Hier kann man etwas zu trinken und einen Happen zu essen bestellen und es sich dann auf den Lounge-Kissen gemütlich machen, um gemütlich den letzten Kassenschlager oder Indie-Streifen zu gucken, die hier jeden Abend um 19 Uhr gezeigt werden. Wenn es leer ist, kann man sich den Film in der Regel aussuchen. Die Betreiberin ist eine nette Kinoliebhaberin, die in LA selbst Drehbücher schreibt.

🛍 Shoppen

Shoppen kann man am besten in der Th Sisavangvong und am Mekong-Ufer. Dort werden in stilvollen Boutiquen lokale Kunst, vergoldete Buddhas, handgemachte Papierprodukte und allerlei verlockende Souvenirs angeboten. Silberläden findet man in zahlreichen Häusern in Ban Ho Xieng, dem traditionellen königlichen Viertel der Silberschmiede. Und nicht den Nachtmarkt vergessen, wo eine große Vielfalt an Kunsthandwerk verkauft wird.

★ Abendlicher Kunsthandwerksmarkt
MARKT

(Karte S. 44; Th Sisavangvong; ☺17.30–22 Uhr) Der touristische, aber höchst reizvolle Markt wird jeden Abend entlang der Th Sisavangvong aufgebaut und ist zu Recht eine der größten Touristenattraktionen von Luang Prabang. Er ist spärlich beleuchtet, ruhig und die Verkäufer sind nicht aufdringlich. Unzählige Händler bieten Seidenschals, Wandteppiche, Decken mit Hmong-Applikationen, T-Shirts, Kleidung, Schuhe, Papier, Taschen, Töpferwaren, Bambuslampen und eine Menge mehr an. Die Preise sind fair, doch günstigere „lokale" Anfertigungen stammen manchmal aus China, Thailand oder Vietnam. Faustregel für Schals oder Bettvorleger: Wenn die Ecken perfekt glatt sind, handelt es sich um in Fabriken gefertigte Kopien.

★ Big Tree Gallery
KUNST

(Karte S. 44; ☑071-212262; www.adriberger.com/ge neral/luang-prabang; Th Khem Khong; ☺9–21 Uhr; 🛜) In seinen Kompositionen des ländlichen Laos fängt Fotograf und Filmemacher Adri Berger die Honigtöne des Nachmittagslichts

GEMEINNÜTZIGE AKTIVITÄTEN

Es gibt viele Möglichkeiten, wie Reisende dafür sorgen können, dass die Bewohner von Prabang vom Tourismus etwas haben.

Big Brother Mouse (BBM; Karte S. 44; ☑071-254937; www.bigbrothermouse.com; Th Phayaluangmeungchan; ⊘9–11 & 17–19 Uhr) ✦ Reisende können hier Bücher kaufen, um sie einheimischen Kindern zu schenken. Damit wird die Bildung gefördert, außerdem ist es sinnvoller Schmöker statt Süßigkeiten zu verteilen.

Luang Prabang Library (Karte S. 44; ☑071-254813; www.communitylearninginternational. org; Th Sisavangvong; ⊘Di–So 8–17 Uhr) Angestellte sammeln Spenden für ein mobiles „Bücherboot", das in abgelegene Dörfer fährt.

Children's Cultural Centre (Karte S. 44; ☑071-253732; www.cccluangprabang.weebly. com; Th Sisavangvong; ⊘Di–Fr 16–17, Sa 8–11.30 & 14–16 Uhr) Nimmt praktisch alles Wiederverwertbare oder Wiederverkaufbare gerne an, weil damit Aktivitäten nach Schulschluss finanziert werden.

Laotisches Rotes Kreuz (S. 47) Reisende können hier gebrauchte, gewaschene Kleidung und Blut spenden.

wie kein anderer ein. Seine Galerie mit Restaurant hat ockerfarbene Wände und befindet sich in einem luftigen Holzhaus mit einer herrlichen Terrasse im Schatten von Palmen, auf der man lesen kann. Oben ist ein Großteil der Werke des Fotografen ausgestellt. Seine Kunstdrucke lassen sich in schützender Verpackung unbeschädigt mit nach Hause nehmen. Es sind vorzügliche Souvenirs.

★**Queen Design Lao**   KLEIDUNG
(Karte S. 44; queendesignlao@gmail.com; Th Sakkarin, 1/17 Ban Khili; ⊘Mo–Sa 10–18 Uhr; 🖝) Diese stilvolle australische Boutique bietet eine erlesene Auswahl handgewebter Wäsche, Seiden- und Baumwollkleider, Blusen, Röcke und Umhängetücher für den Strand, kreiert von Chris Boyle, einer in Australien bekannten Modeschöpferin. Meist handelt es sich um Einzelstücke. Neben Pashminas und Schals werden auch Bio-Gesichtsschwämme und Designerbrillen aus Holz verkauft.

TAEC Shop   KUNST & KUNSTHANDWERK
(Karte S. 44; www.taeclaos.org; Th Sakkarin; ⊘9–20 Uhr) ✦ Die neue Filiale des Shops im TAEC-Museum (S. 39) ist eine sichere Adresse, wenn man bestes laotisches Kunsthandwerk kaufen möchte – von Kleidung bis zu Bettläufern. Hier kann man sicher sein, dass es sich nicht um Fälschungen handelt, und der Erlös geht direkt an die lokale Bevölkerung.

Ma Te Sai   KUNST & KUNSTHANDWERK
(Karte S. 44; www.matesai.com; Ecke Th Kingkitsarat & Th Phommatha) ✦ Ma Te Sai bedeutet aus dem Laotischen übersetzt „woher kommt

das?". Die Seide, das Papier und die Geschenke in der attraktiven Boutique stammen aus den Dörfern rund um Luang Prabang. Eine großartige Auswahl an Seidenpashminas, coolen T-Shirts und Leinenblusen.

**Luang Prabang
Artisans**   KUNST & KUNSTHANDWERK
(Karte S. 44; ☑020-55571125; www.luangprabang artisanscafe.com; ⊘Mo–Sa 9–18 Uhr; 🖝) ✦ Der großartige kleine Laden in einem 100 Jahre alten Holzhaus an einer engen Gasse, die von der Hauptstraße abzweigt, verkauft Kunsthandwerk wie z. B. natürlich gefärbte Kissen, Portemonnaies und Pashminas aus Seide, handgeschöpftes Papier und Stofftiere für Kinder.

**Pathana Boupha
Antique House**   ANTIQUITÄTEN
(Karte S. 44; Th Phommatha; ⊘10–17 Uhr) Wer der breiten Treppe in den Garten des beeindruckenden alten französischen Herrenhauses folgt, entdeckt eine Aladinhöhle voller antiker Buddhafiguren, goldener *nagas*, silberner Bettelnussschüsseln, Armbänder im Akha-Stil und Hmong-Halsketten. Verkauft werden auch feine Seidenschals aus Sam Neua. Der Laden ist zwar nicht preiswert, bietet aber Qualität.

Kopnoi   KUNST & KUNSTHANDWERK
(Karte S. 44; www.facebook.com/kopnoi; Th Kingkitsarat; ⊘9–21 Uhr; 🖝) ✦ Kopnoi verkauft tolles Kunsthandwerk, gefertigt von Künstlern regionaler Bergvölker – Akha-Armbänder, Seidenpashminas, hochwertigen Schmuck, verpackte Gewürze und Tees sowie lokale

Kunst. Wer sich auf dem Nachtmarkt genügend umgesehen hat, findet hier eine ruhigere Alternative. Die Qualität ist gut und es werden keine chinesischen Kopien verkauft. Zu finden im L'Etranger Books & Tea.

Ock Pop Tok KLEIDUNG, KUNSTHANDWERK (Karte S. 44; ☑ 071-254406; www.ockpoptok.com; Th Sakkarin; ☺ 8–21 Uhr) ✎ Ock Pop Tok arbeitet mit Kunsthandwerkern verschiedener indigener Völker zusammen, um deren Handwerkstraditionen zu bewahren. Feine Seiden- und Baumwollschals, Hemden, Kleider, Wandbehänge und Kissenbezüge sind ideale Geschenke. Man kann auch an Webkursen (S. 49) teilnehmen.

Orange Tree ANTIQUITÄTEN (Karte S. 44; Th Khem Khong; ☺ Mo–Sa 10–18 Uhr; 🐦) ✎ Der Antiquitätenladen am Fluss zeugt von der Sammelleidenschaft des Besitzers. Dies ist ein Paradies der Kuriositäten mit Teebüchsen aus Hongkong, chinesischen Retroweckern, Geschirr aus der Zeit der Mao-Revolution, Bakelit-Tintenfässern, vietnamesischen Uhren und birmanischen Buddhastatuen.

Monument Books BÜCHER (Karte S. 44; www.monument-books.com; Th Khem Khong, Ban Wat Nong; ☺ Mo–Fr 9–21, Sa & So bis 18 Uhr) In dieser Filiale einer regionalen Kette gibt's Reiseführer, Karten, Romane, Zeitschriften und Bücher zur laotischen Geschichte.

❶ Praktische Informationen

GEFAHREN & ÄRGERNISSE

Luang Prabang ist eine unglaublich sichere und überschaubare Stadt. Aber natürlich sind immer Ausnahmen möglich! Man sollte keine Drogen kaufen, die manchmal von *tuk-tuk*-Fahrern angeboten werden, zumal sie verdeckte Ermittler sein können und die Strafe ca. 500 US$ beträgt, wenn man erwischt wird. Wer einen Safe im Zimmer hat, sollte ihn nutzen! Keine Wertgegenstände in Hostels lassen; zu Diebstählen kommt es manchmal durch Unvorsichtigkeit oder auch durch andere Traveller.

GELD

In der Stadt findet man zahlreiche Geldautomaten. Mehrere Tourveranstalter in der Th Sisavangvong geben Bargeldvorschüsse auf Visa oder MasterCard für eine Gebühr von rund 3 %. Sie wechseln auch Geld, allerdings zu eher schlechten Kursen.

BCEL (Karte S. 44; Th Sisavangvong; ☺ Mo–Sa 8.30–15.30 Uhr) Wechselt gängige Währungen in Bargeld oder Travellerschecks, hat einen Geldautomaten (24 Std.) und zahlt Bargeld aus, wenn man eine Visa- oder MasterCard vorlegt.

Lao Development Bank (Karte S. 44; 65 Th Sisavangvong; ☺ Mo–Sa 8.30–15.30 Uhr) Geldautomat (24 Std.)

Minipost Booth (Karte S. 44; Th Sisavangvong; ☺ 7.45–20.30 Uhr, Bargeldauszahlungen 9–15 Uhr) Wechselt die meisten großen Währungen zu fairen Kursen und hat täglich geöffnet.

INTERNETZUGANG

Immer mehr Mittelklassehotels und gehobene Cafés haben WLAN, allerdings braucht man dafür ein eigenes Notebook. In zahlreichen Pensionen und Hotels stehen in der Lobby auch Computer, welche die Gäste nutzen können. Wenn das Notebook Ärger macht oder die Speicherkarte der Kamera aufgrund von Viren nicht mehr funktioniert, kann vielleicht **DSCom** (Karte S. 44; ☑ 071-253905; Th Kitsarat; ☺ Mo–Sa 9.30–12 & 13–18 Uhr) weiterhelfen, dessen Besitzer gut Englisch spricht.

MEDIZINICSCHE VERSORGUNG

Chinesisches Krankenhaus (Karte S. 44; ☑ 071-254026; Ban Phu Mok) Moderne medizinische Ausrüstung und Medikamente, aber manchmal mangelt es an geschultem Personal.

Apotheke (Karte S. 44; Th Sakkarin; ☺ 8.30–20 Uhr) Verfügt über einen Grundstock an Medikamenten. An Wochenenden variieren die Öffnungszeiten.

Provinzkrankenhaus (Karte S. 44; ☑ 071-254023; Ban Naxang; ärztliche Beratung 100 000 Kip) Bei kleineren Problemen okay, aber wer ernsthaft krank ist, sollte nach Bangkok fliegen oder nach Vientiane zurückkehren oder sich in einem thailändischen Krankenhaus hinter der Grenze behandeln lassen. Am Wochenende oder nach 16 Uhr bezahlt man im Krankenhaus von Luang Prabang das Doppelte.

POST

Post (Karte S. 44; Th Chao Fa Ngum; ☺ Mo–Fr 8.30–15.30, Sa bis 12 Uhr) Telefonanrufe und Western-Union-Dienstleistungen.

REISEAGENTUREN

All Lao Travel (Karte S. 44; ☑ 071-253522, 020-55571572; www.alllaoservice.com; Th Sisavangvong; ☺ 8–22 Uhr) Zählt zu den besten Ticketagenturen der Stadt und verkauft Flug-, Bootstickets und Busfahrscheine.

Jewel Travel Laos (S. 45) Dieser hilfreiche Reiseveranstalter bietet etliche Exkursionen an.

Treasure Travel (Karte S. 44; ☑ 071-254682; www.treasuretravellaos.com; Th Sisavangvong; ☺ 8–21 Uhr) Organisierte und maßgeschneiderte Touren durch ganz Laos. Die Preise hängen von der Dauer und der Gruppengröße ab.

TELEFON

In den meisten Internetcafés der Stadt gibt's Skype und man kann für 2000 Kip pro Minute oder weniger ins internationale Ausland telefonieren. Am Schalter des **Minipost Booth** bekommt man SIM-Karten für Mobiltelefone.

TOURISTENINFORMATION

Touristeninformation der Provinz (Karte S. 44; ☑ 071-212173; www.tourismlaos.org; Th Sisavangvong; ☺ Mo–Fr 8–16 Uhr) Allgemeines zu Festivals und ethnischen Gruppen, Karten und Broschüren, Infos zu Bus- und Bootsfahrten. Gutes Büro mit hilfsbereitem Personal.

VISA

Einwanderungsbehörde (Karte S. 44; ☑ 071-212435; Th Wisunarat; ☺ Mo–Fr 8.30–16.30 Uhr) Normalerweise kann man sein Visum für Laos um 30 zusätzliche Tage verlängern lassen (2 US$ pro Tag), solange es noch nicht abgelaufen ist.

Vietnamesisches Konsulat (Karte S. 38; www. vietnamconsulate-luangprabang.org; Th Naviengkham, Luang Prabang; ☺ Mo–Fr 8–11.30 & 13.30–17.30 Uhr) Hier kann man sich ein Visum für Vietnam ausstellen lassen.

❶ An- & Weiterreise

BUS & MINIBUS

Wie die Namen schon vermuten lassen, liegen der **Busbahnhof Nord** (☑ 071-252729; Route 13) und der **Busbahnhof Süd** (Bannaluang-Busbahnhof; Karte S. 38; ☑ 071-252066; Route 13) an entgegengesetzten Enden der Stadt. Parallel zu mehreren beliebten Buslinien fahren Minibusse und Minivans auf den gleichen Routen. Sie starten am **Naluang-Minibusbahnhof** (Karte S. 38; ☑ 071-212979; souknasing@hotmail.com; Route 13) schräg gegenüber vom Busbahnhof Süd. Zu den häufig angesteuerten Zielen gehören Vientiane (170 000 Kip, 7 Std., Abfahrt um 7.30, 8.30 und 17 Uhr) Vang Vieng (110 000 Kip, 5 Std., Abfahrt um 8, 9, 10, 14 und 15 Uhr), Luang Namtha (120 000 Kip, 8 Std., Abfahrt um 8.30 Uhr) und Nong Khiao (70 000 Kip, 3 Std., Abfahrt um 9.30 Uhr).

Eine Möglichkeit für Gruppenreisende ist ein gecharterter Minivan mit sechs Sitzen, der weniger als das Doppelte der Busreise kostet. Pausen zum Fotografieren sind inbegriffen. Bucht man direkt am Minibusbahnhof, zahlt man inklusive Abholung vom Gästehaus 1 000 000 Kip nach Phonsavan, 850 000 Kip nach Vang Vieng und 500 000 Kip nach Nong Khiao.

Vientiane & Vang Vieng

Vom Busbahnhof Süd fahren täglich zwischen 6.30 und 19.30 Uhr bis zu zehn Busse über Vang Vieng nach Vientiane (115 000 Kip, 9 Std.). Sleeper (150 000 Kip, 9 Std.) starten um 20 und 21.30 Uhr.

Xayaboury & Hongsa

Busverbindungen nach Xayaboury (60 000 Kip, 3 Std.) gibt's um 9 und 14 Uhr vom Busbahnhof Süd. Die neue Tha-Deua-Brücke über den Mekong ist nun befahrbar und reduziert die Fahrzeit nach Xayaboury mit Privatfahrzeugen um etwa zwei Stunden. Es steht auch eine neue Minibusverbindung zum Elefantenschutzzentrum in Xayaboury zu Verfügung, die von Sakura Tour (☑ 074-212112) betrieben wird. Die Fahrgäste werden vor dem Postamt abgeholt. Wer nach Hong Sa möchte, fährt am besten über die neue Brücke nach Xayaboury und von dort aus weiter.

Phonsavan & Vietnam

Nach Phonsavan (10 Std.) gibt's Verbindungen um 9 Uhr (120 000 Kip) vom Naluang-Minibusbahnhof sowie um 8.30 Uhr vom Busbahnhof Süd (normal/„Express" 90 000/105 000 Kip, 10 Std.). Von hier aus sind Dien Bien Phu (220 000 Kip, 10 Std., Abfahrt 6.30 Uhr) und Hanoi (380 000 Kip, 24 Std., Abfahrt 18 Uhr) in Vietnam zu erreichen.

Nong Khiao & Sam Neua

Nach Nong Khiao fahren insgesamt neun Minibusse (55 000 Kip, 4 Std.) ab dem Naluang-Minibusbahnhof. Alternativ nimmt man am Busbahnhof Nord um 9, 11 oder 13 Uhr eines der *sŏrng tǎaou* (Pick-up-Lkws mit Bänken für Passagiere auf der Ladefläche, 55 000 Kip) bzw. um 8.30 Uhr den Bus nach Vieng Thong (120 000 Kip, 10 Std.) nach Sam Neua (120 000 Kip, 17 Std.). Gegen 17.30 Uhr trifft dort ein weiterer Bus nach Sam Neua (aus Vientiane) ein.

Northwesten & China

Der Nachtbus nach Kunming (450 000 Kip, 24 Std.) in China startet vom Busbahnhof Süd (um 7 Uhr, manchmal auch früher). Am besten bucht man die Reise im Voraus und erkundigt sich dabei nach dem genauen Abfahrtsort. Vom Busbahnhof Nord verkehren Busse nach Oudom Xay (60 000 Kip, 5 Std.) um 9, 12 und 16 Uhr, nach Luang Namtha (105 000 Kip, 9 Std.) um 9 Uhr und nach Houay Xay (Borkeo, 130 000 Kip, 15 Std.) um 17.30 Uhr. Ein VIP-Bus (150 000 Kip) geht um 19 Uhr.

FLUGZEUG

Der **Internationale Flughafen Luang Prabang** (☑ 071-212173), 4 km vom Stadtzentrum, hat seit 2013 ein elegantes neues Gebäude und eine erweiterte Start- und Landebahn. **Bangkok Airways** (www.bangkokair.com) und **Lao Airlines** (Karte S. 38; ☑ 071-212172; www. laoairlines.com; Th Pha Mahapatsaman) fliegen zweimal täglich. Lao Airlines verkehrt außerdem nach Vientiane (mehrmals tgl.), Pakxe, Chiang Mai, Hanoi und Siem Reap. **Vietnam Airlines** (☑ 071-213049; www.vietnamairlines.com) steuert ebenfalls Siem Reap (Codesharing mit Lao Airlines) und Hanoi an.

Das Leben am Fluss

Der Mekong ist die Lebensader von Laos und führt wie eine Arterie durch das Herz des Landes. Andere wichtige Flüsse sind die Adern: Sie hauchen der Landschaft Leben ein und dienen als Transportwege zwischen abgelegenen Orten. Für viele Laoten gehört der Fluss nicht nur zu ihrem Leben, sondern er ist ihr Leben.

1. Mekong (S. 296)
Fischfang auf dem Fluss

2. Nam Song, Vang Vieng (S. 176)
Eine Reihe von Touristenbungalows am Flussufer

3. Flussfahrt, Laos
Unterwegs in einem traditionellen Boot

4. Mekong, Si Phan Don (S. 250)
Vertäute Boote auf dem Mekong

5. Umgebung von Vang Vieng
Blick auf den Fluss und die Karstfelsen

SCHIFF/FÄHRE

Der Wasserweg über den Fluss ist zwar nicht immer die schnellste Reisemöglichkeit, aber man entschleunigt und kann die Stadt und die Landschaft in der Umgebung aus einem anderen Blickwinkel betrachten.

Pak Beng & Huay Xai

Tickets für Slowboats nach Pak Beng (113 000 Kip, 9 Std., 8 Uhr) werden im **Schifffahrtsamt** (Karte S. 44; 8–11 & 14–16 Uhr) hinter dem Königspalast verkauft. Darüber hinaus gibt's direkte Verbindungen nach Houay Xay (220 000 Kip, 2 Tage) mit einer Übernachtung in Pak Beng. Der Ausflug bietet auch die Möglichkeit, etwas länger im schönen Pak Beng zu bleiben, wenn es einem dort gefällt. Eigentlich befindet sich die Slowboat-Anlegestelle direkt hinter dem Schifffahrtsamt, doch der genaue Abfahrtsort ändert sich je nach Wasserstand des Flusses.

Der luxuriösere Anbieter **Luang Say Cruise** (S. 48) startet seine zweitägige Fahrt nach Houay Xay vom Xieng-Thong-Fähranleger gegenüber vom Wat Xieng Thong. Im Preis enthalten ist eine Übernachtung in der Luang Say Lodge in Pak Beng. Eine günstigere Alternative ist die zweitägige Kreuzfahrt auf einem eleganten Boutique-Schiff von **Shompoo Cruise** (S. 48). Die Unterkunft in Pak Beng ist nicht im Preis enthalten.

Flink, aber unbequem und gefährlich sind die Schnellboote für sechs Personen, mit denen man den Mekong hinauf nach Pak Beng (190 000 Kip, 3 Std.) und Houay Xay (320 000 Kip, 7 Std.) fahren kann. Es gibt keine festen Preise; die Boote legen ab, sobald sie voll sind. Sofern man nicht über eine Agentur bucht, kann man ein Tag im Voraus an der Schnellbootstation 5 km nördlich der Stadt danach erkundigen: Am Pfosten, der Kilometer 390 markiert, biegt man Richtung Westen von der Route 13 ab und fährt 300 m die unbefestigte Straße hinab, die zu einem Feldweg wird, nachdem man die einzige Kreuzung auf dem Weg passiert hat.

Thailands Goldenes Dreieck

Wenn es der Wasserstand des Flusses zulässt, unternimmt **Mekong River Cruises** (S. 48) gemächliche siebentägige Touren von Luang Prabang ins Goldene Dreieck auf thailändischer Seite. Man reist auf innovativen zweistöckigen deutsch-laotischen Flussschiffen mit Sonnendach und 16 gemütlichen Kabinen (Abfahrt donnerstags).

🛈 Unterwegs vor Ort

AUTO & MOTORRAD

Ein Motorrad zu mieten, kostet in der Regel 120 000 Kip pro Tag. **KPTD** (Karte S. 44; 020-97100771, 071-253447; Th Kitsarat; mit Halbautomatik 100 000 Kip, mit Automatik 120 000 Kip, 250-ccm-Geländebikes pro Tag 70 US$; 8–17 Uhr) bietet eine große Auswahl an Motorrädern, darunter Honda Waves (mit Halbautomatik), Honda Scoopy (mit Automatik) und eine rassige Honda CRF (70 US$) ausschließlich für Motocross-Fahrer. **Motolao** (S. 49) verleiht 250-ccm-Hondas.

BUS

Neu in Luang Prabang ist der **E-Bus** (www.lao greengroup.com; Fahrten ab 5000 Kip) von Lao Green Travel, ein emissionsfreies Elektro-*tuk-tuk* (grün und gelb), das in der Altstadt fährt. Tickets kann man in Geschäften und Pensionen kaufen. Angeboten wird auch die **E-Bus-Tour** (S. 49), eine geführte Rundfahrt durch die Stadt.

FAHRRAD

Empfehlenswert ist die Fortbewegung mit dem Fahrrad. Räder kann man in zahlreichen Geschäften und einigen Gästehäusern für 15 000 bis 30 000 Kip pro Tag leihen. Fahrräder und Motorräder sollte man immer gut abschließen und nicht nachts an der Straße stehen lassen. Die Route, die außen an der Halbinsel entlangführt, ist eine Einbahnstraße entgegen dem Uhrzeigersinn. Schilder übersieht man leicht. Obwohl auch viele Einheimische die Verkehrsregeln missachten und zudem ohne Helm fahren, verteilt die Polizei für diese Ordnungswidrigkeiten meist nur an Ausländer Strafzettel.

SCHIFF/FÄHRE

Zahlreiche **Schiffe zu den Pak-Ou-Höhlen** (Karte S. 44) fahren zwischen 8.30 Uhr und ca. 12–13 Uhr. Die Tickets kauft man in dem leicht zu übersehenden kleinen **Langbootbüro** (Karte S. 44; Th Khem Khong; Mo–Sa 9–17Uhr). **Banana Boat Laos** (S. 48) bietet besser organisierte Schifffahrten für jene, die nicht zu sehr auf ihr Reisebudget schauen. Die Schiffe fahren hinter dem Königspalast ab.

SÖRNGTÄAOU

Von dem **Chomphet-sörngtäaou-Stand** (Karte S. 38) aus, der sich an der Luang Prabang gegenüberliegenden Mekong-Seite ca. 400 m flussaufwärts befindet, werden nur Dörfer in der Umgebung angefahren.

TUK-TUK

In Luang Prabang verkehren keine Motorradtaxis, sondern nur *tuk-tuks* und ein paar Taxivans vom Flughafen, die für die Fahrt in die Stadt 50 000 Kip verlangen. Wenn mehr als drei Personen mitfahren, sind sie teurer. Für die Tour von der Stadt zum Flughafen berappt man eventuell etwas weniger. Ausländern werden pauschal 20 000 Kip pro Weg abgeknöpft. Zur Anlegestelle der Schnellboote muss man mit 50 000 Kip rechnen.

RUND UM LUANG PRABANG

Die Umgebung Luang Prabangs ist ein Eldorado für beliebte Outdooraktivitäten wie Wandern, Radfahren, Motorcross, Kajaktouren und Rafting. Beliebt ist die neue Dschungelattraktion Green Jungle Flight, die bei unserem letzten Besuch vor Ort beinah fertig war. Zum Gelände gehören ein botanischer Garten, ein Swimmingpool, ein Café und Ziplines.

Besonders gefragt sind Ausflüge zu Wasserfällen und zu den Pak-Ou-Höhlen. Die meisten Anbieter haben Kampfpreise, aber ein Vergleich lohnt trotzdem. Die Pak-Ou-Höhlen und Tad Kuang Si sind eine seltsame Kombination, da sie in entgegengesetzten Richtungen liegen. Dafür wartet das Fahrzeug zum Kuang-Si-Wasserfall, wenn man nach dem Bootsausflug zum Reisebüro zurückkommt. Die Eintrittstickets sind in den Ausflugspreisen nicht enthalten.

Green Jungle Flight (☏ 071-253899, 020-58677616; Ban Paklueang; Parkeintritt 3 US$; Ziplining & Seil-Parcours mit Anleitung 28–45 US$; Trekking 35 US$; Hin- und Rücktransfer mit dem Boot ab Luang Prabang 10 000 Kip) südlich der Stadt ist ein Stück Naturparadies, das von einer Müllhalde zurückerobert wurde. Der Regenwald und ein beeindruckender Wasserfall bilden die Kulisse für spektakuläre Parcours mit Ziplines (900 m), Affenschaukeln und Seilen. Zudem gibt's hier ein Café, ein Restaurant und einen Blumengarten. Ebenso geplant sind ein Markt für Bio-Produkte, ein Swimmingpool und eine Fläche zum Elefantenbeobachten, wo die Riesen, die einst Bäume fällten, baden und sich begegnen können.

Um den Park zu erreichen, kann man ab dem Schifffahrtsamt (S. 64) in Luang Prabang ein Boot nehmen; man fährt dann ca. 30 Minuten flussabwärts, der Rest der Strecke wird auf dem Landweg in Taxis organisiert.

Pak-Ou-Höhlen ຖ້ຳປາກອູ

In Ban Pak Ou am Zusammenfluss des Nam Ou (Ou River) und des Mekong befinden sich in zwei berühmten **Höhlen** (Tham Ting; Eintritt Höhlen 80 000 Kip, Bootsticket hin und zurück pro Pers./Boot 65 000/300 000 Kip; Abfahrt der Boote 8.30–11 Uhr), die in den Kalksteinklippen liegen, zahlreiche Buddhafiguren. In der unteren Höhle bildet eine fotogene Gruppe Buddhas eine tolle Silhouette vor dem imposanten Flussufer. Um die obere Höhle zu erreichen, steigt man fünf Minuten lang Treppen hinauf (man braucht eine Taschenlampe) und gelangt 50 m tief in die Felswand. Das Bootsticket kauft man im Langbootbüro in Luang Prabang.

Fast alle Besucher halten auf dem Weg nach Pak Ou im „Lao-Lao-Dorf" Ban Xang Hay, das für seinen Whisky berühmt ist. In den engen verkehrsberuhigten Gassen hinter den hübschen, wenn auch größtenteils neuen Wat stehen u. a. Webstühle, Stände mit bunten Stoffen und Destillen, wo eine große Auswahl an verschiedenen Spirituosen hergestellt wird.

Eine Alternative für die Anreise: Man fährt über Land bis Ban Pak Ou (30 km, hin & zurück mit dem *tuk-tuk* rund 150 000 Kip) und lässt sich dann mit einem Motorkanu zum anderen Ufer bringen (hin & zurück 20 000 Kip). Nach Ban Pak Ou führt eine 10 km lange ungeteerte, aber ordentliche Straße, die unweit von Kilometer 405 von der Route 13 abzweigt.

Tad Kuang Si ຕາດຕວາງສີ

Tad Kuang Si (20 000 Kip; 7.30–17.30 Uhr) 30 km südwestlich von Luang Prabang ist ein Wasserfall, der sich in Kaskaden über Kalksteinformationen hinweg in eine Reihe kühler türkisfarbener Becken ergießt, in denen man baden kann. Es ist mehr als paradiesisch! Wenn man sich gerade nicht an einem Seil ins Wasser schwingt, kann man in einem öffentlichen Park mit Schutzhütten und Tischen picknicken. Ein Highlight ist auch das **Tad-Kuang-Si-Bärenrettungszentrum** (www.freethebears.org.au; Kuang Si Wasserfall; Eintritt im Ticket für den Tad Kuang Si enthalten; 8.30–16.30 Uhr) GRATIS in der Nähe des Parkeingangs. Diese hervorragende Einrichtung wird von „Free the Bears" betrieben und versorgt 38 Asiatische Braunbären – 15 davon wurden erst in den vergangenen drei Jahren vor Wilderern gerettet, die Bären an furchtbare Galle-Farmen verkaufen, um die Nachfrage der Traditionellen Chinesischen Medizin zu bedienen. In dieser gilt flüssige Bärengalle als Wundermittel. Die glücklichen geretteten Bären sind ebenso besuchenswert wie die Wasserfälle. Das Zentrum ist von Spenden und Sponsoren abhängig: Man sollte darüber nachdenken, hier ein T-Shirt zu kaufen oder eine Bärenpatenschaft zu übernehmen.

Der **Kuang-Si-Schmetterlingspark** (www.facebook.com/laos.kuang.si.butterflypark; Erw./Kind

30 000/15 000 Kip; ⊙ 10.30–16.30 Uhr) ✒ 300 m vor dem Kuang-Si-Wasserfall wurde 2014 als Zuchtstation für die zahlreichen Schmetterlingsarten von Laos eröffnet. Es ist zu besichtigen und hat ein Spa, in dem man seine Füße von winzigen Fischen anknabbern lassen kann. Oder man flaniert bei einer Führung durch den schönen Garten.

Rund um den Parkplatz am oberen Ende des Khamu-Dorfs Ban Thapene gibt's mehrere günstige Restaurants.

Da die Straße kürzlich geteert wurde, lohnt es sich, Kuang Si mit einem Leihmotorrad zu besuchen. So kann man auch unterwegs in den Dörfern anhalten. Radfahrer müssen sich auf zwei ziemlich lange und steile Anstiege gefasst machen. Ein *tuk-tuk* von Luang Prabang kostet 250 000 Kip pro Person bzw. 85 000 Kip pro Person, wenn man zu dritt ist; also schließt man sich am besten mit anderen Travellern zusammen.

Tad Sae   ບ ຳຕ ຳ ຕ ຳ ຕ ຳ ຕ ຳ ຄ ແສ

Zwischen August und November beeindrucken die großen, mehrstöckigen Becken dieses mentholfarbenen **Wasserfalls** (ຕ ຳ ຄ ແ ຽ; 20 000 Kip, Kinder unter acht Jahren frei; ⊙ 8–17.30 Uhr) 15 km südöstlich von Luang Prabang. Anders als am Tad Kuang Si gibt's hier keine tief herabstürzende Hauptkaskade, und im Februar sind sie beinahe vollständig ausgetrocknet. Dennoch ziehen verschiedene Attraktionen das ganze Jahr über Besucher an, insbesondere ein Parcours aus 14 **Ziplines** (☏ 020-54290848; www.flightofthenature.com; 300 000 Kip pro Pers.), an denen man über die Wasserfälle hinwegsaust.

Außerdem bietet sich bei der Anreise eine siebenminütige Bootsfahrt (hin & zurück 20 000 Kip pro Pers., 40 000 Kip Minimum) an, die im friedlichen laotischen Dorf Ban Aen nur 1 km östlich der Route 13 beginnt (bei Kilometer 371,5 Richtung Osten abbiegen). Mit dem *tuk-tuk* kostet die 30-minütige Fahrt von Luang Prabang und wieder zurück einschließlich einiger Stunden Wartezeit des Fahrers 150 000 Kip.

Ban Phanom & Umgebung
ບ ຳ ນ ພ ະ ນ ຳ ມ

Wer bereits auf dem Phou Si war, hat von dort aus sicherlich den großen goldenen, achteckigen Stupa nahe der „neuen Brücke" gesehen: Im Inneren des 1988 errichteten **Santi Chedi** (ສັນຕິເຈດີ, Pagode des Friedens; Spende erwünscht; ⊙ Mo–Fr 8–10 & 13.30–16.30 Uhr) zeigen Wandmalereien auf fünf Etagen allerlei buddhistische Geschichten. Das Gebäude steht auf einem sanften Hügel 1 km abseits der Route 13 an der Straße nach **Ban Phanom**, einem wohlhabenden Weber- und Handwerkerdorf knapp 1 km weiter östlich. Eine größtenteils ungeteerte Piste folgt erst dem Nam Khan Richtung Osten und Süden und zweigt etwa 14 km später nach **Ban Kok Gniew** ab. Das sogenannte „Ananasdorf" erstreckt sich bei Kilometer 372 an der Route 13 nur 500 m vor der Ausfahrt zum Tad Sae.

Die Straße ist staubig und hügelig, aber ruhig und von attraktiver Karstlandschaft sowie mehreren interessanten Sehenswürdigkeiten gesäumt.

Nordlaos

Inhalt ➜

Gut essen

➜ Lao Falang Restaurant (S. 74)

➜ Coco Home Bar & Restaurant (S. 89)

➜ Bamboo Lounge (S. 114)

➜ Riverside Restaurant (S. 124)

➜ Souphailin Restaurant (S. 106)

Schön übernachten

➜ Mandala Ou Resort (S. 89)

➜ Luang Say Lodge (S. 129)

➜ Zuela Guesthouse (S. 112)

➜ Nong Kiau Riverside (S. 89)

➜ Phou Iu III Guesthouse (S. 113)

Auf nach Nordlaos

Ob Trekking, Rad- und Kajaktouren, Zipline-Abenteuer oder Homestays – für viele Traveller ist ein Besuch in Nordlaos das Highlight ihrer Reise. Hier gibt's ursprüngliche, dichte Wälder, in denen Tiger, Gibbons und zahlreiche andere Tiere leben, und die gut entwickelte Ökotourismus-Infrastruktur ermöglicht es Besuchern, mitten hinein zu gelangen.

Im Norden stößt man zudem auf farbenfroh gekleidete ethnische Stämme, die anderswo in Laos kaum anzutreffen sind.

Das „Land der eine Million Elefanten" wird hier zum Land der eine Million höllischer Kurven, wo sich die Straßen schier endlos über Bergketten und durch Flusstäler winden. Im Kontrast dazu stehen die funktionalen Städte, die im 20. Jh. nach den verheerenden Bombardements des Indochina- und des Vietnamkriegs gebaut wurden.

Doch hier dreht sich alles um das Landleben. Bootstouren sind eine wunderbare Möglichkeit, um ganz gemächlich die idyllische Landschaft zu erkunden.

Reisezeit
Luang Prabang

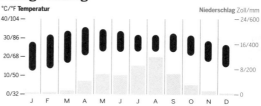

Nov.–Feb. Mit wenig Regen und klarem Himmel ideal für einen Besuch. Kühl in höheren Lagen.

März–Mai Das Flachland ist jetzt kochend heiß, Brandrodungen sorgen für viel Rauch.

Juni–Okt. Regenzeit; die Unterkünfte sind billig, doch die Luftfeuchtigkeit ist hoch.

Highlights

1 Gibbon Experience (S. 121)
Über das Dach des Dschungels zu einsamen Baumhäusern zu sausen ist ein unvergessliches Abenteuer in der Nähe von Houay Xay.

2 Nam Ou (S. 75)
Auf einer Bootsfahrt oder Kajaktour auf dem Nam Ou (Ou-Fluss) zwischen Muang Ngoi Neua und Nong Khiao die Karstlandschaft erleben.

3 Phongsaly (S. 97) In dieser entlegenen Region auf einer Trekkingtour zu Stammesdörfern die ländliche Lebensweise bei einheimischen Familien kennenlernen.

4 Höhlen von Vieng Xay (S. 83) Die Geschichte der unglaublichen Kalksteinlandschaft erforschen, in der sich die Mitglieder der Pathet Lao vor den Luftangiffen der Amerikaner schützten.

5 Ebene der Tonkrüge (S. 77) Durch die geheimnisvollen archäologischen Stätten in Xieng Khouang schlendern.

❶ An- & Weiterreise

Der Zustand der Straßen, die den Norden mit dem Rest des Landes verbinden, verbessert sich stetig. Mit Abstand die unkomplizierteste, beliebteste und spektakulärste ist die Route 13 von Luang Prabang nach Vang Vieng. Die alternative Strecke über Xayaboury und Pak Lai ist inzwischen asphaltiert, landschaftlich aber weniger schön. Eine dritte Strecke, die Route 10 von Muang Khoun nach Pakxan, ist mittlerweile in gutem Zustand, doch auf einigen entlegenen Abschnitten gibt's unverändert Sicherheitsbedenken. Und schließlich wäre da noch die höllische Fahrt auf der früher katastrophalen und gefährlich rutschigen Straße von Oudom Xay nach Phongsaly: Sie ist inzwischen durchgängig asphaltiert, hat aber leider immer noch genauso viele Serpentinen!

❶ Unterwegs vor Ort

Nordlaos auf der Straße zu bereisen ist langwierig und anstrengend. Nur die wichtigsten Routen sind asphaltiert, und selbst die sind so eng und kurvenreich, dass man im Schnitt kaum schneller als 30 km/h fahren kann. Doch viele Busfahrer sind mit ihren klapprigen Gefährten schneller unterwegs, als sicher ist. Bei Nässe wird das Vorwärtskommen auf unbefestigten Wegen durch Matsch noch mehr erschwert, während sich in der Trockenzeit durch den Verkehr riesige Staubwolken bilden, die das Reisen per *sŏrngtǎa-ou* (Transporter mit eingebauten Sitzbänken für Passagiere im hinteren Teil) und Motorrad extrem unangenehm machen. Am besten trägt man ebenso wie die Einheimischen einen Atemschutz. Eine mögliche Alternative ist es, einen Minivan mit Chauffeur zu mieten (etwa 100 US$ pro Tag; nur in größeren Städten möglich). Abenteuerlustige Motorradfahrer mit ordentlichen Bikes werden sich darüber freuen, dass auf vielen Nebenstraßen kaum Verkehr herrscht.

Eine schöne, wenn auch oft langsamere Alternative zum Reisen auf der Straße sind Flussschiffe. Eine Fahrt mit einem „Schnellboot" sollte wohlüberlegt sein – vermutlich ist sogar ein Surfbrett mit einem daran festgebundenen Motor sicherer.

DIE PROVINZEN XIENG KHOUANG & HOUA PHAN

Lange, kurvenreiche Straßen winden sich in nicht enden wollenden Schleifen durch die grünen, dünn besiedelten nordöstlichen Provinzen bis zur mysteriösen Ebene der Tonkrüge und zu den faszinierenden Höhlen von Vieng Xay. Beide Gebiete sind reizvolle Reiseziele auf dem Weg nach oder von Vietnam. Wer viel Zeit hat, kann in Nong Khiao und Vieng Thong Zwischenstopps einlegen. Letzteres ist das Tor zum Nam Et/ Phou Louey National Protected Area (NPA) und seinen „Tiger-Treks". Alle Orte werden im Rahmen der teuren Long-Thaang-Busrundtour von **Stray's** (www.straytravel.asia) 🖉 angesteuert. Überall sonst gilt die Provinz als fast vollkommen untouristisch.

Dank der Höhenlage (im Durchschnitt über 1000 m) sind die Temperaturen in der heißen Jahreszeit nicht zu hoch und in der kalten nicht zu frostig. Im Dezember und Januar braucht man abends und frühmorgens, wenn die Wolken tief in den bewohnten Tälern hängen und bizarre Formationen bilden, einen Pullover oder eine Jacke.

Geschichte

Xieng Khouangs weltberühmte riesige Tonkrüge und die mysteriösen Megalithen von Hintang lassen darauf schließen, dass es hier schon in der Eisenzeit eine hoch entwickelte Kultur gab, über die Historiker erstaunlich wenig wissen. Wer auch immer die rätselhaften Wahrzeichen mit Ritzungen versehen hat, war längst verschwunden, als im 13. Jh. Xieng Khouang als buddhistisches Tai-Phuan-Fürstentum gegründet wurde, dessen Hauptstadt sich an der Stelle des heutigen Muang Khoun befand. Beide Provinzen waren über Jahrhunderte unabhängige Königreiche oder Teile der vietnamesischen Vasallenstaaten Ai Lao und Tran Ninh. 1832 nahmen die Vietnamesen den Phuan-König von Xieng Khouang gefangen, ließen ihn in Hue hinrichten und machten das eroberte Gebiet zu einer Präfektur des Kaiserreichs von Annam. Xieng Khouangs Bewohner mussten daraufhin vietnamesische Kleidung tragen und die Bräuche der Eroberer annehmen. Nachdem im späten 19. Jh. die chinesischen Ho in der Region gewütet hatten, wurde Xieng Khouang schließlich französisches Protektorat.

Zwischen der Lao-Issara-Bewegung und der Vietminh kam es zwischen 1945 und 1946 zu schweren Auseinandersetzungen. Sobald die Franzosen Indochina verlassen hatten, stockte Nordvietnam seine Truppen auf, um Hanois Hinterland zu schützen. Ende der 1960er-Jahre war die Gegend zu einem riesigen Schlachtfeld geworden. Das Flächenbombardement durch amerikanische Flugzeuge machte praktisch alle Städte und Dörfer dem Erdboden gleich. Große Teile der Bevölkerung hausten bis 1973 in Höhlen, um ihr Leben zu retten. Rund um Vieng Xay fanden auch die Mitglieder der antiroyalistischen Pathet-Lao-Regierung Obdach.

Darüber hinaus zerstörten nordvietnamesische Truppen die einst prächtige Stadt Muang Sui und einen großen Teil der westlichen Provinz Xieng Khouang, die in den Händen der Royalisten war. Nach Beendigung des Konflikts wurden vor allem im östlichen Houa Phan berüchtigte *samana*-Umerziehungscamps gegründet, um ehemalige Anhänger des Königs zu „rehabilitieren" und mit einer Kombination aus harter Arbeit sowie politischer Indoktrination zu bestrafen. Viele dieser Lager bestanden bis in die 1980er-Jahre. Die Vermutung, dass es in der Nähe von Sop Hao noch immer eines der *samanas* gibt, wurde weder offiziell bestätigt noch bestritten. Selbst Jahrzehnte nach dem Konflikt sind Blindgänger (*unexploded ordnance;* UXO) ein verbreitetes Problem, vor allem im mittleren und östlichen Xieng Khouang. Sie werden über viele weitere Generationen das Leben der einheimischen Bevölkerung bedrohen.

Phonsavan ໂພນສະຫວັນ

☑ 061

Phonsavan ist ein beliebter Ausgangspunkt für einen Besuch der Ebene der Tonkrüge. Die Stadt selbst wirkt unfertig und erstreckt sich zersiedelt an ihren beiden Hauptstraßen, die sich parallel zueinander auf einer Länge von 3 km von Ost nach West erstrecken. Zum Glück liegt eine sehr praktische Ansammlung von Hotels, Restaurants und Reisebüros an einem kurzen, architektonisch uninteressanten zentralen Abschnitt. Weitere Geschäfte, Märkte und Einrichtungen findet man an der Route 7. Am schönsten sieht der Ort jedoch von den umliegenden mit Pinien und Resorts gesprenkelten Hügeln aus. An den Bergstraßen sollte man auf die hellblauen Holzhäuser der Hmong mit dem ordentlich aufgestapelten Brennholz davor achten.

Lange Zeit war die Region ein Zentrum der Phuan-Sprache und -Kultur (gehört zur Tai-Kadai-Familie). Auch der vietnamesische Einfluss ist deutlich zu spüren.

◉ Sehenswertes

Etwa 1 km vom südlichen Stadtrand entfernt stehen auf einem Hügel zwei **Denkmäler** (Sonnenauf- bis Sonnenuntergang) für die Pathet-Lao- und die vietnamesischen Soldaten, die im Krieg ihr Leben ließen.

UXO Information Centre (MAG) KULTURELLES ZENTRUM
(Karte S. 72; ☑ 061-211010; www.maginternational. org/laos; Spenden erwünscht; ◷ 10–20 Uhr) GRATIS
Noch Jahrzehnte nach Amerikas geheimem Krieg gegen Laos sind nicht explodierte Bomben und Minen ein verheerendes Problem in der gesamten Region. Dieses aufwühlende Informationszentrum wird von der britischen Organisation MAG (Mines Advisory Group) betrieben, die seit 1994 bei der Entschärfung von Blindgängern in Laos hilft. Die Ausstellungen des Zentrums unterstreichen die ungeheuerliche Tragweite der Bombenangriffe; (entschärfte) Bomben regen zum Nachdenken an. Spenden sind unbedingt erwünscht: Schon für 12 US\$ kann ein Gebiet von rund 10 m² gesäubert werden und der Spender erhält ein T-Shirt zur Erinnerung.

Am späten Nachmittag werden die eindrucksvollen Dokumentarfilme *Bomb Harvest* (16.30 Uhr; www.bombharvest.com), *Surviving the Peace* (17.50 Uhr) und *Bombies* (18.30 Uhr; www.itvs.org/bombies/film.html) gezeigt. Sie sind erschütternd, denn sie zeigen das gesamte Ausmaß dieses Traumas, von Filmaufnahmen amerikanischer Bomber im Einsatz bis zu den bis in die Gegenwart reichenden Opfern dieses entsetzlichen Erbes.

⭐ **Xieng-Khouang-Informationszentrum der UXO-Überlebenden** KULTURELLES ZENTRUM
(Karte S. 72; www.laos.worlded.org; Spenden erwünscht; ◷ 8–20 Uhr) GRATIS Dieses UXO-Informationszentrum mit farbenfrohem, fröhlichem Geschäft verkauft Laptoptaschen aus Seide, Taschen und Kunsthandwerk, hergestellt von UXO-Überlebenden. Neben der Ausstellung, die u. a. Prothesen, Rollstühle und Bombenteile zeigt, gibt's einen Leseraum mit zahlreichen Informationen zu Amerikas geheimem Krieg und den verschiedenen Arten von Blindgängern, die in Laos noch heute eine Gefahr darstellen. Auf Wunsch kann man das Video *Surviving Cluster Bombs* anschauen. 90 % der Spenden werden übrigens für die medizinische Behandlung von UXO-Überlebenden verwendet.

Mulberries SEIDENFARM
(ປຸດ; ☑ 061-561271; www.mulberries.org; ◷ Mo–Sa 8–16 Uhr) Auf dieser Seidenfarm, die sich fairem Handel verschrieben hat, erhält man bei kostenlosen Besichtigungen eine vollständige Einführung in den Prozess der Seidenherstellung vom Raupenkokon bis zum fertigen bunten Seidenschal. Der Hof liegt an der Route 7 gleich westlich des Hauptbusbahnhofs.

Phonsavan

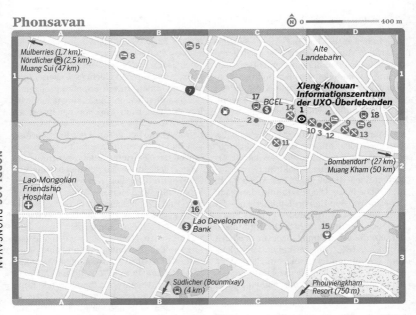

N 0 ———————— 400 m

Mulberries (1,7 km);
Nördlicher (2.5 km);
Muang Sui (47 km)

Alte Landebahn

Xieng-Khouan-Informationszentrum der UXO-Überlebenden

BCEL

Lao-Mongolian Friendship Hospital

Lao Development Bank

„Bombendorf" (27 km)
Muang Kham (50 km)

Südlicher (Bounmixay) (4 km)

Phouviengkham Resort (750 m)

Phonsavan

👉 Geführte Touren

Mehrere Reisebüros an der Hauptstraße und praktisch alle Gästehäuser vermitteln Tagesausflüge zu den drei Hauptstätten der Ebene der Tonkrüge. Der Preis für eine Tour liegt bei 150 000 Kip (inkl. Nudelsuppe zum Mittag und Eintritt), sofern sich mindestens sieben weitere Teilnehmer anschließen.

Andere Veranstalter steuern Ziele wie beispielsweise Muang Khoun, Muang Sui und Tham Piu an, doch es finden sich selten genug Interessenten, sodass die Exkursionen meistens relativ teuer sind. Am besten versucht man deshalb, eine eigene Gruppe zusammenzutrommeln.

Lao Falang Travel Service ABENTEUER
(Karte S. 72; ☎020-55406868, 020-23305614; Route 7; Tagestour 108 US$) Das von einem verlässlichen Italiener geführte Unternehmen veranstaltet mehrtägige und Tagesmotorrad-

BLINDGÄNGER & KRIEGSMÜLL

Während der Indochinakriege wurde Laos zu dem am stärksten bombardierten Land der Weltgeschichte, gemessen an der Einwohnerzahl. Besonders schwer traf es die Provinz Xieng Khouang. Selbst heute noch liegen hier ungeheuer viele Überreste aus dem Krieg herum, darunter zahlreiche potenziell tödliche Blindgänger (UXO; *unexploded ordnance*) wie Mörsergranaten, weiße Phosphorkanister (mit denen Ziele markiert wurden) und Bomben. Einige der problematischsten Blindgänger stammen aus Streubomben, bösartigen 1,5 m langen Paketen in Torpedoform, deren äußere Metallhülle dafür konzipiert war, sich im Flug der Länge nach zu öffnen und 670 tennisballgroße Minibomben auf einer Fläche von über 5000 km^2 zu verteilen. Sie explodieren beim kleinsten Widerstand und verschießen dabei ca. 30 Stahlkügelchen, die in einem Radius von 20 m alles Leben auslöschen. Über 40 Jahre nach Kriegsende wird in der Provinz noch immer beinahe täglich eine Person durch Blindgänger verletzt und getötet. 40 % der Opfer sind Kinder. Millionen Bomben stecken nach wie vor in der Erde und stellen eine große Gefahr für Bauunternehmer, Landwirte und vor allem kleine Kinder dar, die sie fatalerweise für Spielzeug halten. Unzählige bettelarme Dorfbewohner, die der finanziellen Verlockung, Blindgänger zu sammeln und als Metallschrott zu verkaufen, nicht widerstehen konnten, verloren ihr Leben. Trotz beherzter ausdauernder Anstrengungen, die Gegend zu säubern, würde es beim derzeitigen Tempo 150 Jahre dauern.

Mittlerweile haben die Hülsen von Streubomben, die an sich nicht explosiv sind, viele positive Verwendungszwecke gefunden. Mancherorts nutzt man sie z. B. als Futtertröge, Töpfe zum Züchten von Frühlingszwiebeln oder einfach als Dekoration an Häusern und Hotels.

Wer Kriegsschrott entdeckt, sollte ihn nicht anfassen. Selbst wenn dieser in manchen Hotels wie ein Ausstellungsstück einer Sammlung präsentiert wird, kann es sein, dass man ihn nie anständig entschärft hat und er immer noch explosiv ist. Das laotische Gesetz verbietet es, mit Kriegsüberbleibseln aller Art zu handeln, auch wenn diese nicht gesundheitsgefährdend sind. Verkauf oder Diebstahl alter Waffen kann mit Gefängnisstrafen von sechs Monaten bis fünf Jahren geahndet werden.

touren, die zu 70 bis 85 % abseits der Straßen (je nach eigenem Selbstvertrauen) verlaufen. Eine Tagestour führt typischerweise zur Jar Site 1, zum russischen Panzer und nach Muang Khoun. Das Abendessen im hervorragenden italienischen Lao Falang Restaurant ist inbegriffen. Solide, erfahrene Guides achten darauf, dass man sich nicht übernimmt.

Sousath Travel GEFÜHRTE TOUREN
(Karte S. 72; ☑ 020-55406868, 020-23305614; rasapet_lao@yahoo.com; Route 7; ⏰ 8–20 Uhr) Sousath bietet verlässliche Touren zur Ebene der Tonkrüge und zum Ho-Chi-Minh-Pfad sowie Übernachtungen bei Gastfamilien in Hmong-Dörfern. Für stark am Krieg interessierte Besucher organisiert es Touren nach Long Cheng, dem geheimen Flugplatz im Saisombun-Dschungel, den die CIA während des geheimen Krieges angelegt hat. Sie vermieten auch Fahrräder (20 000 Kip pro Tag) und Mopeds (manuell/Automatik 70 000/90 000 Kip).

Amazing Lao Travel WANDERUNGEN
(Karte S. 72; ☑ 020-22340005; www.amazinglao. com; Route 7) Veranstaltet Trekkingtouren

zur Ebene der Tonkrüge und zweitägige Wanderungen in die Berge mit einer Übernachtung in einem Hmong-Dorf. Wie immer ist es umso günstiger, je mehr Personen teilnehmen.

🛏 Schlafen

🛏 Hauptstraße

Kong Keo Guesthouse PENSION **$**
(Karte S. 72; ☑ 061-211354, 020-285858; www. kongkeojar.com; B 40 000 Kip, Zi. im separaten Wohnblock 80 000 Kip, Hütten 120 000 Kip; 🖳) Während unseres Besuchs war Veomany, der die Pension führt, gerade dabei, die schäbigen Holzhütten durch sechs tolle Ziegelhütten mit Balkon zu ersetzen. Der Schlafsaal mit sieben Betten ist sehr beengt, doch im separaten Wohnblock warten große, saubere Zimmer mit mintgrünen Wänden und eigenem Bad. In dem mit Blindgängern dekorierten Restaurant wird jeden Abend gegrillt. Veomany veranstaltet auch ausgezeichnete Touren zur Ebene der Tonkrüge.

Anoulack Khen Lao Hotel HOTEL **$$**

(Karte S. 72; 061-213599; www.anoulackkhen laohotel.com; Hauptstraße; Zi. inkl. Frühstück 200 000 Kip;) Dieser gläserne Lego-Turm bietet die besten Zimmer der Stadt. Sie sind mit Holzböden, dicken Matratzen, weißer Bettwäsche, Wasserkesseln und schicken Bädern mit warmem Wasser ausgestattet. In der 5. Etage befindet sich ein großartiges Restaurant, wo man frühstücken und das WLAN nutzen kann. Erfreulicherweise hat das Hotel auch einen Fahrstuhl. Die Extraausgabe lohnt sich.

Rund um die Stadt

Hillside Residence HOTEL **$$**

(Karte S. 72; 061-213300; www.thehillsideresi dence.com; Ban Tai; Zi. inkl. Frühstück 30 US$;) Ein grüner Garten umgibt diese moderne Fachwerkvilla, die gut in eine Bergstadt aus der Kolonialzeit passen würde. Ihre Zimmer sind klein, aber schön und komplett ausgestattet, selbst eine Decke für die kühleren Monate ist vorhanden. Die Betten sind allerdings winzig und ziemlich hart. Oben befindet sich eine Gemeinschaftsterrasse. Einige Zimmer in der oberen Etage haben einen eigenen Balkon. Kostenloses WLAN und ein netter Besitzer.

Vansana Plain of Jars Hotel HOTEL **$$**

(Karte S. 72; 061-213170; www.vansanahotel -group.com; Zi. 400 000–500 000 Kip) Das für Phonsavan erbaut wurde, opulente Luxushotel, das 2004 steht auf einem eigenen kleinen Gipfel oberhalb der Stadt. Die großen, komfortablen Zimmer verfügen über üppige Teppiche, veraltete Fernseher, Minibars und große Badewannen im Bad und sind geschmackvoll gestaltet. Zu jedem Zimmer gehört ein kleiner Balkon mit toller Aussicht über die Stadt. Das Hotel ist allerdings etwas abgewohnt, hier müsste einiges getan werden.

Maly Hotel HOTEL **$$**

(Karte S. 72; 061-312031; www.malyhotel.com; Zi. inkl. Frühstück 25–60 US$;) Na gut, bis ins Stadtzentrum sind es 15 Minuten zu Fuß oder 20 000 Kip mit dem *tuk-tuk*, doch dafür besticht das orange Maly mit Holzbalken und Kerzenschein-Ambiente. Die Zimmer haben abgenutzte Bäder, Fernseher, warmes Wasser und laotische Textilien. Besonders schick ist Zimmer 8, ein großes Eckzimmer. Hilfsbereite Mitarbeiter und gutes Frühstück.

Essen & Ausgehen

Wer keine unangenehme Überraschung erleben will, sollte wissen, dass einige vietnamesische Restaurants Hundefleisch (*thit chó*) servieren.

Nisha Restaurant INDISCH **$**

(Karte S. 72; Route 7; Mahlzeiten 20 000–30 000 Kip; 7–22 Uhr;) Das ordentliche, einfache Nisha ist innen in Pastellfarben dekoriert, und seine Speisekarte ist genauso bunt. Neben den üblichen Gerichten wie Tikka Masala, Rogan Josh und Currys gibt's auch viele vegetarische Optionen. Das Essen ist so perfekt gewürzt und so frisch, dass man garantiert wiederkommt.

Lebensmittelmarkt MARKT **$**

(Karte S. 72; 6–17 Uhr) Auf diesem Markt gibt's Obst, das man anderswo in Laos kaum findet, etwa Chinesische Birnen. Andere lokale Delikatessen sind *nok qen dąwng* (fermentierte ganze Schwalben, die im Glas aufbewahrt werden) und *hét wâi* (wilde Matsutake-Pilze), die rund um Xieng Khuang wachsen und in Japan teuer verkauft werden. Fotoapparat nicht vergessen.

Sanga Restaurant LAOTISCH **$**

(Karte S. 72; Route 7; Hauptgerichte 15 000– 30 000 Kip; 11–22 Uhr) In einem kahlen kleinen Raum an der Straße wird für wenig Geld überraschend leckeres Essen serviert. Besonders gut schmeckt der Hühner-*láhp* (Salat aus Schweinehackfleisch mit Schalotten und Koriander). Das Steak mit Pommes ist für 30 000 Kip ein Schnäppchen und daher sehr beliebt.

★Lao Falang Restaurant ITALIENISCH **$$**

(Karte S. 72; 020-5546868; Hauptgerichte 50 000–70 000 Kip; 7–16 & 17–22.30 Uhr;) Das große, stilvolle und makellos saubere Restaurant, ein Schwesterunternehmen von Lao Falang Travel Service (S. 72), wird von einem freundlichen Italiener aus Genua geführt, der vier Sprachen spricht. Sehr empfehlenswert sind das göttliche Lendensteak, das Lammfleisch und die Riesengarnelen sowie die handgemachten Pastas (Carbonara und Bolognese), die Pizzas mit dünnem Boden und das hausgemachte Eis. Auch die Weinauswahl ist klasse.

Bamboozle Restaurant & Bar INTERNATIONAL **$$**

(Karte S. 72; 030-9523913; Route 7; Mahlzeiten 25 000–52 000 Kip; 7–10.30 & 15.30–22.30 Uhr, Küche schließt um 21 Uhr) Mit den Bam-

FLUSSFAHRTEN

Bis in die 1990er-Jahre waren Flussschiffe in Laos ein wichtiges Verkehrsmittel von einer Stadt in die andere, und für Dorfbewohner ohne Straßenanbindung sind sie es heute noch. Dank der touristischen Nachfrage werden mittlerweile sogar mehrere Langstreckenverbindungen angeboten. Auf jeden Fall ist schon die Reise auf Flussbooten an sich eine Attraktion.

Slowboats auf dem Mekong

Houay Xay–Pak Beng oder Pak Beng–Luang Prabang (je 1 Tag) Beide Tagestouren führen über schöne Flussabschnitte. Auf die Boote passen jeweils 70 Passagiere, manchmal werden allerdings viel mehr mitgenommen. Die Sitze sind recht hart, aber man kann sich an Bord frei bewegen. Es gibt eine Toilette und normalerweise auch einen Stand, an dem Snacks und überteuertes Bier verkauft werden.

Houay Xay–Luang Prabang (2 Tage) Auf der Luang Say Cruise (S. 126) und der Shompoo Cruise (S. 126) reist man relativ luxuriös. Beide Boote sind etwa so groß wie die anderen Slowboats auf dem Mekong, befördern aber höchstens 40 Passagiere. Erstere ist nichts für Budgettraveller, sie beinhaltet Mahlzeiten, Zwischenstopps zum Sightseeing und eine hervorragende Übernachtung in der Luang Say Lodge.

Schnellboote auf dem Mekong

Houay Xay–Luang Prabang (1 Tag) Erschreckend schnell, gefährlich und entsetzlich unbequem, wenn man nicht klein und gelenkig ist. Diesen Trip sollte man besser bleiben lassen, wenn der Wasserstand nach der Regenzeit wieder gefallen ist, da die Boote dann weniger Abstand zu den Felssäulen unter Wasser haben.

Boote auf dem Nam Tha

Langboote Luang Namtha–Houay Xay oder Na Lae–Houay Xay (1 Tag) Inzwischen kann man mit dem Boot nur noch bis Ban Phaeng fahren, wo vor Kurzem ein Damm gebaut wurde; dort wird man abgeholt und die verbleibende Strecke bis Houay Xay gefahren. Von dem früher zweitägigen Erlebnis ist jetzt nur noch eine Tagestour geblieben, immerhin tuckert man aber immer noch etwa acht Stunden den Fluss hinunter. Die Tour beginnt in Luang Namtha, von dort geht es mit dem Auto nach Na Lae, wo man ins Boot steigt.

Die Route **Hat Sa–Muang Khua** kann nicht mehr befahren werden, seit am Nam Ou (Ou-Fluss) ein Damm gebaut wurde. Auf der Route **Muang Khua–Nong Khiao** (6 Std.) starten aber immer noch jeden Morgen Boote in Muang Khua, die durch Muang Ngoi Neua (5 Std.) kommen, ehe sie Nong Khiao erreichen; die Fahrt führt durch eine der spektakulärsten Karstlandschaften von Laos.

Nong Khiao–Luang Prabang (1 Tag) Während unseres Besuch war diese Bootstour durch den Damm am Nam Ou nicht möglich. Sie wird aber in naher Zukunft wie die anderen von Dämmen beeinträchtigten Flusstrips in Teilstrecken durchgeführt werden, dann muss man zwischen Auto und Boot hin- und herwechseln, um die Hindernisse zu umgehen.

buswänden und den hübschen Laternen, die von der Decke baumeln, macht das Bamboozle seinem Namen alle Ehre. Es bringt dünnkrustige Pizzas, Salate, Pastagerichte, große Cheeseburger und fantastische laotische Cuisine auf den Tisch. Dazu kaltes Bier und ein Rock'n'Roll-Soundtrack – dieses Restaurant ist der Hit. Ein Teil des Gewinns geht an die Lone Buffalo Foundation (www.facebook.com/lonebuffalo), die Jugendliche der Stadt unterstützt.

Cranky-T Café & Bar FUSIONSKÜCHE **$$$**
(Karte S. 72; ☏ 061-213263, 020-55504677; www.facebook.com/CrankyTLaos; Hauptstraße; Hauptgerichte 35 000–130 000 Kip; ⊙ 7–23 Uhr, Küche 17–21 Uhr, Happy Hour 16–19 Uhr; ❄ 🤖) Das Cranky-Ts ist innen stilvoll in Weinrot und mit unverputztem Mauerwerk gestaltet. Der gleichnamige Besitzer fabriziert köstliche Salate, Sashimi, Räucherlachs-Crêpes und herzhafte Gerichte wie Neuseeländer Lendensteak, mit denen man sich nach einer

Wanderung durch die Ebene der Tonkrüge stärken kann. Dazu die Zimt-Muffins, der Brownie-Käsekuchen und die guten Cocktails (35 000 Kip) – eigentlich könnte man den ganzen Tag hier verbringen.

Barview BAR
(Karte S. 72; ☺ 8–23 Uhr) Zum Sonnenuntergang sollte man sich in dieser schlichten Bude mit Blick auf Reisfelder ein Bier genehmigen. Einheimische kommen hierher, um Gitarre zu spielen und Grillfleisch zu schmausen.

 Praktische Informationen

GEFAHREN & ÄRGERNISSE

Die Gefahr durch Blindgänger (UXO) sollte man in dieser am stärksten bombardierten Provinz nicht unterschätzen.

GELD

Geld wechseln die **Lao Development Bank** (Karte S. 72; ☑ 061-312188; ☺ Mo–Fr 8.30–15.30 Uhr), die **BCEL** (Karte S. 72; ☑ 061-213291; Route 7; ☺ Mo–Fr 8.30–15.30 Uhr) und mehrere Reisebüros. An der Route 7 befinden sich zwei Geldautomaten.

INTERNETZUGANG

WLAN gibt's in vielen Unterkünften und Restaurants.

MEDIZINISCHE VERSORGUNG

Lao-Mongolian Friendship Hospital (Karte S. 72; ☑ 061-312166) Hilfreich bei kleineren Gesundheitsproblemen.

POST

Post (Karte S. 72; ☺ Mo–Fr 8–16, Sa bis 12 Uhr) Hier kann man auch Inlandstelefonate führen.

TOURISTENINFORMATION

Touristeninformation der Provinz Xieng Khouang (☑ 020-22340201, 061-312217; www.xiengkhouangtourism.com; Highway 1E; ☺ 8–16 Uhr) Die merkwürdig abgelegene Touristeninformation an der Straße zum Flughafen) hat Mitarbeiter, die Englisch sprechen, Broschüren und Souvenirs aus recyceltem Kriegsschrott sowie kostenlose Karten der Distrikte Phonsavan und Xieng Khouang. Man sollte auch nach dem kostenlos fotokopierten Blatt mit dem Titel „What Do I Do Around Phonesavanh Town" schauen, das Anregungen für Unternehmungen abseits der Ebene der Tonkrüge enthält.

 An- & Weiterreise

Auf Busfahrplänen und bei Fluglinien wird Phonsavan in der Regel „Xieng Khouang" genannt, obwohl dies der ursprüngliche Name von Muang Khoun war.

BUS

Internationale & Fernbusse

Tickets für Fernbusse erhält man in Reisebüros. Sie kosten rund 40 000 Kip mehr als die Standardpreise, darin inbegriffen ist allerdings der Transfer zum verwirrend benannten **Nördlichen Busbahnhof** (☑ 030-5170148 4 km westlich vom Zentrum, die manchmal auch Provincial Bus Station genannt wird. Von dort geht's Richtung Vietnam: Dienstags, donnerstags, freitags und sonntags starten Busse um 6.30 Uhr nach Vinh (150 000 Kip, 11 Std.). Je nach Jahreszeit verkehren sie montags weiter bis Hanoi (320 000 Kip). Nach Vientiane fahren um 7.30, 8.30. 10.30. 16.30 und 18.30 klimatisierte Busse (110 000 Kip, 11 Std.) und um 20.30 Uhr ein VIP-Bus (130 000 Kip). Sie alle kommen durch Vang Vieng, wohin um 7.30 Uhr ein zusätzlicher Bus (95 000 Kip) fährt. Der Schlafbus dorthin (150 000 Kip) startet um 20 Uhr. Nach Luang Prabang (10 Std.) verkehren um 8.30 Uhr und 18.30 Uhr sowohl Minivans (95 000 Kip) als auch VIP-Busse (120 000 Kip). Um 8 Uhr besteht eine Verbindung nach Sam Neua (80 000 Kip, 8–10 Std.), ein Schlafbus fährt um 18 Uhr (100 000 Kip), außerdem kommen zwei Busse auf dem Weg von Vientiane nach Sam Neua durch Phonsavan. Um 7.30 Uhr fährt ein Bus über die neue Straße nach Pakxan (100 000 Kip, 10 Std.).

Vom **Südlichen (Bounmixay-)Busbahnhof** (Highway 1D) 4 km südlich der Stadt fährt um 6 Uhr ein Bus nach Savannakhet (150 000 Kip, 4-mal pro Woche) und weiter nach Pakxe (180 000 Kip). Busse nach Pakxan (100 000 Kip, 8 Std.) fahren über die neu fertiggestellte Straße und starten täglich um 6.30 und 8 Uhr.

Vom **Phoukham-Minibus- und Busbahnhof** (Karte S. 72; ☑ 020-99947072; Th Xaysana; ☺ 7–20 Uhr) im östlichen Teil des Stadtzentrums fahren um 8.30 Uhr Minibusse nach Luang Prabang (110 000 Kip) und Vang Vieng (100 000 Kip) sowie um 6.30, 8 und 17 Uhr Minibusse nach Vientiane (110 000 Kip). Außerdem startet hier um 19.30 Uhr ein VIP-Bus nach Vientiane (130 000 Kip).

Linienbusse

Linienbusse und *sŏrngtǎaou* fahren vom **Alten Busbahnhof** (Karte S. 72) ab. Sie steuern u. a. Muang Khoun (20 000 Kip, stündlich), Muang Kham (25 000 Kip, 2 Std., stündlich) und Nonghet (35 000 Kip, 4 Std., 4-mal tgl.) an.

FLUGZEUG

Lao Airlines (Karte S. 72; ☑ 061-212027; www.laoairlines.com) fliegt täglich von/nach Vientiane (63 US$). Manchmal verkehrt in der Hochsaison ein Flugzeug pro Woche von/nach Luang Prabang.

ⓘ Unterwegs vor Ort

Tuk-tuks, so man welche findet, verlangen für eine kurze Fahrt 15 000 Kip und für die Tour zum Flughafen 30 000 Kip. Das Lao Falang Restaurant (S. 74) verleiht Fahrräder (40 000 Kip pro Tag) und Motorräder mit 100 ccm (100 000 Kip), die ideal sind, um einige Stätten der Ebene der Tonkrüge zu erreichen. Für Mutige gibt's auch ein paar chinesische Quads (160 000 Kip). Tanken kann man an der **Tankstelle** (Karte S. 72) in der Stadt.

Über die meisten Gästehäuser und Hotels kann man Wagen mit sechs Sitzplätzen oder Jeeps samt Fahrer mieten: Dies kostet etwa 150 US$ nach Sam Neua und 120 US$ nach Luang Prabang.

Rund um Phonsavan

Ebene der Tonkrüge ທີ່ງໄຫຫີນ

Mysteriöse, uralte Steinkrüge unbekannten Ursprungs sprenkeln ein Gebiet von Hunderten Quadratkilometern rund um Phonsavan, was der Region den irreführenden Namen Ebene der Tonkrüge eingebracht hat. Erstaunlicherweise weiß niemand, welche Zivilisation sie geschaffen hat. Archäologen schätzen, dass sie aus der südostasiatischen Eisenzeit stammen und zwischen 500 v. Chr. und 200 n. Chr. entstanden sind Sammler haben sich längst schon die kleineren Krüge unter den Nagel gerissen, doch rund 2500 größere Krüge, Bruchteile von Krügen und „Deckel" sind noch übrig. Es ist geradezu ein Wunder, wie viele Artefakte die Flächenbombardierung während der Indochinakriege überlebt haben. Nur eine Handvoll der 90 bekannten Stätten wurde bisher von Blindgängern (UXO) bereinigt, und das nur innerhalb begrenzter Gebiete. Diese Orte und ihre Zugänge sind durch rot-weiße Markierungssteine gekennzeichnet, die man leicht übersieht, deshalb immer gut aufpassen.

An den Sites 1, 2 und 3 beginnen die meisten Rundgänge.

◉ Sehenswertes

Obwohl die Sites 2 und 3 nicht ganz so viele Krüge bergen wie Site 1, haben sie durchaus ihren eigenen Charme. Auf der Fahrt zu den verschiedenen Stätten bietet sich die Möglichkeit, einen Blick auf mehrere typische Dörfer zu werfen.

Jar Site 1 ARCHÄOLOGISCHE STÄTTE
(Thong Hai Hin; 15 000 Kip) Die größte und am einfachsten zu erreichende Stätte der Ebe-

Ebene der Tonkrüge ⓝ

ne der Tonkrüge – die Site 1 – wartet mit über 300 Krügen auf, die sich recht dicht beieinander auf zwei Hügeln voller Bombenkrater verteilen. Das größte Gefäß, **Hai Jeuam**, wiegt rund 6 t und ist über 2,5 m hoch. Angeblich handelt es sich dabei um den mythischen Siegesbecher von Khun Jeuam. Obwohl in eine Richtung der Blick auf den Flughafen von Phonsavan stört, hat die kahle, hügelige Landschaft trotzdem ihren Reiz. In der Nähe des Eingangs befinden sich ein kleines Café, ein Souvenirgeschäft und Toiletten.

Jar Site 2 ARCHÄOLOGISCHE STÄTTE
(Hai Hin Phou Salato; 10 000 Kip) Site 2 der Ebene der Tonkrüge besteht aus zwei kleinen Anhöhen, dazwischen verläuft eine flache Wasserfurche, die als Zufahrtsgasse dient. Sie steigt vom Ticketschalter 700 m an und verwandelt sich während der Regenzeit in eine schlammige Rutschbahn. Linker Hand sieht man in einem schmalen Waldstück eine zerbrochene Steinurne, durch die ein Baum gewachsen ist. Auf der rechten Seite liegen weitere Krüge auf einem begrasten Hügel, von dem aus man einen Rundumblick auf mehrschichtige Erhebungen, Reisfelder und Kuhweiden genießt. Das Ganze hat viel Atmosphäre.

PHAKEO-TREK

Diese hervorragende zweitägige Wandertour nach Phakeo wird von Reisebüros in Phonsavan organisiert und umfasst viele der wichtigsten Dinge, die man in Xieng Khouang gesehen haben muss. Am ersten Tag wandert man über mit Sekundärwald bewachsene Bergkämme zu einer dreiteiligen Stätte mit etwa 400 uralten Krügen und Fragmenten, von denen die meisten mit Moos überwachsen im Schatten von Bäumen liegen. Dann geht's hinab in das straßenlose Hmong-Dorf Ban Phakeo, dessen Häuser mit Lehmböden und Ziegeldächern sich rund um ein zentrales felsiges Hügelchen ringen. Eine zweckmäßige traditionelle Hütte für Besucher verfügt über acht einfache Schlafplätze. Strom gibt's nicht. Am nächsten Tag führt der Weg in attraktive, teils landwirtschaftlich genutzte Täler und einen mehrstöckigen Wasserfall hinauf, bis man schließlich das berühmte „Bombendorf" erreicht, in dem es nach umfangreichen Räumarbeiten kaum noch Bomben gibt.

Jar Site 3 ARCHÄOLOGISCHE STÄTTE

(Hai Hin Lat Khai; 10 000 Kip) In einem schönen Waldstück oberhalb des Dorfs Ban Lat Khai erstreckt sich die Site 3 der Ebene der Tonkrüge mit 150 Krügen an einem reizvollen Hang. Kurz vor Ban Xiang Di (Ban Siang Dii) knickt die Zufahrtsstraße nach Lat Khai neben einer winzigen Motorradwerkstatt Richtung Osten ab. Der Ticketschalter steht neben einem einfachen laotischen Restaurant, das überteuerte *fĕr* (Reisnudeln; 30 000 Kip) serviert. Zu den Krügen kommt man über eine kleine hölzerne Fußgängerbrücke, dann geht's zehn Minuten durch ein Reisfeld und schließlich bergauf.

ℹ An- & Weiterreise

In rund fünf Stunden kann man alle drei Hauptstätten von Phonsavan aus mit einem gemieteten Motorrad besuchen. Site 1 ist per Fahrrad erreichbar: Sie liegt nur 8 km südwestlich vom Zentrum Phonsavans, 2,3 km westlich der Straße nach Muang Khoun; der Abzweig ist an der Kreuzung in Ban Hay Hin ausgeschildert. Zu den Sites 2 und 3 biegt man westlich der Straße nach Muang Khoun unmittelbar hinter Kilometer 8 ab. Nach 10 bzw. 14 km auf der ungeteerten Piste

erreicht man die jeweiligen Abzweigungen und folgt den matschigen Wegen 1,5 bzw. 1,8 km.

Alternativ kann man sich am Abend vorher für eine der vielen geführten Minibustouren anmelden. Meistens macht man an der Stätte 3 Mittagspause (es gibt Nudelsuppe) und hält kurz, um sich die rostenden Überreste eines gepanzerten Fahrzeugs in einem Wäldchen an der Straße bei Ban Nakho anzuschauen. Der Spitzname des Dorfs, „Russischer Panzer", lässt mehr erhoffen, als man tatsächlich vorfindet.

Muang Khoun (ehemals Xieng Khouang) ເມືອງຄູນ

4000 EW. / 📱 061

Muang Khoun, die einstige Hauptstadt der Region, wurde im 19. Jh. von chinesischen und vietnamesischen Angreifern verwüstet und während des Vietnamkriegs so stark zerbombt, dass sie 1975 fast vollständig verlassen war. Einige alte Bauwerke haben jedoch als Ruinen überlebt, und allmählich wurde Muang Khoun wieder aufgebaut; verglichen mit der neuen Hauptstadt Phonsavan ist es aber wirklich nur ein Dorf. Ein Besuch ist ganz sicher kein Muss, kann jedoch für Reisende, die ein paar Tage in der Region weilen, ein lohnender Abstecher sein.

Die gute asphaltierte Straße von Phonsavan (30 km nördlich) führt durch schöne Dörfer mit Reisterrassen und Stelzenhäusern im Phuan-Stil. Mit dem Kauf des Muang Khoun Visitor's Ticket (10 000 Kip, bei mehreren Sehenswürdigkeiten in der Gegend erhältlich) unterstützt man die Erhaltung der Stätte.

◉ Sehenswertes

Die wichtigsten historischen Attraktionen sind drei Stupas in Gehentfernung vom Khoun Guesthouse. Einer steht direkt dahinter auf dem Gelände des neu erbauten bunten **Wat Si Phoum**, während die anderen beiden an eine Anhöhe schmiegen. Man erreicht sie über eine Gasse aus Ziegelsteinen und Matsch, die gegenüber dem Gästehaus in die Höhe führt und in einem schmalen Fußweg endet. Der 1576 im Lan-Xang/Lan-Na-Stil erbaute **That Foun** (auch That Chomsi genannt) ragt rund 25 m in die Höhe. Mittlerweile neigt sich der Turm etwas zur Seite. Hineinklettern kann man durch ein Loch – es stammt von chinesischen Ho-Plünderern aus dem 19. Jh., die Tunnel in den Tempel gegraben haben, um die unbezahlbaren Buddhareliquien im Inneren zu rauben. Nach fünf Gehminuten auf einem einfachen Weg am Bergrücken entlang stößt man auf die Überreste eines im 16. Jh. von den Cham errichteten Stupas, **That Chom Phet**.

Kurz vor Kilometer 30 und hinter dem **Wat Phia Wat** knickt die Hauptstraße gen Süden ab. Vom Originalgebäude des Tempels aus dem Jahr 1582 haben nur die Grundplattform und ein paar Ziegelsäulen einen 1966 erfolgten Bombenangriff überlebt. Letztere umrahmen einen mit den Jahren grau gewordenen Buddha mit einem traumatisierten Lächeln.

Die ungeteerte Straße verläuft weiter Richtung Osten. Nach 5 km passiert man die kleine, stark zerfallene **Jar Site 16**. Allmählich wird die Strecke immer schlechter befahrbar und endet schließlich rund 12 km weiter bei **Ban Thalin**, einem interessanten Dorf ohne Einkaufsmöglichkeiten, in dem der Phakeo-Trek beginnt.

🛏 Schlafen & Essen

Khoun Guesthouse & Restaurant PENSION **$**
(☑ 061-212464; Route 10, km 29; Zi. 50 000–90 000 Kip; 🔊) Die einzige Unterkunft der Stadt liegt in einem Garten. Während die Zimmer für 50 000 Kip wie Zellen wirken, sind die für 90 000 Kip größer und mit Fernseher und Warmwasser ausgestattet. Das Restaurant hat auch eine englischsprachige Karte, auf der laotische Standardgerichte stehen; manchmal kommen Reisegruppen zum Mittagessen her.

❶ An- & Weiterreise

Busse nach Phonsavan (20 000 Kip, 45 Min.) fahren den ganzen Tag über. Mit dem Motorrad kann man Muang Khoun und die drei wichtigsten Krugstätten im Rahmen eines längeren Tagesausflugs besuchen.

Sam Neua (Xam Neua)
ຊໍາເໜືອ

16 000 EW. / ☑ 064

Sam Neua (Xam Neua) ist zwar auch eine Art nostalgische sowjetische Kuriosität mit großzügig platzierten modernen Betonbauten, spartanischen kommunistischen Denkmälern und älteren Herren mit russischen Mützen, doch sein eigentlicher Magnet ist die großartige Landschaft ringsum. Sam Neua liegt günstig für einen Besuch des nahe gelegenen Vieng Xay oder um den täglichen Bus nach Vietnam zu erwischen. Es

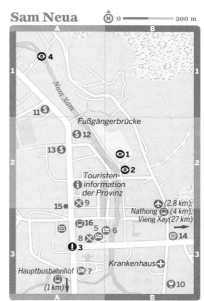

Sam Neua   Ⓝ 0 ▬▬▬▬ 200 m

handelt sich um eine der am wenigsten besuchten Provinzhauptstädte in Laos. Zudem liegt der Ort in einer Höhe von rund 1200 m, daher sind in der trockenen Winterzeit ein paar warme Sachen nützlich, zumindest abends bzw. bis sich der dichte Morgennebel verzogen hat. Von April bis Oktober ist es in der üppigen Landschaft hingegen warm und feucht.

Die faszinierenden fotogenen Lebensmittelmärkte lohnen wegen ihrer bunten ethnischen Vielfalt einen Besuch.

◉ Sehenswertes

Suan-Keo-Lak-Meung-Denkmal DENKMAL

(ສວນແກ້ວຫຼັກເມືອງ; Karte S. 79) An der Hauptkreuzung befindet sich ein seltsames Denkmal, bestehend aus vier hakenförmigen Betonzangen, an denen eine glänzende Discokugel hängt. Sie soll Sam Neuas im Volkslied besungenes Image als „unzerstörbares Juwel" darstellen. Die Wirkung des Monuments vor einer Kulisse aus wenig beeindruckenden Springbrunnen und einem Fries mit triumphierenden kommunistischen Soldaten ist ungewollt komisch.

Hauptmarkt MARKT

(Karte S. 79; ⊙ Sonnenauf- bis Sonnenuntergang) Auf dem Hauptmarkt bekommt man vor allem chinesische und vietnamesische Gebrauchsgüter. An manchen Ständen werden regionale Stoffe verkauft und Juweliere bieten antike Münzen sowie Silberzeug feil, das als Stammeskopfschmuck genutzt wird.

Lebensmittelmarkt MARKT

(Karte S. 79; ⊙ 6–18 Uhr) Der faszinierende Lebensmittelmarkt verfügt über eine gute Auswahl an frischem Gemüse und teilweise eher erschreckendem Fleisch: Feldratten werden z. B. aufgeschnitten präsentiert, damit man sich von ihrer Frische überzeugen kann, und Bananenblätter können mit lebenden Insekten gefüllt sein. Darüber hinaus werden zahlreiche tote Pelztierchen angeboten, die man vermutlich lieber lebendig im Wald sehen würde.

Hängebrücke BRÜCKE

(Karte S. 79) Von dieser Hängebrücke für Radfahrer und Fußgänger kann man bezaubernde Flussszenen betrachten.

🛏 Schlafen

Phonchalern Hotel HOTEL $

(Karte S. 79; ☏ 064-312192; www.phonechalern hotel.com; Zi. 80 000–110 000 Kip; ❄ 🛜) Dieses palastartige Hotel hat sehr unterschiedliche Zimmer: Manche sind dunkel und ungemütlich, die Zimmer zum Fluss sind dagegen hell und teilen sich einen Gemeinschaftsbalkon. Alle Zimmer haben Kühlschrank, Fernseher und ein sauberes Bad. Die Lobby im Erdgeschoss ist so groß wie eine Bowlingbahn. Für eine Nacht macht man hier nichts falsch.

Bounhome Guest House PENSION $

(Karte S. 79; ☏ 020-2348125, 064-312223; Zi. mit Ventilator/Klimaanlage 80 000/100 000 Kip; ❄ 🛜) Neben der Brücke bietet diese Pension kleine Zimmer mit Fliesenboden, Ventilator und niedrigen Betten mit frischer Bettwäsche und Bettdecken. Die kräftigen warmen Duschen sind ein wahrer Genuss.

Xayphasouk Hotel HOTEL $$

(Karte S. 79; ☏ 064-312033; xayphasoukhotel@ gmail.com; Zi. 150 000–200 000 Kip; ❄ 🛜) Zur Zeit Sam Neuas wohl schickstes Hotel. In dem riesigen Lobby-Restaurant ist leider nicht viel los, doch die Zimmer sind für eine so abgelegene Ecke von Laos sehr komfortabel. Alle verfügen über heiße Duschen, Flachbildfernseher, geschmackvolle Möbel und frische Bettwäsche. Zudem gibt's kostenloses WLAN und unten ein Café fürs Frühstück.

🍴 Essen & Ausgehen

★ Yuni Coffee CAFÉ $

(Karte S. 79; ☏ 020-52221515; www.yunicoffee. com; Sandwiches 2 US$; ⊙ 7.30–19.30 Uhr; ❄) Ein Segen für Koffeinliebhaber: Wer seinen gewohnten Milchkaffee vermisst, aufatmen. Das Yuni ist mit seinen armeegrünen Wänden und der erlesenen Auswahl gekühlter Sandwiches, frisch gebackener Baguettes und Brownies und fantastischem Kaffee aus lokalem Anbau einfach perfekt, um den Tag schwungvoll zu beginnen.

Dan Nao Muang
Xam Restaurant LAOTISCH $

(Karte S. 79; Hauptgerichte 15 000–50 000 Kip; ⊙ 7–21.30 Uhr; 🍴) Die winzige Bude ist nicht gerade stimmungsvoll, doch sie hat die ausländerfreundlichste Speisekarte der Stadt – in korrektem Englisch. Zum Frühstück sind u. a. Cornflakes und köstliche *fĕr* im Angebot, abends einige tolle Kombinationen mit Reis und Suppe sowie ein Steak mit knackigem Gemüse, das sternförmig auf dem Teller arrangiert wird. Sie serviert auch großzügige Portionen *láhp,* Gerichte mit gebratenem Reis und Omeletts.

Chittavanh Restaurant   LAOTISCH **$**
(Karte S. 79; Hauptgerichte 25 000–40 000 Kip;
⊘7–21 Uhr; 🖉) Ein köstliches chinesisches
Tofugericht zu genießen entschädigt für das
hallende Geklapper in diesem kleinen Beton-
restaurant, in dem Plastiktischdecken an die
Tische genagelt wurden. Auch die Einheimischen essen hier – immer ein gutes Zeichen.

Lebensmittelmarkt   MARKT **$**
(Karte S. 79; ⊘6–18 Uhr) Hier gibt's billige *fĕr*
(Reisnudeln), Samosas, Frühlingsrollen und
gebackene Süßkartoffeln.

Nang Nok Bar   BAR
(Karte S. 79; ⊘6–22 Uhr) Für sein Nachtleben
dürfte Sam Neua kaum einen Preis gewinnen, doch das Nang Nok wäre zumindest
einer der wenigen Wettbewerbsteilnehmer.
In dem strohgedeckten Pavillon am Stadtrand lassen sich junge Einheimische große
Flaschen Beerlao schmecken.

❶ Praktische Informationen

INTERNETZUGANG

Viele Hotels und Pension haben mittlerweile
WLAN. **Tam.com Internet Service** (Karte S. 79;
150 Kip pro Min.; ⊘8–22 Uhr) ist ein recht ver-
lässliches Internetcafé.

GELD

Agricultural Promotion Bank (Karte S. 79;
⊘Mo–Fr 8–12 & 13.30–16 Uhr) Wechselt thailändische Baht und US-Dollars zu fairen Kursen.

BCEL (Karte S. 79; ⊘Mo–Fr 8–15.30 Uhr) Hat
mehrere Geldautomaten, die Kip ausgeben, und
tauscht die wichtigsten Währungen.

Geldwechsel (Karte S. 79; ⊘7–18 Uhr) Geld
wechselt man am schnellsten an einem der
Stoffstände im Hauptmarkt; sie tauschen
vietnamesische Dong und sind am Wochenende
geöffnet.

Lao Development Bank (Karte S. 79; 🖂064-
312171; ⊘Mo–Fr 8–16 Uhr) 400 m nördlich
vom Hauptbahnhof in der Hauptstraße auf der
linken Seite. Geldwechsel und Einlösung von
Reiseschecks.

POST

Post (Karte S. 79; ⊘Mo–Fr 8–16 Uhr) In einem
großen Gebäude direkt gegenüber vom Busbahnhof. Auf der Rückseite kann man in einem
Telefonbüro internationale Ferngespräche
führen.

TOURISTENINFORMATION

Touristeninformation der Provinz (Karte
S. 79; 🖂064-312567; ⊘Mo–Fr 8–12 &
13.30–16 Uhr) Ausgezeichnete Touristeninformation mit hilfsbereiten Mitarbeitern, die
Englisch sprechen.

WEITERREISE NACH VIETNAM: VON NAM SOI NACH NA MEO

Anreise zur Grenze

Die einfachste Möglichkeit, zum **Grenzübergang Nam Soi (Laos)/Na Meo (Vietnam)**
(Km 175; ⊘7.30–11.30 & 13.30–16.30 Uhr) zu gelangen, ist der tägliche Direktbus (manchmal ein Minibus) zwischen Sam Neua und Thanh Hoa, der in der Nähe von Vieng Xay
vorbeifährt, aber nicht durch die Stadt kommt. Er startet täglich um 8 Uhr (180 000 Kip,
11 Std.). Tickets sollte man besser im Voraus am Hauptbusbahnhof kaufen, damit man
nicht übers Ohr gehauen wird. Auch die „durchgehenden Tickets" nach Hanoi beinhalten
einen Stopp in Thanh Hoa, bei dem man den Bus wechselt.

Es ist durchaus möglich, von Sam Neua um 8 Uhr mit dem *sŏrngtăaou* nach Na Meo
(3 Std.) zu fahren. Die Weiterreise von der vietnamesischen Grenze wird allerdings durch
skrupellose Transportunternehmer erschwert, die es scheinbar darauf anlegen, über-
höhte Preise zu verlangen.

An der Grenze

Wer gen Westen reist, sollte wissen, dass der laotische Grenzposten (Nam Soi) keine
Stadt ist. Es gibt zwar ein paar schlichte Restaurantbuden, aber keine Unterkünfte und
keine Verkehrsmittel außer dem *sŏrngtăaou* nach Sam Neua um 11.30 Uhr.

Laotische Visa erhält man an diesem Grenzübergang bei der Einreise, vietnamesische
aber nicht. Reisende nach Vietnam müssen also vorausplanen.

Weiterreise

In Thanh Hoa angekommen, kann man um 23.30 Uhr mit einem Nachtzug nach Hanoi
fahren, der sehr früh (gegen 4 Uhr) ankommt. Ein Rückreiseticket von Thanh Hoa (um
8 Uhr geht's los) sollte 14 US$ kosten, oftmals bezahlen Ausländer jedoch deutlich mehr.

ⓘ An- & Weiterreise

BUS

Es gibt zwei Busbahnhöfe. Die Fahrpläne ändern sich regelmäßig, deshalb sollte man die Zeiten noch einmal überprüfen und sich nicht auf Touristenstadtpläne oder Infoblätter an Pinnwänden verlassen.

Hauptbusbahnhof

Der **Hauptbusbahnhof** liegt 1,2 km südlich des Denkmals auf einem Hügel direkt an der Straße nach Vieng Thong. Um 10, 13, 15 und 17 Uhr geht's via Phonsavan (80 000 Kip, 10 Std.) nach Vientiane (190 000 Kip, 22 Std.). Ein weiterer Bus nach Vientiane startet um 8.30 Uhr, er fährt über Vieng Thong (50 000 Kip, 6 Std.), Luang Prabang (130 000 Kip, 17 Std.) sowie Vang Vieng. Außerdem verkehren täglich um 7, 7.30 und 15.30 Uhr Minibusse nach Luang Prabang (130 000 Kip). Ein Bus nach Vieng Thong startet um 7.20 Uhr.

Nathong-Busbahnhof

Der **Nathong-Busbahnhof** liegt 1 km hinter dem Flughafen an der Straße nach Vieng Xay am östlichen Stadtrand (ein Taxi hierher kostet 30 000 Kip). *Sŏrngtǎaou* nach Vieng Xay (20 000 Kip) fahren um 8, 10, 11, 14.30 und 16 Uhr. Außerdem gibt's Verbindungen nach „Nameo" (der Grenzübergang Nam Soi) um 8 Uhr (30 000 Kip, 3 Std.) und Sam Tai (Xamtay) um 9.30 Uhr (50 000 Kip).

FLUGZEUG

Sam Neuas kleiner **Nathong-Flughafen** erstreckt sich 3 km östlich des Zentrums Richtung Vieng Xay. **Lao Skyway** (✆ 020-99755556, 064-314268; www.laoskyway.com; Nathong Airport; ✆ 8–16 Uhr), das hier seinen Sitz hat, fliegt montags, mittwochs, freitags und samstags nach Vientiane (62 US\$, 1½ Std.). Die Flüge werden jedoch oft kurz vor dem Start abgesagt. Während unseres Besuchs gab es keine Flüge nach Phonsavan.

ⓘ Unterwegs vor Ort

Vom **tuk-tuk-Stand** (Karte S. 79; Fahrten innerhalb der Stadt 15 000 Kip) kann man Fahrten in der Stadt unternehmen. Am einfachsten ist es aber, sich ein billiges Moped zu mieten, um damit in der Stadt herumzufahren und die großartige Landschaft auf dem Weg nach Vieng Xay zu erleben.

Ein zentral gelegener **Motorradladen** (Karte S. 79; manuelles/Automatik-Moped pro Tag 100 000/120 000 Kip; ✆ 7–18 Uhr) verleiht Mopeds mit manuellem/Automatikgetriebe.

Wer sich bei Fahrten in der Stadt oder nach Vieng Xay etwas mehr Komfort wünscht, auf den warten in der Stadt einige **Taxis** (✆ 020-95855513, 020-5627510; Taxi zu den Vieng-Xay-Höhlen einfach/hin & zurück 150 000/300 000 Kip).

Rund um Sam Neua

Mit wenig Aufwand lassen sich einige der zeitlosen ländlichen Dörfer rund um Sam Neua besichtigen. Motorradausflüge ohne bestimmtes Ziel könnten vom Krankenhaus ein paar Kilometer Richtung Süden führen, oder man fährt die ungeteerte Straße gleich rechts vom Wat Phoxaysanalam hinauf nach Norden. Nach 11 km erreicht man **Ban Tham**. Kurz vor dem Ort liegt eine belanglose **Buddhahöhle** (linker Hand rund 100 m vor der Schule und dem Laden). Reizvoller sind allerdings die Täler mit Reisterrassen 4 km außerhalb von Sam Neua, in denen sich zwei malerische Dörfer mit alten ergrauenden Stupas erstrecken. Mit einem anständigen Motorrad ist es leicht, einen Tagesausflug nach Vieng Xay oder über den Tad Saloei nach Hintang zu unternehmen.

Vieng Xay   ຽ)ໄຊ

10 000 EW. / ✆ 064

Die aufwühlenden „Bombenschutzhöhlen" von Vieng Xay liegen inmitten einer reizvollen Karstlandschaft und bieten eine inspirierende Gelegenheit, mehr über die tragischen Geschehnisse im 20. Jh. zu erfahren. Der Ort selbst erinnert an Vang Vieng, jedoch mit einer eindrücklichen Geschichte anstelle von fröhlichem Tubing. Dies ist quasi eine in Stein gehauene Version der Tunnel von Cu Chi bei Ho-Chi-Minh-Stadt. Die Höhlen waren in Dunkel gehüllt, bis sie 2007 der Welt zugänglich gemacht wurden.

Geschichte

Über Jahrhunderte erstreckte sich das winzige Dörfchen Lonh Ko friedlich zwischen uralten Wäldern und hoch emporragenden Karstbergen. 1963 führten jedoch politische Unterdrückung und unzählige Morde in Vientiane dazu, dass sich die Führungsebene der Pathet Lao tief ins Hinterland von Houa Phan zurückzog und schließlich die Höhlen der Gegend nutzte. Als der US-Geheimkrieg in Fahrt kam, wurden die umliegenden Dörfer gnadenlos bombardiert. Anfangs hatten die entsetzten Einwohner keine Ahnung, wer sie angriff und warum. Aus Sicherheitsgründen verkrochen sie sich in den weit ausgedehnten Höhlensystemen. Insgesamt boten über 450 Höhlen bis zu 23 000 Menschen Schutz. Als der Krieg andauerte, wurden sie als Druckereien, Krankenhäuser, Märkte und sogar als Metallfabrik genutzt.

Erst knapp zehn Jahre nach dem Waffenstillstand von 1973 trauten sich die Einheimischen allmählich wieder ganz hinaus und errichteten an dieser Stelle eine kleine Siedlung. Bis Dezember 1975 diente sie tatsächlich als Hauptstadt der durch die Pathet Lao befreiten Gebiete. Vieng Xay ist nach dem Decknamen des späteren Präsidenten Kaysone Phomvihane benannt, den er annahm, während er sich hier versteckte. Jahrzehnte später weisen noch immer viele der Höhlen sichtbare Spuren ihrer Rolle in der Vergangenheit auf. Der Komplex ist eine der am vollständigsten erhaltenen revolutionären Stützpunkte aus der Zeit des Kalten Kriegs.

◉ Sehenswertes

⭐**Höhlen von Vieng Xai**   HÖHLE
(ຖ້ຳວຽງໄຊ; ☑064-314321; Eintritt inkl. Audioguide 60 000 Kip, Fahrradverleih pro Tour/Tag 15 000/30 000 Kip; ☺9–12 & 13–16 Uhr) Die Teilnahme an der faszinierenden 18-Punkte-Tour ist die einzige Möglichkeit, um den Komplex der sieben wichtigsten Schutzhöhlen aus der Kriegszeit zu besichtigen. Sie liegen in einem schönen wilden Garten vor einer prächtigen Karstlandschaft. Ein lokaler Führer sperrt jede Stätte auf, Audioguides bringen einen den historischen Kontext und zahlreiche Hintergrundinformationen nahe. Die Luftumwälzungspumpe in der **Kaysone-Phomvihane-Höhle** funktioniert noch immer und hinterlässt den bleibendsten Eindruck von den Höhlen. Die Touren beginnen am Höhlenbüro.

In den drei Stunden, die man zur Verfügung hat, kann man alle 18 Stätten sehen, ohne sich gehetzt zu fühlen. Man leiht sich einfach ein Fahrrad und hört die längeren Audiobeiträge, während man von einer Stätte zur anderen radelt.

🛏 Schlafen & Essen

Die Auswahl an Restaurants in Vieng Xay ist nicht besonders groß, und in vielen ist um 20 Uhr das Essen schon alle. Um 21 Uhr liegt die Stadt bereits im Tiefschlaf. Auf dem Markt servieren einige *fěr*-Läden bis etwa 17 Uhr billige Reis- und Nudelgerichte.

Sabaidee Odisha   INDISCH **$**
(Hauptgerichte 35 000 Kip; ☺7–19 Uhr; 🛜) Vom nicht gerade beeindruckenden Äußeren, dem Zementboden und den kahlen Wänden dieses winzigen Restaurants sollte man sich nicht täuschen lassen – das Essen ist fantastisch. Es wird frisch und sorgfältig zuberei-

---

ABSTECHER

THAM NOK ANN

Tham Nok Ann (ຖ້ຳນົກແອນ, Nok-Ann-Höhle; Eintritt 10 000 Kip, Kajak für 2 Pers. 30 000 Kip; ☺8–17 Uhr), ein neu eröffneter Höhlenkomplex, ermöglicht eine friedliche Kajakfahrt auf einem unterirdischen Fluss im Berg. Als Miniaturausgabe der Tham Kong Lo bildet sie einen lohnenswerten Abstecher für alle, die keine Zeit haben, Zentrallaos zu erkunden. Die Höhlen sind gut beleuchtet und weisen einige bizarre, quallenartige Gesteinsformationen auf. Zum Komplex gehört auch ein vietnamesisches Militärkrankenhaus. Für die Kajakfahrer gibt's keine Schwimmwesten, und man sollte auf tief hängenden Stalaktiten achten.

Die Höhlen sind auf der Hauptstraße etwa 5 km vor Vieng Xay ausgeschildert; dort folgt man einer schmalen Piste nach rechts bis zum Ende, wo sich der Eingangsschalter und eine kleine Hängebrücke befinden.

---

tet und mit einem Lächeln serviert, und die Karte offeriert Gerichte in drei verschiedenen Schärfegraden. Es befindet sich in der nördlichsten Ecke des Viengsai-Markts an der Hauptstraße.

Neben indischem Essen gibt's Reisgerichte und *láhp*. Mit dem butterweichen Naan kann man noch den letzten Rest vom Teller tunken.

Thongnaxay Guesthouse   PENSION **$**
(☑030-99907206; Zi. 60 000 Kip; 🛜) In der Nähe der Höhlen offeriert diese neue Pension sechs superfrische Zimmer mit rosa Wänden, eigenem Bad, Ventilator, sauberer Bettwäsche und Doppelbetten. Und übrigens der hübsche Blick auf die Karstlandschaft ist auch nicht zu verachten.

Naxay Guesthouse   PENSION **$**
(☑020-55588060, 064-314330; Zi. 80 000 Kip) Gegenüber vom Höhlenbüro stehen diese Bungalows mit Bambuswänden rund um einen gepflegten Garten, von dem aus man auf einen beeindruckenden gespaltenen Felsen blickt. Die Betten sind bequem, das heiße Wasser fließt, der Linoleumfußboden und der Ventilator sorgen für Kühle. Darüber hinaus haben die Zimmer eigene Veranden und Bäder, und manchmal, wenn man Glück hat, serviert das Café im Strandhüttenstil Essen.

Chitchareune Hotel HOTEL **$$**
(☑ 030-5150458; Zi. 129 000–260 000 Kip; ❋ ☎)
Der relative neue weiße Klotz steht direkt südlich vom Viengsai-Markt und hat saubere Zimmer mit Klimaanlage, überdurchschnittlich guten Möbeln und stilvollen Bädern.

❶ Praktische Informationen

Touristeninformation der Höhlen von Vieng Xay (☑ 064-314321; www.visit-viengxay.com; ⏱ 8–11.30 & 13–16 Uhr) Das Höhlenbüro liegt etwa 1 km südlich vom Markt. Es organisiert alle Höhlenbesuche, verleiht Fahrräder und hat Karten. Außerdem gibt's hier einen kleinen Büchertausch, ein nützliches Infobrett und sogar eine Vitrine mit alten Lenin-Büsten und sozialistischen Erinnerungsstücken.

❶ An- & Weiterreise

Sŏrngtǎaou nach Sam Neua (20 000 Kip, 50 Min.) starten um 7, 10 und 11 Uhr an der Straße, die parallel zum Markt verläuft (der Busbahnhof war zur Zeit der Recherche wegen Umbaus geschlossen). Busse zwischen Sam Neua und Thanh Hoa (jeweils 1-mal tgl., 25 000 Kip) halten ebenfalls hier. Der Bus nach Thanh Hoa fährt hier um 8.30 Uhr ab, der Bus nach Sam Neua um 17 Uhr.

Ein Taxi von Sam Neua (hin & zurück) nach Vieng Xay kostet ca. 300 000 Kip pro Fahrzeug.

Von Sam Neua nach Vietnam

Die landschaftlich reizvolle Strecke über Vieng Xay ist für Ausländer zugänglich; vietnamesische Visa werden hier akzeptiert. Die enge, gepflasterte Straße bietet zahlreiche schöne Blicke, u. a. auf riesige baumbewachsene Karstgebirge, die hinter mit Reisterrassen durchsetzten ländlichen Tälern aufragen. Zu den vielen Dörfern am Weg gehört **Ban Piang Ban** (Km 144,5), das sich auf Korbherstellung und Handarbeiten aus Bambus spezialisiert hat. Auf der anderen Seite des Flusses liegt bei Kilometer 169 eine „Stahlhöhle", in der während des Vietnamkriegs Messer sowie landwirtschaftliche Geräte in industriellem Ausmaß angefertigt wurden.

Bei Kilometer 164 biegt man in die kürzlich asphaltierte Sackgasse nach **Sam Tai** (Xamtay) ein. Das Dorf ist bekannt für die Herstellung prächtiger Stoffe. Falls man die abgelegene Gegend noch weiter erkunden möchte, kann man in einem der paar Gästehäuser unterkommen. Derzeit ist der Zutritt zum **Nam Xam NPA** nicht möglich.

Von Sam Neua nach Nong Khiao

Von Sam Neua windet sich die Route 6 an Gebirgsrücken entlang und am **Hintang-Archäologiepark** vorbei, bis sie 92 km westlich von Sam Neua im winzigen Phoulao (Ban Kho Hing) auf die Route 1 nach Phonsavan trifft – dort beginnen die Kilometermarken wieder bei null. Westlich von Phoulao sind die grünen Berge deutlich stärker entwaldet, bis man die Grenze des **Nam Et/Phou Louey NPA** erreicht. Am besten besucht man das Naturschutzgebiet von Vieng Thong aus, wo man auf der Fahrt gut einen Stopp einlegen kann. Die Abfahrt Richtung **Nong Khiao** erstreckt sich über mehrere Kilometer und eröffnet unterwegs viele Ausblicke in eine traumhafte Landschaft.

◉ Sehenswertes

Tad Saloei WASSERFALL
(Phonesai-Wasserfall) Diese beeindruckende Reihe von Kaskaden hat eine Höhe von insgesamt knapp 100 m. Wer auf der Route 6 Richtung Osten unterwegs ist, sieht den Wasserfall 1 km nach Kilometer 55 (36 km von Sam Neua). Fährt man nach Westen, verpasst man ihn leicht. Am Straßenrand gibt's einige kleine lokale Cafés und Restaurants und etwas, das wie ein Ticketschalter aussieht, allerdings verlangte bei unserem Besuch niemand Eintritt.

Hintang-
Archäologiepark ARCHÄOLOGISCHE STÄTTE
(สอนยืม, Suan Hin) Beinahe ebenso mysteriös wie die berühmteren Krüge in Xieng Khouang ist diese einmalige nicht eingezäunte Sammlung aus freistehenden Steinen, die vermutlich vor mindestens 1500 Jahren entstand. Zwischen spindeldürren, bis zu 3 m aufragenden Gebilden liegen Steinscheiben, die einst auf Grabstätten lagen. Manche davon haben einen Durchmesser von über einem Meter. Von den „Steinfamilien" geht ein gewisser Zauber aus. Mittlerweile sind sie eine UNESCO-Welterbestätte.

Gecharterte *tuk-tuks* von Sam Neua kosten hin und zurück rund 500 000 Kip.

Der Zugang über eine zerfurchte Straße, die bei Ban Phao (Km 35,3) 57 km von Sam Neua entfernt Richtung Süden abgeht, ist schwierig. Nach Regenfällen kann sie so schlammig sein, dass man mit keinem Fahrzeug durchkommt. Die Hauptstätte erreicht man nach etwa 6 km. Sie befindet

NATIONALES SCHUTZGEBIET NAM ET/PHOU LOUEY

Im riesigen Nam Et/Phou Louey NPA (ປ່າສະຫງວນແຫ່ງຊາດນ້ຳແອດພູເລີຍ) leben auf 4200 km² seltene Zibetkatzen, Asiatische Goldkatzen, Otter, Nördliche Weißwangen-Schopfgibbons, die einzigartige laotischen Warzenmolche (*Paramesotriton laoensis*) und etwa ein Dutzend Tiger. Die Hälfte der Fläche ist nicht zugänglich. Im übrigen Bereich verteilen sich 98 Dörfer ethnischer Minderheiten. Inzwischen werden bahnbrechende zweitägige Wildtierbeobachtungstrips zur abgelegenen Feldstation Nam Nern im Park angeboten. Das ehemalige Dorf ohne Straße mit einem Zeltplatz und Wanderwegen rundherum wurde von Blindgängern (UXO) bereinigt.

Touren organisiert das Büro des Nam Et/Phou Louey NPA in Vieng Thong. Man sollte es rechtzeitig im Vorfeld kontaktieren, da nur zwei Exkursionen pro Woche durchgeführt werden. Nachtsafaris kosten bei Gruppen von vier Personen 1 200 000 Kip pro Person, inklusive Guides, Köchen, Essen und Campingausrüstung. Ein großer Teil des Profits fließt in Fördergelder für die Orte. Im Preis enthalten ist auch die 90-minütige Bootsfahrt ab Ban Sonkhua, das 50 km östlich von Vieng Thong an der Route 1 liegt.

sich 800 m hinter dem deutlich sichtbaren Berggipfel mit einer Antenne direkt an der Straße. 2 km zurück Richtung Hauptstraße weist ein orangefarbenes Schild zum Keohintang-Pfad. Abenteuerlustige Besucher können ihm folgen und so zu unbekannteren Steingruppen gelangen, die sich an einem teilweise markierten Wanderweg (2 Std.) verstecken. Dafür nimmt man den engeren Pfad bergauf, nicht den breiteren, der Richtung Ban Nakham hinabführt. Verläuft man sich nicht, führt der Weg bei Ban Tao Hin (Km 31,5), einem winzigen Dorf ohne touristische Einrichtungen, wieder zurück auf die Route 6.

Wer zwischen Sam Neua und Phonsavan oder Nong Khiao unterwegs ist, sollte für den zeitintensiven Abstecher zur Hauptstätte zwei Stunden mehr einrechnen. Reist man mit öffentlichen Verkehrsmitteln, muss man von der Route 6 hin- und zurücklaufen. Am besten lässt sich die Tour bewältigen, wenn man sie zwischen Sam Neua und Phonsavan einplant: Geht's per Minibus nach Vieng Thong, bleiben einem sechs Stunden für die Wanderung, bevor der letzte Bus nach Phonsavan/Vientiane vorbeikommt.

Vieng Thong (Muang Hiam)   ວຽງທອງ

4000 EW. / ☎ 064

Der ursprüngliche Name von Vieng Thong was Muang Hiam, ein Tai-Daeng-Word, das „Aufgepasst!" bedeutet. Früher, als noch Tiger durch die Wälder der Umgebung streiften, war dies wichtig, doch heute leben kaum noch ein Dutzend von ihnen im riesigen Nam Et/Phou Louey NPA, an dessen gigantischer Türschwelle Vieng Thong liegt. Die Stadt selbst kann man gleich wieder vergessen, nicht aber den Park, dessen Besuch man in das Büro des Nam Et/Phou Louey NPA im Besucherzentrum von Vieng Thong arrangieren sollte.

In Vieng Thong gibt's einige Pensionen und Essensstände. Traveller zwischen Nong Khiao und Sam Neua können hier eine Nacht verbringen, was die zehnstündige Reise angenehmer macht. Die leuchtend grünen Reisfelder rundum geben ein tolles Fotomotiv ab. Auf kurzen Spaziergängen oder Radtouren kommt man in hübsche Dörfer der Tai Daeng, Hmong und Khamu.

🏃 Aktivitäten

★ Nam Nern Night Safari   SAFARI
(www.namet.org/namnern; Nachtsafaris für Gruppen von 4 Pers. 1 200 000 Kip pro Pers.) ✔ Die Nam Nern Night Safari ist eine 24-stündige Bootstour im Nam Et/Phou Louey NPA. Zu den Höhepunkten gehört eine nächtliche Bootsfahrt, bei der Tiere wie Tiger, Gaur und Nördliche Weißwangen-Schopfgibbons per Scheinwerfer angestrahlt werden. Dass man Tiger sieht, ist unwahrscheinlich, dafür aber möglicherweise einen Sambar oder Muntjak. Übernachtet wird in einer Ökolodge mit Blick auf den Nam Nern. Ein Abendessen am Lagerfeuer ist im Preis enthalten.

Buchen kann man die Tour im Büro des Nam Et/Phou Louey NPA in Vieng Thong.

The Nests   TIERBEOBACHTUNG
(www.namet.org/wp/en) ✔ Das Büro des Nam Et/Phou Louey NPA bietet die Gelegenheit

zwei- bzw- dreitägigen Trekkingtouren mit Übernachtung in gemütlichen kugelförmigen Körben, die von den Bäumen hängen. Auf den Touren beobachtet man zudem Tiere von einem Beobachtungsturm (bei unserem Besuch im Bau) an der Salzlecke Poung Nied, die Tiere wie den seltenen Sambar anziehen.

🛏 Schlafen & Essen

Dork Khoun Thong Guesthouse PENSION $
(☑ 064-810017; Zi. 50 000-80 000 Kip; ❈) Mitten im Zentrum liegt die ansprechendste der wenigen Unterkünfte Vieng Thongs. Die sauberen, geräumigen Zimmer verfügen über Warmwasserduschen, Fenster mit Mückengittern, gemütliche Betten, Decken mit Liebesbotschaften und flauschigen Handtüchern. Im ersten Obergeschoss gibt's einen hübschen Sitzbereich und von der Terrasse genießt man einen schönen Blick auf die Felder am Fluss.

Dokchampa Guesthouse PENSION $
(☑ 064-810005; Zi. mit/ohne Bad 50 000 /30 000 Kip; @ 🛜) Hier warten einfache Zimmer mit Moskitonetzen, warmen Duschen und Hocktoiletten. Der Besitzer bietet Travellern einige gern gesehene Extras wie Fahrradverleih (30 000 Kip pro Tag), kostenloses WLAN und ein kleines Internetcafé (5000 Kip pro Std.)

Tontavanh Restaurant LAOTISCH $
(Hauptgerichte 10 000–20 000 Kip; ⊘ 7–20 Uhr; 🍽) Das für die Gegend typisch aussehende Lokal mit einer Speisekarte in korrektem Englisch serviert unerwartet leckeres Essen.

ℹ Praktische Informationen

Büro des Nam Et/Phou Louey NPA (☑ 064-810008; www.namet.org; ⊘ Mo–Fr 8–12 & 13–16.30 Uhr) Das Büro des Nam Et/Phou Louey NPA (im Besucherzentrum von Vieng Thong, am Nordwestrand von Vieng Thong) organisiert die preisgekrönten Nam Nern Night Safaris auf der Suche nach den Tieren des Parks; per Boot wird man in den Kernbereich des Schutzgebietes gebracht, wo einen aus dem hohen Dschungel glühende Augen beobachten. Danach gibt's ein Picknick und die Übernachtung in einem Homestay.

ℹ An- & Weiterreise

Busse von Sam Neua Richtung Westen kommen gegen 12 Uhr in Vieng Thong an und fahren nach dem Mittagessen weiter nach Nong Khiao (60 000 Kip, 5 Std.), Pak Mong sowie Luang Prabang (130 000 Kip, 9 Std.). Wer nach Osten weiterreisen möchte, nimmt am besten den Minibus um 7 Uhr nach Sam Neua (40 000 Kip, 6 Std.), da die zwei durchgehenden Busse dorthin (ab Luang Prabang/Vientiane) den Großteil der Strecke nachts zurücklegen.

Der Busbahnhof liegt 300 m vom Markt entfernt am Ostende der Stadt an der Route 6.

DER MUANG-NGOI-BEZIRK

In Nordlaos sind alle Gebiete mit grün bewaldeten Bergen sehr reizvoll, doch am beeindruckendsten ist die Umgebung von Nong Khiao und dem winzigen Muang Ngoi Neua. Hier erheben sich Karstgipfel und hoch aufragende Klippen dramatisch hinter dem Nam Ou (Ou-Fluss) und sorgen für ein atemberaubendes Panorama. Beide Orte erreicht man von Luang Prabang aus ganz leicht. Wer in Muang Khua startet, reist per Flussschiff an. Nong Khiao eignet sich darüber hinaus gut als Zwischenstopp auf der Strecke zwischen Luang Prabang und Vieng Thong oder Sam Neua.

Nong Khiao ຫນອງຂຽວ

3500 EW. / ☑ 071

Nong Khiao ist ein Traveller-Paradies im wahrsten Sinne des Wortes, das Reisende verwöhnt und mit gutem Essen, ordentlichen Unterkünften und jeder Menge Aktivitäten von etablierten Abenteuertourveranstaltern aufwartet. Es liegt am Westufer des Nam Ou (der seit dem Bau eines Dammes flussaufwärts kaum noch Strömung aufweist), über den eine schwindelerregende Brücke führt, und wird zu beiden Seiten von hohen Kalksteinfelsen eingerahmt – ganz sicher einer der fotogensten Orte in Laos. Am landschaftlich reizvollen Ostufer (Ban Sop Houn genannt) liegen die meisten Gästehäuser und Restaurants.

Nong Khiao wird auch Muang Ngoi genannt (so heißt der umliegende Bezirk), deshalb gibt's ein hohes Verwechslungspotenzial mit Muang Ngoi Neua, das mit dem Boot 75 Minuten weiter nördlich liegt.

◉ Sehenswertes

Mit der Abenddämmerung beginnen Tausende Sterne über den Konturen des Bergmassivs am Fluss zu funkeln. Ob man die außergewöhnlichen Karstformationen nun

Nong Khiao

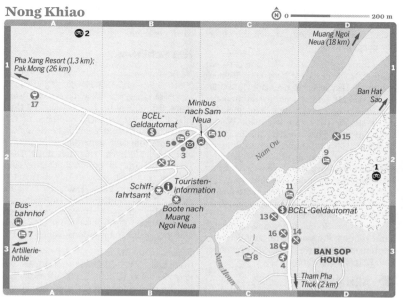

Nong Khiao

◉ **Sehenswertes**
 1 Pha-Daeng-Peak-Aussichtspunkt D2
 2 Sleeping-Woman-Aussichtspunkt A1

🟢 **Aktivitäten, Kurse & Touren**
 3 Green Discovery B2
 4 Sabai Sabai C3
 5 Tiger Trail B2

🛌 **Schlafen**
 6 Delilah's Place B2
 7 Mandala Ou Resort................................A3
 8 Namhoun Guesthouse C3
 9 Nong Kiau Riverside D2

10 Sengdao Chittavong Guesthouse C2
11 Sunrise Guesthouse C2

❌ **Essen**
12 Coco Home Bar & Restaurant...............B2
13 CT Restaurant & Bakery........................C3
14 Deen C3
 Delilah's Place ....(see 6)
15 Floating Restaurant D2
16 Vongmany Restaurant...........................C3

🍸 **Ausgehen & Nachtleben**
17 Hive Bar..A1
18 Q Bar C3

von einem der beiden Aussichtspunkte der Stadt, dem Pha Daeng Peak oder der Sleeping Woman, betrachtet, oder sich von unten den Hals verrenkt – sie sind einfach grandios.

Tham Pha Thok HÖHLE
(ຖ້ຳຜາທອກ; 10 000 Kip; ⊙7.30–18.30 Uhr) 2 km weiter östlich an der Route 1C, liegt Tham Pha Thok, eine Reihe von Höhlen in einem Kalksteinfelsen. Dort versteckten sich während des Vietnamkrieges Dorfbewohner und Pathot-Leo-Mitglieder, um sich vor den Bombenangriffen zu schützen. Die erste Höhle ist etwa 30 m hoch, man erreicht

sie über eine Holztreppe. Von hier geht es 300 m durch einen dunklen Durchgang im Felsen in die zweite, klaustrophobisch enge Höhle.

Pha Daeng Peak AUSSICHTSPUNKT
(ຈຸດຊົມວິວຜາແດງ; Karte S.87; Pha Daeng Peak, Ban Sop Houn; 20 000 Kip; ⊙6–16 Uhr) Von diesem Aussichtspunkt, den man auf einer anstrengenden, aber machbaren 1½-stündigen Wanderung (über einen ordentlichen Pfad) auf den Pha-Daeng-Berg erreicht, eröffnet sich ein unvergessliches Panorama. Besonders traumhaft ist die Aussicht bei Sonnenuntergang (starke Taschenlampe für den Ab-

stieg mitbringen). Morgens um 6 Uhr kann man dagegen erleben, wie das Tal unten in Nebel gehüllt ist, während sich die Gipfel der Berge golden färben.

Sleeping Woman AUSSICHTSPUNKT
(Karte S.87; Route 1C, von Nong Khiao Richtung Norden, ca. 1 km außerhalb der Stadt; 15 000 Kip; ☺ 6–16 Uhr) Mit seinem weiten Panorama der Karstfelsen und Berge und dem Blick auf die Boote, die tief unten wie blaue Wachsstifte auf dem Fluss treiben, macht dieser unlängst eröffnete Aussichtspunkt dem auf dem Pha Daeng Peak ernsthafte Konkurrenz. Der Aufstieg auf einem markierten Pfad dauert eine Stunde. Es gibt zwar eine zweite Route, diese ist aber nicht ausreichend markiert, sodass man besser auf demselben Weg hinuntergeht.

Wer zum Sonnenuntergang aufsteigt, kann auf dem Rückweg in die kürzlich hierher umgezogene Hive Bar (S. 90) gegenüber vom Eingang einkehren.

🏃 Aktivitäten

Green Discovery WANDERN, RADFAHREN
(Karte S.87; ☏071-810081; www.greendiscovery laos.com; ☺ 7.30–22 Uhr) Der bewährte Veranstalter Green Discovery bietet eine Reihe von Touren an, darunter eine zweitägige Trekkingtour in ein Hmong-Dorf mit Homestay und fünf Stunden Gehzeit am Tag (bei einer Vierergruppe 66 US$ pro Pers.). Es veranstaltet auch eine anspruchsvoll, 56 km lange Fahrradtagestour auf unbefestigten Waldwegen (bei einer Vierergruppe 39US$ pro Pers.).

Tiger Trail WANDERN, RADFAHREN
(Karte S.87; ☏071-252655; www.laos-adventures. com; Delilah's Place; ☺ 7.30–23 Uhr) 🖉 Dieser umweltbewusste Veranstalter bietet Trekkingtouren in die Umgebung, darunter eine eindrucksvolle Tagestour zu „100 Wasserfällen", Tageswanderungen und Bootsfahrten sowie neuerdings Stehpaddeln auf dem inzwischen beruhigten Nam Ou. Diese Touren kosten wie die meisten Tiger-Trail-Aktivitäten bei Vierergruppen 31 US$ pro Person. Das ausgezeichnete Büro wird vom freundlichen Harp geleitet.

Sabai Sabai MASSAGE
(Karte S.87; ☏020-58686068; Ban Sop Houn; Ganzkörpermassage 60 000 Kip, Ölmassage 70 000 Kip, Dampfbad 25 000 Kip; ☺ 9–20 Uhr) In dem friedlichen Garten im Zenstil können sich die schmerzenden Knochen bei Anwendungen wie traditioneller laotischer Massage und Kräuterdampfbädern wunderbar wieder erholen.

🛏 Schlafen

★ Delilah's Place HOSTEL $
(Karte S.87; ☏020-54395686, 030-9758048; www.delilahscafenongkhiaw.wordpress.com; Hauptstraße; B 35 000 Kip, DZ/Zi. 55 000 Kip; 🛜) Delilah's Place bietet saubere Zimmer mit gemeinschaftsbad und gemütliche Schlafsäle mit Moskitonetzen, superdicken Matratzen und Schließfächern. Hier hat auch Tiger Trail sein Büro, außerdem gibt's ein tolles Café, in dem man sich vor den Aktivitäten richtig satt essen kann. Daher ist Delilah's zu Recht das Zentrum der Travellerszene der Stadt. Dank des entgegenkommenden exzentrischen Besitzers Harp ist es auch eine großartige Informationsquelle.

Sunrise Guesthouse PENSION $
(Karte S.87; ☏020-22478799; Route 1C, Ban Sop Houn; Bungalows 60 000–150 000 Kip; 🛜 🛜) Die beliebten, dicht an dicht stehenden, von Termiten durchlöcherten Holzbungalows, denen man ihr Alter mittlerweile ansieht, sind das Gegenteil von Luxus. Dafür bieten sie aber einen tollen Blick auf den Fluss und die Brücke. Es gibt vier neuere Bungalows, davon einer mit Klimaanlage, mit relativ schicken Bädern. Ein gutes Café serviert westliches Frühstück und laotisches Essen.

Sengdao Chittavong Guesthouse PENSION $
(Karte S.87; ☏030-9237089; Route 1C; Zi. 50 000–90 000 Kip; 🛜) Am Westufer (neben der Brücke) bietet das familiengeführte Gästehaus Holzbungalows in einem Garten mit Kirschbäumen. Die Zimmer mit eigenem Bad haben Rattanwände, schlichte Dekoration, Moskitonetze, saubere Bettwäsche und Balkons. Man sollte sich aber nicht wundern, wenn mal ein Gecko oder eine Kakerlake auftaucht. Es gibt auch ein Restaurant mit Blick auf den Garten am Fluss. Das WLAN ist instabil. Bei Familien beliebt.

Namhoun Guesthouse PENSION $
(Karte S.87; ☏071-810039; Ban Sop Houn; Bungalows 50 000–100 000 Kip; 🛜 🛜) Hinter dem Haus der Familie stehen die billigeren Bungalows um einen kleinen Garten, aber die teuersten am Fluss mit Blick auf den Nam Ou lohnen den Aufpreis. Alle Unterkünfte haben Moskitonetze und Balkons mit den obligatorischen Hängematten.

⭐**Mandala Ou Resort**   BOUTIQUE-HOTEL **$$**
(Karte S. 87; ☏ 030-5377332; www.mandala-ou.com;
gegenüber vom Busbahnhof; Zi. 65 US$; ❄️ 🛜 🛜)
Vanillefarbene Chalets – vier davon am
Fluss – mit fantasievollen, skurrilen Ele-
menten wie in die Wände eingelassene Fla-
schenböden, die mehr Licht hindurchlassen,
modernen Bädern und üppigen Betten bil-
den diese großartige Boutique-Unterkunft.
Die Besitzer sind freundlich, die Thai-Spei-
sekarte ist schier endlos, und zudem gibt's
hier den einzigen Pool der Stadt und eine
Yoga-Terrasse, die von Luang Prabang Yoga
für die vier seine monatlichen Yoga-Reisen genutzt
wird.

⭐**Nong Kiau Riverside**   PENSION **$$**
(Karte S. 87; ☏ 020-55705000; www.nongkiau.com;
Ban Sop Houn; Zi. inkl. Frühstück 53 US$; @ 🛜) 🚣
Ambiente-Beleuchtung, Holzböden, geweb-
te Tagesdecken und Moskitonetze sorgen
in diesen Bungalows für eine romantische
Atmosphäre. Jeder hat ein schönes Bad und
einen Balkon, von dem man den herrlichen
Ausblick auf die hohen Karstfelsen genie-
ßen kann. Das hervorragende Restaurant
serviert laotische Küche und eine leckeres
Frühstücksbüffet. Außerdem kann man auch
Mountainbikes ausleihen.

Pha Xang Resort   HOTEL **$$**
(☏ 071-810014, 020-52220102; DZ 60 US$; ❄️ 🛜)
Ein richtiges Resort ist das Pha Xang, das
1 km außerhalb der Stadt liegt, wohl kaum,
stattdessen besteht es aus komfortablen
Nurdach-Rattanbungalows mit Holzfußbö-
den, weißen Wänden und eigenem Bad, die
sich um einen gepflegten Garten verteilen.
Die Englischkenntnisse der Mitarbeiter
sind begrenzt, doch die Ruhe und die Naturnähe
machen das wett – dies ist ein friedliches
Fleckchen, um die Karstlandschaft zu ge-
nießen.

🍴 Essen

Deen   INDISCH **$**
(Karte S. 87; Ban Sop Houn; Hauptgerichte 35 000 Kip;
⏲ 8.30–22 Uhr; 🛜) Wunderbar freundliches in-
disches Restaurant mit Naan-Brot aus dem
Holzofen, frisch zubereiteten Tandoori-Ge-
richten, pikanten Currys und gemütlicher
Atmosphäre. Kein Wunder, dass es jeden
Abend rappelvoll ist.

Delilah's Place   INTERNATIONAL, LAOTIISCH **$**
(Karte S. 87; Hauptstraße; Hauptgerichte 15 000–
35 000 Kip; ⏲ 7–22 Uhr; 🛜) Eine Herde Ele-
fanten donnert einem geräuschlos auf dem
Wandbild entgegen und Musik von Bach
erfüllt den Raum. Das Delilah's erfüllt die
leiblichen Gelüste mit erstaunlichen haus-
gemachten Key Lime Pies, Zitronenkuchen
und Eis sowie herzhaftem Frühstück mit
Eiern, Räucherschinken und Pfannkuchen.
Jeden Abend um 20.30 Uhr wird ein Film
gezeigt.

Vongmany Restaurant   LAOTISCH **$**
(Karte S. 87; Ban Sop Houn; Hauptgerichte
30 000 Kip; ⏲ 8.30–22 Uhr) In dem großen,
offenen Restaurant aus Rattan und Holz
kommt sehr leckere laotische Küche mit re-
gionalen Zutaten auf den Tisch. Der *láhp* ist
unglaublich pikant, das Büffelsteak einfach
köstlich und der gedämpfte Fisch und die
Flusskrabben sind sehr aromatisch.

**CT Restaurant
& Bakery**   INTERNATIONAL, LAOTISCH **$**
(Karte S. 87; Route 1C, Ban Sop Houn; Hauptgerich-
te 35 000 Kip; ⏲ 7–22 Uhr) Dieses Restaurant
am Ende der Brücke hat den besten Blick
der ganzen Stadt. Es bietet eine auf west-
liche Gäste ausgerichtete Karte mit Pasta,
Pfannkuchen, Frühstück, Sandwiches und
geschmackvollen typisch laotischen Gerich-
ten sowie Sandwiches zum Mitnehmen für
Trekkingtouren.

Floating Restaurant   LAOTISCH **$**
(Karte S. 87; ☏ 030-9546046; Weg am Fluss, Ban
Sop Houn; Hauptgerichte 30 000 Kip; ⏲ 8–18 Uhr)
Auf einem Ponton steht dieses friedliche,
halb offene laotische Restaurant, dessen be-
ruhigender Blick auf den Fluss die Tapete er-
setzt. Es serviert geschmackvolle Nudel- und
Reisgerichte. Von einem Terrassenbereich
aus kann man im ruhigen Nam Ou baden
gehen. Auf Nachfrage vermietet der Besitzer
Thong sein Boot, man kann damit etwa auf
dem Fluss Mittag essen (Verleih inkl. Boots-
führer 100 000 Kip).

⭐**Coco Home
Bar & Restaurant**   LAOTISCH, INTERNATIONAL **$$**
(Karte S. 87; ☏ 020-58491741; Hauptstraße; Haupt-
gerichte 40 000–55 000 Kip; ⏲ 7.30–22 Uhr; 🛜)
Die vor Kurzem renovierte Oase am Fluss
wird vom neuen Besitzer Sebastien Chok
geführt und offeriert eine großartige Speisekarte mit Gerichten wie Papaya-Salat, Man-
go-Klebreis, Hühnchen und Cashewnüsse,
mok phaa (gedämpfter Fisch im Bananenblatt) sowie Ente in Orangensoße. Es ist das
wohl beste Feinschmecker-Restaurant der
Stadt. Man kann im üppigen Garten oder
oben essen.

Ausgehen & Nachtleben

Q Bar BAR

(Karte S.87; ☑020-99918831; Route 1C, Ban Sop Houn; ⊙7–23.30 Uhr; 🛜) An der Hauptstraße, bietet diese coole, mit Rattan und in der Farbe von Ochsenblut eingerichtete Bar eine kleine Dachterrasse, gute Musik und einen freundlichen Besitzer. In der Hochsaison wird jeden Abend gegrillt. Cocktails kosten 35 000 Kip.

Hive Bar BAR

(Karte S.87; Route 1C; ⊙7.30a–23.30 Uhr) Die Hive Bar ist vor Kurzem an einen neuen Standort 1 km außerhalb der Stadt (in Richtung Pak Mong) gezogen. Sie wird von einem freundlichen Laoten geführt. Unten gibt's eine Disco sowie Karaoke für alle, die es mögen. Von der entspannten Terrasse kann man bei einem Bierchen zuschauen, wie die Karstberge bei Sonnenuntergang in dramatischem Rosa und Orange leuchten. Gute Indie-Musik. Von 19 bis 20 Uhr ist Happy Hour.

🛈 Praktische Informationen

GELD

BCEL (Karte S. 87; ⊙24 Std.) hat zwei rund um die Uhr geöffnete Geldautomaten: einen am Ende der Brücke auf der Ban-Sop-Houn-Seite, einen weiteren 100 m hinter der Brücke an der Straße nach Pak Mong.

INTERNETZUGANG

Kostenloses WLAN gibt's mittlerweile so ziemlich überall.

POST

Post (Karte S. 87; ⊙8.30–17 Uhr) Die winzige Postfiliale wechselt Baht und US-Dollar zu etwas ungünstigeren Kursen.

TOURISTENINFORMATION

Touristeninformation (Karte S. 87) Befindet sich über der Bootsanlegestelle. Selten geöffnet. Viel besser ist Harp im Delilah's Place (S. 87): Man kann nicht nur Bus- und Boottickets besorgen, hier hat auch Tiger Trail (S. 88) seinen Sitz, und es ist eine klasse Budgetunterkunft.

🛈 An- & Weiterreise

BUS & SÖRNGTĂAOU

Die Fahrt nach Luang Prabang ist in drei Stunden machbar, dauert tatsächlich aber meist länger als vier. Minivans oder *sŏrngtăaou* (37 000 Kip) fahren um 8.30, 10 und 11 Uhr, klimatisierte Minibusse starten gegen 13.30 Uhr. Tickets bekommt man am **Busbahnhof** (Karte S. 87), der Bus um

11 Uhr fährt aber am **Bootsbüro** (Karte S. 87) ab, wo er die Passagiere aufsammelt, die von den Booten aus Muang Ngoi kommen. Wenn ein Boot aus Muang Khua ankommt, werden in der Regel zusätzliche Minivans nach Luang Prabang eingesetzt, die gegen 15 Uhr am Bootsbüro starten.

Nach Oudom Xay fährt um 9 und 11 Uhr ein direkter Minibus (45 000 Kip, 3 Std.). Alternativ kann man auch jedes andere Verkehrsmittel Richtung Westen nehmen und in Pak Mong (40 000 Kip, 50 Min.) umsteigen.

In Luang Prabang startet ein **Minibus nach Sam Neua** (Karte S. 87; 170 000 Kip, 12 Std.) via **Vieng Thong** (100 000 Kip pro Std.), der in Nong Khiao gegen 11.30 Uhr eine kurze Mittagspause einlegt und gegen 12 Uhr weiterfährt. Ein weiterer, aus Vientiane kommender Bus nach Sam Neua erreicht Nong Khiao gegen 19 Uhr. Beide Busse halten an einer nicht gekennzeichneten Bushaltestelle direkt vor der Brücke auf der Nong-Khiao-Seite. Am besten nimmt man den Mittagsbus, denn dieser ist meistens größer als die eigen Minibusse, die abends fahren. Zudem ist diese Route eine der schönsten Bergfahrten des Landes, und die möchte man natürlich bei Tageslicht erleben.

SCHIFF/FÄHRE

Flussfahrten gehören zu den Highlight des Besuchs in Nong Khiao. Seit dem Bau des Dammes am Nam Ou sind aber keine Fahrten nach Luang Prabang mehr möglich. **Boote nach Muang Ngoi Neua** (Karte S. 87; 25 000 Kip, 1¼ Std.) starten um 11 und um 14 Uhr (in der Hochsaison möglicherweise öfter). Sie führen durch eine der spektakulärsten Karstlandschaften des Landes. Das 11-Uhr-Boot verkehrt weiter nach Muang Khua (120 000 Kip, 7 Std.), dort gibt's Anschluss nach Phongsaly und nach Dien Bien Phu in Vietnam.

Die Boote fahren auf allen genannten Routen erst ab, wenn sich mindestens zehn Passagiere einfinden, ansonsten muss man zusammenlegen, um die Differenz auszugleichen.

🛈 Unterwegs vor Ort

Es lohnt sich, ein Fahrrad auszuleihen, um die Dörfer der Gegend zu erkunden oder die Höhlen zu besuchen. Stadtträder kosten 20 000 Kip pro Tag, Mountainbikes 30 000 Kip. Alternativ kann man in Delilah's Place (S. 87) ein Moped (manuell/Automatik 50 000/60 000 Kip) mieten. *Sŏrngtăaou* zum nahe gelegenen Busbahnhof kosten 5000 Kip.

Muang Ngoi Neua (Ban Ngoi Kao) ເມືອງ ຫ⍵ອຍເຫນືອ

1000 EW. / 071

Muang Ngoi Neua ist ein herrlich idyllisches Fleckchen. Hier kann man relaxen und seinen Seelenfrieden wiederfinden. Der Nam Ou (Ou-Fluss) fließt träge im Schatten eines scharfzackigen Karstberges dahin, auf der 500 m langen, nicht geteerten Dorfstraße spazieren Kühe, und zwischen den Dorfbewohnern, die Fischernetze flicken, stolzieren Hähne umher. Die große Konkurrenz der vielen Gästehäuser und Lokale sorgt dafür, dass die Preise günstig bleiben. Natürlich gehört es hier zum guten Stil, gemächlich in der Hängematte auf dem Balkon zu schaukeln, doch wer Energie hat, kann jede Menge unternehmen, ob kurze Wanderungen auf eigene Faust in zeitlose Nachbardörfer, Höhlenbesuche, Tubing und Kajakfahren auf dem mittlerweile beruhigten Nam Ou oder Angeln und Mountainbiketouren.

Geschichte

Muang Ngoi war einst ein regionales Zentrum, wurde aber während des Vietnamkriegs dem Erdboden gleichgemacht. Bomben vernichteten die drei berühmten historischen Klöster. Die Zerstörung war so umfassend, dass nach dem Krieg ein neues Muang Ngoi (Nong Khiao) zur Hauptstadt des Verwaltungsbezirks wurde, was noch heute gelegentlich für Verwirrung sorgt. Das wiederaufgebaute Dorf ist Ende der 1990er-Jahre von Travellern „entdeckt" worden. Seine Schönheit und relaxte Atmosphäre verhalfen ihm in einer Zeit vor Twitter zu Bekanntheit, auch wenn es in keinem Reiseführer stand. Noch 2002 kamen westliche Reisende in praktisch allen Gästehäusern für 1 US$ pro Nacht unter. Manch einer blieb monatelang in dem entspannten Opiumparadies, bis Laos' resolutes Vorgehen gegen Drogen das Flair radikal veränderte. Viele der günstigsten Absteigen schlossen oder hoben ihren Standard an, um (etwas) anspruchsvollere Backpacker anzuziehen. Diese unternehmen noch immer schöne Bootsfahrten von Nong Khiao hierher, sind jedoch stärker daran interessiert, zu wandern, Kajak zu fahren und einfach die herrliche Natur zu genießen. Wer superbillige Gastfamilien sucht, sollte Huay Bo ansteuern.

⊙ Sehenswertes & Aktivitäten

Zum Sonnenuntergang sollte man sich zum Fluss aufmachen, um eine der malerischsten Szenen in Laos zu erleben, wenn die Sonne wie ein reifer Pfirsich hinter die gezackten schwarzen Klippen fällt. Kurz nach der Morgendämmerung kann man beobachten, wie die Einheimischen den Mönchen im wieder aufgebauten Kloster **Wat Okadsayaram** Almosen bringen.

Zahlreiche freiberufliche Guides wie **Funny Guide** (☎020-97029526; khaomanychan@ yahoo.com; Hauptstraße; ⊙6–20 Uhr) bieten eine große Auswahl an Wanderungen zu Lao-, Hmong- und Khamu-Dörfern sowie zu Wasserfällen in der Gegend an. Die Preise sind ausgesprochen vernünftig und bei manchen dieser Touren wie der zur That-Mok-Kaskade ist eine Bootsfahrt inbegriffen. Daneben gibt's auch einfache Wanderungen, die man mühelos ohne Führer unternehmen kann. Für einen groben Überblick über die Gegend fotografiert man die Karte draußen vor **Lao Youth Travel** (☎030-5140046; www.laoyouth travel.com; ⊙7.30–10.30 & 13.30–18 Uhr), das an der Stelle liegt, wo der Weg zum Bootsanleger am zweistöckigen Rainbow Guest House vorbeiführt.

Eine Kajaktour auf dem Nam Ou in beide Richtungen eignet sich wunderbar, um die zauberhafte Landschaft zu genießen. Der Ou fließt nach dem Bau eines Damms nun sehr langsam und ist damit für kleinere Kinder sicherer geworden.

🛌 Schlafen

Lattanavongsa Guesthouse PENSION $
(☎020-23863640; touymoy.laos@gmail.com; Zi. ab 100 000 Kip; 🕾) An zwei Standorten – über der Bootsanlegestelle und an der Hauptstraße in einem hübschen Garten – bietet das Lattanavongsa verschiedene Bungalows. Die hellblauen Zimmer verfügen über ausgewählte Kunstwerke, Moskitonetze, frische Bettwäsche, gasbeheizte Duschen und Balkons. Rechtzeitig im Voraus buchen! Ein weiterer Pluspunkt sind das Frühstück oder Abendessen im idyllischen Café (am Bootsanleger) mit freiem Blick auf die Felsen.

Nicksa's Place PENSION $
(☎020-3665957; Zi. 60 000–100 000 Kip) Die sieben stolzen Bungalows aus Holz und Stein mit frisch gestrichenen Wänden, eigenem Bad und Moskitonetzen stehen in einem hübschen Garten mit vielen Schmetterlingen und Blick auf den Fluss. Alle haben einen Balkon mit der obligatorischen Hängematte, um die beeindruckende Aussicht zu genießen. Nur Kaltwasserduschen.

Veranda PENSION $
(☎020-23862021; Zi. 40 000 Kip; 🕾) Aus jedem der fünf in einem Bogen stehenden

Bungalows aus Bambusmatten hat man einen Panoramablick auf den Fluss. Die vor Kurzem renovierten Zimmer mit Hängematten, guten Betten und Solarduschen bieten ein tolles Preis-Leistungs-Verhältnis. Ein Restaurant gibt's auch. Sehr netter Manager.

Aloune Mai Guesthouse   PENSION $

(Hauptstraße; Zi. 50 000 Kip) An einem Sandweg ein Stück weit von der Hauptstraße entfernt und oberhalb einer Brücke versteckt sich abseits vom Fluss dieses Juwel mit großartigem Blick auf die Felsen. Die zehn frischen Zimmer befinden sich in einem schönen Rattanhaus. Auf der Veranda gibt's Hängematten, und ein kleines Restaurant serviert Pizza.

Rainbow Guest House   PENSION $

(☏ 020-22957880; Zi. 80 000 Kip; ☎) Dieses große Haus in der Nähe des Bootsanlegers hat saubere, einfache gefliste Zimmer mit frischer Bettwäsche und eigenem Bad sowie vorne ein nettes Restaurant namens **Bamboo Bar**, das gutes laotisches Essen, Crêpes, Currys und Omeletts serviert.

★ Ning Ning Guest House   PENSION $$

(☏ 030-5140863, 020-23880122; ningning_guest house@hotmail.com; Zi. 200 000 Kip; ☎) Im friedlichen Garten des Ning Ning verteilen sich zehn makellose Holzbungalows mit Moskitonetzen, Verandas, eigenen Bädern, blütenweißer Bettwäsche und in ethnischen Mustern gestalteten Tapeten. Deutlich gehobener wirkt das tolle neue Schwesterngästehaus (bei unserem Besuch kurz vor der Fertigstellung, Zi. 250 000 Kip). Das elegante Restaurant am Fluss mit herrlichem Blick war bereits fertig.

WLAN gibt's nur im Restaurant, in den Zimmern nicht.

PDV Riverview Guesthouse   PENSION $$

(☏ 020-22148777; pdvbungalows@gmail.com; B/Zi./FZ 40 000/100 000/150 000 Kip, Bungalows 50 000–100 000 Kip, Zi. oben 150 000–200 000 Kip; ❋☎) Während unseres Besuchs befand sich das Gästehaus in der Mitte der Hauptstraße noch teilweise im Bau, verspricht aber trotzdem schöne Übernachtungsmöglichkeiten am Fluss. Es hat sechs frische neue Zimmer und einen Schlafsaal mit sechs Betten und großartigem Karstblick. Ein Familienzimmer ist ebenfalls vorhanden. Die jetzigen Bungalows sind nichts Besonderes, haben aber eine tolle Aussicht und die obligatorischen Balkons mit Hängematte.

✖ Essen

★ Gecko Bar & Shop   LAOTISCH $

(☏ 020-58886295;   Hauptgerichte 20 000 Kip; ◷ 7–21 Uhr; ☎) Dieses zauberhafte, denkwürdige kleine Café, zwei Drittel die Hauptstraße Richtung Süden hinunter, verkauft handgemachte gewebte Souvenirs und Tee. Auf der netten Terrasse kann man gut sitzen und lesen, die Besitzer sind charmant, und das Essen, das von Nudeln über Suppen und Pfannkuchen bis zu Currys reicht, wird im Dorf begeistert gelobt.

★ Riverside Restaurant   LAOTISCH $

(☏ 030-5329920;   Mahlzeiten 40 000 Kip; ◷ 7–23 Uhr; ☎) Seit es bei einem Sturm beschädigt und danach neu eröffnet wurde, ist das Riverside besser als je zuvor. Abends schaukeln chinesische Laternen auf der Terrasse im Wind, unter den Ästen eines riesigen, mit Lichtern geschmückten Mangobaums. Die Aussicht auf die Felsen ist traumhaft. Auf der Karte stehen Nudeln, gebratene Gerichte, *láhp* und indisches Essen. Einfach magisch!

Phetdavanh Restaurant & Street Buffet   LAOTISCH $

(☏ 020-22148777; vegetarisches Büfett 30 000 Kip, Hauptgerichte 30 000 Kip; ◷ Büffet 18.30–21 Uhr, Restaurant 7–23 Uhr; ☎✎) In der Hauptsaison bietet dieses schlicht anmutende Restaurant den ganzen Abend ein vegetarisches All-you-can-eat-Büffet. Daneben gibt's Tortillas, Bambus und Ente, Pfannkuchen, Suppen, Sandwiches und *shakshuka*. Besonders empfehlenswert ist das Lao Suzy (Eintopf mit Kartoffeln, Mohrrüben, Auberginen und Zwiebeln). Hier gibt's auch schnelles WLAN, sodass man beim Essen Filme streamen kann. Der schwedische Koch ist fantastisch.

Es liegt an der Hauptstraße oben an der Treppe zum Bootsanleger.

Vita Restaurant   LAOTISCH $

(☏ 020-52949488; Hauptstraße; Hauptgerichte 25 000 Kip; ◷ 8–21 Uhr; ☎) Wer die Hauptstraße Richtung Süden entlangläuft, erreicht nach etwa drei Vierteln auf der linken Seite das zauberhaft beleuchtete Vita. Auf den Tisch kommen gutes *láhp*, Sandwiches und Currys, außerdem laden viele gemütliche Kissen dazu ein, es sich gemütlich zu machen und unter einem Ventilator zu lesen.

Meem Restaurant   LAOTISCH $

(Hauptstraße; Hauptgerichte 30 000 Kip; ◷ 7–21.30 Uhr; ☎) Auf halbem Weg die Hauptstraße hinunter steht das einladende Meem mit Holzböden und vielen gemütlichen Kissen zum Relaxen. Es serviert geschmackvolle laotische und indische Küche, etwa köstliches Hühnchen-Masala, Tomatencurry, Frühlingsrollen sowie Grillhähnchen und –ente. Nachts ist es mit seinen Kerzen in Tongefäßen und den Papierlaternen noch verführerischer.

Pakphon Sabai LAOTISCH **$**
(Hauptstraße; Hauptgerichte 30 000 Kip; ⊘8--21 Uhr; 🌐) Dieses Café mit Buchladen, das Waffeln, guten Kaffee, Arme Ritter, Nudeln und Fruchtshakes serviert, ist ein unerwartetes Bohème-Fleckchen mit gebrauchten Romanen, verstreuten Kissen, Originalkunstwerken und Massagen (eine Stunde 60 000 Kip). Es liegt auf halbem Weg die Hauptstraße hinunter auf der rechten Seite.

❶ Praktische Informationen

GEFAHREN & ÄRGERNISSE

Diebstähle kommen am ehesten vor, wenn Gäste die dünnen Türen und Rollläden nicht verschließen oder Wertgegenstände in Reichweite von Langfingern lassen (die meisten Fenster haben keine Scheiben).

GELD

Im Ort gibt's keine Banken, man muss also ausreichend Bargeld aus Muang Khua (flussaufwärts) oder Nong Khiao (flussabwärts) mitbringen. Im Notfall tauschen einige Pensionen US-Dollar, aber – wenig überraschend – zu schlechten Kursen.

INTERNETZUGANG

In Muang Ngoi gibt's Internet und WLAN.

❶ An- & Weiterreise

Boote nach Nong Khiao (25 000 Kip, 1 Std.) starten gegen 9 Uhr, Tickets dafür werden ab 8 Uhr im Bootsbüro neben dem Ning Ning Guest House verkauft. In Nong Khiao warten *tuk-tuks* oberhalb der Bootsanlegestelle und bringen die ankommenden Passagiere zum Busbahnhof.

Die Fähre aus Muang Khua sammelt gegen 13.30 Uhr in Muang Ngoi Passagiere für die Weiterfahrt nach Nong Khiao ein. Nach Muang Khua (100 000 Kip, 5 Std.) legt ein Boot um 9.30 Uhr ab, wenn sich am Tag zuvor genügend Passagiere in die Liste im Bootsbüro eingetragen haben. Zu Beginn der Tour reist man durch eine besonders spektakuläre Karstlandschaft.

Zwischen Muang Ngoi Neua und Nong Khiao wurde eine neue Straße entlang des Man Ou gebaut. Sie ist aber noch immer nicht asphaltiert und überquert Nebenflüsse, über die noch keine Brücken gebaut wurden. Daher ist sie für Traveller ziemlich nutzlos, es sei denn, man findet zufällig ein Boot, das einen hinüberbringt.

Rund um Muang Ngoi Neua

Muang Ngoi Neua ist ein toller Ausgangspunkt für kurze Wanderungen in die schöne, von Karstgebirge eingefasste Landschaft. Auf dem Weg wird man wahrscheinlich von zahlreichen weißen und orangefarbenen Schmetterlingen begleitet. Die drei nächstgelegenen Dörfer lassen sich problemlos ohne Führer und Karte erreichen. Los geht's Richtung Osten vom Fluss weg, in Verlängerung der Bootsanlegestelle. 25 Gehminuten später erreicht man eine kleine Mautstelle, an der Ausländern ein Beitrag von 10 000 Kip abgeknöpft wird, wenn sie weiterspazieren möchten. Hat man die Gebühr bezahlt, gilt diese auch für die schlichte **Tham Kang** inmitten von Weihnachtssternen und Trompetenlilien. In der Kalksteinhöhle sieht man vielleicht Fledermäuse, zudem fließt ein gespenstisch wirkender Bach aus einer Art Steinkiefer heraus. Erfrischungen gibt's im einfachen **Cave View Restaurant** (Hauptgerichte 20 000–30 000 Kip; ⊘8–18 Uhr) auf der anderen Seite des kristallklaren Nam Ngoi (Ngoi-Fluss), über den eine kleine Bambusbrücke führt.

Nach 15 Minuten überquert man einen Bach (hindurchzuwaten ist sicherer als über die glitschigen Trittsteine zu laufen) und kommt zu einem großen Gebiet mit Reisfeldern. Links halten, sobald man die Felder erreicht, dann biegt man an der nächsten Kreuzung (3 Min. später) links nach Huay Sen (45 Min.) oder rechts nach Ban Na (15 Min.) und Huay Bo (40 Min.) ab. Es ist ratsam, auf dem gewundenen, aber ausgetretenen Pfad zu bleiben, da es nur wenige von Hand geschriebene Schilder an Punkten gibt, an denen man sich verlaufen könnte. In den drei Dörfern findet man überaus schlichte, jedoch extrem günstige Quartiere mit gemeinschaftlichen Hockklosetts im Freien. Zu den Unterkünften gehören einfache Imbissbuden, die nur gelegentlich geöffnet haben.

Stelzenhäuser sieht man vor allem in **Huay Sen**, dem authentischsten der drei Orte. Das einzige Gästehaus, das **Huay Sen Guesthouse** (Zi. 10 000 Kip) ist eine trostlose Gruppe winziger Bambuszimmer, doch immerhin spricht der enthusiastische Eigentümer etwas Englisch, bereitet anständigen gebratenen Reis zu und hat einen geschmackvollen Bambus-*lòw-lów (laotischer Whisky)* auf Lager. Darüber hinaus bietet er zweistündige geführte Spaziergänge in umliegende Hmong-Dörfer an.

Die Häuser in Ban Na wirken weniger traditionell. Hier kann man einheimischen Webern bei der Arbeit zuschauen und genießt von beiden Gästehäusern einen Blick auf zahlreiche Reisfelder vor einer Kulisse aus hoch emporragenden Karstbergen. OB Bungalows (☑020-33863225; Zi. 10 000 Kip) am äußersten Ende des Dorfes wartet mit der schöneren Aussicht, neuen, relativ geräumigen Bambushütten und einem sehr guten Preis-Leistungs-Verhältnis auf. Das Chantanohm Guesthouse (Zi. 10 000 Kip) ist hübsch gelegen und hat ein *petang* (laotische Version eines Pétanque-Feldes) und Bombenhülsen vorzuweisen.

Der Spaziergang nach Huay Bo ist reizvoll, allerdings muss man einen mitteltiefen Fluss durchqueren. Danach passiert man einen besonders spitzen Kalkstein und folgt dem Weg unterhalb eines Höhenrückens. Das Dorf besteht größtenteils aus Bambushäusern auf Stelzen, außerdem geht's lebhafter zu als in Huay Sen. In den drei benachbarten schlichten Gästehäusern zahlt man pro Übernachtung 10 000 Kip.

DIE PROVINZ PHONGSALY

In diesem wunderschönen Gebiet, das nicht mehr wirklich zu Laos und noch nicht zu China gehört, leben einige der traditionellsten Bergvölker des Landes. Wer hier eine Wandertour unternimmt, fühlt sich, als würde er in einer Ausgabe von *National Geographic* herumspazieren. Touristen zieht es in der Provinz am häufigsten nach Muang Khua, einem nützlichen Verkehrsknotenpunkt, von dem man über den Fluss nach Nong Khiao und über die holprige Straße nach Dien Bien Phu in Vietnam gelangt. Weiter im Norden sorgt das mühsame Vorankommen auf extrem holprigen, kurvenreichen Straßen dafür, dass die Gegend dort weitgehend unberührt bleibt. Die einzige asphaltierte Straße führt von Muang Khua nach Oudom Xay, Phongsaly und weiter nach Mengla (China). Ärgerlicherweise können Ausländer die chinesische Grenze derzeit weder dort noch anderswo in diesem Bezirk überqueren. Die Straße nach Dien Bien Phu ist auf der laotischen Seite mittlerweile in gutem Zustand, auf der vietnamesischen Seite jedoch nicht.

Muang Khua ເມືອງຂວາ

4000 EW. / ☑ 088

Das schöne kleine Muang Khua ist ein unumgänglicher Zwischenstopp auf der Route von Laos nach Dien Bien Phu in Vietnam oder auf der Bootsfahrt auf dem Nam Ou (Ou-Fluss) nach Nong Khiao. Es ist zwar nicht ganz so malerisch und nicht ganz so auf Traveller eingestellt wie Letzteres, doch Muang Khua verströmt mit seinen pastellfarbenen Häusern echten Kleinstadtcharme und erstreckt sich umgeben von Palmen am Zusammenfluss von Nam Ou und Nam Phak (Phak-Fluss). Das Herz der Stadt bildet der Markt, auf dem sowohl frische Lebensmittel als auch alle möglichen anderen Waren verkauft werden.

Wer aus Dien Bien Phu herkommt, kann sich entspannen: Anders als im benachbarten Vietnam ist hier zähes Feilschen weder erforderlich noch angemessen.

◉ Sehenswertes & Aktivitäten

Die Touristeninformation organisiert zahlreiche Trekkingausflüge, darunter eine wunderbare Tagestour nach Ban Bakha, ein Akha-Pala-Dorf (450 000 Kip pro Pers. für zwei Teilnehmer).

Tiger Trail (S. 88), ein in Luang Prabang ansässiges Unternehmen, bietet sechstägige Touren in Akha-Dörfer mit dem Motto „Voluntourism" (Freiwilligen-Tourismus) für 399 US$.

Der unabhängige Führer Herr Khamman (☑020-99320743) veranstaltet ein- bis dreitägige Trekkingtouren; ein Tag kostet bei zwei Teilnehmern 500 000 Kip pro Person.

Hängebrücke BRÜCKE
(Karte S. 95) Diese Hängebrücke, die ins Khamu-Viertel führt, ermöglicht einen Blick auf die Berge und den Fluss von hoch oben. Man darf aber keine Höhenangst haben und sollte auf der sicheren, aber schwankenden Brücke über einen guten Gleichgewichtssinn verfügen.

Wat BUDDHISTISCHER TEMPEL
(Karte S. 95) Mangels anderer Sehenswürdigkeiten in der Stadt lohnt dieser friedliche Tempel einen Besuch.

Muang Khua

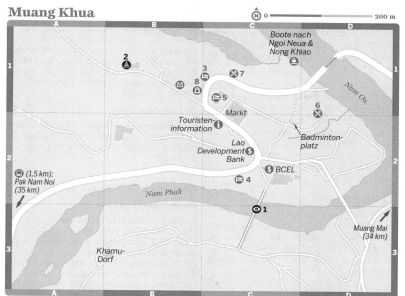

🛏 Schlafen

Sensabai Guesthouse PENSION $
(Karte S. 95; ☏ 020-9998445; Zi. 60 000 Kip; 🗲)
Das neue, familiengeführte Sensabai bietet
einen Blick auf den Fluss und mintgrüne
Zimmer mit duftiger Bettwäsche, Flachbildfernseher, Ventilator und Hocktoilette. In der
netten Lobby mit Flussblick kann man gut
lesen. Es steht an der Hauptstraße auf dem
Weg nach Süden in Richtung Busbahnhof.

Chaleunsuk Guesthouse PENSION $
(Karte S. 95; ☏ 088-210847; Zi. altes Haus 70 000 Kip,
neues Haus 100 000-120 000 Kip; 🌢@🗲) Gepflegte, großzügige Zimmer mit großen, bequemen Betten und warmen Duschen machen das Chaleunsuk bei Travellern beliebt.
Auf der geräumigen Gemeinschaftsterrasse
gibt's kostenlosen Tee. Nebenan steht ein neues Haus mit schickeren, wenngleich etwas kit-
schigen Zimmern und Flachbildfernsehern.

Sernalli Hotel HOTEL $$
(Karte S. 95; ☏ 088-212445; Zi. 200 000 Kip;
🌢🗲) Schon die Fassade des Sernalli, des
besten Hauses am Platze, strahlt eine ge-
wisse neokoloniale Eleganz aus, und die oft
unbeleuchtete und verlassene kleine Lobby
zieren Schnitzereien aus Tropenholz. Die
Zimmer sind sauber, komfortabel, wenn
auch spartanisch, und mit Holzmöbeln ein-

gerichtet, und das warme Wasser braucht
etwas, funktioniert dann aber zuverlässig.
Angenehme Extras sind die Klimaanlagen
und die großen Flachbildfernseher. Unterm
Strich ist es aber überteuert.

🍽 Essen

Sayfon LAOTISCH $
(Karte S. 95; Hauptgerichte 30 000 Kip;
⊙7–21 Uhr; 🖰🗲) Ventilatoren kühlen das
Sayfon hoch über dem Fluss, und durch
die Palmen hindurch bietet sich eine net-
te Aussicht. Auf der langen englischspra-

chigen Speisekarte stehen bei westlichen Besuchern beliebte Gerichte wie Omeletts und Pfannkuchen, außerdem gibt's leckeren *láhp*, Nudelgerichte und jede Menge kühles Beerlao. Abends ist es das angesagteste Lokal der Stadt.

Laosamai Restaurant   FUSION $
(Karte S. 95; ☑ 088-210844; Nam Ou Guesthouse; Hauptgerichte 30 000 Kip; ☺ 7–21 Uhr) Das travellerfreundliche Restaurant im **Nam Ou Guesthouse** steht auf Stelzen und bietet einen schönen Blick auf den Fluss. Es serviert geschmackvolle, wenn auch hauchdünne „Steaks mit Pommes" sowie verschiedene Pfannengerichte.

🛍 Shoppen

Geschäft für ethnisches Kunsthandwerk   KUNST & KUNSTHANDWERK
(Karte S. 95; ☺ 9–18 Uhr) Im Chaleunsuk Guesthouse verkauft dieses Geschäft gewebtes Kunsthandwerk und Tee aus regionaler Produktion.

ℹ Praktische Informationen

GELD

In der Stadt gibt's zwei Geldautomaten. Sowohl die **BCEL** (Karte S. 95; ☺ Mo–Fr 8-30–15.30 Uhr) als auch die **Lao Development Bank** (Karte S. 95; ☺ Mo–Fr 8-30–15.30 Uhr) können wichtige Währungen wie US-Dollars (nur saubere Scheine), Euro, vietnamesische Dong und thailändische Baht wechseln. Am Wochenende, wenn die Banken geschlossen sind, können die Geldautomaten leer sein – wer ein Boot nehmen will, sollte also vorsichtshalber etwas mehr Bargeld mitbringen.

INTERNETZUGANG

Im **Chaleunsuk Guesthouse** (S. 95) kann man für 10 000 Kip pro Stunde ins Internet gehen, einschließlich Kopfhörern und Kamera zum Skypen.

POST

Post (Karte S. 95; ☺ Mo–Fr 8–16 Uhr)

TOURISTENINFORMATION

Die hilfreiche **Touristeninformation** (Karte S. 95; ☑ 020-22848020; ☺ Mo–Fr 8.30–11.30 & 13.30–16.30 Uhr) gegenüber dem Sernalli Hotel beantwortet Fragen und organisiert Wanderungen. Wer außerhalb der Geschäftszeiten eine Wandertour unternehmen möchte, ruft Herrn Keo an und vereinbart ein Treffen oder wendet sich an den unabhängigen Führer Herrn Khamman (S. 94). Auch auf der Website www.muang khua.com kann man einige Trekkingtouren buchen und findet Infos zu allen Gästehäusern der Stadt.

WEITERREISE NACH VIETNAM: VON PANG HOK NACH TAY TRANG

Anreise zur Grenze

Busse (60 000 Kip, Abfahrt in beide Richtungen um 6 Uhr) zwischen Muang Khua und Dien Bien Phu überqueren die laotisch-vietnamesische Grenze täglich am **Grenzübergang Pang Hok (Laos)/Tay Trang (Vietnam)**, 26 km östlich von Muang Mai. Die Straße wurde auf der laotischen Seite bis nach Pang Hok komplett neu gebaut, ist aber auf der vietnamesischen Seite an einigen Stellen immer noch überraschend schlecht. Es ist eine äußerst malerische Strecke, besonders die Fahrt hinunter ins Tal von Dien Bien Phu, das oft ein Teppich smaragdgrüner Reisfelder bedeckt. Auf keinen Fall empfiehlt es sich, die Tour in kleinen Abschnitten zu unternehmen, so wird sie nur viel teurer als die durchgehende Busfahrt und die Gefahr ist groß, dass man unterwegs irgendwo festsitzt.

An der Grenze

Wenige Traveller nutzen diesen entlegenen Grenzübergang. Laotische Visa werden an der Grenze zum üblichen Preis erteilt, man wird aber aufgefordert, 4000 Kip Gebühr für die Bearbeitung zu bezahlen. Vietnamesische Visa werden jedoch nicht bei der Einreise ausgestellt, diese muss man vorher besorgen, wenn man an der Grenze nicht stranden will.

Weiterreise

An beiden Grenzposten, die durch 4 km Niemandsland getrennt sind, gibt's keinerlei Serviceeinrichtungen oder Transportmittel. Von der vietnamesischen Seite der Grenze sind es noch etwa 31 km bis Dien Bien Phu.

❶ An- & Weiterreise

Der Bus nach Dien Bien Phu in Vietnam (50 000 Kip) fährt um 6 und 11 Uhr vor der **BCEL-Bank** ab, die Fahrt dauert einschließlich Grenzüberquerung etwa vier Stunden. Allerdings gibt's keine Garantie, dass der Bus täglich verkehrt, wenn sich nicht genug Fahrgäste einfinden.

Der **Busbahnhof** (Route 2E, 900 m hinter km 97) liegt ungünstig 2 km westlich des Flusses in Richtung Oudom Xay. *Tuk-tuks* (10 000 Kip pro Pers.) steuern ihn nur sporadisch an. Sie starten unweit der BCEL, sobald sie voll sind. Busse nach Oudom Xay (50 000 Kip, 3 Std.) verkehren um 8.30, 11 und 15 Uhr. Wer nach Phongsaly möchte, nimmt um 8 Uhr ein *sŏrngtăaou* nach Pak Nam Noi (20 000 Kip, 1 Std.), wo der Bus von Oudom Xay nach Phongsaly (100 000 Kip) durchfährt. Er trifft in der Regel gegen 10 Uhr ein.

Seit dem Bau des Dammes am Nam Ou kann man nicht mehr mit dem Boot nach Hat Sa fahren. **Boote** (Karte S. 95) verkehren aber flussabwärts nach Muang Ngoi Neua (100 000 Kip, 5 Std., 8.30 Uhr und immer, wenn sich zehn Fahrgäste einfinden) und weiter durch eine großartige Karstlandschaft nach Nong Khiao (120 000 Kip, 6 Std.)

Phongsaly ພົງສາລີ

15 000 EW. / ☑ 088 / 1400 M

Wenn man sich Phongsaly auf einer kurvenreichen Bergstraße nähert, taucht die oft in Nebel gehüllte Stadt urplötzlich auf dem Plateau eines Bergzugs auf. Ihre stimmungsvollen hölzernen yunnanesischen Ladenhäuser und anderen Gebäude, deren Farbpalette von Braun bis Hellblau reicht, liegen unter dem Gipfel des Phou Pa (Himmelberg; 1625 m), der sich majestätisch im Hintergrund erhebt. Dank seiner Lage wartet der Ort mit einem Panoramablick und einem erfrischenden Klima auf, das innerhalb von Stunden zwischen angenehm warm zu bitterkalt umschlagen kann. In der kalten Jahreszeit können sich Eiszapfen bilden, und vorsichtshalber sollte man hierher immer, selbst im April, eine Jacke und wasserdichte Kleidung mitnehmen.

Die Bevölkerung setzt sich zusammen aus Phou Noi, Ho/Yunnanesen sowie alteingesessenen und kürzlich zugezogenen Einwohnern. Allerdings kommt niemand wegen der Stadt selbst her, die manchmal unfreundlich und für Laos sehr untypisch wirkt – es sind die Wanderungen im Bergland der Umgebung und die ethnischen Minderheiten mit ihren farbenfrohen Trachten, wegen derer sich die schwierige Anreise lohnt.

Geschichte

Der Legende nach waren die Phou Noi einst ein kriegerischer Stamm, der von Birma nach Luang Prabang auswanderte. Der König von Lan Xang sah in ihnen gleichermaßen eine Gefahr und Chance und übergab ihnen das Land im hohen Norden seines Reichs, das heutige Phongsaly. Hier verteidigten sich die neuen Bewohner gegen Eindringlinge aus dem Tai-Lü-Königreich Sipsong Panna.

◉ Sehenswertes

Die schlichte, aber markante Altstadt umfasst drei Häuserblocks, holprige Natursteinwege und eine gewundene Straße mit traditionellen **yunnanesischen Ladenhäusern**. Ihre hölzernen Fassaden erinnern an die Architektur des alten Kunming. An einem Teich erhebt sich der winzige, funktionale neue **chinesische Tempel**. Dahinter thront der **Wat Keo** mit seinen Pétanque spielenden Mönchen.

Phou Fa   AUSSICHTSPUNKT
(ພູຟ້າ; Himmelberg) Von dem mit einem Stupa gekrönten Gipfel des Phou Fa (1625 m) hat man eine tolle Sicht auf die Stadt, der Aufstieg über mehr als 400 Steinstufen im Schatten von Bäumen ist allerdings echt schweißtreibend. Für den letzten Abschnitt werden 4000 Kip Maut fällig. Ein alternativer Weg hinunter führt zur Straße nach Hat Sa 2 km östlich der Stadt in der Nähe einer Teefabrik.

Stammesmuseum   MUSEUM
(Karte S. 98; 10 000 Kip; ◷ Mo–Fr 8–11.30 & 13.30–16.30 Uhr) Wer die ethnischen Völker der Provinz Phongsaly besser verstehen möchte, sollte dieses Museum besuchen. Es bietet zahlreiche kulturelle Informationen zum Animismus und zu Sitten und Gebräuchen, Fotos und Infos zum historischen Hintergrund und zeigt die farbenfrohen Trachten, denen man auf der Reise wahrscheinlich begegnet. Wenn die Tür verschlossen ist, fragt man in der Post auf der anderen Straßenseite nach dem Schlüssel.

☞ Geführte Touren

Amazing Phongsali Travel   TREKKING
(Nördliches Reisezentrum; Karte S. 98; ☑ 088-210594, 020-55774354; www.explorephongsalylaos.com; ◷ 8–17 Uhr oder länger) ✔ Um einige der 28 ethnischen Volksgruppen der Provinz zu sehen, muss man tief in den Dschungel vordringen, und dafür benötigt man einen

Phongsaly

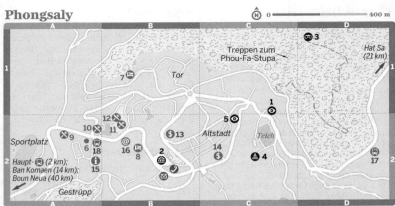

Phongsaly

◎ Sehenswertes
1 Chinesischer Tempel C1
2 Stammesmuseum................................ B2
3 Phu Fa...D1
4 Wat Keo... C2
5 Yunnanesische Ladenhäuser.............. C2

⊕ Aktivitäten, Kurse & Touren
6 Amazing Phongsaly Travel A2

🛏 Schlafen
7 Phou Fa Hotel B1
8 Sengsaly Guesthouse B2

⊗ Essen
9 Laojerm Restaurant A2
10 Laoper Restaurant A2
11 Markt...B2
12 Nudelstände B2

⊙ Praktisches
13 BCEL B2
14 Lao Development Bank C2
15 Touristeninformation A2
16 Wang Electronics Shop B2

⊙ Transport
17 Hat Sa Busbahnhof D2
18 *sŏrngtăaou* zum Hauptbusbahnhof A2

Führer, der einen in die abgelegenen Dörfer entlang der Straße bringt. Amazing Phongsali Travel ist der wichtigste unabhängige Trekkingveranstalter in Phongsaly und bietet mehrere verschiedene Wanderungen an, die von Travellern begeistert gelobt wurden.

Auf der ausgezeichneten Website stehen Informationen zu den Wanderungen. Bei Erscheinen dieses Buches könnte das Büro selbst aber schon umgezogen sein. Außerdem überlegte der Veranstalter bei unserem Besuch, auch Mountainbiketouren ins Programm aufzunehmen.

🛏 Schlafen

Phou Fa Hotel HOTEL **$**
(Karte oben; ☎088-210031; Zi. 100 000–200 000 Kip; ❋ 🛜) Westliche Toiletten, Heizgeräte in den Zimmern und goldene Überdecken machen das Phou Fa zur besten Unterkunft in Phongsaly – aber nur um Haaresbreite.

Die teureren Zimmer sind schon fast Suiten und mit einem Teppich ausgestattet. In dem Komplex befand sich bis 1975 das chinesische Konsulat. Zum Hotel gehört auch ein trostloses Restaurant.

Sengsaly Guesthouse PENSION **$**
(Karte S. 98; ☎088-210165; Zi. 80 000–100 000 Kip; 🛜) Die beste der drei Budgetunterkünfte an der Hauptstraße. Für 80 000 Kip bieten die extrem schlichten Zimmer saubere Bettwäsche, kahle Wände, Fliesenböden und eigene Bäder. Es gibt auch bessere, neu gebaute Zimmer, die komfortabel, aber auch etwas sehr bunt, und mit warmen Duschen und einer Veranda ausgestattet sind. Der Service ist mittelmäßig.

✗ Essen

Nudelstände NUDELN **$**
(Karte S. 98; Nudeln 15 000 Kip; ⊙6–17 Uhr) Wer mit dem *sŏrngtăaou* um 6.30 Uhr zum Bus-

bahnhof fahren will oder eine Wanderung geplant hat, kann sich vorher an den Nudel-ständen im hinteren Teil des Lebensmittel-marktes stärken. Auf Frühaufsteher warten hier köstliche, dampfende frische Nudeln und ein Stückchen der yunnanesisch-lao-tischen Kultur. Tipp: die leckere *kòw sóy* (Nudelsuppe mit Hackfleisch und Tomate) probieren!

Laoper Restaurant   CHINESISCH **$**
(Karte S. 98; Hauptgerichte 30 000 Kip; ⊙ 17–22 Uhr) Sein Essen kann man sich in Rohform schon hinter der gläsernen Kühltheke anschauen: Schweinefleisch, Innereien, Büffelsteak und Tofu sowie die täglich frischen Gemüse. Eine Karte gibt's nicht, man zeigt einfach auf das Gewünschte. Die Portionen sind riesig, am besten kommt man gleich zu zweit oder zu dritt. Nicht erschrecken, wenn andere Gäste ab und zu mal auf den Boden spucken.

Laojerm Restaurant   LAOTISCH **$**
(Karte S. 98; Hauptgerichte 30 000 Kip; ⊙ 7–22.30 Uhr) In diesem familiengeführten Nudelrestaurant kommt lecker zubereitetes Essen in anständigen Portionen auf den Tisch und wird mit einem Lächeln serviert. Auf der kreativ ins Englische übersetzten Karte finden sich rätselhafte Angebote wie „High-han-ded Pig's liver" („Selbstherrliche Schweinele-ber") und „Palace Protects the Meat Cubelets" („Palast schützt die Fleischwürfel").

Markt   MARKT **$**
(Karte S. 98; ⊙ 6–17 Uhr) Am besten besucht man den Lebensmittelmarkt in der Mor-gendämmerung (die Kamera griffbereit) und bahnt sich einen Weg durch das laby-rinthische Gewirr der klapprigen Stände, die im Freibereich buntes Obst und Gemüse aller Art präsentieren. Die lautstarken chi-nesischen Verkäufer, die exotischen Gewür-ze, die Suppen, die in Furcht einflößenden Kesseln brodeln, die bunt gekleideten Mit-glieder der Volksgruppen, die den Markt besuchen, und die Hunde, die inmitten des Getümmels ihren Trieben freien Lauf lassen, sorgen für ein denkwürdiges Erlebnis.

 Ausgehen & Nachtleben

Die Region Phongsaly, insbesondere Ban Komaen, ist berühmt für grünen Tee nach chinesischer Art. Geschmacksproben und hervorragender *lòw-lów* (Whisky) aus der Gegend werden in der Touristeninformation verkauft. Die blassgrüne Färbung kommt daher, weil der Tee nach der Fermentierung durch Himbeerblätter passiert wurde.

NORDLAOS PHONGSALY

WANDERUNGEN ZU DEN BERGVÖLKERN

Die Wanderungen zu Bergvölkern zählen zu den authentischsten und schönsten Aktivi-täten in ganz Laos. Dabei wird viel Gewicht auf ökologisches und kulturelles Bewusstsein gelegt, zudem fließt ein großer Teil des eingenommenen Geldes als Fördermittel in die Gastdörfer. Sorgfältig ausgearbeitete Treks bietet die gut organisierte Touristeninforma-tion an. Fast alle Ausflüge kann man für den nächsten Tag organisieren, insbesondere wenn man im Vorfeld anruft. Besonders großer Beliebtheit erfreut sich die **Dschun-geltour** (zwei kurze Tage ab Boun Neua), in deren Rahmen man ein Akha-Phixo-Dorf be-sucht und einen der wenigen erhaltenen Primärwaldbestände durchwandert. Zahlreiche mehrtägige Wanderungen umfassen Bootsfahrten von Hat Sa den Nam Ou (Ou-Fluss) hinauf und die Erkundung von Akha-Nuqui-Orten, die durch hoch gelegene Kammpfade entlang des Bergzugs miteinander verbunden sind. Exkursionen, bei denen man nicht zum Ausgangspunkt zurückkehrt, darunter der dreitägige **Nam-Lan-Trek** nach Boun Tai, können enthalten, dass das Gepäck zum Zielort gebracht wird. Diese Tour führt durch Dörfer der Yang, Laobit, Akha Djepia und Akha Nuqui. Da man insgesamt mehr als 30 Bäche und Flüsse überqueren muss, sollte man diese Wanderung nur in der Trocken-zeit unternehmen. Um einen Guide zu organisieren, ruft man im Vorfeld die Touristenin-formation in Phongsaly (S. 101) an oder wendet sich an Amazing Lao Travel (S. 73).

Die Preise pro Person reichen von ca. 350 000 Kip pro Tag für Teilnehmer größe-rer Gruppen bis zu 500 000 Kip pro Tag für Alleinreisende. Führer, Essen und extrem schlichte Privatunterkünfte in authentischen Dorfhäusern sind inbegriffen. Dazu kom-men Kosten für die An- und Abfahrt, die stark schwanken, je nachdem, ob man mit öf-fentlichen Verkehrsmitteln oder mit gecharterten Fahrzeugen fährt. „Experience-Touren" bieten die Möglichkeit, mehr Zeit mit den Dorfbewohnern zu verbringen und vielleicht auf geführten Trips die Zutaten für das Familienessen zu sammeln.

WANDERN IN NORDLAOS

Nordlaos konnte bereits mehrere Preise für sein „Ökotrekking-System" einheimsen, das seinen Anfang in Luang Namtha und dem Nam Ha National Protected Area (NPA) genommen hat. Lizenzierte Agenturen lassen einen bedeutenden (und festgelegten) Teil ihrer Gewinne den besuchten Dörfern zugutekommen und halten sich an umweltfreundliche Richtlinien. Abgelegene Orte abseits der Straße sollte man nicht auf eigene Faust besuchen, sondern bei lokalen Anbietern einen Guide und die notwendige Genehmigung organisieren; oft klappt das sehr schnell und sogar noch am Abend vor dem Ausflug. Pro Person und Tag zahlt man 50 bis 75 US$ zuzüglich der Kosten für die An- und Abfahrt, wenn man allein unterwegs ist. In einer größeren Gruppe sinken die Preise pro Teilnehmer auf unter 25 US$. Die Agenturen stehen normalerweise nicht in direkter Konkurrenz zueinander, deswegen ist es wichtiger, Angebote statt Preise zu vergleichen. Einen freiberuflichen Führer zu engagieren kann billiger sein, allerdings wird davon abgeraten, da sie kaum die Fördergelder für die Orte zahlen. Weitere Informationen gibt's auf der hervorragenden Website www.ecotourismlaos.com. Hier die Unterschiede zwischen den verschiedenen Trekkingzentren:

Phongsaly (S. 97) Der beste Ausgangsort, um zeitlose Dörfer zu erkunden, in denen traditionelle Kleidung und animistische Glaubensvorstellungen noch zum Alltag gehören (das trifft vor allem auf die abgelegenen Akha-Gemeinden zu). Viele Häuser haben noch gedeckte Dächer wie aus dem Bilderbuch, zumindest bei unserem Besuch. Trekkingtouren durch unberührte Wälder sind auch in der Nähe von Boun Neua möglich.

Luang Namtha (S. 110) Gut organisierte Wanderungen mit zahlreichen Möglichkeiten, u. a. Kombinationen aus Trekking und anderen Aktivitäten wie Fahrrad- und Kajakfahren. Besonders beliebt sind Streifzüge durch den Wald zu „Dschungelcamps" im Nam Ha NPA. Damit sich nicht alle Traveller auf ein einziges Dorf konzentrieren, haben die meisten Agenturen eigene Routen. Das trägt jedoch unbeabsichtigt dazu bei, die Entscheidung zu erschweren, was man nun eigentlich sehen möchte und wo man es findet. Nicht alle Routen sind gleichermaßen anregend. Man sollte sich erkundigen, wie tief die Wanderung in den Wald hineingeht, um nicht am Ende mit einem uninteressanteren Erlebnis am Rand des Waldes abgespeist zu werden.

Vieng Phukha (S. 115) Ein deutlich weniger kommerzieller Ausgangspunkt für Waldwanderungen im Nam Ha.

Muang Sing (S. 116) Geführte oder eigenständige Wanderungen zu bunten und gut zugänglichen Akha-Dörfern. Die Trekkingszene ist beträchtlich geschrumpft, es gibt hier aber immer noch einen sehr guten Veranstalter.

Oudom Xay (S. 103) Eine spezialisierte Agentur hat Oudom Xay zu einem beliebten Zentrum für Mountainbiketouren gemacht. Manche kann man mit Treks verbinden.

Muang Khua (S. 94) Zu den begrenzten Möglichkeiten gehören beispielsweise ein eintägiger Trek in ein Akha-Pala-Dorf. Einige Frauen dort tragen schreiend bunte halbtraditionelle Gewänder. Unterwegs stößt man auf zahlreiche Aussichtspunkte, allerdings kommt man nur durch sehr wenige Waldgebiete.

Phonsavan (S. 71) Eine einmalige Exkursion verbindet eine bemooste Ausgrabungsstätte mit der Übernachtung in einem Hmong-Dorf ohne Straße und dem Aufstieg zu einem mehrstöckigen Wasserfall. Diese Wandertour ist wirklich faszinierend, Stammesangehörige in traditioneller Kleidung wird man in dieser Gegend aber nicht sehen.

Muang Ngoi Neua (S. 90) Einfache Tagesausflüge in schöne Dörfer auf eigene Faust oder supergünstige Gruppenwanderungen mit freiberuflichen Guides und teilweise mit landschaftlich reizvollen Bootsfahrten.

Nong Khiao (S. 86) Hier kann man die Tour „100 Wasserfälle" unternehmen, eine Wanderung in einem Fluss, gefolgt von einer Reihe erfrischender Kalksteinwasserfälle, hinauf auf einen Gipfel.

❶ Praktische Informationen

GELD

BCEL (Karte S. 98; ⊘ Mo–Fr 8-30–15.30 Uhr)
Hat einen Geldautomaten, der auf der anderen
Straßenseite steht.

Lao Development Bank (Karte S. 98; ⊘ Mo–Fr
8.30–15.30 Uhr) Tauscht mehrere Währungen
in Kip und wechselt Reiseschecks gebührenfrei
in US-Dollars. Hat einen Geldautomaten und
repräsentiert Western Union.

INTERNETZUGANG

Wang Electronics Shop (Karte S. 98;
⊘7–22 Uhr) Internetzugang und stabile Stromversorgung.

POST

Post (Karte S. 98; ⊘ Mo–Fr 8–12 & 13–16 Uhr)

TELEFON

Lao Telecom (Karte S. 98; ⊘ 9–17 Uhr) Hier
kann man internationale Ferngespräche führen.

TOURISTENINFORMATION

Touristeninformation (Karte S. 98; ☑ 088-
210098; www.phongsaly.net; ⊘ Mo–Fr 8–11.30
& 13.30–16 Uhr) Wer dringend Hilfe braucht
oder außerhalb der Öffnungszeiten einen
Ausflug buchen möchte, ruft die ☑ 020-2257
2373 oder die Handynummer des diensthaben-
den Angestellten an, die an der Eingangstür
hängt. Nützliche Karten und Broschüren gibt's
auch online (sowie kostenlos bei den meisten
Gästehäusern).

❶ An- & Weiterreise

Phongsalys Flughafen liegt in Wirklichkeit in
Boun Neua, doch während unseres Besuchs flog
von dort keine laotische Fluggesellschaft.

Vom **Hat-Sa-Busbahnhof** (Karte S. 98; km
3), zehn Gehminuten östlich der Stadt, fahren
täglich um 8 und 13.30 Uhr Busse nach Hat Sa
(20 000 Kip).

Phongsalys Hauptbusbahnhof liegt westlich der
Stadt bei Kilometer 3. Dorthin fährt um 6.30 Uhr
ein *sŏrngtăaou* (10 000 Kip) vom Marktareal, danach nur noch sehr unregelmäßig, man sollte also
viel Zeit einplanen. Die Route 1A ist nun endlich
asphaltiert, sodass die Fahrt von und nach Phongsaly schneller und einfacher ist. Nach Vientiane
fährt täglich um 8.30 Uhr ein Bus (230 000 Kip,
über 20 Std.) sowie um 14 Uhr ein VIP-Bus
(250 000 Kip) über Luang Prabang (140 000 Kip).
Busse nach Oudom Xay (80 000 Kip, 7 Std.) starten um 8 und 14 Uhr. Um 7.30 Uhr fährt ein Bus
nach Luang Namtha (60 000 Kip), und um 7 Uhr
einer nach Dien Bien Phu (130 000 Kip, 5 Std.)
auf der vietnamesischen Seite. Da Ausländer die
Grenze nach China in Ban Pakha nicht überqueren
dürfen, sind die Busse ins chinesische Mengla

(7 & 13.30 Uhr) nur nützlich, um nach Boun Neua
(50 000 Kip) zu gelangen.

Um 7.30 Uhr fährt ein Bus nach Muang Khua
(80 000 Kip, 7 Std.), wo man mit dem Boot nach
Muang Ngoi Neua und Nong Khiao weiterfahren
kann (wegen des neuen Dammes am Fluss ist
es nicht mehr möglich, von Hat Sa aus flussaufwärts zu fahren). Nach Muang Ngoi Neua und
nach Nong Khiao schafft man es nicht an einem
Tag, man muss eine Zwischenübernachtung in
Muang Khua einplanen.

Amazing Phongsali Travel (S. 97) vermietet
kleine Motorräder ab 100 000 Kip pro Tag.

Rund um Phongsaly

Ban Komaen ບ້ານກໍແມນ

Phongsalys berühmtes Teedorf bietet einen
einmalig schönen Rundblick über das Tal,
insbesondere vom Felsvorsprung hinter der
Schule. Zahlreiche authentische Phou-Noi-
Häuser stehen auf Plattformen aus Stein-
haufen. Reist man von Phongsaly (15 km
entfernt) aus her, kommt man an vielen Tee-
büschen vorbei. Die Pflanzen an der Hauptstraße des Dorfs wachsen dort angeblich
schon seit über 400 Jahren und sollen die
ältesten der Welt sein.

Ban Komaen eignet sich gut für einen
Motorradausflug. Man nimmt die Straße
nach Boun Neua, biegt direkt gegenüber
dem einfallsreich benannten Nachtclub bei
Kilometer 4 nach links ein (nicht in die asphaltierte Straße direkt davor), folgt dann
dem gewundenen, größtenteils ungepflasterten Weg und hält sich an den meisten
Kreuzungen links, wobei man keine Straße
ins Tal hinab nimmt.

Man kann in Phongsaly ein *tuk-tuk* mieten
(hin & zurück 250 000 Kip) oder für 50 000 Kip
bei der Touristeninformation in Phonsaly ein
Rad ausleihen. Die Fahrt von Phongsaly nach
Ban Komaen ist nur 15 km lang und führt
durch eine herrliche Landschaft.

Hat Sa ຫາດຊາ

Leider fahren von Hat Sas kleinem Hafen
keine Boote mehr flussabwärts nach Muang
Khua, seit ein Nam Ou (Ou-Fluss) ein Staudamm gebaut wurde, daher gibt's selbst für
von der laotischen Kultur begeisterte Traveller wenig Aufregendes, abgesehen vom
Markt, der am 15. und 30. jeden Monats
abgehalten und von vielen Mitgliedern der
Bergstämme besucht wird.

VERANTWORTUNGSVOLLES WANDERN

Besucht man Stammesdörfer, ist es wichtig, sich der jeweiligen lokalen Kultur anzupassen. Die folgenden Regeln beziehen sich vor allem auf die Akha, weil die aufwendig geschmückten Indigo-Trachten der einheimischen Frauen und ihr spezieller animistischer Glaube besonders viele Traveller anziehen.

Schuhe und Füße Beim Betreten eines laotischen Wohnhauses wäre es unhöflich, seine Schuhe anzulassen. Die Wohnstätten der Hmong, Akha und einiger anderer Stammesangehöriger haben jedoch Lehmböden, deshalb kann man sie dort anbehalten. Auf jeden Fall sollte man niemals mit den Schuhen auf Personen zeigen.

Toiletten Wenn es eine Dorftoilette gibt, kann man sie benutzen. Muss man sich im Wald erleichtern, sollte man dies nicht in der Nähe von Wasserläufen tun. In abgelegenen Dörfern ohne Sanitäranlagen erkundigt man sich bei seinem Guide, wie es die Einheimischen halten: Normalerweise muss man Fäkalien vergraben, allerdings werden sie in manchen Orten von heimischen Schweinen gefressen, deshalb ist das nicht immer angebracht. Gebrauchtes Toilettenpapier, Tampons etc. sollte man wieder mitnehmen.

Fotos Viele Jungen lassen sich gerne fotografieren, während die meisten Mädchen und Frauen zunächst quietschend vor der Kamera flüchten. Fragt man Fremde, ob man von ihnen ein Foto machen darf, lehnen das viele strikt ab. Das sollte man respektieren. Ein großer Vorteil an einer Privatunterkunft ist, dass man die jeweilige einheimische Familie besser kennenlernt. Dann kann man Digitalfotos von Babys und Männern schießen und sie den Gastgeberinnen zeigen. Am Ende möchten sie sich wahrscheinlich gerne selbst mal auf einem Bild sehen. Man darf sie jedoch nie zwingen, denn manch eine Bewohnerin glaubt tatsächlich noch daran, dass Fotografen Seelen stehlen.

Geschenke Als Geschenke eignen sich z.B. Samen von Obstbäumen oder Gemüsesorten, also Dinge, von denen die Menschen auch nach dem Besuch noch etwas haben. Immer vorher den Guide um Rat fragen. Wenn er mit dem Präsent einverstanden ist, überreicht man es seinen neuen Bekannten oder dem Dorfoberhaupt. Kinder zu beschenken kann Betteln fördern, was bisher autarke Gesellschaften unterminiert.

Betten Auf Trekkingtouren ist es üblich, im Haus des Dorfoberhaupts zu übernachten. In traditionellen Akha-Häusern schlafen Männer und Frauen getrennt voneinander auf einer angehobenen, von Gardinen umgebenen Plattform (die der Frauen ist absoluter Tabubereich). Die Schwiegertochter hat einen winzigen Raum mit Gardinen, der ihren beinahe sklavenähnlichen Status unterstreicht. Um Platz für Besucher zu schaffen, übernachten die Männer meist in anderen Häusern und überlassen dem Führer, den Wanderern und vielleicht einem oder zwei Dorfälteren die Plattform für die Männer. Ein eigener Schlafsack verhilft zu etwas Privatsphäre. Weibliche Trekker gelten sozusagen als „ehrenamtliche Männer".

Geister Die Welt der Geister ist bei den Bergvölkern genauso lebendig wie in anderen laotischen Kulturen. Besucher sollten keinesfalls das Totem (Tai Lü), ein Geistertor (Akha) oder andere tabuisierte Gegenstände eines Dorfs berühren und nicht mal daran denken, sich auf eine Akha-Schaukel (*hacheu*) zu setzen. Den Guide um Infos zu diesem Thema bitten.

Brüste und Babys Akha-Frauen bedecken ihre Brüste nicht, weil sie nach ihrem Glauben so Unglück von ihrem neugeborenen Nachwuchs abwenden. Sie sind also weder achtlos noch gilt dies als sexuelle Aufforderung. Während der Schwangerschaft Steine zu essen ist ein weiterer seltsamer Brauch. Der Akha-Glaube, dass Zwillinge ein Unglück sind, ist noch immer verbreitet.

Übernachten kann man in einem der drei unmöblierten Zimmer mit Bambuswänden, Moskitonetzen und dünnen Matten auf dem Boden über dem **Wanna Ngyai Shop** (40 000 Kip pro Pers.). Am besten bringt man seinen eigenen Schlafsack mit. Waschen kann man sich im Fluss.

Essen gibt's nur im **Boun Ma Restaurant** (Hauptgerichte 20 000 Kip; ☉ 7–19 Uhr), das einfache laotische Gerichte serviert.

Da der Strom in Hat Sa um 21 Uhr abgestellt wird, liegt das Dorf bald darauf in tiefem Schlaf.

Busse nach Phongsaly (20 000 Kip) fahren gegen 9 und 14 Uhr vor dem Markt ab. Richtung Westen brauchen sie wegen des steilen Anstiegs bis zu anderthalb Stunden

Phou Den Din, NPA
ປ່າສະຫງວນແຫ່ງຊາດພູແດນດິນ

Das riesige Gebiet aus vorwiegend unerforschtem, unberührtem Primärwald erstreckt sich über unzugängliche Berge, die unweit der vietnamesischen Grenze eine Höhe von knapp 2000 m erreichen. Derzeit kann man die herrliche Landschaft nur erkunden, wenn man an einem der unregelmäßig stattfindenden Boots- oder Kajakausflüge zwischen Ban Tha und Hat Sa den Nam Ou (Ou-Fluss) hinab teilnimmt. Ein Checkpoint der Armee verhindert gegenwärtig den Zugang zum National Protected Area (NPA). Wer sich daran vorbeischleicht, geht das Risiko ein, als potenzieller Wilderer erschossen zu werden.

Boun Neua   ບຸນເໜືອ

Boun Neua, ein lokaler Verkehrsknotenpunkt 41 km westlich von Phongsaly, ist eine diffuse Streusiedlung aus überwiegend neueren Betonhäusern und wurde versuchsweise als neue Provinzhauptstadt vorgeschlagen. Wenn man auf dem Weg nach Ou Tai ist oder den „Dschungeltrek" in Phonsaly unternimmt, kann es praktisch sein, hier zu übernachten.

Hinter Boun Neua (Km 41) führt die Straße nach Phongsaly auf einen Bergkamm und durch große Gebiete geschützten Bergwaldes. Hinter Km 31 befindet sich ein gekennzeichneter Aussichtspunkt auf dem Kamm, von dem sich ein Panorama bietet, das für die nächsten 15 km anhält. Das erste bemerkenswerte Phou-Noi-Dorf auf dem Weg ist Baka Luang (200 m hinter Km 17), hier tragen die alten Frauen noch immer die markanten Phou-Noi-Leggings.

Rund um die Hauptkreuzung, wo die Route 1A nach Ou Tai von der Straße nach Phongsaly abbiegt Richtung Norden, liegen der Busbahnhof und einige Geschäfte und schlichte Lokale. Das günstig gelegene Sivienkham (Zi. 50 000 Kip) neben dem Busbahnhof und dem Markt hat große, gepflegte Zimmer mit komfortablen Betten, Warmwasser und modernen Toiletten.

Wer nach Phongsaly (20 000 Kip, 1½ Std.) möchte, nimmt einen der Busse aus Mengla (China), Boun Tai, Oudom Xay oder Vientiane, die in der Regel zwischen 16 und 18 Uhr durch die Stadt kommen. Der klapprige Bus von Boun Neua nach Ou Tai (mindestens 4½ Stunden) fährt gegen 9.30 Uhr ab, nach der Ankunft des Frühbusses aus Phonsaly; wer aus Vientiane kommt, wird ihn wahrscheinlich verpassen.

DER NORDWESTEN

Das nördliche Oudom Xay und die Luang-Namtha-Provinz bilden einen bergigen Flickenteppich aus Flüssen, Wäldern und traditionellen Dörfern, in denen knapp 40 klassifizierte Ethnien leben. Luang Namtha ist die am stärksten entwickelte Stadt unter den zahlreichen besucherfreundlichen Orten rund um das 2224 km² große Nam Ha NPA, in dem man problemlos auch kurzfristig Wander-, Fahrrad-, Kajak- und Bootstouren organisieren kann. Oudom Xay dient als regionaler Verkehrsknotenpunkt und Boten ist der für internationale Besucher geöffnete Grenzübergang zwischen China und Laos.

ℹ An- & Weiterreise

Im äußersten Norden grenzt die Provinz an Südchina. Im Westen liegt das Goldene Dreieck, wo Laos, Thailand und Myanmar (Birma) zusammentreffen. Wegen des Dammbaus sind Flusstouren nur noch eingeschränkt möglich, einen Teil der Strecke zwischen Luang Namtha und Houay Xay kann man aber immer noch per Boot zurücklegen. Motorradfahrer werden feststellen, dass die Straßen insgesamt in gutem Zustand sind.

Oudom Xay (Muang Xay)
ອຸດົມໄຊ

Das florierende Oudom Xay (auch als Muang Xay bekannt) ist ein laotisch-chinesisches Handelszentrum und ein Verkehrsknotenpunkt, was man an den vielen eingewanderten Lkw-Fahrern und den Schriftzeichen in Mandarin an jeder Ecke merkt. Die staubige, aufdringliche Hauptstraße und die fehlende Backpacker-Atmosphäre schrecken viele Kurzzeitbesucher ab – für manche ist das Highlight vielleicht der Bus, der sie hier wegbringt. Doch mit minimalem Aufwand entdeckt man in der Nähe das echte Laos. Die gut organisierte Touristeninformation, eine der besten des

Oudom Xay

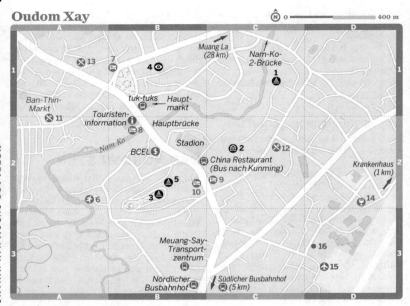

Oudom Xay

◎ Sehenswertes
1 Banjeng-Tempel	C1
2 Museum	C2
3 Phou-That-Stupa	B2
4 PMC	B1
5 Wat Phou That	B2

⊙ Aktivitäten, Kurse & Touren
6 Laotisches Rotes Kreuz	A2

🛏 Schlafen
7 Charming Lao Hotel	B1
8 Dansavanh Hotel	B2
9 Lithavixay Guesthouse	C2
10 Villa Keoseumsack	B2

⊗ Essen
11 Ban-Thin-Markt	A2
Café Sinouk	(siehe 7)
12 Meuang Neua Restaurant	C2
13 Souphailin Restaurant	A1

⊙ Ausgehen & Nachtleben
14 Ming Khouan	D2

ⓘ Transport
15 Flughafen	D3
16 Lao Airlines	D3
Lao Skyway	(siehe 15)

Landes, hat viele Vorschläge, die dazu verleiten, länger zu bleiben, von Kochkursen über Wanderungen und Offroad-Motorradtouren bis zu Radtouren.

Rund 25 % der Einwohner sind Chinesen und in manchen Geschäften und Hotels hört man den yunnanesischen Dialekt genauso häufig wie Laotisch.

◎ Sehenswertes

Phou-That-Stupa BUDDHISTISCHER TEMPEL
(Karte S.104; ⊙ Sonnenauf- bis Sonnenuntergang) Treppen führen von der Hauptstraße hinauf zum hübschen kleinen Phou-That-Stupa, einem historischen Bauwerk, das nach seiner Zerstörung im Krieg komplett neu gebaut wurde. An Vollmondtagen wird er für religiöse Zeremonien genutzt.

Wat Phou That BUDDHISTISCHER TEMPEL
(Karte S.104; ⊙ Sonnenauf- bis Sonnenuntergang) Der schöne Tempel steht auf einem Hügel und ist einer der besten Orte, um etwas kühlere Temperaturen und den fabelhaften Blick aufs Tal unten bei Sonnenuntergang zu genießen. Gleichermaßen beeindruckend ist der 15 m hohe goldene Buddha.

Museum
MUSEUM

(Karte S. 104; 10 000 Kip; ☺ 8–11 & 14–16 Uhr) `GRATIS` Von der Hauptstraße führen Treppen zum neuen zweistöckigen Museum der Stadt, das Rollläden im Kolonialstil und orientalische Giebel aufweist. Es widmet sich hauptsächlich wenig inspirierender kommunistischer Propaganda, zeigt aber auch einige interessante ethnische Trachten sowie Werkzeuge, die in Laos auf dem Land benutzt werden.

Banjeng-Tempel
BUDDHISTISCHER TEMPEL

(Wat Santiphab; Karte S. 104; ☺ Sonnenauf- bis Sonnenuntergang) Oudom Xays wichtigstes Gebäude ist der schlichte Banjeng-Tempel in herrlicher Lage auf einer Anhöhe am Fluss. Aufmerksamkeit erregt vor allem der fantasievolle „Lebensbaum" aus Beton. Seine im Wind klingelnden Metallblätter beschatten eine Reihe naiv gestalteter Tier- und Vogelstatuen, die einen lokalen Buddhamythos darstellen.

PMC
KUNSTZENTRUM

(Productivity & Marketing Zentrum vom Oudom Xay; Karte S. 104; ☎ 081-212803; www.facebook.com/ pmc.oudomxay; ☺ 8–12 & 14–17 Uhr) `GRATIS` Das PMC ist ein kleiner Ausstellungsraum und Laden, wo man sich heimische Fasern wie Dschungelwein ansehen und handgemachte Papierprodukte, Taschen sowie Düfte aus der Gegend kaufen kann. Manch einer mag sich wundern, warum es vom Büro der Vereinten Nationen für Drogen- und Verbrechensbekämpfung teilfinanziert wird. Zur Erklärung: Kunsthandwerk ist ein Versuch, für die Dorfbewohner rundum eine alternative Handelsform frei von Drogen zu finden, um den früheren Mohnanbau zu ersetzen. Daher auch der ironische Spitzname „Opiumshop".

Aktivitäten

Die Touristeninformation (S. 106) bietet Tagesausflüge in die Umgebung, einen Stadtspaziergang und zwei- bzw. dreitägige Besuche der Chom-Ong-Höhlen an. Es sind auch zwei Trekkingtouren mit Übernachtung bei einer Familie in einem Khamu-Dorf möglich. Am besten sucht man sich dafür einen Tag vorher Mitwanderer. Es hat auch gut gewartete Geländefahrräder, mit denen man zu tollen Abenteuern in der Umgebung abseits der Straßen aufbrechen kann.

Nam Kat Yorla Pa Adventure Park
ABENTEUERSPORT

(☎ 020-55564359, 081-212195; www.namkatyorlapa. com; Dorf Faen Village, Distrikt Xay) 🏄 Das jüngs-

te Waldresort der Prvoinz Oudom Xay bietet Radfahren, Wandern, Klettern, Abseilen, Ziplines, Schwimmen, Massagen und Schießen an. Es liegt 17 km nördlich von Oudom Xay am malerischen Nam Kat (Kat-Fluss). Die Gäste übernachten in hinreißenden, eleganten Zimmern (ab 104 US$). Alternativ kann man für 75 US$ das Paket „Abseilen, Zipline und Klettersteig" buchen, das die Übernachtung in einem Baumhaus einschließt.

Laotisches Rotes Kreuz
MASSAGE

(Karte S. 104; ☎ 081-312391; steam bath 12 000 Kip, Massage 30 000 Kip pro 30 Min.; ☺ 15–19.30 Uhr) Das laotische Rote Kreuz offeriert in einer bescheidenen Anlage mit Bambusmatten, die auf einem Hügel mit Blick auf eine Flussbiegung liegt, Massagen im schwedischen Stil und Kräuterdampfbäder. Alle Einnahmen fließen in Erste-Hilfe-Kurse in Dörfern der Umgebung.

🍃 Kurse

Die Touristeninformation (S. 106) organisiert eine interessante Reihe von Workshops zur Papierherstellung (je nach Gruppengröße ab 100 000 Kip), bei denen u. a. die benötigten Naturmaterialien gesammelt werden. Ihre Kochkurse (ab 100 000 Kip pro Pers. bei mindestens vier Teilnehmern, 200 000 Kip pro Pers. bei Paaren) beinhalten den Einkauf der Zutaten, allerdings spricht der Lehrer besser Französisch als Englisch.

🛏 Schlafen

Dansavanh Hotel
HOTEL $

(Karte S. 104; ☎ 081-212698; Route 1; Zi. 150 000 Kip; ❄ @ 🛜) Einst war das Dansavanh das führende Hotel von Oudam Xay. Im Vergleich zur schmutzigen Fassade, die noch immer einen Hauch neokolonialer Pracht verströmt, wirken die großen, gut ausgestatteten Zimmer ziemlich fantasielos. Das Haus bietet ein kleines Spa, Karaoke und ein schönes Restaurant mit Biergarten am Fluss. Der Teeladen De Syuen ist für Teeliebhaber ein Muss.

Lithavixay Guesthouse
PENSION $

(Karte S. 104; ☎ 081-212175; Route 1; Zi. 70 000–150 000 Kip; ❄ 🛜) Bei Travellern seit Langem beliebte Unterkunft mit großer Lobby und einem gemütlichen Frühstücks- und Internetcafé. Die Zimmer sind zwar abgenutzt, warten aber mit Fernseher, Couch und netten Details auf. Aus den alten Duschen fließt das Wasser nur sehr langsam ab und der Service hat in letzter Zeit auch etwas nachgelassen. Die Pension liegt sehr zentral und in der Nähe des Busbahnhofs.

⭐**Charming Lao Hotel** BOUTIQUE-HOTEL **$$**
(Karte S.104; ☑ 081-212881, 020-23966333; www.charminglaohotel.com; Zi. inkl. Frühstück 50–150 US$; P ✳ @ 🛜) Unerwarteten Luxus für Oudam Xay bietet dieses Hotel mitten im Stadtzentrum, dessen geschmackvoll möblierte Zimmer über Extras wie Flachbildfernseher mit Kabelanschluss, Zubehör zum Kaffeekochen, Schließfächer und moderne Bäder verfügen. Zum Komplex gehören auch ein Spa und eine eher enttäuschende Filiale des Pakxer Café Sinouk. Das Personal ist sehr bemüht, spricht aber kaum Englisch.

Villa Keoseumsack PENSION **$$**
(Karte S.104; ☑ 081-312170; Route 1; Zi. 130000–220000 Kip; ✳ 🛜) Oudam Xays beste Pension befindet sich von der Straße zurückgesetzt in einem schönen laotischen Haus mit großen, einladenden Zimmern. Sie sind mit frischer Bettwäsche, ordentlichen Armaturen, elastischen Matratzen und versiegelten Böden ausgestattet, außerdem bietet sie Hmong-Bettvorleger, Fernseher und kostenloses WLAN. Auf dem Gemeinschaftsbalkon kann man gut lesen.

🍴 Essen

⭐**Souphailin Restaurant** LAOTISCH **$**
(Karte S.104; Hauptgerichte 20000–40000 Kip; ⊗ 7–22 Uhr) Von der schlichten Bambusfassade dieses in einer Seitenstraße versteckten Juwels sollte man sich nicht täuschen lassen – hier wird das wohl leckerste laotische Essen der Stadt serviert. Die freundliche Souphailin sorgt mit ihrem *mok pa* (gedämpfter Fisch im Bananenblatt), dem *láhp*, den perfekt zubereiteten Frühlingsrollen, den gebratenen Nudeln und dem Hühnchen mit Pilzen im Bananenblatt für kulinarische Genüsse der Extraklasse. Alle Zutaten sind frisch und saisonal.

Meuang Neua Restaurant LAOTISCH **$**
(Karte S.104; Hauptgerichte 30000–40000 Kip; ⊗ 7–21 Uhr) Zehn Gehminuten von der Hauptstraße entfernt liegt dieses winzige, mit Lichterketten und Che-Guevara-Graffiti geschmückte Restaurant. Die frischen Frühlingsrollen, Pfannkuchen, Säfte, Pad Thais und Nudelsuppen lohnen den Besuch.

Ban-Thin-Markt MARKT **$**
(Karte S.104; ⊗ 6–17 Uhr) Zwischen Nudeln sowie Obst und Gemüse tauchen auch einige Singvögel, Eichhörnchen, Frösche und Ratten auf. Gekocht natürlich.

Cafe Sinouk LAOTISCH, INTERNATIONAL **$$**
(Karte S.104; www.sinoukcafe.com; Charming Lao Hotel; Hauptgerichte 45000–60000 Kip; ⊗ 7–21 Uhr; ✳ 🛜) Im Sinouk herrscht ein gehobenes ästhetisches Niveau, das dieser Stadt weitgehend fehlt. Auf der Karte steht Fusionsküche, darunter gegrilltes Schweinefleisch, gedämpfter Fisch, Papaya-Salat, Pasta-Variationen und Frühstück. Die Mitarbeiter sprechen aber kaum Englisch und die westlichen Gerichte können kuriose Formen annehmen: Die Pasta Carbonara mit Möhren und Hotdog war für uns eine Premiere!

🍸 Ausgehen & Nachtleben

Ming Khouan BAR
(Karte S.104; ⊗ 11–23 Uhr) Dies ist die Location, an der in Oudom Xay die Post abgeht – ein lebhafter Biergarten aus Holz und Bambus, der immer viel junges Volk anzieht, das kistenweise Beerlao trinkt. Eine nette Zerstreuung ist der Brunnen in der Mitte. Es gibt auch gutes laotisches Essen, darunter Spieße vom Grill. In der Nähe des Flughafens.

ℹ Praktische Informationen

GELD

BCEL (Karte S.104; ☑ 081-211260; Route 1; ⊗ Mo–Fr 8.30–16.30 Uhr) Hat einen Geldautomaten, wechselt mehrere wichtige Währungen und akzeptiert einige Reiseschecks (2 % Kommission).

INTERNETZUGANG

Die meisten Pensionen und Hotels bieten ihren Gästen mittlerweile kostenloses WLAN.

TOURISTENINFORMATION

Touristeninformation (Provincial Tourism Department of Oudomxay; Karte S.104; ☑ 081-211797; www.oudomxay.info; ⊗ 8–11.30 & 14–17 Uhr) In der Touristeninformation erfährt man mehr über die Weiterreise sowie zu Unterkünften und Sehenswürdigkeiten. Sie hat kostenlose Stadtpläne und verkauft GT-Rider-Landkarten von Laos. Außerdem bietet sie elf verschiedene geführte Touren an, darunter eine zweitägige Tour mit einer Übernachtung zu einer beeindruckenden Höhle in der Region sowie dreitägige Trekkingtouren mit zwei Übernachtungen und Aufenthalte bei einheimischen Familien in Stammesdörfern.

ℹ An- & Weiterreise

FLUGZEUG

Lao Airlines (Karte S.104; ☑ 081-312047; www.laoairlines.com) fliegt täglich zwischen

Vientiane (79 US$) und dem **Flughafen** (Karte S. 104) von Oudom Xay. **Lao Skyway** (Karte S. 104; ☐ 020-23122219; www.laoskyway. com; Flughafen Oudom Xay; ☺7–17 Uhr) hat dienstags, donnerstags und samstags ebenfalls Flüge nach Vientiane (73 US$). Tickets bekommt man auch im Lithavixay Guesthouse (S. 105).

BUS & SÖRNGTĂAOU

In Oudom Xay gibt's zwei Busbahnhöfe, den alten **Nördlichen Busbahnhof** (Karte S. 104) im Stadtzentrum und den neueren Fernbusbahnhof, den **Südlichen Busbahnhof** (☐ 081-212218), der 5 km südwestlich vom Zentrum liegt. Einige Strecken werden aber von beiden Busbahnhöfen bedient, denn zu manchen Zielen fahren sowohl Minivans vom Nördlichen Busbahnhof als auch Busse vom Südlichen Busbahnhof.

Sörngtăaou (Passagierlaster) nach Muang La (20 000 Kip) fahren gegen 8.30 und 11.30 vom **Meuang-Say-Transportzentrum** (Karte S. 104) ab, sobald sie voll sind.

Nach China

Ein Minibus fährt um 8 Uhr vom Nördlichen Busbahnhof nach Mengla in China. Der Schlafbus von Luang Prabang nach Kunming umgeht den Busbahnhof, legt aber gegen 11.30 Uhr eine kurze Snackpause am **China Restaurant** (Karte S. 104) ein. Im Voraus buchen kann man nicht, aber wenn es der Platz erlaubt, nimmt der Bus zusätzliche Fahrgäste mit.

❶ Unterwegs vor Ort

Das Lithavixay Guesthouse (S. 105) vermietet ordentliche Fahrräder (20 000/50 000 Kip pro halben/ganzen Tag) und Mountainbikes (10 US$ pro Tag). Die **Touristeninformation** (S. 106) verleiht Fahrräder für 50 000 Kip und Motorräder für 100 000 Kip pro Tag. Beide helfen bei der Organisation von Minivans mit Fahrern (ab 100 US$ pro Tag).

Tuk-tuks (Karte S. 104) kosten 15 000 Kip pro Person und Fahrt innerhalb des Stadtgebiets, sind aber schwer zu finden.

Rund um Oudom Xay

Wer sich auf ein gutes Motorrad setzt und in eine beliebige Richtung fährt, erreicht schnell eine schöne Landschaft sowie zahlreiche ländliche Sehenswürdigkeiten.

Den 23 km von Oudom Xay entfernten **Nam-Kat-Wasserfall**, einen netten Picknickplatz, erreicht man am besten mit einem anständigen Motorrad. In Ban Fan biegt man rechts ab, fährt bis zum Parkplatz

NORDLAOS RUND UM OUDOM XAY

BUSSE VOM NÖRDLICHEN BUSBAHNHOF

ZIEL	PREIS (K)	FAHRTDAUER (STD.)	ABFAHRT
Bokeo	85 000	8	9, 13 Uhr
Boten	50 000	4	8 Uhr
Dien Bien Phu (Vietnam)	95 000	5	8.30 Uhr
Luang Namtha	40 000	2	8.30, 11.30, 15.30 Uhr
Muang Houn	30 000	2	12, 14, 16 Uhr
Muang Khua	35 000	3	8.30, 11.30, 15.30 Uhr
Muang La	70 000	4	8 Uhr
Phongsali	75 000	9	9 Uhr

FERNBUSSE VOM SÜDLICHEN BUSBAHNHOF

ZIEL	PREIS (K)	FAHRTDAUER (STD.)	ABFAHRT
Luang Prabang	60 000	6	9, 12, 15 Uhr
Muang Hongsa	110 000	7	12.30 Uhr
Nong Khiaw	45 000	4	10 Uhr
Pak Beng	40 000	4	8.30, 10 Uhr
Pak Mong	30 000	3	13 Uhr
Phonsavan	130 000	12	10 Uhr
Vientiane	170 000	14	11, 14, 16 Uhr, 18 Uhr
Vientiane (Schlafbus)	190 000	14	20 Uhr

und spaziert dann die letzte halbe Stunde durch ein geschütztes Waldgebiet (ca. 2 km). Man kann auch 13,5 km über den „roten Felsen" Phou Pha Daeng wandern, benötigt dafür aber einen Guide. Der Aufstieg auf den letzten 500 m ist das einzige schwierige Stück des Weges, dafür bietet sich von oben ein grandioser Blick. Der Wasserfall selbst ist 20 m hoch und ein idyllisches Fleckchen, um sich abzukühlen.

Chom-Ong-Höhlen ຖ້ຳຈອມອອງ

Das weitläufige System der Chom-Ong-Höhlen ist das touristische Highlight von Oudom Xay. Es erstreckt sich 48 km von Oudom Xay über mehr als 15 km unterhalb eines bewaldeten Karstbergzuges in der Nähe des Khamu-Dorfes Ban Chom Ong. Die bis zu 40 m hohen Kavernen wirken wie eine Kathedrale. Auf den ersten 450 m sind solarbetriebene Lampen angebracht. Über Millionen von Jahren haben sich an den uralten Stalaktiten beeindruckende Mineralkrusten festgesetzt, teilweise gespickt mit Kieselsteinchen von späteren Durchspülungen. Um hineinzukommen, besorgt man sich den Schlüssel zum Tor und organisiert einen Führer (40 000 Kip) in Ban Chom Ong, von dem der Eingang zur Höhle eine Stunde Fußmarsch entfernt liegt.

Das schlichte, nicht beschriftete „Gästehaus" ist ein zweckmäßiges Langhaus im lokalen Stil mit Bettwäsche zum Ausrollen, dem Luxus eines Wasserhahns und eines Porzellan-Hockklosetts in den draußen liegenden Gemeinschaftstoiletten. Im Dorf gibt's keinen Strom, es wird nur wenig Englisch gesprochen. Für Traveller ist es besser, die Höhlen von Oudom Xay zu besuchen und danach wieder dorthin zurückzukehren.

Restaurants und Geschäfte sucht man vergebens, deshalb muss man sein Essen genauso wie den Guide und den Schlüssel im Vorfeld organisieren. Dazu sollte man etwas Laotisch oder Khamu sprechen, ansonsten bleibt einem nichts anderes übrig, als sich mit Händen und Füßen zu verständigen. Wir empfehlen, eine Tour bei der Touristeninformation in Oudom Xay zu arrangieren, die eine Homestay-Übernachtung einschließt.

Das Hauptproblem bei der Fahrt hierher stellen die fast gänzlich ungepflasterten „Zufahrtsstraßen" dar. Sie sind teilweise äußerst steil und zerfurcht und nach Regenfällen unpassierbar.

Zwei- und dreitägige Touren inklusive Mahlzeiten, Englisch sprechendem Führer und viel Zeit, um das Dorfleben kennenzulernen, organisiert die Touristeninformation in Oudom Xay. Die An- und Abreise erfolgt allerdings mit unbequemen Jeep-*sŏrngtǎaou*. Eine zweitägige Tour mit Übernachtung kostet bei mindestens vier Teilnehmern 100 US$ pro Person.

DIE LEGENDE DES PRA-SINGKHAM-BUDDHAS

Die mit wertvollen Steinen verzierte, 200 kg schwere Figur des Pra-Singkham-Buddha (S. 109) besteht aus Gold und Bronze und hat eine interessante Geschichte. Sie soll in Sri Lanka angefertigt worden sein, befand sich danach im indischen Ayodhya und kam 868 n. Chr. schließlich nach Laos. 1355 war sie angeblich eines der fünf großen Buddha-Meisterstücke, die Fa Ngum, der Gründer von La Xang, verschicken ließ, um die Gläubigen in den entlegensten Winkeln seines neuen Königreichs zu inspirieren.

Allerdings sank das Boot, auf dem die Statue transportiert wurde, in einer Schlacht. Als der Pra Singkham später von einem Fischer wiedergefunden und mit großen Mühen aus dem Wasser gezogen worden war, stritten sich die Bewohner der Regionen Muang La und Muang Khua darum. Daraufhin schlugen die raffinierten Einwohner des flussabwärts gelegenen Muang Khua vor, der Buddha solle selbst entscheiden, wo er hingehöre, und setzten ihn auf ein Floß. Doch der scheinbar aussichtslose Wettbewerb endete zugunsten Muang Las, weil das Floß auf magische Weise gegen die Strömung schwamm und damit „bewies", dass der Buddha nach La gehörte.

Ursprünglich wurde die Figur in der Singkham-Höhle aufbewahrt, doch 1457 zog sie in einen extra für sie errichteten Tempel, um den herum die heutige Stadt Muang La entstand. Wie so ziemlich alles andere im ländlichen Laos wurde das Gebäude während der Indochinakriege im 20. Jh. komplett zerbombt, aber die Statue war wieder in der Singkham-Höhle versteckt worden. Als der neue Tempel 1987 geweiht wurde, hatte der Buddha – angeblich aus Trauer über die Zerstörung – eine schwarz-grüne Farbe angenommen. Heute erstrahlt er wieder in Gold.

WEITERREISE NACH CHINA: VON BOTEN NACH MÓHĀN

Anreise zur Grenze

Der laotische Grenzposten am **Grenzübergang Boten (Laos)/Móhān (China)** (⊙nach laotischer Zeit 7.30–16.30 Uhr, nach chinesischer Zeit 8.30–17.30 Uhr) befindet sich sieben Gehminuten nördlich des Markts von Boten. *Tuk-tuks* fahren durchs Niemandsland zur chinesischen Einreisestelle in Móhān (Bohan); man kann auch problemlos in zehn Minuten zu Fuß gehen.

Alternativ wählt man eine der immer zahlreicheren praktischen Busverbindungen von Laos nach China wie Oudom Xay–Mengla, Luang Namtha–Jinghong und Luang Prabang–Kunming.

An der Grenze

Wer Richtung Norden reist, muss sich das chinesische Visum im Voraus besorgen. Bei der Ankunft in Laos sind 30 Tage gültige Visa erhältlich.

Weiterreise

Von der chinesischen Einreisestelle spaziert man 15 Minuten die Hauptstraße von Móhān hinauf zur kleinen Bushaltestelle, wo Busse nach Mengla (16 RMB, 1 Std.) bis nachmittags etwa alle 20 Minuten starten. Sie kommen am Busbahnhof 2 in Mengla an. Wer weiter nach Jinghong (42 RMB, 2 Std., bis 18 Uhr regelmäßig) oder Kunming (nur morgens) will, muss sich durch die Stadt zum Busbahnhof Nord begeben. Auf der laotischen Seite der Grenze pendeln morgens regelmäßig Minibusse zwischen Boten und Luang Namtha.

Muang La ເມືອງຫລາ

🗐 021

Das idyllische Muang La liegt nur 28 km von Oudom Xay entfernt Richtung Phongsaly und ist eine malerische ländliche Alternative zur „großen Stadt". Das hübsch von Palmen durchsetzte Tai-Lü-Dorf erstreckt sich am Zusammenfluss von Nam La (La-Fluss) und Nam Phak (Phak-Fluss). Sein auffälligstes Merkmal ist ein Tempel im klassischen Stil, in dem eine der meistverehrten Buddhafiguren in Nordlaos steht, der Pra-Singkham-Buddha.

👁 Sehenswertes

Pra-Singkham-Buddha   BUDDHISTISCHE STATUE
(ພະເຈົ້າສິງຄຳ; ⊙8.30–17 Uhr) GRATIS Wenn etwa eine Prüfung ansteht oder jemand Reichtum erbitten will, wendet er sich an den Pra-Singkham-Buddha, der einem jeden Wunsch gewährt. Die Statue soll nur wenige Generationen nach dem historischen Tod Buddhas in Sri Lanka gefertigt worden und 868 n. Chr. über Ayodhya in Indien nach Laos gekommen sein. Ursprünglich wurde die Figur in der Singkham-Höhle aufbewahrt, doch 1457 zog sie in einen extra für sie errichteten Tempel.

Singkham Cave   HÖHLE
(ຖ້ຳພະເຈົ້າສິງຄຳ) GRATIS Die Singkham-Höhle, in der einst der berühmte Pra-Singkham-Buddha untergebracht war, liegt 3,7 km westlich von Ban Samakisai auf halbem Weg zwischen Oudom Xay und Muang La. Besucher fragen in Samakisai an der zweiten Hütte südlich der Brücke nach dem Schlüssel: *„Khor kajeh tham noy."* Dann geht's über die Brücke und auf der zweiten unbefestigten Straße Richtung Westen; mit dem *tuk-tuk* oder Motorrad ist sie gerade so befahrbar. Der Weg endet an ein paar Hütten drei Minuten von der Höhle entfernt. Sie beherbergt eine Kopie der Statue.

🛏 Schlafen

Lhakham Hotel   HOTEL $
(🗐 020-55555930; lhakhamhotel@gmail.com; Zi. 100 000 Kip) Ein besseres Preis-Leistungs-Verhältnis als im Lhakham Hotel wird man in ganz Nordlaos kaum finden. Die Einrichtung ist geschmackvoll, in den Bädern gibt's Regenduschen und dank der Lage am Flussufer bietet es einen tollen Ausblick. Ein Restaurant ist ebenfalls vorhanden. Vom Busbahnhof ist es ca. 1 km entfernt.

Muang La Resort   BOUTIQUE-HOTEL $$$
(🗐 020-22841264; www.muangla.com; Paket mit drei Übernachtungen ab 691 US$ pro Pers.) Hinter

hohen weiß getünchten Wänden verbirgt das eindrucksvolle Muang La Resort rustikale Finesse. Wer in den stilvoll eingerichteten *Fachwerk*-Gästezimmern übernachten und die Sauna sowie einen einfallsreich angehobenen offenen Whirlpool unter Palmen und den gepflegten Rasen nutzen möchte, muss im Voraus buchen. Tagesbesucher werden nicht aufgenommen.

❶ An- & Weiterreise

Busse nach Phongsaly und Muang Khua kommen rund eine Stunde nach ihrer Abfahrt in Oudom Xay durch Muang La. Die letzte Verbindung zurück nach Oudom Xay besteht gegen 17 Uhr. Weil Muang La keine feste Haltestelle hat, gibt man dem Fahrer per Handzeichen Bescheid, dass man zusteigen will. Zusätzliche *sŏrngtǎaou* nach Oudom Xay (20 000 Kip) starten gegen 7 und 11 Uhr, wenn die Nachfrage groß genug ist.

Boten ບໍ່ເຕນ
500 EW. / 🚗 086

Boten ist der einzige laotisch-chinesische Grenzübergang, der für Ausländer geöffnet ist, und ein unkomplizierter Abstecher auf dem Weg von Oudom Xay nach Luang Namtha. Die entlegene Grenzstadt ist ein spektakuläres Beispiel für den Aufstieg und Niedergang einer Boomtown. Seit 2011, nachdem China seinen Bürgern verbot, hier zu spielen, hat sie sich in eine Geisterstadt entwickelt, deren Hotels, Kasinos, Einkaufszentren und Karaokebars leer stehen.

Unterkünfte gibt's zwar, doch am besten fährt man weiter ins echte China bzw. Richtung Süden nach Muang Sing oder Luang Namtha. Auch ein paar chinesische und laotische Restaurants sind geöffnet, die meisten haben aber ihre Pforten dauerhaft verriegelt. Seit der Schließung der Kasinos in der Stadt ist fast alles geschlossen, ein richtiges Nachtleben gibt's gegenwärtig nicht.

Am nördlichen Ende des Markts an der Hauptstraße liegt die **Lao Development Bank** (⊙ Mo–Fr 8.30–15.30 Uhr), welche die wichtigsten Währungen wechselt. Yuan und Kip tauscht man aber am besten im Supermarkt auf der anderen Straßenseite.

Auch wenn die Taxifahrer in Boten wohl versuchen werden, einen vom Gegenteil zu überzeugen, fahren reguläre Busse von/nach Luang Namtha (25 000 Kip, 2 Std.) sowie mehrere durchgehende Busse von China nach Laos. Gecharterte Taxivans kosten 160 000 Kip nach Luang Namtha und 80 000 Kip nach Ban Na Theuy.

Luang Namtha (Nam Tha)
ຫລວງນ ້ຳທາ
21 000 EW. / 🚗 086

Luang Namtha ist so travellerfreundlich wie keine andere Stadt im Norden des Landes. Die Stadt hat es in sich: Umweltbewusste Tourveranstalter organisieren Trekkingtouren zu ethnisch vielfältigen Dörfern und bieten Fahrrad-, Kajak- und Raftingexkursionen im beeindruckenden Nam Ha NPA und Umgebung an.

Auch die Stadt selbst hat eine Menge zu bieten, ehe man in die Wälder aufbricht: Man kann den exotischen Nachtmarkt besuchen oder mit einem Leihfahrrad sanft gewellte Täler der „Reisschüssel", Wasserfälle und Tempel erkunden. Ferne Gebirgsrücken bilden im goldenen Licht des Sonnenuntergangs mehrschichtige Silhouetten. Architektonisch ist Luang Namtha zwar keine Schönheit, doch die freundliche Atmosphäre der Stadt steckt schnell an.

◉ Sehenswertes

Luang-Namtha-Museum MUSEUM
(ພິພິດທະ ຫຍັບຫຼວງນ ້ຳທາ; Karte S. 111; 10 000 Kip; ⊙ Mo–Do 8.30–11.30 & 13.30–15.30, Fr 8.30–11.30 Uhr) Das Museum zeigt eine Sammlung regionaler ethnologischer Exponate, beispielsweise ethnische Kleidung, Bronzetrommeln der Khamu und Keramik. Auch einige Buddhafiguren und die gewohnte Ausstellung zum Ablauf der Revolution fehlen nicht.

Ban Nam Di DORF
(Nam Dy; Parkgebühren Fahrrad/Motorrad/Auto 1000/2000/3000 Kip) In dieser nur knapp 3 km entfernten Ortschaft leben Lao Huay (Lenten), deren Frauen noch immer traditionelle indigofarbene Tuniken mit violetten Schärpen und silberne Halsreifen tragen. Sie stellen derbes Papier aus Bambusmark her und verwenden dafür Baumwollgitter, die man an den schönen Flussufern sieht.

Am Ostrand des Dorfs führt ein dreiminütiger Spaziergang von einem kleinen Parkplatz zu einem 6 m hohen und leider nur wenig beeindruckenden **Wasserfall** (2000 Kip). Eigentlich ist es eher ein Picknickplatz, doch der Besuch füllt die Ortskasse etwas. Sofern der Wasserstand nicht sehr hoch ist, muss man nicht über die Stufen den Hang hinaufklettern, sondern ignoriert die Schilder und läuft am schönen Fluss entlang.

Luang Namtha ⓝ 0 ▬▬ 100 m

NORDLAOS LUANG NAMTHA (NAM THA)

Goldener Stupa   BUDDHISTISCHER TEMPEL
(5000 Kip; ⊙ 8–17 Uhr) Auf einem steilen Grat
direkt nordwestlich der Stadt steht das mit
Abstand markanteste Wahrzeichen von
Namtha. Von Weitem strahlt dieser große
goldene Stupa majestätisch, von Nahem
wirkt er aber etwas kitschig. Dafür beeindruckt wiederum der Blick auf die Stadt.

That Phum Phuk   BUDDHISTISCHER TEMPEL
(5000 Kip; ⊙ 8–17 Uhr) Der goldrote Stupa, den
man zuerst sieht, wenn man sich dem kleinen historischen That Phum Phuk nähert,
ist eine Kopie aus dem Jahr 2003. Direkt daneben befinden sich die Ziegel- und Stucktrümmer seines Vorgängers, der bei einem
Bombenangriff durch die Amerikaner im
Zweiten Indochinakrieg zerstört wurde.
Eisenbetonelemente lassen vermuten, dass
auch dieser Bau nicht das Original von 1628
war. Die Stätte liegt auf einem kleinen Hügel
3 km nordwestlich des isolierten Phouvan
Guesthouse.

Nam Ha NPA   NATIONALPARK
(ປ່າສະຫງວນແຫ່ງຊາດນໍ້າຫາ; www.namha-npa.org)
🏴 Das 2224 km² große Nam Ha NPA ist eins
der am besten zugänglichen Naturschutzgebiete in ganz Laos. Hier leben Leoparden
und vielleicht sogar einige Tiger, die den
Wilderern entgangen sind. In der bergigen

Anlage und rundherum haben die Wälder
mit dem Druck der zahlreichen Dörfer und
ihren ethnischen Minderheiten, darunter
Lao Huay, Akha und Khamu, zu kämpfen.
Seit 1999 versuchen die Tourveranstalter
in der Organisation des Ökotourismus mit
den Dorfbewohnern zusammenarbeiten,
um Trekkern eine einmalige Erfahrung zu
bieten und die Auswirkungen auf die lokalen Gemeinden und die Umwelt möglichst
gering zu halten.

Ausflüge werden auf kleine Gruppen begrenzt, zudem hat jeder Veranstalter seine
eigenen Routen. Prinzipiell empfängt kein
Ort öfter als zweimal pro Woche Besucher.
Die Behörden schreiben nicht vor, was die
Einwohner zu tun und zu lassen haben.
Allerdings informieren sie über umweltverträgliche Fischereipraktiken und den Forstbetrieb und hoffen, dass die Gemeinden
dadurch die Bedeutung des Waldschutzes
erkennen.

NAM-THA-TRIPS

Südlich von Luang Namtha fließt der grüne Nam Tha (Tha-Fluss) 35 km über eine Serie von malerischen Stromschnellen zwischen hohen Ufern mit Bambuswäldern. Reisebüros in Luang Namtha organisieren geführte eintägige Kajaktouren hierher, die man mit Nam-Ha-Dschungeltreks kombinieren kann. Fahrrad- und Motorradfahrern bietet die einigermaßen ebene Schotterstraße entlang des Ostufers eine ruhige, wenn auch möglicherweise staubige Möglichkeit, den schönen Ausblick zu genießen und einige interessante Dörfer ethnischer Minderheiten zu sehen, ohne dass man dafür einen Trekkingausflug buchen muss.

☞ Geführte Touren

★**Green Discovery**　　　　ÖKOTOUR
(Karte S. 111; ☎ 086-211484; www.greendiscoverylaos.com; Hauptstraße; ⊗ 8–21 Uhr) 🡒 Bei der Mutter des laotischen Ökotourismus gibt's eine Kombination aus Bootsfahrten, Mountainbiken, Kajaktouren, Übernachtung in Homestays und ein- bis dreitägige Trekkingtouren im Nam Ha NPA. Für Sicherheit wird gesorgt und die Mitarbeiter sind hilfsbereit. Während unseres Besuchs wurde geplant, in ein neues Büro umzuziehen.

The Hiker　　　　　　　TREKKING
(Karte S. 111; ☎ 086-212343, 020-5924245; www. thehikerlaos.com; Hauptstraße) 🡒 Noch recht neuer, aber hochgelobter Anbieter. Es werden auch Fahrrad- und Kajaktrips veranstaltet, doch den Schwerpunkt bilden ein- bis siebentägige Trekkingtouren. Die längste und anstrengendste (sieben Wanderstunden pro Tag) verspricht, in unberührte Gebiete tief im Nam-Ha-Dschungel vorzudringen. Tageswanderungen sind wesentlich leichter.

Forest Retreat Laos　　　ÖKOTOUR
(Karte S. 111; ☎ 020-55560007, 020-55680031; www. forestretreatlaos.com; Hauptstraße; ⊗ 7–23.30 Uhr) 🡒 Dieser Ökotourismusveranstalter hat seinen Sitz im Minority Restaurant und bietet Kajaktouren, Trekking, Homestay-Aufenthalte und Mountainbiketouren im Rahmen von ein- bis sechstägigen Exkursionen, die verschiedene Aktivitäten einschließen. Er beschäftigt wann immer möglich Mitarbeiter, die ethnischen Minderheiten angehören, und organisiert auch eine Tages-

radtour nach Muang Sing und zurück sowie Kochkurse.

Discovering Laos　KAJAKFAHREN, RAFTING
(Karte S. 111; ☎ 086-212047, 020-22990344; www. discoveringlaos.com; ⊗ 8–21 Uhr) 🡒 Hat sich auf Kajak- und Raftingtrips durch Dörfer der Khamu und Lenten sowie spezielle Radtouren rund um Muang Sing spezialisiert. Außerdem organisiert der Anbieter Homestays und – bei den ein- bis dreitägigen Trekkingtouren – die Übernachtung in seinem Dschungelcamp.

🛏 Zentrum

★**Zuela Guesthouse**　　　　PENSION $
(Karte S. 111; ☎ 020-22391966; www.zuela-laos. com; Zi. im alten Haus mit Ventilator/Klimaanlage 80 000/100 000 Kip, Zi. im neuen Haus mit Klimaanlage mit/ohne Balkon 25/38 US$; ❋🛜) Abseits der Hauptstraße in einer ruhigen Gasse liegt das Zuela in einem grünen Hof. Es besteht aus zwei Häusern: Das alte Haus bietet etwas dunkle, aber makellos saubere Zimmer mit unverputzten Ziegelsteinen und eigenem Bad; die im neuen Haus sind mit lackierten Rattandecken, limonengrünen Wände, Schreibtischen und farbenfrohen Kunstwerken ausgestattet, einige auch mit Balkonen. Außerdem gibt's ein tolles Restaurant und einen Mopedverleih.

Amandra GH　　　　　　PENSION $
(Karte S. 111; ☎ 030-9211319; Route 3A, Ban Nong Bua Vieng; Zi. ab 100 000 Kip; ❋) In dem markanten Holzgebäude in der Nähe des Bezirksbusbahnhofs warten ordentliche Zimmer. Sie sind mit Ventilator oder Klimaanlage ausgestattet sowie mit Rattanwänden, hübschen Laternen, Leselampen, Ventilator oder Klimaanlage, Satellitenfernsehen und warmem Wasser. Der hilfsbereite Besitzer gibt Gästen seine Visitenkarte, damit sie ihn im Notfall erreichen können. Verleiht auch Räder.

Thoulasith Guesthouse　　　PENSION $
(Karte S. 111; ☎ 086-212166; www.thoulasith-guesthouse.com; Route 3A; Zi. mit Ventilator/Klimaanlage 80 000/120 000 Kip; ❋🛜) Tadellose Zimmer – die im neuen Gebäude sind schicker und haben ein eigenes Bad – mit Leselampen an den Betten, Kunst an den Wänden, kostenlosem Kaffee und WLAN auf den Balkonen. Die Pension liegt etwas abseits von der Hauptstraße – ein friedliches Plätzchen, um sich vor oder nach einer Wanderung zu entspannen.

**Manychan Guest
House & Restaurant** PENSION $
(Karte S. 111; ☎086-312209; B 30 000 Kip, Zi. mit
Ventilator/Klimaanlage 70 000/100 000 Kip; 🛜)
Auch wenn die Qualität der Zimmer eher
durchwachsen ist, macht der freundliche
Besitzer Manychan das wieder wett. Im Res-
taurant liefert die Kaffeemaschine einer ita-
lienischen Kaffeebrauerei gute Cappuccinos,
zum Frühstück gibt's frisches Brot und Ku-
chen und abends kann man auf der neuen
Terrasse essen (Hauptgerichte 30 000 Kip).
Die einfachen Zimmer haben kahle Wände,
Kleiderschränke und Bäder mit warmen Duschen, viel mehr aber auch nicht.

★**Phou Iu III Guesthouse** PENSION $$
(☎030-5710422; www.luangnamtha-oasis-resort.
com; Zi. Ab 25 US$; ✳🛜) Diese Unterkunft
gehört derselben Familie wie das Phou Iu II
in Muang Sing und liegt in einem hübschen
Garten voller Blumen. Hier warten geräu-
mige Bungalows, die mit Betten aus unbe-
handeltem Holz, Kaminen und einladenden
Terrassen ausgestattet sind. Ab dem Stadt-
zentrum ist es gut ausgeschildert.

Weiter außerhalb

Chaleunsuk-Homestays HOMESTAY $
(☎020-55557768; Route 3, 500 m hinter Km 45;
80 000 Kip pro Pers.) An der Route 3, 20 km
von Luang Namthas Zentrum entfernt, bie-
ten vier rustikale Wohnhäuser in einem Cha-
leunsuk-Dorf die Möglichkeit, eine echte Kha-
mu-Privatunterkunft kennenzulernen, ohne
an einer Trekkingtour teilzunehmen. Im Preis
sind Frühstück, Abendessen und ein Beitrag
zum Entwicklungsfonds des Dorfs enthalten.
Für 20 000 Kip extra kann man eine geführte
Wanderung durch den Wald buchen. Nähere
Auskünfte gibt's in Luan Namthas Touristen-
information. Gute Englischkenntnisse darf
man aber nicht erwarten.

Namtha Riverside Guesthouse PENSION $$
(☎086-212025; namthariverside@gmail.com; Zi.
70 000–200 000 Kip) Noi und ihre freundliche Familie sorgen dafür, dass das Namtha
Riverside eher an ein Homestay als an
eine unpersönliche Pension erinnert. Die
zwei geräumigen Bungalows mit solarbe-
heiztem Wasser liegen sehr friedlich. Man
kann Pétanque spielen und auf den Balkons
warten gemütliche Sitzkissen. Es befindet sich 2 km südlich vom Zentrum. Gutes
Preis-Leistungs-Verhältnis, zudem können
die Gäste kostenlos Fahrräder benutzen.

Boat Landing Guest House RESORT $$
(☎086-312398; www.theboatlanding.laopdr.com;
Ban Kone; Zi. inkl. Frühstück 47–60 US$; 🛜)
Eine der ersten Ökolodges des Landes. Im
Boat Landing stehen geschmackvoll gestal-
tete Holzbungalows mit solarbeheizten Du-
schen zwischen Akazien am Fluss, und das
laotische Essen im Restaurant zählt zum
besten im gesamten Norden. Allerdings
könnten die gemütlichen, aber abgenutzten
Zimmer eine Renovierung vertragen. 6 km
südlich der Neustadt und ca. 150 m von der
Hauptstraße entfernt.

Essen & Ausgehen

Minority Restaurant LAOTISCH $
(Karte S. 111; Hauptgerichte 35 000 Kip;
🕐7–22.30 Uhr; 🛜) In einer kleinen Seiten-
gasse bietet dieses einladende rustikale Re-
staurant die Gelegenheit, typische Speisen
der Khamu, Tai Dam und Akha sowie *láhp*,
Pfannengerichte, Hühnercurry und gebrate-
nen Fisch zu essen.

TOUREN IM NAM HA NPA

Luang Namtha ist ein wichtiger Aus-
gangspunkt für Trekking-, Rafting-,
Mountainbike- und Kajakausflüge im
Nam Ha National Protected Area (NPA).
Viele Touren beinhalten mindestens eine
Übernachtung im Dorf einer ethnischen
Minderheit. Die fotogensten traditio-
nellen Gewänder tragen die Lao Huay
und die Akha, doch auch andere Orte
faszinieren.

Alle Wanderungen halten sich an
sorgsam ausgewählte Richtlinien zur
Umweltverträglichkeit, variieren aber in
Dauer und Schwierigkeitsgrad. Während
der Regenzeit sind Blutegel ein kleiner
Minuspunkt.

Die Veranstalter in Namtha präsentie-
ren ihre Touroptionen auf Tafeln, außer-
dem steht darauf, wie viele Teilnehmer
sich bereits eingetragen haben. Dies ist
hilfreich, wenn man sich einer Gruppe
anschließen möchte, um weniger zu
zahlen (maximal acht Personen). Wer
die Exkursion lieber alleine machen will,
kann das bei manchen Anbietern für
einen „privaten Aufschlag" von rund
50 US$ arrangieren lassen.

Es gibt rund zwölf verschiedene
Agenturen, die sich alle unterschiedlich
spezialisiert haben.

Manikong Bakery Cafe BÄCKEREI, CAFÉ **$**
(Karte S. 111; Hauptgerichte 10 000–50 000 Kip;
🕑 6.30–22.30 Uhr; 🛜) Die winzige Bäckerei mit
Café serviert leckere Salate, Bagels, Panini,
Croissants, Säfte und hausgemachte Kuchen.
Tagsüber kann man die Shakes und Kaffees
durchprobieren, abends die Cocktails. Happy
Hour ist von 17 bis 19 Uhr.

Nachtmarkt MARKT **$**
(Karte S. 111; Route 3A; 🕑 19–23.30 Uhr) Auf dem
Nachtmarkt drängen sich Frauen der Stam-
mesvölker und Einheimische verkaufen
frische Brühe, Nudeln und Hühnchen am
Spieß. Alles ist in eine Rauchschicht gehüllt.
Toll, um günstige Snacks zu essen. Mutige
können hier Nashornkäfer, angebrütete En-
teneier, gegrillte Eingeweide und Gallensup-
pe probieren!

Manychan Guesthouse
& Restaurant LAOTISCH, INTERNATIONAL **$**
(Karte S. 111; Hauptgerichte 30 000 Kip; 🕑 6.30–
22.30 Uhr; 🛜) Das einladende Innere aus
Holz und eine mit Lichterketten beleuchtete Terrasse machen das Lokal zu einem der
beliebtesten *falang*-(Ausländer-)Treffpunkte
der Stadt. WLAN ist kostenlos und die Speisekarte schier unerschöpflich. Bier wird in
Kühlmanschetten mit dem Restaurantlogo
serviert und der Kaffee macht richtig wach.

Morgenmarkt MARKT **$**
(Nudeln 10 000 Kip; 🕑 7–10 Uhr) Auf dem Morgenmarkt locken neben unzähligen Nu-
delständen tolle Fotomotive: frisches Obst
und Gemüse, Büffelhäute, Dschungelfleisch,
Schweineköpfe, lebende Fische und sogar
gebratene Seidenwürmer.

⭐**Bamboo Lounge** INTERNATIONAL **$$**
(Karte S. 111; 📞 020-22392931; Hauptgerichte/
Pizzas 50 000/75 000 Kip; 🕑 7–23.30 Uhr, Happy
Hour 17–19 Uhr; 🍴🛜) 🗲 Das Restaurant mit
den moosgrünen Wänden ist der Lieblings-
treff der Traveller in der Stadt. Es beschäftigt
Jugendliche aus abgelegenen Dörfern und
hat örtlichen Schulen mehr als 2500 Bücher
gespendet. Abends lockt es mit funkelnden
Lichterketten, Musik und der Terrasse, auf
der köstliche Düfte vom Holzfeuerofen auf-
steigen – es gibt Pizzas mit dünnem Boden
und einer Auswahl an Belägen.

Boat Landing Restaurant LAOTISCH **$$**
(Mahlzeiten 35 000–160 000 Kip; 🕑 7–20.30 Uhr)
Eine entspannte Lage am Fluss und die au-
thentischste nordlaotische Küche, man
sich vorstellen kann. Von Fünf-Gänge-Me-
nüs für zwei/drei Personen bis zu den Teller-
gerichten ist einfach alles köstlich. Wer sich
nicht entscheiden kann, bestellt eine Auswahl an *jqaou*, die als Soßen zum Dippen
mit Klebreisbällchen verzehrt werden.

Chill Zone Beer Bar BAR
(Karte S. 111; 📞 020-98088878; 🕑 7–23 Uhr; 🛜)
Die tolle neue Bar mit Blick auf einen Teich,
Reisfelder und die fernen Berge bietet Bier,
eisblaue Cocktails, Snacks und gute Musik.

BUSSE AB LUANG NAMTHA

ZIEL	PREIS (KIP)	DAUER (STD.)	BUSBAHNHOF	ABFAHRT
Boten	25 000	2	Bezirksbusbahnhof	8–14 Uhr 6-mal tgl.
Dien Bien Phu (Vietnam)	130 000	10	Fernbusbahnhof	7.30 Uhr
Huay Xai ('Borkeo')	60 000	4	Fernbusbahnhof	9, 12.30 & 16 Uhr
Jinghong (China)	90 000	6	Fernbusbahnhof	8 Uhr
Luang Prabang	100 000	8	Fernbusbahnhof	9 Uhr Bus, 8 Uhr Minibus
Mengla (China)	50 000	3½	Fernbusbahnhof	8 Uhr
Muang Long	60 000	4	Bezirksbusbahnhof	8.30 Uhr
Muang Sing	25 000	2	Bezirksbusbahnhof	8–15.30 Uhr 6-mal tgl.
Na Lae	40 000	3	Bezirksbusbahnhof	9.30, 12 Uhr
Phonsavan	180 000K	12	Fernbusbahnhof	8 Uhr
Oudom Xay	40 000	4	Fernbusbahnhof	9, 12, 14.30 Uhr
Vieng Phukha	30 000	1½	Fernbusbahnhof	9.30, 12.30 Uhr
Vientiane	180 000–200 000	21-24	Fernbusbahnhof	8.30, 14.30 Uhr

Nachts wird sie von malerischen rotglühende Lichterketten erhellt.

Orientierung

Das flache Namtha ist eine 10 km lange Ansammlung von Dörfern, die am Nordende in einem Verwaltungszentrum zusammenwachsen. Dieses wurde 1976 großzügig auf einem gitterförmigen Raster angelegt. Hier erstreckt sich über zwei Häuserblocks eine Enklave für Traveller mit Gästehäusern, Internetcafés und Reisebüros. Ein schöneres zweites Zentrum liegt 7 km weiter südlich unweit des Flughafens. Bevor es im Vietnamkrieg völlig zerbombt wurde, war es Namthas kommerzieller Mittelpunkt. Heute dient es größtenteils als Wohngebiet, das Meuang Luang Namtha oder Luang genannt wird. Der neue Fernbusbahnhof liegt 3 km weiter südlich an der Route-3-Umgehungsstraße und 10 km außerhalb des Hauptzentrums.

Praktische Informationen

GELD

BCEL (Karte S. 111; ⊗ Mo–Fr 8.30–15.30 Uhr) Wechselt wichtige Währungen (ohne Kommission) und Reiseschecks (2 % Kommission, mindestens 3 US$) und hat einen rund um die Uhr zugänglichen Geldautomaten.

Lao Development Bank (Karte S. 111; ⊗ Mo–Fr 8.30–12 & 14–15.30 Uhr) Wechselt US-Dollars in bar und in Form von Reiseschecks.

INTERNETZUGANG

An der Hauptstraße liegen mehrere Internetcafés, doch inzwischen bieten die meisten Pensionen und Hotels kostenloses WLAN.

MEDIZINISCHE VERSORGUNG

Provinzkrankenhaus (Route 3A; ⊗ 24 Std.) Mit Röntgengeräten ausgestattet, versorgt Knochenbrüche und gibt Antibiotika aus. Nach dem Englisch sprechenden Dr. Veokham fragen.

POST

Post (Karte S. 111; ⊗ Mo–Fr 8–12 & 13–16 Uhr)

TOURISTENINFORMATION

Touristeninformation der Provinz (Karte S. 111; ☑ 086-211534; ⊗ 8–12 & 14–17 Uhr) Viele nützliche Informationen über die Gegend, einschließlich Tipps zu Trekkingtouren.

An- & Weiterreise

BUS & SÖRNGTÄAOU

Es gibt zwei Busbahnhöfe. Der **Bezirksbusbahnhof** (Karte S. 111) liegt in Gehentfernung von der Hauptstraße. Der wichtigste Fernbusbahnhof befindet sich 10 km südlich der Stadt. Weil die vorausgebuchten Tickets bei allen Bussen keine Sitzplatzreservierung beinhalten, sollte man früh an der Haltestelle sein und einen Platz besetzen.

Wer nach Nong Khiao will, fährt mit einem Bus Richtung Vientiane oder Luang Prabang und steigt in Pak Mong um.

FLUGZEUG

Lao Airlines (Karte S. 111; ☑ 086-312180; www.laoairlines.com; ⊗ 9–17 Uhr) fliegt täglich nach Vientiane (75 US$), **Lao Skyway** (☑ 020-99990011; Flughafen Luang Namtha; ⊗ 9–17 Uhr) bedient diese Route montags, mittwochs, freitags und sonntags (61 US$).

SCHIFF/FÄHRE

Mittlerweile kann man mit dem Boot nur noch bis Ban Phaeng fahren, wo vor Kurzem ein Damm gebaut wurde. Das einst zweitägige Erlebnis hat sich damit auf einen Tag verkürzt, doch man tuckert immer noch knapp acht Stunden den Fluss entlang. An der **Bootstation** (☑ 086-312014) wird man mit einem Auto oder Van abgeholt und nach La Nae gefahren. Man wendet sich an das **Forest Retreat Laos** (S. 112), das einen Führer, die Transfers und das Boot im Voraus arrangiert. Die Charterfahrt kostet bei zwei Personen 500 US$ (250 US$ pro Person), bei mehreren Reisenden wird es billiger.

Unterwegs vor Ort

Gecharterte *tuk-tuks* zwischen dem Fernbusbahnhof oder Flughafen und Stadtzentrum kosten 15 000 Kip pro Person, für eine Person ist es teurer. In vielen Reisebüros und Pensionen werden Pakettickets für Fernbusse verkauft, die den Transfer vom Gästehaus einschließen. Sie sind rund 20 000 Kip teurer als die reguläre Fahrkarte.

Mit dem Fahrrad oder Motorrad lassen sich die Wats, Wasserfälle, Dörfer und Landschaften rund um Luang Namtha am besten erkunden. Vor dem Zuela Guesthouse gibt's einige **Zweiradläden** (Karte S. 111; pro Tag Fahrrad 10 000–25 000 Kip, Motorrad 30 000–50 000 Kip; ⊗ 9–18.30 Uhr). Je nach Unternehmungslust kann man ein Fahrrad oder ein Motorrad ausleihen.

Rund um Luang Namtha

Vieng Phukha (Vieng Phoukha) ຽງພູຄາ

Das verschlafene Vieng Phukha (auch „Phoukha" geschrieben) ist ein alternativer Ausgangspunkt für Wanderer, die den westlichen Teil des Nam Ha NPA zum Ziel haben, insbesondere im Rahmen dreitägiger Exkursionen auf dem Akha-Trail. Diese

ABSTECHER

KAO-RAO-HÖHLEN

Das gut ausgeschilderte, weitläufige und problemlos erreichbare **Höhlensystem** (ຖ້ຳເກົາເລົາ; 10 000 Kip) erstreckt sich 1,5 km östlich des Dorfs Nam Eng an der Route 3. Für Besucher ist ein 700 m langer Abschnitt zugänglich. Zu den wichtigsten Kalksteinformationen zählen alte Stalaktiten, die mit Kristallablagerungen verkrustet sind. Seltsame Wellungen im Boden, die aussehen wie große Baumwurzeln, waren einst die geschwungenen Ränder von Kalziumcarbonatbecken.

Lokale Führer begleiten Besucher durch die Höhle, sie sprechen aber kein Englisch und haben nur schwache Taschenlampen. Ein umfangreiches Beleuchtungssystem ist zwar bereits installiert, doch wegen der häufigen Stromausfälle ist eine eigene Taschenlampe sehr nützlich. Für die Erkundung der Höhlen muss man etwa 45 Minuten einplanen.

Pfade sehen weniger Besucher als jene, die in Luang Namtha starten. Zudem kann die teils bewaldete Landschaft traumhaft sein, auch wenn viele Hügel rund um Vieng Phukha bereits komplett abgeholzt wurden.

◉ Sehenswertes

Nur 15 Gehminuten südlich der Route 3 nahe Km 85, aber komplett in dichten Sekundärwäldern versteckt, steht die fast unsichtbare Anlage des 1530 erbauten Tempels **Wat Mahapot**. Das Wenige, was die Jahrhunderte überdauert hatte, wurde gegen 1977, als alle Einwohner nach dem Krieg zurückkehrten, als Baumaterial geplündert. Darum sieht man heute nur verstreute Ziegelsteine aus dem von Bäumen erstickten modrigen Boden ragen. Der Fußweg zur Stätte führt teilweise entlang einer steilen, V-förmigen Rinne, die im 16. Jh. die **Khúu Wíeng** (Befestigungsmauern) einer kurzlebigen „Stadt" schützte. Auch hier ist außer modrigen Ufern nicht viel zu sehen, doch ein guter Guide (unverzichtbar) kann sowohl den historischen Hintergrund als auch die medizininische Anwendung der Pflanzen, die man auf der 40-minütigen Führung sieht, erläutern. Lokale Führer arbeiten hier nicht mehr, aber Herr Tong Mua von Tigerman Treks (S. 118) in Muang Sing kann Besucher herbringen.

🏃 Aktivitäten

Nam Ha Hilltribe Ecotrek   WANDERN
(📲020-99440084; www.trekviengphoukha.com; ⏰8–12 & 13–18 Uhr) Dieses ausgezeichnete Unternehmen wird von Somhack geleitet, einem erfahrenen Khmu-Jäger, der das Gewehr an den Nagel hängte, um seine Spurensuchkenntnisse als Führer einzusetzen. Es bietet mehrtägige Trekkingtouren (von recht einfach bis zu anspruchsvoll) ab Vieng Phukha in den Nam Ha NPA.

Nam Ha Ecoguide
Service Vieng Phoukha   WANDERN
(📲020-55985289; www.namha-npa.org; ⏰8–12 & 13.30–17 Uhr) Ein- bis fünftägige Trekkingtouren mit Homestay-Übernachtung im Nam Ha NPA.

🛏 Schlafen

Thongmyxai Guesthouse   PENSION $
(📲020-22390351; Zi. 50 000 Kip) Die wohl schickste Unterkunft der Stadt ist das Thongmyxai Guesthouse, dessen Bungalows in einem hübschen Garten stehen.

Phuet Mung Khun Guesthouse   PENSION $
(📲020-55886089; Zi. 60 000–70 000 Kip; 📶) An einem Flussufer bietet das freundliche Phuet Mung Khun Guesthouse ordentliche Bungalows und ein kleines Restaurant. Der Besitzer spricht ein wenig Englisch.

ℹ An- & Weiterreise

Sŏrngtǎaou nach Luang Namtha (40 000 Kip, 1½ Std.) fahren gegen 9 und 13 Uhr im Stadtzentrum ab. Alternativ hält man einen durchgehenden Bus von Houay Xay nach Namtha an (3-mal tgl.).

Muang Sing   ເມືອງສິງ
10 000 EW. / 📲081

An der Grenze zu Myanmar und fast in Reichweite der grünen Hügel Chinas liegt im Herzen des Goldenen Dreiecks das ländliche Muang Sing. Einst an der berüchtigten Opiumroute gelegen, besteht die schläfrige Stadt heute aus altersschwachen Häusern im Tai-Lü-Stil, und der Schmuggel wurde vom Trekking abgelöst. Auf dem alten Markt (am besten vor Sonnenaufgang) kann man Hmong, Tai Lü, Akha und Tai Dam in ihrer traditionellen Kleidung sehen, was Muang Sing das Flair einer Grenzstadt verleiht.

In den späten 1990er-Jahren war dies eines der spannendsten Touristenziele in Laos, doch mit dem Ende der Schnellbootverbindungen und dem rigorosen Vorgehen gegen den Opiumhandel ist es von der Landkarte der Traveller verschwunden. In jüngster Zeit haben sich hier immer mehr Chinesen niedergelassen und die Reisfelder sind Bananen- und Kautschukplantagen gewichen, deren Produkte für die Menschen jenseits der Grenze bestimmt sind. Leider haben Besucher aus dem Westen berichtet, dass sie in von Chinesen betriebenen Restaurants und Pensionen nicht willkommen waren.

Geschichte

Ende des 18. Jhs. ließ eine Witwe des Fürstentums Chiang Khong die rechteckige, rasterförmig angelegte Zitadelle Wiang Fa Ya (heute Muang Sing) sowie den Stupa That Xieng Tung errichten. 1803 wurde die Region Vasallenstaat von Nan (im heutigen Thailand) und war nach Deportationen 1805 und 1813 praktisch menschenleer. Die Prinzen von Chiang Kong kehrten jedoch zurück und verlegten ihre Hauptstadt 1884 von Xiang Khaeng am Ufer des Mekong wieder hierher. Dies war der Auslöser eines 20 Jahre andauernden Tauziehens zwischen Frankreich, Großbritannien und Siam; dadurch zerbrach das Fürstentum in zwei Teile. Der westliche Teil samt Muang Sing wurde Französisch-Indochina einverleibt. Schnell entwickelte sich der Ort mit offizieller Genehmigung der Franzosen zum größten Opiummarkt im Goldenen Dreieck. 1946 zerstörten Kuomintang-Truppen Teile der Kleinstadt. Diese waren hier noch bis in die 1950er-Jahre hinein aktiv, nachdem sie den Bürgerkrieg in China verloren hatten. 1958 gründete der berühmte amerikanische „Dschungeldoktor" Tom Dooley sein Krankenhaus in Muang Sing, in dem sich diverse internationale Intrigen abspielten.

◉ Sehenswertes

An der Hauptstraße der Stadt reihen sich ein paar klassische laotisch-französische Villen aneinander, die hauptsächlich aus den 1920er-Jahren stammen. Ihre Erdgeschosse bestehen aus Ziegelstein und Stuck, die Obergeschosse aus Holz. Darüber hinaus verfügen die Bauten – darunter die Touristeninformation und das Tai Lü Guesthouse – über eine überdachte umlaufende Veranda.

Der **alte Markt** (Karte S. 117; Hauptstraße) wurde 1954 gebaut und bei Redaktionsschluss gerade saniert, weil das Dach eingestürzt war. Auf dem lebhaften neuen **Markt** (Karte S. 117; ⊙ 7–22 Uhr) in der Nähe des Busbahnhofs geht's am frühen Morgen

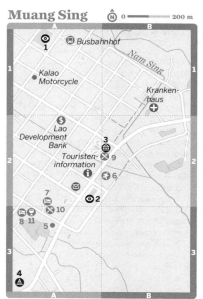

Muang Sing

sehr farbenfroh zu, wenngleich Frauen der ethnischen Minderheiten in Stammestracht hier seltener zu sehen sind.

Stammesmuseum   MUSEUM
(Karte S. 117; 5000 Kip; ⊙ Mo–Fr 8.30–16.30, Sa 8–11 Uhr) Das markanteste der alten laotisch-französischen Gebäude beherbergt heute das Stammesmuseum mit zwei Räumen. Im Untergeschoss sind traditionelle Gewän-

DER MYSTERIÖSE TOM DOOLEY

Heiliger oder schamloser Selbstdarsteller? Menschenfreund oder Marionette der CIA? Fünfzig Jahre nach seinem frühen Tod sind die Meinungen über den „Dschungeldoktor", der 1958 sein berühmtes wohltätiges Krankenhaus in Muang Sing gründete, noch immer gespalten. Tom Dooley war ein ziemlich komplizierter Mensch und ein eifriger Katholik, wurde jedoch wegen seiner sexuellen Orientierung aus der US-Navy entlassen. Präsident Kennedy bezeichnete ihn als Inspiration für das Friedenscorps (1961 gegründet, also in dem Jahr, als Dooley einer Krebserkrankung erlag), obwohl seine Bücher mit antikommunistischen Ansichten einige US-Politiker in ihren Kriegsbestrebungen gegen Indochina unterstützten und die Flugzeuge, die mit medizinischem Bedarfsmaterial nach Muang Sing flogen, zahlreichen Gerüchten nach mit Opium befrachtet in die USA zurückkehrten. Mehr dazu erfährt man in James Fishers fehlerhafter, aber detaillierter Dooley-Biografie *Dr. America*.

der ausgestellt und im Obergeschoss sechs Schaukästen mit kulturellen Artefakten. Wer sich das 40-minütige Video über die Akha ansehen möchte, zahlt 5000 Kip extra.

That Xieng Tung BUDDHISTISCHER TEMPEL
(ທາດຊຽງຕຶງ) 6 km südöstlich von Muang Sing erhebt sich auf einem begrünten Plateau voller „heiliger Bäume" der That Xieng Tung. Dorthin führt eine 1 km lange holprige Zufahrtsstraße, die 200 m nach Km 52 Richtung Süden von der Straße nach Luang Namtha abzweigt. Bei Vollmond des zwölften Mondmonats zwischen Ende Oktober und Mitte November erwacht der Tempel zum Leben: Traditionelle Tanzvorführungen untermalen die Feststimmung, und rund um die Basis des Stupa legen Besucher Kerzen und Blumen ab, um sich religiöse Verdienste zu erwerben.

Wat Namkeo Luang BUDDHISTISCHER TEMPEL
(ວັດນ້ຳແກ້ວຫລວງ; Karte S. 117) Der Wat Namkeo Luang ist einer der auffälligsten Tempel Muang Sings. Er hat eine Eingangsterrasse mit einer rotzüngigen goldenen *naga* (Flussschlange) und einen ungewöhnlich hohen verzierten Stupa. Manche Dorfbewohner

beziehen ihr Wasser immer noch aus dem *schaduf*-Pumpbrunnen im *bâhn* (das allgemeine laotische Wort für Haus oder Dorf) gegenüber, der nach und nach saniert wird. Ganz in der Nähe befindet sich ein schlichtes Lak-Bâan-Totem, das man auf keinen Fall berühren sollte, denn damit kränkt man die Einheimischen.

Aktivitäten

Tigerman Treks TREKKING
(Karte S. 117; ☏ 020-55467833, 020-56783156, 030-5264881; tigermantrek@gmail.com; Hauptstraße; 7–19 Uhr) ✐ Längst ist der nette Englisch sprechende Lehrer Herr Tong Mua nicht mehr aus Muang Sing wegzudenken. Und seit dem allmählichen Niedergang der direkt gegenüberliegenden Touristeninformationen ist er die beste Quelle für allgemeine Informationen: gute Trekkingtouren und Homestay-Übernachtungen im Nam Ha NPA, *tuk-tuk*-Touren und kombinierte Rad- und Wanderexkursionen. Er verleiht auch Fahr- und Motorräder (50 000/100 000 Kip).

Phou Iu Travel ABENTEUERTOUREN
(Karte S. 117; ☏ 081-400012; www.muangsingtravel.com; ☉ 7–19 Uhr) Dieser empfehlenswerte Veranstalter hat seinen Sitz im Phou Iu II Guesthouse und bietet gut organisierte Trekkingtouren rund um Muang Sing sowie Trekking im entlegenen Distrikt Xieng Khaeng, der Richtung Birma liegt. Einzelheiten stehen auf www.adventure-trek-laos.com. Weitere Optionen sind ein- und zweitägige Radtouren und Homestay-Aufenthalte in Dörfern ethnischer Minderheiten.

🛌 Schlafen

🛏 Zentrum

Singduangdao Bungalows PENSION $
(Karte S. 117; ☏ 020-22004565; Zi. ab 70 000 Kip; ☎) In einem grünen Garten bietet das Singduangdao spartanische Bungalows mit Warmwasserduschen, die sich hinter der Lastwagenfahrzeugwaage verstecken. Die Angestellten sprechen auch Englisch.

★ Phou Iu II Guesthouse PENSION $$
(Karte S. 117; ☏ 086-400012; www.muangsingtravel.com; kleiner/mittlerer/großer Bungalow 100 000/200 000/400 000 Kip) Rund um einen großen Garten liegen diese Bungalows, die größten verfügen über nette mit Steinen verkleidete Duschen im Freien. Alle Zimmer haben bequeme Betten, Moskitonetze, Ventilato-

ren und schmale Veranden, in der kalten Jahreszeit ist es nachts allerdings kalt. Die Anlage bietet außerdem eine Kräutersauna (10 000 Kip), Massagen (50 000 Kip pro Std.) und das wahrscheinlich beste Restaurant der Stadt.

 ## Außerhalb von Muang Sing

Adima Guesthouse PENSION $
(☑ 020-22393398; Zi. 100 000 Kip; 🛜) Das Adima liegt günstig am Rand eines Akha-Dorfs, Nam Dath ist nur 700 m entfernt. Darüber hinaus sind viele weitere Dörfer ethnischer Minderheiten mühelos zu Fuß erreichbar. Die klobigen Ziegelsteinbungalows mit Strohdächern haben Warmwasserduschen und Toiletten mit Eimern zum Spülen, sind inzwischen aber etwas in die Jahre gekommen. Das ansprechende rustikale Restaurant Veranda wartet mit einem Ausblick auf Fischteiche auf und ist besonders bei Sonnenuntergang sehr nett.

Vom 8,5 km entfernten Muang Sing nimmt man die Straße nach Pang Hai bis zum äußersten Ende von Ban Udomsin (500 m nach Km 7) und biegt rechts ab. Nach 600 m Richtung Süden erreicht man das Adima. Ein *tuk-tuk* aus der Stadt kostet etwa 30 000 Kip pro Person.

✖ Essen

Veranda Restaurant ASIATISCH $
(Karte S. 117; Hauptgerichte 30 000 Kip; ⊙ 6.30– 21 Uhr) In diesem einfachen, gemütlichen Restaurant gibt's die wohl beste laotische, chinesische und Thai-Küche der Stadt, darunter Suppen und Nudelgerichte, die in freundlicher Atmosphäre serviert werden. Es befindet sich im Garten des Phou Iu II Guesthouse.

Thai Lü Restaurant LAOTISCH, THAI $
(Karte S. 117; ☑ 086-400375; Highway 17; Hauptgerichte 20 000 Kip; ⊙ 7–21 Uhr) Das knarzige Holzhaus wirkt wie die Kulisse eines alten Bruce-Lee-Filmes und serviert laotische, Thai- und westliche Gerichte aus regionalen und saisonalen Zutaten.

Ausgehen & Nachtleben

Singsavanh Nightclub CLUB
(Karte S. 117; ⊙ 19–23.30 Uhr; 🛜) Bereits um 21 Uhr liegt Muang Sing größtenteils im Dornröschenschlaf. Die einzige Ausnahme ist das Singsavanh: Hier treffen sich die Einheimischen und hören live gespielte laotische sowie chinesische Popmusik. Tagsüber wirkt es, als ob es dauerhaft geschlossen ist, doch abends erwacht es irgendwie doch zum Leben.

Praktische Informationen

GELD

Lao Development Bank (Karte S. 117; ⊙ Mo–Fr 8–12 & 14–15.30 Uhr) Wechselt US-Dollar, thailändische Baht und chinesische Yuan, aber zu eher ungünstigen Kursen.

POST

Post (Karte S. 117; ⊙ Mo–Fr 8–16 Uhr) Genauso winzig wie das daneben liegende Pétanque-Feld.

TOURISTENINFORMATION

Touristeninformation (Karte S. 117; ⊙ Mo–Fr 8–16 Uhr) Diverse Informationsaushänge sind zwar ganz nützlich, doch die Angestellten dürften kaum zum „Mitarbeiter des Monats" der Nationalen Tourismusbehörde gekürt werden.

An- & Weiterreise

Vom **Busbahnhof** (Karte S. 117) fahren um 9 und 11 Uhr *sŏrngtăaou* nach Muang Long

NORDLAOS MUANG SING

TRIPS IN DÖRFER ETHNISCHER MINDERHEITEN

Der Hauptgrund für einen Besuch dieser Stadt ist ein Ausflug in die Dörfer ethnischer Minderheiten, die man in dem Tal voller Reis- und Zuckerrohrfelder rund um Muang Sing findet. Wer auf eigene Faust mit dem Fahrrad oder Motorrad loszieht, sollte Wolfgang Korns nützliches *Muang Sing Cultural Guide Book* in der Touristeninformation kaufen. Auf der Karte sind alle großen Straßen und die Ethnien der Dörfer verzeichnet. Damit der Besuch der Orte weniger voyeuristisch wirkt, kann man für 100 000 Kip einen Führer bei einem der sechs Ökotouranbieter in Muang Sing engagieren. Diese organisieren auch zahlreiche längere Ausflüge und Unterkünfte in Privathäusern.

Mit dem eigenen Fahrzeug gelangt man auf der staubigen, ungeteerten, aber relativ glatten Xieng-Kok-Straße in einen Distrikt, in dem hauptsächlich Akha leben. Hier tragen überdurchschnittlich viele Frauen den markanten „Silbermünzen"-Kopfschmuck und die weiten blauen Blusen.

(30 000 Kip, 1½ Std.). Minibusse nach Luang Namtha (25 000 Kip, 2 Std.) starten um 8, 9, und 11 Uhr. Der Bus nach Muang La (40 000 Kip) fährt um 7.30 und 13 Uhr ab.

ℹ️ Unterwegs vor Ort

Kalao Motorcycle (Karte S. 117; 100 000 Kip pro Tag; ☺ 8–17 Uhr) an der Straße zum Hauptmarkt verleiht Motorräder, allerdings braucht man einen ordentlichen Sprachführer, da hier niemand Englisch spricht.

Fahrräder (30 000 Kip pro Tag) bekommt man bei mehreren Reisebüros an der Hauptstraße und in Gästehäusern.

Xieng Kok ຊຽງກົກ

Xieng Kok ist eine verschlafene Stadt am Fluss mit Blick auf ein großes Stück Mekong-Tal und das dahinter liegende birmanische Ufer. An Markttagen (jeden Monat am 14. und 28.) kommen Angehörige der Bergvölker und Händler aus dem Umland in den Ort. Da er im Goldenen Dreieck und an der Drogenschmuggelroute liegt, war es keine Überraschung, dass 2012 chinesische Versorgungsboote von birmanischen Drogengangs angegriffen wurden. Ihre Anführer wurden verhaftet und sollen in China hingerichtet worden sein. Der Ort ist also nicht so ruhig, wie er zunächst scheint! Im Herbst, wenn der Mekong viel Wasser führt, laufen chinesische Frachtkähne im Hafen ein, ab April ist wegen des niedrigen Wasserstandes kein Bootsverkehr mehr möglich. Weil Boote von chinesischen Piraten und birmanischen Drogenhändlern angegriffen wurden, fahren keine Schnellboote mehr, weder die kurze Strecke flussabwärts nach Muang Mom noch flussaufwärts nach Muang Long.

Nach Einbruch der Dunkelheit sollte man nicht mehr am Fluss umherspazieren, denn dieser ist eine wichtige Durchgangsroute für Drogenschmuggler.

Zwei Straßen treffen sich dort, wo der Minibus nach Muang Long (20 000 Kip, 35 Min.) um 6, 8 und 14 Uhr vor der kleinen Apotheke des Ortes startet. Ein anderes Verkehrsmittel zu finden kann schwierig werden, selbst wenn man bereit ist, eins zu chartern.

DER MITTLERE MEKONG

Viele Touristen sehen diese Gegend nur auf der Durchreise von Thailand nach Luang Prabang – normalerweise im Rahmen einer zweitägigen Fahrt mit einem Slowboat von Houay Xay via Pak Beng –, doch abenteuerlustigere Traveller erwartet hier viel Interessantes. Bokeo, was so viel wie „Edelsteinmine" bedeutet, verdankt seinen Namen den Saphirvorkommen im Houay-Xay-Bezirk. In dieser dünn besiedelten Provinz leben 34 verschiedene Ethnien nebeneinander. Die Provinz Xayaboury ist eine typische Gegend für Arbeitselefanten, und das Elefantenschutzzentrum befindet sich gleich außerhalb der gleichnamigen Hauptstadt. Außer in Houay Xay und Pak Beng braucht man unterwegs einen anständigen Sprachführer.

Insbesondere das westliche Xayaboury wird kaum von Touristen besucht. Gegenden wie der spektakuläre Bezirk Khop sind eines der letzten Gebiete mit einer ethnisch bunt gemischten Bevölkerung und zahlreichen unberührten Wäldern.

Houay Xay ຫ້ວຍຊາຍ

20 000 EW. / ☎ 084

Während des geheimen Kriegs der USA gegen Laos soll es in Houay Xay eine amerikanische Heroinverarbeitungsfabrik gegeben haben, doch das Einzige, was heute noch durch die Stadt geschleust wird, sind Traveller auf dem Weg nach Luang Prabang. Houay Xay, das den mächtigen Mekong von Thailand trennt, ist für viele Besucher der erste Eindruck von Laos: Keine Sorge, es wird besser! Nachts schmücken Lichterketten die Hauptmeile der Stadt und die Essensverkäufer am Straßenrand zünden ihr Feuer an. Außerdem gibt's einige einladende Gästehäuser und Cafés, die leckeres Essen servieren. Houay Xay ist das Hauptquartier der inzwischen berühmten Gibbon Experience, des umweltbewussten Dschungelabenteuers, über das zu Recht im ganzen Land gesprochen wird.

◉ Sehenswertes

Wat Thadsuvanna Phakham BUDDHISTISCHER TEMPEL
(ວັດທາດສຸວັນນະຜາຄຳ; ☺ Sonnenauf- bis Sonnenuntergang) Direkt oberhalb des Schnellbootanlegers und rund 3 km südlich vom zentralen Stadtgebiet dominiert der Wat Thadsuvanna Phakham eine Anhöhe. Zu dem bunten neuen Tempel gehören acht vergoldete Buddhas in den wichtigsten Meditationsposen. Von hier oben hat man eine wirklich wunderschöne Aussicht durch Blätter und Blüten hindurch auf den Mekong.

DIE GIBBON EXPERIENCE

Dieses umweltfreundliche Abenteuer in der 1060 km² großen Wildnis des Naturschutzgebiets Bokeo, in der Tiger, Nebelparder, Schwarzbären und Westliche Schwarze Schopfgibbons leben, bringt eine gehörige Portion Adrenalin und Umweltschutz unter einen Hut. Die **Gibbon Experience** (☎ 030-5745866, 084-212021; www.gibbonexperience.org; 2-Tage-Express 190 US$, Classic oder Waterfall 310 US$; ☺ 7–17 Uhr) 🏷 ist im Prinzip eine Reihe von Ziplines über dem Dach eines ursprünglichen Waldes.

1996 war der Westliche Schwarze Schopfgibbon durch Wilderei bereits vom Aussterben bedroht, als Animo, ein großartig kreativer Veranstalter von Ökotouren, die Jäger von Bokeo überzeugte, Waldhüter zu werden. Heute verdienen sie als Führer mehr Geld für ihre Familien als früher mit der Wilderei.

Die zwei- bis dreitägige Experience-Tour, die zweifellos Maßstäbe für nachhaltigen Ökotourismus setzt, ist ein unvergessliches Abenteuer. Hier kann man Tarzan spielen, zwei Nächte hoch oben in Baumhäusern inmitten dicht bewaldeter Hügel verbringen und an unglaublichen Ziplines, die teilweise mehr als 500 m lang sind, über die Täler hinwegsausen – ein atemberaubendes Superheldenerlebnis. Wenn es regnet, sollte man im Kopf haben, dass es mit der Bremse (einem schlichten Stück Fahrradreifen) länger dauert, bis man langsamer wird. Die Führer sind sehr hilfsbereit und aufmerksam, dennoch sollte man die Knoten in den Gurten sicherheitshalber immer selbst noch einmal überprüfen. Einen Helm kann man tragen, muss man aber nicht; wir empfehlen es, denn angesichts des Tempos der Rutschpartie möchte man auf keinen Fall, dass der Kopf mit den Kabeln in Berührung kommt. Sicherheitshalber sollte man auch noch einmal prüfen, dass die Karabinerhaken wirklich geschlossen sind.

Drei Optionen stehen zur Auswahl: die zweitägige Express-Experience, bei der die Chancen, Gibbons zu sehen, gering sind, sowie die dreitägigen Touren Classic und Waterfall. Die Wahrscheinlichkeit, in der Dämmerung das sanfte, pfeifende „Whoop-whoop" der Gibbons zu hören, ist zwar hoch, doch zu sehen sind die Tiere seltener (wenngleich es nicht ausgeschlossen ist). Auf jeden Fall wächst die Gibbon-Population, und die Baumhäuser der Classic Experience und der Waterfall Experience stehen in der Nähe der Orte, an denen diese prächtigen, sportlichen Pflanzenfresser leben. Längere Wanderungen sind Teil aller drei Touren, besonders aber der Classic Experience. Falls es bei der Ankunft gerade regnet, kann es passieren, dass man das Animo-Fahrzeug verlassen muss und auf rutschigen unbefestigten Straßen zum Park laufen muss. Daher sollte man für alle drei Touren gut in Form sein.

Geschlafen wird in einmaligen Baumhäusern mit Strohdach, die so weit voneinander entfernt liegen, dass man das Gefühl hat, den Dschungel für sich allein zu haben. Viele hängen 40 m über der Erde in einem natürlichen Amphitheater mit spektakulärer Aussicht. Fast alle Baumhäuser bieten bis zu acht Personen Platz, einige auch nur zwei bis drei. Das Bettzeug liegt unter großen Kleidernetzen auf dem Boden. Große Spinnen an den Wänden und Ratten, die in der Decke herumraschen, fehlen auch nicht, aber schließlich ist man im Dschungel. Gut zubereitete Mahlzeiten aus Reis und vier Beilagen werden über die Zipline herübergeschickt, Kaffee, Tee, Kakao und zahlreiche Snacks gibt's in den Baumhäusern. Unbedingt alle Lebensmittel in der dicht verschließbaren Kiste aufbewahren, die bereitgestellt wird, damit man keine Waldratten anlockt.

Einen Tag vor der Einreise checkt man im **Büro der Gibbon Experience** (Karte S. 122; ☎ 084-212021; Th Saykhong; ☺ 8–19 Uhr) in Houay Xay ein. Nebenan kann man Handschuhe, die man für die Benutzung der Ziplines unbedingt braucht, sowie Gummidschungelschuhe mit Spikes (3 US$) kaufen. Außerdem sind für dieses Abenteuer Wanderstiefel, lange Strümpfe, starkes Mückenschutzmittel, Taschenlampe, Wasserflasche und Ohrstöpsel nützlich. Alles, was man benötigt, muss man beim Wandern und Ziplining selbst auf dem Rücken tragen, das restliche Gepäcks kann man im Lager des Büros deponiert werden. Es gibt keinen Strom, also alle Akkus und Geräte vorher noch einmal aufladen. Man sollte unbedingt schon vor der Reise nach Laos buchen, denn in der Hochsaison ist die Gibbon Experience völlig überlaufen.

Huoay Xay

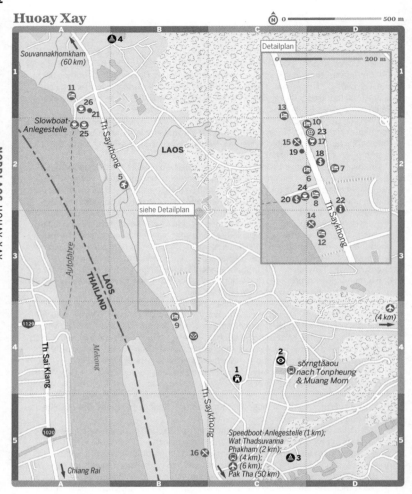

Souvannakhomkham
(60 km)

Slowboat-
Anlegestelle

Th Saykhong

LAOS

siehe Detailplan

Autofähre

**LAOS
THAILAND**

1129

Th Sai Kiang

Mekong

1020

Chiang Rai

Detailplan

0 ▬▬▬▬ 200 m

Th Saykhong

(4 km)

Th Saykhong

sörngtäaou
nach Tonpheung
& Muang Mom

Speedboot-Anlegestelle (1 km);
Wat Thadsuvanna
Phakham (2 km);
(4 km);
(6 km);
Pak Tha (50 km)

Wat Khonekeo Xaiyaram BUDDHISTISCHER TEMPEL
(ວັດໂຄນແກ້ວ; Karte S. 122; ☉ Sonnenauf- bis Sonnenuntergang) Der Wat Khonekeo Xaiyaram in Ban Khonekeo hat eine prächtige Fassade mit blendend roten, goldenen und grünen Säulen und Türen.

**Wat Keophone
Savanthanaram** BUDDHISTISCHER TEMPEL
(Karte S. 122; ☉ Sonnenauf- bis Sonnenuntergang) An die Nordwand der *sĭm* (Ordinationshalle) im Wat Keophone Savanthanaram wurden grässliche Folterszenen gemalt. Auf dem nahe gelegenen Hügel ist hinter Hühnerdraht ein liegender Buddha zu sehen.

Carnot-Festung FESTUNG
(Karte S. 122) Die heruntergekommene von den Franzosen errichtete Carnot-Festung thront auf einer Erhebung hinter dem Gouverneursbüro von Bokeo. Zwei Türme stehen noch (in einem davon befindet sich der Eingang), doch von den alten Dächern des Kasernengebäudes lösen sich die Ziegel, außerdem ist die ganze kärgliche Stätte stark überwuchert.

Hauptmarkt MARKT
(Karte S. 122; ☉ 7–12 Uhr) Houay Xays lebhafter Hauptmarkt versteckt sich in einem Tal an der Rückseite der Festung.

Huoay Xay

🏃 Aktivitäten

Die meisten Wanderungen zu Bergvölkern, für die Agenturen in Houay Xay werben, starten in Vieng Phukha, deshalb bucht man sie in der Regel besser dort. Im Angebot sind auch eintägige Touren nach Souvannakhomkham, die eine Bootsfahrt rund um das Goldene Dreieck beinhalten, doch selten kommen genug Teilnehmer für einen akzeptablen Preis zusammen. Eine Motorradtour auf eigene Faust lässt sich leichter arrangieren.

Laotisches Rotes Kreuz MASSAGE
(Karte S.122; ☑ 084-211935; Massage ab 35 000 Kip pro Std., Kräutersauna 15 000 Kip; ⊙ Mo–Fr 13.30–21, Sa & So 10.30–21 Uhr) In einer stattlichen alten Villa am Mekong gibt's schwedisch-laotische Massagen und eine traditionelle Kräutersauna (ab 16 Uhr).

🛏 Schlafen

Daauw Homestay HOMESTAY $
(Karte S.122; ☑ 030-9041296; www.projectkajsiablaos.org; Zi. 100 000–140 000 Kip) 🍃 Wunderbare Hmong-Einwohner führen das Daauw Homestay. Man übernachtet in gemütlichen Bungalows in der Nähe des Dorfzentrums und trägt dabei zur Förderung von Frauen und zur Stärkung der Rechte der Minderheiten bei, denn diese Unterkunft ist eine gemeinnützige Dorfinitiative des Project Kajsiab. Die einfachen Zimmer haben Blick auf den Sonnenuntergang, Hängematten, Balkons und ein eigenes Bad.

BAP Guesthouse PENSION $
(Karte S.122; Th Saykhong; Zi. 60 000–130 000 Kip; ❄) Das vom Englisch sprechenden Herrn Changpeng geführte, vertrauenswürdige BAP hat 16 Zimmer, teils mit Klimaanlage und eigenem Bad. In den vier neueren, besonders im Zimmer 108 und 109, erwarten die Gäste bunte Quilts, Holzelemente, Fernseher und der Blick auf den Sonnenuntergang über dem Mekong. Das beliebte Restaurant serviert gebratenen Reis, Pasta und herzhaftes Frühstück.

Kaupjai Guesthouse PENSION $
(Karte S.122; ☑ 020-55683164; Zi. mit Ventilator/Klimaanlage 100 000/120 000 Kip; ❄🛜) Einfache, saubere Zimmer mit eigenem Bad in einem recht neuen Gästehaus mit freundlichem Besitzer. Die Zimmer unten sind mit einem Ventilator ausgestattet, die oben mit Klimaanlage.

Oudomphone Guesthouse 2 PENSION $
(Karte S.122; ☑ 020-55683134, 084-211308; Zi. mit Ventilator/Klimaanlage 80 000/120 000 Kip; ❄🛜) Saubere und zentral gelegene Unterkunft mit einem netten Frühstückscafé und geräumigen Zimmern mit eigenem Bad. Sie sind zwar nicht spektakulär, zählen aber zu den etwas besseren Optionen der Stadt.

Gateway Villa Hotel PENSION $
(Karte S.122; ☑ 084-212180; gatewayconsult@hotmail.com; Th Saykhong; Zi. mit Klimaanlage 140 000 Kip; ❄🛜) In der Nähe der Bootsanlegestelle hält die Gateway Villa geschmackvoll eingerichtete Zimmer mit Hartholzböden, Korbstühlen, Fernsehern und moderner Bettwäsche bereit. Manche Räume sind

hübscher als andere. Guter Schlaf ist garantiert, das Frühstück ist in Ordnung und der hilfsbereite Besitzer spricht Englisch.

Sabaydee Guest House
PENSION $

(Karte S. 122; ✆ 084-212252; Th Saykhong; Zi. inkl. Frühstück 90 000–130 000 Kip; ❄ @ 🛜) Im Sabaydee sind die Zimmer zuverlässig sauber und haben bequeme Betten, Fernseher, Ventilatoren und eigene Bäder. Sie sind in hellen Farben und mit netten Möbeln gestaltet, aus einigen blickt man auf den Fluss. Außerdem gibt's einen schönen Gemeinschaftsbereich mit Internetzugang.

Riverside Houayxay Hotel
HOTEL $$

(Karte S. 122; ✆ 084-1211064; riverside_houayxay_laos@hotmail.com; Zi. inkl. Frühstück ab 25 US$; 🛜) Gleich abseits der Hauptstraße steht das vornehmste Hotel im Stadtzentrum, das auf den mächtigen Mekong schaut. Seine Zimmer sind geräumig, die Bäder könnten aber etwas gründlicher gereinigt werden. Außerdem gibt's fließend warmes Wasser, Satellitenfernsehen und eine Minibar.

Phonevichith Guesthouse & Restaurant
PENSION $$

(Karte S. 122; ✆ 084-211765; http://houayxairiverside.com; Ban Khonekeo; Zi. 45 US$; ❄ 🛜) Bunte Stoffe und kitschige Lampen verleihen den schicken Räumen ein wenig Charakter, hinzu kommen richtig heiße Duschen und eine Klimaanlage. Im neuen Flügel gibt's die nobelsten Zimmer der Stadt, die schon fast an ein Boutique-Hotel erinnern. Pluspunkte bekommt die Pension für die Terrasse am Mekong und die angenehme Nähe zur Slowboat-Anlegestelle. Während unseres Besuchs wurde hier gebaut.

✖ Essen & Ausgehen

Daauw
LAOTISCH $

(Karte S. 122; www.projectkajsiablaos.org; Hauptgerichte 30 000–50 000 Kip; ⊙ 18–22 Uhr; 🥢) Nirgendwo in der Stadt herrscht eine freundlichere Atmosphäre: Die coole Terrasse mit Kissen auf dem Boden und einer offenen Feuerstelle ist der ideale Platz, um sich den Sonnenuntergang anzusehen. Auf den Tisch kommen frisches Bioessen aus der Hmong-Küche, Pizza aus dem Holzfeuerofen, viele vegetarische Gerichte, ganze gegrillte Mekong-Fische und Hühnchen. Wenn es gut besucht ist, bleibt man gern etwas länger und trinkt noch ein paar *laojitos* – Mojitos, die mit *lòw-lów* zubereitet werden.

Tavendeng Restaurant
LAOTISCH $$

(Karte S. 122; Hauptgerichte 25 000–80 000 Kip; ⊙ 7–23 Uhr) Hierher kommen vorwiegend thailändische Touristen. In dem großen Speisesaal aus Holz treten oftmals Livebands auf und es werden ziemlich exotische Gerichte wie Frosch und gebratenes Krokodil serviert.

Riverview Cafe
LAOTISCH, INTERNATIONAL $$

(Karte S. 122; Th Saykhong; Mahlzeiten 40 000 Kip; ⊙ 6.30–23 Uhr; 🛜) Mit der Rattandecke, die aussieht, als ob sie jeden Moment runterkrachen würde, und der abblätternden Wandfarbe macht das Riverview Cafe (alias Muang Ner) auf den ersten Blick nicht viel her. Doch es ist immer gut besucht – und wer die Aromen aus der Küche schnuppert, zögert nicht lange, sich die Pizzas aus dem Holzfeuerofen, Burgers, Pfannengerichte, Nudelsuppen und sehr pikanten *láhp* schmecken zu lassen.

Es steht neben dem Büro von Gibbon Experience, sodass man sich hier vor einer Tour in den Dschungel mit Sandwiches zum Mitnehmen eindecken kann.

Riverside Restaurant
LAOTISCH, THAI $$

(Karte S. 122; Th Saykhong; Hauptgerichte 45 000 Kip; ⊙ 7–23 Uhr; 🛜) Von der Terrasse am Mekong hat man einen tollen Blick auf die Kanufähren zwischen Laos und Thailand. Auf der Karte steht eine große Auswahl an thailändischen und laotischen Gerichten, darunter Suppen, Pfannengerichte und Currys sowie westliches Frühstück.

Bar How
BAR

(Karte S. 122; Th Saykhong; ⊙ 6.30–23 Uhr; 🛜) Die mit alten Musketen und Reishüten dekorierte Bar How ist dunkel und stimmungsvoll. Hinter der Theke steht geheimnisvoll wirkender hausgemachter *lòw-lów* (Reiswein), der mit allem Erdenklichen von Blaubeere bis Tamarinde versetzt ist. Nachts, wenn die Flaschen im schummrigen Licht schimmern, erinnert die Bar an eine viktorianische Apotheke. Zu essen gibt's Pasta, Steak, *láhp* und Frühlingsrollen (Hauptgerichte 30 000–45 000 Kip). Der Service ist jedoch sehr nachlässig, möglicherweise muss man nach dem Personal suchen.

❶ Praktische Informationen

GELD

BCEL (Karte S. 122; Th Saykhong; ⊙ Mo–Fr 8.30–16.30 Uhr) Hat einen rund um die Uhr zugänglichen Geldautomat, Geldwechsel und Western-Union-Service.

Lao Development Bank Exchange Booth (Karte S. 122; ☺ 8–17 Uhr) Praktisch gelegene Wechselstube direkt neben dem Einreiseschalter für Fußgänger. Tauscht die meisten gängigen Währungen in Kip. US-Dollar-Noten müssen 2006 oder später gedruckt worden sein.

INTERNETZUGANG

Yon Computer Internet Cafe (Karte S. 122; Th Saykhong; 10 000 Kip pro Std.; ☺ 9–21 Uhr) Gute Internetverbindung mit Skype. Repariert auch Laptops.

POST

Post (Karte S. 122; Th Saykhong; ☺ Mo–Fr 8–12 & 13–16 Uhr) In der Post befindet sich auch ein Telefonbüro (von 8 bis 22 Uhr geöffnet).

TOURISTENINFORMATION

Tourist Information Office (Karte S. 122; ☑ 084-211162; Th Saykhong; ☺ Mo–Fr 8–16.30 Uhr) Kostenlose touristische Stadtpläne und Vorschläge für Exkursionen in der Provinz.

❶ An- & Weiterreise

Jahrelang sind Traveller auf dem Weg nach Luang Prabang von Houay Xay an Bord eines Bootes den Mekong hinabgefahren. Dank der besseren Straßen entscheiden sich heute jedoch immer mehr Reisende für den Nachtbus. Der ist etwas günstiger als das Slowboat, dafür aber deutlich ungeselliger, und nach der rund 15-stündigen Fahrt sind die meisten Traveller ziemlich fertig.

BUS & SÖRNGTÄAOU

Auf Bussen nach Houay Xay steht in der Regel „Borkeo". Der Busbahnhof liegt 5 km östlich der Stadt. Busse nach Luang Prabang (120 000 Kip, 14–17 Std.) starten um 10 und 16 Uhr, nach Luang Namtha (60 000 Kip) um 9 und 12.30 Uhr und nach Oudom Xay (90 000 Kip, 9 Std.) um 9.30 Uhr. Eine Verbindung nach Vientiane (230 000 Kip, 25 Std.) gibt's um 11.30 Uhr. Um 8.30 Uhr fährt zudem ein Bus nach Mengla.

Minibusse der Reisebüros nach Luang Namtha starten gegen 9 Uhr im Zentrum von Houay Xay (100 000 Kip), steuern aber immer noch den sehr ungünstig außerhalb der Stadt gelegenen Busbahnhof von Namtha an.

Sörngtäaou (Karte S. 122) nach Tonpheung (40 000 Kip) fahren neben dem Hauptmarkt ab, wenn sie voll sind, nur einige wenige verkehren weiter nach Muang Mom.

FLUGZEUG

Der Flughafen von Houay Xay erstreckt sich an einem Hügel nahe der Umgehungsstraße 1,5 km nordwestlich des Busbahnhofs. **Lao Skyway** fliegt täglich außer donnerstags von/nach Vientiane (759 000 Kip).

SCHIFF/FÄHRE

Slowboats nach Pak Beng & Luang Prabang

Langsame Boote (Karte S. 122) legen derzeit täglich um 11 Uhr in Houay Xay ab. Am **Slowboat-Ticketschalter** (Karte S. 122; ☑ 084-211659) bekommt man Fahrkarten nach Pak Beng (110 000 Kip, 1 Tag) und Luang Prabang

---

WEITERREISE NACH THAILAND: VON HOUAY XAY (HOKSAY) NACH CHIANG KHONG

Anreise zur Grenze

Seit der Fertigstellung der thailändisch-laotischen Freundschaftsbrücke 4 am **Grenzübergang Houay Xay/Chiang Khong** Ende 2013 dürfen nur noch Einheimische mit der Bootsfähre übersetzen.

Tuk-tuks bis zum Einreisekontrollpunkt kosten 80 B pro Person.

An der Grenze

Über die Brücke fährt ein Bus (20 B). Ein thailändischers Kurz-Visa (Visa-Waiver, 15 Tage gültig) wird bei der Einreise nach Thailand automatisch erteilt. Bei Ankunft in Chiang Khong zahlt man 30 B Hafengbühr und fährt dann mit einem *tuk-tuk* für 30 B zum Busbahnhof. Der nächste Geldautomat auf der thailändischen Seite befindet sich 2 km weiter südlich.

Weiterreise

Viele Traveller reisen von Houay Xay nach Chiang Rai (65 B, 2½ Std.). Die Busse fahren vom Busbahnhof in Chinag Khong zwischen 6 und 17 Uhr in der Regel stündlich. **Greenbus** (☑ in Thailand 0066 5365 5732; www.greenbusthailand.com) bietet um 6, 9 und 11.40 Uhr Busse nach Chiang Mai. Mehrere Nachtbusse steuern zwischen 15 und 15.30 Uhr Bangkok (500–750 B, 10 Std.) an.

ELEFANTENSCHUTZZENTRUM

Mit dem **Elephant Conservation Center** (ECC; ☏ 020-23025210; www.elephantconservation center.com; eintägiger Besuch 60 US$, dreitägige Experience 205 US$, sechstägige Ecoexperience 495 US$) 🌿 am Ufer des herrlichen Nam-Tien-Sees hat sich Xayaboury fest auf der touristischen Landkarte etabliert. Das Zentrum, dessen Partner die Nichtregierungsorganisation ElefantAsia (www.elefantasia.org) ist, bietet einzigartige Einblicke in das Leben der majestätischen Tiere in natürlicher Umgebung. Das Leben der Elefanten in Laos – ob das der noch etwa 400 wilden Elefanten, die immer auf der Flucht vor den auf ihn Elfenbein erpichten Wilderern sind, oder das der 450 in Gefangenschaft lebenden Tiere – ist kein Vergnügen. Schwer zu sagen, was schlimmer ist: 20 Ritte am Tag mit einer zu großen Last an Menschen auf dem Rücken (die Wirbelsäule von Elefanten ist außer am Hals nirgends dafür geeignet, Lasten zu tragen, da von ihr scharfe knöcherne Vorsprünge nach oben ragen) oder auf gefährlich steilen Berghängen Bäume ausreißen. Von zehn Elefanten, die in Laos geboren werden, überleben nur zwei.

Angesichts dieser deprimierenden Fakten ist die Arbeit des Elefantenschutzzentrums umso wichtiger. Es zahlt *mahouts* den Gegenwert von drei Jahreseinkommen, damit sie im Zentrum leben und ihren Elefantenkühen die Möglichkeit geben, ihre Jungen auszutragen und für sie zu sorgen – etwas, das der durchschnittliche Elefantenbesitzer nicht einmal in Erwägung ziehen würde, denn die Arbeitselefanten müssen ständig Geld verdienen, um die Kosten für ihre Haltung zu decken (für das Futter 250 US$ pro Woche). Doch das Zentrum kümmert sich nicht nur um den Schutz der Tiere vor Ort – in ganz Laos sind Tierärzte unterwegs, die dabei helfen, dass es den in Gefangenschaft lebenden Tieren so gut wie möglich geht. Zum Komplex gehören ein Trainingszentrum für *mahouts*, ein Elefantenkrankenhaus mit qualifizierten internationalen Tierärzten, ein Informationszentrum, ein Restaurant sowie einige traditionelle Bungalows und Schlafsäle für Übernachtungsgäste.

Schon die Anfahrt in einem kleinen Holzboot, das durch den grünen Pflanzenteppich des Flusses gleitet, ist ein beeindruckendes Erlebnis. Wenn sich das Boot dem Zentrum nähert, können die Passagiere manchmal ein paar Elefanten beim morgendlichen Bad sehen. Bei einem eintägigen Besuch informiert eine geführte Tour durch das Zentrum ausführlich über die vor Ort geleistete Tierschutzarbeit, etwa in der Tierklinik des Komplexes, die sich um die Gesundheit der hier lebenden Elefanten und ca. 360 weiterer registrierter Arbeitselefanten in der Provinz Xayaboury kümmert. Regelmäßig machen sich mobile Teams auf den Weg, um den Gesundheitszustand der Tiere in der Provinz und in entfernteren Gebieten zu kontrollieren.

(220 000 Kip, Unterkunft nicht inbegriffen, 2 Tage). Der Verkauf beginnt am Morgen der Abfahrt um 8 Uhr. Besser nicht im Reisebüro kaufen, denn dort zahlt man für den überteuerten *tuk-tuk*-Transfer zum Pier, wo man überdies noch die Zeit bis zur Abfahrt totschlagen muss.

Die „Sitze" sind in der Regel ungemütliche Holzbänke, deshalb lohnen sich die Extrakosten von 10 000 Kip für ein Kissen (werden in vielen Reiseagenturen verkauft). Manche Boote haben aber auch ein paar gemütlichere Plätze im Flugzeugstil. Versuchen die Betreiber, ihren Kahn mit zu vielen Passagieren vollzustopfen (über 70), sollte man auf festem Boden bleiben und auf ein zweites Boot bestehen.

„Luxus"-Slowboats

Eine komfortablere und beliebte zweitägige Flussreise nach Luang Prabang ist die Fahrt mit der stilvollen **Luang Say Cruise Luang Say Cruise** (Karte S. 122; ☏ 071-252553, 020-55090718; www.luangsay.com; 379–666 US$ pro Pers., Zuschlag für Alleinreisende ab 67 US$; ☺ 8–15 Uhr) mit 40 Sitzen. In den Pauschalpreisen inbegrif-

fen sind Mahlzeiten, Guides, Ausflüge und eine Übernachtung in der reizvollen Luang Say Lodge in Pak Beng (S. 128). Das Boot legt in der Hauptsaison drei- oder viermal pro Woche ab, die Preise richten sich nach der jeweiligen Saison. Im Juni verkehrt es gar nicht, weil der Wasserstand des Mekong dann zu niedrig ist.

Eine etwas preiswertere Alternative ist die neuere **Shompoo Cruise** (Karte S. 122; ☏ 020-59305555, 071-213189; www.shompoocruise.com; pro Person mit/ohne Unterkunft ab 97/118 US$). Das geschmackvoll aufgerüstete Boot fährt montags, mittwochs und freitags flussabwärts, dienstags, donnerstags und sonntags flussaufwärts. Im Preis enthalten sind zwei Mittagessen sowie ein Abendessen in Pak Beng. Es bietet zwar Unterkünfte an, verkauft aber auch Tickets ohne Unterkunft, sodass die Fahrgäste sich selbst eine passende Pension suchen können.

Eine kleinere Gruppe sollte mit etwas Geduld in der Lage sein, selbst ein Slowboat zu chartern; die Preise beginnen bei ca. 750 US$ (viel Verhandlungsspielraum).

An einem anderen Teil des Seeufers befindet sich die „Nursery" („Kindertagesstätte"), in der junge Elefanten in geschützter Umgebung aufgezogen werden. Hier kann man den Dickhäutern bei ihrem reichhaltigen Frühstück und beim Baden im See zuschauen.

Wenn man genug Zeit hat, ist ein dreitägiger Aufenthalt sehr lohnenswert, um die Arbeit des Zentrums näher kennenzulernen. Dies bietet die Möglichkeit, die Elefanten von morgens bis abends zu beobachten, während sie baden, gefüttert werden (dabei darf man helfen) und sich im Gemeinschaftsbereich austoben (wobei man sie unbemerkt in einem Baumhaus von hoch oben beobachten kann). Man kann auch einem der Tierärzte beim Checkup eines Dickhäuters zuschauen. Dies geschieht im „medical crush", einer hölzernen Anlage, in der die Mitarbeiter die Füße und den Laib der Elefanten untersuchen können, ohne dass sie Tritte befürchten müssen.

Echte Fans der Dickhäuter können sechs oder mehr Tage als Freiwillige im Zentrum helfen und dabei noch mehr Einblick in das Leben der Elefanten und ihrer *mahouts* sowie in die Arbeit des Zentrums gewinnen. Freiwillige, die länger bleiben, übernachten in Schlafsälen und essen gemeinsam mit den Mitarbeitern des Projekts – eine faszinierende Gelegenheit, den laotischen Alltag zu erleben.

Die Unterkünfte sind schlichte strohgedeckte Bungalows, die nach Einbruch der Dunkelheit mit Strom für LED-Leselampen versorgt werden. Sie sind mit Moskitonetzen ausgestattet und haben kleine Veranden, auf denen man tagsüber während der größten Hitze relaxen kann. Es gibt nur gemeinschaftliche Sanitäreinrichtungen, doch die sind blitzsauber.

Alle Mahlzeiten sowie die An- und Abfahrt von/nach Xayaboury sind in den Paketangeboten enthalten. Das ECC hat sich mit **Sakura Tour** (☏ 074-212112) zusammengetan, um Minibusse von Luang Prabang nach Xayaboury zu betreiben. In einem einladenden Restaurant, das einen Panoramablick auf den See und das Zentrum bietet, werden leckere laotische Mahlzeiten eingenommen. Auf Wunsch sind auch verschiedene Getränke und Snacks erhältlich. Allerdings ist Vientiane weit weg, wer also auf sein Lieblingsessen nicht verzichten möchte oder eine besondere Diät einhält, sollte im Voraus planen.

Das ECC ist kein typisches Elefantencamp für Touristen. Es wird von Menschen geführt, die sich leidenschaftlich um die Tiere kümmern, und die Erlöse fließen in das Zentrum selbst und in andere Elefantenschutzprojekte in Laos. Es ist die einzige Hoffnung für Laos' schwindende Elefantenpopulation – ein helles Licht in dunkler Nacht.

Schnellboote & Langboote

Die **Schnellboot-Anlegestelle** (☏ 084-211457; Route 3, 200 m nach km 202) liegt direkt neben dem Wat Thadsuvanna Phakham 3 km südlich der Stadt. *Héua wái* (Speedboote für sechs Passagiere) sind aufregend schnell, aber auch gefährlich und äußerst unbequem. Sie starten in der Regel gegen 8 Uhr und steuern Pak Beng (190 000/1 140 000 Kip pro Pers./Boot, 3 Std.) und Luang Prabang (320 000/1 920 000 Kip, 7 Std. inkl. Mittagspause) an.

Weil an einem Abschnitt des Nam Tha (Tha-Fluss) inzwischen ein Damm gebaut wurde, ist es nicht mehr möglich, die gesamte Strecke bis Luang Namtha mit dem Boot zurückzulegen. Von Ban Phaeng tuckert man acht Stunden flussaufwärts nach Na Lae, wo man abgeholt und nach Luang Namtha gefahren wird. Man muss sich an das **Forest Retreat Laos** (S. 112) in Luang Namtha wenden, das im Vorfeld die Führer, die Transfers und das Boot organisiert. Für zwei Personen kostet ein Charterboot 500 US$ (250 US$ pro Pers.), je mehr Leute mitfahren, desto billiger wird es.

Rund um Houay Xay

Souvannakhomkham
ເມືອງເກົ່າສຸວັນນະໂຄມຄຳ

In einer Schleife des Mekong liegen die verfallenen Ruinen von Souvannakhomkham, einer alten Stadt, die in den 1560er-Jahren durch König Sai Setthathirat von Lan Xang wiederaufgebaut wurde. Heute sieht man dort, wo einst einige Stupas standen, nur noch Ziegelhaufen sowie ein paar bröckelnde Buddhafiguren, die sich auf einem Areal aus Feldern verteilen. Die meisten Stätten liegen 900 m abseits der Gasse zwischen Ban Don That und Ban Hanjin. Die Szenerie inmitten von Feuerbäumen ist regelrecht magisch.

Leider ist die Straße nach Souvannakhomkham sehr schlecht gepflegt, in der Trockenzeit staubig und in der Regenzeit schlammig. Man kommt hierher, indem man von Tonpheung aus 8 km Richtung Südwesten fährt und dann rechts abbiegt, sobald man ein Schild mit einer „900" und laotischen Schriftzeichen sieht. Kurz vor dem 7,2 m hohen, stark verfallenen sitzenden Ziegelbuddha, der bekanntesten Statue der Stätte, geht's nach links.

Goldenes Dreieck

5 km nördlich von Tonpheung erlebt die kleine Route 3 plötzlich eine erstaunliche Wandlung. Nun gleitet man über eine zweifarbige gepflasterte Straße unter Palmen hindurch, makellos sauber gehalten von einem Reinigungsteam sowie gesäumt von goldenen Dächern und pseudoklassischen Wagenlenkern. Hier ist man im surrealen Las Vegas des Goldenen Dreiecks gelandet, einem noch im Bau befindlichen Kasino- und Unterhaltungskomplex, der eines Tages eine Fläche von knapp 100 km² einnehmen soll. Nach 2,5 km knickt die unwirkliche Meile links ab und endet nach 600 m in einer Sackgasse am Mekong neben einer Disney-Fantasykuppel und einem Big Ben im Miniaturformat. Das riesige Casino steht allen Besuchern offen, doch die meisten Spiele sind auf chinesische oder thailändische Spieler zugeschnitten und Reisenden wahrscheinlich unbekannt. Am vertrautesten dürften die elektronischen Roulettetische sein.

Dieses Flussgebiet ist Teil des berühmten Goldenen Dreiecks, wo sich Thailand und Laos berühren und sich zwischen die beiden von Myanmar her eine langnasige Sandbank schiebt. Von der thailändischen Seite tuckern Ausflugsboote vorbei, während am

laotischen Ufer Schnellboote auf Ausländer warten, die die Grenze jedoch nicht ohne vorherige Genehmigung überqueren dürfen.

Pak Beng ປາກແບງ

20 000 EW. / 🎧 084

Am schönsten ist Pak Beng am späten Nachmittag, wenn man von der Terrasse eines der Restaurants oben auf dem Steilufer den Mekong betrachtet, dessen braungelbe Strudel träge vorbeiziehen, umrahmt von Felsen und Dschungelufern.

Der Ort, in dem die Flussboote auf halber Strecke zwischen Luang Prabang und Houay Xay eine Pause einlegen (die schnellen Longtailboote zum Mittagessen, die Slowboats zur Übernachtung), hat nur eine Straße und kaum architektonischen Charme zu bieten, doch es gibt einige gute Unterkünfte und nette Möglichkeiten zum Einkehren, darunter Bäckereien und auf westliche Besucher eingestellte Cafés.

👁 Sehenswertes & Aktivitäten

Die Touristeninformation bietet Wanderungen zu einem Hmong-Dorf (400 000 Kip pro Person bei Gruppen von vier Personen) und Kochkurse (100 000 Kip pro Person bei Gruppen von vier Personen) und kann eine Auswahl typischer lokaler Höhlen und Wasserfälle im Distrikt empfehlen, die man mit einem Leihmotorrad besuchen kann – wenn man eins findet (am besten fragt man in der Unterkunft nach; private Anbieter auf dem Markt wollen gepfefferte 40 000 Kip pro Stunde).

Pak Beng

Lohnenswert ist ein Ausflug mit dem **Motorkanu** (5000 Kip) über den Fluss. Dort läuft man vom Ufer diagonal nach rechts und erreicht nach zehn Minuten ein winziges authentisches Hmong-Dorf.

Wat Sin Jong Jaeng BUDDHISTISCHER TEMPEL
(ວັດສິນຈົງແຈງ) Der archaische kleine Wat Sin Jong Jaeng mit Blick auf den Mekong stammt aus der frühen Kolonialzeit. Obwohl sein Dachgesims komplett neu gestrichen wurde, findet sich an der Ostseite der Außenwand seiner *sim* noch ein altes, sehr verblichenes Wandbild. Wer genau hinschaut, erkennt eine Figur mit Schnauzbart, Hut, Schirm und einer großen Nase, die vermutlich einen der frühen europäischen Besucher darstellt.

🛏 Schlafen

Villa Santisouk PENSION $
(☏020-55781797; Zi. 5–15 US$; ❖🖥) Sehr einladend wirkt diese außerordentlich freundliche Unterkunft. Im neuen Gebäude warten Zimmer mit schicken Vorhängen, stilvoll drapierten Handtüchern und komfortablen Betten. Die Räume im alten Bau mit harten Betten und Hartholzdecken sind dagegen extrem schlicht. Von einem einfachen Terrassenrestaurant können die Gäste den Blick auf den Mekong genießen.

Monsavan Guesthouse PENSION $
(☏084-212619, 020-55771935; Zi. ab 130 000 Kip; ❖🖥) Eine Fahne mit Hammer und Sichel und polierte Holztüren machen auf dieses ordentliche Gästehaus an der Hauptstraße aufmerksam. Die sauberen Zimmer mit Bambuswänden sind mit Fernseher, Bad und geschmackvollen Armaturen ausgestat-

tet. Noch besser ist die Bäckerei mit Flussblick gleich auf der anderen Straßenseite (von 6.30 bis 22 Uhr geöffnet), die frische *pain au chocolat* (Schokoladencroissants), Muffins, Croissants, Sandwiches und köstliche Shakes und Kaffees verkauft.

★Luang Say Lodge LODGE $$
(☏084-212296; www.luangsay.com; Zi. 73 US$) Die traditionelle Lodge aus Tropenholz und Rattan beherbergt in erster Linie die Passagiere von Luang Say Cruise (S. 126). Ihre stilvollen Bungalows liegen in einem hübschen Garten mit Blick auf einen dramatischen Abschnitt des Mekong und sind mit Ventilator und warmer Dusche ausgestattet. Frühstück und Abendessen serviert ein Terrassenrestaurant mit Flussblick. Eine Warnung: Der Aufstieg vom Bootsanleger zum Hotel ist steil und manchmal rutschig.

★D.P Guesthouse PENSION $$
(☏081-212624; operation@duangpasert.com; Hauptstraße; EZ/DZ 40/45 US$; ❖🖥) Ein freundlicher Laote führt diese frische neue Pension mit mintgrünen und orangfarbenen Wänden. Ihre Konkurrenz sticht sie mit überdurchschnittlich guten Zimmern aus, die mit netten Akzenten wie Bettläufern, Klimaanlage und coolen Bodenfliesen und Bädern eingerichtet sind. Genau der Kick, den der Mittelklassesektor gebraucht hat. Im großartigen Restaurant kann man klasse entspannen.

★Mekong Riverside Lodge BOUTIQUE-HOTEL $$
(Karte S. 128; ☏020-55171068; www.mekongriversidelodge.com; Zi. ab 45 US$; 🖥) Aus den romantisch gestalteten Bungalows mit Balkon,

NORDLAOS PAK BENG

Ⓝ 0 ——————————— 400 m
"Halivan"
(1.2 km)
▲1

Pak Beng

◎ **Sehenswertes**

🛏 **Schlafen**

⊗ **Essen**

stilvollen Bädern, lackierten Rattanwänden, Holzböden, frischer Bettwäsche, Moskitonetzen und zu Schwänen drapierten Handtüchern blickt man auf ein Breitwandpanorama des Mekong. Das im Preis enthaltene Frühstück gibt's im gegenüberliegenden Khopchaideu. Gutes Preis-Leistungs-Verhältnis und nettes Management.

Sanctuary
Pakbeng Lodge BOUTIQUE HOTEL **$$$**
(Karte S. 128; ☑ 084-212304; www.sanctuaryhotel sandresorts.com/english/main/pakbeng; Zi. 120 US$; ✸ 🛜) ✿ Die Sanctuary Pakbeng Lodge bietet elegant gestaltete Zimmer mit hübscher Einrichtung, westlichen Bädern, Minibars und Panaromablick. Im stilvollen Restaurant mit Bar kann man einen Sundowner trinken oder etwas essen. Auch traditionelle laotische Massagen sind erhältlich. Mit einem Teil des Profits unterstützt das Hotel eine Gesundheitsinitiative namens Les Médicins du Pakbeng.

✕ Essen

★ **Khopchaideu** INDISCH **$**
(Karte S. 128; ☑ 020-55171068; Hauptgerichte 30 000 Kip; 🕑 7–22 Uhr; ☑) In diesem Restaurant in der Mekong Riverside Lodge gibt's das vielleicht beste indische Essen im Norden von Laos. Neben den üblichen Currys kommen hier Gerichte wie Büffel-Masala auf den Tisch, die mit Flair zubereitet und pikant gewürzt sind. Die charmanten Mitarbeiter sprechen Englisch und die Aussicht ist fantastisch. Laotisches und westliches Essen ist ebenfalls im Angebot.

D.P Bakery BÄCKEREI **$**
(Karte S. 128; Hauptgerichte 30 000 Kip; 🕑 6.30–20.30 Uhr; 🛜) Das frische D.P ist eine tolle neue Adresse für westliche Speisen und gesundes Frühstück mit Obst. Neben leckerem Gebäck (früh kommen, ehe es alle ist!) gibt's guten Kaffee, Fruchtshakes und Eis. Es ist blitzsauber und befindet sich – wer hätte das gedacht – beim D.P Guesthouse.

Hashan INDISCH **$**
(Karte S. 128; Hauptgerichte 30 000 Kip; 🕑 7–22 Uhr; ☑) Mit seinen köstlichen Aromen zieht das bewährte alte Restaurant, in dem abends Papierlaternen wie Raupen von der Decke hängen, die Gäste magisch an. Hier gibt's roßartiges indisches Essen – die *roti* schmelzen geradezu im Mund –, das man am besten an einem Tisch mit Blick auf den Fluss genießt.

❶ Praktische Informationen

GELD
In den Unterkünften kann man Geld wechseln, allerdings zu schlechten Kursen. Thailändische Baht werden ebenfalls weithin genutzt.

Lao Development Bank (Karte S. 128; 🕑 24 Std.) Hat in der Nähe des Markts einen Geldautomaten; bei viel Betrieb soll aber auch schon mal das Geld ausgegangen sein.

INTERNETZUGANG
Die meisten Pensionen bieten ihren Gästen kostenloses WLAN.

TOURISTENINFORMATION
Touristeninformation (Karte S. 128; www.ou domxay.info; 🕑 7–12 & 14–21 Uhr) Kann Führer arrangieren und hat Stadtpläne.

❶ An- & Weiterreise

Vom winzigen Busbahnhof am nördlichsten Ende der Stadt starten um 9 und 12.30 Uhr Busse nach Oudom Xay (40 000 Kip, 4 Std.). Wenn die neue Brücke im Norden von Pak Beng fertig ist, werden auch täglich Verkehrsmittel nach Muang Ngeun und zur thailändischen Grenze sowie nach Hong Sa fahren.

Das flussabwärts verkehrende **Slowboat** (Karte S. 128) nach Luang Prabang legt zwischen 9 und 10 Uhr ab (110 000 Kip, ca. 8 Std.) und hält auf Wunsch in Pak Tha sowie Tha Suang (wenn man nach Hong Sa weiterreist). Um 8.30 Uhr startet das Slowboat nach Houay Xay (110 000 Kip, ca. 9 Std.).

Schnellboote (Karte S. 128) nach Luang Prabang und nach Houay Xay benötigen etwa 3 Stunden und kosten 180 000 Kip pro Person, wenn sie mit sechs Passagieren komplett ausgelastet sind – das ist gefährlich und hochgradig unbequem, aber billiger als ein Charterboot für 1 300 000 Kip. Kommt man mit dem Schnellboot an, tragen einem einheimische Jungen für 5000 Kip (nach einigem Verhandeln) das Gepäck. Wer mit schweren Taschen unterwegs ist, tut sich damit einen Gefallen, denn bei niedrigem Wasserstand muss man zwei Planken überqueren und eine steile Sandbank hinaufklettern, um die Straße in die Stadt zu erreichen. Tickets kauft man im **Bootticketbüro** (Karte S. 128).

Hong Sa ຫ້ງສາ
10 000 EW. / ☑ 074

In Hong Sa, das für seine Elefanten berühmt ist, befindet sich auch ein riesiges Kraftwerk, das von thailändischen Investoren gebaut wurde und ein beträchtlicher Schandfleck am Horizont ist. Dafür hat es der Stadt aber Arbeitsplätze beschert, und heute erfreut sie sich eines kleinen Booms. Hong Sa ist ein naheliegender Zwischenstopp zwischen Luang Prabang und Nan (Thailand, über Muang Ngeun). Das Stadtzentrum besteht aus neueren Bauwerken, doch die vom Fluss gesäumten Ausläufer der Stadt (vom Kraftwerk weg) warten mit einer schönen Kulisse aus mehrstufigen Reisfeldern auf.

Der **Wat Simungkhun** (ວັດສີມູງຄົນ, Wat Nya; ☻ Sonnenauf- bis Sonnenuntergang) hat von den unterschiedlichen Tempeln der Stadt den meisten Charakter. Sein *hang song pa* (Eingangspavillon) ist in einem schönen naiven Stil gehalten und die altmodische, mit Wandbildern versehene *sǐm* (Ordinationshalle) steht auf einer merkwürdig erhöhten Steinplattform. Sie bedeckt ein großes Loch, das angeblich zum Ende der Welt führt. Der Wat befindet sich 1 km westlich des Zentrums Richtung Muang Ngeun und dann nach der ersten Brücke über den Fluss 100 m gen Norden.

Das **China Si Chuan Restaurant** (🗐 074-2666009; Hauptgerichte 30 000 Kip; ☻ 7–22 Uhr) hinter dem Markt ist ein sauberes chinesisches Restaurant, dessen Reisgerichte, *kung-pao*-Hühnchen und andere interessante Angebote wie „smell chicken slices" („Geruch-Hühnerscheiben") und „couples lung" („Pärchen-Lunge") viele Gäste anziehen.

Das **Ticketbüro** (🗐 020-5558711) neben dem Markt öffnet gegen 7.30 Uhr. Fahrzeuge fahren nach Xayaboury (70 000 Kip, 3 Std.) und Muang Ngeun (25 000 Kip, 1¼ Std.), sobald genug Fahrgäste an Bord sind (meistens vor 9 Uhr).

Xayaboury (Sainyabuli)
ໄຊຍະບຸລີ

28 000 EW. / 🗐 074

Das wohlhabende Xayaboury (mal Sainyabuli, Sayabouri, Sayabouli, und Xaignabouri geschrieben) mit einer attraktiven, dicht bewaldeten Bergkette im Osten gehört zu den laotischen „Elefantenhauptstädten"

LAND DER EINE MILLION ELEFANTEN

Laos hieß einst Lan Xang, „Land der eine Million Elefanten". Seltsamerweise gibt's keine aktuellen Statistiken darüber, wie viele Tiere hier heute noch leben. Vor allem in der Provinz Xayaboury waren die Dickhäuter über lange Zeit ein Standbein der Holzindustrie, da sie Baumstämme ziehen konnten, ohne dass ganze Wälder abgeholzt werden mussten, um Durchfahrtswege für Traktoren zu schaffen. Die Elefanten werden von einem *mahout* (Elefantenführer) trainiert und eingearbeitet. Seine Beziehung zu dem Tier gleicht einer Ehe und kann ein Leben lang andauern. Generell gehören die Dickhäuter mehreren Dorfbewohnern gemeinsam, die Gewinn, Kosten und Risiken untereinander aufteilen. Um einen Gewinn zu garantieren, müssen die Tiere jedoch unentwegt arbeiten. Dementsprechend haben sie kaum die Kraft für ein Liebesleben und schon gar nicht für einen zweijährigen Mutterschaftsurlaub. Da 10-mal mehr laotische Elefanten sterben als geboren werden, wird die heimische Art spätestens in 50 Jahren vermutlich ausgestorben sein, so die Organisation **ElefantAsia** (www.elefantasia.org), ein Partner des sehr beeindruckenden Elefantenschutzzentrums (S. 126) außerhalb der Stadt. Sie unterstützte auch die Gründung des beliebten **Elefantenfestivals** (S. 132), das Mitte Februar in Xayaboury stattfindet. Zahlreiche „arbeitslose" Elefanten oder Tiere im Ruhestand werden mittlerweile im Tourismus eingesetzt, vor allem rund um Luang Prabang und Pak Beng. Doch dies ist keine wirklich gute Alternative, denn viele Tiere sind überarbeitet, weil sie pro Tag bis zu 20 Touren mit Menschen auf dem Rücken absolvieren müssen, was für ihre Wirbelsäule äußerst unbequem ist – und das in der glühenden Hitze, ohne Zeit, sich mit anderen Tieren zu sozialisieren, und bei relativ einseitigem Futter. Auf der Website von ElefantAsia stehen verschiedene Tipps, die man vor einem Elefantenritt lesen sollte; sie helfen Touristen, gut geführte Camps auszuwählen, denn die Camps unterscheiden sich.

2015 wanderte eine vom Zentrum organisierte Karawane mit zwölf Elefanten 440 km weit, um die Laoten über ihr natürliches Erbe aufzuklären und die Aufmerksamkeit auf die Not der so gefährdeten Elefantenpopulation des Landes zu lenken. Der Marsch fand zur Zeit der Feierlichkeiten zum 20. Jahrestag der Anerkennung von Luang Prabang als Welterbestätte statt. Höhepunkt der Karawane waren die Ankunft und die Parade der Elefanten.

Xayaboury (Sainyabuli)

und bemüht sich redlich, urban zu wirken. Sein Zentrum besteht aus großen Straßen und auffälligen, aber uninteressanten neuen Verwaltungsgebäuden. Wer an der Touristeninformation zu einem Spaziergang Richtung Süden aufbricht, passiert immer mehr schöne Bauwerke aus Holz oder Fachwerk, von denen manche unter gebogenen Palmen stehen. Alles in allem handelt es sich um eine freundliche und absolut untouristische Stadt, und auch mit den neuen Straßen dürften die Besucherzahlen wohl kaum dramatisch ansteigen, denn die meisten werden direkt zum Elefantenschutzzentrum (S. 126) fahren.

◉ Sehenswertes

Wat Sibounheuang BUDDHISTISCHER TEMPEL
(ວັດສີບຸນເຮືອງ; Karte S. 132) Der atmosphärischste Tempel der Stadt hat einen schiefen vergoldeten Stupa und einen schönen Garten mit einem liegenden Buddha und den Ziegelruinen der winzigen Original-*sĭm*, die vermutlich aus dem frühen 14. Jh. stammt. Die „neue" Versammlungshalle ist voller Wandbilder, von denen einige Szenen eines Ehebruchs in einem an Matisse erinnernden Stil zeigen.

Das Gebäude überdeckt ein mysteriöses „Loch", das man traditionell mit *singkhone* assoziiert, also mit Geistern, die während des Phaveth-Fests (13. bis 15. Tag des dritten laotischen Monats bis zum Vollmond im Februar) besänftigt werden.

Nam Tien SEE
(ນ້ຳຕຽນ) Um den Reiz von Xayaburys Lage voll auszukosten, fährt man 9 km Richtung Südwesten zum Nam-Tien-Stausee, an dem das Elefantenschutzzentrum liegt. Oberhalb des Damms befindet sich ein Restaurant mit Blick über smaragdgrüne Reisfelder und bewaldete Hügel. Richtung Westen vereinen sich am Horizont die Bergzüge Pak Kimin und Pak Xang.

Wat Sisavangvong BUDDHISTISCHER TEMPEL
(Karte S. 132) Der Wat Sisavangvong, der am zentralsten gelegen Tempel der Stadt, soll von König Sisavang Vong an der Stätte eines älteren Tempels erbaut worden sein.

🐘 Feste & Events

Elefantenfestival KULTUR
(http://festival.elefantasia.org; ⊙ Mitte Feb.) Das beliebte Elefantenfestival ist eine riesige zweitägige Feier mit Musik, Theater und vielen Bierzelten sowie Elefantenparaden und Vorführungen ihres Könnens. In den letzten Jahren fand das Fest abwechselnd in Pak Lai oder Ban Viengkeo (nahe Hong Sa) statt, hat sich aber inzwischen dauerhaft in Xayaboury etabliert.

🛏 Schlafen

Santiphap Guesthouse PENSION **$**
(Karte S. 132; 13 Northern Rd; Zi. mit Ventilator/Klimanlage 60 000/100 000 Kip; 🌀) In dieser gepflegten Unterkunft gleich an der Hauptstraße gibt's frische Zimmer mit Bad, Kleiderschrank und Schreibtisch. Der Manager ist superfreundlich und spricht gutes Englisch.

Alooncheer Hotel PENSION $
(Karte S.132; ☎ 074-213136; Zi. mit Ventilator 50 000–70 000 Kip, mit Klimaanlage 80 000–120 000 Kip; ❄) Dieser große Komplex in Hmong-Händen punktet mit seiner ruhigen, aber zentralen Lage. In der mit poliertem Hartholz getäfelten Lobby hängen traditionelle Instrumente, und die meisten Zimmer haben hohe Decken, niedliche Lampen und Minibars. Das Preis-Leistungs-Verhältnis ist gut, allerdings sind die günstigsten Räume von deutlich schlechterer Qualität.

🍴 Essen & Ausgehen

Nachtmarkt MARKT $
(⊙ 18–22 Uhr) Auf diesem Nachtmarkt in der Nähe des zentralen Kreisverkehrs findet man jede Menge Stände, die Nudelsuppe, laotische Grillgerichte, frisches Obst und *khà-nom* (traditionelle Süßigkeiten) verkaufen.

Nam Tiene Restaurant LAOTISCH $
(Hauptgerichte 25 000-60 000 Kip, Fisch nach Gewicht; ⊙ 6.30–23 Uhr) Wunderbare, professionell angerichtete Speisen und dazu ein schöner Blick auf den Stausee sorgen dafür, dass sich der Ausflug zum Nam-Tien-Staudamm auf jeden Fall lohnt. Die Einheimischen kommen am Wochenende her, um

überkandidelte, an Flugzeuge erinnernde Tretboote auszuleihen.

Sainamhoung Restaurant LAOTISCH $$
(Karte S.132; ☎ 074-211171; Hauptgerichte 25 000–70 000 Kip; ⊙ 7–22 Uhr; ☎) Während man den Blick auf den von Bambus eingerahmten Fluss und das sich abzeichnende Massiv des Pak Kimin genießt, schmaust man toll zubereitete laotische Gerichte, darunter köstlichen gedämpften Fisch, Grillfleisch und diverse exotische Leckereien wie gebratene Grillen und Wespen oder Bambuswürmer.

Biergärten BIERGÄRTEN
(Karte S.132; 18–23 Uhr) Xayaboury hat abends mehr zu bieten als die zwielichtigen, dunklen Nachtclubs, nämlich ein paar belebte Biergärten am Ufer des Nam Heung (Heung-Fluss). Sie locken jede Menge junger Leute mit Bierdurst an.

ℹ Praktische Informationen

GELD

BCEL (Karte S.132; ⊙ Mo–Fr 8.30–15.30 Uhr) Wechselt Geld und hat einen Geldautomaten.

POST

Post (Karte S.132; ⊙ Mo–Fr 8–11 & 13–17 Uhr)

NORDLAOS XAYABOURY (SAINYABULI)

WEITERREISE NACH THAILAND: VON MUANG NGEUN NACH HUAY KON

Anreise zur Grenze

Der **Grenzübergang Muang Ngeun (Laos)/Huai Kon (Thailand)** (⊙ 8–17 Uhr) liegt etwa 2,5 km westlich der Muang-Ngeun-Kreuzung. Mehrere *sŏrngtăaou* (Passagierlaster) fahren von Hong Sa (45 000 Kip, 1½ Std.) nach Muang Ngeun. Wenn die neue Brücke nördlich von Pak Beng fertig ist, wird auch ein Bus verkehren.

Zurück aus Thailand kommend, findet man auf der laotischen Seite weder Restaurants noch Verkehrsmittel, doch wer einen Grenzbeamten überzeugt, einen Anruf zu tätigen, kann sich gegen eine kleine Gebühr vom nachmittäglichen *sŏrngtăaou* nach Hong Sa aufgabeln lassen.

An der Grenze

Laotische Visa werden gegen US-Dollars oder thailändische Baht an der Grenze ausgestellt; die Wechselkurse sind allerdings schlecht. Für Thailand benötigen Reisende der meisten Nationalitäten kein Visum.

Weiterreise

Von der thailändischen Seite aus ist es wenig reizvoll, 1 km lang durch Niemandsland zu laufen. Stattdessen zahlt man besser 100 B für ein Motorrad mit Beiwagen fürs Gepäck. Der thailändische Grenzposten Huai Kon ist zwar klein, hat aber einige einfache Nudelläden. Das einzige öffentliche Transportmittel ist ein luxuriöser Minibus (☎ 083-0243675) nach Phrae (170 B, 5 Std.) via Nan (110 B, 3 Std.), der um 11.45 Uhr am Grenzübergang abfährt. Richtung Norden startet er an den Busbahnhöfen in Phrae um 6 Uhr und in Nan um 8 Uhr.

WEITERREISE NACH THAILAND: VON KAEN THAO NACH THA LI

Anreise zur Grenze

Am ruhigen ländlichen **Grenzübergang Kenthao (Laos)/Tha Li (Thailand)** (☉ 8–18 Uhr) befindet sich eine weitere (kleine) Freundschaftsbrücke, diesmal über den Nam Heuang. Von Pak Lai fahren *sŏrngtăaou* (Passagierlaster) gegen 10 und 12 Uhr zum Grenzposten bei Kenthao (40 000 Kip, 1¾ Std.).

An der Grenze

Laotische Visa werden an dieser Grenze bei der Einreise erteilt, dafür ist ein Passfoto erforderlich. Für Thailand benötigen Reisende der meisten Nationalitäten kein Visum.

Weiterreise

Nachdem man die Brücke zu Fuß überquert hat, geht's per *sŏrngtăaou* (30 B) 8 km nach Tha Li, bevor man in ein anderes *sŏrngtăaou* (40 B) steigt und darin die restlichen 46 km nach Loei zurücklegt. Dort gibt's regelmäßige Anbindungen nach Bangkok und zu anderen Zielen.

TOURISTENINFORMATION

Touristeninformation (Karte S. 132; ☑ 030-5180095; Sayaboury_ptd@tourismlaos.org; ☉ Mo–Fr 8.30–11 & 14–16 Uhr) Gute kostenlose Stadtpläne, Englisch sprechende Angestellte, Fahrrad- und Motorradverleih.

ℹ️ Anreise & Unterwegs vor Ort

Der Flughafen liegt 3 km südlich vom Stadtzentrum an der Straße nach Pak Lai. Lao Skyway flog früher von hier nach und von Vientiane, doch während unseres Besuchs war diese Strecke nicht in Betrieb.

Vom **Hauptbusbahnhof** 2,5 km nördlich des Stadtzentrums fährt um 11 Uhr ein *sŏrngtăaou* nach Hong Sa (60 000 Kip, 3 Std.) und an manchen Tagen weiter nach Muang Ngeun (80 000 Kip).

Busse nach Vientiane verkehren über Luang Prabang und Pak Lai (beide Busse 120 000 Kip). Jene via Luang Prabang starten um 13 und um 16 Uhr. Die Busse über Pak Lai (80 000 Kip, 4 Std.) fahren um 9.30 Uhr los und verkehren nur in der Trockenzeit. Angesichts der schrecklich staubigen Straße nach Pak Lai ist der Bus wesentlich angenehmer als die Fahrt mit dem *sŏrngtăaou*, das gegen 9 und 12 Uhr vom winzigen **Südlichen Busbahnhof** 4 km südwestlich vom Flughafen startet.

Die neue Tha-Deua-Brücke über den Mekong ist nun offen und verkürzt die Fahrzeit nach Luang Prabang im Minibus oder Pkw auf nur zwei bis drei Stunden. Langsamere Busse (60 000 Kip, 3 Std.) fahren um 9 und um 14 Uhr ab. **Sakura Tour** (S. 61) hat sich mit dem **Elefantenschutzzentrum** (S. 126) zusammengeschlossen und einen Shuttlebus zwischen Xayaboury und Luang Prabang (100 000 Kip, 2½ Std.) eingerichtet, der täglich in beide Richtungen um 8.30 Uhr startet. Einzelheiten zu diesem neuen Service erfährt man bei Sakura und beim Elefantenschutzzentrum.

Tuk-tuks zum Busbahnhof (Karte S. 132) (Hauptbusbahnhof/Südbusbahnhof 15 000/20 000 Kip pro Person) fahren am Hauptmarkt ab.

Pak Lai ປາກລາຍ

12 000 EW. / ☑ 074

Die lebendige Hafenstadt Pak Lai am Mekong ist eine nahezu unvermeidbare Station auf der ausgefallenen Route zwischen Xayaboury und Loei in Thailand. Sie liegt an einem 5 km langen Schlenker der Route 4. Parallel dazu verläuft einen Häuserblock weiter östlich eine kürzere Straße am Fluss mit vereinzelten historischen Gebäuden im laotischen und französischen Kolonialstil. Erkundet man die Stadt von Nord nach Süd, geht's am Wat Sisavang los. Auf den nächsten 500 m kommt man an den meisten Pensionen und am Flusshafen vorbei und überquert dann eine kleine alte Holzbrücke, die zu einer hübschen dorfähnlichen Wohnsiedlung hinter einem kleinen Markt führt.

👁️ Sehenswertes

Wat Sisavang   BUDDHISTISCHER TEMPEL
(Wat Sisavangvong) Zum Wat Sisavang gehören ältere Mönchsbehausungen, ein bunt verzierter neuer Glockenturm und ein Tor.

🛏️ Schlafen

Sengchaleurn Guesthouse   PENSION $
(☑ 020-22068888; Zi. 120 000 Kip; ❄️ 📶) Im Sengchaleurn Guesthouse warten ordentliche Zimmer mit Klimaanlage, Bad und Fliesenboden.

Jenny Guesthouse   PENSION $
(☑ 020-22365971; Zi. mit Ventilator/Klimanlage 70 000/110 000 Kip; ❄️) Das Jennys ist sauber, hat einen netten Blick auf den Mekong und Moskitonetze an den Fenstern. Jedes Zim-

mer hat ein eigenes Bad, einen Fernseher, Decken und ein komfortables Bett. Leider gibt's hier kein Café.

Essen

Saykhong LAOTISCH **$**
(Hauptgerichte 20 000–40 000 Kip; ⊙ 7–22.30 Uhr) Im Saykhong, das eine tolle Terrasse und eine einfache Speisekarte hat, spielt sich auch der Großteil des Nachtlebens ab.

Kemkhong Restaurant LAOTISCH **$**
(Hauptgerichte 20 000–40 000 Kip; ⊙ 6–22.30 Uhr) Akzeptable laotische Küche von Schweine*láhp* bis zu Pfannengerichten. Das Highlight ist der Flussblick – am besten macht man es sich einfach bei einem Bier gemütlich und beobachtet, wie der Himmel allmählich orange wird.

❶ Praktische Informationen

GELD

BCEL (⊙ Mo–Fr 8-30–15.30 Uhr) Hat einen Geldautomaten und wechselt Geld.

❶ An- & Weiterreise

Wer die Reise von Pak Lai nach Xayaboury mit dem *sŏrngtăaou* (80 000 Kip, 4 Std.) machen möchte, sollte eine Gesichtsmaske und Klamotten zum Wegwerfen mitbringen. Die Fahrzeuge pendeln von 7.30 bis 9.30 sowie gegen 12 Uhr zwischen beiden Orten und entladen ihre schlammverkrusteten Fahrgäste am kleinen Xayaboury-Busbahnhof in Pak Lai 3 km nördlich des Zentrums. Von dort zahlt man für *tuk-tuks* zu den Gästehäusern 10 000 Kip pro Person und 15 000 Kip zum Südbusbahnhof, wo um 9 Uhr ein Bus nach Vientiane (100 000 Kip, 6 Std.) abfährt.

Vientiane, Vang Vieng & Umgebung

Gut essen

➡ Doi Ka Noi (S. 161)

➡ Lao Kitchen (S. 160)

➡ Le Silapa (S. 159)

➡ Makphet Restaurant (S. 157)

➡ Senglao Cafe (S. 162)

Schön übernachten

➡ Ansara Hôtel (S. 155)

➡ Hotel Khamvongsa (S. 152)

➡ LV City Riverine Hotel (S. 152)

➡ Mandala Boutique Hotel (S. 156)

➡ Mixay Paradise Guesthouse (S. 154)

Auf nach Vientiane und Vang Vieng

Vientiane ist eine der kleinsten Hauptstädte Südostasiens, aber was ihr an Größe fehlt, macht sie durch Atmosphäre wieder wett. In der Stadt am Ufer des Flusses Mekong sind die französischen Einflüsse spürbar und sie ist bei einer Reise durch Laos der perfekte Ort, um neue Kraft zu tanken.

In Kontrast zur städtischen Eleganz von Vientiane steht die malerische Schönheit der Karstberge um Vang Vieng und des Dschungels im Nationalschutzgebiet Phou Khao Khouay.

Vang Vieng ist eines der führenden Zentren für Abenteuersport in Südostasien, aber auch einer der schönsten Orte in Laos. Die Karstberge, die sich entlang des Nam Song (Song-Fluss) erheben, sind von zahlreichen Höhlen durchsetzt und erinnern an die Zeit der Dinosaurier.

In Phou Khao Khouay, dem am besten zugänglichen Schutzgebiet des Landes, warten Homestays und Dschungelwanderungen. Alles in allem wird man auf einer Reise durch Laos große Vielfalt erleben.

Reisezeit

Vientiane

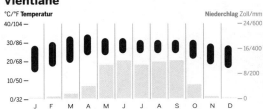

Nov.–Feb. Perfekt für einen Besuch, besonders beim Bun Pha That Luang (Vollmondfest) im November.

März–Mai Es wird feuchter, die Temperaturen steigen und die Hotelpreise sinken.

Juni–Nov. Der Monsun bringt frische Luft und Flussfeste wie Bun Awk Phansa und Bun Nam.

VIENTIANE ວຽງຈັນ

700 000 EW. / 📖 021

Von entspannten *tuk-tuk*-Fahrern über die Cafékultur bis hin zu erschwinglichen Spas: Der ehemalige französische Handelsposten Vientiane strahlt jede Menge Gelassenheit aus. Die historische Altstadt lässt sich gut zu Fuß erkunden und fasziniert mit funkelnden Tempeln, umherwandernden buddhistischen Mönchen, *naga*-(Flussdrachen-)Statuen und Boulevards, die von Frangipanis und Tamarinden gesäumt werden.

Seit die alten französischen Villen zu stilvollen Restaurants und Boutique-Hotels umgebaut wurden, hat Vientiane eine schwungvolle, bisher nie dagewesene Atmosphäre mit deutlich französischem Flair entwickelt. Die Stadt ist sowohl für betuchte Urlauber als auch für Backpacker gewappnet, dafür sorgen günstige Herbergen, Straßenmärkte, erstklassige Boutique-Hotels und Luxusrestaurants.

Wer es sich hier einmal in einer altmodischen Bäckerei mit einem Buch gemütlich gemacht, in den Seidengeschäften eingekauft oder ein Beerlao mit Blick auf den glutroten Sonnenuntergang über dem Mekong genossen hat, wird diesen Ort nach der Abreise mehr vermissen als gedacht!

Geschichte

Vientiane liegt an einer Biegung des Mekong mit viel fruchtbarem Schwemmland, das im 9. Jh. n. Chr. erstmals von Laoten besiedelt wurde und im 10. Jh. zu einem der ersten vom Khmer-Reich kontrollierten *meuang* (Stadtstaaten) im Tal gehörte. Der Stadtstaat gelangte schnell zu Wohlstand, besaß nach dem Niedergang von Angkor aber nur eine unsichere Eigenständigkeit.

In den folgenden Jahrhunderten gestaltete sich die Geschichte des Ortes wechselhaft. Mehrmals war er selbstständig und regional bedeutend, dann wiederum stand er unter der Herrschaft von Vietnamesen, Birmanen oder Siamesen.

Nachdem König Setthathirat die Hauptstadt von Luang Prabang hierher verlegte, erlebte Vientiane eine Blütezeit. Nun wurden mehrere Tempel errichtet und der Ort entwickelte sich zu einem wichtigen Zentrum buddhistischer Lehre.

Doch der Frieden währte nicht lange. Regelmäßige Angriffe der Birmanen, Siamesen und Chinesen sowie die Teilung des Lan-Xang-Reichs forderten ihren Tribut.

Erst als die Siamesen 1805 Chao Anou, einen laotischen Prinzen, der in Bangkok

VIENTIANE IN...

...zwei Tagen

Der Tag beginnt mit Kaffee und Croissant in der Bäckerei **Le Banneton** (S. 157), bevor man sich per Fahrrad zu den **Monumenten am Mekong** (S. 150) aufmacht. Auf dieser Strecke gelangt man zu einem Großteil der bedeutendsten Sehenswürdigkeiten, darunter der **Wat Si Saket** (S. 140), der **Ho Pha Kaeo** (S. 140) und der **Talat Sao** (S. 165). Anschließend belohnt man sich mit einem Cocktail im **Spirit House** (S. 162). Am nächsten Morgen geht's mit einem Mietwagen oder -motorrad raus aus der Stadt zu den unzähligen buddhistischen und hinduistischen Figuren im **Xieng Khuan** (S. 144). Auf der Rückfahrt am Nachmittag bietet sich ein kleiner Zwischenstopp am **Pha That Luang** (S. 144) an. Hinterher kann man sich mit leckerer französischer Küche im **Le Silapa** (S. 159) stärken.

...vier Tagen

An Tag drei steuert man zum Mittagessen zuerst das **PVO** (S. 159) an. Nur einen kurzen Fußmarsch entfernt liegt das **COPE-Besucherzentrum** (S. 140) mit hochinteressanten Exponaten und eindrucksvollen Dokumentationen. Hier vergeht die Zeit wie im Flug. Nach einem leichten laotischen Abendessen im **Khambang Lao Food Restaurant** (S. 161) gibt's in der **Kräutersauna** (S. 148) eine ausgiebige Schwitzkur auf laotische Art. Die Flüssigkeitsvorräte werden gegen Abend im **Bor Pen Yang** (S. 162) mit Beerlao vom Fass wieder aufgefüllt. An Tag vier geht man seinem Bildungsdrang nach und belegt einen laotischen Kochkurs in der **Villa Lao** (S. 149). Alternativ unternimmt man eine ausgiebige Shoppingtour durch die Kunsthandwerks- und Stoffläden in der **Thanon Nokèokoummane**, stöbert nach Armbanduhren aus kommunistischen Zeiten und nach Glasbuddhas bei **Indochina Handicrafts** (S. 164) oder lässt sich von den Düften der hausgemachten Seifen und Öle in der **T'Shop Lai Gallery** (S. 164) benebeln.

Highlights

① Vang Vieng
(S. 176) Tuben, Klettern, Kajak fahren, Radeln, Motorrad fahren oder Wandern im wundervollen Karstterrain mit seinen Flüssen.

② Laotische Küche (S. 156) Bei einer kulinarischen Reise durch Vientiane die laotische, französische und Fusionküche genießen.

③ Pha That Luang (S. 144) Im wichtigsten buddhistischen Tempel Vientianes die spirituelle Seite von Laos kennenlernen.

④ Nachtleben
(S. 162) Barhopping in Vientiane auf der Th Fa Ngoum und Th Setthathirath, um eine andere Seite der sonst ruhigen laotischen Hauptstadt zu erleben.

⑤ Phou Khao Khouay NPA (S. 173) Fernab vom Touristenrummel die Landschaften, Wasserfälle und authentischen Homestays des Nationalschutzgebiets erkunden.

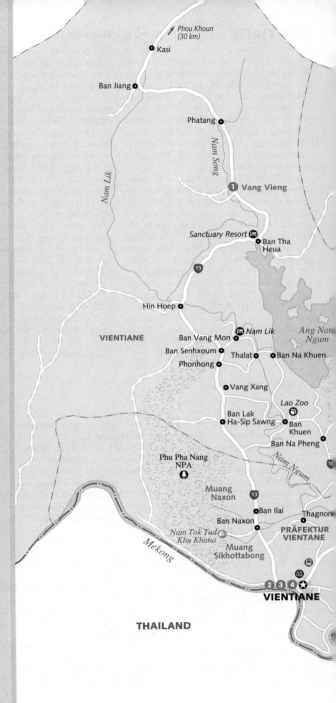

ausgebildet worden war, zu ihrem König ernannten, kam es in der Stadt zu lange überfälligen Neuerungen. Beispielsweise ließ Chao Anou zwischen 1819 und 1824 den Wat Si Saket erbauen. Seine Versuche, Laos' Unabhängigkeit von den Siamesen durchzusetzen, gehören allerdings zu den gewaltsamsten und zerstörerischsten Episoden in der Geschichte Vientianes.

1828 besiegten die Siamesen Chao Anous Truppen, zerstörten die Stadt und vertrieben fast alle Einwohner. Der Wat Si Saket, der den Eroberern als Basis diente, war das einzige bedeutende Bauwerk, das erhalten blieb.

1867 kamen französische Forscher hierher, aber erst gegen Ende des Jahrhunderts, nachdem die Franzosen Vientiane zur Hauptstadt ihres Protektorats ernannt hatten, begann der Wiederaufbau. Die Straßen wurden im einfachen Gitterstil angelegt und man errichtete etliche Kolonialhäuser sowie Verwaltungssitze. Wie die bescheidene Bebauung belegt, stand Vientiane auf der französischen Prioritätenliste in Indochina nie ganz oben.

1928 lebten hier nur 9000 Menschen, darunter viele von den Franzosen eingesetzte vietnamesische Verwaltungsbeamte. Nach dem Zweiten Weltkrieg nahm die Einwohnerzahl rasant zu. Dieses Wachstum wurde in erster Linie durch Dollars aus dem Kalten Krieg gefördert. Zunächst kamen vor allem französische, später amerikanische Berater in unterschiedlicher Funktion in die Stadt.

Nach ein paar Staatsstreichen während der politisch labilen 1960er-Jahre galt Vientiane in den frühen Siebzigern als ein Ort, an dem so gut wie alles möglich war. Damals bevölkerte eine kuriose Mischung aus Spionen, Korrespondenten und Prostituierten die wenigen Bars.

Mit der Machtübernahme der Pathet Lao 1975 änderte sich die Situation. Nachdem die bei Agenten beliebten Nachtclubs verschwunden waren, fiel Vientiane in einen sanften Schlummer, nur gestört durch gelegentliche, wenig begeisterte Zugeständnisse an den Kommunismus, etwa die Kollektivierung auf unterer Ebene und das anfänglich harte Vorgehen gegen den Buddhismus. Heute sind einige langweilige Gebäude im sowjetischen Stil sichtbare Überreste dieser Zeit. In den Neunzigern verbesserte sich die Lage und in den letzten Jahren erlebte die Stadt einen regelrechten Bauboom, der mit der Sanierung des Straßennetzes und einem vermehrten Verkehrsaufkommen einherging. Finanziert wurde er hauptsächlich von China, dem Land, das zukünftig wohl den größten Einfluss auf Vientianes Kultur ausüben wird.

◉ Sehenswertes

Ein Großteil der Sehenswürdigkeiten findet man in einem kleinen Gebiet im Stadtzentrum. Bis auf den Xieng Khouan (Buddhapark) sind alle leicht mit dem Fahrrad und oft auch zu Fuß zu erreichen. Wer noch andere Stätten besichtigen möchte, für den ist unsere Radtour (S. 150) genau das Richtige. Viele Wats sind öffentlich zugänglich, nachdem die Mönche ihre morgendliche Almosenkollekte beendet haben. Sie schließen gegen 18 Uhr.

★ COPE-Besucherzentrum KULTURZENTRUM
(ສູນພື້ນຟູຄົນພິການແຫ່ງຊາດ; Karte S. 142; ☑ 021-218427; www.copelaos.org; Th Khu Vieng; Spenden willkommen; ☺ 9–18 Uhr) GRATIS COPE (Cooperative Orthotic & Prosthetic Enterprise) ist der wichtigste Hersteller von Prothesen, Gehhilfen und Rollstühlen in Laos. Zum unternehmenseigenen Rehabilitationszentrum gehört auch das exzellente Besucherzentrum, in dem informative Multimediaexponate von Prothesen und Blindgängern (welche die Prothesen überhaupt erst notwendig machen) zu sehen sind.

Wat Si Saket BUDDHISTISCHER TEMPEL
(ວັດສີສະເກດ; Karte S. 146; Ecke Th Lan Xang & Th Setthathirath; 5000 Kip; ☺ 8–12 & 13–16 Uhr, an Feiertagen geschl.) Der zwischen 1819 und 1824 von Chao Anou errichtete Wat Si Saket ist Vientianes ältester erhaltener Tempel. Er müsste dringend renoviert werden. An der Westseite des Kreuzgangs stehen mehrere aufgestapelte Buddhas, die 1828 während des Siamesisch-Laotischen Krieges schwer beschädigt wurden.

Haw Pha Kaeo MUSEUM
(ຫໍພະແກ້ວ; Karte S. 146; Th Setthathirath; 5000 Kip; ☺ 8–12 & 13–16 Uhr) In dem früheren königlichen Tempel, der eigens für den berühmten Smaragdbuddha erbaut wurde, ist heute das Nationalmuseum für religiöse Kunst untergebracht. Der Ho Pha Keo liegt etwa 100 m südöstlich des Wat Si Saket. In der Haupthalle befinden sich mehrere Khmer-Schnitzereien, laotische Buddhas und Relikte aus anderen Tempeln der Stadt.

★ Patuxai DENKMAL
(ປະຕູໄຊ, Siegesdenkmal; Karte S. 142; Th Lan Xang; 3000 Kip; ☺ 8–17 Uhr) Der Triumphbogen im Handelsbezirk rund um die Th Lan Xang

wirkt etwas deplatziert. Das „Siegesdenkmal" erinnert an laotische Opfer vorrevolutionärer Kriege und wurde 1969 aus Zement errichtet, den die USA für den Bau eines neuen Flughafens gespendet hatten. Von der Spitze bietet sich ein Panoramablick über Vientiane.

Laotisches Nationalmuseum MUSEUM
(ພິພິດທະພັນປະຫວັດສາດແຫ່ງຊາດລາວ; Karte
S. 146; ☏ 021-212461; Th Samsènethai; 10 000 Kip;
⊗8–12 & 13–16 Uhr) Leider soll dieses charmante, von Kirschbäumen und Magnolien flankierte Gebäude aus der französischen Kolonialzeit abgerissen werden und das Museum in einen moderneren Komplex umziehen. Die vielen Exponate zum Bürgerkrieg erinnern an den früheren Namen „Museum der Laotischen Revolution".

Wat Si Muang BUDDHISTISCHER TEMPEL
(ວັດສີເມືອງ; Karte S. 142; Ecke Th Setthathirath, Th Samsènethai & Th Tha Deua; ⊗6–19 Uhr, an besonderen Tagen bis 22 Uhr) **GRATIS** Die am häufigsten besuchte Tempelanlage in Vientiane beherbergt die *lák méuang* (Stadtsäule), die als Heimat des schützenden Geistes der Stadt gilt.

Rund um diese Pfeiler wurde die weitläufige *sīm* (Versammlungshalle; 1828 zerstört und 1915 wiederaufgebaut) errichtet. Diese besteht aus zwei Räumen. In der großen Eingangshalle sind ein Replikat des Pha Kaeo (Smaragdbuddha) und ein sehr viel kleinerer, etwas ramponiert wirkender Buddha, der angeblich das Inferno im Jahre 1828 überlebte, zu sehen. Einheimische sprechen Letzterem die Kraft zu, Wünsche

erfüllen und Antworten auf schwierige Fragen geben zu können. Dazu hebt man die Figur dreimal von seinem Kissen hoch und formuliert in Gedanken seine Frage oder Bitte. Wird der Wunsch erfüllt oder die Frage beantwortet, kommt man wieder und bedankt sich mit jeweils zwei Bananen, grünen Kokosnüssen, Räucherstäbchen und Kerzen.

Die Säule selbst soll aus der Khmer-Periode stammen, was bedeuten würde, dass die Stätte seit mehr als tausend Jahren religiösen Zwecken dient. Heute ist sie in geweihte Tücher gewickelt. Gegenüber befindet sich eine geschnitzte Holzstele mit dem Relief eines sitzenden Buddhas.

Hinter der *sīm* steht ein bröckelnder *jĕhdii* (Stupa) aus Lateritstein, wahrscheinlich ein Khmer-Original. Gläubige stellen zerbrochene Skulpturen und Keramik um den Sockel des Stupas, damit sein Geist sie vor dem Unglück bewahrt, das von diesen Gegenständen ausgeht. Gegenüber der *sīm* erstreckt sich ein kleiner öffentlicher Park mit einer Statue von König Sisavang Vong (1904–1959).

Kaysone Phomivan Memorial MUSEUM
(ທີ່ພິພິດທະພັນແລະອະນຸສາວລີໄກສອນພົມວິຫານ;
Km 6, Silivay Village; 5000 Kip; ⊗Museum Di–So 8–12 & 13–16 Uhr) Im Gegensatz zum riesigen Kaysone-Phomvihane-Museum ist Kaysones Haus bemerkenswert bescheiden, fasziniert aber mit seiner Geschichte. Seit dem Tod des großen Politikers 1992 wurde hier so gut wie nichts verändert. Ein Guide der Laotischen Revolutionären Volkspartei führt Besucher

---

DIE LEGENDE UM DEN WAT SI MUANG

1563, als König Setthathirat seine Hauptstadt nach Vientiane verlegte, wählte der Legende nach eine Gruppe Weiser den Ort für den Bau des Wat Si Muang aus. Daraufhin grub man ein großes Loch für den schweren Steinpfeiler, der wahrscheinlich von einer alten Khmer-Stätte der Umgebung stammte und zur *lák méuang* (Stadtsäule) werden sollte. Nachdem der Pfeiler hergebracht worden war, hängte man ihn an Seilen über das Loch. Trommeln und Gongschläge riefen die Bewohner der Stadt zusammen. Nun warteten alle darauf, dass sich ein Freiwilliger für die Geister opferte.

Vom weiteren Geschehen gibt's verschiedene Versionen. Ihnen allen ist aber gemein, dass eine schwangere Frau namens Sao Si in das Loch springt, woraufhin die Seile gelöst werden. Die Frau stirbt und gewährt so der sich entwickelnden Stadt Schutz. Daneben erzählt man auch, sie sei mit einem Pferd und/oder mit einem zwerghaften Mönch hineingesprungen.

Laotische Gelehrte sind der Meinung, dass sich das Ganze – wenn überhaupt etwas Wahres dran sein sollte – wahrscheinlich schon weit vor Setthathirats Zeit abgespielt haben muss, nämlich in der vorbuddhistischen Mon- oder Khmer-Periode, als noch rituelle Menschenopfer gebracht wurden. Einig sind sie sich jedoch darüber, dass Sao Sis legendärer Sprung vermutlich nicht freiwillig geschah.

Vientiane

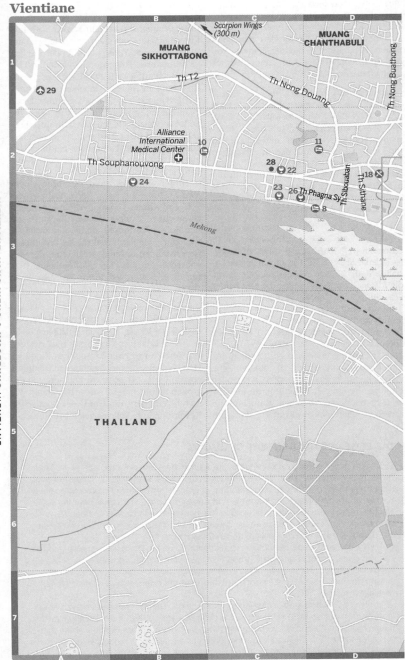

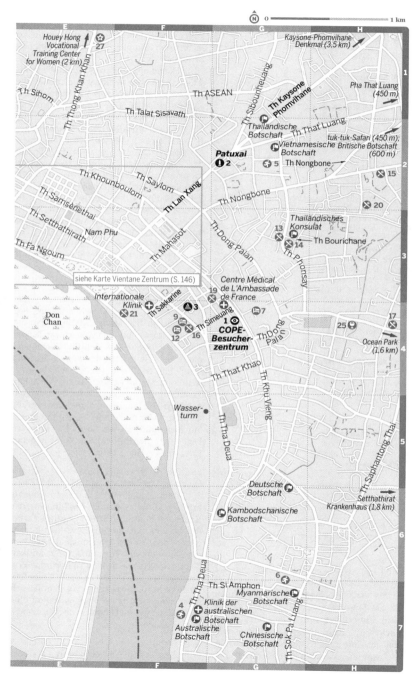

N 0 _____ 1 km

Houey Hong Vocational Training Center for Women (2 km) ↑ 27

Kaysone-Phomvihane-Denkmal (3,5 km)

Th Sihom

Th Thong Khan Khan

Th ASEAN

Th Sibounheuang

Th Talat Sisavath

Th Kaysone Phomvihane

Pha That Luang (450 m)

Thailändische Botschaft

Th That Luang

Patuxai ① 2

Vietnamesische Botschaft

tuk-tuk-Safari (450 m); Britische Botschaft (600 m)

⑤ 5 — Th Nongbone

15

Th Khounboulom

Th Saylom

Th Lan Xang

Th Nongbone

20

Th Samsenethai

Th Setthathirath

Nam Phu

Th Mahasot

Th Dong Palan

Thailändisches Konsulat

13

14 — Th Bourichane

Th Fa Ngoum

Th Phonsay

siehe Karte Vientane Zentrum (S. 146)

Centre Médical de L'Ambassade de France

Internationale Klinik ✚ 21

Th Sakkarine

3

19

7

17

Don Chan

9

Th Simeuang

① 1 **COPE-Besucherzentrum**

Th Dong Palan

25

12 16

Ocean Park (1,6 km)

Th That Khao

Th Khu Vieng

Wasserturm

Th Tha Deua

Deutsche Botschaft

Th Saphantong Thai

Setthathirat Krankenhaus (1,8 km)

Kambodschanische Botschaft

Th Tha Deua

Th Si Amphon

6

Myanmarische Botschaft

Klinik der australischen Botschaft

4

Australische Botschaft

Chinesische Botschaft

Th Sok Pa Luang

durch das Haus, ein Rundgang, der sich preislich und qualitativ lohnt.

Das Gebäude liegt auf dem einstigen USAID/CIA-Anwesen, das aufgrund der 6 km Entfernung zum Stadtzentrum „Six Klicks City" genannt wurde. Früher befanden sich dort Bars, Restaurants, Tennisplätze, Swimmingpools, ein Kommissariat sowie verschiedene Büros, von denen aus die „geheime Armee" kommandiert wurde. Nach der Übernahme Vientianes 1975 vertrieben Pathet-Lao-Truppen die Amerikaner und besetzten den Komplex. Kaysone lebte hier bis zu seinem Tod.

Im Haus sind halbleere Scotchflaschen, kitschige Ostblocksouvenirs, weiße Laufschuhe, Notizblöcke und originale Kelvinator-Klimaanlagen zu sehen. Sogar die Wintermäntel, die Kaysone bei Besuchen in Moskau trug, hängen noch ordentlich an der Garderobe.

Das Haus ist nicht ganz einfach zu finden: Am besten nimmt man nach dem Besuch des **Kaysone-Phomvihane-Museums** (ຫໍ ພິພິດທະພັນແລະອະນຸສາວລີໄກສອນພົມວິຫານ; Km 6, Route 13 South; 5000 Kip; ☺ Museum Di–So 8–12 & 13–16 Uhr) den gleichen Weg wieder zurück, auf dem man gekommen ist. Bei der ersten Ampel biegt man dann rechts ab und folgt der Straße 1 km, bis auf der rechten Seite ein Schild mit der Beschriftung „Mémorial du Président Kaysone Phomvihane" auftaucht. Eine Fahrt mit dem *tuk-tuk* aus dem Zentrum hierher kostet rund 40 000 Kip.

★**Pha That Luang**   BUDDHISTISCHER STUPA
(ພະທາດຫລວງ, Heilige Königliche Reliquie, Großer Stupa; Th That Luang; 5000 Kip, Leihkosten für einen langen Rock zum Betreten des Tempels 5000 Kip; ☺ Di–So 8–12 & 13–16 Uhr) Wichtigstes nationales Monument des Landes und ein Symbol für den Buddhismus sowie die laotische Souveränität ist der grazile goldene Pha That Luang. Einer Legende nach errichteten Ashokan-Missionare aus Indien hier bereits im 3. Jh. v. Chr. einen *tâht* (Stupa) mit einem Stück aus Buddhas Brustbein. Das Bauwerk liegt 4 km nordöstlich des Zentrums am Ende der Th That Luang.

Laotisches Textilmuseum   MUSEUM
(ພິພິດທະພັນຜ້າໄໝບູຮານລາວ; ☏ 030-5727423; 30 000 Kip; ☺ 10–16 Uhr) Aus diesem ehemals privaten Museum, das von den Inhabern der Kanchana Boutique (S. 165) gegründet wurde, ist eine Art laotisches Kulturzentrum entstanden. Zu der grünen Anlage gehören ein Holzhaus mit Webstühlen und antiken Textilien, die verschiedene Volksgruppen repräsentieren, sowie ein Geschäft. Außerdem gibt's Web- und Färbkurse. Vor dem Besuch sollte man sich in der Kanchana Boutique anmelden, wo man auch eine Übersichtskarte bekommt.

Xieng Khuan   MUSEUM
(ຊຽງຂວັນ, Suan Phut, Buddhapark; 5000 Kip, Fotoerlaubnis 3000 Kip; ☺ 8–16.30 Uhr) 25 km

BESUCH IM PHA THAT LUANG

Jede Ebene des Pha That Luang hat verschiedene die Lehre Buddhas repräsentierende architektonische Elemente. Besucher sollen beim Gang durch das Gebäude über ihre Bedeutung nachdenken. Die erste Ebene ist eine fast quadratische Terrasse mit den Maßen 68 mal 69 m, auf der 323 *sěe máh* (Ordinationssteine) stehen. Sie symbolisieren die materielle Welt. An den Ecken finden sich vier gewölbte *hŏr wái* (Gebetshallen). Kurze Treppen führen zu ihnen und weiter auf die zweite Ebene.

Diese misst 48 mal 48 m und ist von 120 Lotusblüten umgeben. Hier sieht man 288 *sěe máh* und 30 kleine Stupas, ein Sinnbild für die 30 Schritte auf dem *báhlamée săhm-síp tat* (Pfad zur Erleuchtung) vom Almosengeben bis zur Gelassenheit.

Torbogen führen zur nächsten Ebene hinauf, einem 30 mal 30 m großen Quadrat. Der große zentrale Stupa hat einen mit Stuck verzierten Kern aus Ziegelsteinen und erhebt sich auf einer schalenförmigen Basis, die an Indiens ersten buddhistischen Stupa in Sanchi erinnert. Hier beginnt der von Lotusblüten umgebene Aufbau.

Die kurvenförmige vierseitige Spitze ähnelt einer länglichen Lotusknospe und steht für das Wachstum dieser Pflanze vom Samen im schlammigen Grund eines Sees bis zur Blüte auf der Wasseroberfläche, eine Metapher für die menschliche Verwandlung von der Unwissenheit zur Erleuchtung im Buddhismus. Der gesamte *tâht* (Stupa) wurde 1995 zum 20. Jahrestag der Demokratischen Volksrepublik Laos (DVR) neu vergoldet. Ihn krönen eine stilisierte Bananenblüte und ein Sonnenschirm. Von der Basis bis zur Spitze misst der Pha That Luang 45 m.

südöstlich vom Zentrum Vientianes zeigt das exzentrische Xieng Khouang entrückte buddhistische und hinduistische Skulpturen aus Beton. Das Gebäude wurde 1958 von Luang Pu entworfen, einem Yogi, Priester und Schamanen, der Mythologie und Ikonografie von Hinduismus und Buddhismus zu einem kryptischen Ganzen vereinigte. Tagsüber fährt die Busline 14 (8000 Kip, 1 Std., 24 km) alle 15 Minuten vom Talat-Sao-Busbahnhof zum Museum. Alternativ mietet man ein *tuk-tuk* (hin & zurück 200 000 Kip).

Wat Chanthabuli   BUDDHISTISCHER TEMPEL
(Karte S.146; Th Fa Ngoum) Dieser schöne Tempel am Fluss wurde im 16. Jh. errichtet, 1828 während der siamesischen Invasion zerstört und später neu aufgebaut. Heute erstrahlt er wieder in alter Pracht. Besonders sehenswert ist der riesige sitzende Bronzebuddha.

Wat Mixai   BUDDHISTISCHER TEMPEL
(Karte S.146; Th Setthathirath) GRATIS Einer von mehreren Tempeln an der Hauptstraße. Das Bauwerk ist für seinen *sĭm* (Versammlungsraum) im Bangkok-Stil und für seine mächtigen Tore bekannt, die von zwei *nyak* (riesige Wächter) flankiert werden.

**Wat Ong Teu
Mahawihan**   BUDDHISTISCHER TEMPEL
(Karte S.146; Th Setthathirath) GRATIS Der Tempel zählt zu den bedeutendsten in Laos. Er wurde ursprünglich im 16. Jh. von König

Setthathirat erbaut und soll an einem Ort stehen, der bereits im 3. Jh. zu religiösen Zwecken genutzt wurde. Wie fast jeder Tempel in Vientiane wurde er in späteren Kriegen mit den Siamesen zerstört und im 20. Jh. wieder aufgebaut.

That Dam   DENKMAL
(Schwarzer Stupa; Karte S.146; Th Bartholomei) Der Stupa steht auf einem ruhigen Rondell in der Nähe des Stadtzentrums. Der Legende nach soll er einst mit Blattgold bedeckt gewesen sein, das die Siamesen angeblich im Krieg von 1828 gestohlen haben. In Erinnerung daran erhielt das Bauwerk den Beinamen „Schwarzer Stupa".

🏃 Aktivitäten

Nakarath Travel   ABENTEUERSPORT
(www.nakarathtravel.com) Luxusreiseunternehmen, das geführte Kulturreisen im ganzen Land organisiert.

Sinouk Coffee Pavilion   KAFFEE
(☏ 030-2000654; www.sinouk-cafe.com; Km 9, Th Tha Deua; ☉ 8–17 Uhr) Im Hauptsitz von Sinouk Coffee, einem der besten Kaffeeproduzenten Laos', steht dieser Pavillon, in dem man etwas über die Kunst der Kaffeeherstellung lernen kann. Es gibt eine Kaffeegalerie und ein kleines Museum, außerdem Röst- und Verkostungsräume, in denen man mit etwas

Vientane Zentrum

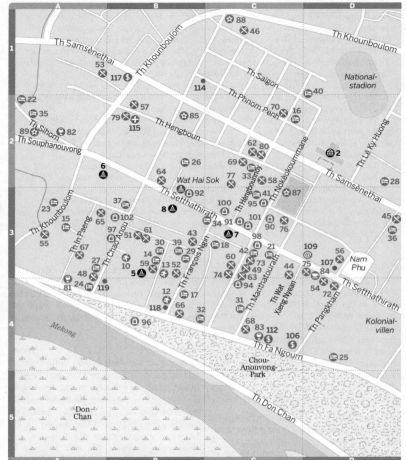

VIENTIANE, VANG VIENG & UMGEBUNG VIENTIANE

Glück dabei zusehen kann, wie der Kaffee hergestellt wird.

Samstags finden Verkostungen statt; Details gibt's auf der Facebook-Seite (sinoukcoffeeofficial). Sie sind wie Weinverkostungen, aber für Kaffeekenner; eine zweistündige Session kostet etwa 60 000 Kip.

Ocean Park WASSERPARK
(☎ 030-2819014; ITECC Vientiane; Erw./Kind 50 000/25 000 Kip; ☺ 11–19 Uhr) Potzblitz! Der neue Wasserpark ist ganz im Piratenstil gehalten und bietet eine große Auswahl an Rutschen, Tubes, künstlichen Flüssen und mehr. An heißen Tagen eine gute Option für Familien.

Lao Bowling Centre BOWLING
(Karte S.146; ☎ 021-218661; Th Khounboulom; 16 000 Kip pro Spiel inkl. Schuhverleih; ☺ 9–24 Uhr) Grelle Beleuchtung, Beerlao und ausgelassene Bowlingspieler.

Die Anlage ist zwar in schlechtem Zustand, aber hier einen typisch laotischen Abend zu verbringen macht trotzdem Spaß. Manchmal hat die Kegelbahn bis in die Morgenstunden geöffnet.

Gesundheit & Fitness

Vientiane Yoga Studio YOGA
(Karte S.142; ☎ 020-78510490; www.vientianeyogastudio.weebly.com; 90-min. Kurs 80 000 Kip;

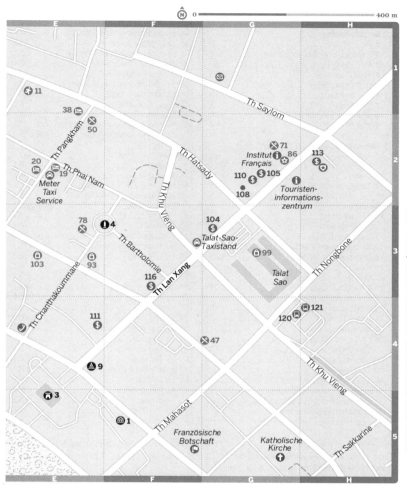

⊘ Mo–Fr 9 & 18, Sa 8.30, 13.30, 15.30 & 17.30 Uhr) Die Yogaschule befindet sich in einem ruhigen Garten in einer versteckten Seitenstraße und bietet Hatha, Vinyasa, Yin, Yoga für Fortgeschrittene sowie Pilates. Die Lehrerin Nanci hat zehn Jahre Yoga-Erfahrung.

Bee Bee Fitness   GESUNDHEIT & FITNESS
(Karte S. 142; ☐ 021-315877; eintägige Mitgliedschaft 40 000 Kip; ⊘ Mo–Fr 6–21, Sa & So 7–21 Uhr) Dieses tolle Fitnessstudio gegenüber der Australischen Botschaft blickt auf den Mekong, sodass man vom Laufband aus vorbeiziehende Boote beobachten kann. Der weitläufige Komplex verfügt über anständi-ge Rudermaschinen, Spinningräder und Geräte, zudem gibt's regelmäßige Zumba- und Pilateskurse.

Massage & Spa

★ **Oasis**   MASSAGE
(Karte S. 146; Th François Ngin; ⊘ 9–21 Uhr) Für eine Fußmassage (50 000 Kip), eine laotische Körpermassage (60 000 Kip), ein Pfefferminz-Körperpeeling (200 000 Kip) und zahlreiche weitere Behandlungen ist diese ruhige, saubere und professionelle Einrichtung in zentraler Lage die ideale Adresse. Das Spa mit dem besten Preis-Leistungs-Verhältnis der Stadt.

Vientane Zentrum

Tangerine Garden Spa　　　　　SPA
(Karte S. 146; ☎ 021-251452; abseits der Th Fa Ngoum; ☺ 9–21 Uhr) Das luxuriöseste Spa der Stadt liegt gegenüber dem Ansara Hôtel und ist im Kolonialstil gehalten. Die chinesisch-laotische Lobby ist die passende Kulisse für eine Entspannungsreise, die Fußmassagen (80 000 Kip), Aromamassagen (180 000 Kip) und „Bürosyndrom"-Massagen (100 000 Kip) beinhaltet. Letztere konzentriert sich auf Hals, Schultern und Rücken.

Kräutersauna　　　　　　　MASSAGE
(Karte S. 146; ☎ 020-55044655; bei der Th Chao Anou; ☺ 13–21 Uhr) Nicht weit vom Fluss kann man in dieser einfachen Sauna in zwei geschlechtergetrennten Räumen für 15 000 Kip schwitzen oder sich eine Massage gönnen, z. B. eine laotische (40 000 Kip pro Std.), eine Öl- (80 000 Kip pro Std.) oder eine Fußmassage (40 000 Kip pro Std.).

Wat Si Amphon　　　　　　　SPA
(Karte S. 142; Th Si Amphon; ☺ 7–17 Uhr) Wat Si Amphon ist einer der heiligen Tempel, die wieder Kräutersaunen anbieten, nachdem die Sauna Wat Sok Pa Luang 2013 bei einem Brand zerstört wurde.

🥢 Kurse

**Houey Hong Vocational
Training Center for Women**　　WEBEN
(☎ 021-560006; www.houeyhongcentre.com; Ban Houey Hong; ☺ Mo–Sa 8.30–16.30 Uhr) Im Houey Hong Vocational Training Center for Women stehen das Färben von Textilien mit natürlichen Pigmenten und das Weben mit traditionellen Geräten im Mittelpunkt. Das Zentrum nördlich von Vientiane wurde von

einer Nichtregierungsorganisation errichtet, um benachteiligte Frauen aus ländlichen Gebieten in diesen kunsthandwerklichen Fähigkeiten auszubilden.

Besucher können ihnen kostenlos zuschauen oder sich selbst im Färben (100 000 Kip, 2 Std., 1 Schal) und Weben (250 000 Kip pro Tag) versuchen. Die dabei erzeugten Produkte darf man behalten. Die Hin- und Rückfahrt zum bzw. ab dem Ausbildungszentrum zum/vom True Colour (S.165), der Anlauf- und Verkaufsstelle in der Innenstadt, kostet 50 000 Kip zusätzlich.

Villa Lao   KOCHEN
(Karte S. 142; ☎ 020-22217588; www.villalaos.com; bei der Th Nong Douang; halbtägiger Kurs 25 US$ pro. Person.) Villa Lao bietet Kurse um 9 und um 13 Uhr (nach Voranmeldung), die einen Besuch auf dem Markt, die Zubereitung von

drei Gerichten nach Wahl und eine anschließende Verkostung beinhalten. Der Standort der Kochschule ist sehr ruhig – ein Stück Landleben in der Stadt!

Summer Study Abroad in Laos   SPRACHE
(SAIL; www.laostudies.org/sail; 5-wöchiger Kurs 2760 US$) Das Lao-American College in Vientiane bietet ein intensives Studienprogramm mit Sprachkursen in mehreren Stufen.

👉 Geführte Touren

⭐ **Tuk Tuk Safari**   KULTUR
(☎ 020-54333089; www.tuktuksafari.com; Erw./ Kind unter 12 Jahren 70/40 US$; ⊘ 8–17 Uhr) Dieses gemeindebewusste Tourunternehmen bietet Touren mit dem *tuk-tuk*, bei denen man das wahre Vientiane kennenlernt. Der Tourführer Ere führt die Teilnehmer auf einen laotischen Markt, zu einem Silber-

schmied und hinter die Kulissen zu einem Restaurant, das Straßenkinder zu Köchen ausbildet (anschließend kann man ihre leckeren Gerichte auch verkosten). Zuletzt steht ein Besuch des COPE-Besucherzentrums für die Opfer von Blindgängern auf dem Programm.

Lao Disabled Women's Development Centre KULTUR
(☎021-812282; http://laodisabledwomen.com; 100 Th Tha Deua; Tour 50 000–100 000 Kip; ☉ Mo–Fr 8.30–16.30 Uhr, an Wochenenden nach Voranmeldung) 🖉 Das Zentrum wird von einer Gemeinschaft behinderter laotischer Frauen geführt und sagt den Vorurteilen, denen Behinderte in Laos manchmal gegenüberstehen, den Kampf an. Um die behinderten Frauen zu stärken, werden Ausbildungskurse und Weiterbildungen angeboten. Touristen können das Zentrum kostenlos besuchen oder sich für eine Führung anmelden, um mehr über die Handwerkskunst aus recyceltem Papier zu lernen.

Backstreet Academy GEFÜHRTE TOUREN
(☎020-58199216; www.backstreetacademy.com) Wer die Laoten näher kennenlernen will, sollte Backstreet Academy kontaktieren, eine Reisewebsite, die direkte Kontakte zu Einheimischen vermittelt und sich darauf spezialisiert, kulturelle Begegnungen zwischen Travellern und lokalen Gastgebern zu organisieren. Zur Auswahl stehen *muay Lao* (Kickboxkurse), traditionelle Tanzkurse, laotische Kochkurse in Privathäusern, Malkurse, Kurse in Zenmeditation u. v. m.

🎎 Feste & Events

Pi Mai KULTUR
Das Laotische Neujahr wird Mitte April mit einer riesigen Wasserschlacht gefeiert, bei der auch Touristen nicht verschont werden. In dieser Zeit sind Trunkenheit am Steuer und Diebstahl weit verbreitet, daher sollte man auf seinen Fahrer und seine Brieftasche achten!

Bun Nam SPORT
(Bun Suang Héua; ☉ Okt.) Ein weiteres großes Ereignis mit Bootsrennen auf dem Mekong ist das jährliche Bun Nam am Ende der *pansäh* (buddhistische Regenzeit) im Oktober. Zu diesem Anlass treten Ruderteams aus Laos, Thailand, China und Myanmar gegeneinander an. Drei Tage und Nächte säumen Essensstände, Discos, Spielbuden und Biergärten das Flussufer.

🚴 Fahrradtour
Von den Monumenten nach Vientiane

START LE BANNETON
ZIEL CHOKDEE CAFE
LÄNGE/DAUER 5 KM/4–6 STD.

Vientiane lässt sich wunderbar mit dem Rad erkunden. Am besten startet man in den kühlen Morgenstunden und legt zum Frühstück und Mittagessen Pausen ein. Wer später losfährt, sollte mittags und abends Stopps einplanen, allerdings ist es ratsam, einige Sehenswürdigkeiten wie den Talat Khoua Din früh am Tag zu besuchen.

Los geht's mit Kaffee und Croissant in einer der französischen Bäckereien in der Th Nokèokoummane wie ❶ **Le Banneton** (S. 157). Nebenan gibt's einen Radverleih, ebenso in der angrenzenden Th François Ngin. Die meisten Läden öffnen um 7 Uhr und verlangen rund 10 000 Kip pro Tag.

Als Erstes folgt man der Th Setthathirath (Einbahnstraße), die am ❷ **Nam-Phou-Springbrunnen** vorbeiführt, etwa 1 km bis zu einer Ampel. Auf der rechten Seite befindet sich der ❸ **Präsidentenpalast** (Karte S. 146), der ursprünglich für den französischen Gouverneur der Kolonialregierung errichtet wurde.

Gegenüber erhebt sich der ❹ **Wat Si Saket** (S. 140) mit seinen unzähligen Buddhafiguren. Weiter die Straße hinauf stößt man auf den ❺ **Ho Pha Kaeo** (S. 140), das Nationalmuseum für religiöse Artefakte. In den Morgenstunden herrscht dort noch nicht so viel Andrang.

Anschließend radelt man in gleicher Richtung weiter auf der Th Setthathirath, überquert die Th Mahasot und biegt links in die Th Gallieni ab. Auf der linken Seite erstrecken sich die weißen Mauern der ❻ **Französischen Botschaft**, rechts ist die ❼ **Kathedrale des heiligen Herzens** (Karte S. 146) zu sehen. Bald darauf erreicht man die T-Kreuzung mit der Th Khu Vieng. Gegenüber befindet sich der leicht zu übersehene Eingang zum ❽ **Talat Khua Din**, einem der größten Lebensmittelmärkte der Stadt.

Auf der Th Khu Vieng geht's Richtung Nordwesten, dann rechts in die Th Lan Xang, die auch euphemistisch als „Champs

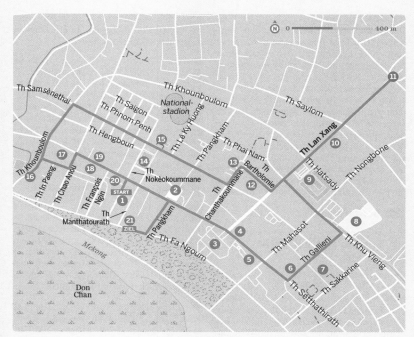

Elysées des Ostens" bezeichnet wird. Hier liegt Vientianes größter Markt, der **9** **Talat Sao** (S. 165) mit einem tollen Textilienangebot.

Weiter nordöstlich entlang der Th Lan Xang passiert man die **10** **Touristeninformation**. 500 m entfernt bietet der **11** **Patuxai** (S. 140) eine herrliche Aussicht über die Stadt und das Umland.

Nachdem man das Bauwerk umrundet hat, radelt man weiter in Richtung Südwesten entlang der Th Lan Xang und biegt rechts in die ruhige Th Bartholomie ab. Unterwegs kommt man an der **12** **früheren US-Botschaft** und dem **13** **That Dam** (S. 145) vorbei. Die Goldbeschichtung des Stupas soll von den Siamesen während ihres Plünderungsfeldzugs 1828 gestohlen worden sein. Hat man das Gebäude passiert, fährt man weiter in Richtung Südwesten und biegt rechts in die Th Samsènethai ein.

Zwei Häuserblocks später entdeckt man links die kitschige von China finanzierte **14** **Nationale Kulturhalle** (S. 163) und rechts das **15** **Nationalmuseum** (S. 141), das Einblicke ins alte und ins moderne Laos gewährt.

Nun geht's weitere 500 m die Einbahnstraße Th Samsènethai entlang bis zur Ampel und links in südwestlicher Richtung die Th Khounboulom entlang bis zum **16** **Khambang Lao** **Food Restaurant** (S. 161), dem besten Lokal im Stadtzentrum und ideal für ein Mittagessen.

Frisch gestärkt fährt man die Th Khounboulom einen Block Richtung Nordosten zurück bis zum **17** **Wat In Paeng** (Karte S. 146), dessen *sǐm* (Versammlungshalle) mit einem kunstvoll gestalteten Stuckrelief aufwartet. Über die Th Chao Anou geht's in die Th Setthathirath und zum **18** **Wat Ong Teu Mahawihan** (S. 145) mit dem gleichnamigen Bronzebuddha aus dem 16. Jh.: Dieser ist 5,80 m hoch und wiegt mehrere Tonnen. Die *sǐm*, in der er aufbewahrt wird, ist auch für ihre Terrasse mit Holzfassade bekannt, ein Meisterwerk laotischer Schnitzereikunst. Im schattigen, wenig besuchten **19** **Wat Haysoke** (Karte S. 146) steht eine weitere kleine Pause auf dem Programm, bevor man zum letzten Tempel der Route, dem **20** **Wat Mixai** (S. 145), aufbricht. Ihn zieren eine Versammlungshalle im Bangkokstil und schwere Tore mit zwei *nyak* (riesige Wächter).

Auf der Th Setthathirath geht's weiter nach Osten zurück zum Nam-Phou-Springbrunnen und dann rechts die Th Pangkham entlang bis zum **21** **Chokdee Cafe** (S. 162), einem gemütlichen kleinen Café mit einer riesigen Auswahl an belgischen Bieren, wo man sich mit einem Getränk erfrischen kann.

Bun Pha That Luang KULTUR
(That Luang Festival; ☺Nov.) Der größte Tempelmarkt in Laos findet Anfang November statt. Alles beginnt mit der *wéean téean* (Umkreisung) des Wat Si Muang, gefolgt von einer Prozession zum Pha That Luang, der eine Woche lang nachts beleuchtet wird.

Als Höhepunkt gilt die *ḋák-bàht*-Zeremonie am Morgen des Vollmonds, bei der Tausende Mönche aus dem ganzen Land Lebensmittelspenden erhalten. Am Abend werden *ḃạhsàht* (Miniaturtempel aus Bananenstängeln, die mit Blumen und anderen Gaben geschmückt sind) getragen. Hinterher gibt's ein Feuerwerk und eine Abschlussfeier, die meist bis zum Morgengrauen andauert.

🛏 Schlafen

🛏 Thanon Setthathirath & Nam Phu

Dream Home Hostel 2 HOSTEL $
(Karte S.146; ☎020-95591102; dreamhome hostel2@gmail.com; Th Sihom; B 50000 Kip, Zi. 25 US$; ❋🛜) Eine klassische Backpackerabsteige und eines der beliebtesten Hostels der Stadt. Der Rezeptionsraum ist mit Wandbildern geschmückt, während Musik und ein Billardtisch schon im Eingangsbereich für Stimmung sorgen. Die Räume bieten ein gutes Preis-Leistungs-Verhältnis: Sie sind groß und haben Fernseher mit Flachbildschirmen – genau das Richtige für anspruchsvolle Traveller.

Vientiane Backpackers Hostel HOSTEL $
(Karte S.146; ☎020-97484277; www.vientiane backpackershostel.com; Th Nokèokoummane; B inkl. Frühstück 40000 Kip; ☺@🛜) Neben drei gemischten Schlafsälen für je 12, 16 und 20 Personen bietet dieses neue Hostel ein Café, das Burger und Shakes serviert, einen Wäschereiservice, Gratis-WLAN sowie Fahrräder (10 000 Kip) und Roller (70 000 Kip) zum Ausleihen. Die Bäder und Duschen sind modern und sauber, aber es gibt keine Einrichtungen zur Selbstverpflegung. Dafür punktet die Bleibe mit einem kostenlosen Buchungs- und Visa-Service.

Orange Backpacker Hostel HOSTEL $
(Karte S.146; ☎020-22455588; vonglatsamy24@ gmail.com; Th Sihom; B 45000 Kip, Zi. 70000– 120000 Kip; ❋@) In der aufstrebenden Th Sihom überzeugt dieses Backpacker-Hostel mit billigen Schlafsaalbetten für Budget-reisende; im Preis ist sogar ein Frühstück

inbegriffen. Zimmer mit Klimaanlage sind ab 100 000 Kip zu haben, Internetzugang kostet 10 000 Kip pro Stunde.

Sport Guesthouse PENSION $
(Karte S.146; ☎021-241352; sportguesthouse.sg@ hotmail.com; Th François Ngin; Zi. mit Ventilator/ Klimaanlage 80 000/100 000 Kip, 3BZ 120 000/ 150 000 Kip; ☺❋@🛜) Das frühere Lao Youth Inn besitzt kleine, aber saubere Zimmer mit gepflegten Bädern und polierten Fliesenböden. Was der Pension an Luxus fehlt, macht sie mit anderen Angeboten wieder wett: Es gibt ein hübsches Café mit Saftbar, einen Buchungsservice und einen Fahrrad- (10 000 Kip) und Rollerverleih (60 000 Kip).

Lucky Backpacker HOSTEL $
(Karte S.146; ☎021-255636; Th Manthatourath; B/ DZ 40 000/140 000 Kip; ❋🛜) Ein neues Hostel mit geräumigen Schlafsälen, guten Duschen und einem klimatisierten Doppelzimmer ohne Fenster. Unter den Betten befinden sich Schließfächer, allerdings ohne Schlösser. Das Personal ist sehr freundlich.

★LV City Riverine Hotel HOTEL $$
(Karte S.146; ☎021-214643; www.lvcitylaos.com; 48 Th Fa Ngoum; Zi. inkl. Frühstück 220 000– 390 000 Kip; ☺❋🛜) Das LV ist nicht mit anderen „City"-Hotels in der Stadt zu vergleichen, denn es hat eine großartige Lage in Flussnähe. Die Zimmer sind groß und gepflegt, wobei sich das Extrageld für das noch größere VIP-Zimmer mit Himmelbett lohnt. Alle Räume sind mit Waschmaschinen ausgestattet – sehr praktisch, wenn man gerade von einem Dschungeltrip kommt.

★Hotel Khamvongsa HOTEL $$
(Karte S.146; ☎021-218415; www.hotelkhamvongsa. com; Th Khounboulom; EZ/DZ/3BZ inkl. Frühstück 40/60/80 US$; ☺❋🛜) Dieses charmante Gebäude aus der französischen Kolonialzeit wurde liebevoll in ein einladendes Boutique-Hotel verwandelt. Viel Licht und Glas, karierte Fliesenböden und schlichte Zimmer mit gedämpfter Beleuchtung, schicken Betten, Parkettböden und Dekor im Indo-Schick sorgen für Belle-Époque-Flair. Die Räume im dritten und vierten Stock bieten einen tollen Ausblick, außerdem gibt's einen Garten und ein Restaurant. Das Frühstück ist köstlich!

Vientiane Garden Hotel HOTEL $$
(Karte S.146; ☎021-241964; http://vientiane gardenhotel.com; 56 Th Sihom; Zi. inkl. Frühstück 40–80 US$; ☺❋🛜❋) Wegen des bescheide-

nen Eingangs erkennt man nicht sofort, was für eine tolle Oase dieses schicke Hotel ist, das sich in einer Straße voller Backpacker-hostels befindet. Der Pool im versteckten Innenhof und der Garten sind an heißen Tagen perfekt zum Entspannen. Die Zimmer im Obergeschoss bieten noch ein wenig mehr Annehmlichkeiten.

Lani's House by the Pond PENSION $$
(Karte S.146; ☑ 021-215639; www.lanishouse-by theponds.com; Th Setthathirath; EZ/DZ/Suite 45/65/80 US$; ☺❋☎) Lani's House liegt am Ende einer schmalen Seitenstraße, die zu einem Tempel führt. Die im Art-déco-Stil gehaltene Villa hat eine Atmosphäre wie im alten Indochina. Sie ist mit authentischen Kronleuchtern aus Paris und mit antiken Möbeln eingerichtet. In der Lobby hängen eindrucksvolle Bilder des alten Laos und es gibt einen mit Ornamenten geschmückten Teich mit Koi-Karpfen. Man kann kaum glauben, dass man sich im Stadtzentrum befindet. Die riesigen Zimmer sind im Shabby-Stil gehalten und verfügen über Kabelfernsehen und Kühlschränke. Sehr geschmackvoll!

Vayakorn Inn HOTEL $$
(Karte S.146; ☑ 021-215348; www.vayakorn.biz; 19 Th Hèngbounnoy; Zi. 35 US$; ☺❋@☎) In einer ruhigen Straße abseits der zunehmend hektischen Th Setthathirath bietet das geschmackvolle, friedliche Vayakorn Inn ein gutes Preis-Leistungs-Verhältnis. Neben der mit Kerzenleuchtern und Kunsthandwerk geschmückten Eingangshalle und den Hartholzböden erwarten Gäste großzügig geschnittene, makellos saubere Zimmer mit frischer Bettwäsche, ausgewählter Kunst, Flachbildfernsehern, Tischen und modernen Bädern. Von den Räumen in den oberen Etagen genießt man einen exzellenten Blick über die Stadt.

Manorom Boutique Hotel BOUTIQUE-HOTEL $$
(Karte S.146; ☑ 021-250748; manoromboutiquehotel@hotmail.com; Th Hèngbounnoy; Zi. 35–45 US$; ☺❋☎) Das preiswerte Boutique-Hotel erhebt sich hoch über einer kleinen *soi* (Gasse) im Stadtzentrum und begeistert mit einem hervorragenden Preis-Leistungs-Verhältnis. In der stilvollen Lobby wird man mit laotischer Gastfreundlichkeit begrüßt; die Räume sind mit polierten Hartholzböden, Seidenteppichen und geschmackvollem Kunsthandwerk eingerichtet.

Phonepaseuth Guest House PENSION $$
(Karte S.146; ☑ 021-212263; 97 Th Pangkham; Zi. ab 28 US$; ☺❋@☎) Nach wie vor erfreut sich die alteingesessene Pension nahe des Nam Phu großer Beliebtheit. Dafür sorgen in frischen Farben gestrichene Wände, kühle, geräumige Zimmer, blitzblanke Privatbäder, Kabelfernsehen, WLAN und gestärkte Bettlaken. Die Zimmer an der Straßenseite haben kleine Privatbalkone. Zur ansprechenden Einrichtung gehören Überwürfe im Hmong-Stil und Glaslampenschirme an den Wänden.

Souphaphone Guesthouse PENSION $$
(Karte S.146; ☑ 021-261468; www.souphaphone.net; bei der Th François Ngin; Zi. 170000–200000 Kip; ☺❋@☎) Von seinen stolzen Besitzern wird das Souphaphone Guesthouse hervorragend in Schuss gehalten. Es beherbergt 22 Zimmer mit frischen Bettlaken, hübsch gefliesten Böden und wunderschönen Wänden. Nicht alle haben Fenster, dafür aber eigene Bäder, Kühlschränke, WLAN und Fernseher. Dank des günstigen Preises ist die Pension oft ausgebucht.

Salana Boutique Hotel BOUTIQUE-HOTEL $$$
(Karte S.146; ☑ 021-254254; www.salanaboutique.com; Th Chao Anou; Zi. Standard/Deluxe 135/145 US$, Suite ab 200 US$; ☺❋☎) Eine schicke Ergänzung des Unterkunftsangebots in Vientiane ist das auf Hochglanz polierte, mit Holzelementen versehene Salana, das laotische mit zeitgenössischen Stilelementen verbindet. Die Zimmer verfügen über Holzböden, indigen inspirierte Bettüberwürfe, gedämpfte Beleuchtung, Flachbildfernseher, Tresore, Regenduschen und tolle Extras wie Frangipanis. Teilweise punkten sie außerdem mit einem fantastischen Tempelblick.

Dhavara Boutique Hotel BOUTIQUE-HOTEL $$$
(Karte S.146; ☑ 021-222238; www.dhavarahotel.com; 25 Th Manthatourath; Zi. 180–600 US$; ☺❋@☎) Dhavara ist ein opulentes, im neoklassischen Stil gehaltenes Hotel mit den schönsten Zimmern in Vientiane. Zur Ausstattung gehören Marmorbäder und Parkettböden sowie Extras wie kostenloses WLAN und eine gut ausgestattete Minibar.

Le Luxe Boutique Hotel BOUTIQUE-HOTEL $$$
(Karte S.146; ☑ 021-255777; www.leluxehotel.com; Th Fa Ngoum; Zi. 68–148 US$; ☺❋☎) Hält, was der Name verspricht: Das Boutique-Hotel bietet Luxus zu erschwinglichen Preisen. Mit nur 15 Zimmern ist es eine intime Unterkunft, die Wert auf jedes Detail legt. Die Lage in einer ruhigen Seitenstraße am Fluss ist großartig.

🛏 Thanon Samsenthai & Umgebung

Syri 1 Guest House PENSION $
(Karte S. 146; 📞 021-212682; Th Saigon; Zi. 50 000–150 000 Kip; ❄ @ 🛜) Großzügig geschnittene Zimmer (Klimaanlage oder Ventilator, Privat- oder Gemeinschaftsbad), erholsame Aufenthaltsbereiche, eine DVD-Lounge, Leihfahrräder, individuelle Radtouren durch die Stadt und äußerst freundliches Personal machen das in einer Seitenstraße gelegene Siri sehr beliebt bei Budgetreisenden.

Avalon B & B B&B $
(Karte S. 146; 📞 030-5828801; avalonbed@gmail. com; Th Phanompenh; B 50 000–70 000 Kip, Zi. 200 000–240 000 Kip, alle inkl. Frühstück; ❄ 🛜) In einer Seitenstraße hinter dem Nationalstadion bietet diese beliebte Pension mehrere 10-Bett-Zimmer sowie Zimmer ausschließlich für Frauen. Die Räume sind groß und sehr gepflegt. Im Preis ist ein einfaches Frühstück inbegriffen, das im Erdgeschoss eingenommen wird. Das B&B gehört zu der aufstrebenden Avalon-Kette, die noch weitere Hotels in Vientiane und Savannakhet betreibt.

Champa Garden Hotel BOUTIQUE-HOTEL $$
(Karte S. 146; 📞 020-91585858; http://cham pagardenhotel.com; bei der Th François Ngin; Zi. 50–60 US$; ❄ 🛜 ❄) Etwas versteckt hinter der beliebten Th François Ngin liegt dieses bezaubernde, ganz aus Holz erbaute Boutique-Hotel, dessen Zimmer sich um einen Innenhof mit Swimmingpool reihen. Trotz seiner zentralen Lage in der Hauptstadt hat es eine friedliche Atmosphäre, die eher an Luang Prabang erinnert. Weitere Pluspunkte sind die Fernseher mit Flachbildschirmen und Tresorfächer in den Zimmern.

Day Inn Hotel HOTEL $$
(Karte S. 146; 📞 021-222985; dayinn@laopdr. com;59/3 Th Pangkham; EZ/DZ/3BZ inkl. Frühstück 500 000/600 000/900 000 Kip; ❄ @ 🛜) Bei Geschäftsleuten erfreut sich das Day Inn mit seiner vanillefarbenen Fassade und dem Restaurant, das asiatische Fusionsküche serviert, großer Beliebtheit. Die 32 (teilweise schon etwas abgenutzten) Zimmer im schlichten internationalen Stil haben große Betten, Schreibtische, Flachbildfernseher und Klimaanlagen. Zudem gehört ein kostenloser Flughafentransfer zum Angebot.

City Inn HOTEL $$
(Karte S. 146; 📞 021-281333; www.cityinnvientian e.com; Th Pangkham; Zi. inkl. Frühstück 600 000– 1 000 000 Kip; ❄ @ 🛜) City Inn ist eines der schicksten Mittelklasse-Hotels für Geschäftsreisende, die Vientiane zu bieten hat. Außerdem vermietet es Apartments für Langzeitaufenthalte. Schon die moderne Lobby setzt Maßstäbe im Hinblick auf einen angenehmen Aufenthalt. Die Zimmer sind kunstvoll dekoriert und punkten mit vielen Annehmlichkeiten.

⭐ Settha Palace Hotel HOTEL $$$
(Karte S. 146; 📞 021-217581; www.setthapalace. com; 6 Th Pangkham; Zi. Standard/Deluxe 157/185 US$, Suite 330 US$; ❄ @ 🛜) Inmitten einer Anlage voller Blumen bietet das stattliche Hotel Eleganz, Erholung und erstklassigen Service. Ventilatoren surren über polierten Marmorböden, in denen sich Champagnergläser spiegeln könnten. Ebenso ansprechend sind die Zimmer mit Himmelbetten, Tischen und Holzböden, insbesondere die größeren Deluxe-Varianten.

Lao Plaza Hotel HOTEL $$$
(Karte S. 146; 📞 021-218800; www.laoplazahotel. com; 63 Th Samsènethai; EZ/DZ 190/215 US$, Suite 380 US$, alle inkl. Frühstück; ❄ 🛜) Das Gebäude in schnörkellosem Stil mit Marmorfassade, riesiger Lobby mit internationalem Touch und komfortablen Zimmern zieht viele Geschäftsreisende an. WLAN, Kabelfernsehen, Badewannen und mit Seide umhüllte Kopfteile der Betten sprechen für sich. Am Pool (120 000 Kip für Nichtgäste) kann man sich wunderbar sonnen und erfrischen.

🛏 Mekong-Ufer & Umgebung

⭐ Mixay Paradise Guesthouse PENSION $
(Karte S. 146; 📞 021-254223; laomixayparadise@ yahoo.com; Th François Ngin; EZ/DZ mit Ventilator & Gemeinschaftsbad 90 000/100 000 Kip, Zi. mit Klimaanlage & Bad 130 000–150 000 Kip; ❄ 🛜) Mixay Paradise besitzt 50 Zimmer mit pastellfarbenen Wänden; einige sind mit Balkonen, Privatbädern und Klimaanlagen ausgestattet. Die Böden sind blitzsauber und in der Lobby gibt's ein hübsches Café mit limettengrünen Wänden und Fahrstuhl. Eine der besten und saubersten Pensionen der Stadt. Ein Schließfach kostet 50 000 Kip.

Villa Manoly PENSION $$
(Karte S. 142; 📞 021-218907; www.villa-manoly. com; bei der Th Fa Ngoum; Zi. inkl. Frühstück 35–45 US$; ❄ 🛜) Das wunderbar altmodische Gebäude inmitten eines Gartens voller Pflanzen und Frangipanis hätte Le Carré

sicherlich zum Schreiben eines Romans inspiriert (vor Ort ist eine Sammlung seiner alten Telefone und Schreibmaschinen zu sehen). Die hübsch ausgestatteten Zimmer mit Holzböden, eigenen Bädern und Nachttischlampen blicken auf einen charmanten Pool. Insgesamt hat die Villa das Flair einer schicken Privatunterkunft.

Auberge Sala Inpeng   PENSION $$
(Karte S. 146; ☑ 021-242021; www.salalao.com; Th In Paeng; Zi. inkl. Frühstück 25–50 US$; ⊕✳@🛜) Diese malerische Oase ist durch und durch individuell und sucht in der Stadt ihresgleichen. In den Gärten voller Tamarinden und Frangipanis warten mehrere Holzhütten und ein charmantes traditionelles laotisches Haus. Die größeren Zimmer zeichnen sich durch rustikalen Schick aus und verfügen über eigene Bäder sowie Klimaanlagen. Dagegen sind die billigeren Hütten zwar klein, haben jedoch jede Menge Flair.

Best Western Vientiane   HOTEL $$
(Karte S. 146; ☑ 021-216909; www.bestwesternvientiane.com; 2-12 Th François Ngin; EZ/DZ inkl. Frühstück 75/85 US$; ⊕✳@🛜🏊) Für Traveller, die auf der Suche nach einer stylishen Lobby, einem ruhigen Garten mit Pool, einem Fitnessstudio und gehobenem Stil sind, ist dieses funkelnde Hotel die richtige Adresse. Die 44 Zimmer mit Parkettboden, schneeweißer Bettwäsche und hochwertiger Einrichtung versprühen eine elegante Atmosphäre.

Lao Silk Hotel   PENSION $$
(Karte S. 146; ☑ 021-213976; www.laosilkhotel.com; Th François Ngin; Zi. 189 000–328 000 Kip; ⊕✳🛜) Die 20 duftend-frischen Zimmer dieses ansprechenden Hotels überzeugen mit ihrem geschmackvollen Dekor und ihren eleganten Bädern. Sie sind zwar nicht allzu großzügig geschnitten, aber das machen WLAN, Kabelfernsehen, Klimaanlagen und der edle Stil problemlos wett. Unten lädt eine Café-Bar zum Entspannen, Arbeiten oder Lesen ein.

Hotel Beau Rivage Mekong   PENSION $$
(Karte S. 142; ☑ 021-243375; www.hbrm.com; Th Fa Ngoum; Zi. inkl. Frühstück 47–59 US$; ⊕✳@🛜) Seit der parallel zum Fluss verlaufende unbefestigte Weg gepflastert und von Bäumen befreit wurde, wirkt das Boutique-Hotel in Flamingorosa von außen etwas weniger romantisch, punktet jedoch noch immer mit großartigen Zimmern, Bambuselementen, hochwertiger Bettwäsche, hohen Decken und einem charmanten Garten hinterm

Haus. Jeder Raum ist nach einer anderen laotischen Provinz benannt.

Intercity Hotel   HOTEL $$
(Karte S. 146; ☑ 021-242843; 24-25 Th Fa Ngoum; EZ/DZ/Suite inkl. Frühstück 40/60/80 US$; ✳@🛜) Von außen wirkt das Hotel am Fluss reizlos, aber in seinem Innern verbirgt es herrliche Mosaikböden und 46 Zimmer mit weinroten Wänden, die mit traditioneller Kunst und edlem Kunsthandwerk dekoriert sind. Die Deluxe-Zimmer sind extrem komfortabel und bieten einen romantischen Ausblick auf den Mekong; im Vergleich dazu wirken die Standardzimmer eher charakterlos.

Lao Orchid Hotel   HOTEL $$
(Karte S. 146; ☑ 021-264134; www.lao-orchid-hotel.com; Th Chao Anou; DZ/Suite inkl. Frühstück 615 000/945 000 Kip; ✳🛜) Attraktives, modernes Hotel mit schicker Lobby und erholsamem Verandacafé samt hübschem Straßenblick. Die 32 einladenden Zimmer haben polierte Holzböden, frische Bettwäsche, Tische, Balkone, Kühlschränke und Möbel im indochinesischen Stil. Die auf der Vorderseite bieten zudem eine Aussicht auf den Mekong. Gutes Preis-Leistungs-Verhältnis.

★ Ansara Hôtel   BOUTIQUE-HOTEL $$$
(Karte S. 146; ☑ 021-213514; www.ansarahotel.com; bei der Th Fa Ngoum; Zi. 125–160 US$, Suite 190–330 US$, alle inkl. Frühstück; ⊕✳@🛜) Das wunderschöne Ansara ist in zwei Villen im französischen Kolonialstil untergebracht und verbreitet das Flair des alten Indochinas. Es besitzt 28 Zimmer (darunter 4 Suiten), die über Holzböden, Balkone, Fernseher, Bäder und hochwertiges Kunsthandwerk verfügen. Auf der edlen Restaurantterrasse wird anspruchsvolle französische Küche serviert.

★ S Park Design Hotel   BOUTIQUE-HOTEL $$$
(Karte S. 142; ☑ 021-256339; www.sparkdesignhotel.com; 40 Th Dongnasok; Zi. 70–120 US$; ⊕✳@🛜🏊) Jede Menge Stil kennzeichnet dieses Hotel, bereits die Rezeption sorgt für Begeisterung: Der Empfangstresen wurde aus der Motorhaube eines Oldtimer-Mercedes gebaut, daneben steht eine alte Vespa. Das Hotel verfügt über 64 Zimmer mit separaten Toiletten.

🛏 Rund um Vientiane

Villa Lao   PENSION $$
(Karte S. 142; ☑ 020-22217588; www.villalaos.com; bei der Th Nong Douang; Zi. 20–80 US$; ⊕✳@🛜) 1,5 km westlich der Stadt lockt diese Gar-

tenoase voller Farne und Palmen mit 23 charmanten, rustikalen Zimmern. Für Flair sorgen Holzstelzen, weiße Wände, Moskitonetze und ein hübscher Gemeinschaftsbalkon samt Lounge. Die günstigsten Zimmer sind schlicht und verfügen über Ventilatoren und Gemeinschaftsbäder. Alle Quartiere sind sehr geräumig.

★**Mandala**
Boutique Hotel BOUTIQUE-HOTEL **$$$**
(Karte S.142; ☎021-214493; www.mandalaho tel.asia; bei der Th Fa Ngoum; Zi. inkl. Frühstück 75–100 US$; ❂☀@🛜) Dieses superschicke Hotel ist die attraktivste und edelste Bleibe der Stadt. Es befindet sich in einer alten französischen Villa aus den 1960er-Jahren und überzeugt mit fröhlichen Farben sowie einer luxuriösen Ausstattung. Die lackierten Granitböden, Flachbildfernseher und dunklen Holzmöbel fügen sich wunderbar in die Art-déco-Ästhetik ein.

Green Park
Boutique Hotel BOUTIQUE-HOTEL **$$$**
(Karte S.142; ☎021-264097; www.greenparkvi entiane.com; 248 Th Khu Vieng; Zi. inkl. Frühstück 150–450 US$; ❂☀@🛜❋) Eine echte urbane Oase: Das Boutique-Hotel punktet mit einer in dunklem Holz gehaltenen Lobby, einem blumenreichen Garten, einem glitzernden Pool und freundlichen Mitarbeitern. Die exquisiten Zimmer haben Hartholzböden, geräumige Bäder, Sofas, Tresore und große Moskitonetze.

✕ Essen

Für eine Hauptstadt von so überschaubarer Größe wartet Vientiane mit einer riesigen Bandbreite an kulinarischen Optionen auf. Diese reicht von Falafeln in authentischen türkischen Restaurants bis zu Gegrilltem in gehobenen japanischen und koreanischen Lokalen. Die Gassen rund um die Th Setthathirath sind von Düften und Dämpfen altmodischer Läden erfüllt, die vor erlesener Kulisse feine italienische und französische Speisen kredenzen.

In den letzten Jahren hat die laotische Küche eine echte Modernisierung erlebt und so servieren progressive Lokale lecker zubereitete traditionelle Spezialitäten in neuem Antlitz. Wer Appetit auf bodenständige Snacks hat, wird in den Bäckereien, einem französischen Erbe, fündig. Mit ihren frischen Baguettes, goldbraunen Croissants und aromatischem Kaffee lassen diese selbst die Pariser Konkurrenz blass erscheinen.

Neben all der französischen Raffinesse steht Vientiane aber auch für eine einfache, informelle Küche. Günstiges Fingerfood gibt's bei den Straßenhändlern in der Altstadt und den provisorischen Grillständen, an denen man Hühnchen und Mekong-Fisch am Spieß bekommt. Zudem lockt ein Spaziergang durch die kulinarische Wunderwelt Chinatowns in der Th Hengboun.

✕ Thanon Setthathirath & Nam Phu

★**Naked Espresso** CAFÉ **$**
(Karte S.146; ☎020-56222269; Th Manthatourath; Gerichte 15 000–40 000 Kip; ◷7–17 Uhr; ❋🛜) Naked Espresso ist eines der beliebtesten Cafés in Vientiane. Es hat sich auf selbst angebauten laotischen Kaffee und ausgewählte Gourmetimporte aus Ländern wie Äthiopien und Indonesien spezialisiert. Neben Kaffee werden auch leichte Gerichte (Salate und Wraps) sowie hausgemachte Kuchen serviert.

JoMa Bakery Café BÄCKEREI **$**
(Karte S.146; Th Setthathirath; Hauptgerichte 20 000–50 000 Kip; ◷Mo–Sa 7–21 Uhr; ❋🛜) Vientianes modernste Bäckerei ist klimatisiert, hat eine schöne Atmosphäre und serviert üppige Salate (30 000 Kip) sowie individuell zusammenstellbare Bagels mit Salami, Schinken, Lachs, Truthahn, Käse und Salat. Gemütliche Sofas, kostenloses WLAN, hohe Hygienestandards und die freundlichen Mitarbeiter tragen ihren Teil zur Beliebtheit des Cafés bei.

Little Hanoi VIETNAMESISCH **$**
(Karte S.146; Th Fa Ngoum; Hauptgerichte 30 000–60 000 Kip; ◷9–23.30 Uhr; ❋🛜) Das angenehm kühle Restaurant am Flussufer ist friedlich und schattig. Die antiken Trommeln an den Wänden und die sanfte Beleuchtung entführen die Gäste in das Künstlerviertel Hanois. Auf der vielseitigen Speisekarte stehen Gerichte wie Hanoi-*pho* (Nudelsuppe), Frühlingsrollen, Papayasalat und in Sellerie gebratener Tintenfisch.

Pricco Cafe CAFÉ **$**
(Karte S.146; ☎021-215889; Th Nokèokoummane; Hauptgerichte 25 000–50 000 Kip; ◷8–20 Uhr; ❋🛜) Pricco, ein beliebtes Café in Flussnähe, serviert gute Hausmannskost, darunter getoastete Baguettes, warme belegte Ciabattas und Sandwiches mit leckeren Belägen wie Ziegenkäse und Walnüssen oder Räucherlachs und Frischkäse.

Leckere Desserts, frische Fruchtshakes und kreative Kaffee-Variationen runden das Angebot ab.

Croissant d'Or
BÄCKEREI **$**

(Karte S.146; ☑ 021-223741; 96/1 Th Nokèokoummane; Salate 20 000–40 000 Kip; ⊙ 6.30–21 Uhr; ❋ 🛜) Einfache, schlicht eingerichtete Bäckerei mit einer kalten Speiseauswahl (Schinken, Salami, Käse und Salate). Der Kaffee ist lecker und die Baguettes sind leicht und luftig.

Taj Mahal Restaurant
INDISCH **$**

(Karte S.146; bei der Th Setthathirath; Gerichte 25 000–60 000 Kip; ⊙ Mo–Sa 10–22.30, So 16–22.30 Uhr; ❋ 🛜 ☑) Versteckt in einer Nebenstraße auf der Rückseite der Lao National Culture Hall bietet dieses unauffällige, bodenständige Lokal frische, aromatische Currys (das Masala-Hühnchen ist besonders lecker) und köstliches Naan. Die Portionen sind großzügig und es gibt einen halb im Freien liegenden Essbereich. Vegetarier kommen mit 20 verschiedenen Gerichten auf ihre Kosten.

iPho
VIETNAMESISCH **$**

(Karte S.146; ☑ 030-9581163; bei der Th Setthathirath; Hauptgerichte 20 000–40 000 Kip; ⊙ 7–21 Uhr; ❋ 🛜) Das winzige vietnamesische Lokal ist auf *pho* spezialisiert, das mit verschiedenen Fleischbeilagen serviert wird. Außerdem gibt's regionale vietnamesische Spezialitäten wie *bo bun Hue* (scharfe Nudelsuppe mit Rindfleisch) und Reisgerichte.

Phimphone-Markt
MARKT **$**

(Karte S.146; 94/6 Th Setthathirath; ⊙ Mo–Sa 7–21 Uhr; ❋ 🛜) Hier finden Selbstversorger so gut wie alles, von frischem Gemüse, internationalen Zeitschriften und Eis über importierte Salami, Brot, Kekse und Schokolade bis hin zu westlichen Toilettenartikeln. Es gibt auch Stadtpläne von Hobo Maps zu kaufen. Der Markt befindet sich im selben Gebäude wie das Benoni Café.

★ Le Banneton
BÄCKEREI **$$**

(Karte S.146; Th Nokèokoummane; Frühstück 45 000 Kip; ⊙ 7–21 Uhr; ❋ 🛜) Man sollte früh herkommen, sonst sind die besten Croissants von ganz Laos ausverkauft. Die einfache Bäckerei mit kleiner Freilufterrasse ist ein toller Platz, um Zeitung zu lesen und dazu ein Stück Torte, einen Salat, ein Panini oder ein Omelett zu genießen. Angeboten werden auch leckere Frühstücksgerichte und hausgemachte Marmelade.

★ Makphet Restaurant
LAOTISCH **$$**

(Karte S.146; ☑ 021-260587; makphet-restaurant.org; Th In Paeng; Hauptgerichte 40 000–82 000 Kip; ⊙ 11–22.30 Uhr; ❋ 🛜 ☑) 🖉 Das von Friends International (www.friends-international.org) betriebene Makphet gibt benachteiligten Kindern die Chance, sich als Köche und Servicekräfte ausbilden zu lassen. Die prachtvolle Villa befindet sich in einem üppig grünen Garten und ist abends mit Lichterketten beleuchtet. Der einladende Speiseraum dient als stilvolle Kulisse für köstliche laotische Gerichte wie Salat von grüner Papaya mit Wasserkäfern oder Büffel-*láhp*. Ein romantisches Lokal mit tollem Service.

Acqua
ITALIENISCH **$$**

(Karte S.146; ☑ 021-255466; www.acqua.la; 78 Th François Ngin; Hauptgerichte 40 000–200 000 Kip, Mittagsbüfett 98 000 Kip; ⊙ 11–22 Uhr; ❋ 🛜) Viele Anwohner halten das Acqua für das beste italienische Restaurant der Stadt. Das Mittagsbüfett für 98 000 Kip beinhaltet auch eine Auswahl von Vorspeisen und ist zu Recht ein Renner. Auf der Speisekarte stehen großzügig portionierte Hauptgerichte wie Lachsravioli und importierte Köstlichkeiten von Land und Meer. Der Inhaber betreibt auch die Vinoteca, einen führenden Weinimport, daher sind die italienischen Weine großartig.

Khop Chai Deu
ASIATISCH, FUSION **$$**

(Karte S.146; ☑ 021-251564; 54 Th Setthathirath; Hauptgerichte 25 000–90 000 Kip; ⊙ 8–24 Uhr; ❋ 🛜 ☑) Dank gut zubereiteter laotischer, thailändischer, indischer sowie ausgewählter europäischer Gerichte ist das in einer umgebauten Villa aus der Kolonialzeit untergebrachte Restaurant nahe dem Nam-Phu-Springbrunnen seit Jahren eine Lieblingsadresse von Urlaubern. Oben versprüht eine neue Bar mit gedämpfter Beleuchtung urbanen Charme.

Benoni Café
ASIATISCH, FUSION **$$**

(Karte S.146; ☑ 021-213334; Th Setthathirath; Hauptgerichte 40 000–60 000 Kip; ⊙ Mo–Sa 10–18 Uhr; ❋ 🛜) Das stilvolle Restaurant in der Th Setthathirath hat nur bis zum frühen Abend geöffnet, was seine Popularität noch zu steigern scheint. Mittags füllt sich der moderne Speiseraum mit Mitarbeitern von Nichtregierungsorganisationen und Einheimischen, die sich Gerichte mit asiatischen und italienischen Elementen schmecken lassen. Auf der Karte stehen außerdem frische Snacks, Salate und Pasta.

NUDELMANIE

Die Laoten lieben Nudelgerichte in allen erdenklichen Varianten. Vientiane wartet dabei mit der größten Vielfalt auf. An erster Stelle steht zweifellos *fĕr*, die laotische Version der vietnamesischen *pho* mit Rind- oder Schweinefleisch. In Laos wird die Suppe mit einem Teller voll frischer Kräuter und Gemüsesorten sowie Unmengen an Gewürzen gereicht. *Kòw ƀûn*, dünne Reisnudeln, die in Thailand als *kànŏm jeen* bezeichnet werden, sind ebenfalls sehr beliebt. Sie werden mit einer würzigen, curryähnlichen Brühe gegessen oder in einer klaren Schweinebrühe (*kòw ƀûn nâm jaou*) serviert. Bekannt sind auch *Kòw ƀeak sèn*, dicke Nudeln aus Reis- und Tapiokamehl in einer sämigen Brühe mit knusprigem ausgebackenem Schweinebauch oder Hühnchen.

Mii, traditionelle chinesische Eiernudeln, findet man vor allem im inoffiziellen Chinatown-Bezirk, der von der Th Hengboun, Th Chao Anou, Th Khounboulom und dem Westende der Th Samsènethai begrenzt wird. Darüber hinaus gibt's hier *bǎn kŭan*, laotisch für *bánh cuôn*, eine frisch gekochte Reisnudel, gefüllt mit Schweinehackfleisch, Pilzen und Karotten. Das ursprünglich vietnamesische Gericht wird morgens in der Nähe der Kreuzung Th Chao Anou und der Th Hengboun angeboten.

Amphone
LAOTISCH $$

(Karte S.146; 10/3 Th Wat Xieng Nyean; Hauptgerichte 35 000–100 000 Kip, Menü 80 000 Kip; ◷11–22 Uhr; ⊞🤶) Diese kulinarische Oase hatte bereits einen Auftritt in der Fernsehserie Discovery des Promikochs Anthony Bourdain. Sie verfügt über Holzböden und lachsfarbene Wände und kommt ziemlich cool rüber. Neben einer umfangreichen Weinkarte bietet sie traditionelle laotische Küche, die auf Rezepten der Großmutter von Besitzer Mook basieren, darunter Luang-Prabang-Wurst und Fisch mit Zitronengras.

Le Vendôme
FRANZÖSISCH $$

(Karte S.146; 39 Th In Paeng; Hauptgerichte 40 000–90 000 Kip; ◷Di–So 17–22 Uhr; ⊞) Das klassische französische Restaurant versteckt sich hinter dichtem Efeu und kredenzt Soufflés, Pâtés, Salate, Holzofenpizzas, Pasteten sowie Steaks zu fairen Preisen. Der von Kerzen beleuchtete Speiseraum mit altmodischen Stierkampfbildern eignet sich perfekt für einen romantischen Abend.

La Terrasse
FRANZÖSISCH $$

(Karte S.146; Th Nokèokoummane; Hauptgerichte 40 000–100 000 Kip; ◷Mo–Sa 11–14 & 18–22 Uhr; ⊞🤶) Weiße Tische und eine vanillefarbene Einrichtung schaffen in diesem großartigen Lokal ein altmodisches französisches Ambiente. Zur großen Auswahl gehören *steak au frites*, *steak provençal*, gebratener Fisch, Suppe, *boeuf bourguignon* und knusprige dünne Pizza.

Osaka
JAPANISCH $$

(Karte S.146; ☎021-213352; Th Nokèokoummane; Hauptgerichte 30 000–80 000 Kip; ◷8–22 Uhr;

⊞🤶) Das lebhafte kleine Lokal lockt mit seinen knallroten Sitznischen zahlreiche Gäste an. Es hat eine hübsche mit Topfpflanzen dekorierte Veranda und serviert eine große Vielfalt an Nudelvariationen, Sashimi, vegetarischen Gerichten sowie Sushi und Tempura.

Sputnik Burger
BURGER $$

(Karte S.146; ☎020-56386386; www.facebook.com/SputnikBurger; Th Setthathirath; Hauptgerichte 45 000–75 000 Kip; ◷11–22 Uhr; ⊞🤶) Großartige Rindfleischburger mit Schweizer Käse, Bacon, Aubergine und vielen weiteren Zutaten und Soßen werden in diesem modernen Burgerlokal serviert. Es gibt auch Salate und Milchshakes. Der Speiseraum hat freiliegende Ziegelwände und eine gedämpfte Beleuchtung. Draußen steht ein halbierter VW-Käfer mit zwei kleinen Sitznischen. Wer das Sputnik besucht, wird jede Menge Spaß haben.

★L'Adresse de Tinay
FRANZÖSISCH $$$

(Karte S.146; ☎020-56913434; Wat Ongteu; Hauptgerichte 80 000–200 000 Kip; ◷17–22.30 Uhr; ⊞🤶) Küchenchef Tinay zählt zu den besten Köchen der Stadt. Er zaubert eine große kulinarische Vielfalt auf den Tisch, die Schnecken und Rührei, Seebrasse, Rinderfilet, Lammkarree mit Rosmarin und eine himmlische Crème Brûleé mit Madagaskar-Vanille umfasst. Täglich von 17 bis 19 Uhr ist Happy Hour auf Getränke und Weine. Das Restaurant liegt gleich hinter dem Tempel.

★Pimentón
SPANISCH $$$

(Karte S.146; ☎021-215506; www.pimentonrestaurant-vte.com; Th Nokèokoummane; Hauptgerichte

60 000–200 000 Kip, Mittagsmenü 75 000 Kip; ☺ Mo–Sa 11–14.30 & 17–22 Uhr; ✷ 🛜) Das mit hohen Decken und einer superschicken Bar ausgestattete Pimentón gilt als bestes Steakrestaurant der Stadt. Hier kommen nur die besten Filet-, Chateaubriand- und Rib-Eye-Steaks auf den Grill. Mittags gibt's Tapas wie *jamón ibérico* (Räucherschinken), Calamares und geräucherte Wurstspezialitäten.

★ **Le Silapa** FRANZÖSISCH $$$
(Karte S. 146; ☑ 021-219689; 88 Th Setthathirath; Hauptgerichte 80 000–250 000 Kip, Mittagsmenü 65 000–120 000 Kip; ☺ 11–23 Uhr; ✷ 🛜) Vientianes bestes französisches Restaurant ist kürzlich umgezogen und begeistert mit seinem schicken weißen Stil und den Holzböden, Dachsparren und Vogelkäfiglampen. Hier kommen Klassiker wie Foie gras, Salate, Steaks und geschmortes Kalbshirn auf den Tisch. Das Silapa befindet sich über der exzellenten Bar iBeam. Einfach magnifique, vor allem die preiswerten Mittagsmenüs!

🍴 Thanon Samsènethai & Umgebung

★ **Kung's Cafe Lao** LAOTISCH $
(Karte S. 142; ☑ 021-219101; beim Gesundheitsministerium, Phiawat Village; Hauptgerichte 12 000–20 000 Kip; ☺ 7–16 Uhr) Kung's Cafe hat unter den Gastronomiekennern von Vientiane inzwischen schon Kultstatus. Das Restaurant ist schwer zu finden, aber die Suche lohnt sich. Der liebenswerte Kung hat sein Lokal mit hängenden Kürbissen dekoriert und bietet eine einfache, aber effektive Speisekarte mit köstlichen und sehr preiswerten Gerichten. Wir empfehlen die Pfannkuchen aus Klebreis oder das *phat Lao* und dazu eine der hauseigenen Kaffeespezialitäten und Kokosmilchgetränke.

Vieng Sawan VIETNAMESISCH $
(Karte S. 146; ☑ 021-213990; Th Hengboun; Hauptgerichte 20 000–50 000 Kip; ☺ 11–22 Uhr; 🛜) Mitten in Chinatown sorgt das geschäftige, zur Straße hin offene Vieng Sawan für vergnügliche gastronomische Momente. Zu den Spezialitäten des Hauses gehören *năam néuang* (gegrillte Schweinefleischbällchen nach vietnamesischer Art) und verschiedene *yáw* (Frühlingsrollen), die man im *sut* (Set) mit *khào pûn*, frischen Salatblättern, Minze, Basilikum, mehreren Dips, in Scheiben geschnittenen Sternfrüchten und grüner Kochbanane bestellt.

Han Ton Phai LAOTISCH $
(Karte S. 146; ☑ 021-252542; Th Pangkham; Hauptgerichte 10 000–20 000 Kip; ☺ 9–22 Uhr) Mit seinen bodenständigen, authentischen Gerichten wie Schweine-*láhp* (scharfer laotischer Salat) und *kôy pqa* (Salat aus Süßwasserfisch und frischen Kräutern; 10 000–20 000 Kip) bietet dieser laotische Klassiker Abwechslung von kohlenhydratreicher Bäckereikost. Es gibt kein englischsprachiges Schild; einfach nach einer Tafel mit der Aufschrift „traditional food" Ausschau halten.

PVO VIETNAMESISCH $
(Karte S. 142; ☑ 021-454663; bei der Th Simeuang; Hauptgerichte 15 000–25 000 Kip; ☺ Mo–Sa 6–19, So 6–14 Uhr; 🛜) Der frische, einfache Laden unter vietnamesischer Leitung zählt zu den besseren Mittagslokalen der Stadt. Neben verschiedenen ansprechenden vietnamesischen Gerichten mit Frühlingsrollen serviert das PVO eines der leckersten *khào jïi pá-tê* (Baguette mit Leberpastete, Gemüse und Frischkäse, dazu süße Chilisoße) in Vientiane.

That Dam Noodle LAOTISCH $
(Karte S. 146; ☑ 021-214441; Hauptgerichte 15 000–30 000 Kip; ☺ 8.30–14 Uhr) Das Restaurant liegt versteckt in einer Seitenstraße unweit des That Dam und wird von einem freundlichen laotischen Koch geführt, der sehr stolz auf seine Nudelsuppen ist. Die Spezialität des Hauses ist Ente, aber es gibt auch Suppen mit Huhn, Schweinefleisch und Fisch. Um das Lokal zu finden, sollte man nach dem lebensgroßen Schild Ausschau halten, das den Besitzer mit einer dampfenden Schüssel Suppe in der Hand zeigt.

**Jamil Zahid
Punjab Restaurant** PAKISTANISCH $
(Karte S. 146; ☑ 020-58871133; Ban Haysoke; Hauptgerichte 25 000–50 000 Kip; ☺ 10–22 Uhr; 🛜) Der fröhliche Jamil schießt gerne Fotos von seinen Gästen und postet diese auf Facebook, ist aber auch nicht beleidigt, wenn man nicht verewigt werden will. In seinem Restaurant stehen vorwiegend pakistanische und nordindische Gerichte zur Auswahl, die köstlich und preiswert sind. Das Lokal liegt versteckt am Ende einer Gasse und ist nicht ganz leicht zu finden.

Noy's Fruit Heaven CAFÉ $
(Karte S. 146; Th Hengboun; Hauptgerichte 20 000–30 000 Kip; ☺ 7–21 Uhr; ✷ 🛜) Gemütliche farbenfrohe Saftbar, deren Decke chinesische Papierlaternen schmücken. Die Getränke mit

Drachenfrucht, Kokosnuss, Mango oder Tomate (10 000 Kip) eignen sich hervorragend für einen Vitaminkick oder die Bekämpfung eines Katers. Darüber hinaus lockt der Laden mit superfrischen Obstsalaten und Burgern sowie einem Fahrradverleih (10 000 Kip).

Temple View Cafe CAFÉ $

(Karte S. 146; ☑ 021-262359; Hauptgerichte 19 000–89 000 Kip; ⊙10–17 Uhr; ✳ 🛜) Das beliebte Café für Kenner bietet einen schönen Blick auf den Tempel Wat Haysoke. Es serviert eine Mischung aus leichten laotischen Speisen und Cafégerichten (Salate und Wraps), die allesamt sehr preiswert sind. Ein schickes kleines Lokal, das an heißen Tagen mit seiner Klimaanlage punktet.

Baguette- & Pâté-Stand STRASSENSNACK $

(Karte S. 146; Th Samsènethai; halbes/ganzes Baguette 11 000/22 000 Kip; ⊙6–20 Uhr) Hier erhält man gute *khào jì pá-tê*. Leider gibt's kein englischsprachiges Schild, aber der Stand befindet sich direkt an der Ecke Th Pangkham und Th Samsènethai.

Once Upon a Time CAFÉ $

(Karte S. 142; ☑ 030-5809988; Th Dong Palan; Hauptgerichte 20 000–40 000 Kip; ⊙7–18 Uhr; ✳🛜) In diesem Café im Phonthan-Bezirk fühlt man sich wie ein König, denn das Lokal ist ganz im Märchenstil eingerichtet. Der Besitzer und Barista hat zahlreiche Preise in Thailand gewonnen, und sein Kaffee verschafft auf jeden Fall einen ordentlichen Koffeinkick. Die Frühstücksgerichte sind etwas besser als die der meisten Pensionen und Budgethotels.

★ Lao Kitchen LAOTISCH $$

(Karte S. 146; ☑ 021-254332; www.lao-kitchen.com; Th Hengboun; Hauptgerichte 40 000–70 000 Kip; ⊙11–22 Uhr; ✳🛜🍴) Ein tolles Restaurant, das moderne und äußerst kreative Interpretationen traditioneller laotischer Gerichte kredenzt. Farbenfrohe Wände, Indiemusik und ein anständiger Service bilden die Kulisse für Eintöpfe, würzige Luang-Prabang-Wurst, Varianten von *láhp*, das Pfannengericht Morning Glory (Wasserspinat), Frühlingsrollen, Mekong-Fischsuppe und verschiedene Sorbets. Man kann den Schärfegrad der Gerichte selbst auswählen – es gibt Chilistufen von eins bis drei.

La Cag du Coq FRANZÖSISCH $$

(Karte S. 146; ☑ 020-54676065; bei der Th Hengboun; Hauptgerichte 40 000–100 000 Kip; ⊙11–

23 Uhr; 🛜) Das klassische französische Restaurant wurde nach den Kampfhahnkäfigen benannt, die dekorativ im Garten herumstehen. Es serviert Gerichte wie Entenconfit, Büffelfilet und *coquilles* San-Jacques (Jakobsmuscheln mit Engelshaarkruste) und veranstaltet auch einen beliebten Wochenendbrunch. Auf dem großen Restaurant-Bildschirm laufen häufig Rugby-Spiele, eine Vorliebe des Inhabers.

Korean Restaurant KOREANISCH $$

(Karte S. 146; ☑ 020-22087080; Th Hengboun; Hauptgerichte 30 000–180 000 Kip; ⊙9–23 Uhr; ✳🛜) Über den wenig originellen Namen sollte man großzügig hinwegsehen, denn das Restaurant ist der perfekte Ort, um die momentan in ganz Südostasien angesagte koreanische Küche zu probieren. Lieblingsgericht der Einheimischen ist das Barbecue (80 000 Kip), aber der Kimchi-Eintopf (30 000 Kip) nach koreanischer Art mit mehreren Beilagen kann ebenfalls überzeugen.

Xayoh STEAK $$

(Karte S. 146; ☑ 021-261777; www.inthira.com; Hauptgerichte 40 000–800 000 Kip; ⊙7–22 Uhr; ✳🛜) Dank seiner herausragenden japanischen Kobe-Steaks zählt das Xayoh zu den angesagtesten Steakrestaurants der Stadt: Das Fleisch wird in Bier mariniert und 30 Tage lang täglich massiert, bevor es unglaublich zart auf dem Teller landet. Mit einem Preis von 100 US$ ist das Gericht nicht billig, aber genau das Richtige für einen besonderen Anlass, und es wird wahrscheinlich das beste Steak sein, das man je gegessen hat.

Pizza Da Roby (PDR) ITALIENISCH $$

(Karte S. 142; ☑ 020-59989926; Hauptgerichte 30 000–90 000 Kip; ⊙11–14.30 & 17.30–22.30 Uhr; 🛜) Pizza Da Roby, das mit seinem Namen der Demokratischen Volksrepublik Laos (engl.: Laos People's Democratic Republic, kurz PDR) huldigt, serviert die vielleicht besten Ofenpizzas im Land. Es stehen leckere Beläge zur Auswahl, außerdem gibt's auch einzelne Pizzastücke und eine üppige Lasagne; danach sorgt das hausgemachte Tiramisu für einen ordentlichen Koffeinkick.

Otafuku JAPANISCH $$

(Karte S. 146; ☑ 020-55518561; Th Phanompenh; Hauptgerichte 25 000–75 000 Kip; ⊙10–21.30 Uhr; ✳🛜🍴) Das japanische Restaurant unterstützt die internationale Nichtregierungsorganisation IV-Japan, indem es benachteiligte laotische Kinder ausbildet – hier zu speisen kommt also einem guten Zweck zugute. Es ist auch gut für's Portmonnee, denn das Otafuku serviert einige der besten und zugleich preiswertesten japanischen Gerichte in Laos.

Suntara Restaurant INTERNATIONAL $$
(Karte S.142; ☑ 021-261165; Vientiane New World; Hauptgerichte 30 000–90 000 Kip; ⏱ 7–24 Uhr; ❄ 📶) Das Sunthara gehört zu der expandierenden Inthira-Kette und war eines der ersten Restaurants, die im neuen Einkaufskomplex „Vientiane New World" am Mekong-Ufer eröffnet wurden. Es ist in einem prachtvollen Eckgebäude untergebracht und bietet eine riesige Auswahl an traditionellen laotischen Gerichten, beliebten internationalen Klassikern und Grillfleisch.

Bistrot 22 FRANZÖSISCH $$$
(Karte S.146; ☑ 020-55527286; Th Samsènethai; Hauptgerichte 65 000–250 000 Kip; ⏱ 11.30–14 & 18–22 Uhr; ❄ 📶) Das Bistrot 22 ist in eine weniger belebte Gegend außerhalb des Zentrums gezogen. Es punktet nach wie vor mit den großartigen Gerichten des Küchenchefs Philippe, darunter Birnensalat, Salat vom frittierten Apfel und Camembert, zarte Steaks und Blumenkohlsuppe.

✖ Mekong-Ufer & Umgebung

Khambang Lao Food Restaurant LAOTISCH $
(Karte S.146; ☑ 021-217198; 97/2 Th Khounboulom; Hauptgerichte 10 000–70 000 Kip; ⏱ 10.30–15 & 17–21 Uhr; 📶) Das laotische Essen in dem taubenblauen Restaurant ein Stückchen oberhalb des Flusses lohnt die Wartezeit. Auf dem Gaumen hinterlässt die Schärfe der frischen Gerichte ein Kribbeln. Zur Auswahl gehören leckerer *lâhp*, gebratener Mekong-Fisch, gebackene Froschschenkel, *áw lám* – auf der Karte als *spicy beef stew* (würziger Rindereintopf) bezeichnet – und leckere Wurst nach Luang Prabang-Art. Lecker!

Common Ground Café MEXIKANISCH $
(Karte S.146; ☑ 020-78727183; Th Chao Anou; Hauptgerichte 25 000–40 000 Kip; ⏱ Mo–Sa 7–20 Uhr; ❄ 📶 ☑ 📶) Die Sofas in dem klimatisierten familienfreundlichen mexikanischen Café mit kalter Küche (Wraps, Quesadillas, Falafeln, Salate und hausgemachte Kekse) laden zum Lesen ein. Eltern wissen besonders den eingezäunten schattigen Spielbereich mit Rutsche und Klettergerüst hinterm Haus zu schätzen.

Han Sam Euay Nong LAOTISCH $
(Karte S.146; Th Chao Anou; Hauptgerichte 8000–20 000 Kip; ⏱ 8–19 Uhr) In dem geschäftigen gepflegten Familienbetrieb gibt's verführerische günstige Gerichte wie *năem khào* (knusprig gebratene Reisbällchen mit saurer Schweinewurst, die zu einem salatähnlichen Gericht zerkleinert werden) und *khào pûn nâm jqew* (dünne Reisnudeln in Schweinefleischbrühe mit Schweinefleisch, Bambussprossen und Kräutern). Das Restaurant liegt direkt neben dem Lao Orchid Hotel und ist nicht beschildert.

La Signature FRANZÖSISCH $$
(Karte S.146; ☑ 021-213523; www.ansarahotel.com; Ansara Hôtel; Menü 95 000 Kip; ⏱ 11.30–14.30 & 17.30–22.30 Uhr; ❄ 📶 📶) Auf der mit Ventilatoren und Glas-Korbtischen ausgestatteten Terrasse sowie oben im ockerfarbenen Lokal sorgt Jazzmusik für die musikalische Untermalung. Die wunderschöne französische Villa gilt als perfekte Adresse für ein schickes romantisches Abendessen. Zur Auswahl stehen gebratener Lachs mit Blauschimmelkäse, Hummer und Lammbraten mit Thymian.

Istanbul TÜRKISCH $$
(Karte S.146; ☑ 020-77978190; Th François Ngin; Hauptgerichte 40 000–100 000 Kip; ⏱ 9.30–22.30 Uhr; ❄ 📶) Ein authentisches Stückchen Istanbul bietet dieser nette Familienbetrieb. Auf der Speisekarte stehen Döner und Shish Kebab sowie Klassiker wie Fleischbällchen, Hummus und Falafel. Wir empfehlen den Iskender-Kebab: mariniertes, gegrilltes Rindfleisch mit Pfeffersoße, Joghurt und grünen Chilis. Der starke türkische Kaffee sorgt für einen ordentlichen Koffeinschub.

✖ Rund um Vientiane

★Doi Ka Noi LAOTISCH $
(Karte S.142; ☑ 020-55898959; 424 Th Sisavangvong; Hauptgerichte 25 000–50 000 Kip; ⏱ 7–14.30 Uhr; 📶) In dem laotischen Restaurant unweit des That Luang kann man seinem Alltag die richtige Würze verleihen. Die Speisekarte wechselt täglich und legt den Schwerpunkt auf Hausrezepte und saisonale Zutaten. Wir empfehlen das Fischcurry mit Turibaumblüten und das Bambuscurry mit Pilzen.

Cafe Nomad CAFÉ $
(Karte S.142; Th Phonsay; Hauptgerichte 25 000–50 000 Kip; ⏱ Mo–Fr 8–19, Sa & So 8–18 Uhr; ❄ 📶) Das wunderbare Café liegt ganz in der

Nähe des Thailändischen Konsulats. Unter surrenden Ventilatoren und zwischen senfgelben Wänden mit Originalkunst serviert es leckere Panini, die wohl besten Brownies in der Stadt sowie guten Kaffee. Freundliches Personal.

Paradice FRANZÖSISCH $
(Karte S.146; ☑021-312836; Th Lan Xang; Hauptgerichte 35000–50000 Kip; ☺Mo–Sa 11–19 Uhr; ☎) In dem luftigen Café auf dem Gelände des Institut Français kann man bei Sandwiches, Kuchen und Kaffee (und schnellem WLAN) einen entspannten Lesenachmittag verbringen. Im Fernsehen laufen französische Nachrichten. Keinesfalls verpassen sollte man die hausgemachten Eiscremes und Schokoladen.

Ban-Anou-Nachtmarkt LAOTISCH $
(Karte S.146; Gerichte 10000–20000 Kip; ☺17–22 Uhr) In einer Gasse am Nordende der Th Chao Anou serviert dieser atmosphärische allabendliche Markt unter freiem Himmel laotisches Straßenessen von Grillfleisch bis zu Chilidips mit Gemüse und Klebreis.

★Senglao Cafe FUSIONKÜCHE $$
(Karte S.142; ☑030-5880588; Hauptgerichte 30000–300000 Kip; ☺Mo–Sa 11–22 Uhr; ❇☎) Das moderne Restaurant ist nach einem inzwischen geschlossenen Kino im Stadtzentrum benannt und ganz im cineastischen Stil gehalten. Im Speiseraum stehen restaurierte alte Ledersessel aus dem alten Kinosaal. Serviert wird eine ambitionierte, schwungvoll zubereitete Fusionsküche – von Sepia-Nudeln mit Jakobsmuscheln bis hin zu Steinofenpizza ist alles dabei. An den Wochenenden werden im Garten Filme gezeigt.

Delhi Durbar INDISCH $$
(Karte S.142; ☑021-410013; www.delhidurbar laos.com; Th Phonsay; Hauptgerichte 25000–90000 Kip; ☺11–14.30 & 18–22.30 Uhr; ❇☎☑) Eines der besseren indischen Restaurants der Stadt, mit einer Speisekarte, die Hühnchen, Mutton, Fischklassiker und eine große Auswahl an vegetarischen Optionen umfasst. Ein Menü mit Hauptspeise, Beilagen, Reis und Brot kostet etwa 100000 Kip.

🍸 Ausgehen & Nachtleben

Vientiane ist heute kein verbotener Vergnügungspalast mehr. Inzwischen sind Bordelle streng verboten und das Opium wurde durch kaltes Beerlao ersetzt. Dazu kommt, dass fast alle Bars, Restaurants und Discos zwischen 23.30 Uhr und Mitternacht schließen.

Erst vor Kurzem haben DJs Einzug in Vientiane gehalten. Karaoke und Livemusik erfreuen sich großer Beliebtheit.

★Spirit House COCKTAILBAR
(Karte S.142; ☑021-262530; Th Fa Ngoum; Cocktails 40000–60000 Kip; ☺7–23 Uhr; ☎) Das traditionelle laotische Haus am Mekong beherbergt eine gut sortierte Bar mit umfangreicher Cocktailkarte. Entspannte Klänge passen bestens zu den dunklen Holzelementen, den gemütlichen Sofas und dem stilvollen Dekor. Von 17 bis 19 Uhr ist Happy Hour.

★Bor Pen Yang BAR
(Karte S.146; ☑020-27873965; Th Fa Ngoum; ☺10–24 Uhr; ☎) In dieser Bar mit Blick auf den Mekong treffen sich Einheimische, Einwanderer, Bardamen und Traveller. Die Kneipe mit Wellblechdach und Holzsparren bietet den Sonnenuntergang einen wunderschönen Ausblick bis in das nahe gelegene Thailand. Außerdem sorgen Billardtische, eine riesige Bar und internationale Football- und Rugbyübertragungen auf großen Flachbildfernsehern für Unterhaltung.

Chokdee Cafe BAR
(Karte S.146; ☑021-263847; www.chokdeecafe. com; Th Fa Ngoum; ☺7–23 Uhr; ☎) Das Bar-Restaurant am Flussufer serviert die größte Auswahl an belgischen Bieren in Asien (über 70 Sorten!). Außerdem gibt's *moules* (Muscheln) und *frites* (Pommes frites) mit über 20 verschiedenen Soßen zum Dippen.

Khop Chai Deu BAR
(Karte S.146; ☑021-223022; www.inthira.com; Th Setthathirath; ☺7–24 Uhr) KCD hat einen sanft beleuchteten Innenraum und eine anspruchsvolle Getränkekarte. Die Bar veranstaltet Aktivitäten wie Speed Dating und Armdrücken für Frauen. Im 3. Stock befindet sich eine schicke Theke mit großartigem Ausblick. Ein beliebter Ort, um Beerlao vom Fass zu trinken. Dazu gibt's jede Menge gutes Essen.

Sea Sunset Bar COCKTAILBAR
(Karte S.142; ☑021-264193; Th Dong Palan; ☺10.30–23.30 Uhr; ☎) Die Bar im Vorort des angesagten Dong Palan hat eine der längsten Cocktailkarten der Gegend. Sie hat auch gutes Essen im Angebot, z.B. beliebte Burger und ein Büfett für 65000 Kip (montags und dienstags). Zur großzügigen Happy Hour am Samstag gibt's Cocktails zum halben Preis.

@ Home CLUB
(Karte S.142; ☑020-55444555; Th Souphanouvong; ☺21–1 Uhr) Es gibt mehrere Clubs an

der Straße zum Flughafen, aber der bekannteste ist der Technoclub @ Home. Man kommt nicht zum Reden hierher, denn die Lautstärke ist ohrenbetäubend, aber die Drinks fließen und das junge Publikum tanzt, bis der DJ Feierabend macht.

CCC Bar BAR
(Karte S. 146; ☑ 020-55448686; Th Souphanouvong; ☺ 19 Uhr–open end) Die beliebteste Schwulenbar der Stadt zieht unkonventionelle Gäste an. An den Wochenenden gibt's eine Varietéshow und ab 1 Uhr nachts ist das Publikum gemischt. Eine der wenigen Bars in der Stadt, die bis in die frühen Morgenstunden geöffnet haben.

Le Trio CAFÉ
(Karte S. 146; ☑ 020-22553552; Th Setthathirath; ☺ 8–16 Uhr; ☎) Le Trio röstet seinen Kaffee selbst und ist eines der angesagtesten Ziele für Koffeinfans in Vientiane. Neben Originalkaffee gibt's auch duftende Kräutertees, Säfte und Mischgetränke sowie kreative Cocktails und Desserts.

Scorpion Wings BAR
(☑ 030-5945367; Th Dongnasok; ☺ 17–23 Uhr; ☎) Die selbsternannte Taucherbar wird von einem alteingesessenen amerikanischen Einwanderer geführt und ist der perfekte Ort für billige Getränke fernab der Touristenmassen. Es gibt auch Craft-Biere, aber die Spezialität des Hauses sind Skorpionflügel (gegrillte, scharfe Hühnerflügel).

Highland Bar BAR
(Karte S. 142; ☑ 021-251206; Th Fa Ngoum; ☺ 11–23 Uhr; ☎) Die Bar liegt westlich vom Stadtzentrum am Mekong und ist ein toller Ort, um Livesportübertragungen zu verfolgen: Von Rugby bis Australian Football ist alles dabei. Es gibt eine gute Barkarte; abends und an den Wochenenden fließen die Drinks in Strömen.

Kong View BAR
(Karte S. 142; ☑ 021-520522; bei der Th Luang Prabang; ☺ 11–24 Uhr) Der schicke Balkon über einem ruhigen Abschnitt des Mekong dient als Biergarten und abends auch als Restaurant (Gerichte 25 000 bis 200 000 Kip). Toll für einen Cocktail bei Sonnenuntergang auf dem Weg vom oder zum Flughafen.

Jazzy Brick BAR
(Karte S. 146; ☑ 021-212489; Th Setthathirath; ☺ 19 Uhr–open end; ☎) Elegantes Dekor mit freigelegtem Mauerwerk und alten Jazzpostern, gedämpftes Licht und Coltrane-Klänge schaffen das perfekte Ambiente für einen stilvollen Abend. Gelegentlich spielen Livebands Latinomusik und Bossa Nova, zudem gibt's eine eindrucksvolle Cocktailkarte, die auch Kenner glücklich macht.

☆ Unterhaltung

Kino

Centre Culturel et de Coopération Linguistique KINO
(Französisches Kulturzentrum; Karte S. 146; ☑ 021-215764; www.ambafrance-laos.org; Th Lan Xang; Eintritt frei, Kinokarte 10 000 Kip; ☺ Mo–Fr 9.30–18.30, Sa bis 12 Uhr) Im französischen Kulturzentrum gibt's Tanz, Kunstausstellungen, literarische Diskussionen und Livemusik. An den Wochenenden werden französische Kultfilme (15 Uhr für Kinder und 18.30 für Erwachsene) gezeigt. Darüber hinaus kann man an französischen und laotischen Sprachkursen teilnehmen.

Livemusik

Wind West LIVEMUSIK
(Karte S. 146; ☑ 021-265777; ☺ 18–1 Uhr) Das Wind West ist ein Restaurant mit Bar im amerikanischen Westernstil. Hier wird fast jeden Abend laotische oder westliche Rockmusik gespielt; zumeist dauern die Konzerte von 21 bis etwa 1 Uhr. Je nach Abend kann es gerammelt voll oder total leer sein, wobei Cowboyhüte, Geweihe und hölzerne Indianerstatuen für typisches Wild-West-Flair sorgen.

Anou Cabaret LIVEMUSIK
(Karte S. 146; ☑ 021-213630; Ecke Th Hengboun & Th Chao Anou; ☺ 20–24 Uhr) Dieser alteingesessene Laden befindet sich im Erdgeschoss des Anou Paradise Hotel. Die alten Schlager

---

TRADITIONELLE MUSIK & TANZ

Im **Lane Xang Hotel** (Karte S. 146; ☑ 021-214100; www.lanexanghotel.com. la) werden jeden Abend von 19.30 bis 23 Uhr sechs verschiedene traditionelle laotische Tänze gezeigt. Ähnliche Aufführungen finden gelegentlich in der **Nationalen Kulturhalle** (Karte S. 146; Th Samsènethai) statt. Einen expliziten Veranstaltungskalender gibt's nicht, deshalb sollte man in der Vientiane Times nach entsprechenden Infos Ausschau halten.

und das 1960er-Jahre-Flair haben durchaus Unterhaltungswert.

Darstellende Kunst

Nationales Opernttheater THEATER
(Karte S.146; ☑021-26000; Th Khounboulom; 70 000 Kip; ☺Di, Do & Sa 19–20.30 Uhr) Dieser staatlich geförderte Veranstaltungsort bietet eine bunte Mischung an laotischer Unterhaltung, die von Konzerten mit einheimischen Evergreens über Boxkämpfe bis zu traditionellen Aufführungen von Pha Lak Pha Lam, der laotischen Version des indischen Epos Ramayana, reicht.

Nationalzirkus DARSTELLENDE KUNST
(Hong Kanyasin; Karte S.142; Th Thong Khan Kham; ☑) Der alte „Russische Zirkus", der sich hier in den 1980er-Jahren etablierte, wurde umbenannt und heißt inzwischen Hong Kanyasin. Von Zeit zu Zeit treten die Artisten im Nationalzirkus nördlich der Stadt auf. Es werden vor allem Clown- und Akrobatikshows gezeigt. Die Termine stehen in der Vientiane Times.

🛍 Shoppen

★T'Shop
Lai Gallery KOSMETIK, HAUSHALTSWAREN
(Karte S.146; ☑021-223178; www.laococo.com/tshoplai.htm; bei der Th In Paeng; ☺Mo–Sa 8–20, So 10–18Uhr) 🅿 Die beste Einkaufsadresse der Stadt! Beim Betreten dieses Palasts der Sinne fallen zunächst die aromatischen Düfte von Kokosnuss, Aloe vera, Honig, Fran-

---

TEXTILIEN & KLEIDUNG

Im Zentrum von Vientiane bieten zahlreiche Läden Textilien an. Fündig wird man in der Th Nokèokoummane, aber auch auf dem Talat Sao, dem Hauptmarkt der Stadt. Neben modernen gibt's auch klassische Stoffe und nützliche Dinge wie Schultertaschen (einige sind kunstvoll aus quadratischen Stücken alter Textilien designt), Polster und Kissen.

Im Weberbezirk Ban Nong Buathong nordöstlich des Stadtzentrums in Muang Chanthabuli kann man den Einheimischen bei der Entstehung der Stoffe zusehen. Etwa 20 Familien – einige stammen aus Sam Neua in der Provinz Houa Phan – leben und arbeiten hier und verkaufen ihre Erzeugnisse teilweise direkt vor Ort.

---

gipani und Magnolie auf. Sie stammen von Michel „Mimi" Saadas Körperölen, Seifen, Sprays, Parfüms und Lippenbalsamen. Außerdem bekommt man bezaubernde Dinge wie Karten, Armreife, Drucke und Füller, die allesamt von benachteiligten Frauen der Kooperative Les Artisans Lao aus nachhaltigen regionalen Produkten gefertigt werden.

Carol Cassidy
Lao Textiles KUNST & KUNSTHANDWERK
(Karte S.146; ☑021-212123; www.laotextiles.com; 84-86 Th Nokèokoummane; ☺Mo–Fr 8–12 & 14–17, Sa 8–12Uhr oder nach Vereinbarung) In diesem Laden bekommt man qualitativ hochwertige moderne Stoffe mit originalen Designs, die von älteren laotischen Motiven, Webmustern und -techniken inspiriert sind. Die amerikanische Designerin Carol Cassidy beschäftigt laotische Weber, die im hinteren Teil des hübschen französisch-laotischen Hauses arbeiten.

Nachtmarkt MARKT
(Karte S.146; Th Fa Ngoum; ☺18–22.30 Uhr) Vientianes Nachtmarkt belagert das Flussufer mit Ständen, die Kunsthandwerk und T-Shirts feilbieten. Die Atmosphäre kann nicht ganz mit der in Luang Prabang mithalten, aber der Markt ist ein guter Ort zum Stöbern und Feilschen.

Dee Traditional
Antique Textiles KUNST & KUNSTHANDWERK
(Karte S.146; ☑020-55519908; khamtanh44@hotmail.com; Th Setthathirath; ☺8–21Uhr) Von außen wirkt der Laden unscheinbar, aber er ist vom Boden bis zur Decke vollgestopft mit edlen Seidenschals und Akha-Teppichen. Hier kann man tolle Schnäppchen machen! Die hochwertigsten Schals im ganzen Viertel.

Indochina Handicrafts KUNST & KUNSTHANDWERK
(Karte S.146; ☑021-223528; Th Setthathirath; ☺10–19Uhr) Das charmante Geschäft neben der Carterie Du Laos wirkt wie die laotische Version eines Kuriositätenladens und lohnt in jedem Fall einen Besuch. Zum Sortiment gehören Buddhastatuen, alte Büsten von Ho Chi Minh und Mao, russische Armbanduhren, kommunistische Erinnerungsstücke, Matchbox-Autos, Orden, Schnupftabakdosen und Serviertabletts.

Oriental Bookshop BÜCHER
(Karte S.146; ☑021-215352; 121 Th Chao Anou; ☺10–20Uhr) In der Buchhandlung von Herrn Ngo erhält man zahlreiche gebrauch-

te Romane, Postkarten und Briefmarken, kann in einem umfangreichen Sortiment an Literatur zu laotischen Volksgruppen stöbern sowie Kaffee trinken und im Internet surfen (5000 Kip pro Std.).

Treasures of Asia KUNST
(Karte S.146; ☑ 021-222236; 86/7 Th Setthathirath; ☺ Mo–Fr 12–19 Uhr) In der winzigen Galerie kann man die Originalwerke laotischer Künstler bewundern, von denen viele in dem Band Lao Contemporary Art – ebenfalls hier erhältlich – aufgeführt sind.

Vins de France WEIN
(Karte S.146; ☑ 021-217700; 354 Th Samsènethai; ☺8–20 Uhr) Das Vins de France (auf dem Schild steht *baràvin*) zählt zu den besten französischen Weinkellern Südostasiens. Weil einen das tolle Ambiente in eine gänzlich andere Welt versetzt, lohnt ein Besuch auch für Weinmuffel. Es ist eine gute Idee, die 3 US$ für eine Weinprobe zu investieren.

True Colour KUNST & KUNSTHANDWERK
(Karte S.146; ☑ 021-214410; Th Setthathirath; ☺ Mo–Sa 9–20 Uhr) ✐ Große Auswahl an handgefertigten Seidenschals, Wandteppichen, farbenfrohen Hmong-Handtaschen und Nadelkissen. Alle Produkte stammen aus dem Houey Hong Vocational Training Center for Women (S.148), in dem täglich Webkurse stattfinden.

Talat Sao MARKT
(Morning Market; Karte S.146; Th Lan Xang; ☺7–17 Uhr) Einst war der Talat Sao ein faszinierendes Shoppingrevier, doch inzwischen hat er sich leider vollkommen verändert. Zwei Drittel der Stände für Opiumpfeifen, Schmuck und traditionelle Antiquitäten wurden entfernt und durch ein modernes Einkaufszentrum ersetzt. Die verbliebenen Textilienhändler kämpfen ums Überleben.

Monument Books BÜCHER
(Karte S.146; 124 Th Nokèokoummane; ☺ Mo–Fr 9–20, Sa & So bis 18 Uhr) Guter und einziger Laden für Hochglanzmagazine und eine geschmackvolle Auswahl an modernen Klassikern sowie Reiseführern, Krimis und prächtigen Bildbänden zu Laos.

Satri Lao GESCHENKE & SOUVENIRS
(Karte S.146; ☑ 021-244384; Th Setthathirath; ☺ Mo–Sa 9–20, So 10–19 Uhr) Auf drei duftenden Stockwerken lockt Satri Lao Kunden mit hochwertigem Schmuck, Hmong-Handtaschen, Kissenbezügen, Hemden im orientalischen Stil, Lackgemälden von Tim & Struppi und Buddhafiguren. Teuer, aber ideal für ein Last-Minute-Geschenk.

Kanchana Boutique KUNST & KUNSTHANDWERK
(Karte S.146; ☑ 021-213467; 102 Th Chanthakoummane; ☺ Mo–Sa 8–21 Uhr) Wartet mit der wohl edelsten Auswahl an laotischer Seide in ganz Vientiane auf. Die teuersten Kreationen, von denen manche mehrere Tausend US-Dollars wert sind, werden in einem angrenzenden Raum verwahrt. Auf Anfrage organisiert der freundliche Besitzer Besichtigungstouren durch das Laotische Textilmuseum (S.144) sowie Web- und Färbkurse.

ℹ️ Orientierung

Vientiane erstreckt sich an einer Nordwest-Südost-Achse entlang des Mekong. Im Stadtzentrum, nicht weit vom Fluss entfernt, liegt das Viertel Muang Chanthabuli mit zahlreichen Regierungsbüros, Hotels, Restaurants und historischen Tempeln. Einige erhaltene alte französische Kolonialhäuser und vietnamesisch-chinesische Shophouses (Häuser mit Laden und Wohnbereich) stehen neben eher kastenartigen neueren Bauten der realistisch-sozialistischen Architektur.

Der Internationale Flughafen Wattay befindet sich rund 4 km nordwestlich des Zentrums. Der Busbahnhof Nord, von dem Fernverbindungen nach Norden bestehen, liegt 2 km nordwestlich der Innenstadt. Vom Busbahnhof Süd, 9 km nordöstlich des Zentrums an der Route 13, gibt's die meisten Verbindungen Richtung Süden.

19 km südöstlich der Stadt gelangt man über die Thailändisch-Laotische Freundschaftsbrücke zur Grenze nach Thailand.

Straßenschilder – mal auf Englisch, mal auf Französisch beschriftet (also *route*, *rue*, *road* und *avenue*) – sind nur in größeren Straßen und in den zentralen, touristischen Stadtteilen vorhanden. Auf Laotisch heißt eine Straße immer Thanon. Wer nach dem Weg fragt, sollte dieses Wort verwenden.

Die parallel verlaufenden Th Setthathirath mit mehreren berühmten Tempeln und Th Samsènethai sind die beiden Hauptstraßen im Zentrum. Richtung Nordwesten führen sie auf die Th Luang Prabang und die Route 13 nach Norden. In der entgegengesetzten Richtung überqueren sie die Th Lan Xang, einen großen Boulevard, der vom Präsidentenpalast über den Talat Sao (Morgenmarkt) zum Patuxai (Siegestor) verläuft, werden zur Th Phon Kheng und führen zur Route 13 Richtung Süden sowie zum Busbahnhof Süd.

Vientianes *meuang* (Stadtteile) sind in *bâan* (Ban) unterteilt: Viertel oder dörfliche Gemeinden mit einem lokalen Tempel. Der Internationale Flughafen Wattay beispielsweise liegt in Ban Wat Tai, der Gegend rund um den Wat Tai.

❶ Praktische Informationen

GEFAHREN & ÄRGERNISSE

Gemessen an internationalen Maßstäben hat Vientiane eine sehr niedrige Kriminalitätsrate, allerdings besteht ein geringes Risiko, ausgeraubt zu werden. Besondere Vorsicht ist in der Nähe der BCEL-Bankfiliale am Flussufer geboten. Hier treiben Taschendiebe ihr Unwesen. Sie arbeiten in der Regel zu zweit und sind mit Motorrädern unterwegs. Im Normalfall reicht etwas Umsicht, um sich zu schützen. Gewaltverbrechen an Touristen sind überaus selten, aber wer um Mitternacht auf der Th Setthathirath unterwegs ist, sollte sich vor den Ladyboys in Acht nehmen, die den Einheimischen zufolge sehr geschickt darin sind, Betrunkenen ihre Brieftaschen zu stehlen.

Während der Stadtfeste sollte man sich von Vientianes Straßen fernhalten, vor allem zu Pi Mai (S. 150), denn dann steigt die Zahl alkoholbedingter Unfälle stark an. Außerdem häufen sich zu dieser Zeit Taschendiebstähle.

Wer mit einem englischsprachigen Polizisten sprechen möchte, ruft die **Touristenpolizei** (Karte S. 146; ☎ 021-251128; Th Lan Xang) an.

GELD

Es gibt zahlreiche Banken und lizensierte Wechselstuben in der Hauptstadt.

Banken

Die im Folgenden genannten Banken wechseln Geld, lösen Reiseschecks ein und zahlen Bares (meist Kip, gelegentlich auch US-Dollars und thailändische Baht) gegen Vorlage einer Karte von Visa oder MasterCard aus. Viele verfügen zudem über Geldautomaten (ATMs), die ausländische Karten akzeptieren, allerdings ist es oft günstiger, Bargeld am Schalter abzuholen.

ANZ (Karte S. 146; ☎ 021-222700; 33 Th Lan Xang; ⊙ Mo–Fr 8.30–15.30 Uhr) In der Hauptfiliale gibt's zwei Geldautomaten, außerdem wird zu einer Pauschalgebühr von 45 000 Kip Bargeld auf Karten von Visa oder MasterCard ausgezahlt. Weitere Automaten findet man in der Th Fa Ngoum und der Th Setthathirath.

Bank of Ayudhya (Karte S. 146; ☎ 021-214575; 79/6 Th Lan Xang; ⊙ Mo–Fr 8.30–15.30 Uhr) Bargeldauszahlungen auf Visa-Karten zu einer Gebühr von 1,5 %.

Banque pour le Commerce Extérieur Lao (BCEL; Karte S. 146; Ecke Th Pangkham & Th Fa Ngoum; ⊙ Mo–Fr 8.30–19, Sa & So bis 15 Uhr) Die besten Wechselkurse und längsten Öffnungszeiten. In der Th Fa Ngoum gibt's eine Wechselstube und vor dem Hauptgebäude stehen drei Geldautomaten.

Joint Development Bank (Karte S. 146; 75/1-5 Th Lan Xang; ⊙ Mo–Fr 8.30–15.30 Uhr) Erhebt zumeist die niedrigsten Gebühren auf Bargeldauszahlungen und verfügt über einen Geldautomaten.

Krung Thai Bank (Karte S. 146; ☎ 021-213480; Th Lan Xang; ⊙ Mo–Fr 8.30–15.30 Uhr) Betreibt eine zusätzliche **Wechselstube** (Karte S. 146; Th Fa Ngoum) auf der Th Fa Ngoum.

Lao-Viet Bank (Karte S. 146; ☎ 021-214377; Th Lan Xang; ⊙ Mo–Fr 8.30–15.30 Uhr) Verfügt über einen Geldautomaten und eine Wechselstube.

Siam Commercial Bank (Karte S. 146; ☎ 021-216486; Ecke Th Samsènethai & Th Khounboulom; ⊙ Mo–Fr 8.30–15.30 Uhr) Hat einen Geldautomaten und leistet Barvorauszahlungen auf Visa-Karten.

Thai Military Bank (Karte S. 146; ☎ 021-216486; Ecke Th Samsènethai & Th Khounboulom; ⊙ Mo–Fr 8.30–15.30 Uhr) Gibt Barvorschüsse auf Visa-Karten gegen eine Gebühr von nur 200 B.

Geldwechsel

Bares bekommt man an lizenzierten Wechselschaltern im Zentrum, insbesondere in der Th Setthathirath zwischen der Th François Ngin und der Th Pangkham. Darüber hinaus kann man auch in verschiedenen Läden, Hotels oder auf Märkten Geld tauschen, zwar ohne Gebühren, aber zu schlechten Kursen.

INTERNETZUGANG

Inzwischen verfügen die meisten Pensionen, Hotels, Cafés und Restaurants in Vientiane über WLAN.

Fast überall im Zentrum gibt's günstige **Internetcafés** (Karte S. 146; 6000 Kip pro Std.; ⊙ 9–23 Uhr), z. B. auf der Nordseite der Th Setthathirath zwischen dem Nam-Phou-Springbrunnen und der Th Manthatourath. Der **Oriental Bookshop** (Karte S. 146; ☎ 021-215352; 121 Th Chao Anou; 5000 Kip pro Std.; ⊙ 10–20 Uhr) verfügt über mehrere Computer mit Internetzugang.

KARTEN

Hobo Maps (www.hobomaps.com) hat die besten Stadtpläne von Vientiane. Man bekommt sie in Buchläden oder auf dem Phimphone-Markt.

Midnight Mapper (☎ 020-58656994; esprit demer@hotmail.com) Sein Name klingt wie ein alter Stones-Song, aber der Midnight Mapper alias Don Duvall produziert seit über zehn Jahren unermüdlich Landkarten und Stadtpläne von Laos und druckt die detaillierteste GPS-Karte, die auf dem Markt erhältlich ist – ein Segen für Motorradfahrer und Radler, die sich auf ihren Reisen abseits ausgetretener Pfade sonst vielleicht verfahren würden. (siehe auch Kasten, S. 172).

KURSE

Das **Institut Français** (Karte S. 146; ☎ 021-215764; www.centredelangue.org; Th Lan Xang;

🕐 Mo–Fr 8.15–18.15, Sa 9.30–16.30 Uhr; 📞) bietet Sprachkurse in Französisch und Laotisch (und ein vielseitiges Programm, das Filme, Musicals und Theatervorstellungen umfasst).

MEDIEN

Laos' einzige englischsprachige Zeitung ist die von der Regierung herausgegebene Vientiane Times, der man die staatliche Zensur deutlich anmerkt. Die Artikel widmen sich z. B. den Handelsbeziehungen zwischen Laos und China sowie anderen Staaten mit Schwerpunkt auf Bergbau- und Wasserkraftprojekten. Wer Französisch kann, sollte sich nach Le Rénovateur umsehen.

MEDIZINISCHE VERSORGUNG

Die medizinischen Einrichtungen der Stadt lassen zu wünschen übrig. Wenn man ernsthaft erkrankt, sollte man die Grenze überqueren und sich an die wesentlich besser ausgestatteten Krankenhäuser in Thailand wenden. Bei Bedarf organisiert das Aek Udon International Hospital eine Fahrt im Krankenwagen nach Udon Thani. Weniger schwere Erkrankungen können aber auch in Vientiane behandelt werden.

Alliance International Medical Center (Karte S. 142; 📞 021-513095; www.aimclao.com; Th Luang Prabang) Das nagelneue saubere Krankenhaus ist eine Anlaufstelle für leichtere medizinische Fälle wie Knochenbrüche und gibt zudem Antibiotika aus.

Centre Médical de L'Ambassade de France (Medizinisches Zentrum der Französischen Botschaft; Karte S. 142; 📞 021-214150; Ecke Th Khu Vieng & Th Simeuang; 🕐 Mo, Di, Do & Fr 8.30–12 & 16.30–19, Mi 13.30–17, Sa 9–12 Uhr) Nimmt Patienten aller Nationalitäten auf. Achtung: Außerhalb der offiziellen Öffnungszeiten wird man nur nach Terminabsprache behandelt.

International Clinic (Karte S. 142; 📞 021-214021; Th Fa Ngoum; 🕐 24 Std.) Gehört zum Mahasot-Krankenhaus und eignet sich vermutlich am besten für die weniger schweren Notfälle. Einige Ärzte sprechen Englisch. Pass und Bargeld mitbringen.

Setthathirat Hospital (📞 021-351156) Dank der kürzlich erfolgten von Japan finanzierten Renovierung ist das Krankenhaus nordöstlich des Zentrums eine weitere Option bei leichten Erkrankungen.

Poppy's Pharmacy & Beauty (Karte S. 146; 📞 030-9810108; Th Hengboun; 🕐 8–22 Uhr) Moderne, gut sortierte helle und saubere Apotheke. Zum Sortiment gehören Toilettenartikel, Kosmetik, Sonnencreme, Malariamittel (kein Larium) und Schlaftabletten für lange Busreisen.

POST

Hauptpost (Karte S. 146; 📞 020-22206362; Th Saylom; 🕐 Mo–Fr 8–17, Sa & So bis 12 Uhr) Postlagerung und Briefmarkenverkauf, Geldüberweisungen und Kurierservice.

REISEBÜROS

In der Innenstadt gibt's zahlreiche Agenturen, die Flug- und Zugtickets nach Thailand buchen sowie Visa für Myanmar und Vietnam organisieren.

Green Discovery (Karte S. 146; 📞 021-264528; www.greendiscoverylaos.com; Th Setthathirath; 🕐 9–21 Uhr)

Lin Travel Service (Karte S. 146; 📞 021-218707; 239 Th Hanoi/Phnom Penh; 🕐 8.30–21 Uhr)

REISEN MIT BEHINDERUNG

Obwohl Vientiane die behindertenfreundlichste Stadt in Laos ist, verfügen die Hotels, Restaurants und öffentlichen Gebäude nur selten über Rampen oder andere Zugangsmöglichkeiten für Rollstuhlfahrer. Reisende mit Behinderung sollten ihre Reise nach Vientiane also gut im Voraus planen.

REISEN MIT KINDERN

Verglichen mit anderen asiatischen Megastädten ist Vientiane klein und bietet nicht viel Unterhaltung für Familien. Viele Mittelklassehotels haben mittlerweile Swimmingpools, außerdem gibt's den Wasserpark Ocean Park (S. 146). Vientianes Sehenswürdigkeiten sind nicht besonders interessant für Kinder, aber sie sollten die surrealen Skulpturen im Xieng Khuan (Buddhapark; S. 144) mögen und Spaß daran haben, auf den Denkmälern herumzuklettern.

SCHWULE & LESBEN

Obwohl die laotische Kultur sehr tolerant gegenüber Homosexualität ist, gibt's im Vergleich zum benachbarten Thailand nur eine kleine Szene. Vientiane ist die liberalste Stadt des Landes, aber auch die politische Hauptstadt, daher gibt's nur wenige Treffpunkte für Schwule und Lesben in der Stadt (Adressen gibt's unter www.utopia-asia.com/laosvien.htm).

TELEFON

Internationale Gespräche kann man von den meisten Internetcafés aus führen, Skype oder WhatsApp (wenn man ein Handy mit Internetverbindung hat) ist allerdings die bessere Alternative. Örtliche Gespräche sind von den meisten Hotellobbys aus möglich und dort oft gratis.

Wer billige Inlandsgespräche führen will, kann sein Handy freischalten lassen und eine SIM-Karte kaufen. Aufladekarten von Tigo und M-Phone sind weithin erhältlich.

Lao Telecom Namphu Centre (Karte S. 146; Th Setthathirath; 🕐 9–19 Uhr) Faxe, internationale Anrufe und Inlandsgespräche.

TOURISTENINFORMATION

Touristeninformationszentrum (NTAL; Karte S. 146; 📞 021-212248; www.ecotourismlaos.com; Th Lan Xang; 🕐 8.30–12 & 13.30–16 Uhr)

Das Büro der Touristeninformation lohnt einen Besuch. Es bietet Infos zu jeder Provinz, hat hilfsbereite Mitarbeiter, die gutes Englisch sprechen, und hält Broschüren sowie Regionalkarten bereit.

VISA

Ein Touristenvisum zu verlängern ist leicht. Man geht zur **Einreisebehörde** (Karte S. 146; ☎ 021-212250; Th Hatsady; ⊙ Mo–Fr 8–16.30 Uhr) im Ministerium für Öffentliche Sicherheit gegenüber dem Talat Sao, füllt ein Formular aus, hält

seinen Reisepass und ein Foto bereit und zahlt 2 US$ pro Tag für die Zeit, die man länger bleiben will. Der ganze Vorgang dauert höchstens eine Stunde.

❶ An- & Weiterreise

BUS

Die Straßenbedingungen in Laos sind eher schlecht und die Busse haben öfters mal Pannen, was zu einer Verlängerung der Fahrtzeit führen kann. Vientiane hat drei Busbahnhöfe mit

BUSSE AB VIENTIANE

ZIEL	ABFAHRTSORT	PREIS (KIP)
Attapeu (Bus mit Ventilatoren)	Busbahnhof Süd	140 000
Attapeu (VIP-Bus)	Busbahnhof Süd	200 000
Don Khong (Bus mit Ventilatoren)	Busbahnhof Süd	150 000
Houay Xay	Busbahnhof Nord	230 000–250 000
Khon Kaen (Bus mit Klimaanlage)	Talat-Sao-Busbahnhof	50 000
Lak Sao (Bus mit Ventilatoren)	Busbahnhof Süd	85 000
Luang Namtha	Busbahnhof Nord	200 000
Luang Prabang	Busbahnhof Nord	110 000
Luang Prabang (VIP-Bus)	Busbahnhof Nord	130 000–150 000
Nakhon Ratchasima (Bus mit Klimaanlage)	Talat-Sao-Busbahnhof	149 000
Nong Khai (Bus mit Klimaanlage)	Talat-Sao-Busbahnhof	17 000
Nong Khiang (Bus mit Ventilatoren)	Busbahnhof Süd	130 000
Pakxan	Busbahnhof Süd	40 000–50 000
Pakxe (Bus mit Ventilatoren)	Busbahnhof Süd	140 000
Pakxe (VIP-Bus)	Busbahnhof Süd	170 000
Phongsaly	Busbahnhof Nord	210 000–230 000
Phonsavan	Busbahnhof Nord	110 000
Phonsavan (Nachtbus)	Busbahnhof Nord	150 000
Xayaboury	Busbahnhof Nord	110 000–130 000
Salavan (Bus mit Klimaanlage)	Busbahnhof Süd	160 000
Saravan (Bus mit Ventilatoren)	Busbahnhof Süd	130 000
Saravan (VIP-Bus)	Busbahnhof Süd	190 000
Sam Neua	Busbahnhof Nord	170 000–190 000
Sam Neua (Nachtbus)	Busbahnhof Nord	210 000
Savannakhet	Busbahnhof Süd	75 000
Savannakhet (VIP-Bus)	Busbahnhof Süd	120 000
Thakhek	Busbahnhof Süd	60 000
Thakhek (VIP-Bus)	Busbahnhof Süd	80 000
Oudom Xay	Busbahnhof Nord	150 000–170 000
Oudom Xay (VIP-Bus)	Busbahnhof Nord	190 000
Udon Thani (Bus mit Klimaanlage)	Talat-Sao-Busbahnhof	22 000
Vang Vieng (Bus mit Ventilatoren)	Talat-Sao-Busbahnhof	30,000

englischsprachigem Personal und Essens- bzw. Getränkeständen. Der **Busbahnhof Nord** (Th Asiane) rund 2 km nordwestlich des Flughafens bedient alle Ziele nördlich von Vang Vieng. Darüber hinaus starten vor Ort die Busse nach China. Die Destinationen und aktuellen Ticketpreise sind auf Englisch angeschrieben.

9 km außerhalb der Hauptstadt liegt der **Busbahnhof Süd** (Route 13 nach Süden), der auch als Dong-Dok-Busbahnhof bzw. *khíw lot lák káo* (Km-9-Busbahnhof) bekannt ist. Von dort geht's nach Südlaos und nach Vietnam.

Der **Talat-Sao-Busbahnhof** (Karte S. 146; 021-216507; Th Khu Vieng) bietet sehr langsame lokale Verbindungen zu Orten in der Provinz Vientiane, darunter Vang Vieng und einige weitere Städte, die man jedoch besser von den Busbahnhöfen Nord und Süd aus ansteuert. Von der Talat-Sao-Haltestelle fährt zudem der **Thai-Lao International Bus** (Karte S. 146) Richtung Khon Kaen, Nakhon Ratchasima, Nong Khai und Udon Thani.

Wer mit dem Nachtbus nach China (mit dem Ziel Kunming, 95 US$, 38 Std., Abfahrt 14 Uhr)

ENTFERNUNG (KM)	FAHRTDAUER (STD.)	ABFAHRTSZEIT (UHR)
812	22-24	9.30 & 17
812	14-16	20.30
788	16-19	10.30
869	24	10 & 17.30
197	4	8.15 & 14.45
334	6-8	5, 6, 7 & 20.30
676	24	8.30 & 17
384	10-11	6.30, 7.30, 8.30, 11, 13.30, 16, 18, 19.30 Bus mit Klimaanlage)
384	9-12	8, 9, 19.30 & 20
387	7	17
25	1½	7.30, 9.30, 12.40, 14.30, 15.30, 18
818	16-20	11
143	3-4	7–15 (*tuk-tuk*); alle Busse in Richtung Süden
677	16-18	regelmäßig von 7–20
677	8-10	20.30
811	25-28	7.15 (Bus mit Ventilatoren), 18 (Nachtbus)
374	10-11	6.30, 7.30, 9.30, 16 & 18.40
374	10-11	20
485	14-16	9, 16 & 18.30
774	16	19.30
774	15-20	16.30 & 19.30
774	13	20.30
612	22-24	7, 9.30, 12 (Bus mit Ventilatoren), 17
612	22-24	14
457	8-11	halbstündlich von 5.30–9 oder jeder Bus nach Pakxeakse
457	8-10	20.30pm
332	6	4, 5, 6, 12 oder jeder Bus in Richtung Savannakhet oder Pakxe Paxse
332	5	12 & 13
578	16-19	6.45, 13.45 & 17
578	15-17	16
82	2½	8, 10.30, 11.30, 14, 16 & 18
157	3-4	7, 9.30, 13 & 15

will, sollte sich an die **Tong Li Bus Company** (☎ 021-242657) am Busbahnhof Nord wenden. Busse nach Vietnam verkehren täglich um 19 Uhr vom Busbahnhof Süd nach Hanoi (220 000 Kip, 24 Std.) über Vinh (180 000 Kip, 16 Std.) sowie nach Da Nang (230 000 Kip, 22 Std.) über Hue (200 000 Kip, 19 Std.). Montags, donnerstags und sonntags starten sie um 18 Uhr. Wer nach Ho-Chi-Minh-Stadt möchte, muss in Da Nang umsteigen; weitere Infos gibt's bei **SDT** (☎ 021-720175).

FLUGZEUG

Am **Internationalen Flughafen Wattay** (Karte S. 142; ☎ 021-512165; www.vientianeairport. com) geht's ganz unkompliziert zu. Inlandsflieger starten beim älteren weißen Gebäude östlich des imposanten Internationalen Terminals. In der Ankunftshalle gibt's einen (oft unbesetzten) Infoschalter und im Obergeschoss des Internationalen Terminals kann man etwas zu essen kaufen.

Air Asia (Karte S. 142; www.airasia.com; Internationales Terminal des Wattay-Flughafens) Tägliche Flüge von Vientiane nach Kuala Lumpur und Bangkok.

Bangkok Airways (Karte S. 146; www.bangkok air.com; Lao Plaza Hotel, 63 Th Samsènethai; ⊙ Mo–Fr 8–17, Sa bis 12 Uhr) Pendelt täglich zwischen Bangkok, Vientiane und Luang Prabang.

China Eastern Airlines (Karte S. 142; www. ce-air.com; Th Luang Prabang; ⊙ Mo–Fr 8–17,

WEITERREISE NACH THAILAND: VON THA NE LONG NACH NONG KHAI

Anreise zur Grenze

An der **Grenze zwischen Tha Na Leng (Laos) und Nong Khai (Thailand)** (6–22 Uhr) überspannt die Freundschaftsbrücke Saphan Mittaphap Thai-Lao den Mekong. Die laotische Grenze liegt rund 20 km von Vientiane entfernt. Von dort kommt man am schnellsten und billigsten mit dem Thai-Lao International Bus zur Brücke, der die thailändischen Städte Khon Kaen, Nakhon Ratchasima, Nong Khai und Udon Thani ansteuert. Alternativ legt man die Strecke zwischen Vientiane und der Brücke mit einem Taxi (300 B), *tuk-tuk* (Gemeinschafts-/Privat-*tuk-tuk* 5000 Kip/250 B), Jumbo (250–300 B) oder der zwischen 6 und 17.30 Uhr verkehrenden Tha-Deua-Buslinie 14 ab dem Talat-Sao-Busbahnhof (15 000 Kip) zurück.

Tuk-tuks fahren ab dem Bahnhof (20 B) und dem Busbahnhof (55 B) in Nong Khai zum thailändischen Grenzposten an der Brücke. Man kann auch den Thai-Lao International Bus am Busbahnhof Nong Khai (55 B, 1½ Std.) oder am Busbahnhof Udon Thani (80 B, 2 Std.) nehmen. Beide Linien steuern den Talat-Sao-Busbahnhof in Vientiane an. Wer nach Udon Thani fliegt, zahlt für ein *tuk-tuk* vom Flughafen zum Busbahnhof etwa 120 B.

Seit vom Bahnhof Nong Khai aus eine Schienenstrecke von 3,5 km nach Laos zum Bahnhof Dongphasy, etwa 13 km vom Zentrum Vientianes entfernt, gelegt wurde, kann man die Brücke auch per Zug überqueren. In Nong Khai gibt's täglich zwei Verbindungen (9.30 & 16 Uhr, mit Ventilator/Klimaanlage 20/50 B, 15 Min.). Die Grenzformalitäten werden an den jeweiligen Bahnhöfen erledigt. Sofern man kein Zugfan ist, ist es jedoch weitaus bequemer, den Internationalen Bus oder andere Verkehrsmittel zu nutzen.

An der Grenze

Staatsbürger der EU und Schweizer können ohne Visum nach Thailand einreisen (gilt für einen Aufenthalt von bis zu 30 Tagen). Der Preis für ein laotisches Visum (30 Tage gültig) hängt von der Staatsangehörigkeit ab: Deutsche erhalten es für 30 US$, Österreicher und Schweizer für 35 US$. Wer kein Foto dabeihat, zahlt 1 US$ extra, darüber hinaus wird werktags zwischen 6 und 8 Uhr und zwischen 18 und 22 Uhr sowie an Wochenenden und Feiertagen für die Ausstellung eine Zusatzgebühr von 1 US$ berechnet. Traveller sollten ihr Visum für Laos keinesfalls von einem *tuk-tuk*-Fahrer besorgen lassen. Egal was diese einem auch erzählen, es dauert viel länger, als wenn man es selbst erledigt, außerdem bezahlt man natürlich für diese „Gefälligkeit". Also lässt man sich am besten direkt zur Brücke bringen.

Weiterreise

Die Nachtzüge von Nong Khai nach Bangkok fahren um 18.20 Uhr und 19.10 Uhr ab und kosten 1217/778 B (1.Klasse Schlafwagen/2. Klasse Schlafwagen). Tickets für den Zug um 7 Uhr kosten 498/388 B (Wagen mit Klimaanlage/mit Ventilatoren).

LEITFADEN FÜR TUK-TUKS & JUMBOS

Touristen-tuk-tuks Touristen-*tuk-tuks* lauern vor beliebten touristischen Zielen, beispielsweise am Nam-Phou-Springbrunnen. Theoretisch darf eine Strecke von 1 km oder weniger nicht mehr als 20 000 Kip kosten, allerdings zeigen einem die Fahrer oftmals Tafeln mit einer Liste von Preisen, die mindestens doppelt so hoch sind wie die für Einheimische. Handeln bringt in der Regel nicht viel, weil die Fahrer in der Schlange miteinander vereinbart haben, dass sie nur die vereinbarten Tarife akzeptieren.

Umherfahrende tuk-tuks Die Fahrer dieser *tuk-tuks* halten überall, um Passagiere aufzunehmen. Ihre Preise sind verhandelbar und günstiger als die für Touristen-*tuk-tuks*, wobei sie steigen, je weiter man von den Hauptstraßen weg ist. Für ein Ziel in der Innenstadt kann man dem Fahrer mit etwas Glück einfach 15 000 bis 20 000 Kip geben und ihm dann den genauen Ort nennen.

Sammeljumbos mit festen Strecken Die günstigsten *tuk-tuks* starten an speziellen Haltestellen und sind auf festgelegten Routen zu festgelegten Preisen unterwegs. Beim Talat-Sao-Busbahnhof befindet sich die größte Haltestelle. Eine der praktischsten Strecken ist jene zur Freundschaftsbrücke (5000 Kip; ein gechartertes *tuk-tuk* kostet im Vergleich 200 B). Einfach einsteigen und sagen, wohin man möchte.

Sa bis 12 Uhr) Fliegt täglich nach Kunming und Nanning.

Korean Air (www.koreanair.com) Tägliche Verbindungen zwischen Vientiane und Seoul.

Lao Airlines (Karte S. 142; ☎ 021-512028; Internationales Terminal des Wattay-Flughafens; ⌚ 6–18 Uhr) Inlandsflüge nach Savannakhet, Pakxe, Luang Prabang, Phonsavan (Xieng Khuang) und Luang Namtha sowie internationale Flüge nach Siem Reap, Phnom Penh, Seoul, Singapur, Bangkok, Chiang Mai, Hanoi, Ho-Chi-Minh-Stadt, Kunming und Guangzhou.

Lao Skyway (Karte S. 142; ☎ 021-513022; www.laoskyway.com; Inlandsterminal, Internationaler Flughafen Wattay; ⌚ 8–20 Uhr) Regional-Airline mit Flügen von Vientiane nach Luang Prabang, Luang Namtha, Oudom Xay und Houay Xay.

Thai Airways International (Karte S. 142; www.thaiairways.com; Th Luang Prabang; ⌚ Mo–Fr 8.30–17, Sa bis 12 Uhr) Fliegt zweimal am Tag von Vientiane nach Bangkok.

Vietnam Airlines (Karte S. 146; www.vietnamairlines.com; Lao Plaza Hotel, 63 Th Samsènethai, Vientiane; ⌚ Mo–Fr 9–17, Sa bis 12 Uhr) Verbindet Vientiane mit Hanoi, Ho-Chi-Minh-Stadt und Phnom Penh.

SCHIFF/FÄHRE

Da die meisten Leute den preisgünstigeren und schnelleren Bus nehmen, sind zwischen Vientiane und Luang Prabang kaum noch Fähren unterwegs.

ZUG

2009 wurden Schienen vom Bahnhof in Nong Khai über die Thailändisch-Laotische Freundschaftsbrücke ins laotische Dongphas verlegt: Damit war die erste Bahnstrecke in Laos geboren. Diese soll demnächst um zusätzliche 9 km erweitert werden, was als Startschuss für den Aufbau eines nationalen Schienennetzes in den kommenden fünf Jahren gilt. Momentan beschränkt es sich jedoch noch auf 3,5 km, was die Zugverbindung nach Nong Khai in Thailand verglichen mit dem viel schnelleren Thai-Lao International Bus sehr unpraktisch macht.

❶ Unterwegs vor Ort

Im Zentrum erreicht man alles problemlos zu Fuß. Zur Erkundung der Umgebung ist man auf öffentliche Verkehrsmittel angewiesen.

AUTO & MOTORRAD

Mehrere internationale Autovermietungen haben Büros in Vientiane, darunter **Avis** (Karte S. 146; ☎ 021-223867; www.avis.la; Th Setthathirath; ⌚ Mo–Fr 8.30–18.30, Sa & So bis 13 Uhr) und **Sixt** (Karte S. 142; ☎ 021-513228; www.sixtlao.com; Internationaler Flughafen Wattay; ⌚ 7–19 Uhr).

Vientiane lässt sich wunderbar mit Motorrollern erkunden. Entsprechende Verleihstellen findet man überall im Zentrum. Empfehlenswerte Adressen sind **First-One Motorbike Rental** (Karte S. 146; ☎ 020-55528299; Th François Ngin; Motorroller 70 000 Kip pro Tag; ⌚ 8.30–18 Uhr) und **Mixay Bike 2** (Karte S. 146; ☎ 020-77882510; Th Chau Anou; Motorroller 60 000–80 000 Kip pro 24 Std.; ⌚ 8–20 Uhr).

BUS

Die meisten Busse steuern die weiter entfernten Vororte an, im Stadtzentrum sind sie weniger unterwegs. Fast alle starten am Talat-Sao-Busbahnhof, der zurzeit umfassend renoviert wird. Der Tha-Deua-Bus 14 verkehrt zwischen

MOTORRADTOUREN AB VIENTIANE

Motorradtouren durch Laos haben in den letzten Jahren zunehmend an Beliebtheit gewonnen. Inzwischen sind hier Ausflüge mit robusten, gewarteten Maschinen inklusive gut funktionierender Handys für Notfälle und GPS-Systeme möglich. Da man die Fahrzeuge am Zielort abgegeben kann und das Gepäck nach Wunsch dorthin gebracht wird, ist es eine Überlegung wert, einen Teil der Reiseroute auf zwei Rädern zu bewältigen (eine gute Alternative zu den stickigen überfüllten Bussen …). Am besten leiht man sich für eine Woche eine Maschine und unternimmt eine Tour ins nördliche Laos, kurvt ein paar Tage durch die Berge nach Vang Vieng und erkundet dann Luang Prabang sowie den restlichen Norden, bevor man die Maschine schließlich in Luang Prabang abgibt. Oder man fährt nach Süden, erkundet die Kalksteinfelsen von Tha Khaek und gibt sein Motorrad in Pakxe zurück.

Empfehlenswerte Touranbieter, die Geländemotorräder bzw. Tourenräder vermieten und einen Abholservice anbieten:

Drivenbyadventure (☑020-58656994; www.hochiminhtrail.org; Vermietung 38–95 US$ pro Tag, geführte Touren 160–200 US$ pro Tag) Bietet die am besten gewarteten Geländemotorräder in Laos, darunter Maschinen der Marken Honda CRF250 (38 US$ pro Tag), Honda XR400 (50 US$) und KTM XCW450 (95 US$).

Fuark Motorcycle Hire (☑021-261970; fuarkmotorcross@yahoo.com) Eine führende Motorradvermietung unter lokaler Leitung, die gepflegte Geländemotorräder (ab 30 US$ pro Tag) bietet und Abgabestellen in verschiedenen Städten des Landes hat.

Don Duvall, der Inhaber von Drivenbyadventure, ist auch unter dem mysteriösen Spitznamen Midnight Mapper (S. 166) unterwegs: Seit zehn Jahren kartografiert er unermüdlich Laos; man kann seine Satellitenkarten auf seiner Website kaufen und an ein Navigationsgerät anschließen. Sie kosten 50 US$ und er schickt dem Käufer die SIM-Karte per Post; ansonsten kann man auch ein manuelles Navigationsgerät von Garmin für 7 US$ pro Tag mieten und seine Koordinaten eingeben.

6 und 17. 30 Uhr alle zwei Stunden zur Thailändisch-Laotischen Freundschaftsbrücke und zum Xieng Khuan (Buddhapark); eine Fahrt kostet 15 000 Kip. Bus 49 verkehrt regelmäßig und hält auch am Flughafen (6000 Kip). Bus 8 fährt zum Busbahnhof Nord (5000 Kip) und Bus 29 zum Busbahnhof Süd (3000 Kip).

FAHRRAD

Radfahren ist günstig und in der vorwiegend flachen Stadt sehr empfehlenswert. Viele Pensionen und Läden vermieten Räder für etwa 10 000 bis 20 000 Kip pro Tag. Mountainbikes sind mit 30 000 bis 40 000 Kip etwas teurer; wir empfehlen **Lao Bike** (Karte S. 146; ☑020-55090471; Th Setthathirath; ⊙9–18 Uhr).

VOM/ZUM FLUGHAFEN

Internationaler Flughafen Wattay Ein Taxi ins Stadtzentrum kostet 7 US$, ein Minivan 8 US$. Am Flughafen dürfen nur offizielle Taxis Passagiere aufnehmen.

Wer Geld sparen möchte und wenig Gepäck dabeihat, läuft einfach die 500 m bis zum Flughafentor, überquert die Th Souphanouvong und macht sich per Gemeinschaftsjumbo (S. 171; 20 000 Kip pro Pers.) auf den Weg. Für Gemeinschaftstaxis gilt: Wer weiter als bis zum Stadtzentrum fahren will, zahlt mehr.

Die Buslinie 49 Nong Taeng bedient die Route vom Talat-Sao-Busbahnhof zum Flughafen für 6000 Kip.

JUMBO & TUK-TUK

Mit Jumbos und *tuk-tuks* kann man Strecken zwischen 500 m und 20 km zurücklegen. Wer nicht zu viel bezahlen und sich Streit mit den Fahrern ersparen möchte, sollte sich mit den verschiedenen *tuk-tuk*-Arten vertraut machen. Touristen-*tuk-tuks* sind am teuersten. Um einiges billiger kommt man dagegen mit Gemeinschaftsjumbos davon, die feste Strecken abfahren, beispielsweise von der Th Luang Prabang zur Th Setthathirath oder von der Th Lan Xang zum That Luang. Sie kosten in der Regel weniger als 5000 Kip pro Person.

TAXI

Vor vielen der größeren Hotels und am Flughafen stehen Autotaxis verschiedener Formen, Größen und Jahrgänge bereit. Der Preis muss ausgehandelt werden, es sei denn, man steigt in einen mit Taxameter ausgestatteten Wagen, z. B. von:

Meter Taxi Service (Karte S. 146; ☑021-454168) Die Fahrer dieses Anbieters warten auf der Th Pangkham beim Day Inn Hotel auf Kundschaft.

Taxi Vientiane Capital Lao Group (☎ 021-454168; ⊙ 24 Std.) Ebenfalls ein empfehlenswertes Unternehmen.

Tourist Taxi (☎ 1420; Fahrt zum Flughafen 50 000 Kip; ⊙ 24 Std.) Das neue Touristenunternehmen gibt Travellern die Möglichkeit, den Taxameterpreis zu verfolgen.

Ein Auto mit Fahrer kostet innerhalb der Stadt rund 50 US$ pro Tag. Für weitere Strecken, z. B. nach Ang Nam Ngum oder Vang Vieng, muss man tiefer in die Tasche greifen.

Vom **Talat-Sao-Taxistand** (Karte S. 146; Ecke Th Lan Xang & Th Khu Vieng; ⊙ 7–18 Uhr) gegenüber des Talat Sao wird man für 300 B zur Freundschaftsbrücke gebracht.

RUND UM VIENTIANE

Von Vientiane aus bieten sich einige recht leicht erreichbare Ziele für einen Tagesausflug an. Manchmal lohnen aber auch längere Aufenthalte. Beliebte Ziele sind der Phou Khao Khouay NPA (hier gibt's auch Homestays) sowie die Inseln und Buchten von Ang Nam Ngum.

Phou Khao Khouay NPA
ໂຄສະຫງວນແຫ່ງຊາດພູເຂົາຄວາຍ

Es ist problemlos möglich, ins oft unterschätzte Phou Khao Khouay NPA zu gelangen. Das Naturschutzgebiet östlich von Vientiane umfasst über 2000 km² mit Bergen und Flüssen. Hier kann man Trekkingtouren unternehmen, die ein paar Stunden oder auch bis zu drei Tagen dauern. Die Routen wurden in Zusammenarbeit mit den beiden Dörfern am Rande des Reservats, Ban Na und Ban Hat Khai, entwickelt.

Phou Khao Khouay (*pu kau kuai*) bedeutet nach einer lokalen Legende „Berg des Wasserbüffelhorns". Drei große Flüsse fließen von einer Sandsteingebirgskette herab. Dort leben ungewöhnlich viele vom Aussterben bedrohte Tierarten, darunter wilde Elefanten, Gibbons, Asiatische Schwarz- und Kragenbären, Nebelparder, Prälatfasanen sowie Grüne und Ährenträgerpfauen. Je nach Höhenlage stößt man auf trockene, immergrüne Dipterocarpaceae bzw. Flügelfruchtbäume (ein südostasiatischer Baum mit zweiflügeliger Frucht), gemischten Laubwald, Nadelwald oder grasbedecktes Hochland. Zudem gibt's mehrere imposante Wasserfälle, die man in Tagesausflügen von Vientiane aus erreicht.

ℹ️ An- & Weiterreise

Vom Busbahnhof Süd in Vientiane bestehen regelmäßige Verbindungen nach Ban Thabot und Pakxan. Auf dem Weg zum Wat Pha Baht Phonsan und nach Ban Na steigt man bei Tha Pha Bat an Kilometer 81 aus. Der Schrein liegt rechts der Route 13, Ban Na erstreckt sich ca. 2 km nördlich davon (einfach den Schildern folgen).

Nach Ban Hat Khai bleibt man bis zur Abzweigung nach links (Norden) kurz vor Ban Thabot bei Kilometer 92 im Bus. Wer mit einem eigenen Wagen oder Motorrad unterwegs ist, fährt 8 km weiter die weiche Lateritsteinstraße entlang und überquert die neue Brücke. An der Kreuzung hält man sich rechts. Nach Ban Hat Khai ist es nun noch 1 km. Alternativ können die Dorfbewohner nach vorherigem Anruf in Ban Hat Khai ein Motorrad organisieren, das einen für 25 000 Kip pro Strecke in Ban Thabot abholt.

Von Vientiane aus kommend kann man zwischen drei ausgeschilderten Eingängen ins Phou Khao Khouay NPA wählen. Der zweite führt nach Ban Na, der dritte nach Ban Hat Khai und zu den Wasserfällen.

Ban Na ບ້ານນາ

Guides aus dem Dorf organisieren ein-, zwei- oder dreitägige Trekkingtouren, z. B. durch das Elefantengebiet nach Keng Khani (3–4 Std.), eine Strecke) und durch tiefen Urwald zum Tad-Fa-Wasserfall (4–5 Std.). Es gibt auch eine einstündige Tour zum Elefantenbeobachtungsturm; der Ausflug ist einfach zu bewältigen und führt durch Plantagen und Randgebiete des Dschungels. Vom Turm blickt man direkt auf eine Salzlecke, die früher regelmäßig von den Elefanten aufgesucht wurde. Tourteilnehmer schlafen in dem Gebäude unter einem Moskitonetz auf einer Matratze (100 000 Kip pro Person) und die Guides bereiten ein leckeres lokales Abendessen zu. Auch ohne die Elefanten ist der Trip zu empfehlen.

Ban Na bietet zehn Homestays in einfachen Holzhäusern mit Stromversorgung und Moskitonetzen. Vegetarische Mahlzeiten sind möglich. Für Buchungen wendet man sich an **Mr. Bounathom/Mr. Khampak** (☎ 020-22208262); am besten lässt man jemanden anrufen, der Laotisch spricht.

Ban Hat Khai ບ້ານຫາດໄຂ່

Ban Hat Khai ist ein hübsches Dorf am Fluss, das elf Homestays in traditionellen laotischen Häusern bietet, die rund um die Uhr mit Strom versorgt werden und über Moskitonetze verfügen. Auf Anfrage sind auch vegetarische Mahlzeiten möglich. Um einen Aufenthalt in Ban Hat Khai zu buchen, kontaktiert man **Mr. Khammuan** (☎ 020-2224 0303); idealerweise lässt man jemanden anrufen, der Laotisch versteht.

Zu den Ausflugszielen ab Ban Hat Khai gehören die Felsen, Aussichtspunkte und die schöne Landschaft von **Pha Luang** (etwa 3–4 Std., eine Strecke) und die Wälder rund um **Huay Khi Ling** (2–3 Std., eine Strecke). Ein Ausflug in beide Gebiete dauert je nach Saison zwei bis drei Tage; man übernachtet dabei im Wald.

Tad Xay, Pha Xai & Tad Leuk

Der **Tad Leuk** `GRATIS` ist nur ein kleiner Wasserfall, aber ein hübsches Plätzchen zum Übernachten. Wenn die Strömung nicht zu stark ist, macht es Spaß, unter dem Wasserfall zu baden. Das Besucherzentrum bietet einige Infos zu der Gegend, darunter einen detaillierten Führer zum 1,5 km langen Huay-Bon-Naturpfad.

Außerdem organisiert ein Mitarbeiter des Zentrums Trekkingtouren für 160 000 Kip und vermietet hochwertige Vierpersonenzelte für 30 000 Kip. Hängematten, Matratzen, Moskitonetze und Schlafsäcke kosten je 10 000 Kip. Es gibt hier auch eine kleine Bücherei mit Tierbüchern, ein Fernglas sowie ein sehr einfaches Restaurant. Am besten bringt man jedoch einen kleinen Vorrat an Lebensmitteln mit.

An der Abzweigung zum Dorf Ban Hat Khai biegt man links ab und fährt weitere 6 km, bis auf der linken Seite eine steinige Straße erscheint, die nach 4 km zum Tad Leuk führt.

Der **Tad Xay** (ຕາດຊາຍ) `GRATIS` stürzt über sieben Stufen 800 m tief ins Tal. Über einen 40 m hohen Katarakt fällt der **Pha Xai** (ຜາຊາຍ) in ein zum Schwimmen geeignetes Becken. Während der Regenzeit kann der Pool allerdings gefährlich sein. Beide Wasserfälle erreicht man über die Straße, die kurz vor Ban Tha Bok von der Route 13 abzweigt. Von der Abzweigung nach Ban Hat Khai sind es noch 9 km bis Tad Xay und Pha Xai.

Ang Nam Ngum & Umgebung

Auf halber Strecke zwischen Vientiane und Vang Vieng erstreckt sich der Ang Nam Ngum, ein großer künstlicher See, der 1971 durch den Bau des Staudammes am Nam Ngum (Ngum-Fluss) entstanden ist. Die höchsten Erhebungen des früheren Flusstals ragen seit der Flutung als bewaldete Inseln aus dem Wasser. Nach der Eroberung Vientianes durch die Pathet Lao 1975 wurden 3000 Prostituierte, Kleinkriminelle und Drogenabhängige aus der Hauptstadt auf zwei dieser Inseln verbannt – auf eine die Frauen und auf die andere die Männer. Heute erzeugt das Wasserkraftwerk am Nam Ngum einen Großteil der Elektrizität für Vientiane und Umgebung. Lohnenswerte Ausflugsziele am See sind z. B. Nam Tok Tad Khu Khana, die Vang-Xang-Buddhas und das Ökodorf Nam Lik.

◉ Sehenswertes & Aktivitäten

Der Ang Nam Ngum ist mit malerischen kleinen Eilanden übersät und es lohnt sich, hier eine Bootsfahrt zu unternehmen. Boote kann man in Ban Na Khuen oder Ban Tha Heua mieten (halber/ganzer Tag 150 000/300 000 Kip), wo es außerdem die besten Hotelresorts der Gegend gibt.

Vang-Xang-Buddhas　　BUDDHISTISCHE STÄTTE
`GRATIS` Bei Vang Xang, 65 km nördlich von Vientiane an der Route 13, thronen zehn mit Hochreliefs verzierte Buddhastatuen auf Felsen, die aus dem 16. Jh. stammen sollen. Zwei der Figuren sind über 3 m hoch. „Vang Xang" bedeutet „Elefantenpalast" und spielt auf einen Elefantenfriedhof in der Nähe an.

Man gelangt hierhin, indem man dem Schild zum „Vang Xang Resort" unweit der Kilometermarkierung 62 folgt und dann über die Lateritsteinstraße um einen kleinen See und über einen Berg bis zum Ende eines dunklen Waldes weiterfährt.

Nam Tok Tad Khu Khana　　WASSERFALL
`GRATIS` Sein Name ist etwas sperrig, aber der Nam Tok Tad Khu Khana (Tad-Khu-Khana-Wasserfall, auch Hin Khana genannt) zählt zu den Wasserfällen, die von Vientiane aus leicht zu erreichen sind. Man folgt einer 10 km langen, unbefestigten Straße, die bei Ban Naxaithong (Km 17) von der Route 13 nach Westen führt.

🛏 Schlafen & Essen

Ban Na Khuen und Ban Tha Heua sind Dörfer in Seenähe, die einige schöne Hotelresorts mit entspanntem Flair besitzen. Diese sind eine gute Alternative zum Trubel im Zentrum Vang Viengs.

BEDROHTE ELEFANTEN

Das typisch laotische Dorf Ban Na mit seinen etwa 600 Einwohnern liegt 82 km nordöstlich von Vientiane in einer Niederung. Es gibt hier eine ganz klassische Rollenverteilung: Frauen flechten Körbe aus Bambus, was sie einem für ein kleines Honorar auch gern beibringen, und Männer bestellen die Felder. Größtes Highlight der Ortschaft war lange Zeit die Elefantenherde in der Gegend.

Die Bauern von Ban Na bauen Reis und Gemüse an. Vor einigen Jahren versuchten sie es auch mit Zuckerrohr, hatten dabei allerdings nicht an die Dickhäuter in den nahen Bergen mit ihrem großen Appetit auf Süßes gedacht. Schon nach kurzer Zeit spürten die Tiere die Leckereien auf und verspeisten das rund um Ban Na angepflanzte Zuckerrohr sowie die Ananas und Bananen. Darüber waren die Farmer natürlich nicht gerade glücklich. Sie sahen ein, dass sie die Elefanten nur loswerden konnten, indem sie das Zuckerrohr ausrissen und wieder das langweilige, weniger lukrative Gemüse anbauten.

Man hoffte, die 30 Tiere würden den Wink verstehen und wieder in die Berge verschwinden. Stattdessen machten sie die Wälder des Tieflandes, den Bambusgürtel und die Felder der Dorfbewohner zu ihrem Zuhause. Dort verursachten sie erhebliche Schäden, die sich sowohl auf die Umwelt als auch auf die Finanzen der Ortschaft auswirkten. Die Menschen hier konnten nur weiterhin mit den Dickhäutern leben, indem sie durch sie ihren Lebensunterhalt bestritten, und das hieß: Elefanten-Ökotourismus.

Inzwischen sind die Elefanten jedoch unauffindbar. 2007 lebte nach Schätzungen eine noch 25-köpfige Herde in Phou Khao Khouay NPA. 2009 wurden fünf Tiere getötet und ihrer Stoßzähne und Hinterbeine beraubt. Vermutlich handelte es sich bei den Tätern aber um Wilderer, nicht etwa um rachsüchtige Dorfbewohner. 2010 entdeckte man zwei weitere tote Elefanten. Laut der laotischen Armee waren dafür Blitzschläge verantwortlich. Die Dorfbewohner sagen, sie haben seit mehreren Jahren keine Elefanten mehr gesehen; also wurden sie wahrscheinlich alle getötet oder sind in die entlegeneren nördlichen Gebiete des NPA geflohen.

★ Sanctuary Resort BOUTIQUE-HOTEL $$
(☎ 020-55320612; www.sanctuaryhotelsandresorts.com; Ban Tha Heua; Zi. ab 38–50 US$; ❄ 🛜 🌊)
Das Sanctuary Resort besitzt eindrucksvolle neue Bungalowvillen am Ufer des Ang Nam Ngum. Sie sind liebevoll und modern eingerichtet; es gibt zudem größere Luxusvillen mit Whirlpools im Freien, die zwei Schlafzimmer haben und auch als Familiendomizil gemietet werden können. Als ganz besondere Neuheit bietet das Hotel einen schwimmenden Swimmingpool im See.

Nam Lik Eco-Village BUNGALOW $$
(☎ 020-55508719; http://namlik.org/eco; EZ/DZ 30/40 US$) 🏖 Das Resort am Westufer des Nam Lik (Lik-Fluss) ist ein guter Startpunkt für Aktivitäten im Freien, z.B. Orchideenwanderungen, Kajaktrips im Fluss oder Mountainbiketouren auf markierten Wegen. Es liegt 7 km östlich des Ban Senhxoum, gleich hinter der Km-80-Markierung.

Nirvana Archipel Resort BUNGALOW $$
(☎ 020-54894272; www.nirvana-archipel-resort.com; Ban Tha Heua; Camping 25000 Kip, Bungalows 100 000–200 000 Kip; FZ 40–130 US$; ❄ 🛜) 🏖

Das Ökoresort mit Blick auf den Ang Nam Ngum besteht aus recyceltem Holz und Naturmaterialien aus dem Reservoir. Zu den Unterkünften zählen Doppelbungalows (die billigeren haben Gemeinschaftsbäder) sowie eindrucksvolle Familienhäuser und Bungalows mit zwei Zimmern, in denen mehr als acht Personen übernachten können. Vor Ort befindet sich ein Rettungszentrum für Tiere, das mit den Hoteleinnahmen finanziert wird.

Nam Ngeum LAOTISCH $
(☎ 020-55513521; Ban Na Khuen; Hauptgerichte 20 000–60 000 Kip; ◷ 9–21 Uhr) Es gibt in Ban Na Khuen eine Handvoll Restaurants, zu denen auch das Nam Ngeum zählt. Das Lokal überzeugt mit leckerem *gôy ʔah* (scharf-würziger Fischsalat), *gaang ʔah* (Fischsuppe) und neung *ʔah* (gedämpfter Fisch mit frischen Kräutern).

❶ An- & Weiterreise

Die meisten Orte rund um den Ang Nam Ngum sind am besten mit einem eigenen Fahrzeug zu erreichen. Es verkehren zwar öffentliche Verkehrsmittel zu den Resorts bei Ban Tha Heua, ansonsten ist das Transportnetz aber sehr spärlich.

Die Anreise nach Ban Tha Heua ist einfach, denn sie liegt an der Hauptstraße, die zwischen Vientiane und Vang Vieng verläuft. Wer in Richtung Norden fährt, muss wahrscheinlich den vollen Preis bis Vang Vieng bezahlen. Von Vang Vieng in Richtung Süden fahren *sŏrngtăaou*, die rund 10 000 Kip kosten.

Vom Talat-Sao-Busbahnhof in Vientiane verkehren zwischen 6.30 und 17.30 Uhr alle 60 Minuten Busse nach Thalat (15 000 Kip, 2½ Std., 87 km), der größten Ortschaft im Umkreis des Ang Nam Ngum; dort starten *sŏrngtăaou* (Passagier-LKWs) nach Ban Na Kheun (15 000 Kip).

Wer im Voraus bucht, kommt in den Genuss des Abholdienstes vom Nam Lik Eco-Village. Ansonsten steigt man in Vientiane in einen der Busse Richtung Vang Vieng, lässt sich in Ban Senhxoum (25 000 Kip, ca. 3 Std.) absetzen und legt die verbleibenden 7 km mit lokalen Verkehrsmitteln zurück.

Vang Vieng ວັງວຽງ

35 000 EW. / 🖉 023

Wie ein ländliches Idyll auf einem asiatischen Seidengemälde erstreckt sich Vang Vieng vor einer Kulisse aus Karstgipfeln und grünen Reisfeldern am Nam Song (Song-Fluss). Dank der laotischen Regierung, die 2012 die Ravebars am Ufer schließen ließ, ist die ungesunde Partyszene fast verschwunden. Die Stadt erfindet sich nun als Abenteuerparadies neu und hat einige eindrucksvolle Unterkünfte zu bieten. Vang Vieng ist zwar kein sehr reizvoller Ort – um schöne Ausblicke zu bieten, werden die Hotels immer höher gebaut – aber der Nam Song bietet eine herrlich ländliche Idylle.

Hier kann man gut mehrere Tage verbringen, denn die Gegend ist eines der malerischsten Fleckchen des Landes und lockt mit Roller- und Motorradausflügen, Tubing und Wanderungen. Man sollte die Region aber mit Umsicht erkunden und nüchtern genießen, denn der Fluss und die Berge um Vang Vieng haben schon zu viele Menschenleben gekostet.

⊙ Sehenswertes & Aktivitäten

Laos' ultimatives Ziel für Abenteurer lockt mit einem umfassenden Angebot an Aktivitäten, zu denen Tubing, Kajak- und Raftingtrips, Höhlenwanderungen, Radtouren und erstklassige Klettermöglichkeiten gehören. Man kann auch die vielen Höhlen erkunden, die sich unter den Kalksteingipfeln erstrecken. Seilrutschen ist ebenfalls sehr beliebt: Verschiedene Anbieter organisieren Abenteuertouren, die Höhlenbesuche und Flussaktivitäten miteinander kombinieren.

Höhlen

Einige der zugänglichsten *tàm* (Höhlen) verfügen über eine englische und laotische Beschilderung. Die Höhlen gelten als spektakulär, bergen jedoch einige Gefahren: Sie sind dunkel, glitschig und man kann sich leicht verlaufen. Der Eintritt wird am Eingang kassiert. Ein Guide, oftmals ein Junge aus einem der Dörfer, geleitet einen gegen ein kleines Entgelt. Man sollte Wasser und eine Taschenlampe mit vollen Batterien dabeihaben. Angesichts einiger Horrorgeschichten von Besuchern, die sich in der Dunkelheit verlaufen haben, gehören dessen ungeachtet aber unbedingt Ersatzbatterien und am besten auch noch eine zusätzliche Taschenlampe ins Gepäck.

Viele Pensionen organisieren Guides für Trips durch mehrere Höhlen. Ausflüge inklusive Tubing kosten 15/25 US$ für einen halben/ganzen Tag.

Tham Nam HÖHLE
(5000 Kip) Tham Nam ist die eindrucksvollste Höhle im Umkreis von Vang Vieng. Sie ist über 500 m lang und aus ihrem niedrigen Eingang strömt ein Zufluss des Nam Song. Sie liegt etwa 400 m südlich von Tham Hoi an einem Wanderweg.

Tham Jang HÖHLE
(ຖ້ຳຈັງ; Eintritt inkl. Gebühr für den Brückenübergang 17 000 Kip) Die berühmte Tham Jang (*jang* bedeutet „felsenfest") wurde im frühen 19. Jh. als Bunker zur Verteidigung gegen plündernde *jĕen hór* (Chinesen aus Yunnan) genutzt. Treppen führen zum Haupteingang.

Tham Hoi HÖHLE
(kombinierter Eintrittspreis 10 000 Kip) Der Eingang zur Tham-Ho-Höhle wird von einer riesigen Buddhastatue bewacht; die Höhle erstreckt sich 3 km tief in den Kalkstein und führt zu einem unterirdischen See. Der kombinierte Eintrittspreis gilt für alle Höhlen in der Region Tham Sang (S. 177).

Man erreicht die Höhle über einen ausgeschilderten Pfad, der in Tham Sang beginnt und 1 km nordwestlich durch Reisfelder führt.

Tham Phu Kham HÖHLE
(ຖ້ຳພູຄຳ, Blaue Lagune; 10 000 Kip) Unter den Laoten gilt die riesige Tham Phou Kham als heilig. Sie ist wegen der bei der Höhle

DIE DREI HÖHLEN VON THAM XAY

Ein beliebter Halbtagesausflug, den man leicht auf eigene Faust unternehmen kann, führt im Rahmen einer kurzen Wanderung zu den Höhlen **Tham Xay, Tham Hoi, Tham Loup** und **Tham Nam**. Per Motorrad oder Jumbo geht's zunächst 13 km Richtung Norden entlang der Route 13 und dann einige Hundert Meter hinter der kaum noch lesbaren Markierung bei Kilometer 169 links ab.

Auf einer holprigen Straße gelangt man zum Fluss, über den in der Trockenzeit eine mautpflichtige Brücke (5000 Kip) führt. Während der Regenzeit wird man mit einem Boot nach Ban Tham Xang (20 000 Kip inkl. Rückweg) gebracht. Die Höhle befindet sich direkt vor Ort, ebenso wie ein kleines Restaurant.

In der Tham Xay, der „Elefantenhöhle", gibt's ein paar Buddhafiguren, einen „Fußabdruck" Buddhas sowie einen elefantenförmigen Tropfstein, nach dem sie benannt ist. Am besten besucht man die Höhle morgens, wenn sie von Licht durchflutet wird.

Von hier führt ein Pfad durch Reisfelder etwa 1 km Richtung Nordwesten zu den Eingängen der Tham Hoi und Tham Loup. Der Weg dorthin ist etwas verwirrend, doch Dorfkinder helfen einem gegen eine kleine Gebühr gern weiter. Die Tham Hoi, vor der eine große Buddhastatue wacht, soll sich ganze 3 km in den Kalksteinfelsen hinein bis zu einem unterirdischen See erstrecken, während die wunderschöne große und unberührte Tham Loup mit einigen eindrucksvollen Tropfsteinen aufwartet.

400 m südlich der Tham Hoi liegt das über einen ausgetretenen Pfad erreichbare Highlight dieses Ausflugs: die 500 m lange Tham Nam. Ein Nebenarm des Nam Song strömt aus ihrem niedrigen Eingang heraus. In der Trockenzeit kann man in die Höhle waten. Wenn das Wasser höher steht, bekommt man von der freundlichen Frau am Eingang einen Reifenschlauch und eine Stirnlampe (beides im Eintritt inbegriffen). Es macht großen Spaß, sich an dem in der Höhle befestigten Seil entlangzuhangeln.

Falls die Energiereserven jetzt noch nicht aufgebraucht sind, folgt man nach der Besichtigung einem Weg, der 2 km gen Süden an einem Bach entlang zur **Tham Pha Thao** verläuft. Die Höhle soll einige Kilometer lang sein und ein Wasserbecken beherbergen. Alternativ unternimmt man einen leichten 1 km langen Spaziergang zurück nach Ban Tham Xang. Die Rundtour ist Bestandteil vieler Ausflüge der Anbieter von Vang Vieng, vor allem der kombinierten Trips (Kajakfahren, Trekking, Tubing).

gelegenen Lagune sehr populär. Nach dem steilen Aufstieg lädt das schöne grünblaue Wasser des Sees zum Schwimmen ein. Die Hauptkammer der Höhle beherbergt eine thailändische Bronze des liegenden Buddhas. Tiefere Gänge führen von dort aus weiter in den Berg.

Tham Loup   HÖHLE
(kombinierter Eintrittspreis 10 000 Kip) Tham Loup ist eine große und herrlich unberührte Höhle mit eindrucksvollen Stalaktiten. Der kombinierte Eintrittspreis gilt für alle Höhlen in der Region Tham Sang.

Ein ausgeschilderter Pfad zur Höhle beginnt in Tham Sang und führt dann 1 km nordwestlich durch Reisfelder.

Tubing

Fast jeder jüngere Vang-Vieng-Besucher packt hier die Gelegenheit beim Schopf und unternimmt eine Tubingtour. Dabei lässt man sich mit einem Traktorreifenschlauch den

Nam Song hinabtreiben. Der Startpunkt befindet sich 3,5 km nördlich der Stadt. Je nach Geschwindigkeit und Wasserstand des Flusses erwartet die Teilnehmer eine gemächliche Fahrt durch die von Dschungelpflanzen durchzogene Karstlandschaft oder eine rasante Rutschpartie stromabwärts bis nach Vang Vieng. Seit Schließung der Uferbars 2012 ist die Wahrscheinlichkeit gesunken, dass man aufgrund mangelnder Nüchternheit in der gefährlichen Strömung das Gleichgewicht verliert. Trotzdem sollte man in den schnelleren Abschnitten stets eine Rettungsweste tragen (selbst wenn man gerade nicht in einem Paralleluniversum schwebt ...), denn die vielen Geschichten von Urlaubern, die hier ertranken, sind erschütternd. Also, egal ob man sich fürs Tubing oder für eine Kajakfahrt entscheidet, immer daran denken, dass der Fluss viele Gefahren birgt und die Stromschnellen bei hohem Wasserstand bedrohlich werden können. Bevor man loslegt, erkundigt man

Vang Vieng

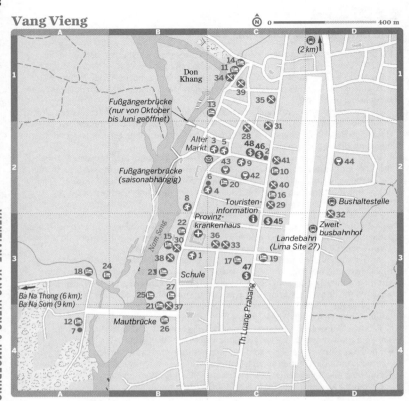

sich am besten, wie lange der Ausflug dauert (abhängig von der Jahreszeit), damit man es noch vor Einbruch der Dunkelheit wieder zurück nach Vang Vieng schafft. Im Winter ist es schon gegen 18 Uhr dunkel. Darüber hinaus sollte man sich bewusst machen, dass Tubingtouren auf dem Nam Song bekifft vielleicht mehr Spaß versprechen, jedoch auch riskanter sind.

Die **Tubinganbieter** (☉ 8.30–19 Uhr) haben sich zu einem Kartell zusammengeschlossen: Alle Touren werden von einem kleinen Gebäude gegenüber dem Gelände des früheren Markts organisiert. Die Leihgebühren für einen Reifen betragen 55 000 Kip, dazu kommt eine Kaution von 60 000 Kip. Es gibt Schwimmwesten und für 20 000 Kip kann man wasserfeste Taschen ausleihen. Im Preis für den Reifen ist der Transport zum Startpunkt enthalten. Man muss den Schlauch bis 18 Uhr zurückgeben, sonst wird eine zusätzliche Gebühr von

20 000 Kip fällig. Verliert man ihn, erhält man die Kaution nicht zurück.

Noch ein Tipp an die Damen: Es ist eine gute Idee, einen Sarong oder ein anderes Kleidungsstück zum Überziehen mitzunehmen, denn die Einheimischen mögen es nicht, wenn man in Badeklamotten herumspaziert.

Kajakfahren

Kajakfahren ist fast so beliebt wie Tubing. Entsprechende Touren werden in der Regel mit Ausflügen zu Höhlen und Dörfern oder Klettern, Radfahren und der Überquerung von Stromschnellen verknüpft, deren Gefährlichkeit von der Wasserführung des Flusses abhängt. Zahlreiche Anbieter buhlen um die Gunst der Touristen. Die Preise liegen bei 15 US$ pro Person und Tag. Der exzellente Veranstalter **Green Discovery** (☎ 023-511230; www.greendiscoverylaos.com; Th Luang Prabang; eintägige Radtour 25–35 US$ p. P., Klettertour halber/ganzer Tag 27/36 US$) ⬦ orga-

Vang Vieng

VIENTIANE, VANG VIENG & UMGEBUNG VANG VIENG

nisiert Kajaktrips nach Vientiane am Nam Lik entlang und abenteuerliche Fahrten auf dem Nam Song, bei denen die Teilnehmer ordentlich paddeln müssen. Möglich sind diese allerdings nur nach der Monsunzeit, also bei hohem Wasserstand. Ein weiteres etabliertes Unternehmen ist VLT.

Klettern
Binnen weniger Jahre erlangten die Kalksteinwände um Vang Vieng große Bekanntheit als eines der besten Klettergebiete Südostasiens. Es warten über 200 Routen, deren Schwierigkeitsgrade von 4a bis 8b reichen. Fast alle beginnen in oder nahe der Höhlen und sind mit Sicherungshaken präpariert. Zu den beliebtesten Spots zählen die **Tham Non** (Schlafhöhle) mit 20 Strecken und die anspruchsvollere **Sleeping Wall** mit zum Teil schwierigen Überhängen.

Die Saison dauert von Oktober bis Mai, ansonsten ist es zu nass. An einigen von Felsen geschützten Überhängen am Phadeng wurden in den letzten Jahren jedoch 23 Routen angelegt, die auch während der Regenzeit zugänglich sind.

Adam's Rock Climbing School (☏ 020-56564499; www.laos-climbing.com; gegenüber dem Krankenhaus; halb-/ganztägige Klettertour 180 000/260 000 Kip, 2-tägiger Kurs 100 US$, privater Kletterführer 320 000 Kip) bietet Kurse für alle Schwierigkeitsklassen an. Adam selbst gehört zu den erfahrenen Kletterern vor Ort. Seine Guides sprechen Englisch und machen einen guten Job, außerdem kann man bei ihm die nötige Ausrüstung (350 000 Kip) mieten.

Auch Green Discovery veranstaltet gelegentlich Kurse und stellt bei Bedarf einen Führer.

Ziplining
Heutzutage dreht sich in Vang Vieng alles um Höhenflüge: Der Dschungel von Seilrutschen durchzogen, die das Adrenalin in die Höhe schnellen lassen. Die folgenden Touranbieter kombinieren Wanderungen, Kajakfahrten, Abseilen oder Tuben mit Seilrutschen:

Nam Thip Tours (☏ 020-23333616, 023-511318; ◷ 9–19 Uhr)

TCK (☏ 023-511691; tckamazingtour@gmail.com; ◷ 9–20 Uhr)

Vang Vieng Adventure Tours (AK Home
Ziplining; ☑ 020-55033665; http://vangvieng
adventure.wixsite.com/home; gegenüber dem
Vansana Hotel; halber/ganzer Tag 25/35 US$)

Vang Vieng Challenge (☑ 023-511230;
www.greendiscoverylaos.com; Th Luang Prabang)

Wonderful Tours (☑ 023-511566; www.
wonderfultourslaos.la; Th Khann Muang)

Weitere Aktivitäten

★ Hot Air Ballooning   HEISSLUFTBALLON
(www.vangviengtour.com/balloon-over-vangvieng;
Flug 95 US$) Aus dem Heißluftballon kann
man herrlich die Klippen, Reisfeldteppiche
und den verschlungenen Fluss betrachten.
Die Flüge beginnen täglich um 6.30, 16 und
16.30 Uhr und dauern 40 Minuten. Um zu
buchen, kontaktiert man Mr. Vone von VLT.

Blue Lagoon 3   SCHWIMMEN
Den Trubel um die originale Blaue Lagune sollte man vergessen und stattdessen zu
der 14 km weiter westlich gelegenen Blue
Lagoon 3 fahren, die zum West-Vang-Vieng-
Rundweg gehört. Das azurblaue Wasser wird
von einer natürlichen Quelle gespeist, die aus
einem nahe gelegenen Kalksteinberg entspringt. Verglichen mit der berüchtigten Blau-
en Lagune geht's hier sehr ruhig zu.

Pony Trekking Vang Vieng   REITEN
(☑ 030-5074524; reservations@silvernaga.com; 🐴)
In den Karstbergen um Vang Vieng kann
man jetzt auch Trekkingtouren mit Ponys
unternehmen. Die kurzen geführten Aus-
ritte eignen sich vor allem für Kinder ohne
Vorkenntnisse, aber es werden auch längere Touren zu den Reisfeldern, Bauernhöfen
und Höhlen angeboten.

Yoga in Vang Vieng   YOGA
(Silver Naga; 10 US$ pro Session, 2 Sessions 15 US$;
⊙ 7.30–9 & 17–18.30 Uhr) 🌿 Im Silver Naga
Hotel finden täglich Yogakurse mit einem
erfahrenen internationalen Yogalehrer statt.

VLT   OUTDOORAKTIVITÄTEN
(☑ 023-511369; www.vangviengtour.com) Das von
Vone geführte renommierte Unternehmen
verlangt 13 bis 35 US$ für eintägige Kajakfahr-
ten, 25 US$ für eintägige Mountainbiketouren
und 20 US$ (inkl. Mittagessen) für eintägige
Wanderungen zu nahe gelegenen Höhlen.

Vang Vieng Jeep Tour   MALERISCHE AUTOTOUREN
(☑ 020-54435747; noedouine@yahoo.fr; Mindest-
teilnehmerzahl 4 Pers., 180 000 Kip pro Pers.) VV
Jeep Tour im Chez Mango veranstaltet Fahrten durch die wunderschöne Landschaft

VIENTIANE, VANG VIENG & UMGEBUNG VANG VIENG

🏃 Motorradtour
Rundfahrt westlich von Vang Vieng

START MAYLYN GUEST HOUSE
ZIEL MAYLYN GUEST HOUSE
LÄNGE/DAUER: 26 KM; 6 STD.

Zu den eindrucksvoll aus den Reisfeldern
ragenden Karstkegeln westlich von Van
Vieng empfiehlt sich ein Ausflug mit dem
Motorrad oder Mountainbike. Die im Folgenden beschriebene Tagestour führt zu
verschiedenen Höhlen, Aussichtspunkten
und Schwimmstellen. Am besten kommt
man mit einem Geländemotorrad voran,
doch die Strecke ist auch mit kleineren
Motorrädern und Mountainbikes zu schaffen. Die Karte Vang Vieng (www.hobomaps.
com; 2 US$) von Hobo Maps bietet die
besten Infos zur Umgebung, so sind z. B.
die durchnummerierten Strommasten an
der Straße als Orientierungshilfe vermerkt.

Vom ➊ **Maylyn Guest House** aus
geht's Richtung Westen. Auf dem ersten
Streckenabschnitt führen handgeschriebe-
ne Schilder zu verschiedenen Höhlen, von
denen allerdings nur wenige einen Besuch
lohnen; bei allen muss man eine Gebühr
von 10 000 Kip für den Eintritt und/oder
eine Führung entrichten. Einen Abstecher
wert ist die ➋ **Tham Pha Daeng**, zu der
man über die Abzweigung hinter dem
Strommast 16 gelangt. Es gibt dort einen
See, außerdem genießt man einen guten
Blick auf die Fledermäuse, die ihre Behau-
sung jeden Abend in Scharen verlassen.
Der 2 km lange Spaziergang zur ➌ **Tham
Khan**, die man über eine 1,5 km lange
Seitenstraße nach Strommast 24 erreicht,
wird dem einen oder anderen vermutlich
besser gefallen als die lange, recht klaustrophobisch anmutende Höhle selbst.

Nach dem Hmong-Dorf Ban Phone
Ngeun 3 km vom Maylyn Guest House
entfernt biegt man gleich hinter dem
Strommast 42 (gegenüber von zwei Läden)
rechts ab. Ein Plattenweg verläuft an der
Schule vorbei zu einem Tisch, wo Kinder
für 10 000 Kip ihre Dienste als Guides für
den 45-minütigen steilen Wanderweg zum
Gipfel des ➍ **Pha Ngeun** anbieten. Von
dem steinigen Felsen, auf dem Einheimische
einfache Aussichtsplattformen errichtet
haben, erwartet einen zweifellos die beeindruckendste Aussicht über die wunderschö-

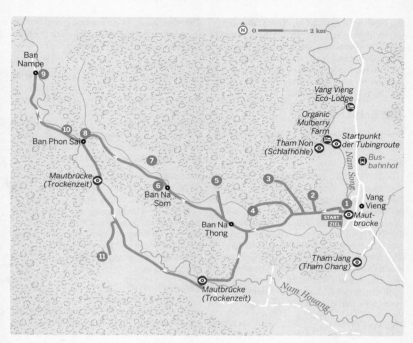

Ban
Nampe
9

N   0   2 km

Vang Vieng
Eco-Lodge

Organic
Mulberry
Farm

10   8
Ban Phon Sai

Tham Non   Startpunkt
(Schlafhöhle)   der Tubingroute

7

Nam Song

Bus-
bahnhof

Mautbrücke
(Trockenzeit)

Ban Na
Som

6   5   3

2

1

Vang
Vieng
Maut-
brücke

Ban Na
Thong

4

START
ZIEL

11

Tham Jang
(Tham Chang)

Mautbrücke
(Trockenzeit)

Nam Houang

ne Landschaft – eine gute Alternative für Traveller, die lieber auf dem Boden der Tatsachen bleiben und keine Lust auf die Touren mit dem Heißluftballon oder Leichtflugzeug haben, die in der Stadt angeboten werden.

Zurück auf der Hauptstraße hält man sich an der nächsten Kreuzung rechts und passiert das Lao-Loum-Dorf Ban Na Thong. Nach 2 km stößt man auf eine Weggabelung, wo ein Schild zur 700 m entfernten **5 Tham Phou Kham** (S. 176) weist. Das Naturbecken der Tham Phou Kham war früher ein schöner Ort zum Schwimmen, ist aber heute mit Rutschen, Seilschwingen und weiteren Attraktionen zugebaut. Unter der Woche ist es hier ruhig, aber an den Wochenenden gnadenlos überfüllt. Am besten lässt man die Höhle aus und fährt stattdessen zur Blue Lagoon 3.

Wieder auf dem Hauptweg fährt man weiter nach Westen und gelangt bald zum Dorf **6 Ban Na Som**, in dem wieder Hmong angesiedelt wurden. Die Vegetation in diesem Karstgebiet wurde durch Brandrodung stark gelichtet. Schilder weisen direkt hinter der Ortschaft zur **7 Goldblumenhöhle**. Nachdem man durch Reisfelder gewandert, über einen Zaun geklettert und ein paar Minuten zwei weißen Pfeilen gefolgt ist, taucht endlich die Höhle vor einem auf. Sie liegt 50 m hoch

am Berg. Im Unterholz gibt's einige angedeutete Stufen, nach denen man Ausschau halten sollte, da sie den Aufstieg etwas erleichtern.

Weiter Richtung Westen verläuft ein schöner Weg am Rand des Karsts entlang und überquert ein paar Bäche: Nach kurzer Zeit erreicht man **8 Ban Phon Sai**. Hier mündet der Pfad in eine Schotterstraße, zuerst muss man jedoch durch den Nam Houang (Houang-Fluss), während der Regenzeit eine Herausforderung.

Nun hat man die Wahl: Entweder fährt man weitere 5 km nach Westen durch zerklüftete Landschaften bis zum hübschen Dorf **9 Ban Nampe** oder begibt sich über die südliche Straße zurück nach Osten. Auf jeden Fall sollte man aber die nahe gelegene **10 Blue Lagoon 3** (S. 180) besuchen, eine der schönsten Schwimmstellen in der Region um Vang Vieng, da hier nicht so ein organisiertes Chaos herrscht wie an der eigentlichen Blue Lagoon. Nachdem man erneut einige Bäche überquert hat, weisen Schilder 6 km südöstlich von Ban Phon Sai den Weg über eine kleine Brücke und einen Pfad zur 800 m entfernten **11 Pythonhöhle**. Nach ihrer Besichtigung geht's zurück nach Vang Vieng. Dazu folgt man der Straße und biegt an der Kreuzung (immer den Strommasten nach) links ab, watet durch einen Bach und gelangt so wieder auf den Hauptweg.

im Jeep des freundlichen Noé. Dabei geht's gemächlich einen Berg in der Nähe hinauf, der mit einem beeindruckenden Ausblick begeistert. Anschließend folgen ein Spaziergang durch die Reisfelder und ein Bad in der Lagune bei der Tham Phou Kam, bevor die Höhle selbst erkundet wird.

🛏 Schlafen

🛏 Vang Vieng

★Champa Lao PENSION $
(☏ 020-58234612; www.facebook.com/champalao bungalows; Zi. ohne Bad 70 000 Kip, 3BZ mit Bad 150 000 Kip, Hütte mit/ohne Bad 120 000/ 60 000 Kip; P ⊝ ❋ @ 🛜) Das traditionelle laotische Stelzenhaus hat neue thailändische Besitzer und beherbergt einfache Zimmer mit Ventilatoren und Moskitonetzen. Es gibt Bungalows unten am Flussufer und einen zauberhaften Garten voller Pflanzen. Von der Hängematte auf dem Balkon genießt man einen tollen Ausblick auf den Sonnenuntergang und die Karstlandschaft.

★Pan's Place PENSION $
(☏ 023-511484; Th Luang Prabang; B 30 000 Kip, EZ/DZ mit Bad 70 000/88 000 Kip, ohne Bad 50 000/64 000 Kip; ⊝ @ 🛜) Die alteingesessene Pension versprüht jede Menge Backpackercharme und verfügt über schlichte, aber gemütliche Zimmer mit Ventilatoren, gefliesten Böden und Privatbädern. Im grünen Garten hinterm Haus gibt's Hütten und einen Gemeinschaftsbereich zum Entspannen. Zu der Anlage gehören außerdem ein kleines Café und ein Kinoraum im oberen Stock mit Hunderten DVDs.

Central Backpacker's Hostel HOSTEL $
(☏ 020-56770677; www.vangviengbackpackers. com; B 40 000 Kip, Zi. mit Ventilator/Klimaanlage 100 000/150 000 Kip, 3BZ 200 000 Kip; ⊝ ❋ 🛜) Von außen sieht das Hostel wie ein Hochzeitskuchen aus. Es bietet Privatzimmer mit Privatbalkonen, Fernsehern und Ventilator oder Klimaanlage sowie geräumige Schlafsäle und Gemeinschaftsbalkone mit Blick auf die Berge. In der riesigen Lobby befinden sich ein Café und eine DVD-Bar sowie Schließfächer (Schlösser müssen selbst mitgebracht werden). Die Atmosphäre ist mäßig, das Preis-Leistungs-Verhältnis aber sehr gut.

Vinutda Guesthouse PENSION $
(☏ 020-22244638; Zi. 120 000–180 000 Kip; ⊝ ❋ 🛜) Am südlichen Ende der Flussstraße bietet

diese familiengeführte Pension eine gute Auswahl an frisch renovierten Zimmern mit blitzsauberen Bädern und riesigen Betten.

Khamphone Guest House PENSION $
(☏ 023-511062; Zi. 80 000–120 000 Kip; ⊝ ❋ 🛜) Drei pfirsichfarbene Gebäude am südlichen Stadtrand bieten Zimmer mit eigenen Bädern und gutem Preis-Leistungs-Verhältnis. Am besten sind die Quartiere für 120 000 Kip mit Fernseher, Klimaanlage und Kühlschrank. Auch das neuere Haus ist einen Blick wert, da die Unterkünfte dort geräumiger sind.

Domon Guesthouse PENSION $
(☏ 020-99898678; domonvangvieng@hotmail.com; Zi. mit/ohne Klimaanlage 200 000/100 000 Kip; ⊝ ❋ 🛜) Eine alteingesessene Pension mit Blick auf die Karstberge und blau-grünen Zimmern mit Privatbädern, Balkonen, Kunst an den Wänden und jeder Menge Charme. Es gibt eine Cafébar auf der Veranda und eine Wechselstube.

Easy Go Hostel HOSTEL $
(☏ 020-55366679; easygohostel.com; B 25 000 Kip, Zi. mit/ohne Klimaanlage 90 000/60 000 Kip, 3BZ mit Klimaanlage 120 000 Kip; ⊝ ❋ 🛜) Das aus Bambus und Rattan erbaute Easy Go wird von einem lebhaften Team geführt und besitzt Schlafsäle mit je acht oder vier Betten sowie acht Privatzimmer. Das Highlight des Hostels ist die relaxte Lounge, die mit Kissen, Billardtisch und Flachbildfernseher ausgestattet ist und herrliche Ausblicke auf die Karstberge bietet.

Elephant Crossing HOTEL $$
(☏ 023-511232; www.theelephantcrossinghotel.com; Zi. 40–60 US$; ⊝ ❋ @ 🛜) Inmitten eines üppigen Gartens samt Hängesitzen und einer Veranda am Fluss, auf der Frühstück serviert wird, lockt das Elephant Crossing mit 36 geschmackvollen Zimmern. Diese verfügen über Glaswände und makellose Bäder. Überdecken im Hmong-Stil, Holzböden, Klimaanlagen, Fernseher und Kühlschränke komplettieren das rundum gelungene Gesamtpaket. Das Hotel ist oft von Contiki Travel ausgebucht, daher ist es schwer, hier eine Reservierung zu bekommen.

Thavonsouk Resort HOTEL $$
(☏ 023-511096; www.thavonsouk.com; Zi. inkl. Frühstück 40–65 US$; P ❋ @ 🛜) Das Resort zählt zu den ersten Hotels, die in Vang Vieng eröffnet wurden. Es bietet schöne Zimmer mit Holzelementen, viel Licht sowie direktem Blick auf die Karstlandschaft und

die üppigen Gärten. Außerdem punktet das stilvolle Hotel mit hochwertigen Decken, antik aussehenden Betten, dem Duft von frisch aufgetragenem Bienenwachs und vielen weiteren Annehmlichkeiten.

Vang Vieng Eco-Lodge BUNGALOWS **$$**
(☎030-5517705; Zi. 200 000 Kip; ⊜🌐) Wir verbürgen uns nicht für seine umweltfreundlichen Referenzen, aber die wunderschöne Unterkunft liegt direkt gegenüber des Tham Jang an einem ruhigen Fleckchen am Fluss. Die einzigen Geräusche, die man hört, sind das Plätschern des Wassers und das Krähen der Hähne. Die Lodge, neuerdings unter thailändischer Leitung, vermietet kühle, traditionelle Bungalows mit Holzfußböden, Himmelbetten und Schreibtischen.

Silver Naga HOTEL **$$**
(☎023-511822; www.silvernaga.com; Zi. 65–180 US$; ⊜❋@🌐≋) Das große neue Hotel am Ostufer des Flusses wurde von den Besitzern des Elephant Crossing eröffnet. Es bietet modern eingerichtete Zimmer mit hübschen kleinen Extras wie Privatbalkonen, Flachbildfernsehern und Regenduschen. In der zweiten Etage befindet sich ein Pool mit herrlichem Blick auf die Karstberge (Nichtgäste zahlen 50 000 Kip).

Villa Nam Song PENSION **$$**
(☎023-511015; www.villanamsong.com; Zi. 42–70 US$; ⊜❋🌐) Zwischen Mangobäumen, Palmen, Orchideen und Bougainvilleen bietet die gehobene Bleibe einen idyllischen Ausblick über die Klippen. Die rosafarbenen duftenden Lehmziegelbungalows sind mit Parkettböden, beigefarbenen Wänden und luxuriösen Möbeln ausgestattet. Das hauseigene, teils unter freiem Himmel gelegene Restaurant serviert asiatische Klassiker.

Inthira Hotel BOUTIQUE-HOTEL **$$**
(☎023-511070; www.inthirahotel.com; Th Luang Prabang; Zi. Standard/Superior/Deluxe inkl. Frühstück 32/43/54 US$; ⊜❋@🌐) Das Inthira liegt zwar an der Hauptstraße, ist aber eine schöne Oase mit dunkelroten Zimmern sowie einem Ausblick auf die Karstlandschaft und die alte CIA-Startbahn (Lima Site 27). Geboten werden Hartholzböden, edle Möbel und makellose Bäder. Die Zimmer im Erdgeschoss sind aufgrund ihres Mangels an natürlichem Licht nicht zu empfehlen.

Villa Vang Vieng Riverside BOUTIQUE-HOTEL **$$**
(☎023-511460; www.villavangvieng.com; Zi. 60–76 US$; ⊜❋🌐≋) Ein schickes neues Boutique-Hotel nahe der Zollbrücke. Die Zimmer sind klein, haben aber moderne Bäder und sind geschmackvoll mit edlen Möbeln eingerichtet. Der Swimmingpool befindet sich am Ufer des Nam Song (Nichtgäste zahlen 30 000 Kip pro Tag).

★**Riverside**
Boutique Resort BOUTIQUE-HOTEL **$$$**
(☎021-511726; www.riversidevangvieng.com; Zi. 123–150 US$; ⊜❋@🌐≋) Diese äußerst stilvolle schneeweiße Boutique-Schönheit besitzt großzügig geschnittene, um einen wunderbaren limettengrünen Pool angeordnete Zimmer und einen üppigen Garten samt Blick auf die Karstlandschaft. Die zauberhaften Quartiere verfügen über Balkone, gestärkte weiße Bettwäsche und ein schickes Dekor, das einem Magazin für Inneneinrichtung entsprungen zu sein scheint.

🛏 Außerhalb der Stadt

★**Maylyn Guest House** PENSION **$**
(☎020-55604095; www.facebook.com/maylynguesthouse; Bungalows 80 000 Kip, Zi. 100 000–120 000 Kip; ⊜❋🌐) Auf der anderen Seite der Brücke bietet das Maylyn unter der Leitung des geselligen Jo gemütliche große Hütten mit herrlichem Blick auf die Karstberge. Im neuen Flügel befinden sich makellose Doppelzimmer mit Privatbädern, geschmackvollem Dekor und Privatbalkonen mit Blick auf den Fluss und die Berge. Der üppige Garten ist ein Paradies für Kinder und es werden auch Familienzimmer vermietet (200 000 Kip).

Chez Mango PENSION **$**
(☎020-54435747; www.chezmango.com; Zi. mit/ohne Bad 80 000/60 000 Kip; 🌐) Auf der anderen Seite der Brücke verteilen sich im blumenreichen Garten dieser freundlichen sauberen Pension sieben schlichte, aber farbenfrohe Hütten mit Privatbalkonen (und teilweise mit Bädern). Es gibt auch einen schattigen *sala* (Unterstand) zum Lesen und Entspannen. Das Chez Mango gehört dem Franzosen Noé, der von hier aus auch das Tourunternehmen Vang Vieng Jeep Tours (S. 180) führt. Empfehlenswert!

Vang Vieng Organic Farm PENSION **$**
(☎023-511220; www.laofarm.org; B 35 000–50 000 Kip, Zi. 150 000–250 000 Kip; ⊜@🌐) ✒ Die Biofarm liegt ein paar Kilometer außerhalb der Stadt in idyllischer Lage am Nam Song. Sie besitzt saubere Bungalows mit Moskitonetzen, Nachttischlampen, Privatbädern und Veranden, die einen herrlichen

Blick auf die Karstberge bieten. Oben auf dem Hügel befinden sich drei Achtbettzimmer mit Ventilatorkühlung. Es gibt auch ein großartiges Restaurant: Wir empfehlen die Pancakes und Mojitos mit Maulbeeren!

Ban Naduang Homestay HOMESTAY $
(☎020-55200013; douang_pcl@hotmail.com; Homestay 25 000–100 000 Kip; ⊛) ✐ Die traditionelle Unterkunft in Ban Naduang ist genau der richtige Zufluchtsort vor der Nachtszene von Vang Vieng. Sie liegt nur 4 km außerhalb der Stadt, scheint aber Welten entfernt zu sein. Alle Unterkünfte beinhalten ein Bett, Bettwäsche, Moskitonetze und Gemeinschaftsbäder. Es werden auch Ausflüge zum nahe gelegenen Kaeng-Nyui-Wasserfall (30 000 Kip pro Person) und Baumpflanzaktionen (100 000 Kip pro Gruppe) angeboten. Die Preise variieren je nach Verpflegung und gebuchten Aktivitäten.

Real Backpackers Hostel HOSTEL $
(☎030-5259002; B inkl. Frühstück 55 000 Kip, 3BZ/4BZ 200 000/250 000 Kip; ⊛❋☎) Eines von mehreren Budgethostels in der Stadt. Es hat eine angenehme Atmosphäre, im Gemeinschaftsrestaurant mit eigener Bar sorgen ein Billardtisch und Tischfußball für Unterhaltung. Außerdem ist es nur wenige Schritte von einigen beliebten Bars entfernt.

Vieng Tara Villa BOUTIQUE-HOTEL $$
(☎030-5023102; www.viengtara.com; Zi. 50–90 US$; ⊛❋@☎❋) Das neue Boutique-Hotel am westlichen Flussufer bietet herrliche Ausblicke auf die Karstberge. Seine Villen stehen auf Stelzen mitten in den Reisfeldern und sind über einen Holzsteg zu erreichen. Die Zimmer mit Fluss- und Stadtblick sind billiger. Stilvoll!

✖ Essen

★ Living Room ASIATISCH $
(☎020-54919169; Hauptgerichte 30 000–50 000 Kip; ☺15–23 Uhr; ☎) Das schicke cremefarbene Café auf einer Bergspitze bietet einen wundervollen Blick auf die Klippen. Mit seiner sanften Beleuchtung und den Bambusmöbeln ist es das perfekte Ziel für romantische Abende. Serviert wird laotisch-österreichische Fusionsküche, z. B. Gazpacho, hausgemachtes Brot, Lamm oder scharfer Rindergulasch. Der beste Ort der Stadt für eine Bloody Mary bei Sonnenuntergang.

Amigos Vang Vieng MEXIKANISCH $
(☎020-58780574; Hauptgerichte 30 000–60 000 Kip; ☺9–13 & 17–22 Uhr; ☎✐) Es mag überraschend sein, in den Gassen Vang Viengs ein mexikanisches Restaurant zu finden, aber die Tacos, Burritos, Fajitas und Nachos zählen zu den besten, die wir in ganz Laos probiert haben. Am besten kommt man am frühen Abend her und genießt eine Margarita. Das Restaurant serviert auch einen Mittagsbrunch.

The Kitchen INTERNATIONAL $
(www.inthira.com; Th Luang Prabang; Hauptgerichte 30 000–90 000 Kip; ☺7–22 Uhr; ❋☎☎) Das Restaurant des Inthira Hotels hat eine offene Küche, guten Service und eine stilvoll-lässige Atmosphäre. Es kredenzt Frühlingsrollen, Spieße mit Schweinefleisch und Zitronengras, Pad Thai, Rippchen und gedünsteten Fisch. Die Speisekarte ist die gleiche wie im Khop Chai Deu (S. 156) in Vientiane.

Cafe Eh Eh CAFÉ $
(☎030-5074369; Frühstück 20 000–40 000 Kip; ☺7.30–19 Uhr; ❋☎) Das Cafe Eh Eh ist eine kühle (Klimaanlage!) Zuflucht vor der Hitze von Vang Vieng. Neben einer verlockenden Auswahl an frischgebackenen Kuchen und Gourmetkaffee gibt's auch Frühstück (drei Sorten Gebäck inbegriffen, 10 000 Kip) sowie Sandwiches und Salate.

Sabaidee Burger BURGER $
(☎020-98648691; Hauptgerichte 30 000–55 000 Kip; ☺11–15 & 17–23 Uhr; ☎) In der belgischen Bar gibt's die besten Burger der Stadt sowie eine gute Auswahl an Fleisch-, Fisch-, Lachs- und vegetarischen Gerichten. Auf der Speisekarte stehen auch Salate, Wraps, Kebabs und *la mitraillette* – die belgische Version eines Subway-Baguettes. Die große Auswahl an belgischen Bieren rundet das Angebot ab.

Veggie Tables VEGETARISCH $
(Th Luang Prabang; Hauptgerichte 30 000–40 000 Kip; ☺8–22 Uhr; ☎✐) Für Vegetarier ist dieses einfache kleine Lokal ein Paradies. Bunt karierte Tischdecken, Wandbilder mit Motiven aus dem laotischen Alltagsleben und eine große Auswahl an Salaten, Suppen, Frühlingsrollen, Spaghettigerichten und Tofuvariationen.

Sababa Organic Restaurant JÜDISCH $
(Hauptgerichte 15 000–40 000 Kip; ☺7–22 Uhr; ☎✐) „Sababa" bedeutet auf Hebräisch so viel wie „cool". Das Lokal wird angeblich von einem laotischen Juden geleitet. Es gibt eine hebräische Speisekarte sowie die besten Falafeln der Stadt. Auch das Hühnchen-

schnitzel ist zu empfehlen, ebenso wie Tofu, Salate und Steaks.

⭐ **Il Tavolo** ITALIENISCH $$
(☎ 023-511768; Route 13; Hauptgerichte 38 000–80 000 Kip; ⊘ Do–Di 17–23 Uhr; 🎐 📶) Das beste italienische Restaurant der Stadt wird von einem Vater-Sohn-Team geführt und bietet 19 Variationen neapolitanischer Ofenpizzas, eine große Auswahl an Pastagerichten sowie Gnocchi, Risotto und großzügig portionierte Vorspeisen. Dazu kann man eine Flasche Prosecco genießen.

⭐ **Restaurant du Crabe d'Or** INTERNATIONAL $$
(☎ 023-511726; www.riversidevangvieng.com; Hauptgerichte 50 000–150 000 Kip; ⊘ 7–10 & 12–22 Uhr; 🎐 📶 🍴) Das edle Restaurant in der stilvollen Gartenanlage des Riverside Boutique Resort verbindet luxuriöses Dekor mit laotischem Stil und bietet einen grandiosen Ausblick über die Klippen. Auf der Speisekarte, die fast jedem Geschmack gerecht wird, stehen gegrilltes Lachssteak, Schweinekotelett mit Honig-Limetten-Soße sowie verschiedene asiatische Klassiker.

Pizza Luka PIZZA $$
(☎ 020-98190831; Hauptgerichte 60 000 Kip; ⊘ 18–23 Uhr; 📶) Pizza Luka ist in einem hübschen laotischen Holzhaus untergebracht. Man diniert im minzgrünen Speiseraum oder im Garten, wo in einem Holzofen Pizza gebacken wird. Zur Auswahl steht Belag wie Würstchen, Ziegenkäse, Schinken und u.v.m. Für die Soßen wird ausschließlich Gemüse aus der Region verarbeitet.

Le Café De Paris FRANZÖSISCH $$
(Hauptgerichte 50 000–80 000 Kip; ⊘ 18–23 Uhr; 📶) Im besten französischen Restaurant der

IN DIE HÖLLE UND ZURÜCK: DAS WIEDERGEWONNENE PARADIES

Bis 1999 war Vang Vieng ein wenig bekannter ländlicher Ort. Besucher kamen, um sich in Traktorreifen den Fluss hinabtreiben zu lassen, durch die eindrucksvolle Karstlandschaft zu radeln, den einen oder anderen Joint zu rauchen und die fantastischen Höhlen zu erkunden. Dann war die Stadt plötzlich in aller Munde und entwickelte sich zu Südostasiens neuestem hedonistischen Mekka für Ravepartys nach Vorbild des thailändischen Ko Pha Ngan. Die Einheimischen reagierten mit dem Bau von Pensionen auf die steigenden Besucherzahlen, die mit immer härteren Drogen und wilderen Feiern einhergingen.

Bis 2009 siedelten sich provisorische Rave-Plattformen entlang der Tubingroute an. Vergessen waren die Naturlandschaft oder Aktivitäten wie Klettern, Radeln, Kajakfahren und Wandern, stattdessen berauschten sich Teenies an Joints, Red Bull, Shots, Crystal Meth und Opiumcocktails. Ein dreckiges, aber einträgliches Geschäft: Manche Bars verdienten pro Tag rund 2500 €, ein Vermögen für laotische Verhältnisse. Drogenrazzien waren an der Tagesordnung, ebenso wie halbnackte Urlauber, die verwirrt durch die Stadt spazierten.

Doch hinter der Partystimmung stehen traurige Fakten. Bis 2011 starben mindestens 25 junge Touristen (vor allem aus Australien und Großbritannien) an Herzinfarkten, Genickbrüchen und durch Ertrinken; allen war dabei die „Todesrutsche" zum Verhängnis geworden, eine überhastet angelegte Zipline über einen oft gefährlich seichten Fluss. Als es 2012 zu weiteren Todesfällen kam, setzte Australien die laotische Regierung unter Druck; daraufhin wurden die Ravebars im August geschlossen und die Besitzer der Uferbars ins Ministerium für Tourismus und Kultur einberufen. Wer keine Lizenz besaß (also die meisten), musste seinen Laden innerhalb von zehn Tagen schließen.

Nun entwickelte sich die wieder nüchtern gewordene Stadt vom wilden Partymekka zu dem ländlichen Paradies von einst. Und während die Ärzte in der winzigen Notaufnahme inzwischen sehr viel weniger überarbeitet sind, versuchen die Unterkunftsbesitzer, ihre Zimmer an südkoreanische Touristen und Familien zu vermieten.

Nach langer Zeit zieht Vang Vieng nun erstmals wieder Mainstreamtouristen an. Viele von ihnen sind auf dem Weg ins berühmte Luang Prabang und legen einen Zwischenstopp ein, um auf dem Nam Song Kajak zu fahren oder Höhlenwanderungen und Klettertouren zu unternehmen. Erleichterung beschreibt die aktuelle Geisteshaltung der Bewohner Vang Viengs wahrscheinlich am besten. Die Einheimischen sind froh, dass ihre Stadt nicht mehr von dröhnender Musik, respektlosen Teenagern und der irrigen Vorstellung, alles sei erlaubt, geprägt ist.

Stadt kommen Gerichte wie Entenbrust, Tournedos Rossini und Salat mit Ziegenkäse auf den Tisch. Der gemütliche, sanft beleuchtete Speiseraum mit Filmpostern an den Wänden ist eine schöne Kulisse für ein stilvolles Abendessen.

Mitthaphap Fusion　　　　KOREANISCH $$
(☑ 020-22254515; Th Luang Prabang; Grillmenü 50 000 Kip; ◷17–22 Uhr; 🐾) Das beliebte Lokal serviert *seen dàat*, koreanische Barbecue-Gerichte zum Selbstgrillen und eine laotische Eintopfversion. Abends ist es meist randvoll mit einheimischen Gästen.

🍷 Ausgehen & Nachtleben

★ **Gary's Irish Bar**　　　　IRISH PUB
(☑ 020-58255774; www.irishbar.weebly.com; ◷9–23.30 Uhr; 🐾) Eine freundliche, lockere Atmosphäre, Indiemusik, kostenloses Billard und großartiges Essen, z. B. hausgebackene Kuchen, Burger und laotische Gerichte (Hauptgerichte 40 000–60 000 Kip): Gary's ist immer noch die beste Bar der Stadt. Auf dem Flachbildfernseher werden Liveübertragungen von Rugby- oder Fußballspielen gezeigt. Außerdem gibt's regelmäßig Livemusik!

Jungle Project　　　　CLUB
(◷ Fr 22–6, So 21–3 Uhr) Wer erleben will, wie hedonistisch die Atmosphäre Vang Viengs früher war, sollte zu den Partys von Jungle Project gehen. Freitags wird die ganze Nacht durchgefeiert und sonntags gibt's gelegentlich Schaumpartys. Der Club befindet sich etwa 2 km nördlich der Stadt im heruntergekommenen Vang Vieng Mai Resort.

Kangaroo Sunset Bar　　　　BAR
(☑ 020-55578477; ◷9–24 Uhr; 🐾) Seit ihrem Umzug ins Stadtzentrum hat die alteingesessene Bar keinen Blick mehr auf den Sonnenuntergang, aber sie ist immer noch ein freundlicher Ort für entspannte Abende mit Cocktails und Shots. Das Kangaroo veranstaltet regelmäßig Promoaktionen und *baci-*(*bqasìi*; heiliges Schnurbinden) Zeremonien für seine Besucher, aber auch gewöhnliche Partynächte.

Heartbeat　　　　CLUB
(☑ 020-55113366; Nathom Village; ◷18 Uhr–open end; 🐾) Wer einen typisch laotischen Abend verbringen und mal etwas völlig anderes erleben will, sollte diesen großen Biergarten und Nachtclub 2 km nördlich der Stadt besuchen. Hier feiern Wochenendbesucher aus Vientiane die Nächte durch. Oft spielen auch Livebands aus der Hauptstadt.

Sakura Bar　　　　BAR
(☑ 020-78008555; Route 13; ◷18 Uhr–open end) Zur Zeit der Recherchen für dieses Buch hatte das Sakura, eine der beliebtesten Late-Night-Bars Vang Viengs, gerade eine neue Bar in einem alten Biergarten und Nachtclub auf der Route 13 eröffnet. Das Publikum ist laut und lärmend, die Nächte sind lang, und es gibt regelmäßige Sonderaktionen mit Shots.

Earth　　　　BAR
(◷17–23.30 Uhr; 🐾) Das angesagte Bar-Restaurant aus Treibholz und Lehm steht an einem Berghang und spielt schöne Musik, die bestens zur Atmosphäre passt. Vom kerzenbeleuchteten Garten hat man einen herrlichen Blick auf die Berge. Serviert werden Toasts, Waffeln, Sandwiches und Currys.

ℹ️ Praktische Informationen

Unter www.vangvieng.biz gibt's gute Infos zu aktuellen Veranstaltungen.

GEFAHREN & ÄRGERNISSE

Viele Besucher verlassen Vang Vieng höchstens mit einem mehr oder weniger heftigen Kater, aber ohne ernstere Beschwerden. Trotzdem ist dieser malerische Ort für Traveller das gefährlichste Reiseziel im ganzen Land. Jedes Jahr sterben hier Menschen aufgrund tödlicher Unfälle im Fluss, bei Höhlentouren oder durch Drogenmissbrauch. Vor Dieben sollte man sich auch in Acht nehmen, wobei oftmals andere Touristen die Täter sind. Aufpassen und keine Wertsachen vor den Höhlen liegen lassen!

INTERNETZUGANG

Die meisten Hotels, Pensionen, Hostels, Cafés und Bars verfügen über kostenloses WLAN. An den Hauptstraßen gibt's ein paar Internetcafés, die rund 10 000 Kip pro Stunde berechnen.

MEDIZINISCHE VERSORGUNG

Provinzkrankenhaus (☑ 023-511604) Die schlichte Klinik verfügt über Röntgengeräte und ist eine gute Anlaufstelle bei Knochenbrüchen, Schnittverletzungen und Malaria. Bei unserem Besuch sprach der Arzt verständliches Englisch. Bei ernsteren Krankheiten sollte man nach Vientiane oder Thailand reisen.

GELD

Agricultural Promotion Bank (Th Luang Prabang; ◷8.30–15.30 Uhr) Wechselt Bargeld und hat einen Geldautomaten.

Banque pour le Commerce Extérieur Lao (◷8.30–15.30 Uhr) Gibt Barvorschüsse, wechselt Geld und hat einen rund um die Uhr geöffneten Geldautomaten.

BCEL ([☎] 023-511434; Th Luang Prabang; ⏲ 8.30–15.30 Uhr) Geldwechsel und Barvorauszahlungen auf Visa, MasterCard und JCB. Außerdem kann man Reiseschecks einlösen. Vor Ort gibt's zwei Bankautomaten; einer davon befindet sich in der zweiten **Filiale** (⏲ 8.30–15.30 Uhr) beim alten Markt.

POST

Postamt ([☎] 023-511009; ⏲ Mo–Sa 8–17, So bis 12 Uhr) Neben dem alten Markt.

TOURISTENINFORMATION

Touristeninformation ([☎] 023-511707; Th Luang Prabang; ⏲ 8–12 & 14–16 Uhr) Zwar sind die Englischkenntnisse des Personals minimal, aber dafür gibt's verschiedene Broschüren zu Aktivitäten in der Gegend.

❶ An- & Weiterreise

Busse, Minibusse und *sŏrngtăaou* fahren vom **Hauptbusbahnhof** (Route 13) 2 km nördlich der Stadt ab. Reist man aus Vientiane an, wird man höchstwahrscheinlich an oder nahe der **Bushaltestelle** (Route 13) unweit der früheren Landebahn abgesetzt. Von hier aus ist es ein kurzer Fußmarsch ins Zentrum. Bei der Abreise muss man beachten, dass die teureren und hauptsächlich auf *falang* (westliche Ausländer) ausgerichteten Minibusse und klimatisierten Busse durch die Stadt fahren und die Passagiere direkt bei ihren Unterkünften abholen. So verzögert sich die Abfahrtszeit meist um etwa eine Stunde. Anschließend halten die Busse am **Zweitbusbahnhof** ([☎] 023-511657; Route 13), um sicherzustellen, dass sie vor der Abfahrt vollbesetzt sind.

Richtung Norden halten Busse auf ihrem Weg von Vientiane nach Luang Prabang zwischen 11 und 20 Uhr alle Stunde für ungefähr fünf Minuten an einer Busstation. Die in der Tabelle aufgeführten Busse legen außerdem einen Stopp in Kasi und Phou Khoun (in Richtung Phonsavan) ein. Achtung: Im Bezirk Kasi an der Grenze zur Provinz Saisomboun hat es bereits mehrmals Überfälle auf Nachtbusse gegeben.

Richtung Süden verkehren mehrere Buslinien nach Vientiane. Darüber hinaus starten zwischen 5.30 und 16.30 Uhr alle 20 Minuten *sŏrngtăaou* (30 000 Kip, 3–4 Std.), die häufig nicht vollbesetzt und deswegen eine angenehme Alternative sind.

❶ Unterwegs vor Ort

In Vang Vieng erreicht man die wichtigen Punkte leicht zu Fuß. Viele Besucher leihen sich auch bei einem der vielen Anbieter ein Fahrrad (10 000 Kip pro Tag) oder Mountainbike (30 000 Kip pro Tag) aus. Die meisten Anbieter vermieten zudem Motorräder für etwa 50 000 Kip pro Tag (Motorräder mit Automatik-

getriebe kosten 80 000 Kip pro Tag). Wer Höhlen in der Umgebung besichtigen möchte, nimmt am besten eines der *sŏrngtăaou* in der Nähe des früheren Marktplatzes; einfache Fahrten von bis zu 20 km in nördliche oder südliche Richtung kosten etwa 10 US$.

Von Vang Vieng nach Luang Prabang

Die Straße zwischen Vang Vieng und Luang Prabang führt einige überwältigend schöne Berge hinauf und wieder hinunter bis zum Mekong in Luang Prabang. Gegen Reiseübelkeit sollte man sich vorher mit Medikamenten versorgen.

20 km nördlich von Vang Vieng erstreckt sich der am Fluss gelegene hübsche Ort Ban Pha Tang, der nach dem Phatang, einem hochaufragenden Kalksteinfelsen, benannt ist. Einen ausgezeichneten Ausblick auf diesen Felsen genießt man von der Brücke im Dorf.

Mitten in einem der fruchtbaren Täler voller Reisfelder, 56 km nördlich von Vang Vieng, stößt man auf ein Dorf namens Kasi, das Busreisende und Lkw-Fahrer zu einem Zwischenstopp zum Mittagessen einlädt. In der Gegend gibt's viele interessante Orte und angeblich auch ein paar größere Höhlen. Da aber touristische Einrichtungen fehlen, machen nur wenige Traveller länger Halt.

Wer jedoch Pionierarbeit leisten möchte, kann im Somchit Guesthouse ([☎] 020-22208212; Route 13, Kasi; Zi. 80 000–170 000 Kip; ⊜❄🛰) übernachten, einem weitläufigen, gepflegten Hotel 1 km nördlich der Stadt. Alternativ nimmt man eines der einfachen Zimmer im Vanphisith Guest House ([☎] 023-700084; Route 13, Kasi; Zi. 60 000 Kip).

Uncle Tom's Trail Bike Tours ([☎] 020-29958903; uncletomslaos@gmail.com; Route 13, Kasi; 2 Kurse & Übernachtung für 1/2 Pers. 120/208 US$) in Kasi ist ein renommiertes Unternehmen mit guten 125-ccm-Motocrossrädern, auf denen man lernen kann, durch unwegsames Gelände zu fahren (grundlegend für Motorradreisen in Laos).

Kasi selbst hinterlässt zwar keinen bleibenden Eindruck, aber dafür ist die Straße nach Luang Prabang trotz sichtbarer Auswirkungen von Brandwirtschaft umso eindrucksvoller. Auf dem 50 km langen Abschnitt bis nach Phou Khoun steigt sie immer weiter an und verläuft durch eine der spektakulärsten Kalksteinlandschaften in ganz Laos.

Zentrallaos

Gut essen

→ Savannakhet Plaza Food Market (S. 2058

→ Sala Vann (S. 208)

→ Khop Chai Deu (S. 200)

→ Lin's Café (S. 208)

Schön übernachten

→ Inthira Hotel (S. 199)

→ Spring River Resort (S. 195)

→ Thakhek Travel Lodge (S. 199)

→ Vivanouk Homestay (S. 208)

Auf nach Zentrallaos

Seit Thakhek seine französischen Kolonialschätze öffentlich zugänglich machte und die 7 km lange Tham Kong Lor zur Topattraktion wurde, zieht Zentrallaos immer mehr Traveller an. Die Gegend hat viele verschlungene Höhlen und eine dichte Dschungellandschaft, außerdem gibt's zahlreiche Aktivitäten wie erstklassige Klettertouren und Wanderungen im Dong Phou Vieng NPA mit Übernachtung in einem Katang-Dorf (Hausgeister inklusive). Hauptattraktion sind die Höhlentouren, doch auch Kajaktouren auf den unzähligen Flüssen, die sich wie Adern durch die Landschaft und das Karstgebirge ziehen, stehen ganz oben auf der Liste der Freizeitangebote.

Außerdem verfügt Zentrallaos über eine reiche Tierwelt, darunter Arten, die in anderen Regionen Südostasiens längst ausgestorben sind. Hier trifft unwegsames Gelände auf Inseln stilvollen Komforts in Savannakhet und Thakhek, deshalb ist in diesem Teil des Landes quasi alles möglich –Abenteuer à la Indiana Jones ebenso wie eine gediegene Bloody Mary.

Reisezeit
Savannakhet

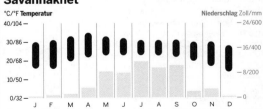

°C/°F Temperatur | Niederschlag Zoll/mm

Nov.–Feb. Beste Besuchszeit: milde Temperaturen, grüne Reisfelder, passierbare Straßen.

März–Mai Knochentrockene Felder und hohe Luftfeuchtigkeit kurz vorm Monsun. Den Süden meiden.

Juni–Nov. Zeitweise viel Niederschlag. Befestigte Straßen sind passierbar. Grüne Landschaft, kühle Luft.

Klima

Während es im Mekong-Tal das ganze Jahr über ziemlich warm und schwül ist, herrschen in Savannakhet von März bis Mai bei weniger Luftfeuchtigkeit angenehme Temperaturen. Kühler wird es weiter östlich Richtung Annamiten und Lak Sao, in den Dörfern entlang der Route 8B kann es in Winternächten sogar auf 0 °C runtergehen. Der aus Südwesten kommende Monsun bringt von Juni bis Oktober jede Menge Niederschlag. Rund um die Nakai-Nam Theun National Biodiversity Conservation Area (NBCA) zieht außerdem noch Regen vom Südchinesischen Meer herüber, was die hiesige Flora prächtig gedeihen lässt.

Naturschutzgebiete

Mit insgesamt sechs Naturschutzgebieten (National Protected Areas; NPAs) besitzt Zentrallaos die größte ökologische Schutzzone des ganzen Landes. Für einen Besuch des Nakai-Nam Theun NBCA, das Hin Namno NPA oder das Xe Ban Nuan NPA braucht man Laotisch-Kenntnisse sowie Zeit und Geld; andere Gegenden sind etwas leichter zu bereisen.

In Khammuan kann man das Labyrinth von Karstlandschaften, Höhlen und Flüssen im Phou Hin Boun NPA auf eigene Faust erkunden, oder aber im Rahmen geführter Touren kennenlernen. Hier wandert man durch die Wildnis bis zu den „heiligen" Wäldern und animistischen Dörfern von Dong Phou Vieng in der Provinz Savannakhet.

❶ An- & Weiterreise

Zentrallaos ist über ein Straßennetz von allen Teilen des Landes aus gut erreichbar. Regelmäßig verkehren Busse zwischen Zentrallaos und den kleinen und größeren Städten im Norden. Es gibt nicht allzu viele Flüge über Savannakhet, aber vom Flughafen Phanom in Thailand aus kommt man günstig nach Bangkok und zu weiter entfernten Flugzielen.

Die Route 13 ist asphaltiert und als wichtiger chinesischer Handelsweg in besonders gutem Zustand. Zu den weiteren akzeptablen Straßen zählen die Route 9, die von Savannakhet zur vietnamesischen Grenze bei Lao Bao führt, die Route 8, die von der Route 13 zur vietnamesischen Grenze bei Nam Phao verläuft, die Route 12 von Thakhek zur vietnamesischen Grenze und die Straße zur Tham Kong Lor.

DIE PROVINZEN BOLIKHAMXAY & KHAMMUAN

Bolikhamxay und Khammuan formen Laos' schmale „Taille". Vom Mekong-Tal steigt das Land über sanfte Hügel Richtung Norden und Osten bis zu den spektakulären Bergen der Annamitischen Kordillere an der Grenze zu Vietnam an. Das beschauliche Thakhek dient als Ausgangspunkt für viele Touren.

In der Tiefebene dominieren die Lao Loum (Tieflandlaoten). Daneben begegnet man auch ein paar kleineren Tai-Stämmen und den abgeschieden lebenden Makong (gemeinhin auch als Bru bekannt), die etwas mehr als 10 % der Bevölkerung von Khammuan ausmachen.

Die Region ist dünn besiedelt und wartet mit sechs offiziellen Naturschutzgebieten auf. Derzeit streiten Industrieprotagonisten und Naturschützer erbittert um die Landerschließung. Erstere setzen sich ziemlich erfolgreich für die Energiegewinnung durch Wasserkraftwerke ein und haben momentan die Oberhand; Letztere wollen die unberührte Wildnis einer der ursprünglichsten Gegenden Asiens erhalten.

❶ An- & Weiterreise

Bolikhamxay und Khammuan sind über das Busnetz gut an die übrigen Provinzen Laos' angebunden. Straßen in gutem Zustand führen nach Thakhek und Vientiane im Norden, Savannakhet und Pakxe im Süden, Thailand (über den Mekong nach Westen) und Vietnam im Osten.

Pakxan ປາກຊັນ

45 000 EW. / ☑ 054

Die Hauptstadt der Provinz Bolikhamxay erstreckt sich am Zusammenfluss von Nam San (San-Fluss) und Mekong. Sie ist nicht gerade der attraktivste Ort des Landes, verfügt jedoch über ein paar Pensionen und Restaurants und kann als Zwischenstopp auf der Reise nach Vientiane nach Thakhek oder Kong Lor dienen. Über den Mekong kann man nach Thailand einreisen, allerdings macht das kaum jemand.

🛏 Schlafen & Essen

BK Guest House PENSION **$**
(☑ 054-212638; Zi. 70 000–80 000 Kip; ❄ 🛜)
Herausgeputzte Pension mit einem üppigen Garten voller Frangipanis und acht blitzblanken Zimmern samt eigenen Bädern und

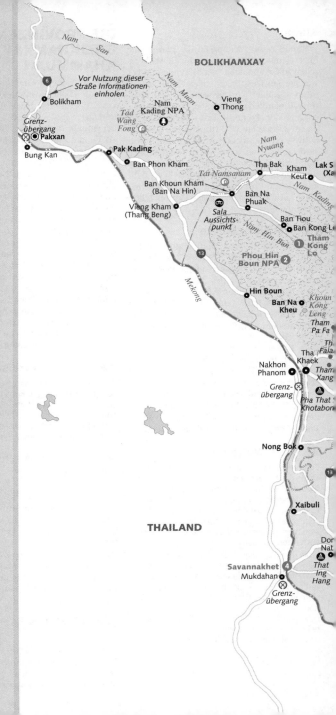

Highlights

1 Tham Kong Lor (S. 194) Eine Bootsfahrt durch die unglaubliche 7 km lange Unterwelt aus Kalkstein ist ein unvergessliches Erlebnis.

2 Phu Hin Bun NPA (S. 197) Wandern durch gotisches Karstgebirge aus Kalkstein, unterirdische Höhlen und gewundene Flüsse.

3 The Loop (S. 200) Eine Reise auf kurvigen Straßen durch überflutete Täler, dichten Dschungel und zerklüftete Berggipfel.

4 Savannakhet (S. 205) Das einmalige altmodische Flair der Kolonialarchitektur aufsaugen.

5 Dong Phou Vieng NPA (S. 213) In einsamen Dörfern übernachten und das Leben in den Wäldern mit Waldgeistern kennenlernen.

frischer Bettwäsche. Ihr freundlicher Besitzer spricht Englisch.

Paksan Hotel
HOTEL **$**

(☎ 054-791444; Route 13; Zi. 120 000–200 000 Kip; ⊜ ❈ 🛜) Dieser neue Koloss mit Tempeldach unter vietnamesischer Leitung beherbergt 32 geräumige Zimmer mit Fernsehern, Terrassen und Schränken. „VIP"-Zimmer mit Kunstledersofas gibt's auch.

Sokbounma Hotel
HOTEL **$$**

(☎ 054-790994; Route 13; Zi. inkl. Frühstück 200 000–350 000 Kip; ⊜ ❈ 🛜) Im Moment das wohl schickste Hotel der Stadt. Es bietet 34 Zimmer mit allem Drum und Dran wie Flachbildfernseher und blitzblanke Bäder mit Regenduschen.

Saynamsan Restaurant
LAOTISCH **$**

(☎ 054-212608; Hauptgerichte 15 000–90 000 Kip; ☺ 7–23 Uhr) Auf der Terrasse des freundlichen Lokals am Nordwestende der Nam-San-Brücke weht eine angenehme Brise. Zur Auswahl stehen pikante Tintenfischsuppe, Curry und *láhp* (würziger laotischer Salat mit Hackfleisch, Geflügel oder Fisch).

Sengphachan Restaurant
LAOTISCH **$**

(Route 13; Hauptgerichte 20 000–40 000 Kip; ☺ 7–21 Uhr) Eins der ältesten Restaurants in Paksan. Es liegt an der Hauptstraße und lebt vom Durchgangsverkehr auf der Route 13. Zu essen gibt's Gegrilltes, Suppen und frisch zubereitete vegetarische Pfannengerichte.

🛈 Praktische Informationen

Unmittelbar östlich des Marktes liegt eine Filiale der Lao Development Bank, einen BCEL-Geldautomaten findet man an der Route 13 etwa 200 m östlich des Paksan Hotel.

🛈 An- & Weiterreise

An der Route 13 außerhalb des Talat Sao (Hauptmarkt) fahren zwischen 6 und 16.30 Uhr Linienbusse nach Vientiane ab (30 000 Kip, 3 Std., 143 km). Die meisten starten morgens. Außerdem gibt's am Markt zahlreiche *sŏrngtăaou* (Passagierlaster). Alternativ winkt man einfach eines der Fahrzeuge heran, die Richtung Westen unterwegs sind.

Wer nach Vietnam will, nimmt zunächst einen der *sŏrngtăaou* nach Lak Sao (60 000 Kip, 5–6 Std., 189 km). Sie starten um 5, 5.30 und 6.30 Uhr bzw. sobald alle Sitzplätze besetzt sind.

Alle Busse, die von Vientiane Richtung Süden fahren, benötigen zwei Stunden nach Paksan und halten außerhalb des Talat Sao.

WEITERREISE NACH THAILAND: VON PAKXAN NACH BUNG KAN

Anreise zur Grenze

Nur wenige Traveller nutzen den **Grenzübergang Pakxan (Laos)/Bung Kan (Thailand)** (8–12 und 13.30–16.30 Uhr) über den Mekong. Das Boot (60 B, 20 Min.) legt bei mindestens acht Passagieren ab. Alternativ kann man es für 500 B chartern.

An der Grenze

Das Prozedere in der laotischen Einwanderungsbehörde geht normalerweise recht schnell vonstatten. Aber Achtung: Einreisevisa für Laos werden hier nicht ausgestellt!

Weiterreise

Von Bung Kan fahren Busse nach Udon Thani (245 B, 4 Std.), von wo aus man mit einer Billigfluglinie oder dem Langstreckenbus nach Bangkok weiterreisen kann.

Pak Kading

Östlich von Vientiane an der Route 13 liegt das verschlafene, aber malerische Dorf **Pak Kading**. Es befindet sich direkt am Zusammenfluss des Mekong und des **Nam Kading** (Kading-Flusses), einem der (zumindest noch) ursprünglichsten Flüsse in Laos. Er schlängelt sich wie ein breites türkisfarbenes Band durch ein von hohen Bergen umgebenes bewaldetes Tal mit fast bedrohlich wirkenden Kalksteinformationen, die bis weit ins **Nam Kading NPA** (ປ່າສະຫງວນແຫ່ງຊາດນ້ຳກະດິງ) 🐾 reichen. Eine Bootstour ist die beste Möglichkeit, um diese Wildnis zu erkunden, die Elefanten, Tigern, Asiatischen Schwarzbären, Riesenmuntjaks, Gibbons, Tonkin-Schwarzlanguren, Kleideraffen, Zwerglöris, Rothunden und seltenen Vogelarten eine Heimat bietet. Allerdings braucht man viel Glück, um die Tiere zu entdecken. Während unseres Besuchs war es gerade sehr schwierig, in den Nationalpark hineinzukommen, da die Regionalregierung den Zugang über den Fluss reglementiert.

Ob der Wasserfall nun ordentlich Wasser führt oder nur ein Rinnsal ist – Pak Kading ist ein guter Ort für eine Pause, und um die berühmten Fischspezialitäten im Bounxou Restaurant (055-320046; Route 13; Hauptgerichte 15 000–45 000 Kip; 8–21 Uhr) zu probieren.

Da Pak Kading eine der großen Städte an der Schnellstraße ist, halten hier zahlreiche Busse auf dem Weg nach Vientiane (3–4 Std., 187 km), nach Thakhek (3 Std.) und Richtung Osten.

Ban Khoun Kham (Ban Na Hin)

3000 EW. / 054

Früher diente Ban Khoun Khams als Ausgangsbasis für Ausflüge zur eindrucksvollen Tham Kong Lor, allerdings bekommt die Ortschaft inzwischen ernsthafte Konkurrenz von Ban Kong Lor, das sich zunehmend auf die Höhlenbesucher einstellt. Seither geht's hier recht ruhig zu. Nahe der Stadt gibt's einen reizvollen Wasserfall und einige lohnenswerte Aussichtspunkte in die zerklüftete Karstlandschaft.

Sehenswertes

Tad Namsanam WASSERFALL
(ຕາດນ້ຳສະນາມ) Die Hauptattraktion des Dorfes ist der beeindruckende Tad Namsanam, ein von einer hohen Karstkulisse umgebener Wasserfall mit zwei Kaskaden, 3 km nördlich der Stadt, der in der Trockenzeit kein Wasser führt. Leider sind die Pfade und Schilder dorthin nicht ganz eindeutig, deshalb hat sich schon manch ein Traveller verlaufen. Entweder passt man sehr gut auf oder engagiert über die Touristeninformation gleich südlich des Eingangs zum Tad Namsanam einen der Guides, die Wanderungen ins Phou Hin Boun NPA anbieten.

Aussichtspunkt Steinwald AUSSICHTSPUNKT
Wer auf der Route 13 nach Ban Khoun Kham kommt, stößt zwischen Kilometer 32 und 33 auf einen Aussichtspunkt mit *sala* (Schutzhütte ohne Wände). Den Blick auf die grandiose Landschaft, die sich mit ihren zerklüfteten schwarzen Felsformationen als grandios und furchteinflößend zugleich präsentiert, sollte man keinesfalls verpassen.

Tha-Bak-Bombenboote HISTORISCHE STÄTTE
Tha Bak liegt 18 km östlich von Ban Khoun Kham nahe dem Zusammenfluss von Nam Kading und Nam Theun. Viele Traveller legen hier einen Zwischenstopp ein, um ein paar Fotos im Uferbereich zu machen oder mit den berüchtigten Bombenbooten hinauszufahren. Die Rümpfe dieser Kähne

bestehen aus riesigen raketenförmigen Abwurftanks aus den Zeiten des Vietnamkriegs. Man findet die Anbieter dieser Touren am östlichen Ende der Brücke. Der Preis ist verhandelbar.

Schlafen

Sanhak Guesthouse PENSION $
(020-22334691; sanhak.guesthouse@gmail.com; B 25 000 Kip; Zi. 50 000–80 000 Kip;) Die freundliche Pension in einer Nebenstraße macht erfolgreich Werbung bei Motorradverleihen am Loop und ist daher eine der beliebtesten Pensionen in Ban Khoun Kham. Man übernachtet in enorm günstigen Schlafsälen oder gemütlichen Zimmern mit warmem Wasser. Auch ein kleines Restaurant gehört dazu.

Inthapaya Guesthouse PENSION $
(020-22336534; Zi. mit Ventilator/Klimaanlage 60 000/90 000 Kip;) Frisch duftende taubenblaue Zimmer mit gefliesten Böden, sauberen Bädern sowie wahlweise einem Ventilator oder einer Klimaanlage nordöstlich der Hauptstraße. Im Garten befindet sich ein kleines Café. Der Besitzer spricht hervorragend Englisch.

★**Sainamhai Resort** RESORT $$
(020-22331683; www.sainamhairesort.com; Zi. 150 000–240 000 Kip;) Die mit Abstand verträumteste und gemütlichste Unterkunft in der Stadt liegt nicht im Ort selbst, sondern ein wenig außerhalb am Ufer des Nam Hai (Hai-Fluss). Zur Anlage gehören ein charmantes Langhausrestaurant, ein üppiger Garten und gepflegte Hütten mit Rattanwänden, Privatbalkonen, Bädern und sauberer Bettwäsche. Dazu kommen ein herzlicher Service und eine kühlende Klimaanlage.

Das Resort liegt 3 km östlich der Route 8 und ist über eine Abzweigung von der Straße nach Tham Kong Lor zu erreichen. Wer im Vorfeld anruft, wird kostenlos vom Personal an der *sörngtäaou*-Haltestelle abgeholt.

Praktische Informationen

Touristeninformation (020-55598412; Route 8; 8–16 Uhr) Gleich südlich des Eingangs zum Tat Namsanam liegt die gut geführte Touristeninformation. Sie organisiert gemeindebasierte Wanderungen von hier aus ins Phu Hin Bun NPA. Nach Thoum fragen.

An- & Weiterreise

Morgens fahren zwei Busse (um 8 und 9 Uhr) von Thakhek nach Ban Khoun Kham (50 000 Kip,

3 Std., 143 km). Alternativ nimmt man in Thakhek einen beliebigen Bus Richtung Norden bzw. in Vientiane einen beliebigen Bus gen Süden, steigt in Vieng Kham (auch als Thang Beng bekannt) an der Kreuzung der Route 13 und Route 8 aus und fährt von dort per *sŏrngtǎaou* (25 000 Kip, 1 Std., 7–19 Uhr) bis Ban Khoun Kham. Einfacher ist es, in einen Bus von Vientiane nach Lak Sao zu steigen und den Fahrer zu bitten, in Ban Khoun Kham (75 000 Kip) zu halten.

Später am Tag muss man ein *sŏrngtǎaou* nach Vieng Kham (30 000 Kip, 7–17 Uhr, ca. 1 Std.) nehmen und dort umsteigen. Wer Richtung Vietnam unterwegs ist, fährt mit dem *sŏrngtǎaou* bis Lak Sao (25 000 Kip, 7–17 Uhr, ca. 1 Std.) und steigt dort um. Zur Tham Kong Lor gibt's um 10, 12.30 und 15 Uhr Verbindungen (25 000 Kip, 1 Std.).

Tham Kong Lor
ຖ ້ໍລອຍກອງລໍ

Die Tham Kong Lor ist eines der eindrucksvollsten Highlights von Zentrallos, wenn nicht sogar des ganzen Landes. Eine Reise in diese übernatürliche Welt ist wie ein Ausflug ins Jenseits. Durch die kathedralenhohe Kalksteinhöhle schlängelt sich über 7,5 km ein Fluss.

Ban Kong Lor ist der günstigste Ausgangspunkt für einen Besuch der Höhle. In den letzten Jahren wurden hier zahlreiche Pensionen und kleine Resorts eröffnet.

🏃 Aktivitäten

★ **Tham Kong Lor**   HÖHLENWANDERN, BOOTSFAHREN
(Eintritt zur Höhle 5000 Kip, Parkgebühren 5000 Kip, Bootsfahrt 1/2/3 Pers. 110 000/120 000/130 000 Kip) Eine Bootsfahrt durch die atemberaubende Tham Kong Lor ist ein absolutes Muss. Die 7,5 km lange Flusshöhle unter einem riesigen Kalksteinberg liegt inmitten des 1580 km² großen Nationalparks Phu Hin Bun. Je tiefer das Boot in die tiefschwarze Dunkelheit vordringt, desto lebhafter arbeitet die Fantasie und auch die Aufregung nimmt zu. Ein unvergessliches Erlebnis.

Ein Abschnitt der Tham Kong Lor ist stimmungsvoll beleuchtet, dadurch lässt sich das epische Spektakel noch besser bestaunen. Die Langboote legen an einem felsigen Vorsprung an, sodass Passagiere den übernatürlich wirkenden Stalaktitenwald aus faszinierenden Säulen und spitzen Stalagmiten besser bewundern können.

Eine Fahrt mit dem Boot durch die Tham Kong Lor dauert pro Strecke bis zu einer Stunde. Bei niedrigerem Wasserstand in der Trockenzeit muss man gelegentlich aussteigen, damit Bootsmann und Bootsführer ihr hölzernes Gefährt über Stromschnellen ziehen können. Fünf Minuten vom anderen Ende der Höhle entfernt (stromaufwärts) gibt's einen Imbiss. Nach einer kleinen Verschnaufpause warten weitere Abenteuer.

Rettungswesten stellen die Veranstalter. Unbedingt eine Taschenlampe mitbringen! Es werden zwar vor Ort welche verliehen, doch die sind von minderer Qualität. Weil das Flussbett aus scharfkantigen Kieselsteinen besteht, ist beim Waten an verschiedenen seichten Stellen rutschfestes Schuhwerk nötig.

Tham Nam None   HÖHLENWANDERN
(120 000 Kip pro Pers.) Tham Kong Lor ist nicht die einzige große Höhle in der Gegend. Eine erst kürzlich entdeckte und noch nicht abschließend erforschte ist Tham Nam None. Mit einer Länge von 15 km ist sie eine der längsten Flusshöhlen in Laos. In der Trockenzeit kann man Wanderungen ins Höhleninnere unternehmen, jedoch bitte nicht auf eigene Faust – eine Tour mit dem Spring River Resort vereinbaren und ausreichend Taschenlampen und Batterien mitnehmen.

👉 Geführte Touren

Die Touristeninformation der Provinz Khammuan (S. 202) bietet Tagestouren zur Tham Kong Lor (bei Gruppen aus einer/zwei/fünf Pers. pro Pers. 1 500 000/850 000/550 000 Kip) an. Ansprechpartner ist der kompetente Herr Somkiad. Auch Green Discovery (S. 197) bietet eintägige Touren zur Tham Kong Lor ab 70 US$ pro Person und mit Übernachtung ab 155 US$ pro Person an.

🛏 Schlafen & Essen

Wer möchte, kann bei einer Dorffamilie übernachten. Diese Art der Unterkunft wird Homestay (Ban Kong Lor; inkl. Abendessen & Frühstück pro Pers. 50 000 Kip) genannt und ist auch am anderen Ende der Höhle, in Ban Na Tan und im schöneren Ba Phon Kham, möglich. Auf dem Rückweg durch die Höhle muss man allerdings erneut Eintritt zahlen.

Zu beiden Dörfern kann man von den Getränkeständen am Endhaltepunkt der Boote zu Fuß gehen: Bis Ban Na Tan sind es 2 km auf dem linken Abzweig und das nur 1 km entfernte Ban Phon Kham ist das zweite Dorf nach dem rechten Abzweig. Die Getränkeverkäufer zeigen einem den richtigen Weg.

Kong Lor Eco Lodge PENSION $
(☑ 030-9062772; Ban Kong Lor; Zi. 50 000 Kip; 🖤)
12 spartanische, aber saubere Zimmer ein
Stück abseits der Straße. Das kleine Restaurant
zählt zu den beliebtesten des Orts und
ist immer voll mit Travellern.

Chantha House PENSION $
(☑ 020-22100002; Ban Kong Lor; B 40 000 Kip, Zi.
70 000–150 000 Kip; ❄ 🖤) An der Hauptstraße
am Dorfeingang bietet das Chanta House
im Schweizer Stil einen grandiosen Blick
auf das Gebirge sowie 15 kühle gepflegte
Zimmer und einen Schlafsaal. Die Besitzer
sind freundlich und Besuchern stehen eine
DVD-Lounge, ein kleines Café und Mietfahrräder zur Verfügung.

★**Spring River Resort** BUNGALOWS $$
(☑ 020-59636111; www.springriverresort.com; Ban
Tiou; Bungalows 15–50 US$, 3BZ 40–50 US$; ❄ 🖤)
Gäste des früheren Sala Kong Lor schlafen
in schlichten bis überragenden Bungalows
am schönen Nam Hin Bun. Die Dreibettzimmer
mit Bädern sind mit Moskitonetzen
und eigenen Balkonen mit Blick aufs
üppige Flussufer ausgestattet. Beim teureren
Zimmer ist das Frühstück im Preis
inbegriffen.

Kong Lo View Hotel & Resort BUNGALOWS $$
(☑ 030-9143544; www.kongloview.com; DZ/2BZ/
VIP-Zimmer 35/50/150 US$, alle inkl. Frühstück;
➡ ❄ 🖤) Keine andere Unterkunft liegt dichter
an der Tham Kong Lor. Sie hat mehrere
einladende traditionelle Holzbungalows
und zahlreiche Extras wie einen VIP-Raum.
Von der Terrasse des Restaurants blickt man
ins Karstgebirge.

Auberges Sala Hinboun PENSION $$
(☑ 041-212445; www.salalao.com; Zi. inkl. Frühstück
23–29 US$; 🖤) Am Ufer des Nam Hin Boun
verteilen sich zwölf gemütliche grüne Holzhütten
auf Pfählen. Alle Zimmer verfügen
über bunte Vorhänge, Rattanböden, private
Balkone und bequeme Betten. Die am Fluss
sind am größten, aber mit den kleineren
trifft man ebenfalls eine akzeptable Wahl.

Mithuna Restaurant LAOTISCH $
(Ban Kong Lor; Hauptgerichte 20 000–40 000 Kip;
⏱ 7–20 Uhr) Dieses halb offene Restaurant
ganz in der Nähe des Eingangs zur Tham
Kong Lo kredenzt unter Ventilatoren Nudeln,
gebratenen Reis, Schweinefleisch-*láhp*
und westliches Frühstück. Toll für eine Stärkung
vor oder nach einer Tour in die Tiefen
der Höhle.

WANDERN IN ZENTRALLAOS

In dieser häufig unterschätzten Region lassen sich Kultur und Natur hervorragend kombinieren. Viele Trekkingtouren werden von den staatlichen Eco-Guide Units in Thakhek und Savannakhet sowie vom Privatanbieter Green Discovery (S. 197) durchgeführt. Die Kosten liegen zwischen 40 und 500 US$ pro Person. Für größere Gruppen ist der Spaß deutlich günstiger. Folgende Ziele sind besonders empfehlenswert:

Phu Hin Bun NPA (S. 197) Ab Thakhek. Trekking- und Bootstouren führen durch eine eindrucksvolle Karstlandschaft mit hohen Kalksteinmonolithen. In Thakheks Touristeninformation kann man zwei- bzw. dreitägige Exkursionen buchen. Green Discovery bietet viertägige Trips an.

Tham Lot Se Bang Fai/Hin Namno NPA (S. 204) Ab Thakhek. Trekking steckt hier zwar noch in den Kinderschuhen und führt meistens zur Nam-Lot-Höhle, lässt sich aber mit einem „Homestay" (dabei übernachtet man bei Einheimischen) im spektakulären Hin Namno NPA verbinden. Bei Interesse an Green Discovery wenden; die Touristeninformation in Thakhek bietet derzeit keine Touren dorthin an.

Dong Natad (S. 213) Ab Savannakhet. Die ein- bzw. zweitägigen Ausflüge in dieses Naturschutzgebiet sind billig und beliebt, weil man bei Einheimischen übernachtet und mehr über deren Umgang mit dem „heiligen" Wald erfährt. Genauere Infos gibt's bei der **Eco-Guide Unit** (Karte S. 206; ☑ 041-214203; Th Latsaphanith; ⏱ Mo–Fr 8–12 & 13–16.30 Uhr; 🖤).

Dong Phou Vieng NPA (S. 213) Ab Savannakhet. Die dreitägige Wanderung führt zu zwei faszinierenden Katang-Dörfern, deren Bewohner einem animistischen Glauben anhängen. Am Anfang und Ende der Tour verbringt man relativ viel Zeit auf der Straße, was die Angelegenheit teuer macht. Organisiert wird der Trip von der Eco-Guide Unit in Savannakhet.

❶ An- & Weiterreise

Die 50 km lange Straße von Ban Khoun Kham nach Ban Kong Lor windet sich durch ein schönes Tal mit Reisfeldern. Zu ihrer rechten und linken Seite ragt Karstgebirge in die Höhe. Sie ist problemlos in einer Stunde mit dem Motorrad oder *sŏrngtăaou* zu bewältigen. Um 6.30, 8 und 11 Uhr fahren *sŏrngtăaou* von Ban Kong Lor nach Ban Khoun Kham (25 000 Kip). Mittlerweile verkehrt einmal am Tag ein Direktbus zwischen Vientiane und Ban Kong Lor (80 000K, 7 Std.). Er startet um 7 Uhr an der Kong Lor Eco Lodge bzw. um 10 Uhr vom Südlichen Busbahnhof in der Hauptstadt.

Lak Sao ຫລັກຊາວ

33 000 EW. / ☎ 054

Durch das staubige Lak Sao am östlichen Rand der Provinz Bolikhamxay führen zwei Straßen. Die Stadt, durch die jede Menge Laster auf dem Weg ins nur 36 km entfernte Vietnam brettern, hat sich als Holzfällerort einen Namen gemacht. Sie erstreckt sich zwischen wunderschönen schroffen Klippen, die im Sonnenuntergang schwarz schimmern.

Es gibt hier ein paar trostlose Pensionen, einen labyrinthartigen Markt, Bankautomaten, die rund um die Uhr in Betrieb sind, und ein paar Lokale. Die wenig attraktive Stadt liegt unter einem permanenten Staubschleier, allerdings kann man hier seinen Bargeldvorrat aufstocken, tanken oder auf der Loop-Tour (S. 196) einen Zwischenstopp mit einem anständigen laotischen Mittagessen einlegen.

🛏 Schlafen & Essen

Phoutthavong Guest House PENSION $
(☎ 054-341074; Route 1E; Zi. 80 000 Kip; ☻🅿️📶) Einladende Pension abseits der betriebsamen Route 8 mit großen Zimmern, Mahagonibetten und -möbeln, einfachen Privatbädern und Fernsehern. Für Unterhaltung sorgt ein sprechender Maina-Vogel.

Souriya Hotel HOTEL $
(☎ 054-341111; Route 1E; Zi. 50 000–80 000 Kip; ☻🅿️📶) Hier stehen größere und kleinere Zimmer mit Ventilator oder Klimaanlage zur Auswahl. Sie verfügen über harte Betten und eigene Bäder mit heißem Wasser. Außerdem gibt's Kabelfernsehen und einen Abstellplatz für Motorräder.

Only One Restaurant LAOTISCH $
(☎ 054-341034; Route 1E; Hauptgerichte 20 000–60 000 Kip; ☺ 7–22 Uhr) Zwar ist es nicht mehr das einzige, dafür aber immer noch eins der besten Restaurants der Stadt. Nach hinten raus hat das höhlenartige Gebäude eine tolle Terrasse, auf der man hervorragend *láhp,* gegrilltes Schweinefleisch, Pfannengerichte und gebratenen Thai-Spinat essen kann.

❶ Praktische Informationen

Lao Development Bank (Route 1E) Diese Bankfiliale in der Nähe des Markts wechselt thailändische Baht, US-Dollars und vietnamesische Dong.

Post (Ecke Route 8 & Route 1E)

❶ An- & Weiterreise

Östlich des Markts verkehren täglich um 5.30, 6.30, 8 und 20 Uhr Busse nach Vientiane (85 000 Kip, 7–8 Std., 334 km). Sie halten in Vieng Kham (Thang Beng; 35 000 Kip, 2 Std., 100 km), wo regelmäßig Busse nach Süden und Pakxan (50 000 Kip, 5–6 Std., 189 km) starten. Weitere Busse und *sŏrngtăaou* bedienen die Strecke entlang der Route 8 nach Vieng Kham/Thang Beng (8–17 Uhr), zudem fährt um 7.30 Uhr ein Bus nach Thakhek (60 000 Kip, 5–6 Std., 202 km).

Thakhek ທ ່າແຂກ

80 000 EW. / ☎ 051

Indochinas ehemaliger Handelsposten, eine hübsche Mischung aus baufälligen französischen Villen und schiefen chinesischen Ladenfronten, versprüht den gediegenen Charme einer Flussstadt, die sich trotz einer neuen Brücke ins nahe gelegene Thailand kaum verändert hat. Das atmosphärische Thakhek lohnt eine Übernachtung und dient zudem als Ausgangsbasis für die Loop-Tour sowie für organisierte Tagesausflüge zur Tham Kong Lor. In der Nähe gibt's noch viele weitere Höhlen, teilweise sogar mit Lagunen, die zum Baden einladen. Man erreicht sie per Motorroller oder *tuk-tuk.*

So kultiviert wie Luang Prabang ist Thakhek zwar nicht, doch dafür bietet die historisch interessante Stadt ein authentisches Stück Laos. In ihrem Zentrum, am westlichen Ende der Th Kuvoravong unweit des Mekong, erstreckt sich der Fountain Square, ein idyllischer Platz mit Springbrunnen.

Geschichte

Die französische Kolonialarchitektur der Jahre 1911 und 1912 prägt das Gesicht Thakheks. Rund um den Fountain Square zeugen verschiedene langsam verfallende Gebäude von der einst glanzvollen Epoche. Damals diente die Stadt als Hafen, Grenzposten und Verwaltungszentrum.

⊙ Sehenswertes

Phu Hin Bun NPA   NATIONALPARK

(ປາສະຫງວນແຫງຊາດພູຫິນປຸນ) Das Phou Hin Boun NPA ist eine 1580 km^2 große Wildnisregion mit türkisfarbenen Flussläufen, beeindruckenden Monsunwäldern und bizarren Karstlandschaften, die sich über das gesamte Kernland von Khammuan erstrecken. 1993 zum Schutzgebiet ernannt, ist es eines der zauberhaftesten Naturwunder der Region. Ob vom Boot aus oder auf einem Streifzug zu Fuß: Beim Anblick der in schwindelnde Höhen steil aufragenden Kalksteinklippen verschlägt es einem vor Ehrfurcht schier den Atem.

Obwohl das Schutzgebiet vielerorts über Straßen nicht zugänglich ist, haben die Einheimischen durch Holzeinschlag und Wilderei die Anzahl der Tier- und Pflanzenarten drastisch verringert. Trotzdem leben hier noch die vom Aussterben bedrohten Tonkin-Schwarzlanguren sowie mehrere Primaten, Elefanten, Tiger und seltene Hirsche.

Ein Abstecher zur Tham-Kong-Lor-Höhle liefert einen guten Vorgeschmack auf das, was die Gegend sonst noch alles zu bieten hat. Allerdings gibt's noch zwei bessere Alternativen, um sich den mystischen von mäanderartigen Flussläufen umspielten Karstspitzen zu nähern.

In der Provinz Khammuan werden fünf verschiedene gemeindebasierte Trekkingtouren verschiedener Länge angeboten. Der beliebte Zweitagestrip ab Thakhek ins Phou Hin Boun NPA (1 700 000 K für 1 Pers., je 950 000 Kip für 2 Pers., je 650 000 Kip für 5 oder mehr Pers.) ist besonders empfehlenswert, denn er führt nicht nur zu zahlreichen Karstformationen, sondern umfasst auch eine Wanderung durch die Tham-Pa-Chan-Höhle und eine Übernachtung in einem ethnischen Dorf. Wer einen solchen Ausflug buchen möchte, sollte sich an die Touristeninformation (S. 202) in Thakhek wenden.

Ähnliche Wanderungen bietet Green Discovery an, u. a. eine tolle zweitägige Kajak- und Fahrradtour über spektakuläre steile Felsen am Nam Hin Boun (Hin-Boun-Fluss), der einen großen Bogen gen Mekong vollführt.

Tham Pa Seuam   HÖHLE

(ຖ້ຳປາເຊືອມ) Die kürzlich entdeckte, nur 15 km von Thakhek entfernte Flusshöhle Tham Pa Seuam erstreckt sich über 3 km. Mit ihren beeindruckenden Stalaktiten und Stalakmiten ist sie eine Miniaturversion der Tham Kong Lor. Eine von der Touristeninformation (S. 202) organisierte Tagestour zu mehreren Höhlen, darunter Tham Pa Seuam, kostet ab 350 000 Kip pro Person. Im Preis inbegriffen ist eine 400 m lange Paddeltour ins Innere der Hauptkammer.

✦ Aktivitäten

Die meisten Aktivitäten gibt's im Karstgebirge rund um Thakhek, darunter Klettern beim Green Climbers Home oder eine Erkundung der vielen Höhlen in den zerklüfteten Bergen.

In Thakhek selbst kann man nicht viel anderes machen als durch die Straßen zu bummeln und das nette Flair zu genießen. Wer etwas aktiver werden möchte, spielt auf dem **Namfon Petang Field** (Karte S. 198; ☑ 020-55619331; ◎ 16–22.30 Uhr) eine Runde Boule und trinkt dabei ein Beerlao.

Green Climbers Home   KLETTERN

(☑ 020-56105622; www.greenclimbershome.com; Ban Kouanphavang; Kurse je nach Dauer und Gruppengröße pro Pers. 140 000–500 000 Kip; ◎ Okt.–Mai) Das gut geführte Trainingszentrum liegt in einem Tal inmitten von Karstgebirge 18 km außerhalb von Thakhek. Da es mit gemütlichen Hütten, tollem Essen und hervorragenden Kursen punkten kann, ist es überaus beliebt und schnell ausgebucht. Für Kletteranfänger bietet es einen der einfachsten Felsüberhänge der Welt, außerdem über 250 Routen in den Schwierigkeitsstufen 4 bis 8 B für Anfänger, Fortgeschrittene und Profis.

Green Discovery   ABENTEUERSPORT

(Karte S. 198; ☑ 051-251390; www.greendiscoverylaos.com; Inthira Hotel, Th Chao Annou; ◎ 8–21 Uhr) Green Discovery, der landesweit erfahrenste Anbieter von Ökotourismus, hat eine Reihe interessanter Touren in Zentrallaos im Angebot. Dazu gehören zahlreiche Wanderungen und Kajaktouren ins grüne Phu Hin Bun NPA, etwa zur Tham Kong Lor (von Tagestouren für 70 US$ bis hin zu 2-tägigen Exkursionen mit Übernachtung für 155 US$). Auch Fahrrad- und Klettertouren können organisiert werden.

☞ Geführte Touren

In der Touristeninformation (S. 202) kann man Wandertouren buchen. Die Preise richten sich nach Gruppengröße, deswegen lohnt sich ein Anruf beim verlässlichen Herrn Somkiad, der Interessierte zusammenbringt. Ein zweitägiger Ausflug ins Phou Hin Boun NPA beispielsweise kostet für eine vierköpfige Gruppe akzeptable 650 000 Kip pro Person und umfasst in der Regel eine

Thakhek

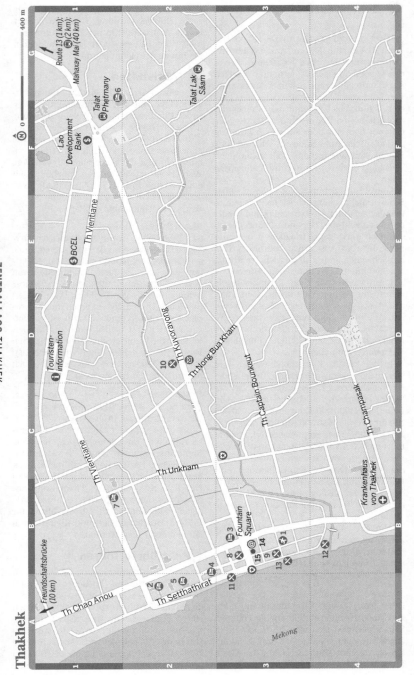

Th Chao Anou

Th Setthathirat

Th Vientiane

Th Vientiane

Th Kuvoravong

Th Nong Bua Kham

Th Unkham

Th Captain Bounkeut

Th Champasak

Fountain Square

Mekong

Freundschaftsbrücke (10 km)

Route 13 (1 km);
Mahaxay Mai (2 km);
Mahaxay Mai (40 km)

Talat Phetmany

Talat Lak Säam

Lao Development Bank

BCEL

Touristen-information

Krankenhaus von Thakhek

N 0 — 400 m

Thakhek

⊕ Aktivitäten, Kurse & Touren

🛏 Schlafen

⊗ Essen

ⓘ Praktisches

ⓘ Transport

Übernachtung bei einer einheimischen Familie. Nach der Tagestour zu mehreren Höhlen (darunter die Tham Pa Seuam) fragen.

🛏 Schlafen

★ Thakhek Travel Lodge   PENSION $

(Karte S.198; ☑ 051-212931; thahkhektravellodge @gmail.com; Route 13; B 30 000 Kip, Zi. 60 000–130 000 Kip; ⊜※@🛜) Zwar liegt es etwas ungünstig 5 Minuten mit dem *tuk-tuk* außerhalb des Ortes, dafür punktet diese Pension bei Travellern mit abendlichen Feuern im Garten und seiner tollen Atmosphäre. Zimmer gibt's von schlicht mit Ventilator bis hin zu teuren klimatisierten Bungalows, und das Café serviert *láhp,* Salate und Säfte. Im Fahrtenbuch nach aktuellen Informationen zum Loop schauen.

Mekong Hotel   HOTEL $

(Karte S.198; ☑ 051-250777; mekonghotel@yahoo. com; Th Setthathirat; Zi. 100 000–250 000 Kip; ⊜※🛜) Liebevolle Renovierungsarbeiten haben das blaue Blockhotel im Sowjetstil etwas aufgewertet. Die sauberen, anständigen Zimmer verfügen über Kabelfernsehen, Klimaanlagen und blitzblanke Bäder, außerdem gibt's ein Restaurant mit Blick auf den Mekong.

Sooksomboon Hotel   PENSION $

(Karte S.198; ☑ 051-212225; Th Setthathirat; Zi. 100 000–150 000 Kip; ⊜※🛜) In einer ehemaligen Polizeiwache aus der Kolonialzeit am Mekong beherbergt dieses Hotel saubere Zimmer mit hohen Decken, verschnörkelten Mahagonibettgestellen, Fernsehern und eigenen Bädern. Neben dem atmosphärischen Hauptgebäude gibt's auch einen Anbau im Motel-Stil, doch die hauseigene Restaurant dort sind extrem nichtssagend.

★ Inthira Hotel   BOUTIQUE-HOTEL $$

(Karte S.198; ☑ 051-251237; www.inthirahotel. com; Th Chao Anou; Zi. inkl. Frühstück 29–49 US$; ⊜※@🛜) Eine romantischere und stilvollere Unterkunft als diese alte französische Villa mit hübscher Fassade hat Thakhek wohl kaum zu bieten. Das hauseigene Restaurant liegt an einem Springbrunnen und die schicken weinroten Zimmer mit freigelegtem Mauerwerk, Regenduschen, Kabelfernsehen, dunklen Holzmöbeln, Klimaanlagen und Tresoren sind genau das Richtige für erschöpfte Gäste. Wir empfehlen die mit Balkonen an der Straße.

Xayluedy Hotel   HOTEL $$

(Karte S.198; ☑ 051-214299; Th Vientiane; Zi. 130 000–250 000 Kip; ⊜※🛜) Mitten in der Stadt warten in diesem schicken neuen Hotel eine Reihe sauberer, klimatisierter Zimmer mit Fernsehern an der Wand und Regenduschen mit heißem Wasser. Etwas mehr Luxus bieten die VIP-Optionen.

Hotel Riveria   HOTEL $$

(Karte S.198; ☑ 051-250000; www.hotelriveriatha khek.com; Th Setthathirat; Zi. 330 000–960 000 Kip; ⊜※@🛜) Auf der einen Seite hat dieses Hotel einen großartigen Ausblick nach Thailand, und auf der anderen eine noch dramatischere Aussicht auf die zerklüftete Karstlandschaft, spricht aber eher Geschäftsreisende an. Die großen Zimmer verfügen über breite Doppelbetten, Fernseher, Kühlschränke, Bäder sowie Möbel im internationalen Stil. Unten gibt's ein anständiges Restaurant mit üppigem Frühstücksbüfett samt Eierstation. Es ist professionell geführt, hat aber wenig Charakter.

✕ Essen

Am Uferstreifen gleich südlich des Nachtmarkts gibt's mehrere Open-Air-Grilllokale (Karte S.198; Th Setthathirat; Hauptgerichte 10 000–20 000 Kip; ⊙11–23 Uhr), die sich auf Ente (Frau Noy, Frau Kay und Frau Mo) spezialisiert haben.

La Parisian Café

CAFÉ **$**

(Karte S. 198; ☑ 020-96244999; Th Kuvoravong; Hauptgerichte 10 000–35 000 Kip; ⏰ 7–21 Uhr; ❄️🛜) Auch wenn die Besitzer anscheinend nicht besonders gut Französisch können, ist das kleine Café gegenüber der Post sehr einladend. Als Hauptspeisen stehen nur Salate und Sandwiches auf der Karte, doch dafür begeistern die köstlichen Desserts wie raffinierte Fruchtkreationen und eine Designerversion von Armer Ritter umso mehr.

Sabaidee Restaurant

LAOTISCH **$**

(Karte S. 198; Th Setthathirat; Hauptgerichte 20 000–40 000 Kip; ⏰ 8–24 Uhr; 🛜) In diesem bei Reisenden auf dem „Loop" (S. 196) sehr beliebten Restaurant am Fluss ist es immer luftig. Auf der Speisekarte stehen Reisegerichte, *láhp* in verschiedenen Varianten, Suppe und große Portionen internationaler Klassiker wie Fish'n'Chips. Eine tolle Adresse für einen Cocktail zu Sonnenuntergang.

Lokale Essensstände

LAOTISCH **$**

(Karte S. 198; Th Setthathirath; Hauptgerichte 10 000–20 000 Kip; ⏰ 7–19 Uhr) An diesem Uferplatz mit zahlreichen Garküchen geht's überaus quirlig zu. Laotische Leckerbissen wie *pîng kai* (gegrilltes Hühnchen) und Klebreis gibt's hier fast geschenkt.

DD Bistro & Cafe

INTERNATIONAL **$**

(Karte S. 198; ☑ 051-212355; Fountain Square; Hauptgerichte 20 000–80 000 Kip; ⏰ 7–22 Uhr; ❄️🛜) Laotische, thailändische und internationale Gerichte in cooler Atmosphäre: Das verspricht das neue Café mit Glasfront und Blick auf den Fountain Square – angenehm kühl ist es dank der Klimaanlage auch. Tee von Twinings, Kaffee und frische Säfte gibt's ebenfalls.

★ Khop Chai Deu

FUSIONSKÜCHE **$$**

(Karte S. 198; Inthira Hotel, Th Chao Anou; Hauptgerichte 30 000–90 000 Kip; ⏰ 7–22 Uhr; ❄️🛜✒️) Das gehobenste Restaurant im verschlafenen Thakhek. Es ist stilvoll, schummrig beleuchtet und in einem schönen Gebäude aus der französischen Kolonialzeit untergebracht und hat eine offene verglaste Küche. Zu essen gibt's u. a. leckere laotische Salate, Burger und herzhafte weich geklopfte Steaks und dazu anständige Cocktails von der schicken Glasbar.

Smile Barge Restaurant

LAOTISCH **$$**

(Karte S. 198; Th Setthathirat; Gerichte 25 000–100 000 Kip; ⏰ 12–23.30 Uhr; 🛜) In dem am Fluss gelegenen Restaurant hängen Laternen an den Wänden. Auf dekorativen Veranden unter schattenspendenden Bäumen

🏃 Motorradtour „Der Loop"

START THAKHEK
ZIEL THAKHEK
DAUER DREI TAGE

Die Rundtour „The Loop" führt durch die Provinzen Khammuan und Bolikhamxay. Sie hat Kultstatus und lässt sich mit einem Motorrad bewältigen. Mittlerweile bieten mehrere Verleiher in Thakhek anständige Geländemaschinen und kleinere Roller. Anfänger sollten erst einen Tag üben. Für den Anfang eignet sich eine Tagestour zu den Höhlen rund um Thakhek. Tanken kann man in den meisten Dörfern auf dem Weg.

Ausgangspunkt ist ❶ **Thakhek** (S. 196). Infos zur Tour gibt's in der dortigen Touristeninformation, zudem lockt die **Thakhek Travel Lodge** (S. 199) mit kaltem Beerlao und einem viel genutzten Fahrtenbuch zum Loop, das vor der Fahrt Tipps liefert.

Am ersten Tag geht's von Thakhek aus auf der Route 12 gen Osten. Rechtzeitig aufbrechen, um unterwegs viel Zeit für Abstecher zu Höhlen und Badestellen zu haben. Auf dem 20 km langen Abschnitt nördlich von ❷ **Mahaxai Mai**, 40 km von Thakhek, stößt man auf ein paar Unterkünfte. Sie dienen Bauarbeitern als Quartier und sind allesamt vernachlässigbar. Gleich nördlich von Kilometer 55 folgt der Abzweig der Route 12 nach Vietnam. Dort liegen sich das weitläufige Nam Theun 2 Main Camp und das **Phothavong Guest House** (☑ 020-56635555) gegenüber, eine der besseren Unterkünfte auf dem Loop. Empfehlenswerter ist es allerdings, bis nach Ban Tha Lang weiterzufahren und dort zu übernachten.

Nun geht's 5 km nördlich der Kreuzung auf der Route 12 an Gnommalath vorbei (dort gibt's Sprit und einfaches Essen) bis zum Nam-Theun-2-Kraftwerk. Hier liegt auch das informative **Besucherzentrum Theun 2** (☑ 020-22213855) in einem traditionellen Langhaus im Luang-Prabang-Stil, das mitten im Niemandsland ein wenig fehl am Platz wirkt. In dem Dorf Ban Oudomsouk oben auf dem Berg teilt sich die Strecke. Hier fährt man noch 3 km geradeaus nach ❸ **Nakai**, wo man tanken kann.

Auf den nächsten 23 km befindet sich links unberührter Dschungel und rechts das ökologische Schlachtfeld, das durch die Flutung des Nam-Theun-2-Staudamms

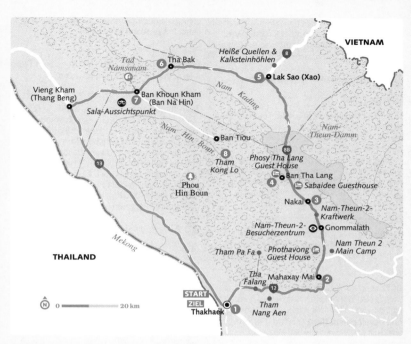

entstanden ist. Ab hier passiert man eine Reihe *bâan jat sàn*. Die Ortschaften wurden gebaut, um den Menschen, die ihr Zuhause verloren haben, eine neue Heimat zu bieten. Direkt vor der neuen Brücke über den Nam Theun erstreckt sich das winzige ④ **Ban Tha Lang**. Hier bietet die **Phosy Tha Lang Pension** (☎020-58804711) ein Nachtquartier in sauberen, schlichten türkisfarbenen Hütten mit frischer Bettwäsche, eigenen Bädern und Balkonen mit Hängematten. Es hat einen recht interessanten Blick auf die geisterhaften Baumstümpfe, die aus den Wassern des kürzlich gefluteten Stausees emporragen. Lebendiger ist die **Sabaidee Pension** – dank ihres geselligen Besitzers und eines einladenden Restaurants ist es die beliebteste Adresse auf dem Loop. Die Zimmer liegen in Bungalows in einem geräumigen Garten und in der Hauptsaison wird jeden Abend in der Feuerstelle ein Feuer gemacht. Die Fahrt von Mahaxai Mai nach Ban Tha Lang dauert ca. zwei Stunden.

50 km nach Überqueren der Brücke bei Ban Tha Long erreicht man Lak Sao. Dieser Abschnitt ist umwerfend, denn er verläuft zwischen dem Nakai-Nam Theun NBCA und dem **Phu Hin Bun NPA** (S. 197). Vorsichtiges Fahren ist angesagt: die Straße ist zwar asphaltiert, hat jedoch viele enge Serpenti-nen. Langsam fahren, so lässt sich auch der Ausblick auf das menschenleere, unwirkliche geflutete Tal mit seinen unendlich vielen schief emporragenden abgestorbenen Baumstümpfen am besten genießen. Hinter Kilometer 17 geht's geradeaus (links zum Staudamm).

Erreicht man endlich ⑤ **Lak Sao** (S. 196) mit seinem gewissen Grenzstadtflair, findet man zahlreiche Unterkünfte und Verpflegung, zudem kann man Motorradreparaturen vornehmen lassen. Hier bietet sich ein Mittagessen an, bevor man zum Übernachten Khoun Kham (Ban Na Hin) oder Tham Kong Lor ansteuert. Die nächsten 56 km auf der schlaglochfreien befestigten Route 8 zwischen Lak Sao und Ban Khoun Kham (Ban Na Hin) passiert man Karstklippen und dschungelbewachsene Hügel. Bei ⑥ **Tha Bak** überquert man schließlich den breiten Nam Theun. Wer einen kurzen Stopp einlegt, kann einen Blick auf die **Bombenboote** (S. 193) werfen.

⑦ **Ban Khoun Kham** (S. 193) hat eine Tankstelle und etliche Pensionen und dient als Starpunkt für Ausflüge zur ⑧ **Tham Kong Lor** (S. 194). In den letzten Jahren entstanden jedoch auch im Kong-Lor-Dorf selbst Unterkünfte, die sich für einen morgendlichen Besuch der Höhle besser eignen. Von Ban Khoun Kham zurück nach Thakhek sind es 145 km.

werden Steaks, Suppen, Salate, Bratfisch und Gemüsegerichte serviert. Zum weitläufigen Restaurant gehört außerdem noch ein auf dem Fluss verankertes Schiff.

ℹ️ Praktische Informationen

INTERNETZUGANG

In der Th Chao Anou nördlich des Fountain Square bieten einige Internetcafés akzeptable Verbindungen. Sie sind etwa von 10 bis 22 Uhr geöffnet und verlangen 6000 Kip pro Stunde.

Wangwang Internet (Karte S. 198; Fountain Square; 7000 K pro Std.; ☺ 7.30–21.30 Uhr) Internet auf ein paar Laptops und **Rollerverleih** (Karte S. 198; ☏ 020-56978535; Fountain Square; 50 000–220 000 K pro Tag; ☺ 8–21 Uhr).

MEDIZINISCHE VERSORGUNG

Krankenhaus von Thakhek (Karte S. 198; Ecke Th Chao Anou & Th Champasak) Für kleinere Unpässlichkeiten. Dr. Bounthavi spricht Englisch.

GELD

BCEL (Karte S. 198; Th Vientiane) Wechselt die wichtigsten Währungen sowie Reiseschecks und gibt Barvorschüsse auf Bank- und Kreditkarten.
Lao Development Bank (Karte S. 198; Th Vientiane) Nur Bargeldwechsel und ein Geldautomat.

POLIZEI

Polizei (Karte S. 198; Ecke Th Kuvoravong & Th Unkham)
Touristenpolizei (Karte S. 198; ☏ 250610; Fountain Sq) Die Polizei weiß, wie man Versicherungsberichte ausstellt – wenn man denn einen Polizeibeamten erwischt.

POST

Postfiliale (Karte S. 198; Th Kuvoravong) Teure internationale Telefonverbindungen.

TOURISTENINFORMATION

Touristeninformation (Karte S. 198; ☏ 020-55711797, 030-5300503; www.khammoua netourism.com; Th Vientiane; ☺ 8.30–17 Uhr) Die hervorragende Touristeninformation bietet reizvolle ein- und zweitägige Wanderungen im Phu Hin Boun NPA an, u. a. mit Homestay-Unterbringung in einem Dorf. Auch Wanderungen zum Wasserfall bei Ban Khoun Kham und Tham Kong Lor (800 000 Kip) kann man buchen. Dazu gibt's Tipps zum Reisen auf dem Loop.

ℹ️ An- & Weiterreise

BUS

Thakheks Busbahnhof (Route 13) liegt 3,5 km vom Stadtzentrum entfernt. Vor Ort gibt's einen größeren Markt und einfache Pensionen. Um 4, 5.30, 7, 8.30 und 9 Uhr bestehen Verbindungen nach Vientiane (60 000 Kip, 6 Std., 332 km), außerdem starten um 9.15 Uhr ein Vip-Bus (80 000 Kip) und um 1 Uhr ein VIP-Schlafbus (90 000 Kip). Von 9 Uhr bis Mitternacht halten hier etwa jede Stunde Busse aus Pakxe und Savannakhet. Busse gen Norden steuern Vieng Kham (Thang Beng; 30 000 Kip, 1½ Std., 102 km), Pak Kading (40 000 Kip, 3 Std., 149 km) oder Pakxan (50 000 Kip, 3–4 Std., 193 km) an.

WEITERREISE NACH THAILAND: VON THAKHEK NACH NAKHON PHANOM

Anreise zur Grenze

Über den Mekong darf der **Grenzübergang bei Thakhek (Laos)/Nakhon Phanom (Thailand)** nur von Einheimischen passiert werden. Traveller müssen dagegen per *internationalem Bus* (18 000 Kip/70 B, ca. 1 Std.) vom zentralen Busbahnhof in Thakhek über die Freundschaftsbrücke nach Nakhon Phanom fahren. Busse verkehren zwischen 7 und 16.30 Uhr alle 30 Minuten. Wer den Grenzposten nach 16 Uhr passieren möchte, zahlt eine Extragebühr.

An der Grenze

In Thakhek stellt die laotische Einwanderungsbehörde bei Ankunft 30 Tage gültige Touristenvisa aus. Dort gibt's außerdem eine BCEL-Wechselstube und einen Geldautomaten, der rund um die Uhr in Betrieb ist. In Thailand erhält man bei der Einreise ein kostenloses Visum für 30 Tage.

Weiterreise

Von Nakhon Phanom aus verkehren Busse nach Udon Thani (regelmäßig) und Bangkok (7.30 & 19–20 Uhr). Schneller und günstiger ist ein Billigflug nach Bangkok mit Air Asia oder Nok Air, die beide mehrmals täglich fliegen.

WEITERREISE NACH VIETNAM: VON THAKHEK NACH DONG HOI

Anreise zur Grenze

Obwohl die Route 12 komplett asphaltiert ist, bleibt der **Grenzübergang Na Phao (Laos)/Cha Lo (Vietnam)** (⊙7–16 Uhr) einer der am seltensten genutzten und kompliziertesten laotischen Grenzposten. Das liegt u. a. an den unregelmäßigen langsamen Verkehrsverbindungen, obwohl täglich um 8 Uhr ein *sŏrngtăaou* (Passagierlaster) von Thakhek (50 000 Kip, 3½–4 Std., 142 km) nach Lang Khang, 18 km von der Grenze entfernt, fährt. Dort nimmt man gleich den ersten Passagierlaster, denn in der Umgebung gibt's keinerlei Übernachtungsmöglichkeiten und auf ein Verkehrsmittel für den restlichen Weg bis zu Grenze muss man garantiert eine Weile warten.

An der Grenze

An der laotischen Grenze werden bei Ankunft 30-Tage-Visa ausgestellt. Österreicher und Schweizer benötigen bei der Einreise ein Visum für Vietnam; im Vorfeld beim **vietnamesischen Konsulat** (Karte S. 206; ☑041-212418; Th Sisavangvong, Savannakhet) in Savannakhet informieren. Deutsche können ohne Visum einreisen.

Weiterreise

Die nächste nennenswerte Stadt auf der vietnamesischen Seite ist Dong Hoi. Von Thakhek nach Dong Hoi (90 000 Kip, 10–14 Std.) fährt ein Direktbus, der jeden Montag, Mittwoch, Freitag und Sonntag um 19 Uhr startet. Dies ist die einfachste Art, diesen Grenzübergang zu passieren.

Richtung Süden nach Savannakhet (30 000 Kip, 2–3 Std., 125 km) bestehen alle halbe Stunde Verbindungen. Pakxe wird von einem klimatisierten Bus (70 000 Kip, 6–7 Std., 368 km), der um 9 Uhr startet, sowie mehreren regulären lokalen Bussen bedient (60 000 Kip). Um 15.30 und 23 Uhr gibt's Verbindungen nach Attapeu (90 000 Kip, 10 Std.). Aus Vientiane kommende Busse fahren planmäßig gegen 17.30 Uhr nach Don Khong (150 000 Kip, 15 Std., 452 km) und Non Nok Khiene (90 000 Kip, 16 Std., 482 km) an der kambodschanischen Grenze. Normalerweise halten sie zwischen 17 und 18 Uhr in Thakhek, allerdings nur kurz!

Richtung Vietnam verkehrt täglich außer Donnerstag und Freitag um 20 Uhr ein Bus nach Hue (120 000 Kip). Nach Da Nang (120 000 Kip) gibt's jeden Montag und Freitag um 20 Uhr eine Verbindung. Busse nach Dong Hoi (90 000 Kip, 10–14 Std.) starten Montag, Mittwoch, Freitag und Samstag um 7 Uhr, nach Hanoi (160 000 Kip) geht's jeden Dienstag und Samstag um 20 Uhr.

SÖRNGTĂAOU

Sobald sie voll besetzt sind, verkehren *sŏrngtăaou* (Passagierlaster) vom **Talat Phetmany** (Karte S. 198; Th Kuvoravong) nach Mahaxai Mai (20 000 K, 1 Std., 50 km). Einer startet um 7.30 Uhr direkt zur Ban Kong Lor (60 000 K, 4 Std.).

Am **Talat Lak Săam** (Sook-Som-Boon-Busbahnhof; Karte S. 198) starten Busse ins Landesinnere der Provinz Khammuan. Um 8 Uhr gibt's eine tägliche Verbindung nach Lang Khang (40 000 Kip) und um 20 Uhr eine nach Na Phao (60 000 Kip, 3½ Std., 142 km), 18 km von der vietnamesischen Grenze entfernt.

❶ Unterwegs vor Ort

Ein Jumbo zum Busbahnhof sollte 20 000 Kip kosten, man muss aber verhandeln. Am Busbahnhof starten die dreirädrigen Motortaxis erst, wenn sie voll sind, es sei denn man zahlt 30 000 Kip oder mehr für das komplette Fahrzeug. Ins Stadtzentrum zahlt man pro Person rund 15 000 Kip.

AUTO & MOTORRAD

An einer Handvoll Adressen im Ort kann man Motorräder mieten.

Mad Monkey Motorbike (Karte S. 198; ☑020-59939909; www.madmonkey-thakek.com; Fountain Square; Roller pro Tag 60 000–100 000 Kip, Geländemotorräder mit 250 ccm 250 000 Kip; ⊙9–20 Uhr) Die beste Adresse für eine robuste verlässliche Geländemaschine für den Loop oder andere Abenteuer. Das Mad Monkey vermietet außerdem ein paar Geländemotorräder mit 250 ccm von Honda sowie flotte 150-ccm-Geländemotorräder von Kawasaki Fox, daneben Roller mit Automatik und Halbautomatik. Der Besitzer weiß sehr viel über den Loop.

Wangwang (S. 202) Die größte Auswahl an Motorrädern in der Stadt, darunter Geländemotorräder, Roller und mehr.

Mr Ku's Motorbike Rental (Karte S. 198; ☑020-22205070; 60 000–100 000 Kip pro

Tag; ☺7.30–16.30 Uhr) Bei der Thakhek Travel Lodge gelegen. Mr. Ku vermietet verlässliche Roller, die sich für Touren auf dem Loop ebenso eignen wie für Fahrten innerhalb der Stadt oder zu Höhlen in der Nähe.

Rund um Thakhek

☺ Nördlich & südlich von Thakhek

Pha That Sikhottabong   BUDDHISTISCHER TEMPEL

(ພະທາດສີໂຄຕະບອງ) 6 km südlich der Stadt erhebt sich der heilige Pha That Sikhottabong auf dem Gelände des gleichnamigen im 19. Jh. errichteten Klosters. Er gilt als einer der bedeutendsten *tâhts* (Stupas) in Laos und wurde im 16. Jh. unter König Setthathirath umgestaltet. Damals erhielt die Anlage ihre heutige Form.

Tham Pa Fa   HÖHLE

(Buddha-Höhle; 5000 Kip; ☺8–12 & 13–16 Uhr) Es war einmal ein Mann namens Bun Nong, der sich 2004 eine Liane schnappte, um an einer 200 m hohen Steilklippe hochzukraxeln. Er entdeckte eine schmale Felsspalte, aus der ihn zum Willkommensgruß 229 sitzende kleine (15 cm) und große (bis 1 m) Buddhas aus Bronze beäugten, die schon seit Jahrhunderten den Eingang zu der beeindruckenden Kalksteinhöhle bewachten.

In der Höhle ist Fotografieren verboten, doch ist sie ein atmosphärisches Ausflugsziel, das gerne von Asketen aus der Gegend frequentiert wird. Ein *tuk-tuk* aus dem 14 km entfernten Thakhek kostet 100 000 Kip.

Khoun Kong Leng   SEE

(ຂຸນກອງແລງ; 5000 Kip) Nur 30 km nordöstlich von Thakhek liegt inmitten der Karstformationen im Süden des Phou Hin Boun NPAs ein traumhaft schöner See eingebettet in ein landschaftliches Idyll. Sein leuchtend grünes Wasser wird durch einen unterirdischen Zulauf aus dem Karst gespeist und ist kristallklar.

Besucher müssen zunächst im Dorf um Erlaubnis fragen, ehe sie nahe der Holzbrücke im Fluss baden dürfen, der aus dem Khoun Kong Leng herausführt. Der See selbst ist tabu, ebenso das Angeln.

Wer zum Khoun Kong Leng will, der sich etwa 30 km nordöstlich von Thakhek erstreckt, fährt auf der Route 13 nordwärts und biegt bei Kilometer 29 auf einen Pfad rechts

nach Osten ab. 2 km weiter geht's wieder nach rechts gen Süden und ab da hügelige 16 km durch verschiedene Dörfer bis nach Ban Na Kheu. Von da ist es noch 1 km bis zum See.

☺ Auf der Route 12 nach Osten

Die ersten 22 km auf der Route 12 östlich von Thakhek führen durch ein Gebiet mit verschiedenen Höhlen, einer alten Eisenbahnlinie und ein paar Badestellen, die man auf einer Tagestour oder dem Loop erkunden kann. Der Streckenabschnitt gehört zu Khammuans weitläufiger Kalksteinregion zwischen den Straßen 12 und 8 sowie ostwärts Richtung Route 8B, wo Tausende von Höhlen, Steilklippen und zerklüftete Karstspitzen die Landschaft prägen. Alle Ziele erreicht man per *tuk-tuk*, Fahrrad oder Motorrad.

Tham Lot Se Bang Fai   HÖHLE

(ຖ້ຳລອດເຊບັ້ງໄຟ) Obwohl die Tham Lot Xe Bangfai am Rande des Hin Namno NPA die beeindruckendste unter den Höhlen in Khammuan ist, wird sie am seltensten besucht. Sie wurde vom Fluss Xe Bangfai geschaffen, der 6,5 km in den Kalksteinberg hinabstürzt und auf seinem Weg eine unterirdische Landschaft mit riesigen Hohlräumen, Felsformationen, Stromschnellen und Wasserfällen geformt hat. Bisher sind nur wenige Ausländer hergekommen.

2006 wurde die Tham Lot Xe Bangfai erstmals richtig kartografiert. Dabei kam der Leiter der kanadisch-amerikanischen Expedition zu dem Schluss, dass es sich um eine der größten Flusshöhlen der Welt handelt. Diese in ihrer ganzen Länge zu durchqueren ist nur in der Trockenzeit von Januar bis März möglich. Unterwegs muss man das Boot ganze acht Mal über zu seichte Stellen tragen. Die Holzkanus der Einheimischen können etwa 1 km weit in die Höhle fahren, bis man sie das erste Mal aus dem Wasser heben muss. Aus diesem Grund sind Schlauchboote und Kajaks die einzig sinnvollen Transportmittel.

Ausgangspunkt für den Besuch der Höhle ist Ban Nong Ping, ein Dorf, in dem Tieflandlaoten und Salang leben. Es liegt 2 km flussabwärts vom Eingang der Höhle. Eine Tourbuchung über den Ökotourismus-Anbieter Green Discovery (S. 197) beinhaltet die Übernachtung in einem Homestay. Die Tour kann etwa eine Woche vor gewünschtem Termin vor Ort organisiert werden und kostet für größere Gruppen ab 6 Personen ab ca. 265 US$ und für Pärchen 550 US$ pro Person.

Tham Xang
HÖHLE

(ຖ້ຳຊ້າງ, Elefantenhöhle; 5000 Kip) Die Höhle ist nach einem Stalagmiten in Form eines Elefantenkopfes bekannt. Man erreicht ihn, indem man dem schmalen Stollen gleich hinter einer großen Buddhastatue folgt. Diese Höhle ist eine von denen, die am dichtesten bei Thakhek liegen (ca. 4 km entfernt). Unbedingt eine Taschenlampe mitnehmen!

Tham Xieng Liap
HÖHLE

(ຖ້ຳຢຽງລຽບ) **GRATIS** Bei Kilometer 14 auf der Route 12 weist vor einer großen Brücke ein Schild den Weg zur Kalksteinhöhle. Folgt man dem holprigen Pfad Richtung Süden, stößt man nach etwa 400 m unweit des Dorfes Ban Songkhone (etwa 10,5 km ab der Route 13) auf die eindrucksvolle Tham Xieng Liap. Der Eingang befindet sich am Fuße einer 300 m hohen schwindelerregenden Steilklippe. Die Höhle ist rund 200 m lang, und kann in der Trockenzeit auch zu Fuß erkundet werden, indem man durch seichtes Wasser watet. Am hinteren Ausgang erstreckt sich ein malerisches Tal, das auch zum Baden einlädt. In der Tham Xieng Liap leben u. a. Weichschildkröten (*paa faa*), und auf den Klippen in der Umgebung hausen laotische Felsenratten *(kan yoo)*. Während der Regenzeit muss man ein Boot (30 000 Kip) chartern, das bei der Xieng-Liap-Brücke ablegt.

Tham Nang Aen
HÖHLE

(ຖ້ຳນາງແອນ; 20 000 Kip; ⊙8–17 Uhr) Die beliebte Tham Nang Aen, die letzte Höhle auf diesem Streckenabschnitt der Route 12, liegt 18 km von Thakhek entfernt. Sie ist gut beleuchtet, aber farblich ein wenig kitschig. Mit einem kleinen Boot kann man auf einem unterirdischen Fluss tiefer in die Höhle hineinfahren.

Der Abzweig dorthin ist am Ende einer Linkskurve etwa 16 km hinter der Kreuzung mit der Route 13 deutlich ausgeschildert. Außer bei heftigen Regenfällen müsste der 700 m lange Pfad immer passierbar sein.

Tham Pha Chan
HÖHLE

(ຖ້ຳຜະຈັນ, Sandelholzbuddha-Höhle) **GRATIS** Die Tham Pha Chan hat einen 60 m hohen und 100 m breiten Eingang. Während man in der Trockenzeit zu Fuß bis ans andere Ende der Höhle gelangt, strömt in der Regenzeit Wasser 600 m durch das Karstgestein. Am westlichen Ausgang sitzt 15 m über dem Boden eine Buddhafigur aus Sandelholz (daher auch der Name „Sandelholzbuddha-Höhle").

Zur Höhle gelangt man, indem man auf Höhe des Km-14-Schildes auf der Route 12 gen Norden fährt. An der Straßengabelung fährt man Richtung Nordwesten und erreicht nach 9 km die Höhle.

Nicht weit von Pha Chan entfernt befindet sich die Höhle der **Austrittsstelle des Flusses Nam Don** (ຂຸນນ້ຳໂດນ). Hier sprudelt der Fluss aus dem Boden und strömt aus der Höhle – ein faszinierendes Naturspektakel. Am Fuße der hoch aufragenden Karstformation kann man in einer schönen Lagune baden.

Leider sind beide Höhlen nur über eine 9 km lange holprige Straße zugänglich, die 10 km östlich der Kreuzung mit der Route 13 beginnt und Richtung Norden führt. Man erreicht sie per Motorrad, *tuk-tuk* oder im Rahmen eines von der Touristeninformation (S. 202) in Thakhek organisierten Ausflugs mit einem englischsprachigen Guide.

DIE PROVINZ SAVANNAKHET

Savannakhet ist die bevölkerungsreichste Provinz des Landes: Hier leben etwa 15 % aller Laoten. Zwischen dem Mekong und Thailand im Westen und der Annamitischen Kordillere an der Grenze zu Vietnam im Osten hat sich die Region zu einem wichtigen Handelskorridor zwischen seinen beiden größeren Nachbarn entwickelt. Durch die Eröffnung einer weiteren Thailändisch-Laotischen Freundschaftsbrücke nimmt auch der Verkehr auf der asphaltierten Route 9 immer weiter zu.

Zur Bevölkerung von rund einer Million Menschen gehören Tieflandlaoten, Tai Dam, kleine Volksgruppen der Mon-Khmer sowie vietnamesische und chinesische Gemeinden.

Es gibt drei Naturschutzgebiete in der Region: Dong Phou Vieng südlich der Route 9, das abgelegene Phou Xang He im Norden und Xe Ban Nuan, das sich bis in die Provinz Saravan erstreckt. Im Osten lassen sich Überreste des Ho-Chi-Minh-Pfads erkunden. Während des Vietnamkriegs war dies die Hauptversorgungsader der Nordvietnamesischen Armee zwischen Nord und Süd.

Savannakhet ສະຫວັນນະເຂດ

140 000 EW. / 🖉 041

Wenn über den Pflastersteinen der Altstadt eine träge Schwüle liegt, wirkt Savannakhet mit seinem Flair vergangener Zeiten ver-

Savannakhet

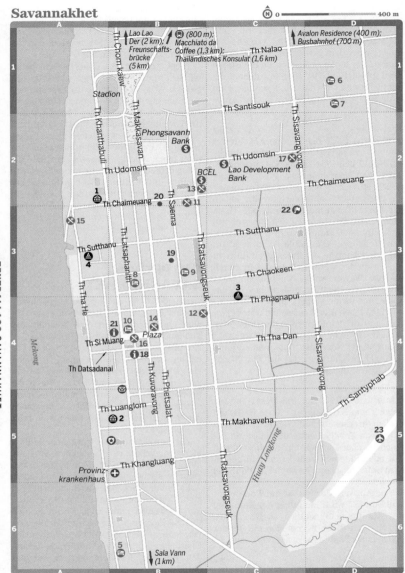

N 0 ——————— 400 m

A **B** **C** **D**

↑ Lao Lao
Der (2 km);
Freunschafts-
brücke
(5 km)

↑ (800 m);
Macchiato da
Coffee (1,3 km);
Thailändisches Konsulat (1,6 km)

↑ Avalon Residence (400 m);
Busbahnhof (700 m)

Th Nalao

Stadion

Th Chom Kaew

Th Makkasavan

Th Khanthabuli

Th Santisouk

Th Sisavangvong

🛏 6

🛏 7

Phongsavanh
Bank
$

Th Udomsin

BCEL
$

Th Udomsin 17

Lao Development
Bank

Th Chaimeuang

1 🏛

Th Chaimeuang 20 ●

Th Saenna

13 ✕

✕ 11

22 📍

✕ 15

Th Latsaphanith

Th Sutthanu

▲
4

19 ●

Th Ratsavongseuk

Th Sutthanu

Th Chaokeen

Th Tha He

8 🏛

9 ✕

3 ▲

Th Phagnapui

12 ✕

21 ℹ
10 🏛

14 ✕

Plaza

16 ✕

Th Si Muang

ℹ **18**

Th Tha Dan

Th Sisavangvong

Th Datsadanai

✉

Th Kuvoravong

Th Phetsalat

Th Santyphab

Th Luanglom

🏛 **2**

☯

Th Makhaveha

23 ♨

Provinz-
krankenhaus ✚

Th Khangluang

Th Ratsavongseuk

Huay Longkong

Mekong

5 🏛

↓ Sala Vann
(1 km)

(Seitlich:) ZENTRALLAOS SAVANNAKHET

schlafen. Auf attraktive Weise verbindet die Stadt die Vergangenheit mit der Moderne. Ihr Highlight ist das historische Viertel mit eindrucksvollen verfallenden Bauten des frühen 20. Jhs. Die prächtigen alten Villen aus der Glanzzeit Indochinas bröckeln vor sich hin und schreien geradezu nach Aufmerksamkeit und Pflege. In Savannakhet gibt's wenig Zerstreuung, jedoch immer mehr stilvolle klimatisierte Restaurants und schicke Cafés. Darüber hinaus können Besucher einen Spaziergang am Flussufer unternehmen.

Savannakhet

Im Umland dagegen locken viele Unternehmungen sowie spannende Ausflüge in nahe gelegene Naturschutzgebiete, die von der sehr engagierten **Touristeninformation** (Karte S. 206; ☑ 041-212755; Th Si Muang; ☺ Mo–Fr 8–12 & 13–16 Uhr) und der Eco-Guide Unit organisiert werden.

⊙ Sehenswertes

Der Charme der Stadt offenbart sich, wenn man an Fassaden alter und neuer Gebäude in den ruhigen Straßen des Stadtzentrums vorbeischlendert, zwischen denen immer wieder lachende Kinder herumhüpfen und ältere Männer Pétanque spielen. In der Touristeninformation bekommt man die Broschüre *Savannakhet Downtown*, die die interessantesten Gebäude im Zentrum beschreibt. Hier kann man auch geführte Ausflüge in die historische Altstadt buchen.

Musée Des Dinosaures   MUSEUM
(ຫໍພິພິດຄະນະນັນໄດໂນເສົາ, Dinosauriermuseum; Karte S. 206; ☑ 041-212597; Th Khanthabuli; 10 000 Kip; ☺ 8–12 & 13–16 Uhr) 1930 wurden bei Ausgrabungen in einem nahe gelegenen Dorf 200 Mio. Jahre alte Dinosaurierfossilien entdeckt. Die entsprechende Ausstellung dieses mit Leidenschaft betriebenen Museums präsentiert drei verschiedene Dinosaurier. In der Provinz Savannakhet gibt's insgesamt fünf Ausgrabungsstätten.

Wat Sainyaphum   BUDDHISTISCHER TEMPEL
(ວັດໄຊຍະພູມ; Karte S. 206; Th Tha He) **GRATIS** Das weitläufige Gelände der ältesten und größten Klosteranlage in Südlaos umfasst ein

paar uralte Bäume und eine Werkstatt unweit des Eingangs am Fluss, in der hübsche goldene Buddhas hergestellt werden.

Wat Rattanalangsi   BUDDHISTISCHER TEMPEL
(ວັດລັດຕະນະລັງສີ; Karte S. 206; Th Phagnapui) **GRATIS** In dem 1951 errichteten Wat Rattanalangsi befindet sich eine Novizenschule. Die *sĭm* (Versammlungshalle) mit ihren Glasfenstern ist einzigartig, denn meistens gibt's in laotischen Tempeln kein Tageslicht. Zu der Anlage gehören auch ein farbenprächtiger Brahma-Schrein, eine moderne *săhláh lóng tám* (Predigthalle) und eine überdachte Galerie mit Jataka-Bildern. Davor thront eine 15 m hohe Buddhastatue.

Provinzmuseum Savannakhet   MUSEUM
(ພິພິດຄະນະນັນແຂວງຂະນັນນະເຂດ; Karte S. 206; Th Khanthabuli; Eintritt 10 000 Kip; ☺ Mo–Sa 8–11.30 & 13–16 Uhr) Das Provinzmuseum zeigt Kriegsrelikte, Geschütze und (inaktive) Blindgänger, die seit Ende des Laotischen Bürgerkriegs das Leben von 20 000 Einheimischen forderten.

🛏 Schlafen

Pilgrim's Inn   B&B **$**
(Karte S. 206; ☑ 020-22133733; www.facebook. com/pilgrimskitchenandinn; 106 Th Lhatphanith; Zi. 20–25 US$; ✳ 🐾) Eine kleine Pension, die zur beliebten Pilgrim's Kitchen (S. 209) gehört. Die grün gestrichenen Zimmer sind mit geräumigen Betten, Klimaanlagen und Badezimmern mit heißem Wasser ausgestattet. Derzeitig stehen fünf Zimmer zur Verfügung, in Zukunft sollen es sieben sein, darunter größere, familienfreundliche Optionen.

Fundee Guesthouse PENSION $
(Karte S. 206; ☑ 030-4841873; Th Santisouk; Zi. 120 000 Kip; ⊖✴🛜) In einer Seitenstraße der Th Santisouk versteckt sich diese Pension. Ihre schicken neuen Unterkünfte mit allem Zubehör haben ein tolles Preis-Leistungs-Verhältnis. Derzeit sind zehn Zimmer verfügbar, wegen der hohen Anfrage werden weitere zehn dazukommen.

Souannavong Guest House PENSION $
(Karte S. 206; ☑ 041-212600; Th Saenna; Zi. mit/ohne Klimaanlage 120 000/70 000 Kip; ⊖✴🛜) Inmitten von blühenden Bougainvillea bietet diese kleine Pension in einer ruhigen Straße makellose Zimmer mit sauberen Bädern. Da die Besitzer Englisch sprechen, ist es besonders einladend. Einen Fahrrad- und Motorradverleih gibt's auch.

★ **Vivanouk Homestay** HOMESTAY $$
(Karte S. 206; ☑ 020-91606030; www.vivanouk.com; Th Khantabouly; Zi. ohne Bad 30–45 US$; ⊖✴🛜) Ein toller Neuzugang bei den Unterkünften von Savannakhet, der wie wie eine Boutique-Privatunterkunft wirkt. Die insgesamt drei Zimmer des flippigen kleinen Vivanouk haben zwei Gemeinschaftsbäder, davon eins mit einer Dusche unter freiem Himmel. Sie sind hübsch eingerichtet in einer Mischung aus modernem Stil und Kolonialstil. Frühstück wird unten in einem künstlerisch angehauchten Raum serviert, der abends als Bar dient.

Avalon Residence HOTEL $$
(☑ 041-252770; www.hotel.avalonbooking.com; Th Sisavangvong; Zi. 20–32 US$; ⊖✴@🛜) Dieses Mittelklassehotel in günstiger Lage zum Busbahnhof hat schicke und bezahlbare Zimmer. Sie sind geräumig und mit glänzenden Bädern, laotischen Seidenwaren und Flachbildfernsehern eingerichtet. Unten gibt's ein kleines klimatisiertes Café.

Phonepaseud Hotel HOTEL $$
(Karte S. 206; ☑ 041-212158; Th Santisouk; Zi. 200 000–280 000 Kip; ⊖✴🛜❄) Hier gehören ein freundlicher englischsprachiger Besitzer, eine saubere Lobby und Zimmer mit kreativen Fliesen, französischen Tapeten, Klimaanlagen, Fernsehern, Kühlschränken und eigenen Bädern zum Programm. Die VIP-Räume sind um einiges größer. Auf dem Gelände gibt's einen Springbrunnen, über dem eine *naga* (Flussschlange) wacht, altehrwürdige Bäume, viele Pflanzen und einen Tennisplatz.

Daosavanh
Resort & Spa Hotel HOTEL $$$
(Karte S. 206; ☑ 041-252188; www.dansavanh.com; Th Tha He; Zi. inkl. Frühstück 51–107 US$; ⊖✴@🛜❄) Neben internationalem Komfort und einem nierenförmigen Pool, der an heißen Tagen (und von denen gibt's in Savannakhet viele!) für Erfrischung sorgt, überzeugt das prächtige Hotel mit Mekong-Blick, großen, makellos sauberen Zimmern und kostenlosem Flughafentransfers.

 Essen

★ **Savannakhet**
Plaza Food Market MARKT, LAOTISCH $
(Karte S. 206; Savannakhet Plaza; Mahlzeiten 10 000–30 000 Kip; ⊙17–22 Uhr) Ein hervorragender Neuling in der Gastroszene von Savannakhet ist dieser abendliche Food Market mit mehr als 20 Ständen rund um die Savannakhet Plaza im Herzen der Altstadt. Besser kann man vielseitige Straßenküche nicht genießen als hier: die Auswahl reicht von frischen Grillspießen über dampfende Nudelsuppen bis hin zu Dim-Sum-Sushi-Tapas und zahlreichen weiteren Leckereien.

★ **Sala Vann** LAOTISCH $
(☑ 020-55645111; Ban Phonsavan; Hauptgerichte 10 000–90 000 Kip; ⊙10–22 Uhr; 🛜) In beeindruckender Lage thront das schöne laotische Restaurant 500 m südlich des alten Krankenhauses in einer traditionellen *sala* aus Holz über dem Mekong. Die Gerichte sind verlockend günstig und ziehen ab Sonnenuntergang ein bunt gemischtes Publikum an. Manchmal gibt's abends Livemusik. Neben klassischen laotischen und thailändischen Gerichten stehen auch Steak und Pasta auf der Karte.

★ **Lin's Café** INTERNATIONAL $
(Karte S. 206; ☑ 030-5332188; Th Phetsalat; Hauptgerichte 30 000–60 000 Kip; ⊙8–22 Uhr; ✴🛜🍴) Savannakhets erstes Café für Traveller ist mit den Jahren zu groß geworden und daher in ein großes neues, offenes Haus nahe der Sankt-Theresa-Kathedrale umgezogen. Seine lässige Atmosphäre, das freundliche Personal, die vielen Infos, die man hier bekommt, die bunt gemischte Retro-Einrichtung und die Galerie machen es bei Gästen sehr beliebt. Am allerbesten sind jedoch der Cappuccino, das grüne Thai-Curry, die leckeren Burger, der Obstsalat und das frische Gebäck.

Pilgrim's Kitchen INTERNATIONAL **$**
(Karte S. 206; ☑ 020-22133733; www.facebook.
com/pilgrimskitchenandinn; 106 Th Lhatphanith;
Hauptgerichte 30 000–60 000 Kip; ☺ Mo–Sa
7–22 Uhr; ☑ ✳ 🛜) Das internationale Café
wartet mit einer vielseitigen Speisekarte
auf: neben Tex-Mex gibt's amerikanische
und indische Küche und vieles mehr. An einem heißen Tag ist es ein angenehm kühler
Rückzugsort, der mit eigenen Kreationen
wie gefrorener Espressobombe besticht – ge-
frorenem Espresso in einem Glas voll Milch.
Hervorragende indische Gerichte, gute Burger und Veggie-Gerichte sind auch erhältlich. Im Obergeschoss stehen fünf Zimmer
(S. 207) zur Verfügung.

Cafe Chai Dee JAPANISCH, INTERNATIONAL **$**
(Karte S. 206; ☑ 030-5003336; www.cafechaidee.
com; Th Ratsavongsouk; Hauptgerichte 20 000–
50 000 Kip; ☺ Mo–Sa 9–15 & 17–21.30 Uhr; ✳ 🛜 ☑)
In diesem makellosen Café unter japani-
scher Leitung kann man es sich auf Rat-
tanmatten gemütlich machen, den Bücher-
tausch nutzen und eine der superfrischen,
schön angerichteten Speisen bestellen. Auf
der langen japanischen Speisekarte stehen
Klassiker wie Ramen, Tonkatsu (paniertes,
gebratenes Schweinefleisch) und Samosas,
außerdem werden hausgemachter Joghurt,
Thaigerichte und gesunde Shakes angeboten. Auch das Frühstück ist hervorragend.
WLAN und das freundliche Personal sind
weitere Pluspunkte.

Khao Piak Nang Noy LAOTISCH **$**
(Karte S. 206; ☑ 020-77744248; Th Ratsavongseuk;
Suppen 10 000 Kip; ☺ 8–20 Uhr) Bei Nang Noy
bekommt man die wohl beliebtesten und
reichhaltigsten *kòw pjak sèn* (dicke Nudeln
in einer sämigen Brühe mit knusprigem frit-
tiertem Schweinebauch oder Hühnchen) in
ganz Savannkhet. Da es kein englischsprachiges Schild gibt, orientiert man sich am
besten an der Pepsi-Markise.

**Riverside Snack
& Drink Vendors** STRASSENKÜCHE **$**
(Karte S. 206; ☺ 17–22 Uhr) An den Imbiss- und
Getränkebuden am Fluss kann man toll bei
Sonnenuntergang große, günstige Flaschen
Beerlao (10 000 Kip) und dazu *sìn daat* (la-
otischer Grill-Eintopf) vom Holzkohlegrill
genießen.

Macchiato da Coffee CAFÉ **$$**
(☑ 020-99111298; 999 Route 9 West; Hauptge-
richte 35 000–200 000 Kip; ☺ 7–23 Uhr; ✳ 🛜)
Der schummerige, moderne Coffee Shop an

der Straße zur Freundschaftsbrücke ist ein
Juwel in der Cafészene von Savannakhet.
Das Design ist angelehnt an die Londoner
U-Bahn mit einem U-Bahn-Schild von Sa-
vannakhet. Im Designercafé bereiten Ba-
ristas den Café zu und Säfte werden in Mar-
meladengläsern serviert. Die Speiseauswahl
ist beeindruckend, aber für Savannakhet
verhältnismäßig teuer – Wagyu-Rind kostet
800 000 Kip!

White House Restaurant INTERNATIONAL **$$**
(Karte S. 206; ☑ 030-9775588; Th Udomsin; Haupt-
gerichte 45 000–245 000 Kip; ☺ 7–21 Uhr; ✳ 🛜)
Hier ist Staunen angesagt, denn so etwas
erwartet man in Savannakhet nicht! Auf
einem riesigen Anwesen im Kolonialstil
liegt eins der gehobensten Restaurants und
charmantesten kleinen Cafés der Stadt. Auf
der internationalen Speisekarte finden sich
u. a. Klassiker aus der laotischen, thailändischen und chinesischen Küche, dazu Lamm
aus Neuseeland und australische Lendchen.
Als günstiges Frühstück gibt's dampfende
Nudelsuppe.

Lao Lao Der LAOTISCH **$$**
(☑ 041-212270; Hauptgerichte 30 000–90 000 Kip;
☺ 10–23 Uhr) Das Restaurant am Fluss ist
eines der wenigen in der Stadt mit einem
wirklich tollen Blick auf den Mekong. Auf
der umfangreichen Karte stehen laotische,
thailändische und chinesische Gerichte, zu-
gleich fungiert das Lao Lao Der aber auch
als Bar. Es liegt 2 km nördlich vom alten Sta-
dion. Bei unserem letzten Besuch wurde es
umfassend renoviert.

Café Chez Boune FRANZÖSISCH **$$**
(Karte S. 206; www.cafechezboune.com; Th Ratsa-
vongseuk; Hauptgerichte 15 000–150 000 Kip;
☺ 7–22 Uhr; ✳ 🛜) Mit den Pariser Ölgemäl-
den an orangefarbenen Wänden verströmt
dieses Café jede Menge Coolness. Es wird
von einem französischsprachigen Besitzer
betrieben und ist zu Recht bei der Auslän-
dergemeinde beliebt, die den anständigen
Service, die mit Elan zubereiteten leckeren
Snacks, Pastagerichte, Schweinekoteletts
und Filets schätzen.

Dao Savanh FRANZÖSISCH **$$$**
(Karte S. 206; ☑ 041-260888; Th Si Muang; Haupt-
gerichte 100 000–150 000 K, 3-Gänge-Mittagsme-
nü im Café 65 000 Kip; ☺ 7–22 Uhr; ✳ 🛜) Trotz
wachsender Konkurrenz gehört dieses Res-
taurant immer noch zu den edelsten von Sa-
vannakhet. Es besitzt eine Fassade aus der
Kolonialzeit und blickt auf einen Platz. Un-

WEITERREISE NACH THAILAND: VON SAVANNAKHET NACH MUKDAHAN

Seit dem Bau der zweiten Thailändisch-Laotischen Freundschaftsbrücke 2006 dürfen Besucher ohne thailändischen oder laotischen Pass die Grenze zwischen Mukdahan und Savannakhet nicht mehr mit dem Boot überqueren.

Anreise zur Grenze

Der Thai-Lao International Bus passiert den **Grenzübergang Savannakhet (Laos)/ Mukdahan (Thailand)** (6–22 Uhr) in beide Richtungen. Den Busbahnhof in Savanna-khet (15 000 Kip, 45 Min.) passiert er etwa stündlich von 8 bis 19 Uhr. In Mukdahan (50 B, 45 Min.) startet er am Busbahnhof und fährt ungefähr einmal pro Stunde zwischen 7.30 und 19 Uhr, außerdem hält er an den Grenzübergängen.

An der Grenze

An der Grenze nicht aus Versehen in den Bus für das Personal des Savan Vegas Casino steigen, der zwar auch an der internationalen Bushaltestelle hält, dann aber aus der Stadt herausfährt ins gleichnamige Casino-Resort.

Bei der Einreise nach Laos werden Besuchern 30-Tage-Visa ausgestellt. Wer kein Passbild dabeihat, zahlt 1 US$. Ein „Überstundenzuschlag" von 1 US$ wird wochentags zwischen 6 und 8 sowie 18 und 22 Uhr fällig, an Wochenenden und Feiertagen ganztags. EU-Bürger und Schweizer benötigen für die Einreise nach Thailand kein Visum.

Weiterreise

Von Mukhadan fahren täglich mindestens fünf Busse nach Bangkok. Um Zeit zu sparen, kann man auch die Fly-Drive-Option von Air Asia oder Nok Air wählen. Sie umfasst die Fahrt mit einem Minivan zum Flughafen Nakhon Phanom und einen Billigflug nach Bangkok.

---

ter surrenden Ventilatoren und vor der Geräuschkulisse klirrender Weingläser kommt eine französisch inspirierte Speiseauswahl auf den Tisch, die Suppen, gegrilltes Entrecôte und provenzalisches Lammkotelett umfasst. Im nur abends geöffneten Obergeschoss geht's sehr schick zu, während das Café im unteren Stock den ganzen Tag einfachere Speisen wie Salate, Sandwiches und Croque Monsieur serviert.

🍷 Ausgehen & Nachtleben

★**Sook Savan** BAR
(Karte S. 206; Th Si Muang; ☺16–24 Uhr; 🐾) Strategisch günstig an einer Ecke des Savannakhet Square liegt das stimmungsvolle Sook Savan, das ab 19 Uhr ein lebendiges Publikum anzieht. Auf der Karte steht vor allem Bier, dazu werden scharf gewürzte traditionelle laotische Gerichte serviert. An den Wochenenden gibt's abends Livemusik und ein bisschen Partystimmung.

Savanlaty Nightclub CLUB
(☺19 Uhr–open end) Außerhalb der Stadt gibt's eine Reihe von Nachtclubs, und der Savanlaty Nightclub ist einer der lebendigsten, mit einer Liveband, die thailändischen Rock und

internationale Musik auf dem Programm hat. Wer ein gutes Durchhaltevermögen hat, kann hier die ganze Nacht feiern.

ℹ️ Praktische Informationen

INTERNETZUGANG

Auf der westlichen Seite der Th Ratsavongseuk zwischen der Th Sutthanu und der Th Chaokeen befinden sich mehrere Internetcafés. Sie sind zumeist von 8 bis 22 Uhr geöffnet und verlangen 6000 Kip pro Stunde.

MEDIZINISCHE VERSORGUNG

Provinzkrankenhaus (Karte S. 206; 📞041-212717; Th Khanthabuli) Dr. Outhon spricht Englisch.

GELD

BCEL (Karte S. 206; Th Ratsavongseuk; ☺8.30–16 Uhr) und die **Lao Development Bank** (Karte S. 206; Th Udomsin; ☺8.30–11.30 & 13.30–15.30 Uhr) wechseln Bargeld, zahlen einen Bargeldvorschuss auf Kreditkarten aus und haben einen Geldautomaten. Bei der **Phongsavanh Bank** (Karte S. 206; 📞041-300888; Th Ratsavongseuk; ☺Mo–Fr 8.30–16, Sa bis 11.30 Uhr) gibt's nur einen Geldwechsel und einen Bankautomaten.

POLIZEI

Touristenpolizei (Karte S. 206; ☑ 041-260173)

POST

Postbüro (Karte S. 206; ☑ 041-212205; Th Khanthabuli) Internationale Telefonate zu überteuerten Preisen; besser telefoniert man übers Internet.

TOURISTENINFORMATION

Savannakhets professionelle Touristeninformation bietet viel Wissenswertes.

Eco-Guide Unit (Karte S. 206; ☑041-214203; Th Latsaphanith; ☺ Mo–Fr 8–12 & 13–16.30 Uhr) Die engagierte Eco-Guide Unit informiert über Wandertouren ins Dong Natad PPA und Dong Phou Vieng NPA, Busfahrpläne, Unterkünfte, anständige Massagesalons und Motorradverleih.

Savanbanhao Tourism Co (Karte S. 206; ☑ 041-212944; Savanbanhao Hotel, Th Saenna; ☺ Mo–Sa 9–17 Uhr) Organisiert Touren nach Xephon, zum Ho-Chi-Minh-Pfad sowie nach Heuan Hin. Auch Bustickets nach Vietnam bekommt man hier.

SK Travel & Tour (Karte S. 206; ☑ 041-300177; Th Chaimeuang; ☺ 8–16 Uhr) Bucht Flugtickets.

Touristeninformation (S. 202) Bietet eine gute Auswahl an informativen Broschüren zu Savannakhet und Umgebung.

ⓘ Anreise & Unterwegs vor Ort

Die meisten Traveller reisen auf dem Landweg von und nach Savannakhet. Günstige Busverbindungen führen in alle Ecken des Landes und zu internationalen Reisezielen in Thailand und Vietnam. Vom Flughafen aus starten einige wenige Maschinen nach Vientiane, Pakxe und Bangkok.

FLUGZEUG

Savannakhets **Flughafen** (Karte S. 206; ☑ 041-212140; Th Kaysone Phomvihane) wird ausschließlich von Lao Airlines bedient. Anbindung besteht an Vientiane (490 000– 895 000 Kip, 55 Min., 4-mal pro Woche), Pakxe (320 000–520 000 Kip, 30 Min., 4-mal pro Woche) und Bangkok (105–150 US$, 80 Min., 4-mal pro Woche). Tickets bekommt man im **Büro von Lao Airlines** (Karte S. 206; ☑ 041-212140; Flughafen Savannakhet; ☺ 8.30–16.30 Uhr) am Flughafen oder in den Reisebüros der Stadt.

Für ein Jumbo vom Flughafen am südöstlichen Stadtrand bis ins Zentrum zahlt man 30 000 Kip,

---

WEITERREISE NACH VIETNAM: VON SAVANNAKHET NACH DONG HA

Anreise zur Grenze

Die Überquerung der **Grenze bei Dan Savan (Laos)/Lao Bao (Vietnam)** (7– 19.30 Uhr) ist unkompliziert. Vom Busbahnhof in Savannakhet fahren um 7, 8.30 und 11 Uhr Busse nach Dan Savan (60 000 Kip, 5–6 Std., 236 km). Wer den Ho-Chi-Minh-Pfad sehen möchte, legt unterwegs einen Zwischenstopp in Xephon ein und übernachtet dort.

Dan Savans Busbahnhof liegt 1 km vor der Grenze. Hier warten vietnamesische Teenager mit Motorrädern, die Traveller für 10 000 Kip gern das letzte Stück kutschieren.

An der Grenze

An der laotischen Grenze werden bei Ankunft 30-Tage-Visa ausgestellt. Bürger einiger Länder brauchen im Vorfeld ein Visum für Vietnam; im Vorfeld beim **vietnamesischen Konsulat** (Karte S. 206; ☑ 041-212418; Th Sisavangvong, Savannakhet) in Savannakhet erfragen. Die meisten Besucher aus der Region sowie Skandinavier, Franzosen, Deutsche, Italiener und Spanier brauchen kein Visum.

Weiterreise

Auf vietnamesischer Seite angelangt, fährt man mit dem Motorrad zum Busbahnhof von Lao Bao (40 0000 D oder 2 US$, 2 km), wo Verbindungen nach Dong Ha (70 000 D, 2 Std., 80 km) an Vietnams wichtigster Nord-Süd-Achse und -Bahnlinie bestehen. Für die Gegenrichtung: Nach der Ankunft in Laos reist man mit Bussen nach Savannakhet (60 000 Kip, 5–6 Std.). Die Abfahrt erfolgt um 7.30, 9.30, 10 und 12 Uhr. Außerdem verkehren zwischen 7 und 17 Uhr regelmäßig *sŏrngtăaou* (Passagierlaster) nach Xephon (30 000 Kip, 1 Std.). Auf beiden Seiten der Grenze gibt's einfache Unterkünfte.

Wer es eilig hat, kann in Savannakhet auch einen der direkten Busse in die vietnamesischen Städte Dong Ha, Hue und Da Nang nehmen.

allerdings wird eventuell von gerade angekommenen Touris mehr Geld verlangt.

Günstiger kommt man nach Bangkok, indem man die Freundschaftsbrücke überquert und dann umsteigt auf den Fly-Drive-Service von Air Asia oder Nok Air über den Flughafen Nakhon Phanom; Tickets gibt's für unter 1000 B.

BUS

Der **Busbahnhof** (☎ 041-212143), khíw lo genannt, befindet sich nahe dem Talat Savan Xay am nördlichen Stadtrand. Nach Vientiane (75 000 Kip, 8–11 Std., 457 km) bestehen zwischen 6 und 11.30 Uhr etwa alle halbe Stunde Verbindungen. Von 13.30 bis 22 Uhr nimmt man einen der Busse aus Pakxe, die in Thakhek halten (30 000 Kip, 2½–4 Std, 125 km). Thakhek wird zwischen 8 und 16 Uhr außerdem stündlich von sŏrngt̆ǎaou und Minivans (30 000 Kip) angesteuert. Um 21.30 Uhr fährt ein VIP-Schlafbus nach Vientiane (120 000 Kip, 6–8 Std.), man kann aber auch versuchen, einen Platz in einem der aus Pakxe kommenden VIP-Linien zu ergattern, die hier halten.

Pakxe (45 000 Kip, 5–6 Std., 230 km) wird insgesamt von zehn Bussen täglich bedient, wobei der erste um 7 und der letzte um 22 Uhr in Savannakhet startet. Alternativ steigt man in einen der regelmäßig aus Vientiane kommenden Busse. Darüber hinaus gibt's täglich um 19 Uhr eine Verbindung nach Don Khong (80 000 Kip, 6–8 Std, 367 km) sowie um 9 und um 19 Uhr je eine Verbindung nach Attapeu (80 000 Kip, 8–10 Std, 410 km).

Um 7, 8.30 und 11 Uhr geht's zur laotisch-vietnamesischen Grenze bei Dan Savan (60 000 Kip, 5–6 Std., 236 km) mit einem Halt in Xephon (50 000 Kip, 4–5 Std).

Nach Vietnam bestehen mehrere Verbindungen. Ein Bus nach Dong Ha (80 000 Kip, ca. 7 Std., 350 km) fährt an Tagen mit geradem Datum um 8 Uhr ab. Nach Hue verkehrt täglich um 22 Uhr ein Lokalbus (90 000 Kip, ca. 13 Std., 409 km), außerdem startet von Montag bis Freitag um 10.30 Uhr ein VIP-Bus (110 000 Kip, ca. 8 Std.). Dienstags, donnerstags und samstags geht's um 22 Uhr nach Da Nang (110 000 Kip, ca. 10 Std., 508 km) und weiter nach Hanoi (200 000 Kip, ca. 24 Std., 650 km), diese Tour ist aber nur etwas für Masochisten …

❶ Unterwegs vor Ort

Savannakhet ist so klein, dass man höchstens gelegentlich mal einen Jumbo braucht. Eins zu chartern kostet für ein Ziel innerhalb der Stadt rund 15 000 Kip und zum Busbahnhof eher 20 000 Kip.

Im Souannavong Guest House (S. 208) kann man Motorräder für 70 000 bis 80 000 Kip pro Tag leihen. Zudem verfügt die Eco-Guide Unit (S. 195) über eine umfangreiche Liste von Geschäften, die Motorräder vermieten. Ein paar Läden haben auch Fahrräder (etwa 10 000 Kip pro Tag) im Angebot. Sie sind überwiegend in der Th Ratsavongseuk zu finden.

Rund um Savannakhet

⊙ Sehenswertes

That Ing Hang   TEMPEL
(ຫາດອິງຮັງ; 5000 Kip; ⊙ 7–18 Uhr) Der ebenmäßige 9 m hohe tâht (Stupa) soll Mitte des 16. Jhs. errichtet worden sein und gilt nach dem Wat Phou Champasak als zweitwichtigste Pilgerstätte im südlichen Laos.

DER RICHTIGE UMGANG MIT HAUSGEISTERN

Die Katang, Dorfbewohner im Dong Phou Vieng NPA, glauben an Waldgeister, besonders an den über allem stehenden Hausgeist, der jede Dorffamilie beschützt. Über Jahrhunderte hinweg sind bestimmte Tabus und Bräuche entstanden, die verhindern sollen, dass der Geist gestört wird. Selbstverständlich erwartet man auch von Besuchern die Einhaltung dieser Regeln im Umgang mit Geistern.

➡ Niemals das Schlafzimmer des Hausbesitzers betreten oder gar den Ort berühren, wo der Geist verehrt wird.

➡ Nicht neben einer Person des anderen Geschlechts schlafen, nicht einmal neben dem eigenen Ehepartner. Wer keinesfalls getrennt schlafen will, kann sich bei der Zweigstelle des Eco-Guide Unit ein Zelt geben lassen.

➡ Beim Schlafen soll der Kopf immer auf die nächste Außenwand ausgerichtet sein; die Geister verbieten es, dass die Füße zur Außenwand oder gar auf den Kopf einer anderen Person zeigen.

Die Dorfbewohner reagieren überaus empfindlich auf die Außenwelt, deshalb bietet die Eco-Guide Unit in Savannakhet (S. 195) ausschließlich begleitete Trekkingtouren hierher an.

Um zum Tempel zu kommen, fährt man von Savannakhet aus auf der Route 9 rund 11,5 km Richtung Nordosten und dann 3 km gen Osten, bis man zur gut ausgeschilderten Abzweigung kommt. Am einfachsten ist es, mit dem Fahrrad oder Motorrad zu fahren.

Als Buddha auf seinen Seelenwanderungen in die Vergangenheit erkrankte, hat er hier angeblich Halt gemacht. Um sich auszuruhen, lehnte *(ing)* er sich an einen hängenden *(hang)* Baum, daher der Name Ing Hang.

Bis auf das kubische Fundament im Mon-Stil wurde der That Ing Hang unter der Herrschaft von König Setthathirat (1548–1571) von Grund auf erneuert. In einem abgedunkelten Raum des unteren Bereichs verbirgt sich heute eine unspektakuläre Sammlung mit Buddhafiguren. Nach einem religiösen Brauch dürfen Frauen diesen Ort nicht betreten. 1930 wurde das Heiligtum von den Franzosen restauriert. Jedes Jahr im Februar/März findet hier bei Vollmond das **That-Ing-Hang-Festival** statt.

Busse, die gen Norden unterwegs sind, halten auf Nachfrage an. Ansonsten kann man auch gut mit einem *sakai-làap*-(Jumbo-) Fahrer feilschen, wobei Hin- und Rückfahrt nicht mehr als 100 000 Kip kosten sollten.

Dong Natad SCHUTZGEBIET
(ດົງນາຫາດ) Dong Natad, ein „heiliger" fast immergrüner Wald, 15 km von Savannakhet entfernt, ist Teil eines provinziellen Schutzgebietes. Seit über 400 Jahren bilden zwei Dörfer mit ihm eine perfekte Symbiose. Die Einwohner ernähren sich von Pilzen, Früchten, Ölen und Honig, Harzen und Insekten. Nichtsdestotrotz ist es auch ein besonderes Erlebnis, das Waldgebiet ab Savannakhet auf eigene Faust zu erkunden, entweder mit dem Fahrrad, Motorrad oder per *tuk-tuk*. Mehr Spaß macht die Entdeckungsreise mit einem ortskundigen Englisch sprechenden Führer, den man bei der Eco-Guide Unit (S. 195) buchen kann. Das Unternehmen bietet verschiedene Programme an. Diese reichen von Tagestouren mit dem Rad bis zu mehrtägigen Homestays (Übernachtungen bei Einheimischen) und kosten zwischen 1 000 000 und 2 000 000 Kip pro Person bei einer zweiköpfigen Gruppe. Je mehr Teilnehmer, desto günstiger der Preis. Die gemeindebasierten Exkursionen erfreuen sich großer Beliebtheit, denn dank der Guides erfährt man einiges über die Lebensweise der Einwohner. Je nach Jahreszeit trifft man auch auf Einheimische, die rote Ameisen, Zikaden oder andere Krabbeltiere sammeln, sei es zum eigenen Verzehr oder zum Verkauf. Mindestens einen Tag im Voraus organisieren.

Heuan Hin RUINEN
(ເຮືອນຫີນ, Steinhaus) Rund 90 km südlich von Savannakhet stößt man am Mekong auf eine Ansammlung von Cham- bzw. Khmer-Ruinen. Die Gebäude wurden zwischen 553 und 700 v. Chr. errichtet. Abgesehen von ein paar Mauern besteht die Stätte, die in der präangkorianischen Periode ihre Blütezeit hatte, heute nur noch aus Bruchgestein und Schutt. *Sŏrngtăaou* (30 000 Kip, 2–3 Std., 78 km) starten am Talat Savan Xay, sobald sie voll sind (normalerweise Mitte des Vormittags).

Bis auf einen historischen Türsturz, der inzwischen in einem Pariser Museum ausgestellt ist, sind keine Schnitzwerke erhalten.

Aufgrund der abgeschiedenen Lage ist der Ausflug zu den Ruinen wirklich nur etwas für ausgemachte Tempelfans. Mit dem eigenen Fahrzeug folgt man der Route 13 in Süden und biegt bei Kilometer 490 gen Westen nach Ban Nong Nokhian ab; von da aus sind es noch staubige 17 km. In Savannakhet kann man auch geführte Touren buchen.

Dong Phou Vieng NPA
ປ່າສະຫງວນແຫ່ງດົງຜູວຽງ

Eine der faszinierendsten Trekkingtouren in Laos führt ins Dong Phou Vieng NPA. Dort können die Besucher in eine Welt eintauchen, die es so schon bald nicht mehr geben wird. In dem Schutzgebiet südlich von Muang Phin, mitten im Herzen der Provinz Savannakhet, liegt eine Reihe von Katang-Dörfern, in denen man übernachten darf, sofern man sich an die hiesigen Gepflogenheiten anpasst.

Wer gut zu Fuß ist, wird den dreitägigen Ausflug genießen, denn es geht über Stock und Stein, durch Dschungeldickicht, Bambuswälder und über felsiges Gelände mit spärlicher Vegetation, aber auch über Pfade, die nur in der Trockenzeit (November bis Mai) begehbar sind. Am letzten Tag geht's per Boot weiter. In Begleitung eines Dorfführers wandert man durch den „heiligen" Wald, vorbei an *lak la'puep*, den Marksteinen hier lebender Familienverbände. Dabei sieht man vielleicht das eine oder andere Tier, etwa die seltenen Silberne Haubenlanguren, Südliche Brillenlanguren oder Nashornvögel.

DER HO-CHI-MINH-PFAD

Der berüchtigte Ho-Chi-Minh-Pfad ist ein komplexes Geflecht aus Feld- und Schotterwegen entlang der laotisch-vietnamesischen Grenze, das sich vom Norden der Provinz Khammuan bis nach Kambodscha im Süden erstreckt. 1966 und 1971 nahmen die über 600 000 Mann starken Truppen der Nordvietnamesischen Armee (NVA) die Route entgegen dem Genfer Abkommen von 1962 als Hauptversorgungsader für Lebensmittel und Kriegsmaterial völlig in Beschlag. 500 000 t Waffen wurden hier mit Militärlastwagen und Panzern gen Süden transportiert. Für die durchgängige Bewachung der Strecke waren 30 000 NVA-Soldaten nötig. Man hatte alles, was man für den Einsatz brauchte – neben Luftabwehrstellungen auch unterirdische Kasernen, Treibstoffdepots und Krankenhäuser.

Während der gesamten Kriegsdauer leugneten die Nordvietnamesen die Existenz des Pfads. Die US-Amerikaner ihrerseits dementierten dessen Bombardierung. Selbst während des dreijährigen Luftkriegs (1965–1969), bei dem 1,1 Mio. t Munition durch B-52-Bomber und andere Flugzeuge abgeworfen wurden, konnte der Verkehr auf der Strecke nie für längere Zeit unterbunden werden. Wie in einer fleißigen Ameisenkolonne bewegten sich die vietnamesischen Soldaten und ihre Transporttruppen südwärts. Nur etwa 15 bis 20 % ihrer Ladung wurden durch die Angriffe zerstört, außerdem schätzt man, dass für jeden Toten der NVA etwa 300 amerikanische Bomben eingesetzt worden sind.

Entgegen der weitverbreiteten Annahme war der Ho-Chi-Minh-Pfad weder ein Trampelpfad im Dschungel noch ein durchgehender Weg. Einige NVA-Bataillone schafften es, mit einfachen, aber genialen Methoden Straßen, Brücken und Verteidigungsanlagen zu tarnen, um die verzweigten Pfade gegen Luftangriffe zu schützen. Brücken wurden knapp unter der Wasseroberfläche gebaut, breite Straßen unter Dächern aus zusammengebundenen Zweigen versteckt.

Heute sind von den Dörfern am Weg Ban Dong östlich von Xephon und Paam in der Provinz Attapeu am besten erreichbar. In Paam gibt's ein paar Panzer und eine Boden-Luft-Rakete zu sehen. Fernab jeglicher Zivilisation sind ortskundige Guides beim Aufspüren des Pfades auf jeden Fall unerlässlich.

Drivenbyadventure (S. 172) bietet All-inclusive-Motorradtouren auf dem Pfad mit historischen Hintergrundinformationen an. Einen ersten Eindruck des Abenteuers liefern die beeindruckenden Fotos auf www.laosgpsmap.com/ho-chi-minh-trail-laos.

Phou Xang Hae NPA
ປ ່າສະຫງວນແຫ່ງຊາດຊ ່າງແຫ

Das Phu Xang Hae NPA (benannt nach dem „Berg des Wildelefanten") ist ein langgezogenes Waldgebiet, das sich von Ost nach West über den abgelegenen Norden der Provinz Savannakhet erstreckt, und in dessen Hügeln zahlreiche Flüsschen entspringen. Früher bot die Eco-Guide Unit (S. 195) in Savannakhet hier fünftägige gemeindebasierte Wanderungen, hat aber derzeit wegen zu geringer Nachfrage die Touren eingestellt.

Ähnlich wie die Katang im Dong Phou Vieng NPA folgen die hier heimischen Phou Tai einem bestimmten Verhaltenskodex. Ein Besuch lohnt sich auf jeden Fall, aber leider sind die Zufahrtswege zum Phou Xang He NPA mehr als abenteuerlich.

Xephon & der Ho-Chi-Minh-Pfad
40 000 EW. / 📱 041

Wie so viele andere Orte, die nach dem Vietnamkrieg wiederaufgebaut werden mussten, ist Xephon heute eine eher gesichtslose Stadt. Besucher verschlägt es allenfalls hierher, um den Ho-Chi-Minh-Pfad und die wenigen Überreste der alten Bezirksstadt Xephon Kao 6 km weiter östlich zu erkunden.

👁 Sehenswertes

Xephon war einst eine bedeutende Verkehrsachse auf dem Ho-Chi-Minh-Pfad und rund um die Stadt gibt's zahlreiche wichtige Kriegsschauplätze. Savannakhets Touristeninformation (S. 211) hat einen kartenlastigen Reiseführer herausgegeben, der hilfreich für die Erkundung der Gegend ist.

Kriegsmuseum MUSEUM

(☑020-99919709; Ban Dong; 10 000 Kip; ☺Mo–So 8–11.30 & 13.30–16 Uhr) Zwanzig Kilometer östlich von Xephon befindet sich das Dorf Ban Dong. Früher lag es an einer der Hauptverkehrsadern des Ho-Chi-Minh-Pfads, heute kann man hier die spärlichen Überbleibsel des Vietnamkriegs begutachten. Das meiste, was bislang im Gebiet verstreut lag, wurde inzwischen im eingezäunten Vorgarten des kürzlich eröffneten **Kriegsmuseums** zusammengetragen. Dazu gehören z. B. die Reste zweier amerikanischer Panzer, die während der Operation Lam Son 719 eingesetzt wurden, eines furchtbaren Angriffs der südvietnamesischen ARVN (Armee der Republik Vietnam) auf den Ho-Chi-Minh-Pfad im Februar 1971. Trotz der Unterstützung durch US-Kampfflugzeuge musste sich die ARVN bei Lao Bao hinter die Grenze zurückziehen, nachdem sie von der erfahrenen Nordvietnamesischen Armee bei Ban Dong besiegt worden war. Das Museum liegt am östlichen Rand von Ban Dong und ist von einem rosafarbenen-babyblauen Zaun umgeben.

Muang Phin HISTORISCHE STÄTTE

(ເມືອງຜີນ) GRATIS In **Muang Phin**, rund 155 km östlich von Savannakhet und 34 km westlich von Xephon, steht ein imposantes Denkmal zu Ehren der laotisch-vietnamesischen Zusammenarbeit während der beiden Indochinakriege. Stilecht schlicht nach kommunistischem Vorbild sieht man die „Helden des Sozialismus", wie sie jubelnd Maschinengewehre und vietnamesische und laotische Flaggen hin und her schwenken.

🛏 Schlafen

Vieng Xay Guesthouse PENSION $

(☑041-214895; Route 9; EZ/DZ ab 70 000/ 80 000 Kip; ❄) Xephons wohl beste Unterkunft: Eine Pension im Zentrum mit 30 größtenteils geräumigen Zimmern samt Fernsehern, Klimaanlagen und Warmwasser. Im hauseigenen Café werden anständige laotische Gerichte serviert. Eine Treppe, die von Bombenhüllen gesäumt ist, führt zu weiteren Räumen im hinteren Teil des Gebäudes.

Khamvieng Tienmalay Guesthouse PENSION $

(☑020-2246519; Zi. 80 000–100 000 Kip) Die 10 einfachen Zimmer dieser Pension unmittelbar westlich des Markts bieten außer Ventilator und Bad wenige Annehmlichkeiten.

ℹ An- & Weiterreise

Vor dem Markt in Xephon fahren zwischen 8 und 15 Uhr sŏrngtăaou und gelegentlich auch Busse nach Savannakhet (35 000 Kip, 4–5 Std., 196 km) ab, man kann aber auch jeden Bus anhalten, der Richtung Westen unterwegs ist (der Preis bleibt gleich). Außerdem verkehren zwischen 8 und 15 Uhr regelmäßig sŏrngtăaou nach Ban Dong (10 000 Kip) sowie zur Grenze bei Dan Savan (20 000 Kip, 1 Std.). Alternativ nimmt man einen x-beliebigen Bus, der in diese Richtung fährt.

Südlaos

Inhalt →

Gut essen

→ Four Thousand Sunsets
(S. 261)

→ Rahn Naem Khao Mae
Fuean (S. 222)

→ King Kong Resort (S. 261)

Schön
übernachten

→ Kingfisher Ecolodge
(S. 236)

→ Captain Hook Coffee Break
(S. 241)

→ Residence Sisouk (S. 219)

→ Sala Done Khone (S. 260)

Auf nach Südlaos

Nahe der Grenze zu Kambodscha erwacht der schläfrige Mekong, rauscht nach Si Phan Don („Viertausend Inseln") und teilt sich dort in tosende Stromschnellen. Stromabwärts spielen seltene Irawadidelfine in friedlicheren Gewässern. Mittlerweile suchen immer mehr Reisende Zuflucht in den von Hängematten übersäten Bungalows von Don Det und Don Khon.

Seit Langem zählt es zu den beliebtesten Tätigkeiten in Südlaos, die Inseln mit dem Kajak oder Rad zu erkunden. Die übrigen Teile dieser vielfältigen Region hatten bis vor Kurzem nur wenige Traveller auf dem Schirm, dabei warten abseits ausgetretener Pfade Angkor-Tempel, Hochlandkulturen, Wasserfälle, erstklassige Wanderwege und noch mehr urtümliche Erlebnisse.

Südlaos war lange vor allem Backpacker-Terrain, doch inzwischen entstanden hie und da schicke Lodges und Boutique-Hotels. Neue Autobahnen und Dämme verändern die Landschaft, also sollte man sich beeilen mit dem Besuch!

Reisezeit
Pakxe

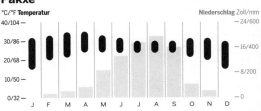

Okt.–Nov. Ideale Zeit für Fahrradtouren, da leichter Regen den Staub im Zaum hält.

Dez.–Feb. Auf dem Bolaven-Plateau ist es sonnig und kühl, wenn nicht sogar kalt.

April Irre heiß, aber beim dreitägigen Pi Mai (Neujahrsfest) gibt's Wasserschlachten und Beerlao.

Đông Hà

Xeno • Atsaphangthong
• Ban • **23** • Xephon • Ban • Grenz-
Phalan • Dong • übergang
That Ing • Lak 35 • **9** • Khe Sanh
Hang • Kengkok • Dan Savan • Lao Bao
That • Sonbuli • Muang Phin
Phon
• Pakxong • Songkhon • **VIETNAM**
Heuan • Hue
Hin • Dong Phou • Samouy • Grenz-
Vieng NPA • übergang

Lakhon • Ban Muang • Taoy • Xe Xap
Pheng • Xe Ban • Toumlan • NPA
• Nuan NPA • Prinz-Souphanouvong-
Lakhonpeng • Brücke (zerstört &
THAILAND • unpassierbar) • Ban Kaleum
• Salavan
SALAVAN
Khong • Nong Bua
Sedon • **15** • Ban Khoua • Phou Katae • **XEKONG**
• Phou Xieng • Set • Ban Beng • (1588 m)
• Thong NPA • Thateng • Dak Cheung
Laongam • **16** • Xekong
Ban Mai • **20** • Tad Lo • (Muang Lamam)
Singsamphan • Sanasombun • **16**
• Xe • Ban Benghuakhám
• Ubon Ratchathani • Vang Tao Xa Phai • Ban • Namnoy • (Ban Lak 52)
• Lak 21 • **4** • Bolaven- • Chaleun • Dong
Chong Mek • Pakxe • **23** • Plateau • Pakxong • Xay • Amphan
Grenzübergang • Muang • Phuoi • NPA
Phonthong • Kao • **CHAMPASAK** • Ban Nong • Tayicseua
• Champasak • Luang • Dong Houa • **11** • Paam • Saisettha
Wat Phou Champasak **3** • Ban Muang • Sao NPA • (San Xay) • **18B**
• Ban Don • • Ban Thang Beng • Attapeu • Yalakhuntum
Talat • **2** Kiet Ngong • (Samakhi Xay) • Phou • Phameuang • Bo Y
Soukhuma • Phou Asa • Ban Phapho • **18A** • Vong • Sansai Phou Keua
• **13** • Ban Ta Ong • Sanamxay • Grenz-
• Ban • Xe Pian • **ATTAPEU** • übergang
Ban Kadian Mounlapamouk • NPA
Ban Kanluang
• Don • Hat Sai
Khong • Khun • Siempang
Si Phan **5**
Don • Ban Nakassang
Don Khon **1** • Nong Nok Khiene
KAMBODSCHA • Grenzübergang
Trapaeng Kriel • **N** • 0 • 50 km

Highlights

1 Don Khon (S. 255) Die Insel mit dem Fahrrad oder Kajak erkunden und dabei schäumende Wasserfälle und seltene Delfine sichten.

2 Kiet Ngong (S. 236) Im Dschungel der besten Ökotourismusgegend von Südlaos wandern und Boot fahren.

3 Wat Phou Champasak (S. 231) Den uralten Khmer-Tempelkomplex besichtigen.

4 Bolaven-Plateau (S. 237) 100 m hohe Wasserfälle bestaunen, Fair-Trade-Kaffee schlürfen und das kühle Klima bei einer Motorradtour genießen.

5 Si Phan Don (S. 250) In dem tropischen Inselparadies am Mekong den Sonnenuntergang über dem Fluss von der Hängematte aus beobachten.

6 Tad Lo (S. 240) Wasserfall-Hopping und Dörfer besuchen in einer entspannten Backpacker-Hochburg.

PAKXE ປາກເຊ

75 000 EW. / ☏ 031

Pakxe, die Hauptstadt der Provinz Champasak, ist das Tor zu Südlaos und liegt am Zusammenfluss von Mekong und Xe Don (Fluss Don). Nur die wenigsten Traveller halten sich länger hier auf, da es kaum etwas zu tun gibt. Dem Ort fehlt jene Art von Trägheit, die Savannakhet und Thakhek weiter nördlich auszeichnen. Außerdem sind hier weniger Bauten aus der Kolonialzeit erhalten.

Pakxe dient in erster Linie als Startpunkt für Ausflüge zu nahe gelegenen Sehenswürdigkeiten wie dem Bolaven-Plateau (S. 237) und dem Wat Phou Champasak (S. 233). Die vielen guten Restaurants, schicken Hotels und Tourveranstalter sind ein praktischer Bonus.

👁 Sehenswertes

Talat Dao Heuang   MARKT
(ຕະຫາດດາວເຮືອງ, Neuer Markt; Karte S. 220; ⏰ 5–18 Uhr) Der weitläufige Markt nahe der Laotisch-Japanischen Brücke ist einer der größten des Landes. Am meisten los ist in den Restaurant- und Lebensmittelbereichen. Aber auch sonst bekommt man hier alles von medizinischen Kräutern bis Handys. Ein Streifzug lohnt sich.

Wat Phou Salao   AUSSICHTSPUNKT
(ວັດພູສະເຫຼົ່າ; Route 16) Eine riesige Buddhastatue, die ihren Blick über den Mekong und die Stadt schweifen lässt, ist das Herzstück dieses Hügeltempels gegenüber von Pakxe. Die Aussicht ist sensationell, insbesondere bei Sonnenuntergang. Hinter der Brücke bei der ersten Gelegenheit links abbiegen und die lange Treppe hinaufsteigen oder der 4,5 km langen Route folgen, die von hinten auf den Hügel führt.

Heiliges-Herz-Kathedrale   KIRCHE
(ມະຫາວິຫານທີ່ສັກສິດທິ່ວໃຈ; Karte S. 220; Th 10; ⏰ 5.30–20 Uhr) Das bescheidene Bauwerk mit dem Blechdach ist kein Hingucker, sehenswert sind dafür die einzigartigen Gemälde im Innenraum, die Jesus an verschiedenen Orten in Südlaos bei Treffen mit Stammesvölkern in traditioneller Kleidung zeigen, z. B. am Wat Phou Champasak und den Khon-Phapheng-Wasserfällen.

Wat Luang   BUDDHISTISCHER TEMPEL
(ວັດຫຼວງ; Karte S. 220; Th 11) In der Stadt verteilen sich rund zwanzig Tempel; einer der größten ist der am Flussufer gelegene Wat Luang. Die alte Klosterschule (1935) schmü-cken ein eindrucksvolles Ziegeldach und verzierte Betonsäulen. Moderne Wandgemälde in zwei neueren Gebäuden erzählen das Leben Buddhas und andere Geschichten nach.

Champasak Historical
Heritage Museum   MUSEUM
(ພິພິດທະພັນມໍລະດົກປະຫວັດສາດຈຳປາສັກ; Karte S. 220; Route 13; 10 000 Kip; ⏰ Mo–Fr 8.30–11.30 & 14–16 Uhr) Die Beschriftungen könnten besser sein, dennoch lohnt sich ein Besuch dieses Museums. Zu den Highlights der Sammlung gehören sehr alte Dong-Son-Bronzetrommeln, ungewöhnliche Steinreliefs, die auf dem Bolaven-Plateau im Bezirk Bachieng gefunden wurden, Stelen mit Tham-Inschriften aus dem 15. bis 18. Jh., Steinarbeiten der Khmer, Musikinstrumente und ein paar amerikanische Blindgänger (engl. *unexploded ordnance*, kurz UXO). Ebenfalls spannend ist die Stoff- und Schmucksammlung ethnischer Minderheiten, etwa der Nyaheun, Suay und Laven. Zu sehen sind z. B. große eiserne Fußreife und Ohrstöpsel aus Elfenbein.

🏃 Aktivitäten

Vat Phou Cruises   BOOTSTOUREN
(Karte S. 220; ☏ 031-251446; www.vatphou.com; gleich neben der Th 11; ⏰ Büro Mo–Sa 8–17 Uhr, im Juni keine Fahrten) Dreitägige Luxusfahrten auf dem Mekong von Pakxe nach Si Phan Don inklusive Besuch des Wat Phou Champasak (S. 233) und der Mekongfälle Khon Phapheng (S. 257).

Dok Champa Massage   MASSAGE
(Karte S. 220; ☏ 020-54188778; Th 5; Massagen 50 000–100 000 Kip; ⏰ 9–22 Uhr) Wieder und wieder wird das Dok Champa als beliebtestes Spa in Pakxe genannt. Die freundlichen, professionellen Mitarbeiter massieren die Besucher genau so fest oder sanft, wie es die verspannten Muskeln brauchen. Rechtzeitig reservieren!

Clinic Keo Ou Don   MASSAGE
(Klinik für Traditionelle Medizin; ☏ 031-251895, 020-5431115; Massage 45 000–120 000 Kip, Sauna 20 000 Kip; ⏰ 9–21 Uhr, Sauna 15–21 Uhr) In dieser professionell geführten, beliebten Einrichtung gibt's einen klimatisierten Massageraum und eine nach Geschlechtern getrennte Kräutersauna. Um hierher zu gelangen, verlässt man die Stadt auf der Route 38 und biegt 1 km östlich des Champasak Grand Hotel in Richtung Pakxe Golf rechts ab.

Geführte Touren

Die meisten Leute organisieren ihre Touren und Wanderungen durch Südlaos in Pakxe. Fast alle Hotels und zahlreiche Reiseveranstalter bieten Tagesausflüge zum Bolaven-Plateau, zum Wat Phou Champasak sowie nach Kiet Ngong. Die günstigsten Angebote umfassen nur den Transport, Eintritte und Mahlzeiten müssen selbst gezahlt werden und man macht sich ohne Guide auf den Weg. Vielen reicht das völlig, andere sind negativ überrascht, deshalb: vor dem Buchen genau klären, was alles inbegriffen ist.

Green Discovery ABENTEUERTOUREN
(Karte S. 220; ☎ 031-252908; www.greendiscoverylaos.com; Th 10; zweitägige Tree-Top-Explorer-Tour mit 2/4 Pers. 308/240 US$ pro Pers.; ⏲ 8–20 Uhr) Der solide Allrounder organisiert private und Kleingruppentouren und bringt die Teilnehmer an Orte, die kein anderer Veranstalter ansteuert. Auch das Aktivitätenprogramm ist einzigartig. Die Vorzeigetour ist das Tree-Top-Explorer-Abenteuer im Dong Houa Sao NPA (S. 238) unweit von Pakxong auf dem Bolaven-Plateau. Es umfasst zwei oder drei Tage mit Ziplining, Wandern über Baumkronenpfade und Dschungeltrekking zu Wasserfällen fernab befestigter Straßen.

Schlafen

Das Touristenzentrum liegt an der Route 13 zwischen der Souphanouvong-Brücke (früher Französische Brücke) und der Th 24. Wer einfachen Zugang zu den Reiseagenturen, Motorradverleihern, Geldwechslern und Touristenrestaurants will, sollte hier übernachten. Um die Ecke findet man weitere Hotels und Restaurants im Geschäftsviertel, das sich rund um das Champasak Shopping Centre (S. 223) erstreckt. Wer anderswo übernachtet, wird sich vielleicht ein Motorrad oder Fahrrad mieten wollen, um die Stadt zu erkunden.

★ **Alisa Guesthouse** HOTEL $
(Karte S. 220; ☎ 031-251555; www.alisa-guesthouse.com; Route 13; Zi. 120 000–150 000 Kip, FZ 200 000 Kip; ⊖ ❄ @ ☰) Hier gibt's das vielleicht beste Preis-Leistungs-Verhältnis in Pakxe. Blitzsaubere Zimmer, Fliesenböden, solide Holzbetten, Schränke, (funktionierendes) Satellitenfernsehen und einen Kühlschrank – kein Wunder, dass das Alisa oft ausgebucht ist. Auch der Service ist gut. Einziges Manko: in ein paar Räumen hat man kaum WLAN-Empfang.

Nang Noi Guesthouse PENSION $
(Karte S. 220; ☎ 030-9562544; bounthong1978@hotmail.com; Th 5; B 40 000 Kip, Zi. 60 000–110 000 Kip, FZ 200 000 Kip; ❄ ☰) In der Nähe der Touristenmeile, aber gefühlt Lichtjahre von ihr entfernt bietet diese beliebte (sprich: häufig komplett belegte) Pension ruhige, schicke Zimmer. Die Besitzer sprechen Englisch. Achtung: Um 23 Uhr ist Zapfenstreich.

Sabaidy 2 Guesthouse PENSION $
(Karte S. 220; ☎ 031-212992; www.sabaidy2tour.com; Th 24; B 35 000 Kip, DZ mit Ventilator/klimatisiert 100 000/125 000 Kip, EZ/DZ ohne Bad 50 000/70 000 Kip; ❄ ☰) Zwar ist das Sabaidy 2 nicht mehr die tolle Adresse, die es mal war, aber es bleibt die geselligste Bleibe in Pakxe, denn der entspannte, lockere Vibe hat sich gehalten. Die Zimmer verteilen sich auf ein älteres Holzhaus, das einfach, aber sauber ist, und ein sehr viel besseres neues Gebäude dahinter mit rustikal-schickem Dekor, Schreibtischen, Klimaanlage und einem Holzbalkon, unter dem Kois ihre Runden drehen.

★ **Athena Hotel** HOTEL $$
(Karte S. 220; ☎ 031-214888; www.athenahotelpakse.com; Route 13; Zi. mit Frühstück 70–100 US$; ⊖ ❄ ☰ ≋) Wohl das modernste und schickste Hotel in Pakxe. Reichlich Holz dominiert das dezente Design und die Betten sind weich wie Marshmallows. Dimmbare Deckenstrahler sorgen für eine Beleuchtung ganz nach dem eigenen Geschmack.

★ **Residence Sisouk** BOUTIQUE-HOTEL $$
(Karte S. 220; ☎ 031-214716; www.residence-sisouk.com; Ecke Th 9 & Th 11; Zi. 50–100 US$; ⊖ ❄ @ ☰) In einem zauberhaften alten Gebäude, das ein Stück Frankreich mitten in Pakxe lebendig werden lässt, befindet sich dieses exquisite Boutique-Hotel. Seine Zimmer verfügen über polierte Hartholzböden, Flachbildfernseher, Veranden und Hmong-Bettläufer. Weitere Extras sind die umwerfenden Fotos und frischen Blumen. Frühstück gibt's im Penthouse-Café mit Aussicht. Wer etwas mehr zahlt, bekommt einen größeren und helleren Raum samt Balkon auf der Vorderseite; die Standardzimmer liegen nach hinten.

Pakse Hotel HOTEL $$
(Karte S. 220; ☎ 031-212131; www.paksehotel.com; Th 5; EZ 200 000–500 000 Kip, DZ 250 000–550 000 Kip, Suite 700 000–950 000 Kip, alle mit Frühstück; ❄ @ ☰) Das traditionelle Luxushotel dominiert das Zentrum von Pakxe und

Pakxe

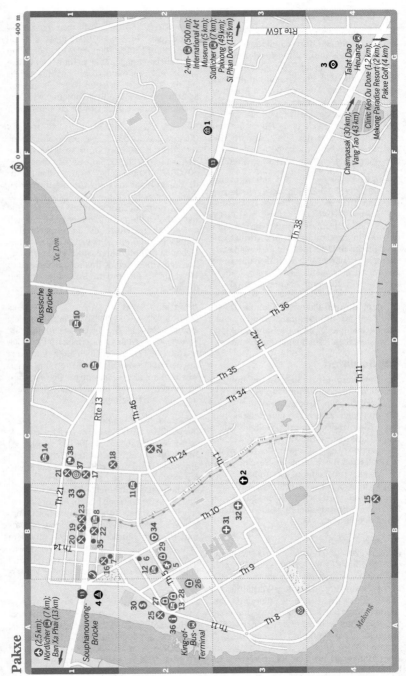

400 m

N

Xe Don

Russische Brücke

Mekong

Souphanouvong-Brücke

2-km- International Art Museum (5 km); Südlicher Stadlicher (7 km); Pakxong (49 km); Si Phan Don (135 km)

Rte 16W

Talat Dao Heuang

Champasak (30 km); Vang Tao (43 km); Clinic Keo Ou Done (1,2 km); Mekong Paradise Resort (2 km); Pakxe Golf (4 km)

(2,5 km); Nördlicher Ban Xa Phai (13 km)

King-of-Bus-Terminal

Rte 13

Th 14
Th 21
Th 11
Th 24
Th 10
Th 9
Th 8
Th 46
Th 35
Th 34
Th 36
Th 42
Th 38
Th 11

Pakxe

verfügt über eine einladende Lobby sowie mit Skulpturen und Textilien dekorierte Korridore. Man sollte mindestens ein Superior-Zimmer mit Ausblick auf den Mekong buchen (ab 350 000 Kip), denn die Economy-Zimmer sind dunkel und die Standardzimmer beengt.

Mekong Paradise Resort   HOTEL $$
(☎ 031-212120; Zi. 38–85 US$; ☻ ❋ 🔊) Ein Flussresort nur 3 km südöstlich des Zentrums, genau richtig für alle, die keine Lust auf die Stadt haben. Aus den meisten Räumen hat man einen unschlagbaren Blick auf den Sonnenuntergang über dem Mekong. Die Superior-Zimmer (55 US$) mit Privatbalkonen sind beinahe romantisch, eine bessere Aussicht allerdings die „Mekong Paradise"-Kategorie (45 US$). Für eine Übernachtung in einem „Garden View"-Zimmer (38 US$) lohnt sich die Anfahrt nicht.

Champasak Palace Hotel   HOTEL $$
(Karte S. 220; ☎ 031-212263; www.champasakpalacehotel.com; Route 13; EZ 200 000–350 000 Kip, DZ 250 000–400 000 Kip, Suite 550 000–2 000 000 Kip; ❋ 🔊) Das riesige Hotel ist un-

übersehbar. Ursprünglich war der Bau im Zuckerbäckerstil als Palast für Chao Boun Oum gedacht, den letzten Prinzen Champasaks, der zwischen 1960 und 1962 Premierminister von Laos war. In den gepflegten Standardzimmern stehen komfortable Betten. Blickfänge im Restaurant bzw. den Gemeinschaftsbereichen sind Holzsäulen, Jalousienfenster und stilistische Kaprizen wie z. B. die Decke der Dachlounge.

🍴 Essen

Zwei gute Anlaufstellen für köstliche *fŏe* (Reisnudeln) zum Frühstück sind der **Noodle Shop Mengky** (Karte S. 220; Route 13; Nudeln 15 000 Kip; ⊙ 6–13 Uhr) und der touristenfreundlichere **Lankham Noodle Shop** (Karte S. 220; Route 13; Nudeln 15 000–25 000 Kip; ⊙ 6–14 Uhr; 🔊) auf der anderen Straßenseite. Letzterer hat auch Sandwiches im Angebot.

Selbstversorger steuern den zentral gelegenen **Friendship Minimart** (Karte S. 220; Route 13; ⊙ 8–20 Uhr) oder den größeren, weiter entfernten **Friendship Super Mart** (Route 13; ⊙ 9–21 Uhr) in der Friendship Mall an. Neben dem Champasak Shopping Centre (S. 223) stehen von früh bis spät Obstverkäufer.

★**Pon Sai** LAOTISCH $

(Karte S. 220) Ein wunderbares, lokaltypisches Frühstück bekommt man im Pon Sai an der Kreuzung zwischen der Th 34 und der Th 46; dort drängen sich kleine Läden und fliegende Händler, die *fĕr*, Baguettes, *kòw nĕeo bîng* (in Ei getunkte, klebrige Reisbratlinge) und andere Leckerbissen feilbieten. Am nettesten ist es hier am Vormittag, manche Geschäfte sind aber auch den ganzen Tag und bis in den Abend hinein geöffnet.

★**Rahn Naem
Khao Mae Fuean** LAOTISCH, THAILÄNDISCH $

(Karte S. 220; Th 11; Hauptgerichte 25 000–40 000 Kip; ☺9–22.30 Uhr; 🖸🛜) Authentische laotische Küche und dazu eine englische Speisekarte – eine seltene Kombination. Gut, das Englisch ist verbesserungswürdig: *Fried chicken power* („gebratene Hühner-Power") ist tatsächlich indisches Basilikum aus der Pfanne mit Hühnchen. Legendär ist das *pan mîiang baa*, ein Fischsandwich zum Selbermachen. Außerdem gibt's *láhp*, einen pikanten Salat mit faserigem Geflügelfleisch oder Fisch, und eine Suppe mit Mekong-Algen. Die Terrasse zum Xe Don ist ein großes Plus.

La Terrasse LAOTISCH, INTERNATIONAL $

(Karte S. 220; Th 24; Hauptgerichte 20 000–65 000 Kip; ☺7.30–23 Uhr; 🛜) Einen Häuserblock abseits der Hauptstraße am Rande der Touri-Meile treffen sich Traveller und in Pakxe ansässige Ausländer, um von einer Speisekarte zu bestellen, die sich zur Hälfte aus laotisch-thailändischen und zur Hälfte aus westlichen Speisen zusammensetzt. Der absolute Renner sind die riesigen Pizzas aus dem Holzofen (nur abends) und großzügig belegten Baguettes. La Terrasse braut sogar einen eigenen fruchtigen *lòw-lów* (Reis-Whisky).

Daolin Restaurant LAOTISCH, INTERNATIONAL $

(Karte S. 220; Route 13; Hauptgerichte 15 000–50 000 Kip; ☺6–22 Uhr; 🛜🖊) Trotz des kontinuierlichen Straßenlärms tummeln sich in diesem Restaurant meist Massen von Backpackern, denn Essen und Service sind gut. Das Daolin bietet verschiedene Pastagerichte und die so ziemlich beste thailändische Küche der Stadt. Der ideale Ort für Vegetarier, um laotische Gerichte zu kosten (normalerweise enthalten sie Fleisch), z. B. Kürbis-*om*-Curry und Pilz-*gŏy*.

Champady THAILÄNDISCH, LAOTISCH $

(Karte S. 220; Th 13; Hauptgerichte 13 000–40 000 Kip; ☺7–20 Uhr; 🛜🖊) Einer der besten Thailänder von Pakxe mit einem umfangreichen Speisenangebot. Es gibt Glasnudelsalat und südthailändisches Curry sowie eine gute Auswahl an Kaffees und Säften. Gespeist wird auf einer kleinen Veranda. Wir empfehlen die *tôm yam*.

Sinouk Coffee Shop CAFÉ $

(Karte S. 220; Ecke Th 9 & Th 11; Hauptgerichte 30 000–45 000 Kip; ☺6.30–21 Uhr; ❄🛜) Hier dreht sich alles um den köstlichen Arabica-Kaffee, der auf der Café-eigenen Plantage auf dem Bolavan-Plateau angebaut wird – von unterhalb der Glastischplatten lachen einen Kaffeebohnen an. Sollte einem Flüssignahrung nicht reichen, kann man Paninis, Salate, Nudel- und verschiedene thailändisch-laotische Gerichte bestellen. Eine der teuersten Adressen der Stadt, aber Top-Qualität.

Jasmine Restaurant INDISCH $

(Karte S. 220; Route 13; Hauptgerichte 10 000–30 000 Kip; ☺7–23 Uhr; 🖊) Dank der tollen Lage und dem leckeren Masala-Gewürz wimmelt es in diesem alteingesessenen Restaurant stets von glücklichen Kunden. Sie genießen indische und malaiische Speisen; viele Gerichte sind vegetarisch.

Dok Mai Trattoria Italiana ITALIENISCH $$

(Karte S. 220; Th 24; Hauptgerichte 25 000–60 000 Kip; ☺Mi–Mo 11–23 Uhr; 🛜) Die italienischen Besitzer dieses wunderbaren Kleinods bemühen sich sehr um kulinarische Authentizität – Knoblauchbrot z. B. wird man vergeblich suchen. Dafür sind die Pasta und die Auberginen-Parmigiana perfekt zubereitet und die Salatauswahl ist umfangreich. Im Hintergrund läuft Rock 'n' Roll, und Sitzplätze befinden sich auch hinten im Garten.

Banlao THAILÄNDISCH, LAOTISCH $$

(Karte S. 220; Th 11; Hauptgerichte 20 000–80 000 Kip; ☺10–22 Uhr) Eins von mehreren schwimmenden Restaurants in Pakxe. Es gibt die typischen Leibspeisen, aber auch ein paar Gerichte, die man vielleicht noch nicht probiert hat, z. B. saisonal erhältliche Ameiseneier-*gŏy* (*gŏy kài mót sòm* – *gŏy* ähnelt dem *láhp*, beinhaltet aber zusätzlich Blut. Eine ganze Seite der Speisekarte ist voll mit verschiedenen Klebreis-Soßen zum Tunken (*jaew*), darunter Aubergine und Grille, man kann aber auch auf Nummer sicher gehen und bei zentralthailändischem Papayasalat oder gegrilltem Fisch mit Kräutern bleiben.

Le Panorama LAOTISCH, INTERNATIONAL $$

(Karte S. 220; Th 5; Hauptgerichte 30 000–85 000 Kip; ☺16.30–22 Uhr; 🛜🖊) Auf dem

Dach des Pakse Hotel wird köstliche franko-asiatische Küche bei einem unschlagbaren Rundumblick serviert. Auf der Speisekarte stehen u. a. Entenbrust, Pizza und saftiger *bah neung het hörm* (gefüllter Fisch, in Bananenblättern gedämpft). Schade, dass der Service so unterirdisch ist!

Shoppen

Kaffee vom Bolaven-Plateau ist das traditionelle Souvenir aus der Region; Kaffeepackungen erhält man in jedem Café. Auch nett als Mitbringsel: im **Champasak Shopping Centre** (Champasak Plaza; Karte S. 220; ⊗ 8–19 Uhr) und auf dem Talat Dao Heuang (S. 218) bekommt man typisch laotische Röcke.

Pakse Souvenirs KUNST & KUNSTHANDWERK
(Karte S. 220; Th 5; ⊗ 8–18 Uhr) Die hochwertigen Textilien und gewebten Bambuswaren stammen größtenteils aus dem Norden, aber es gibt auch ein paar südlaotischen Artikel. Absolut einmalig sind die modernen Designs der Inhaber, die aus älteren Stoffen Taschen, Tischläufer und Ähnliches fertigen.

Dream Weaver KUNST & KUNSTHANDWERK
(Karte S. 220; Th 11; ⊗ 8–20 Uhr) ✈ Eine NRO unterstützt diesen kleinen Laden. Verkauft werden in erster Linie Webstoffe, doch man findet auch andere Souvenirs. Bei den Künstlern und Kunsthandwerkern handelt es sich fast ausschließlich um die Opfer von Menschenhandel und ihre Familienmitglieder.

Monument Books BÜCHER
(Karte S. 220; Th 5; ⊗ Mo–Sa 9–20, So bis 18 Uhr) Der hochwertige Buchladen ist der beste Anlaufpunkt für Landkarten von Laos und den Anrainern. Außerdem verkauft er Postkarten und eine tolle Auswahl von Büchern über die regionale Geschichte und Kultur.

❶ Praktische Informationen

GELD

Die besten Wechselkurse bieten Banken wie die praktisch gelegene Filiale von **BCEL** (Karte S. 220; Th 11; ⊗ Mo–Fr 8.30–15.30 Uhr) und die **Lao Development Bank** (Karte S. 220; Route 13; ⊗ Mo–Fr 8–16, Sa & So bis 15 Uhr), zu der eine Western-Union-Zweigstelle gehört. Eine gute Alternative ist der Wechselschalter im **Lankham Hotel** (Karte S. 220; ⊗ 7–19 Uhr). Alle drei geben Barvorschüsse (cash advances) auf Kreditkarten und berechnen dafür 3 % Kommission. Die LDB nimmt Reiseschecks (in US-Dollar) gegen eine Gebühr von 1 % an.

Im Stadtzentrum gibt's eine ganze Reihe von Geldautomaten.

INTERNETZUGANG

Miss Noy (Karte S. 220; ☎ 020-22272278; noy7days@hotmail.com; Route 13; 8000 Kip pro Std.; ⊗ 8–20 Uhr) und **SL Travel** (Karte S. 220; Th 24; 10 000 Kip pro Std., Fahrrad 20 000 Kip; ⊗ 6.30–21 Uhr) haben stabile Internetverbindungen.

MEDIZINISCHE VERSORGUNG

Die **International Hitech Polyclinic** (VIP Clinic; Karte S. 220; ☎ 031-214712; ihpc_lao@yahoo.com; Ecke Th 1 & Th 10; ⊗ 24 Std.) neben dem **öffentlichen Krankenhaus** (Karte S. 220; ☎ 031-252928; Th 10; ⊗ 24 Std.) hat englischsprachiges Personal und einen viel höheren Behandlungs-, Service- und Einrichtungsstandard sowie eine Apotheke.

POST

Hauptpost (Karte S. 220; Th 8; ⊗ Mo–Fr 8–12 & 13–17 Uhr) Einen kurzen Fußweg von der Touristenmeile entfernt.

TELEFON

Unitel (Karte S. 220; Route 13; ⊗ Mo–Fr 8–16, Sa bis 12 Uhr) Eine praktische Adresse für lokale SIM-Karten, wenn man gerade in Laos angekommen ist. Die Angestellten richten Smartphones für 3G-Internet ein.

TOURISTENINFORMATION

Touristeninformation der Provinz Champasak (Karte S. 220; ☎ 031-212021; Th 11; ⊗ Mo–Fr 8–16 Uhr) Infos vor allem in schriftlicher Form (Karten, Broschüren), doch manche Mitarbeiter beantworten auch Fragen und helfen bei der Buchung von Aufenthalten bei Einheimischen sowie Aktivitäten in Kiet Ngong, auf Don Kho und auf Don Daeng.
Miss Noy Das Team von Miss Noy kennt sich bestens aus in der Region. Ihre Spezialität ist das Bolaven-Plateau.

VISA

Die **Einwanderungsbehörde** (Karte S. 220; Th 10; ⊗ Mo–Fr 8–11 & 14–16 Uhr) von Pakse ist in der Hauptpolizeiwache zu finden, dem höchsten Gebäude der Stadt. Für eine Visumverlängerung benötigt man eine Fotokopie der Bildseite des Reisepasses und zwei Fotos und 30 000 Kip plus 20 000 Kip pro zusätzlichem Tag. Am nächsten Nachmittag sollte die Verlängerung (mindestens drei und höchstens 30 Tage) genehmigt sein.

❶ An- & Weiterreise

BUS & SÖRNGTÄAOU

Frustrierenderweise hat Pakse viele Bus- und *sörngtäaou*-Terminals. Die große Mehrheit der Touristen bucht Busreisen in ihrem Gästehaus oder einem Reisebüro; da es sich entweder um spezielle Touristenbusse handelt, die Passagiere im Zentrum einsammeln, oder aber ein kostenloser Transfer zum jeweiligen Abfahrtsort enthalten ist, sind die Preise gewöhnlich in Ordnung.

Auf bestimmten Langstrecken – nach Kambodscha, Vietnam und Vientiane – sollte man den Anbieter mit Bedacht wählen, sonst verliert man mehrere Stunden und bekommt eine Menge Stress. Die Fahrkarte besser bei einem Reisebüro besorgen, das genau über die Route Bescheid weiß, als bei einer Pension, deren Mitarbeiter wahrscheinlich nicht so gut im Bilde sind.

Es gibt sechs Hauptbusbahnhöfe:

Busterminal Süd (Route 13) Das wichtigste Busterminal von Pakxe. Von hier aus werden so ziemlich alle Reiseziele angefahren. Es ist auch als *khíw lot lák paet* (Km-8-Busterminal) bekannt, denn es befindet sich 8 km außerhalb der Stadt an der Route 13.

Busterminal Nord (Route 13) In der Regel *khíw lot lák jét* (Km-7-Busterminal) genannt, liegt dieses Terminal – man ahnt es schon – 7 km nördlich der Stadt. Die Busse steuern ausschließlich Ziele im Norden an. Achtung: Die englischsprachigen Schilder zu den Abfahrten sind häufig falsch!

Talat Dao Heuang (Morgenmarkt; Karte S. 220) Transporter und *sŏrngtăaou* zu Orten in der Nähe, etwa zur thailändischen Grenze, starten von einem chaotischen Platz in der Südostecke des Markts sowie von der Th 38 vor dem Markt.

Km-2-Busterminal (Busbahnhof Sengchalern; ☏ 031-212428; Route 13) Auch bekannt als Busbahnhof Sengchalern nach dem Besitzerunternehmen; das Büro befindet sich in der Lobby des SL Hotel.

King-of-Bus-Terminal (Karte S. 220; 020-5501 2299; Th 11) Nachtbusse nach Vientiane bzw. zu Städten auf dem Weg in die Hauptstadt.

Busbahnhof Kiang Kai (abseits der Th 38) Kleiner, versteckter Busbahnhof in einem rot-gelben Gebäude ein ganzes Stück abseits der Th 38, 1,5 km hinter der Japanischen Brücke. Busse nach/ab Thailand (diese nutzen aber z. T. auch das Busterminal Süd).

Vientiane & Ziele im Norden

Die meisten Traveller bevorzugen nach Vientiane (170 000 Kip, 10 Std.) die komfortablen „VIP"-Nachtbusse mit Schlafsitzen. Man bucht sie im Gästehaus oder fährt zum King-of-Bus-Terminal (s. oben), wo jeden Abend um 20.30 Uhr mehrere Busse starten. Am Km-2-Busterminal (s. oben) startet ein weiterer VIP-Schlafbus um 20 Uhr. Mit diesen Verbindungen gelangt man auch nach Thakhek (130 000 Kip, 4½ Std.) und Xeno (in Richtung Savannakhet; 120 000 Kip, 3 Std.).

Wer lieber tagsüber reist, hat die Wahl zwischen verschiedenen langsameren, klimatisierten Standardbussen (110 000 Kip, 12–14 Std.). Sie starten den ganzen Tag über am Busterminal Süd (s. links) und halten auf dem Weg aus der Stadt am Km-2-Busterminal und am Busterminal Nord (s. links). Die Fahrt geht über Thakhek (40 000 Kip, 5 Std.) und Xeno (60 000 Kip, 7 Std.).

Bolaven-Plateau & Ziele im Osten

Zum Bolaven-Plateau und zu Zielen weiter östlich fahren hauptsächlich klimatisierte Busse vom Busterminal Süd (s. links) und ventilatorgekühlte Standardbusse vom Km-2-Busterminal (s. links). Die letzten Fahrten sind um 16 Uhr (einzige Ausnahme: letzte Fahrt nach Xekong am Terminal Süd um 14.30 Uhr). Busse nach Saravan (Ventilator/Klimaanlage 30 000/40 000 Kip, 3 Std.) können einen in Tad Lo absetzen. Busse nach Attapeu (Ventilator/Klimaanlage 45 000/50 000 Kip, 3½–5 Std.) fahren durch Pakxong (Ventilator/Klimaanlage 15 000/20 000 Kip, 90 Min.) und etwa die Hälfte nutzt die lange Route via Xekong (Ventilator/Klimaanlage 35 000/40 000 Kip, 3½ Std.).

Champasak & Si Phan Don

Am **Talat Dao Heuang** (s. links) starten bis mittags – manchmal sogar noch um 14 Uhr – reguläre *sŏrngtăaou* nach Champasak (20 000 Kip, 1 Std.). Die meisten Reiseanbieter haben eine kombinierte Bus- und Bootsfahrt nach Champasak für Touristen im Programm (Abfahrt morgens; 55 000 Kip, 1½ Std.); sicherstellen, dass das Ticket die Fähre ab Ban Muang beinhaltet. Der reguläre Preis für die Fährüberfahrt ist 10 000 Kip pro Nase bzw. 30 000 Kip, falls man der einzige Passagier ist.

Die komfortabelste und praktischste Transportmöglichkeit nach Si Phan Don sind die Touristenbusse und Minivans mit Abholung in der Stadt inklusive Bootstransfer nach Don Khong (70 000 Kip, 2¼ Std.), Don Det (70 000 Kip, 3 Std.) und Don Khon (75 000 Kip, 3¼ Std.). Man kann sie in jedem Gästehaus oder Reisebüro buchen. Los geht's morgens gegen 8 Uhr. Achtung: Die Preise unterliegen starken Schwankungen; selbst auf denselben Routen zahlt man je nach Fahrtrichtung z. T. unterschädliche Beträge – der Grund dafür sind Preisabsprachen.

Wer später am Tag starten möchte, nimmt eines der *sŏrngtăaou* nach Ban Nakassang (Richtung Don Det und Don Khon; 40 000 Kip, 3½ Std.), die bis 17 Uhr stündlich vom Busterminal Süd (s. links) verkehren. Sie halten auch in Hat Xay Khun (Richtung Don Khong).

Um 11 Uhr fährt ein *sŏrngtăaou* nach Kiet Ngong (30 000 Kip, 2 Std.).

Nachbarländer

Die Reise nach Kambodscha (S. 262) ist nervenaufreibend, nach Thailand einzureisen ist hingegen ein Klacks. Die Fahrt nach Vietnam liegt irgendwo dazwischen.

Die bequemste Option nach Hué (200 000 Kip, 12 Std.) und Da Nang (220 000 Kip, 14 Std.) in

Vietnam ist der morgendliche Sleeperbus vom **Busterminal** Süd (S. 224), der der längeren Route über den Grenzübergang Lao Bao östlich von Savannakhet folgt. Dieser Bus fährt nicht täglich; manchmal wird die Strecke stattdessen von einem normalen Bus bedient oder einfach gar nicht. Bis zu drei Stunden flotter, aber gleich teuer sind die modernen, komfortablen Minibusse, die via Saravan fahren und den Grenzübergang Lalay nehmen (S. 242). Ihre Fahrer sind allerdings ziemliche Draufgänger. Dann gibt's noch die langsameren und wirklich miesen Frachtbusse, in denen nur wenige Sitze für Passagiere freigehalten werden. Sie sind ein Garant für eine ungemütliche, sehr viel längere Reise. Wenn kein großer Bus fährt, buchen skrupellose Reisebüros Touristen manchmal heimlich auf die Cargo-Gefährte! Deshalb immer

noch mal nachhaken, in was für einem Vehikel man denn nun wirklich reisen wird. Nach Kon Tum und Ho-Chi-Minh-Stadt gelangt man über den Grenzübergang Bo Y (S. 145). Einige Reisebüros verkaufen Tickets für Direktbusse nach Ho-Chi-Minh-Stadt (450 000 Kip, 15 Std.), diese nehmen allerdings die südliche Route, ergo müssen die Passagiere ein Visum für Kambodscha kaufen. Nach Kon Tum zu fahren und dort in einen Anschlussbus zu steigen dauert zwar ein paar Stunden länger, ist allerdings auch deutlich preiswerter (240 000 Dong).

FLUGZEUG

Der **internationale Flughafen von Pakxe** (Route 13) liegt 2,5 km nordwestlich der Souphanouvong-Brücke. Ein *tuk-tuk* zum/vom Flughafen kostet ca. 40 000 Kip.

WEITERREISE NACH THAILAND: VON VANG TAO NACH CHONG MEK

Zur Grenze

Am **Grenzübergang** zwischen **Vang Tao (Laos)** und **Chong Mek (Thailand)** (6–20 Uhr) kann man nicht viel verkehrt machen.

Am einfachsten gestaltet sich die Anreise mit dem Thai-Lao International Bus (50 000 Kip, 2½–3 Std., 8.30 & 15 Uhr), der zwischen dem Busterminal Süd in Pakxe (S. 224) und dem Busbahnhof von Ubon Ratchathani verkehrt. Unterwegs werden an dem kleinen Busbahnhof Kiang Kai (S. 224) weitere Passagiere aufgenommen. Für alle, die nach Pakxe fahren (Abfahrten in Ubon um 9.30 & 15 Uhr): Der Busfahrer hält lange genug, dass man sich ein Visum für Laos besorgen kann.

Darüber hinaus fahren häufig Minivans von Pakxe nach Vang Tao (25 000 Kip, 45 Min.). Abfahrt ist auf der Straße vor dem Markt Talat Dao Heuang (S. 224). Vom Inneren des Marktgeländes aus machen sich *sŏrngtǎaou* bis etwa 16 Uhr auf den Weg zur Grenzstadt. Weitere Transporter nach Vang Tao nutzen das Busterminal Süd (Abfahrt im Stundentakt). Die Fahrgäste werden auf einem entweder staubigen oder schlammigen Parkplatz 500 m vom laotischen Einwanderungsbüro entfernt rausgelassen.

Täglich um 16 Uhr gibt's am Busterminal Süd eine direkte Verbindung nach Bangkok (225 000 Kip, 14 Std.); manchmal muss in Ubon das Fahrzeug gewechselt werden. Die Reisebüros in Pakxe bieten nach Bangkok überdies eine Kombination aus Bus/Zug mit Schlafsitzen an. Die günstigsten Tickets kosten 290 000 Kip (2. Klasse, ventilatorgekühlte Waggons).

An der Grenze

Laos stellt bei der Einreise Visa aus (etwa 35 US$), während Deutsche, Österreicher und Schweizer auf der thailändischen Seite kostenlose 30-Tages-Visa erhalten. Um von einem Land in das andere zu gelangen, muss man ein Stück durch einen (sinnlosen) unterirdischen Tunnel laufen.

Es klingt wie Abzocke, ist aber rechtens: Nach 16 Uhr und an Wochenenden und Feiertagen ganztägig muss auf laotischer Seite eine „Überstunden-Gebühr" gezahlt werden. Die tatsächliche Abzocke ist, dass die Beamten anstelle der legitimen 10 000 Kip 100 Baht verlangen – einfach eine Quittung fordern, dann zahlt man den korrekten Preis.

Weiterfahrt

Am Busterminal von Chong Mek, 600 m die Hauptstraße hinauf (mit dem Motorradtaxi 20 Baht), nehmen Minivans Kurs auf Ubon (100 Baht, 1¼ Std., alle 30 Min.). Alternativ spricht man die inoffiziellen Taxifahrer an, die beim Einwanderungsbüro warten. Sie nehmen 1000 Baht nach Ubon Ratchathani.

Lao Airlines (📞 031-212252; www.laoairlines.com; Flughafen Pakxe; ⊙ Mo–Fr 8.30–17, Sa 8–17, So 8–19 Uhr) bedient folgende Reiseziele in Asien (Direktflüge):

Vientiane 750 000 Kip, 2-mal tgl.

Luang Prabang 890 000 Kip, 3-mal wöchentl.

Savannakhet 320 000 Kip, 4-mal wöchentl.

Attapeu 520 000 Kip, 3-mal wöchentl.

Siem Reap 105 US$, 4-mal wöchentl.

Ho-Chi-Minh-Stadt 110 US$, 2-mal wöchentl.

Bangkok 125 US$, 4-mal wöchentl.

Eine günstigere Reisemöglichkeit nach Bangkok ist die Überlandfahrt nach Ubon Ratchathani, wo Billigflüge starten.

SCHIFF/FÄHRE

Um 8.30 Uhr fährt ein Touristenmotorboot nach Champasak, wenn sich genug Passagiere finden (einfache Strecke 70 000 Kip pro Pers.), was in der Nebensaison selten der Fall ist. Die Rückfahrt ab Champasak erfolgt um 13.30 Uhr. Stromabwärts nach Champasak braucht man zwei Stunden; die Rückreise dauert etwas länger. Buchung in einem beliebigen Reisebüro oder telefonisch bei **Herrn Khamlao** (📞 020-22705955; 80 US$ pro Boot, für 10 Pers. 8 US$ pro Pers.).

❶ Unterwegs vor Ort

AUTO & MOTORRAD

Mehrere Geschäfte und Gästehäuser in der Touristenzone an der Route 13 vermieten Motorräder (100 ccm ab 50 000 Kip pro Tag; automatische Honda Scoopy 100 000 Kip). Gute Optionen sind **Miss Noy** (S. 223), wo jeden Abend Treffen für Bolaven-Plateau-Interessenten stattfinden, und **Pakse Travel** (Karte S. 220; 📞 020-22277277; Route 13; ⊙ 7.30–20.30 Uhr).

In Reiseagenturen und Unterkünften kann man sich über Mietwagen samt Fahrer erkundigen. Je nachdem, wohin man reisen will, zahlt man dafür um die 400 000 Kip (zuzügl. Treibstoff). **Avis** (Karte S. 220; 📞 031-214946; www.avis.la; Th 10; ab 58 US$ pro Tag; ⊙ Mo–Fr 8.30–18, Sa & So 9–13 Uhr) vermietet Fahrzeuge (Kleinwagen bis SUVs), entweder mit oder ohne Fahrer, und hat die für eine Überführung in die Nachbarländer benötigten Formulare.

FAHRRAD

Eine Radtour zu den wenigen Sehenswürdigkeiten vor Ort verspricht ein paar nette Stunden. **SL Travel** (S. 223) und **Miss Noy** (S. 223) verleihen Räder (15 000–20 000 Kip).

ÖFFENTLICHER NAHVERKEHR

Gemessen am regionalen Standard ist der öffentliche Nahverkehr in Pakse sehr teuer. Eine kurze Fahrt mit dem *sähm-lór* (Dreirad-Rikscha) wie etwa vom Talat Dao Heuang ins Zentrum kostet ca. 10 000 Kip für eine Person – bei weiteren Passagieren bzw. im *tuk-tuk* zahlt man noch mehr. Eine Fahrt zu mehreren zum Nord- oder Südterminal liegt bei 15 000 Kip pro Person und bei 50 000 Kip für ein komplettes *tuk-tuk*.

RUND UM PAKXE

Don Kho & Ban Xa Phai

Das Dorf Ban Xa Phai am Mekong und die nahe gelegene Insel Don Kho nördlich von Pakse sind berühmt für ihre Webkunst. Hier sitzen Frauen an großen Webstühlen unter ihren Häusern und fertigen Kleidung aus (echter und unechter) Seide und Baumwolle, aber auch andere Waren. Sie freuen sich eigentlich immer über interessierte Zuschauer. Dem Bekanntheitsgrad dieser beiden Orte zum Trotz sind sie nicht überlaufen. Noch weniger Besucher verschlägt es in das nahe Dorf Ban Don Khoh, in dem die Bewohner kunstvoll Stein behauen. Aus den drei Zielen kann man eine nette Halbtagestour ab Pakse stricken, und wer noch tiefer in die Kultur eintauchen will, bleibt einfach über Nacht in einer Privatunterkunft auf Don Kho.

Don Kho ດອນໂຄ

Auf Don Kho fahren keine Autos und kaum Motorräder, und obwohl es seit Kurzem Strom gibt, fühlt man sich in eine einfachere Zeit zurückversetzt. Die 350 Bewohner leben an beiden Ufern im Norden der 450 m breiten Insel und bauen in der Mitte Reis an. Don Kho bietet keine Touristenattraktionen in dem Sinne, doch die Seidenspinnerinnen freuen sich über spontane Besucher.

Die Schriftenhalle des Wat Silattana Satsadalam (oder Wat Don Kho) ist vom Stil her laotisch und französisch gemischt. Einheimischen zufolge soll der riesige Baum 500 Jahre alt sein. Etwa sechs Monate im Jahr kann man zu ein paar Stränden hinausspazieren. Für 50 000 Kip nehmen einen Fischer zu einem Angelausflug mit. Das „traditionelle Haus mit dem Zwillingsdach", das auf der Karte an der Anlegestelle eingezeichnet ist, gibt's nicht mehr; wer sich im größtenteils bewaldeten Süden der Insel ins Dickicht schlägt, wird vielleicht Spuren des alten Dorfs und des Friedhofs finden. So richtig lohnen tut sich das allerdings nicht.

Don Kho kann zu Fuß oder mit einem Leihrad (20 000 Kip pro Tag) erkundet werden. An der Anlegestelle links abbiegen und in dem kleinen Verwaltungszentrum nachfragen; dort können auch **Homestays** (30 000 Kip pro Pers., 20 000 Kip pro Mahlzeit) organisiert werden.

Ob man es glaubt oder nicht, Don Kho war nach der Ankunft der Franzosen in den 1890er-Jahren kurzzeitig die Hauptstadt von Südlaos und diente zudem als Ankerplatz für Dampfschiffe zwischen Don Det und Savannakhet.

Ban Xa Phai ບ້ານສະພາຍ

Die erste Station in dem Weberdorf sollte das **Zentrum für Kunsthandwerk** (☉6–19 Uhr) neben dem Bootspier sein. Hier stehen ein paar Webstühle und die Besucher können handgewebte Textilien und andere Arbeiten kaufen. Gäste werden nicht nur willkommen geheißen, sondern auch dazu eingeladen, Weberinnen in ihren Wohnhäusern im Dorf aufzusuchen. Auf einer Karte vor dem Zentrum ist ein kurzer Spaziergang zu mehreren Weberhäusern, einer alten Schule am Tempel und dem Markt von Ban Xa Phai eingezeichnet.

Ban Don Khoh ບ້ານດອນເຂາະ

Das wenig bekannte Ban Don Khoh (nicht zu verwechseln mit der Insel Don Kho im Norden, die mit nur einem „h" geschrieben wird), ist die Heimat Dutzender Bildhauer, die vor allem Buddhastatuen aus Stein fertigen. Vielfach werden die ersten Arbeitsschritte mit Elektrowerkzeugen ausgeführt, normalerweise nutzen die Künstler jedoch Hammer und Meißel. Sie sind jeden Tag von morgens bis abends zugange – es sei denn, es steht eine Zeremonie im Tempel oder eine wichtige *muay thai*-Übertragung im Fernsehen an.

Die Werkstätten befinden sich vor dem Wat Chompet, auf dessen Gelände eine 30 m hohe Buddhastatue steht. Das eigentliche Dorf Ban Don Khoh liegt ein Stück weiter westlich am Mekong; die Bildhauersiedlung wird deshalb auch Ban Chomphet genannt.

❶ Praktische Informationen

Ein paar Mitarbeiter des Kunsthandwerkerzentrums von Ban Xa Phai sprechen etwas Englisch. Sie buchen auf Wunsch Privatunterkünfte und/oder Aktivitäten auf der Insel Don Kho.

Diesen Service bieten auch die Angestellten der Touristeninformation in Pakxe (S. 223).

❶ An- & Weiterreise

Ban Xa Phai befindet sich 16 km nördlich der Souphanouvong-Brücke (Pakxe). Die Abzweigung ist beschildert. Auf der Straße vor dem Tor des Talat Dao Heuang (S. 224) in Pakxe fahren ziemlich regelmäßig *sŏrngtăaou* nach Ban Xa Phai (20 000 Kip, 45 Min.) ab.

In den Langbooten, die von Ban Xa Phai nach Don Kho übersetzen, finden bis zu fünf Personen Platz (hin & zurück 40 000 Kip). Entweder vereinbart man für die Abholung eine Uhrzeit mit dem Bootsführer oder lässt sich seine Telefonnummer geben.

Ban Don Khoh liegt 9 km von der Souphanouvong-Brücke entfernt zwischen Pakxe und Ban Xa Phai. Die Abzweigung – eine asphaltierte Straße, die direkt vor dem Busbahnhof nach Westen führt – ist nicht beschildert.

Phou Xieng Thong NPA
ປ່າສະຫງວນແຫ່ງຊາດພູຊຽງທອງ

Das 1200 km² umfassende Phou Xieng Thong NPA erstreckt sich in den Provinzen Champasak und Saravan. Am leichtesten zugänglich ist das Areal 50 km flussaufwärts von Pakxe. Die Schönheit dieses Landstrichs scheint nicht von dieser Welt zu sein: Felszungen sind zu kuriosen Formen erodiert und karge Sandsteinkämme ragen in die Höhe. Manche von ihnen zieren prähistorische Malereien. Jäger haben die Zahl der großen Wildtiere stark dezimiert, doch es gibt immer noch reichlich Vögel, darunter sehr viele Grüne Pfauen, und verschiedene wilde Orchideen zu entdecken.

Die Trips von Green Discovery (S. 219) für 132 US$ pro Person (mind. 4 Teilnehmer) können von Dezember bis Juni gebucht werden und starten typischerweise im Mekong-Dorf Ban Mai Singsamphan, wo man zwischen zwei Tagen mit moderat anstrengenden Wanderungen eine Nacht bei Einheimischen verbringen wird. Ein Höhepunkt der Tour ist der Sonnenuntergang auf dem Phou Khong (Khong-Berg). Auf dem Rückweg nach Pakxe fährt man ein Stück auf dem Mekong.

Es ist fast unmöglich, Phou Xieng Thong ohne vorab organisierte Tour zu erkunden, da die Touristeninformation in Pakxe keine Trips mehr in das Schutzgebiet anbietet und keiner der lokalen Guides gut Englisch spricht. Doch wer es allein bis Ban Mai Singsamphan schafft, bekommt vielleicht auch eine unabhängige Tour auf die Beine gestellt.

CHAMPASAK   จำปาสัก

14 000 EW. / ☑ 030

Nur schwer lässt sich im schläfrigen Champasak der Sitz eines Königtums erkennen, doch genau das war der Ort von 1713 bis 1946. Der Brunnenkreisverkehr (inzwischen ohne Brunnen) in der Mitte der Hauptstraße erinnert an die einstige Erhabenheit der Stadt, die mit der Abreise der ehemaligen königlichen Familie verloren ging. Zwischen traditionellen laotischen Holzhäusern auf Stelzen stehen noch vereinzelt Gebäude aus der französischen Kolonialzeit und die wenigen Fahrzeuge teilen sich die enge Hauptstraße mit Federvieh und Kühen.

Wegen der guten Auswahl an Unterkünften und mehreren Attraktionen in der näheren Umgebung – allen voran die Ruinen des Wat Phou Champasak (S. 233) aus der Angkor-Periode – übernachten viele Besucher der Region lieber hier als im sehr lebhaften Pakxe.

Fast alles in Champasak konzentriert sich auf die Uferstraße, also zu beiden Seiten des Brunnenkreisverkehrs.

◉ Sehenswertes & Aktivitäten

★ Schattenspieltheater & Cinéma Tuktuk   THEATER
(Karte s. links; www.cinema-tuktuk.org; 50 000 Kip; ☺ Okt.–April 20.30–22 Uhr, Di & Fr Schattenspiel, Mi & Sa Film) Der Franzose Yves Bernard ist Betreiber dieses zauberhaften Theaters neben der Touristeninformation. Hier erzählen Schattenspielfiguren das epische *Ramayana*. Mittwochs und samstags wird der Oscar-nominierte Stummfilm *Chang* (1927) gezeigt, der von dem Drehbuchautor und Regisseur der Originalversion von *King Kong* 18 Monate lang im thailändischen Dschungel gedreht wurde. Der eigentliche Clou sind die Musiker, die live die Vorführung begleiten.

Wat Muang Kang   BUDDHISTISCHER TEMPEL
(ວັດເມືອງກາງ, Wat Phuthawanaram; Karte S. 232) 5 km südlich der Stadt findet man am Mekong Champasaks ältesten noch aktiven Tempel, der gleichzeitig wohl einer der interessantesten in Südlaos ist. Als Erstes fällt die hohe *ubosot* (Ordinationshalle) im thailändischen Stil mit einem rot geschindelten Dach und einem Säulenring ins Auge. Das besondere Highlight ist die *hăw tai* (Tripitaka-Bücherei). Sie vereint Elemente der laotischen, chinesischen, vietnamesischen und französischen Kolonialarchitektur.

Der beschädigte, aber unverändert schöne Turm beherbergt angeblich Buddha-Darstellungen, doch fragt man die Einheimischen, hat er noch eine gänzlich andere Aufgabe: Mitten in der Nacht trifft ein rätselhafter Lichtstrahl von der anderen Flussseite auf einen *kâew* (Kristall) und lässt die Spitze des Sri Lingaparvata, des heiligen Bergs über dem Wat Phou Champasak, erstrahlen.

Der Wat Muang Kang lässt sich problemlos erreichen: Champasak auf der Uferstraße verlassen und da, wo die Hauptstraße zum Wat Phou abknickt, der unbefestigten Route nach Süden folgen. Auf dem Rückweg kann man eine Zeit lang den schmalen Uferpfad nehmen, wenn man mit dem Rad oder Motorrad unterwegs ist.

Champasak Spa   SPA
(Karte S. 232; ☑ 020-56499739; www.champasak-spa.com; Massagen 90 000–160 000 Kip; ☺ 10–12 & 13–19 Uhr, April–Okt. Mo & den ganzen Juni geschl.) ✐ Nathalie heißt die Betreiberin die-

Champasak
(N) 0 —— 100 m

Unvollendeter Palast

Kreisverkehr mit Springbrunnen

Shadow Puppet Theatre & Cinéma Tuktuk

Mekong

Champasak

◉ Highlights
1 Schattenspieltheater & Cinéma Tuktuk B2

🛏 Schlafen
2 Dokchampa Guesthouse B1
3 Khamphouy Guesthouse A2
4 Saythong Guesthouse B2

🍴 Essen
5 Champasak with Love B1

ℹ Praktisches
6 Besucherinformationszentrum des Champasak-Bezirks B2
7 Lao Development Bank A2

ser duftenden Oase, in der es den Tee zu den einfühlsamen Behandlungen mit Bio-Produkten aus regional angebauten Bestandteilen gratis dazu gibt. Zudem schafft dieses Spa Arbeitsplätze für einheimische Frauen und hat Yogaunterricht und kostenlose Morgenmediationen im Angebot (vorher reservieren). Für einen ganzen Tag Wellness (reservieren) mit Gesichts- und Körperpeeling, Haarpflege, Massage und Mittagessen werden 550 000 Kip berechnet.

🛏 Schlafen

Dokchampa Guesthouse   PENSION $
(Karte S. 228; ☏ 020-55350910; Zi. mit Ventilator/klimatisiert 50 000/200 000 Kip; ✸🛜) Veranden vor den Zimmern, ein Restaurant am Fluss, der hilfsbereite Besitzer (spricht Englisch) und eine entspannte Atmosphäre machen die Pension zu einer der besten Bleiben in Champasak. Die Zimmer mit Ventilator halten keine Überraschungen bereit, dafür verfügen die frisch renovierten, klimatisierten Räume über Bäder mit Glaswänden... In der Nebensaison fallen die Preise erheblich.

Saythong Guesthouse   PENSION $
(Karte S. 228; ☏ 020-22206215; bobbychampa@yahoo.com; Zi. mit Ventilator/klimatisiert 50 000/120 000 Kip; ✸🛜) Eines der ersten Gästehäuser der Stadt. Seit dem Umbau ist das Preis-Leistungs-Verhältnis des freundlichen Saythong top und das Restaurant nimmt ein hübsches Fleckchen über dem Mekong ein.

Anouxa Guesthouse   PENSION $
(Karte S. 232; ☏ 031-511006; Zi. mit Ventilator 60 000 Kip, klimatisiert 100 000–200 000 Kip; ✸🛜) Etwas nördlich vom allgemeinen Trubel liegt das Anouxa ruhig zwischen hohen Bäumen. Neben Hängematten und zwitschernden Vögeln bietet es betagte, aber dennoch gute Zimmer mit privatem Bad, Moskitonetzen, Hmong-Wandteppichen und Balkonen. Zu den klimatisierten Unterkünften gehören Veranden mit Flussblick. Das schönste Zimmer schwebt förmlich über dem Wasser. Außerdem: ein gutes Restaurant am Fluss, Fahrrad-/Motorradverleih.

★ **Inthira**
Champasak Hotel   BOUTIQUE-HOTEL $$
(Karte S. 232; ☏ 031-511011; www.inthira.com; Zi. mit Frühstück 44–71 US$; ⊝✸🛜) In dieser Schönheit am Fluss warten 14 charmante Zimmer mit viel Charakter, in denen sich Altes mit Neuem mischt. Edle Details – Holzböden, stimmungsvolle Beleuchtung, Flachbild-TVs,

EINSTIGE PALÄSTE

Die beiden auffälligen weißen Gebäude 300 m südlich des Brunnenkreisverkehrs sind unverwüstliche Zeugnisse von Champasaks längst vergangenem Glanz. Das große Bauwerk von 1952 war der **Palast von Chao Boun Oum**, dem jüngeren Bruder des Königs (Karte S. 232). Eine Straße weiter erhebt sich die **Residenz** seines Vaters, **Chao Ratsadanai** (Karte S. 232), ein verblasster **Palast** (1926) im französischen Kolonialstil. Die Gebäude sind heute im Besitz entfernter Verwandter des Königs.

Tresore und Regenduschen – heben sie von der Konkurrenz in der Stadt ab und sorgen für Entspannung!

★ **River Resort**   RESORT $$$
(Karte S. 232; ☏ 020-56850198; www.theriverresortlaos.com; Villen mit Gartenblick 120–130 US$, mit Flussblick 160–170 US$; ⊝✸🛜≋) Die 15 Doppelvillen – zwölf am Fluss und drei in einem Garten mit Teich und Reisfeldern – sind mit riesigen Betten, indigenen Wandbehängen, Innen-/Außenduschen und großen Balkonen mit sensationellem Ausblick ausgestattet. Darüber hinaus gibt's zwei Pools, thailändische und laotische Massagen und ein wunderschönes Restaurant. Das Resort organisiert Luxus-Exkursionen mit dem Boot (die Tour bei Sonnenuntergang ist super!) und anderen Transportmitteln.

ⓘ Praktische Informationen

GELD

Lao Development Bank (Karte S. 228; ◷ Mo–Fr 8.30–15.30 Uhr) Geldautomat, Geldwechsel und Western-Union-Service.

INTERNETZUGANG

Internet & Copy (Karte S. 232; 250 Kip pro Min.; ◷ 7–18 Uhr) Ca. 150 m südlich des Inthira Hotel.

TOURISTENINFORMATION

Besucherinformationszentrum Champasak (Karte S. 228; ☏ 020-97404986; ◷ Mo–Fr 8–12 & 14–16.30 Uhr, Sept.–April auch an den Wochenenden geöffnet) Arrangiert Boote nach Don Daeng und Übernachtungen in den dortigen Gästehäusern. Lokale, teilweise englischsprachige Guides führen Tageswanderungen rund um den Wat Phou und begleiten Reisende

MUANG KAO

Inmitten von Palmen und Reisfeldern 3 km östlich von Champasak befinden sich die Überreste eines Ortes, der vor 1500 Jahren die Hauptstadt des Zhenla-Königreichs der Mon-Khmer war. Heute ist die Stätte als **Muang Kao** (Alte Stadt; ເມືອງເກົ່າ; Karte S. 232) bekannt, aber Wissenschaftler glauben, dass sie einst Shrestapura hieß.

Luftbilder zeigen die Ruinen einer rechteckigen, 2,3 mal 1,8 km großen Stadt, auf drei Seiten von doppelten Erdwällen umgeben und im Osten vom Mekong abgeschirmt. Andere Spuren sind kleine *baray* (ein Khmer-Wort mit der Bedeutung „künstliches Gewässer"), Fundamente für runde Steinbauten, Beweise für ein fortgeschrittenes Bewässerungssystem, mehrere hinduistische Bildhauerarbeiten und Steinreliefs (darunter ein Türsturz in der Art von Sambor Prei Kuk aus dem 7. Jh.), Steinwerkzeuge und Keramik. Zusammengenommen ergeben diese Dinge das äußerst seltene Beispiel einer alten städtischen Siedlung in Südostasien und offenbaren nebenbei, wie wichtig religiöser Glaube im alltäglichen Leben war.

Bis hier die älteste Sanskrit-Inschrift von Südostasien entdeckt wurde, blieb der Ursprung des Ortes ein Rätsel. Die Stele aus dem 5. Jh. enthüllte, dass König Devanika die Stadt gründete, die später in Kuruksetra umbenannt wurde. Sie erwähnt auch den verheißungsvollen Sri Lingaparvata, ein deutlicher Hinweis auf den Berg mit dem Wat Phou Champasak. „Verehrt seit dem Altertum", galt der Hügel als Wohnort oder Offenbarung des Hindugottes Shiva, und selbst heute noch achten ihn die Einheimischen als den Ort Phi Inthas (die Seele bzw. der Schutzgeist des Berges).

Blütezeit der Stadt war Ende des 5. Jhs. Bis zum 7. Jh. stellte sie ein wichtiges regionales Zentrum dar, wie zwei 1994/95 entdeckte Nandi-Sockelskulpturen (Shivas Reitbulle) zeigen. Sie tragen Inschriften von König Citrasena-Mahendravarman, dem „Eroberer", der später die Hauptstadt des Königreichs nach Sambor Prei Kuk in Zentralkambodscha verlegte. Archäologischen Befunden zufolge war der Ort bis zum 16. Jh. bewohnt.

Aktuelle Untersuchungen von Dr. Patrizia Zolese und ihrem Team ergaben, dass in der Nähe des Wat Phou noch dem 9. Jh. eine zweite Stadt errichtet wurde. Zolese glaubt, dass **Hong Nang Sida** (ໂຮງນາງສີດາ; Karte S. 232; ⏰ 8–16.30 Uhr) GRATIS das Zentrum dieser Stadt war, bei der es sich wahrscheinlich um Lingapura handelt – ein in vielen alten Inschriften erwähnter Ort, der von modernen Wissenschaftlern aber noch nicht genau identifiziert wurde.

nach Uo Moung. Man kann hier auch Boote nach Uo Moung (400 000 Kip) buchen, die auf Don Daeng und am Wat Muang Kang halten.

ℹ An- & Weiterreise

Champasak liegt 30 km von Pakxe entfernt an einer wunderschönen, fast leeren Asphaltstraße, die am Westufer des Mekong entlangführt. *Sörngtǎaou* nach Pakxe (20 000 Kip, 1 Std.) fahren nur morgens (bis etwa 8 Uhr). Außerdem verkehren vereinzelt Touristenbusse und -boote von/nach Pakxe (direkt).

Die morgendlichen Touristenbusse von Pakxe nach Champasak (55 000, 1½ Std.) fahren eigentlich nach Si Phan Don; sie setzen Champasak-Reisende in Ban Muang am östlichen Mekong-Ufer ab; dort setzt eine kleine Fähre (10 000 Kip pro Pers., 20 000 Kip für Motorräder) nach Ban Phaphin direkt nördlich von Champasak über. Lieber noch mal nachfragen, ob die Fährüberfahrt im Ticket inbegriffen ist. Die Bootsführer ziehen niemanden über den Tisch, manche Touranbieter in Pakxe hingegen

schon! Die letzten 2 km bis Champasak sind in keinem Ticket berücksichtigt (im Zweifel muss man laufen).

Um nach Si Phan Don zu gelangen, kann man ebenfalls die Ban-Muang-Fährroute nutzen, einen direkten Bus am Morgen nehmen (70 000 Kip, 3 Std.), falls sich genug Passagiere einfinden, oder mit dem Boot fahren. Letzteres kostet, privat gechartert, 200 US$, doch die Mitarbeiter des Besucherzentrums von Champasak (S. 229) wissen, ob es noch weitere Interessenten gibt, sodass man sich die Kosten teilen kann.

ℹ Unterwegs vor Ort

Alle Pensionen vermieten Fahrräder (10 000–20 000 Kip pro Tag), manche auch Motorräder (ab 70 000 Kip), z. B. **Vong Paseud** (Karte S. 232; ☎ 031-920038; Zi. mit Ventilator 30 000–50 000 Kip, klimatisiert 100 000 Kip; ✽ ☎) und **Khamphouy** (Karte S. 228; ☎ 030-9995866; Zi. mit Ventilator 50 000–60 000 Kip, klimatisiert 120 000 Kip; ✽ ☎).

RUND UM CHAMPASAK

Don Daeng   ດອນແດງ

Ausgestreckt wie ein Krokodil in der Sonne und wie aus der Zeit gefallen liegt die Insel Don Daeng mitten im Mekong. Acht Dörfer sind über ihren Rand verteilt, in der Mitte erstrecken sich Reisfelder. Die schmalen und vielfach schattigen Wege, die am Ufer des 8 km langen Eilandes entlang und durch sein Zentrum führen, sind autofrei, einzig Fahrräder, *dok dok* (Minitraktor) und eine Handvoll Motorräder werden zur Fortbewegung eingesetzt. Daraus ergibt sich ein Mekong-Idyll wie aus dem Bilderbuch.

Das Einzige, was annähernd als Sehenswürdigkeit durchgeht, ist ein verfallener alter Stupa aus Ziegeln, der aus derselben Zeit wie der Wat Phou Champasak stammen soll und sich auf dem Gelände des Waldtempels im Inselinneren befindet. Es gibt viele Strände zum Schwimmen, Frauen sollten hier allerdings beim Baden anstelle von Bikinis Sarongs und T-Shirts tragen. Zudem sollten sich nur gute Schwimmer ins Wasser begeben, da die Strömung mitunter tückisch ist.

🛏 Schlafen

Houa Don Daeng Village Lodge   PENSION **$**
(Karte S. 232; ☑ 020-55275277; 30 000 Kip pro Pers.) An der Nordspitze der Insel verfügt das Dorf Houa Don Daeng über eine kleine, schlichte Gemeinde-Lodge. In den beiden Zimmern liegen Matratzen auf dem Boden. Außerdem gibt's authentische Homestays. Bei beiden Optionen wird man von den Dorfbewohnern bekocht (20 000–30 000 Kip). Sie verleihen auch Fahrräder (20 000 Kip). Anrufen oder über das Besucherzentrum in Champasak buchen lassen.

★ La Folie Lodge   RESORT **$$$**
(Karte S. 232; ☑ 030-5347603; www.lafolie-laos.com; DZ/Villen mit Frühstück Nebensaison 90/500 US$; Hauptsaison 170/600 US$; ☻❋@🛜🎿) 🚲 Die Unterkunft am Flussufer gegenüber dem Wat Phou holt aus der tollen Aussicht heraus, was geht. Liebe zum Detail (laotische Stoffe, koloniale Motive, gebohnerte Holzböden) zeichnet die bildhübschen Holzbungalows aus, die Wände sind allerdings zu dünn. In dem stimmungsvollen Restaurant am Pool wird eine große Auswahl lokaltypischer und internationaler Gerichte kredenzt. Bootstransfers und die Nutzung der Fahrräder sind im Preis inbegriffen.

La Folie unterstützt Gemeindeprojekte auf Don Daeng, z. B. die Renovierung des Gesundheitszentrums.

ℹ An- & Weiterreise

Um von Champasak nach Don Daeng zu gelangen, mietet man ein Boot in seinem Gästehaus oder in der Besucherinformation (der Fixpreis liegt bei 50 000 Kip pro Strecke, wer Hin- und Rückfahrt organisiert, kommt aber vielleicht günstiger davon). Wer sich verständigen kann, zahlt bei Vang Kao, südlich von Champasak (die Anlegestelle ist direkt nördlich der Brücke), oder Ban Muang am Ostufer des Mekong gegebenenfalls etwas weniger (bei guter Verhandlungstechnik vielleicht 30 000 Kip pro Strecke).

ℹ Unterwegs vor Ort

In beiden Unterkünften auf Don Daeng steht eine begrenzte Anzahl Räder zur Verfügung. Wer nicht dort übernachtet, ist besser beraten, ein Leihrad aus Champasak mitzubringen.

Welterbestätte Wat Phou

Zu den Highlights jeder Laosreise zählt ein Besuch des Wat Phou. Die Ruinen des Khmer-Heiligtums liegen an den Ausläufern des 1416 m hohen Phou Pasak (auch Phou Khuai – Phallusberg – genannt). Verglichen mit den monumentalen Angkor–Stätten bei Siem Reap in Kambodscha ist dieser Tempelkomplex klein. Aber über den verfallenen Pavillons, dem Shiva-Lingam-Heiligtum, dem rätselhaften Krokodilstein und den hohen Bäumen, die einen Großteil des Wegs beschatten, liegt eine fast mystische Atmosphäre. Wegen seiner in der Khmer-Architektur einzigartigen Struktur wurde die Wat Phou von der UNESCO 2001 zur Welterbestätte erklärt.

Ein elektrischer Wagen fährt die Gäste vom Ticketbüro zum *baray* (Wasserbecken für rituelle Waschungen, auf Laotisch *nǎwng sá*). Danach muss man zu Fuß gehen.

Geschichte

Sanskrit-Inschriften und chinesische Quellen beweisen, dass der Tempel ab Mitte des 5. Jhs. zu rituellen Zwecken genutzt wurde. Der Komplex ist als eine irdische Nachahmung des Himmels gestaltet und gehörte zu einem größeren Konzept, das sich im Laufe der Zeit entwickelte und ein Netz von Straßen, Städten, Siedlungen sowie weiteren Tempeln umfasste. Was wir heute sehen, wurde über Jahrhunderte gebaut, umgestaltet, verändert und ergänzt; die jüngsten Bauten datieren in die späte Angkor-Zeit.

Rund um Champasak

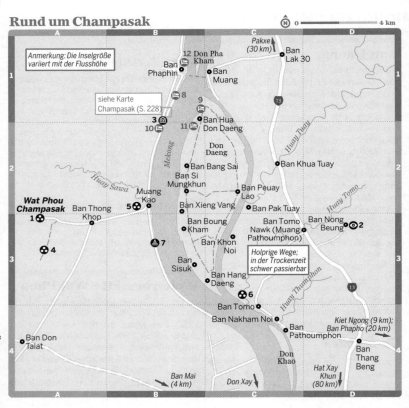

Rund um Champasak

◉ Highlights
1 Wat Phou Champasak............................A3

◉ Sehenswertes
2 Ban Nong Beung.....................................D3
3 Chao Boun Oum's Palace B1
  Chao Ratsadanai's Residence......(siehe 3)
4 Hong Nang Sida.....................................A3
5 Muang Kao...B2
6 Uo Moung...C3
7 Wat Muang Kang.....................................B3

⊕ Aktivitäten, Kurse & Touren
  Champasak Spa...........................(siehe 8)

⬤ Schlafen
8 Anouxa Guesthouse................................B1
9 Hua Don Daeng Village Lodge B1
10 Inthira Champasak Hotel B2
11 La Folie Lodge...B2
12 River Resort B1
  Vong Paseud Guesthouse..........(siehe 10)

⊗ Essen
  Inthira Hotel Restaurant............(siehe 10)
  Nakorn Restaurant.....................(siehe 10)

ⓘ Praktisches
  Internet & Copy ....(siehe 10)

In ihrer Blütezeit bildeten der Tempel und die nahe Stadt das wichtigste wirtschaftliche und politische Zentrum der Region. Nach wie vor gibt's viel über das damalige Leben und den Alltag zu entdecken. Seit Jahren läuft eine archäologische Kampagne unter Leitung der einzigartigen Dr. Patrizia Zolese, der führenden Wat-Phou-Expertin, die bereits seit 1990 auf dem Tempelgelände arbeitet. Die Wissenschaftler haben weitere Stätten in einem 400 km² großen Areal rund um die 84 ha große Hauptanlage dokumentiert.

Wat Phou Champasak

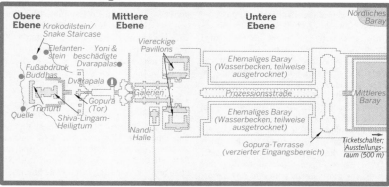

Obere Ebene Krokodilstein/ Snake Staircase

Elefanten- Yoni & Stein beschädigte Dvarapalas

Fußabdruck Buddhas

Dvarapala ❶

Trimūrti

Quelle

Shiva-Lingam-Heiligtum

Gopura (Tor)

Mittlere Ebene

Viereckige Pavillons

Galerien

Nandi-Halle

Untere Ebene

Ehemaliges Baray (Wasserbecken, teilweise ausgetrocknet)

Prozessionsstraße

Ehemaliges Baray (Wasserbecken, teilweise ausgetrocknet)

Gopura-Terrasse (verzierter Eingangsbereich)

Nördliches Baray

Mittleres Baray

Ticketschalter; Ausstellungsraum (500 m)

◉ Sehenswertes

Am Übergang der Mekong-Ebene zum Phou Phasak liegt der Wat Phou – ein Heiligtum für die asiatischen Bergvölker, die Jahrhunderte vor Errichtung der Bauwerke, deren Ruinen man heute hier sieht, in der Region lebten.

Südlich des Wat Phou erstrecken sich drei kleine Stätten aus der Angkor-Zeit an der alten Straße nach Angkor Wat in Kambodscha. Wegen ihres schlechten Zustands sind sie wohl nur für eingefleischte Fans der Khmer-Architektur interessant. Am anderen Mekong-Ufer erhebt sich Uo Moung (S. 235), das auch mit dem Wat Phou in Verbindung gebracht wird und ebenfalls zur Welterbestätte gehört.

★ Wat Phou Champasak RUINE
(ວັດພູຈໍາປາສັກ; Karte S. 232; 50 000 Kip; ⏱ Stätte 8–18 Uhr, Museum bis 16.30 Uhr) Der bukolische Wat Phou verfällt gewissermaßen mit Stil. Sein Ausmaß macht nicht so sprachlos wie das von Angkor in Kambodscha, doch aufgrund der überschaubaren Besucherzahl und der traumhaften Landschaft ringsum trifft einen die kleine Khmer-Ruine mitten ins Herz. Ein paar Gebäude sind mehr als 1000 Jahre alt, die meisten datieren aus dem 11. bis 13. Jh. Die Anlage ist in sechs Terrassen auf drei Hauptebenen unterteilt, die über eine von Frangipanis gesäumte Treppe miteinander verbunden sind. Ihre Stufen führen zum Hauptschrein auf dem Berg.

Tipp: Die Besichtigung auf den frühen Morgen legen; dann sind die Temperaturen kühler und das Licht ist besonders schön.

➜ Untere Ebene

Der elektrische Wagen fährt am großen *baray* (Wasserbecken für rituelle Waschungen, auf Laotisch *năwng sá*) vorbei zu der großen Sandsteinbasis des alten Haupteingangs. Hier beginnt eine chausseeartige Prozessionsstraße, flankiert von steinernen Lotusknospen und zwei wesentlich kleineren *baray*, die sich während der Regenzeit mit Wasser und Lotusblüten füllen. Manchmal verirrt sich auch ein Büffel in die Becken.

➜ Mittlere Ebene

Den mittleren Bereich dominieren zwei wunderbar gearbeitete **viereckige Pavillons** aus Sandstein und Laterit, die aus der Mitte des 10. Jhs. oder vom Beginn des 11. Jhs. stammen. Ihr Stil erinnert an Koh Ker in Kambodscha. Die Gebäude bestehen aus vier Galerien und einem zentralen offenen Hof. In späteren Jahrhunderten wurde der Wat Phou in eine buddhistische Stätte umgewandelt, aber an den Türstürzen sind noch viele originale Hindu-Skulpturen mit Darstellungen von Vishnu und Shiva zu sehen.

Neben dem südlichen Pavillon erhebt sich die viel kleinere **Nandi-Halle** (sie ist Shivas Reittier gewidmet). Von hier führte einst eine alte Königsstraße zum über 200 km entfernten Angkor Wat in Kambodscha. Vor der Halle verläuft eine nicht ganz so große Version der anfänglichen Chaussee an zwei eingestürzten Galerien vorbei zu einem Paar steiler Treppen.

Am Fuß einer zweiten Treppe steht ein ehrfurchtgebietender (und unterdessen ausgesprochen heiliger!) *dvarapala* (Wächterfigur) mit gezücktem Schwert. Die meisten thailändischen und laotischen Besucher bringen seinem Geist eine Opfergabe dar, bevor sie ihren Weg fortsetzen. Wenn man den

Gehweg verlässt und das grasbewachsene Gelände nördlich von hier betritt, erreicht man die Reste eines Yoni-Podests, das kosmische Vulva-Mutterleib-Symbol im Shivaismus, und halb verborgen im Gras zwei ungewöhnlich große kopf- und armlose **dvarapala-Statuen**, die größten Wächterfiguren aus dem Angkor-Reich, die man je gefunden hat.

Hinter den *dvarapala* verläuft ein Sandsteinpfad zu einer weiteren steilen Treppe, an deren Ende sich eine kleine Terrasse erstreckt, auf der man die Überreste von sechs Ziegelschreinen sieht – nur einer hat noch annähernd die ursprüngliche Form. Zwei letzte Treppen führen durch die großen Terrassen, die man bereits vom Fuß des Berges aus deutlich erkennen kann, zum Gipfel hinauf; die zweite kennzeichnen hockende Wächterfiguren, erneut kopf- und armlos.

➡ **Obere Ebene**

Auf der obersten Ebene des Wat Phou befindet sich das eigentliche **Heiligtum**. Es wartet mit zahlreichen Steinreliefs auf. Besonders auffällig sind zwei Wächter und zwei *apsara* (himmlische Tänzerinnen). Einst umfasste das Heiligtum ein Shiva-Lingam; durch ein System aus Sandsteinrohren wurde Wasser aus der **heiligen Quelle** auf das Lingam geleitet. Noch heute fließt das Wasser der Quelle hinter dem Komplex. Mittlerweile beherbergt das Heiligtum eine Reihe sehr alter, markanter Buddhafiguren auf einem Altar. Das heilige Lingam wurde in der steinernen *cella* (Kammer) im hinteren Bereich aufbewahrt, die vermutlich ins 9. Jh. datiert.

Auf dem riesigen Steinblock hinter dem Hauptheiligtum ist ein **Trimurti-Relief** im Khmer-Stil zu sehen; es zeigt die hinduistische Dreieinigkeit von Shiva, Vishnu und Brahma. Hinter ein paar Terrassen südlich des Trimurti-Reliefs erstreckt sich die Höhle, aus der die heilige Quelle ins Heiligtum floss. Über einen unebenen Pfad nördlich des Trimurti-Reliefs gelangt man zu einer Felswand, in die ein **Buddha-Fußabdruck** und ein Elefant hineingehauen wurden.

Gleich nördlich des Shiva-Lingam-Heiligtums befinden sich mitten in einem Durcheinander aus Felsen und Schutt zwei einmalige Darstellungen, der **Elefantenstein** und der **Krokodilstein**. In der Khmer-Kultur wurden Krokodile als Halbgötter verehrt. Trotz vieler Spekulationen, ob der Stein für Menschenopfer genutzt wurde, bleibt seine genaue Funktion unbekannt. Das Krokodil soll aus der Angkor-Periode stammen, während der Elefant ins 16. Jh. datiert wird. In der Nähe kann man ein Trümmerstück einer von zwei Schlangen umrahmten Treppe und ein paar kleine Höhlen sehen, in denen früher wahrscheinlich meditiert wurde.

Wer alles besichtigt hat, sollte noch den Panoramablick über die *baray*, die weiten Ebenen und den Mekong genießen.

Ausstellungshalle   MUSEUM
(ຫໍພິພິດຕະພັນວັດພູ; Eintritt mit Wat-Phou-Ticket; ⊙ 8–16.30 Uhr) In der Ausstellungshalle haben Dutzende Türstürze, *naga* (mythische Wasserschlangen), Buddhafiguren und andere Steinarbeiten des Wat Phou und der dazugehörigen Stätten ihren Platz gefunden. Alle Exponate sind mit detaillierten Erklärungen auf Englisch versehen. Ein weiteres Plus sind die sauberen Toiletten.

🎆 Feste & Events

Bun Wat Phou Champasak   BUDDHISTISCH
(Wat-Phou-Champasak-Festival) Das größte Fest am Wat Phou, das dreitägige Bun Wat Phou Champasak, ist Teil des Magha Puja (Makha Busa) und wird zum Vollmond im dritten Mondmonat begangen, gewöhnlich im Februar. Im Mittelpunkt des Tempelfests stehen buddhistische Zeremonien, die ihren Höhepunkt am frühen Morgen des Vollmondtags erreichen, wenn die Mönche an den Gläubigen vorbeidefilieren und Almosen empfangen. Zum *wéean téean* am Abend desselben Tages werden die unteren Heiligtümer in einer Prozession bei Kerzenlicht umkreist.

Während der drei Festtage wandern laotische Besucher auf den Bergen umher, halten inne, um zu beten, und hinterlassen Blumen sowie Räucherkerzen als Opfergaben. In den letzten Jahren ist das Fest kommerzieller geworden und erinnert nun eher an eine Mischung aus Kinderkarneval und Musikfestival mit Kickboxen, Hahnenkämpfen, Tanz und Comedy-Shows. Nach Einbruch der Dunkelheit fließen Bier und *low-lów* (laotischer Whisky) in Strömen und gelegentlich wird die Stimmung ziemlich raubeinig.

ℹ An- & Weiterreise

Der Wat Phou Champasak ist 43 km von Pakxe und 10 km von Champasak entfernt. Ab Champasak ist die Strecke eben und mit dem Rad entspannt zu bewältigen, es gibt aber nur wenig Schatten. Für ein *tuk-tuk* ab Champasak zahlt man etwa 100 000 Kip (hin & zurück).

Uo Moung (Tomo-Tempel)
ຊຸໂມງ (ວັດໂຕະໂມະ)

Die Khmer-Tempelruine von **Uo Moung** (Karte S. 232; 10 000 Kip; ☺ 8–16 Uhr) wurde vermutlich Ende des 9. Jhs. während der Regierungszeit des Khmer-Königs Yasovarman I. erbaut. Sie liegt an einem kleinen Nebenfluss des Mekong. Die genaue Funktion des Gebäudes ist unbekannt, aber seine Ausrichtung zum heiligen Berg Phou Pasak lässt vermuten, dass es mit dem Wat Phou Champasak (S. 233) in Verbindung stand. Deshalb gehört die Tempelruine zur Welterbestätte Wat Phou, obwohl sie sich am Ostufer des Flusses befindet. Uo Moung besticht vielleicht nicht jeden, dabei verleihen der Wald und das viele Moos diesem Ort ein weltvergessenes Flair.

Charakteristisch für die Ruinenstätte sind ein von steinernen Lotusknospen (ähnlich denen am Wat Phou) flankierter Eingang und zwei bröckelnde *gopura* (geschmückte Eingangstore) – eins davon steht sogar noch teilweise. Auf Felsen sind unter den hohen Flügelfruchtbäumen mehrere Fensterstürze und andere Sandsteinreliefs dargestellt, die besten Kunstwerke dieser Stätte befinden sich allerdings in der Ausstellungshalle am Wat Phou, darunter ein ungewöhnlicher lingamförmiger Steinpfosten mit zwei eingravierten Gesichtern. Üblicherweise zeigen *mukhalinga* nämlich vier Gesichter (*mukha*), die meisten normalen Lingams dagegen überhaupt keine. Das weiße Gebäude im Herzen der Anlage beherbergt einen bronzenen Buddha im Sukhothai-Stil.

ℹ An- & Weiterreise

Uo Moung ist 45 km von Pakxe entfernt. Den beschilderten Abzweig auf der Route 13 findet man kurz hinter der Huay-Tomo-Brücke neben einem Markt; dort kann man sich nach einem *sähm-lór* oder *tuk-tuk* umschauen, falls man die letzten 4,5 km zur Stätte nicht zu Fuß laufen möchte.

Man kann Uo Moung auch mit dem Boot von Don Daeng oder Champasak am gegenüberliegenden Mekong-Ufer besuchen. Wer in Champasak ein Boot zum nahe gelegenen Dorf Ban Tomo chartert, zahlt etwa 400 000 Kip (hin & zurück) inklusive einer Stunde Wartezeit. Von Ban Sisouk am südlichen Ende von Don Daeng aus zahlt man nur ca. 60 000 Kip (hin & zurück), muss aber auch das (geringe) Risiko in Kauf nehmen, dass keine Boote verfügbar sind.

Unser Vorschlag für einen schönen Tagesausflug: ein Fahrrad in Champasak leihen, mit dem Boot erst nach Don Daeng übersetzen, dann nach Ban Tomo. Von dort überquert man den Fluss, um ans Westufer zu gelangen (auch ca. 60 000 Kip), und radelt nach Champasak zurück.

Kiet Ngong ບ້ານກ້ຽດໂງ້ງ

🎧 030

Die Bewohner dieses Dorfs nahe dem Xe Pian NPA sind Lao Loum. Sie betreiben das erfolgreichste gemeindebasierte Ökotourismusprojekt von Südlaos. Kiet Ngong wurde um 2005 herum mithilfe der Asian Development Bank aufgebaut und steht nun ganz auf eigenen Beinen.

Kiet Ngong liegt 9 km abseits der Route 13 unweit eines vogelreichen Feuchtgebiets. Arbeitselefanten und eine ungewöhnlich große Büffelherde verleihen ihm ein Safariflair. Am besten bleibt man mindestens eine Nacht hier, das Dorf ist aber auch auf einem Tagesausflug von Pakxe oder Champasak aus zu erreichen.

Besucher von Kiet Ngong müssen in dem kleinen weißen Gebäude 2 km östlich der Route 13 25 000 Kip Eintritt für den Xe Pian NPA bezahlen.

◉ Sehenswertes

Ban Nong Beung DORF
(ບ້ານໜອງບຶງ; Karte S. 232) Auf dem Weg nach Kiet Ngong lohnt sich ein Halt in dem von Taoy bewohnten Schnitzerdorf, die ursprünglich aus der Provinz Saravan stammen und vor über 100 Jahren umsiedelten. Die Familien fertigen moderne, markttaugliche Waren, schnitzen jedoch auch unverändert Masken und andere traditionelle Gegenstände, die meist vorsichtig angesengt werden, um das Holz schwarz zu färben. Unbedingt einen Blick auf das altmodische Gemeindehaus werfen.

🌴 Aktivitäten

Das gemeindebetriebene Besucherinformationszentrum arrangiert Homestays, **Wanderungen**, **Vogelbeobachtungen** und mehr. Am besten gibt man den Mitarbeitern etwas Vorlaufzeit, es ist aber auch möglich, spontan reinzuschneien und Dinge zu organisieren.

Kiet Ngong ist berühmt für **Elefantenreiten**, die eigentlichen Highlights sind jedoch Waldwanderungen und Kanufahrten (Juli–März) im Sumpf. Ausflüge in den Dschungel des Xe Pian NPA rangieren von halbtägigen Naturspaziergängen bis hin zu ausgedehnten Trekkingtouren mit Übernachtung. Campingausrüstung kann geliehen werden. Die Sumpflandschaft Bueng Kiet Ngong hat eine Fläche von 13,8 km^2 und wurde 2010 zum Ramsar-Gebiet erklärt, sprich: Es ist ein besonders wichtiges Feuchtgebiet. Mit Bewohnern wie der seltenen Weißflügelente (Malaienente) mausert es sich zunehmend zu einem Ziel für Vogelfans.

Guides nehmen 100 000 Kip pro Tag, je nach Aktivität können weitere Kosten hinzukommen. Ausflüge organisiert man im Besucherzentrum oder in der Kingfisher Ecolodge. Mountainbike-Touren (430 000 Kip pro Pers. bei 2 Teilnehmern) hat nur die Lodge im Angebot.

🛏️ Schlafen

Abgesehen von der wunderbaren Kingfisher Ecolodge gibt's in Kiet Ngong zwei Arten von Unterkünften, die man im Besucherzentrum buchen kann: Entweder übernachtet man bei einer einheimischen Familie (manchmal sogar mit Warmwasserduschen!) oder im Gästehaus der Gemeinde, in dem sich mehrere Gäste Bungalows in schöner Lage mit Blick auf das Sumpfareal teilen. Diese zwei Schlafoptionen liegen bei 40 000 Kip pro Person plus 30 000 Kip für Mahlzeiten.

Bounhome Homestay   HOMESTAY $
(📞 030-5346293; 50 000 Kip pro Bett) Im Dorf Ban Phapho 10 km östlich von Kiet Ngong stehen vier kleine, sehr einfache Zimmer im Wohnhaus der Familie Bounhome zur Verfügung. Seit weit mehr als 20 Jahren werden hier Traveller beherbergt. Das Gemeinschaftsbad hat kein warmes Wasser. Es wird ein bisschen Englisch und Französisch gesprochen.

★ **Kingfisher Ecolodge**   LODGE $$
(📞 020-55726315; www.kingfisherecolodge.com; Standard-/Komfort-Zi. Hauptsaison 250 000/ 750 000 Kip, Nebensaison 210 000/650 000 Kip; ☺ Mai & Juni geschl.; 🕸 @ 📶) 🍴 Die von einer laotisch-italienischen Familie geführte Lodge steht auf 7 ha Land am Rand des Feuchtgebiets ungefähr 700 m hinter Kiet Ngong. Dieses herrliche Fleckchen Erde wird man nie wieder vergessen, wenn man erst einmal in der Morgendämmerung auf dem Balkon gesessen und ein paar Vögel beobachtet hat. Die Restaurant-Bar könnte glatt zu einer Safari-Lodge in Ostafrika gehören.

In den sechs komfortablen Bungalows mit italienischem Flair findet man große hölzerne Waschtische in den Bädern, Hart-holzpfeiler und -böden, schöne Betten und – das Highlight – riesige Balkone mit großen Bambushängematten. Die Standardräume haben bescheidenere Balkone und teilen sich ein makelloses Bad.

Einen Großteil der Aktivitäten, die das Besucherinformationszentrum im Programm hat, kann man auch in der Kingfisher-Lodge buchen. Die geführte Mountainbike-Tour in den Xe Pian NPA gibt's aber nur hier (Tagestour; 430 000 Kip pro Pers. bei 2 Teilnehmern). Übrigens ist das „Eco" im Namen nicht bloße Marketingstrategie: Die Lodge unterstützt eine hiesige Schule, nutzt Solarenergie und fördert den Umweltschutz im NPA.

ℹ️ Praktische Informationen

Besucherinformationszentrum (📞 030-9552120; toui_ps@hotmail.com; ☺ 8–16 Uhr) Die Gemeinde betreibt das Zentrum mitten in Kiet Ngong. Es arrangiert Aktivitäten, Unterkünfte und den Transport ab der Route 13. Die Aushänge an den Wänden bieten hilfreiche Infos zu den verschiedenen Angeboten sowie zur Ökologie, Geschichte und Kultur der Region. Ein paar Guides sprechen ein wenig Englisch. Die tolle Kingfisher Ecolodge organisiert die gleichen Aktivitäten wie das Besucherzentrum.

ℹ️ An- & Weiterreise

Kiet Ngong ist 56 km von Pakxe entfernt. Die meisten Reisenden buchen eine Tour dorthin, dabei ist die Anreise auch auf eigene Faust ziemlich unkompliziert. Ein Transporter oder *sǒrngtǎaou* (30 000 Kip, 2–2½ Std.) macht sich in Kiet Ngong gegen 8 Uhr auf den Weg nach Pakxe (Busterminal Lak 8), von wo aus es um 11 Uhr wieder zurück nach Kiet Ngong geht. Kiet Ngong wird häufig falsch ausgesprochen; stattdessen nach „Phou Asa" fragen. Alternativ hält man auf der Route 13 ein Fahrzeug Richtung Süden an und lässt sich nach Ban Thang Beng mitnehmen, wo man das Besucherinformationszentrum anruft, um sich mit dem Motorrad die letzten 9 km ins Dorf fahren zu lassen (25 000 Kip pro Pers.).

Xe Pian NPA

ປ່າສະຫງວນແຫ່ງຊາດເຊປຽນ

Eines der wichtigsten Schutzgebiete in Laos ist das Xe Pian NPA (www.xepian.org). In dem 2400 km^2 großen Park leben kleine Populationen von Asiatischen Schwarzbären, Gelbwangen-Schopfgibbons und siamesischen Krokodilen, außerdem zahlreiche Vögel, darunter seltene Sarus-Kraniche, Geier und Nashornvögel. Einst streiften Banteng, Asiatische Elefanten, Gaur und Tiger durch die Region, aber diese Tierarten wurden in den letzten Jahren nur sehr selten bis gar nicht mehr gesehen.

Xe Pian erstreckt sich von der Route 13 im Westen in die Provinz Attapeu im Osten und bis zur kambodschanischen Grenze im Süden. Drei große Flüsse durchziehen das Areal, der Xe Pian, Xe Khampho und Xe Kong.

Es ist nahezu unmöglich, den Park auf eigene Faust zu besuchen, doch man kann im Dorf Kiet Ngong oder über den Tourveranstalter Green Discovery (S. 219) in Pakxe anstrengende mehrtägige Dschungeltreks und kurze Naturwanderungen, Radtouren und Bootsfahrten im NPA buchen. Zugang zum Park hat man auch von Attapeu (kaum jemand nutzt diese Route). Wer abenteuerlustig ist, chartert ein Boot in Sanamxay, etwa 35 km westlich von Attapeu an der Route 18A, und fährt damit den Xe Kong hinunter. Dieser Trip Richtung kambodschanische Grenze bringt einen richtig tief in die schönsten Gebiete des Xe Pian NPA.

BOLAVEN-PLATEAU & UMGEBUNG ພູພຽງບໍລະເວນ

Das fruchtbare Bolaven-Plateau (auf Laotisch Phou Phieng Bolaven) erstreckt sich über Teile aller vier südlichen Provinzen. Es ist berühmt für sein kühles Klima, rauschende Wasserfälle und sehr guten Kaffee.

Anfang des 20. Jhs. bauten die Franzosen hier Kaffee, Kautschukbäume und Bananen an, doch nach der Unabhängigkeit in den 1950er-Jahren verließen viele französische Siedler das Gebiet wieder. Die übrigen folgten in den späten Sechzigern, als die ersten US-amerikanischen Bomben fielen. Sowohl für die Amerikaner als auch für die Nordvietnamesen war das Bolaven-Plateau strategisch äußerst wichtig, wie die erschreckende Masse der immer noch im Gelände verstreuten Blindgänger belegt. In den geräumten Gebieten pflanzen Bauern und größere Organisationen eifrig Kaffee, Obst, Kardamom und Rotangpalmen an.

Die größte Volksgruppe auf dem Plateau sind die Laven (Bolaven bedeutet „Heimat der Laven"). Darüber hinaus leben hier verschiedene andere Mon-Khmer-Ethnien wie die Alak, Katu, Taoy und Suay.

Pakxong & Umgebung

Pakxong ist keine Schönheit. Die laotische Kaffeehauptstadt wurde im Vietnamkrieg nahezu dem Erdboden gleichgemacht und abgesehen von einem frischen Tässchen Kaffee oder einer Plantagentour gibt's kaum einen Grund zum Verweilen. Sehenswert sind hingegen die vielen hübschen Wasserfälle in der näheren Umgebung.

◉ Sehenswertes

Tad Fane   WASSERFALL
(ຕາດຜາງາມ; Route 16, Km 38; Eintritt 5000 Kip, Motorrad/Auto 3000/5000 Kip) Einer der spektakulärsten Wasserfälle in Laos ist der Tad Fane: Aus dichtem Wald stürzen sich Zwillingsströme über 120 m in die Tiefe und bilden den Huay Bang Lieng. Am frühen Morgen und späten Nachmittag ist das Licht am schönsten, häufig wird der Tad Fane jedoch durch Nebel verdeckt. Der Aussichtspunkt befindet sich am **Tad Fane Resort** (☑ 020-55531400; www.tadfaneresort.com; Route 16, Km 38; Zi. 28–42 US$; ☎), einer Dschungellodge auf einem Felsen gegenüber dem Wasserfall.

Wer die großen Menschenmassen abhängen möchte, bucht eine Halbtagestour zum Fuß oder zur Spitze des Tad Fane. Das kostet 15 US$ pro Teilnehmer (Mindestpreis für die Tour: 40 US$), der Eintritt zum Nationalpark darin ist enthalten. Im Resort nach Arui fragen.

Die Zufahrtsstraße zum Wasserfall ist 12 km von Pakxong entfernt.

Tad Gneuang   WASSERFALL
(ຕາດເຍືອງ; Route 16, Km 40; Eintritt 10 000 Kip, Motorrad/Auto 10 000 Kip; ☺ Kartenverkauf 8–17 Uhr, Wasserfall bis 18.30 Uhr) Der eindrucksvolle Tad Yuang (so die alternative Schreibung auf manchen Schildern) besteht aus zwei Fällen, die 40 m in die Tiefe stürzen und sich in dichter Dschungelvegetation verlieren. Er ist ein beliebtes Reiseziel von Tagesausflüglern aus Pakxe und Busreisen aus Thailand, deshalb sollte man möglichst früh hier sein oder später herkommen, wenn die Massen wieder weg sind. Ein paar Stufen führen zum Hauptaussichtspunkt hinab und zu einer kleinen Brücke, über die man zur Spitze des Wasserfalls gelangt.

Von Pakxong aus sind es 10 km bis zur Zufahrtsstraße und dann noch mal 1,2 km von der Autobahn zum Park. 2017 soll ein Gästehaus nahe dem Eingang den Betrieb aufnehmen.

Tad E-Tu
WASSERFALL

(ຕາດອີ່ຕູ; Route 16, Km 35; Eintritt 5000 Kip, Motorrad/Auto 3000/5000 Kip) Der Tad E-Tu, 1 km nördlich der Hauptstraße (Route 16), ist der erste große Wasserfall, an dem man auf der Fahrt von Pakxe aus vorbeikommt. Er ist 40 m hoch und ziemlich eindrucksvoll, dennoch halten hier viel weniger Touristen als an den bekannteren Wasserfällen ringsum. Vom Parkplatz des Baan E-Tu Waterfall Resort führt ein kurzer, entspannter Fußweg zum Aussichtspunkt.

Dong Houa Sao NPA
NATIONALPARK

(ປ່າສະຫງວນແຫງຊາດດົງຫົວສາວ) Südlich von Pakxong erstreckt sich das 1100 km² große Dong Houa Sao NPA. Es besteht vor allem aus unberührten Dschungelwäldern, in denen man Affen, große Schmetterlinge und seltene Nashornvögel beobachten kann. Wilderei und illegale Rodung (um Platz für Kaffeepflanzungen zu schaffen) stellen ein Problem dar. Hier finden die Tree-Top-Explorer-Touren des Outdoor-Abenteuer-Spezialisten Green Discovery (S. 219) statt – eine tolle Art, den Park zu entdecken. Buchungen müssen aber in Pakxe vorgenommen werden. Auch das Tad Fane Resort (S. 237) bringt einen in das NPA.

★ Tayicseua
WASSERFALL

(ຕາດຕາຍິກເສືອ; Eintritt 5000 Kip, Parken 5000 Kip) In dem abgeschiedenen, aber gut zu erreichenden privaten Schutzgebiet befinden sich sieben stattliche Wasserfälle (keiner davon trägt den Namen Tayicseua) und mehrere kleinere. Einige sind in unmittelbarer Nähe des Restaurant-/Parkbereichs, andere, wie etwa der hübsche Tad Halang (oder Tad Alang), liegen wiederum im Wald und sind über verschiedene Wege zugänglich, auf denen man sich auch ohne Guide zurechtfindet. Das Gelände entwickelt sich langsam zu einem Resort, für den Moment halten sich die Besuchermassen aber zum Glück noch in Grenzen.

Aufgrund der Größe des Gebiets und seiner Schönheit lohnt sich eine Übernachtung in einer Pension vor Ort.

Tayicseua liegt abseits der asphaltierten Hauptstraße 43 km von Pakxong. Bei Anfahrt von Osten sind es 4 km von der befestigten Straße bis zum beschilderten Eingang. Die unbefestigte Straße ist im Großen und Ganzen in Ordnung, einzig ein paar steile, holprige Abschnitte erfordern besondere Vorsicht auf einem Motorrad (vor allem in der Regenzeit). Die längere Piste von Westen her ist um einiges besser.

Tad Champee
WASSERFALL

(ຕາດຈຳປີ; Route 16, Km 38; Eintritt 5000 Kip, Motorrad/Auto 3000/5000 Kip) Nicht mit dem gleichnamigen Wasserfall an der Route 20 auf dem Weg nach Tad Lo verwechseln! Der Tad Champee ist der kleinste der vier Wasserfälle westlich von Pakxong, macht dafür aber am meisten Laune! Betonstufen führen hinab zu einem Aussichtspunkt ganz nah am Geschehen. Von dort geht's über eine wackelige Holztreppe oder einen längeren Fußweg zum Fluss hinunter, wo man eine Runde schwimmen gehen und sogar einen Blick hinter den Wasserfall werfen kann.

Die 2 km lange Straße zum Tad Champee (beginnt gegenüber der Straße zum Tad Fane) ist etwas holperig, daher ist dies der einzige Wasserfall in der Nähe von Pakxong, an dem es nie überlaufen ist. Die Zufahrtsstraße befindet sich 12 km von Pakxong entfernt.

Tad Katamtok
WASSERFALL

(ຕາດກະຕາມຕົກ) Vom Bolaven-Plateau kommend, stürzt der Houay Katam am Tad Katamtok aus dichtem Wald mehr als 100 m in die Tiefe. Die Schönheit dieses Wasserfalls wird durch seine relative Abgeschiedenheit noch verstärkt – touristische Einrichtungen gibt's keine! Allerdings wurde die traumhafte Lage auch schon von Räubern ausgenutzt. Vor dem Besuch bei Motorradverleihern in Pakxe nachfragen, wie sich die Sicherheitslage entwickelt hat.

🏃 Aktivitäten

Auf dem Huay-Bang-Lieng-Fluss, der den Tad Fane speist, lassen sich in der Regenzeit von Juli bis November Rafting- und Kajaktouren unternehmen. Für Details kontaktiert man Green Discovery (S. 219) in Pakxe.

👉 Geführte Touren

Jhai-Kaffeebauern-Kooperative KAFFEETOUREN
(☑ 020-97672424; www.jhaicoffeehouse.com; Route 16; Führung 150 000 Kip pro Pers.) Die Halbtagestouren werden vom Jhai Coffee House mitorganisiert. Sie gehen von 9 bis 12 Uhr und umfassen den Besuch einer lokalen Kaffeeplantage samt Wohnhaus des Kaffeebauern. Dort erhalten die Teilnehmer dann eine Unterrichtsstunde in Sachen Kaffeeherstellung von der Bohne bis zum Getränk. Die Führungen werden nur in der Pflückzeit von Oktober bis Januar angeboten, eine 45-minütige Tour rund um den Kaffeeladen (50 000 Kip pro Pers.) steht derweil ganzjährig auf dem Programm.

Koffie's Coffee Tours KAFFEETOUREN
(📞020-22760439; www.Pakxong.info; Kaffeetour 50 000 Kip pro Pers., Kaffeetour mit Röst-Workshop 180 000 Kip pro Pers.) „Mr. Koffie", ein gebürtiger Niederländer und Kaffeeexperte, arrangiert schon seit fast zehn Jahren Kaffeetouren in der Umgebung von Pakxong. Bei den zweistündigen Standardtouren erhält man einen Einblick in die Abläufe von Anbau, Ernte und Weiterverarbeitung des Kaffees und kostet auch ein paar heimische Sorten. Am besten den Röstlehrgang am Nachmittag hinzubuchen, dann beendet man den Tag mit einer Tasse selbstgemachtem Kaffee und bekommt eine Tüte Bohnen zum Mitnehmen. Los geht's um 10 Uhr am Won Coffee.

🛏 Schlafen

⭐**Tayicseua Guesthouse** PENSION $
(📞020-29878926; www.tayicseua.com; B 60 000 Kip; 🛜) Die hübsche Unterkunft, umringt von sieben großen Wasserfällen, hat sich die positiven Kritiken redlich verdient. In rustikalen Bambushütten mit Moskitonetzen (oder im mitgebrachten Zelt) wird man vom Wasserrauschen in den Schlaf gewiegt und erwacht begleitet von Vogelgezwitscher. Die Warmwasserduschen teilt man sich mit anderen Gästen. Eine Gemeinschafts-Lodge gewährt einen Blick auf den Tad Jariem tief im Tal unterhalb.

Mystic Mountain Coffee HOMESTAY $
(📞020-99661333; www.mysticmountain.coffee; Zi. 50 000 Kip pro Pers.) Auf seiner abgeschiedenen Kaffeepflanzung hat der nette Herr Khamsone ein Zimmer aus Bambus und Holz mit zwei Betten gebaut. Die Einrichtungen sind extrem einfach, doch die Familie kümmert sich rührend um die Gäste. Herr Khamsone arbeitet auch als Tourguide, sodass die meisten Besucher die Übernachtung in seinem Haus mit einer Exkursion in seinem Jeep kombinieren. Das Mystic Mountain liegt ca. 12 km nördlich von Pakxong an der holprigen Straße nach Laongam. Nur mit Reservierung. Mahlzeiten kosten 20 000 bis 25 000 Kip.

Sinouk Coffee Resort BOUTIQUE-HOTEL $$
(📞030-9558960; www.sinoukcoffeeresort.com; Zi. 40–90 US$; 🌀❄@🛜) Das Sinouk liegt neben einem plätschernden Bach auf einer aktiven Kaffeeplantage 32 km nordöstlich von Pakxong an der Straße nach Thateng. Es verströmt das Flair einer Bergstation und ist – wie die Schwesterlodge Residence Sisouk in Pakxe (S. 219) – mit indigenen Stoffen, Antik-

möbeln und alten Fotos ausgestattet. Auch ein Zwischenstopp auf der Durchreise zum Essen in dem gepflegten Garten lohnt sich (Hauptgerichte 25 000–75 000 Kip).

Baan E-Tu Waterfall Resort RESORT $$
(📞020-28347766, Thailand 0066 81 9177264; www.baanetuwaterfallresort.com; Route 16, Km 35; Zi. mit Frühstück 276 000–391 000 Kip; 🛜) Auf einer ehemaligen Kaffee- und Teeplantage 15 km westlich von Pakxong stehen die schicken Bungalows dieses Resorts. Sie sind mit Holzböden und weichen Betten ausgestattet. Die teuersten Zimmer haben große Balkone, auf denen man den nahen Tad E-Tu rauschen hört. Das neue Management hat den Service verbessert. WLAN ist allerdings nur in der Lobby und im Restaurant verfügbar.

🍸 Ausgehen & Nachtleben

Jhai Coffee House KAFFEE
(www.jhaicoffeehouse.com; Route 16; Kaffee ab 10 000 Kip; ⏱8.30–17.30 Uhr; 🛜) Nennt sich selbst die „erste vollständig karitative Kaffeerösterei der Welt mit Café direkt an der Quelle", kauft Bohnen zu Fair-Trade-Preisen von der Jhai-Kaffeebauern-Kooperative und steckt den Erlös zu 100 Prozent in lokale Wasser- und Hygieneprojekte. Eine unerwartete kleine Oase mit perfektem Kaffee und (in der Hauptsaison) einer kleinen Speisekarte. Im Zentrum von Pakxong.

Won Coffee KAFFEE
(Route 16; Kaffee ab 10 000 Kip; ⏱7–17.30 Uhr; 🛜) Im Grunde genommen ist das Won ein Einheimischentreff, obwohl es teilweise von „Mr. Koffie" betrieben wird. Der stellt neben „normalen" Bio-Kaffees *kopi luwak* (30 000 Kip pro Tasse oder 250 000 Kip pro 100 g) her – die Bohnen gehen einmal durch den Verdauungstrakt von Zibetkatzen – und bietet Kaffeetouren an. Der Laden befindet sich im Stadtzentrum; nach den pilzförmigen Tischen und einem weißen Schild mit blauroter Beschriftung „Fresh roasted coffe" (sic) Ausschau halten.

ℹ An- & Weiterreise

Am besten ist die Anfahrt mit dem Leihmotorrad, davon abgesehen können einen sämtliche Busse, die von Pakxe nach Osten fahren, in Pakxong absetzen (Ventilator/Klimaanlage 15 000/20 000 Kip, 90 Min.) oder auch an den Wasserfällen westlich der Stadt. Nach Tayicseua gelangt man mit den Attapeu-Bussen (manche nehmen die direkte Route, andere fahren über Xekong).

Tad Lo ຕາດເລາະ

♪ 030

Tad Lo hat sich dank seiner schönen Lage, günstiger Unterkünfte und mehrerer toller Wasserfälle einen Platz am Backpacker Trail erobert. Die Partystimmung von Don Det und Vang Vieng fehlt – und das ist den Einheimischen gerade recht. Glücklicherweise sind auch die paar Westler, die sich hier niedergelassen und Geschäfte eröffnet haben, daran interessiert, dass sich Tad Lo seine heitere Gelassenheit bewahrt. Sie ist der Grund, aus dem viele Reisende mehr Zeit hier verbringen als geplant.

Man kann hier Tageswanderungen unternehmen und fast überall wird Englisch gesprochen. Damit ist Tad Lo die beste Basis, um das Bolaven-Plateau zu erkunden, obwohl der Ort nicht auf dem Plateau, sondern an seinem Fuße hockt. Der eigentliche Name des Dorfs, Ban Saen Vang, wird heutzutage kaum noch verwendet.

◉ Sehenswertes

An diesem Flussabschnitt gibt's insgesamt drei Wasserfälle: Tad Lo, Tad Hang und Tad Soung. Der Tad Lo ist, ironischerweise, der unscheinbarste. Tatsächlich haben alle drei an Schönheit eingebüßt, seit stromaufwärts ein neuer Staudamm gebaut wurde.

Abends wird der Damm geöffnet; den abfließenden Wassermassen in die Quere zu kommen könnte fatal sein. Bevor man die Wasserfälle aufsucht, bei den Einheimischen nachhören, welche Zeiten kritisch sind.

★ Tad Soung WASSERFALL

(ຕາດສູງ; Parkplatz 5000 Kip) Der Tad Soung stürzt vom Bolaven-Plateau 50 m in die Tiefe. Der Staudamm hat ihm mehr geschadet als den anderen Wasserfällen; meist ist er nicht mehr als ein Rinnsal. Von August bis Oktober, wenn die Regenfälle am stärksten sind, führt er am meisten Wasser und sieht dann recht stattlich aus. Man kann oben auf den Felsen herumspazieren und einen sensationellen Blick genießen.

Der Tad Soung ist 8 km südlich von Tad Lo zu finden. Fast die gesamte Strecke geht's bergauf. 3,5 km nachdem man den Ort verlassen hat, passiert man ein Schild, das den Weg zum Fuß des Wasserfalls in dem Dorf Ban Kiang Tad Soung weist. (Achtung: Das Schild „Top" im Dorf ist falsch!) Es ist ein netter Marsch und ein schönes Ausflugsziel. Junge Guides bieten ihre Dienste an und begleiten einen für ein Trinkgeld. Hin und zurück sind es 1,5 km. Auf keinen Fall Gegenstände im Motorradkorb zurücklassen; sie bekommen unter Garantie Beine, während man weg ist.

Tad Lo WASSERFALL

(ຕາດເລາະ) GRATIS 500 m flussaufwärts vom Tad Hang liegt der Tad Lo. Er ist etwas größer als sein Nachbar, wird einen aber wahrscheinlich trotzdem nicht vom Hocker hauen. An den Bungalows des Saise Resort vorbeilaufen und der Straße bis zum Ende folgen, dann steht Klettern über ein paar Felsen an. Wer zur Spitze des Wasserfalls gelangen möchte, folgt der Ostroute von der Dorfkreuzung 1 km bis zum beschilderten Abzweig.

Tad Hang WASSERFALL

(ຕາດຮ້ງ) GRATIS Diesen Wasserfall erspäht man bereits auf der Brücke im Ort und auch von einigen Pensionen. Er ist etwa 6 m hoch und breit und ergießt sich über mehrere Stufen, weshalb er selbst bei Niedrigwasser hübsch aussieht. Man kann hinüberschwimmen (und sich dem Pulk der Einheimischen anschließen).

Ban Houay Houn DORF

(ບ້ານຫ້ວຍຫຸນ) Entweder erkennt man diesen Ort (24 km von Tad Lo entfernt) an dem „Katu Weavers"-Schild (Katu-Weber) oder an den Touristentrauben rings um die traditionelle Gemeindehalle. Die Dorfbewohnerinnen fertigen Baumwollstoffe an einfachen Webstühlen, die sie mit den Füßen auf Spannung halten. Mit weißen Kügelchen werden Muster eingefügt. Die Farben der Katu sind Rot und Schwarz, doch inzwischen nutzen sie alle Farben des Regenbogens, um den Wünschen der Touristen gerecht zu werden.

🏃 Aktivitäten

Die Vereinigung der Guides von Tad Lo hat ihren Sitz im örtlichen Touristenzentrum. Sie veranstaltet empfehlenswerte kombinierte Wanderungen zu allen drei Wasserfällen und Stammesdörfern der Katu, Taoy und/oder Suay (halber/ganzer Tag 80 000/160 000 Kip pro Pers.).

Etwas abenteuerlicher sind Ausflüge zu weiter entfernten Wasserfällen und kulturelle Exkursionen, wie z. B. der Besuch einer Höhle mit sehr alten Steinsärgen. Auch die zweitägigen Touren zum **Berg Phou Tak Khao** mit Übernachtung in einem Suay-Dorf haben ihren Reiz. Sie kosten 100/60 US$ pro Person bei einer zwei-/vierköpfigen Gruppe mit einheimischen Guides; sollen diese Englisch sprechen können, kostet das extra.

🛏 Schlafen & Essen

⭐**Captain Hook Coffee Break**   HOMESTAY $
(📱020-98930406; www.facebook.com/hook.laos;
Homestay mit Frühstück & Abendessen 50 000 Kip
pro Pers.) Herr Hook (dem Reisende den nahe
liegenden Spitznamen „Captain Hook" ver-
passt haben) leitet eine exzellente Bio-Kaffee-
plantage mit Gästebetrieb 15 km von Tad Lo
entfernt. Er hat jede Menge Geschichten auf
Lager und der ungeschminkte Blick auf den
Alltag in einem Katu-Dorf öffnet einem die
Augen – mitunter schockiert er auch. Sein
Dorf Ban Khokphung Tai liegt auf halber
Strecke zwischen Ban Beng und Thateng.

⭐**Mr Vieng Coffee & Homestay**   HOMESTAY $
(📱020-99837206; 20 000 Kip pro Pers., 15 000 Kip
pro Mahlzeit) Ein freundlicher Homestay auf
einer Kaffeeplantage in Ban Houay Houn,
direkt an der Route 20, etwa 19 km südwestlich von Tad Lo. Die Zimmer sind einfach,
aber für den Preis eigentlich ganz gut, und
die Katu, die die Unterkunft betreiben, verkaufen auch Webwaren und organisieren
Plantagenführungen (15 000 Kip pro Pers.).

Green Garden   PENSION $
(📱020-96163699; tadlogarden@hotmail.com; Zi./
Suite 35 000/60 000 Kip) An der Straße, die in
nördlicher Richtung aus dem Ort hinausführt, warten in einem kleinen Waldstück
fünf Zimmer unter einem großen Dach. Darüber hinaus gibt's einen separaten Bunga-
low mit eigenem Bad. Trotz einfachster Ausstattung ist das Preis-Leistungs-Verhältnis
top. Der österreichische Besitzer, Em, lebt
schon sehr lange hier und lehrt seine Tech-
nik des Kaffeebohnenröstens – im Wok!

Fandee   PENSION $
(www.fandee-guesthouse.com; Zi. 50 000–60 000 Kip;
📶) Fandee bedeutet „süße Träume" auf Laotisch und der herzliche Empfang, den einem
die französischen Besitzer bereiten, ist vielleicht der erste Schritt hin zur Erfüllung eben
dieser Träume. Hinter dem entspannten Restaurant (leckere getoastete Sandwiches!) stehen vier solide Holzbungalows mit privaten
Veranden und Strohdächern.

Mama Pap   PENSION $
(B 20 000 Kip) Billiger und einfacher als in
diesem beliebten Backpackertreff mitten im
Zentrum des Dorfs geht's nicht. Mama Pap
bietet in einem großen Raum Matratzen auf
dem Boden mit Moskitonetzen. Das dazuge-
hörige Restaurant im Erdgeschoss verspricht „viel Essen für wenige Kip" – und

serviert tatsächlich immense Portionen.
Wenn alle Schlafplätze belegt sein sollten,
kann man in der Nachbarschaft nach einer
Bleibe fragen, denn inzwischen gibt's ein
paar Nachahmer.

Tadlo Lodge   RESORT $$
(📱031-218889; souriyavincent@yahoo.com; Zi./
Suite mit Frühstück ab 50/100 US$; ❋📶) Ober-
halb vom Tad Hang, 1 km von Tad Lo ent-
fernt, befindet sich die einzige halbwegs
schicke Unterkunft in der Gegend. Das
Hauptgebäude verströmt einen Hauch urty-
pisch laotischen Stils (Parkettböden, Bud-
dhastatuen), die Zimmer mit Terrasse sind
elegant aufgemacht und komfortabel. Einzig
die Suite ist klimatisiert. Tierliebhaber auf-
gemerkt: Die Reitelefanten sind den Groß-
teil des Tages angekettet.

Saise Resort   LAOTISCH, THAILÄNDISCH $
(Hauptgerichte 20 000–60 000 Kip; ⊙7–20 Uhr; 📶)
Ein Abstecher hierher lohnt sich, denn das
Essen (hauptsächlich thailändisch) ist gut
und wird auf einer schönen Terrasse mit um-
werfendem Blick auf den Tad Hang serviert.

ℹ Praktische Informationen

GELD
Frisches Bargeld bekommt man in der Gegend
nur an einer Stelle: einem Geldautomaten an der
Autobahn. Im Notfall kann man in den Pensionen
zu grausigen Wechselkursen Geld tauschen.

INTERNETZUGANG
Internetzugang bietet das **Tim Guesthouse**
(📱034-211885; 200 Kip pro Min.).

TOURISTENINFORMATION
Touristeninformationszentrum Tad Lo
(📱020-54455907; kouka222@hotmail.com;
⊙Mo–Fr 8–11.30 & 13.30–16.30 Uhr, Nov.–Feb.
tgl.) Hilfsbereite Mitarbeiter. Das Büro leitet
auch die Tad Lo Guides Association und sollte
das erste Ziel sein, wenn man einen Führer und
Infos zu Exkursionen braucht oder plant, tiefer
in die Provinz Saravan und weiter zu reisen. Die
Mitarbeiter informieren auch über öffentliche
Verkehrsmittel in der Bolaven-Plateau-Region.
Davon abgesehen sind Karten und Broschüren
erhältlich. Kouka spricht Englisch und sollte im
Voraus kontaktiert werden, wenn man einen
englischsprachigen und/oder Minderheiten-
Guide haben will.

ℹ An- & Weiterreise

Wer am Busterminal Süd in Pakxe nach „Tad Lo"
fragt, wird zu einem der neun täglichen Busse
nach Saravan geschickt; die Fahrer setzen einen
an der Route 20 in Ban Khoua Set (30 000 Kip,

2 Std.) ab. Von dort sind es noch 1,5 km zu Fuß oder mit dem Mototaxi (10 000 Kip) bis Tad Lo.

Nach Xekong (20 000 Kip, 1 Std.) oder Attapeu (40 000 Kip, 3 Std.) kommt man am besten mit dem morgendlichen Bus, der Ban Beng passiert; ein Mototaxi ab Tad Lo dorthin kostet 15 000 Kip. In Ban Beng halten auch einige Minibusse und *sŏrngtăaou* nach Xekong sowie Busse nach Pakxong (20 000 Kip, 1 Std.). Die Infozentrums-mitarbeiter in Tad Lo können die nötigen Anrufe tätigen, damit Busse nach Vietnam in Ban Khoua Set halten und Fahrgäste aufnehmen.

ℹ Unterwegs vor Ort

Sabai Sabai (☎ 020-98556831), zu finden zwischen dem Touristeninformationszentrum und der Brücke, verleiht Motorräder für 80 000 Kip pro Tag.

Saravan ສາລະວັນ

25 000 EW. / ☎ 034

Obgleich Saravan nur 30 km vom beliebten Tad Lo entfernt ist, sind ausländische Touristen eine echte Rarität. Und obwohl die Stadt dank ausgebauter, asphaltierter Straßen und der daraus resultierenden Weiterentwicklung nicht mehr das Nest ist, das es mal war, punktet es immer noch mehr mit seiner Abgeschiedenheit als mit touristischen Attraktionen. Unser Tipp für Traveller: hinaus, vor die Tore der Stadt ziehen, um die bunte ethnische Vielfalt des Umlands zu entdecken!

Mehr als die Hälfte der Bevölkerung der Provinz Saravan zählt zwar zu den Lao (Loum und Soung), doch es handelt sich

nicht um die eigentlichen Ureinwohner. Der Rest der 350 000 Einwohner gehört diversen Mon-Khmer-Gruppen an, darunter Taoy, La-vai, Alak, Laven, Ngai, Tong, Pako, Kanay, Katu, Kado und Katang. Letztere sind hervorragende Weber!

Geschichte

Bevor Saravan (auf Thai Sarawan) 1828 von den Siamesen umbenannt wurde, fungierte das damals als Muang Mam bekannte Gebiet als eine Außenstelle des Königreichs Champasak. Später diente es als französisches Verwaltungszentrum. Im Laufe des Vietnamkriegs stand die Stadt abwechselnd unter Kontrolle der Königlichen Laotischen Armee und der Pathet Lao und wurde fast vollständig zerstört. Amerikanische Truppen bombardierten Saravan wiederholt, um die verschiedenen Zweige des Ho-Chi-Minh-Pfads in der Provinz zu unterbrechen.

◉ Sehenswertes

Die wohl netteste von den eher unspektakulären Attraktionen in Saravan ist der Markt, davon abgesehen sollten sich Fans buddhistischer Kunst etwas genauer in der Stadt umschauen. In der Touristeninformation sagte man uns, dass ein Museum zur Provinz geplant ist, zum genauen Zeitpunkt gab es allerdings keine Angaben.

Die besten Sehenswürdigkeiten sind außerhalb der Stadt: die Ruine von Prinz Souphanouvongs Brücke zum einen, die Weberdörfer rund um Toumlan zum anderen.

WEITERREISE NACH VIETNAM: VON LA LAY NACH LALAY

Zur Grenze

Die meisten Reisenden nehmen Sleeper-Busse von Pakxe nach Hué und Da Nang, die den Lao-Bao-Grenzübergang östlich von Savannakhet nutzen. Die schnelleren, aber nicht so sicheren Minibusse fahren wiederum durch Saravan und passieren die Grenze bei La Lay (Laos)/Lalay (Vietnam). Sie ist von 6 bis 19 Uhr geöffnet. Auch die langsamen, unbequemen Frachtbusse folgen dieser Route; sie verfügen nur über eine Handvoll Plätze für Passagiere. In Saravan besteht keine Notwendigkeit, nach Pakxe zurückzukehren, um über die Grenze zu kommen, denn gewöhnlich sind in den Bussen aus Pakxe, die unterwegs hier halten, Plätze frei. Die Strecke ist nicht stark frequentiert, deshalb raten wir davon ab, die Reise in Etappen zurückzulegen. Wer es nicht lassen kann, nimmt zunächst den Minibus um 7.30 Uhr nach Samouy (35 000 Kip, 3½ Std.) nahe der Grenze.

Weiterfahrt

Wer die Grenzüberquerung in Etappen zurücklegt, sollte wissen, dass die meisten Verkehrsmittel entlang der Route Lkw sind. Man kann gewöhnlich eine Anschlussverbindung organisieren. Klären, ob der Fahrer an der Abzweigung nach rechts (Hué und Da Nang) oder links (Dong Ha) abbiegen wird.

Stadtmarkt MARKT
(ตะหูาคสาຫลາຂอบ; ☉6–18.30 Uhr) Frauen aus den umliegenden Dörfern verkaufen hier Pilze, Bambussprossen, Ameiseneier und Warane, die sie im Wald gesammelt oder gefangen haben.

Wat Kang Saravan BUDDHISTISCHER TEMPEL
(ວັດກາງສາລະວັນ, Wat Simongkhoun) Der wichtigste Tempel der Stadt ist mehr als 200 Jahre alt. Er besitzt ein sehr großes *hǒr đại* (Klostergebäude), in dem Tripitaka (buddhistische Schriften) aufbewahrt werden. Damit die heiligen Schriftstücke sicher vor Termiten sind, steht es in einem Teich. Das Bauwerk wird von 57 Säulen getragen und schrittweise renoviert. 1972 wurde der Tempel fast vollständig zerstört. Versteckt im Gestrüpp auf der anderen Straßenseite liegen Ziegelsteine, Überreste der früheren *ubosot* (Ordinationshalle) und des Stupa.

🛏 Schlafen & Essen

Die meisten Schlafmöglichkeiten liegen an der Route 15 westlich des Zentrums. Ein paar mehr findet man an der Straße, die von Süden her in die Stadt führt. Die Besitzer des **Phoufa Hotel** (☎030-5370799; Route 20; Zi. 60 000–150 000 Kip; ❄) bauen derzeit ein neues Hotel; wenn es vollendet ist, wird es die wohl beste Bleibe in Saravan sein.

Jindavone Guesthouse PENSION $
(☎034-211065; Zi. mit Ventilator/klimatisiert 70 000/100 000 Kip; ❄) Das auffällige blaue Gebäude nahe der Südostecke des Markts ist günstig und liegt zentral. In den Zimmern der oberen Etage bekommt man hin und wieder etwas Wind ab. Die freundliche Betreiberfamilie spricht ein paar Brocken Englisch.

Phonexay Hotel HOTEL $
(☎034-211093; Route 15; Zi. mit Ventilator 70 000–80 000 Kip, klimatisiert 120 000–200 000 Kip; ❄🛜) Sein relativ neues Hauptgebäude – und WLAN auf den Zimmern – macht dieses größtenteils saubere Hotel 1,5 km westlich vom Markt zur besten Unterkunft vor Ort. Die Konkurrenz abzuhängen ist allerdings auch kein Kunststück.

Sabaidee Salavan LAOTISCH, THAILÄNDISCH $
(Hauptgerichte 15 000–50 000 Kip; ☉7–21 Uhr) Eins der wenigen Restaurants mit einer englischsprachigen Speisekarte, auf der sich alle typischen laotischen und thailändischen Gerichte finden, aber auch Sukiyaki.

ℹ Praktische Informationen

GEFAHREN & ÄRGERNISSE
Blindgänger (*unexploded ordnance*, kurz UXO) stellen in ländlichen Gebieten unverändert ein ernsthaftes Problem dar. Wer die Provinz abseits der Hauptstraßen erkundet, sollte entsprechend Vorsicht walten lassen und auf den ausgewiesenen Pfaden und Wegen bleiben.

GELD
Saravan bietet verschiedene Banken und Geldautomaten, u. a. am Markt.

TOURISTENINFORMATION
Tourismuszentrum Saravan (☎034-211528; ☉Mo–Fr 8–16 Uhr) Südlich vom Markt, neben dem großen Gebäude der Phongsavanh Bank mit der Glasfassade. Die Angestellten sind eifrig und hilfsbereit und kennen sich z. T. richtig gut aus in der Gegend.

ℹ An- & Weiterreise

Das Busterminal befindet sich 2 km westlich des Stadtzentrums, wo die Route 20 auf die Route 15 trifft. Täglich fahren neun Busse nach Pakxe (Ventilator/Klimaanlage 30 000/40 000 Kip, 3 Std.), und drei davon (um 8.30, 16 & 16.30 Uhr) anschließend weiter nach Vientiane (Standard/Sleeper 130 000/190 000 Kip, 12–14 Std.), einer steuert Attapeu an (50 000 Kip, 4½ Std.).

Busse nach Vietnam starten nicht hier; manchmal haben die aus Pakxe kommenden Vietnam-Busse aber noch ein paar Plätze frei.

Rund um Saravan

Toumlan ບ້ານຕຸ້ມລານ

Toumlan, 50 km nördlich von Saravan, ist eine zusammengeschusterte, schnell wachsende Stadt mit kleinen Läden und Restaurants sowie vereinzelten zu groß geratenen Regierungsgebäuden, die nicht so recht ins Bild passen. Ringsum erstreckt sich eine der wichtigsten **Weberregionen** des Landes, bestehend aus mehreren Katang-Gemeinden. Die Frauen weben Stoffe aus Seide und Baumwolle in unterschiedlichen Stilen, darunter *mat-mee* (Ikat- oder Batik-Web-/Färbetechnik), unter Verwendung großer hölzerner Webstühle, die auf dem Boden stehen (also ganz anders als in der Bolaven-Region).

Kaum jemand spricht hier Englisch oder Thai. Wenn man Frauen beim Weben entdeckt, kann man in den meisten Fällen eine Weile zusehen, ohne dass sie sich gestört fühlen – vorausgesetzt, man ist höflich und freundlich. Dazu gehört auch, aus dem Besuch kein Foto-Shooting zu machen. Eine gute Anlaufstelle ist der Autobahnabschnitt östlich von Toumlan; dort steht vor so ziemlich jedem Haus ein Webstuhl.

Das berühmte Lapup-Büffelopferfest wird gewöhnlich Ende Februar gefeiert.

Öffentliche Verkehrsmittel fahren hier nicht, aber die Route 15A ist asphaltiert und in einem guten Zustand. Alternativ folgt man der abenteuerlicheren Route 23, an Prinz Souphanouvongs Brücke vorbei.

Prinz-Souphanouvongs-Brücke

Die 150 m lange Brücke über den Xe Don ist nach ihrem Erbauer, dem „roten Prinzen" Souphanouvong, benannt, der gelernter Ingenieur war. 1968 jagten die Amerikaner sie in die Luft, da sie an einer Versorgungsroute des Ho-Chi-Minh-Pfads lag. Erhalten sind die massiven Betonpfeiler und ein Teil des stählernen Überbaus. Der Kontrast zwischen kriegerischer Zerstörung und der friedlichen, schönen Landschaft bietet einen ziemlich interessanten Anblick.

Man kann mit einer Fähre (10 000 Kip) ans andere Flussufer übersetzen oder, in der Trockenzeit, das Flussbett einfach zu Fuß durchqueren.

Die Brücke befindet sich an der Route 23. Von Saravan aus hält man sich erst 10 km gen Westen, dann 10 km gen Norden. Wer mit dem Motorrad unterwegs ist, kann bis Toumlan weiterfahren, allerdings fehlen einige kleine Brücken – in der Regenzeit vorher aktuelle Infos zur Strecke in Saravan einholen. Abgesehen von der Brückenproblematik ist die Straße durchgehend gut in Schuss – eine schöne Route entlang der Berge des Xe Ban Nuan NPA.

Ta-Oy   ບ້ານຕາໂອຍ

Eine Fahrt allein nach Ta-Oy lohnt sich eigentlich nicht, doch wenn man eine Halbtagestour nach Toumlan auf einen ganzen Tag ausdehnen möchte, ist dies vielleicht das geeignete Zweitziel. Die Anreise führt durch eine abgeschiedene, bergige Gegend mit wenigen Ortschaften. Die meisten Wälder wurden gerodet, es gibt jedoch immer noch das eine oder andere hübsche Fleckchen. Ta-Oy war einst ein wichtiger Punkt am Ho-Chi-Minh-Pfad; hier zweigten zwei Hauptrouten ab.

Der Ort ist zudem ein Zentrum der Taoy-Volksgruppe. Ihre rund 30 000 Angehörigen sind über die östlichen Gebiete der Provinzen Saravan und Xekong verstreut. Ebenfalls

in der näheren Umgebung vertreten sind Katang, Pako, Kado and Kanay. Die Taoy leben in bewaldeten Bergtälern und praktizieren eine Kombination aus Animismus und Schamanismus wie viele andere Mon-Khmer-Gruppen in Südlaos. Bei Dorffesten stellen die Taoy diamantbesetzte Bambustotems auf, um Außenstehende vorm Näherkommen zu warnen. In und rund ums Dorf sollte man nach ihren stattlichen **Langhäusern** Ausschau halten, z. B. in dem Dorf vor der großen Brücke, die nach Ta-Oy hineinführt. Von der Brücke aus flussaufwärts locken hübsche **Stromschnellen**. Sie sind über einen kurzen Fußweg zu erreichen.

Eine gute befestigte Straße verläuft von Saravan nach Ta-Oy (80 km). 80 km weiter liegt Samouy, unweit der vietnamesischen Grenze. Beide Ortschaften sind klein, haben aber eine brauchbare Infrastruktur (ein paar Pensionen, Restaurants/Imbisse und Zapfsäulen).

Xekong   ເຊກອງ
15 000 EW. / 🗐 038

Diese verschlafene Stadt am gleichnamigen Fluss entstand 1984 auf dem Reißbrett – in dem Jahr, als die Provinz Xekong gegründet wurde. Ein tolles Reiseziel ist die Stadt definitiv nicht, und die meisten Traveller scheinen auch nur herzukommen, weil sie eh in der Gegend sind.

In den kommenden Jahren könnte der Touristenverkehr zunehmen, wenn eine neue Brücke die Distanz zwischen Ubon Ratchathani in Thailand und dem vietnamesischen Hafen Da Nang verkürzt und den Zugang zu Gold- und anderen Minen auf dem Dak-Cheung-Plateau ermöglicht. Gleichzeitig soll ein Grenzübergang für ausländische Touristen eröffnet werden.

Xekong ist eine der ärmsten Provinzen des Landes. Obwohl sie die niedrigste Bevölkerungsdichte in Laos aufweist, ist sie doch eine der ethnisch vielfältigsten: Fast die Gesamtheit ihrer 90 000 Einwohner gehört den 14 verschiedenen Mon-Khmer-Stämmen an. Am größten sind die Volksgruppen der Alak, Katu, Talieng, Yai und Nge. Sie sind keine Buddhisten, daher fehlen die sonst so typischen Tempel. Stattdessen praktizieren sie eine Mischung aus Animismus und Ahnenverehrung.

◉ Sehenswertes

Museum zur Regionalgeschichte   MUSEUM
(ຫໍພິພິດທະພະພັນປະຫວັດສາດແຂວງເຊກອງ; Route 16; ⏲ Mo–Fr 8–11.30 & 13.30–16 Uhr) GRATIS Unten

findet man nicht viel mehr als alte Steine, Blindgänger und Fotos aus den Kriegsjahren, doch die ethnografischen Ausstellungsstücke im Obergeschoss (Textilien, Haushaltsgegenstände, eine Bambusesse zur Herstellung von Messern) sind prima in Szene gesetzt und mit englischsprachigen Erklärungen versehen. Der Schwerpunkt liegt auf der Gruppe der Katu. Ebenfalls vertreten: die Alak, Yai, Talieng, Suay und viele andere.

Stadtmarkt MARKT
(ຕະຫຼາດເຊົາ; ⊙ 5–18 Uhr) Zu den angebotenen Frischwaren gehören Pilze, Eichhörnchen, Kräuter und andere „Früchte" des Waldes. Am besten kommt man am späten Nachmittag.

🛏 Schlafen

Sakda Guesthouse PENSION $
(☎ 030-9921992; Zi. 80 000 Kip; ✳ ☎) Die kleinen, aber recht modernen Zimmer des Sakda bieten ein besseres Preis-Leistungs-Verhältnis als die Räumlichkeiten vieler teurerer Unterkünfte vor Ort. Man findet die Pension 100 m nördlich der Westseite des Markts, vorbei am UXO-Büro. Keine Beschilderung auf Englisch; das Haus ist weiß und hat ein grünes Dach.

Tad Faek Waterfall Guesthouse PENSION $
(☎ 030-5238353; Zi. 50 000 Kip) Oberhalb des Wasserfalls Tad Faek stehen eine Handvoll sehr einfacher Hütten mit Strohdach. Nach 17 Uhr ist man allein mit einem Wachmann – und, auf Wunsch, einem Lagerfeuer. Manch einer fühlt sich gern wie in „Kevin – Allein zu Haus", andere finden es eher unheimlich.

✗ Essen

Thida Hotel Restaurant LAOTISCH, THAILÄNDISCH $
(Hauptgerichte 20 000–50 000 Kip; ⊙ 6–22 Uhr; ☎) Schon die Lage hoch über dem Fluss mit tollem Bergblick ist Grund genug, hier einzukehren, und dann überzeugt auch noch die Küche auf ganzer Linie: Es gibt leckere thailändische Kost wie die obligatorische *tom yam gung* und gebratenes indisches Basilikum.

Khamting Restaurant LAOTISCH, THAILÄNDISCH $
(Hauptgerichte 15 000–50 000 Kip; ⊙ 7–21 Uhr, 📷) Wer einen Einheimischen um eine Restaurantempfehlung bittet, hört wahrscheinlich den Namen Khamting. Neben schmackhaften Gerichten aus der Pfanne gibt's Nudelsuppen und typisch Thailändisches. Die

Waldtiere, die auf der Karte auftauchen (auf Englisch, aber ohne Preise), sind nur selten erhältlich. Falls doch, sollte man sich dennoch am Riemen reißen, da manche Arten, etwa Schuppentiere (*pangolin*), gefährdet sind und von Wilderern illegal erlegt wurden.

Das Khamting liegt 600 m südwestlich vom Markt an der Straße, die dem Fluss am nächsten ist. Gegenüber ist das Sekong Hotel.

ℹ Praktische Informationen

GELD
Banken und Geldautomaten sind über die Stadt verteilt. In der **Lao Development Bank** (⊙ Mo–Fr 8–15.30 Uhr), 200 m südwestlich des Markts an der zentralen Straße, können Baht, Euro, US-Dollars und andere Währungen getauscht werden. Außerdem gibt's hier eine Zweigstelle der Western Union.

POST
350 m südwestlich der Lao Development Bank ist eine **Postfiliale** (⊙ Mo–Fr 8–11.30 & 13–16.30 Uhr) zu finden.

TOURISTENINFORMATION
Die **Touristeninformation der Provinz Xekong** (☎ 038-211361; 2. OG; ⊙ Mo–Fr 8–11.30 & 13–16.30 Uhr) liegt 700 m westlich des Markts an der zentralen Straße. Man darf nicht zu viel erwarten, aber die Angestellten können mit einem Vorlauf von zwei Tagen (schriftliche Anfrage stellen) Guides organisieren – doch auch Reisenden, die spontan auf der Matte stehen, wird normalerweise weitergeholfen.

Attapeu (Samakhi Xay)

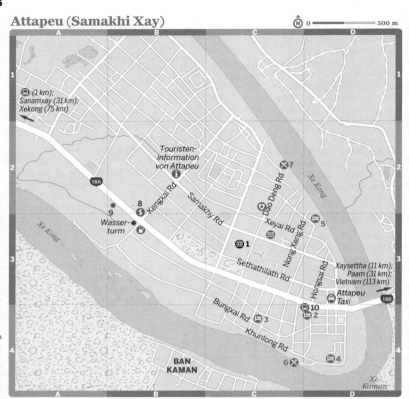

Rund um Xekong

Südlich von Xekong geht die Route 16 in die Route 11 über. Die Wasserfälle entlang dieser Straße sind tatsächlich viel schöner als alles, was die Stadt zu bieten hat.

Wer Lust auf ein entspanntes Abenteuer hat, sollte der neuen Schnellstraße nach Dak Cheung folgen. Die Gegend ist bildschön und, sobald man die Berge erreicht, relativ abgeschieden. Bis zur Fertigstellung der neuen Brücke überquert man den Xe Kong mit der (nicht unbedingt Vertrauen erweckenden) Fähre (5000 Kip) südwestlich vom Markt und muss noch 2,5 km unbefestigte Straße ertragen, bis man wieder Asphalt unter sich hat.

◉ Sehenswertes

Tad Faek WASSERFALL
(ຕາດແຟກ; Eintritt 5000 Kip) Dieser breite, hübsche 5 m hohe Wasserfall liegt deutlich sichtbar ausgeschildert 16 km südlich von Xe-

kong und abseits der Route 11. Oben ist ein „Pool", der zum Schwimmen einlädt. Die rot-weißen Warnschilder an den unteren Becken mit der Aufschrift „Watch Out For Biting Fish" (Vorsicht vor beißenden Fischen) sollte man beherzigen – hier treibt ein gemeiner Fisch namens *pa pao* sein Unwesen! Die Geschichte, dass er männliche Geschlechtsteile zum Fressen gern hat, ist nur Unfug, den sich die einheimischen Frauen ausgedacht haben (und mit diebischer Freude kundtun). Dennoch: Die Tiere können mit ihren rasierklingenscharfen Zähnen leicht ein Stück Fleisch aus einem vorübergleitenden Bein herausknabbern.

Tad Houa Khon WASSERFALL
(ຕາດຫົວຄົນ; 5000 Kip) 3 km südlich des Abzweigs zum Tad Faek (gleich hinterm Markt) stürzt sich der beeindruckenden 100 m breite Tad Houa Khon 7 m in die Tiefe. Sein Name bedeutet so viel wie „Wasserfall der Köpfe" und geht zurück auf ein grausames Ereignis

Attapeu (Samakhi Xay)

im Zweiten Weltkrieg, als japanische Soldaten laotische Kämpfer enthaupteten und ihre Köpfe in den Wasserfall warfen. Die Einrichtungen, auch die guten Spazierwege und Stege durch den Wald, die Kajaks (80 000 Kip) und ein Restaurant, gehören zu dem kleinen Resort P&S Garden. In der Ferienzeit sowie an den Wochenenden wird es hier voll.

🛏 Schlafen

P&S Garden   RESORT $
(☏020-98836555; Zelt für 1/2 Pers. 40 000/50 000 Kip; @ 🛜) Das Resort unweit des Tad Houa Khon ist eine nette Überraschung. Bislang gibt's nur Zelte, die auf einer Plattform mit Stelzen und Strohdach aufgestellt sind, aber es werden gerade auch „richtige" Zimmer gebaut. Im Restaurant gibt's Kaffee, Saft und ein paar laotische Speisen (Hauptgerichte 15 000–80 000 Kip), z. B. *bugs* (geröstete Krabbeltiere) und scharfen Papayasalat.

Attapeu   ວັດຕະປື

19 200 EW. / ☏ 036

Am Zusammenfluss des Xe Kaman mit dem größeren Xe Kong liegt die Hauptstadt der Provinz Attapeu. Sie ist kein besonders aufregender, aber auch kein unangenehmer Ort und im Land wegen ihrer vielen Bäume und Sträucher als „Gartendorf" bekannt.

Dieser Name passt, wobei das Wort Attapeu witzigerweise so viel wie „Büffeldung"

bedeutet. Im alten lokalen Mon-Khmer-Dialekt hieß die Gegend wegen der vielen wilden Büffel, die hier heimisch waren, *itkapu* (*ait krapeau* im modernen Khmer). Die Franzosen trugen durch ihre Aussprache dazu bei, dass sich das Wort veränderte, bis der Name Attapeu übrig blieb.

Auch wenn die Stadt schön grün ist, bleibt das an Attraktionen arme Attapeu hinter den Erwartungen zurück. Die Tempel von Xaysettha und der „Kriegsschutt" in Paam lohnen aber einen Abstecher.

Ein vietnamesisches Wörterbuch ist hier ähnlich nützlich wie ein laotisches, denn die Hälfte der Einwohner sind Vietnamesen.

◉ Sehenswertes

Die Standardsehenswürdigkeiten von Attapeu sind ziemlich öde, dafür gibt's am Fluss manchmal spektakuläre Sonnenuntergänge zu sehen. Die interessantesten Plätze liegen tatsächlich vor den Toren der Stadt: die Dörfer Xaysettha und Paam (S. 248) eignen sich gut für eine Halbtagestour, und der Vulkankratersee Nong Fa (Himmelblauer See) im Dong Amphan NPA (S. 249) ist etwas schwieriger zu erreichen, aber die Anstrengung lohnt sich.

Museum der Provinz   MUSEUM
(ຫໍພິພິດຕະພັນແຂວງອັດຕະປື; Karte S. 246; Samakhy Rd; ⊙ Mo–Fr 8.30–11.30 & 13.30–16 Uhr) GRATIS Das große, elegante Gebäude beherbergt eine kleine, langweilige Sammlung: ein paar alte Steine, Waffen und Blindgänger sowie zahllose Fotos lokaler Würdenträger. Allein die ethnografischen Ausstellungsgegenstände rechtfertigen eine Stippvisite. Schade, dass sie nicht besser beschriftet sind.

🛏 Schlafen

Sokpaserd Riverside   PENSION $
(Karte S. 246; ☏036-210088; Khunlong Rd; Zi. 100 000 Kip; ❄ 🛜) Qualitativ gute Zimmer (neue werden gerade gebaut) zu einem fairen Preis. In ein paar Räumen und auf der Veranda treppauf kann man den Xe Kong durch die Bäume erspähen; leider liegt die Pension nicht direkt am Ufer, sondern auf der gegenüberliegenden Straßenseite.

Soukdaoxay Guesthouse   PENSION $
(Karte S. 246; ☏020-22900054; Zi./FZ 100 000/200 000 Kip; ❄ 🛜) In dem auffälligen pinkfarbenen Haus am Xe Kong nördlich des Zentrums warten vergleichsweise neue Zimmer mit gutem Preis-Leistungs-Verhältnis. Drei Räume im Obergeschoss hinten raus

gewähren außerdem einen netten Ausblick aufs Wasser.

Essen

Huean Phae Nang Gulap LAOTISCH, THAILÄNDISCH **$**
(Karte S. 246; Khunlong Rd; Hauptgerichte 20 000–70 000 Kip; ⊙ 9–23 Uhr; 🛜) „Das Floß von Frau Rose" bietet einen hübschen Blick und ist ein prima Plätzchen für einen Sundowner. Es gibt gutes Essen, allerdings ist nur ein Bruchteil der Karte auf Englisch übersetzt. Einfach ein gängiges laotisches oder thailändisches Gericht bestellen – normalerweise kann die Küche diese Wünsche erfüllen. Immer gut ist die pikante laotische *tom sap* mit Fisch (die „süßsaure Suppe").

Sabaidee Attapeu LAOTISCH **$**
(Karte S. 246; Hauptgerichte 25 000–70 000 Kip; ⊙ 8–20.30 Uhr; ▦🛜) Ein umgebautes Holzhaus beherbergt dieses Restaurant, das von seiner breiten Terrasse einen schönen Blick auf den Xe Kong und die Berge in der Ferne bietet. Die Speisekarte umfasst jede Menge gegrilltes und gebratenes Fleisch sowie leichtere Speisen wie Papayasalat – scharf und köstlich.

Thi Thi Restaurant VIETNAMESISCH **$**
(Karte S. 246; Route 18A; Hauptgerichte 15 000–35 000 Kip; ⊙ 6–21 Uhr; 🛜) Das Hotelrestaurant des Dúc Lôc gilt als eines der besten für vietnamesische Küche in der Stadt. Auf den Tisch kommen Fischgerichte und Suppen, gebratener Reis und *fěr* (Reisnudeln).

ℹ️ Praktische Informationen

GELD
Mehrere Banken säumen die Route 18A, z. B. die **BCEL** (Karte S. 246; Route 18A; ⊙ Mo–Fr 8.30–15.30 Uhr) mit sämtlichen Serviceleistungen, doch im Stadtzentrum befinden sich keine Geldautomaten. Praktischer als die Banken ist der **Thi-Thi-Geldwechselservice** (Karte S. 246; Route 18A; ⊙ 6–20 Uhr).

POST
Post (Karte S. 246; Samakhy Rd; ⊙ Mo–Fr 8–11.30 & 13–16.30 Uhr)

TOURISTENINFORMATION
Zwar gibt's eine offizielle **Touristeninformation** (Karte S. 246; ⊙ 020-98976475; Kengxai Rd; ⊙ Mo–Fr 8–11.30 & 13.30–16 Uhr) in Attapeu, aber wer eine ernsthafte Erkundungstour plant, sollte im Dokchampa Hotel vorbeischauen. Die Mitarbeiter organisieren Guides und Transportmittel.

ℹ️ An- & Weiterreise

BUS
Stündlich fahren Busse nach/ab Pakxe (Ventilator/Klimaanlage 45 000/50 000 Kip, 3½–5 Std.). Etwa die Hälfte nimmt die direkte Pakxong-Route (35 000–40 000 Kip, 2½ Std.), die andere fährt über Xekong (20 000 Kip, 2 Std.). Fünf Busse legen die Strecke bis Vientiane zurück (Standard 140 000–170 000 Kip, Sleeper 220 000 Kip, 16–18 Std.). Eine Verbindung am Morgen geht nach Saravan (50 000, 4½ Std.). Alle Busse nutzen den **Busbahnhof** an der Route 11.

Mai Linh Express (Karte S. 246; ☑ 020-98302222; Route 18A) im Dúc Lôc Hotel schickt morgens Minibusse nach Kon Tum (60 000 Kip, 5 Std.), Da Nang (150 000 Kip, 9 Std.) und Hué (140 000 Kip, 12 Std.).

FLUGZEUG
Attapeu hat inzwischen einen Flughafen (25 km außerhalb der Stadt). **Lao Airlines** (Karte S. 246; ☑ 036-210195; Route 18A; ⊙ Mo–Fr 8–17 Uhr) fliegt von Vientiane über Pakxe nach Attapeu und zurück nach Vientiane (die Strecke Vientiane–Attapeu kostet 820 000 Kip), der Flugplan ist allerdings nicht verlässlich.

ℹ️ Unterwegs vor Ort
Attapeu Taxi (Karte S. 246; ☑ 030-9393939; ⊙ 24 Std.) berechnet 8000 Kip für den ersten Kilometer und danach bis zu einer Strecke von 20 km 7000 Kip pro Kilometer. Bei längeren Strecken den Preis verhandeln!

Tuk-tuks vom Busbahnhof ins Stadtzentrum kosten 10 000 Kip pro Person bzw. 20 000 Kip, wenn man allein unterwegs ist. Das **Phoutthavong Guesthouse** (Karte S. 246; ☑ 020-5551 7870; Zi. mit Ventilator/klimatisiert 60 000/90 000 Kip; ▦) vermietet Fahrräder für 20 000 Kip pro Tag.

Nahe dem Stadtzentrum befindet sich eine **Tankstelle** (Karte S. 246).

Rund um Attapeu

Xaysettha ໄຊເຊດຖາ

Xaysettha, ein recht großes Dorf am nördlichen Ufer des Xe Kaman, liegt 11 km östlich von Attapeu an der Route 18B. Dem Image des ruhigen Nests mit gutem Vibe ist es im wahrsten Sinne des Wortes entwachsen. Kunstliebhabern sollten ein paar der Tempel gefallen.

Gleich hinter der Houay-Phateun-Brücke geht's rechts ab zum **Wat Siliawat That Inping** (auch Wat Fang Daeng genannt), einem friedlichen Tempel am Ufer. Er verfügt über einen großen achteckigen Stupa. In der angrenzenden Halle erzählen Gemälde die Geschichte von Buddhas vorletzter Wiedergeburt beinahe lückenlos.

Etwas mehr als einen Kilometer weiter östlich, am Ende der Straße, wartet die *sala* des Wat Ban Xai mit Wandbildern auf, die in erster Linie das Leben Buddhas zum Thema haben. Die Fassade der alten *ubosot* (Ordinationshalle) besticht durch originalen Blumenstuck.

Vom Wat Ban Xai aus geht's zurück zur Schnellstraße und weiter in östlicher Richtung. Nach Überqueren der Xe-Kaman-Brücke an der ersten größeren Straße scharf rechts abbiegen und bis zum zweiten Tempel, dem Wat Luang, in Muang Kao (Alte Stadt) fahren (insgesamt 6,5 km). Dort liegt der Lan-Xang-König Setthathirath begraben, nach dem der Bezirk benannt ist. Der Tempel wurde angeblich 1571 gegründet, Setthathiraths Todesjahr, und der Stupa, in dem seine Gebeine liegen, wurde kurze Zeit später errichtet. Bei dem heutigen Stupa handelt es sich allerdings nicht um das Original. Weiterhin ist eine verfallene alte *wihăhn* (Tempelhalle) mit einer großen Buddhafigur darin zu sehen. Am Giebel vorn und an der Tür sind die ursprünglichen Schnitzereien erhalten. Die kleine *ubosot* davor ist in einem besseren Zustand.

Paam ພະອ໋າ

Die Gegend östlich von Attapeu war von integraler Bedeutung für den Ho-Chi-Minh-Pfad, da sich hier seine beiden Hauptzweige aufteilen – zum einen der Sihanouk-Weg, der in den Süden und nach Kambodscha führt, zum anderen der eigentliche Ho-Chi-Minh-Pfad, der gen Osten Richtung Vietnam verläuft. Aus diesem Grund wurde das Gebiet im Vietnamkrieg heftig bombardiert. Daran erinnert eine russische Boden-Luft-Rakete (SAM) mit russischen und vietnamesischen Kennzeichnungen. Die Nordvietnamesen stellten sie 1974 zur Abwehr von Luftangriffen in Paam (auch Ban Sombun) auf.

Sie entging den Schrottjägern und wird nun auf spezielle Anordnung des Staates ausgestellt, umgeben von Stacheldrahtzaun, der teilweise von Streubombenhüllen gestützt wird.

Neben der Rakete stehen in einem kleinen Handwerksladen Textilien und Körbe zum Verkauf, gefertigt von hiesigen Talieng. Bei einer Fahrt um das Dorf kann man vielleicht ein paar Frauen beim Weben beobachten.

Paam liegt 16 km hinter Xaysettha (den Schildern nach San Xay abseits der Route 18B folgen). Mit einem eigenen fahrbaren Untersatz kann man sich die beiden Dörfer prima auf einer Halbtagestour ab Attapeu ansehen. Öffentliche Verkehrsmittel steuern Paam nicht an.

Nördlich von Paam wird die Straße bald steinig und führt erst nach Chaleun Xay (38 km weiter nördlich) und dann nordwestlich nach Xekong. Diese Route wurde vor Kurzem ausgebessert, ist aber immer noch holprig und nur in der Trockenzeit empfehlenswert.

Dong Amphan NPA
ป่าสะทຫງວນແທງຊາດດົງອำพาบ

Die Hauptattraktion in diesem 1975 km^2 großen Schutzgebiet im Osten der Provinz Attapeu ist der sagenumwobene Nong Fa (Himmelblauer See). Dieser wunderschöne Vulkankratersee wird auch Nong Kai Ork genannt und erinnert an den kleineren, aber bekannteren Yeak Lom in der kambodschanischen Provinz Ratanakiri. Der Nong Fa liegt auf 1500 m; der Blick, den man hier oben hat, ist ähnlich traumhaft wie der See selbst.

Während des Vietnamkriegs erholten sich dort auf dem Ho-Chi-Minh-Pfad verletzte nordvietnamesische Soldaten. Einst musste man einen schwierigen fünftägige Trek unternehmen, um dorthin zu gelangen. Dank neuer Straßen ist ein Besuch ab Attapeu mit dem Jeep oder Geländemotorrad als Tagesausflug möglich, die gängigere Variante sind aber 2-Tages-Touren mit Guide und Übernachtung in einem Homestay nahe dem See.

Der Park beherbergte bis vor Kurzem eines der intaktesten Ökosysteme des Landes, aber Abholzung, Wilderei, Goldförderung und die Wasserkraftprojekte am Xe Kaman und Xe Su haben ihren Tribut gefordert. Dennoch ist das NPA nach wie vor die Heimat von Gaur, Tigern, Elefanten und rund 280 Vogelarten, darunter der Perlenpfau.

Die unbefestigte 65 km lange Straße zum Park ab der Route 18B aus Attapeu überquert steile Hügel und ein paar Flüsse und ist eine steinige Angelegenheit – schwierig in der Trocken- und unmöglich während der Regenzeit. Theoretisch bekommt man die Anfahrt auch auf eigene Faust hin, doch die Route ist sehr abgeschieden, und wer Pech hat, wird noch vorm Ziel von Regierungsbeamten zurück nach Attapeu geschickt.

SI PHAN DON ສີ່ພັນດອນ

📷 031

Si Phan Don ist das Land der Lotusesser, in dem die Uhren langsamer ticken als anderswo. Panoramen, die an Postkartenmotive erinnern, sind hier die Regel und nicht die Ausnahme. Dem Charme des Archipels erlagen bereits zahlreiche Traveller, sodass sie länger verweilten als ursprünglich geplant.

In dieser Gegend erreicht der Mekong eine Breite von 14 km – so breit wie nirgends sonst auf seiner 4350 km langen Reise vom Hochland Tibets bis ins Südchinesische Meer – und wenn man jedes Inselchen und jede Sandbank zählt, die während der Trockenzeit sichtbar werden, erscheint der Name Si Phan Don (wörtlich übersetzt „Viertausend Inseln") gar nicht mehr so übertrieben!

Touristen besuchen drei dieser Inseln: Khong, Det und Khon. Don Khong, die mit Abstand größte Insel in Si Phan Don, ist zugleich auch die ruhigste und verzeichnet die wenigsten Gäste – durchaus reizvoll. Viel mehr zu tun gibt's auf Don Khon und Don Det, die sich zu Pflichtstopps auf der Backpackerroute durch Südostasien entwickelt haben. Zu den angebotenen Aktivitäten zählen Radeln, Tubing, Kajakfahren und Ausflüge zu Wasserfällen oder zur Delfinbeobachtung, obwohl viele Traveller sich fürs Faulenzen entscheiden und ihre Tage entspannt und nahezu reglos in der Hängematte verbringen.

Oftmals tragen die Dörfer von Si Phan Don Namen, die ihren Standort am oberen oder unteren Ende der Insel beschreiben. Das flussaufwärts gelegene Ende heißt *hŭa* (Kopf), das flussabwärts gelegene *hăang* (Schwanz). Ban Houa Khong befindet sich also an der Nordspitze von Don Khong, Ban Hang Khong dagegen an der Südspitze.

Don Khong (Khong-Insel) ດອນໂຂງ

60 000 EW. / 📷 031

Das Leben schreitet langsam voran auf Don Khong. Die 18 km lange und bis zu 8 km breite Insel ist ein toller Ort für ein oder zwei entspannte Tage, die man mit Spaziergängen vorbei an Fischernetzen, die in der Sonne trocknen, Bootsausflügen zum Sonnenuntergang, Fahrradtouren oder einer Runde Chillen mit einem guten Buch füllen kann.

Die meisten der etwa 60 000 Inselbewohner haben sich entlang der Küste niedergelassen. Es gibt nur zwei richtige Siedlungen: das lethargische Muang Khong an der Ost-

SÜDLAOS SI PHAN DON

Motorradtour: Die Südschleife

START PAKXE
ZIEL PAKXE
LÄNGE/DAUER 480 KM; FÜNF TAGE

Die Südschleife beginnt in Pakxe und beschreibt einen Bogen rund um das Bolaven-Plateau. Für diese Route benötigen die meisten Leute fünf Tage, unser Vorschlag dient aber nur der Orientierung. Wer mag, kann sich einfach mehr Zeit nehmen. Los geht's auf der Route 13, die aus ❶ **Pakxe** (S. 218) hinausführt, und dann am Verkehrskreisel weiter auf der Route 16, vorbei an Straßenverkäufern, die Körbe, Obst und Messer feilbieten (man kann Letzteren bei der Messerherstellung zusehen). Hinter der großen Dao-Kaffeefabrik folgt man der Route 20 nach Norden.

Nach 13 km weist eine beschilderte Abzweigung zum U-förmigen ❷ **Tad Phasuam** (Eintritt 10 000 Kip, Motorrad/Auto 2000/5000 Kip, ⊙ 8–18 Uhr). Er liegt 2 km von der Schnellstraße entfernt im Naturschutzgebiet Utayan Bajiang. Reisebusse aus Thailand steuern nicht nur den Wasserfall, sondern auch ein Modell-Dorf an, in dem Familien ethnischer Gruppen aus der Region in traditioneller Kleidung Kunsthandwerk in für ihr Volk typischen Häusern verkaufen. Man kann ein paar hübsche Fotos schießen, fühlt sich aber auch ein bisschen wie in einem Zoo für Menschen.

Von hier sind es 27 km bis zum Dorf Houay Houn, dessen Katu-Bewohner geschickte Weber sind. Auch das ❸ **Mr. Vieng Coffee & Homestay** (S. 241) ist einen Besuch wert. Dann heißt es Kamera hervorholen und den tollen Ausblick festhalten, bevor das nächste Highlight ansteht, das backpackerfreundliche ❹ **Tad Lo** (S. 240), 19 km hinter Ban Houay Houn.

In Tad Lo kann man ein paar Tage mit dem Besuch verschiedener Dörfer und Wasserfälle verbringen. Im Anschluss folgt man der Route 20 für 5,5 km nach Ban Beng und peilt dann entweder das abgelegene ❺ **Saravan** (S. 242) zur Linken oder das Bolaven-Plateau und Thateng zur Rechten an, wobei man hier unterwegs viele Siedlungen der Katu und Alak passiert. Ein Halt lohnt sich in Ban Khokphung Tai, um im ❻ **Captain Hook Coffee Break** (S. 241) einzukehren.

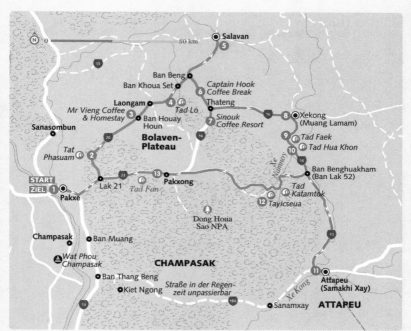

In Thateng geht's wieder auf die Route 16. Die „kleine Schleife" bringt einen direkt nach Pakxong im Süden (37 km), die „große Schleife" führt weiter gen Osten bis Xekong (47 km). Welche Route man auch wählt, man sollte unbedingt im Garten des **7 Sinouk Coffee Resort** (S. 239) 6 km südlich von Thateng etwas trinken oder zu Mittag essen.

Auch **8 Xekong** (S. 244) ist praktisch für ein Mittagessen bzw. zum Übernachten, aber kein touristisches Highlight. Südlich gibt's zwei nicht sehr hohe, aber hübsche Wasserfälle, **9 Tad Faek** (16 km) und **10 Tad Houa Khon** (19 km). Beide bieten Unterkünfte, falls man keine Lust auf Xekong hat.

In Ban Benghuakham, 6 km südlich des Tad Houa Khon, verläuft die Straße nach Pakxong, die man aber erst mal außen vor lässt, um in das 49 km weiter südlich gelegene **11 Attapeu** (S. 247) zu gelangen. Dieses ist zwar ein wenig öde, hat aber trotzdem einen gewissen Charme (tolle Sonnenuntergänge!). Zudem können in Dörfern ringsum alte Tempel und Kriegsschutt besichtigt werden.

Route 18A führt zwar zurück in die Provinz Champasak, hat den Namen Straße aber eigentlich nicht verdient. Sie sollte nicht in Angriff genommen werden, bevor man sich die Reiseberichte auf www.gt-rider.com durchgelesen und eine ehrliche Einschätzung der eigenen Fähigkeiten auf dem Motorrad vorgenommen hat. An einigen Flüssen verkehren keine Fähren und die raue Piste ist voller Weggabelungen.

Von Attapeu aus geht's also zurück nach Ban Benghuakham (besser bekannt als Ban Lak 52) und nach Westen. Bis kürzlich war dieser Straßenabschnitt noch buckelig und der Verkehr in der ursprünglichen Dschungellandschaft dünn bis nicht vorhanden, doch, oh weh, der Dschungel ist nicht mehr unberührt. Die Fahrt durch ein Tal hinauf auf das Plateau ist jedoch unverändert malerisch.

Nach 16,5 km passiert man den spektakulären Tad Katamtok (vorm Besuch in Pakxe über die aktuelle Sicherheitslage informieren!). Bis zum geradezu paradiesischen **12 Tayicseua** (S. 238), einem der entspanntesten Orte auf dem Bolaven-Plateau, sind es weitere 8 km, z. T. auf einer unbefestigten Straße mit ein paar ziemlich unangenehmen Stellen – wer mit dem Wagen unterwegs ist statt mit dem Motorrad, muss einen weiten Umweg fahren.

Nach 44 km erreicht man Bolavens reizlose Kaffeehauptstadt **13 Pakxong** (S. 237). Dahinter liegen vier beeindruckende Wasserfälle (**Tad Gneuang**, Tad Fane, Tad Champee und Tad E-Tu). Dann geht's zurück nach Pakxe.

Si Phan Don

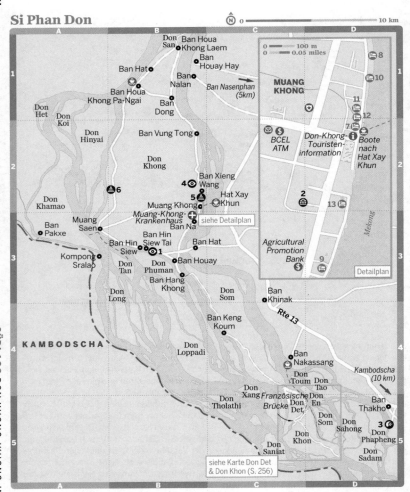

SÜDLAOS DON KHONG (KHONG-INSEL)

und das wenig charmante Marktstädtchen Muang Saen an der Westküste; zwischen den beiden verläuft eine Straße (8 km).

Khamtay Siphandone (geb. 1924), ursprünglich Postbote von Beruf, war von 1998 bis 2006 Präsident von Laos und stammt gebürtig aus Ban Houa Khong an der Nordspitze von Don Khong.

⊙ Sehenswertes & Aktivitäten

Don Khong ist eine hübsche Insel. Reisfelder bedecken die hügelige Mitte und ringsherum liegen einfache Dörfer. Wer sich für die hiesige

Kultur interessiert, sollte die Insel einmal komplett mit dem Rad umrunden – ein toller Tagesausflug. Die Straße um das Eiland herum ist gepflastert, der Asphalt ist aber von Schlaglöchern durchzogen wie ein Schweizer Käse. Wenn man eh in der Nähe ist, lohnt sich ein kurzer Abstecher zu den alten Gebäuden der Tempel in Ban Hin Siew (Hin-Siew-Dorf) und Ban Hang Khong (Hang-Khong-Dorf) am südlichen Ende von Don Khong.

Die neue Brücke in Ban Houa Khong Lem eröffnet einem die Möglichkeit, auch die kaum besuchte, dünn besiedelte Insel Don San zu besuchen. Eine an vielen Stellen holp-

Si Phan Don

rige Piste führt an der Ostseite der Insel entlang bis zu ihrer Spitze, wo bei Niedrigwasser ein Strand aus dem Fluss auftaucht. Dies
ist der nördlichste Punkt von Si Phan Don.

Zuckerpalmen von
Ban Hin Siew Tai   ZUCKERPALMEN
(Karte S. 252) Auf der gesamten Insel wachsen
Zuckerpalmen und Ban Hin Siew Tai ist die
Zuckerhauptstadt von Südlaos. Viele Bauern
klettern zweimal täglich in die Bäume, um
deren Saft abzuzapfen und einzukochen, bis
er kristallisiert. Zuschauer stören sie nicht
groß, im Gegenteil. Die Zuckersaison geht
von November bis Februar. Die beste Tages-
zeit für einen Besuch ist der frühe Morgen.

◉ Muang Khong & Umgebung

Geschichtsmuseum   MUSEUM
(ພິພິດຕະພັນປະຫວັດສາດດອນໂຂງ; Karte S. 252;
Muang Khong; 5000 Kip; ⊙ Mo–Fr 8.30–11.30 & 13–
16 Uhr) Als der Gouverneur dieses zweige-
schossige Wohnhaus im französischen Kolonialstil im Jahre 1935 errichten ließ, platzte er
förmlich vor Stolz und taufte es Sathanavoud-
thi, ein altlaotisches Wort, das so viel bedeutet
wie „Garten Eden". Bodenständige Einheimische sprechen derweil vom „Ziegelsteinhaus".
Seit der Renovierung 2010 beherbergt es eins
der kleinsten Museen des Landes – es lohnt
sich, ein paar Minuten zu investieren, um sich
die Musikinstrumente, Tierfallen und Fotos
der Don-Khon-Eisenbahn anzusehen.

Wat Jom Thong   BUDDHISTISCHER TEMPEL
(ວັດຈອມທອງ; Karte S. 252; Muang Khong) Im Norden von Muang Khong befindet sich der aus
der Chao-Anou-Zeit (1805–1828) stammende

Wat Jom Thong, der älteste Tempel des Eilandes. Die *wihăhn* (Tempelhalle) hat einen
kreuzförmigen Grundriss, einen einmaligen
Eingang, bestehend aus drei Toren, sowie geschnitzte Holztüren und -läden. Dach und
Giebel ziert eine ganze Schar mythischer hin-
duistisch-buddhistischer Kreaturen.

Tham Phou Khiaw   HÖHLE
(ຖ້ຳພູຂຽວ; Karte S. 252) 2 km nördlich von
Muang Khong führt ein Pfad bis zur „Höhle
des grünen Bergs" mitten im Wald. Dort sind
einige ziemlich rustikale Buddhabildnisse
und (kaputte) Tonwaren untergebracht. Jedes
Jahr zieht es Pilger hierher, vor allem im Juni.
Der Sinnspruch „Der Weg ist das Ziel" trifft
den Nagel in diesem Fall auf den Kopf.
   Der nur fünfzehnminütige Weg geht
größtenteils bergauf. Man folgt dem Haupt-
pfad bis zur zweiten steinigen Lichtung und
läuft dann nach links (Richtung Süden) zu
dem kleinen Felsen. Den Ausgangspunkt
des Wegs kennzeichnet ein blaues Schild.
Wer von der Höhle aus weiterspazieren will
(zum Aussichtspunkt oder sogar einmal
quer über die Insel), braucht einen Guide.

◉ Muang Saen & Umgebung

Wat Phou Khao Keo   BUDDHISTISCHER TEMPEL
(ວັດພູເຂົາແກວ, Glashügelkloster; Karte S. 252)
6,5 km nordöstlich von Muang Saen thront
der Wat Phou Khao Keo auf den Fundamen-
ten einer alten Ruine, die möglicherweise aus
der Zeit vor der Khmer-Periode datiert. Deshalb ist er den Einheimischen heilig. Der moderne Stupa ist leuchtend rot und goldfarben
und eine große Buddhastatue verharrt in der
Pose „Eintritt ins Nirwana" (Arm nach unten). Der Wat hockt auf ein paar nackten Felsen und hat eine wunderschöne Lage am
Mekong – fast sehenswerter als die Ruinen.

🏃 Aktivitäten

Sabaidee Don Khong   FREWILLIGENARBEIT
(☏ 020-59692777; www.facebook.com/laoschool
volunteer) Freiwillige geben im Anschluss an
den regulären Unterricht Englischstunden.
Die Entlohnung erfolgt in Form der Unter-
bringung in einem einfachen, aber netten
Homestay. Mindestaufenthalt: eine Woche.

🎆 Feste & Events

Bun Suang Heua   BOOTSRENNEN
(Bun Nam) Anfang Dezember oder Ende No-
vember wird um den Nationalfeiertag auf
Don Khong ein Bootsrennen veranstaltet.

Das viertägige karnevalsartige Volksfest umfasst Langbootregatten vor Muang Khong, die hier viel näher an der Küste als in anderen Städten stattfinden.

🛏 Schlafen

★ Khong View Guesthouse PENSION $
(Karte S. 252; ☎ 020-22446449; Muang Khong; Zi. mit Ventilator/klimatisiert 80 000/100 000 Kip; ❄️🛜) Der Standort dieser Pension ist kaum zu toppen. Sie liegt in der Nähe der Touristenmeile und gleichzeitig weit genug von ihren stressigen Begleiterscheinungen entfernt. Die große, luftige Terrasse treppauf gewährt den schönsten Flussblick im Ort. Die freundlichen Besitzer schaffen eine persönliche Atmosphäre wie in einem privaten Wohnhaus. Manchmal bekochen sie ihre Gäste auch.

Ratana Riverside Guesthouse PENSION $
(Karte S. 252; ☎ 020-55533550; vongdonekhong@hotmail.com; Muang Khong; Zi. 100 000 Kip; ❄️🛜) Neben dem Flussblick trumpfen die vier komfortablen Zimmer mit Balkonen, sibirisch kalten Klimaanlagen sowie schönen Möbeln auf. Jene im Erdgeschoss verfügen über riesige Fenster nahe der Straße, daher sollte man sich besser eine Unterkunft oben geben lassen, um sich nicht wie ein Goldfisch im Glas zu fühlen und stattdessen den (verstellten) Blick auf den Fluss jenseits der Straße genießen zu können.

Done Khong Guesthouse PENSION $
(Karte S. 252; ☎ 020-98789994; kham_bkk1987@yahoo.com; Muang Khong; Zi. mit Ventilator/klimatisiert 70 000/100 00K; ❄️🛜) Wenn man von Bord geht, fällt der Blick als Erstes auf dieses Gästehaus in einem alten Gebäude, das von einer Französisch und Englisch sprechenden Dame geführt wird. Es hat dunkle Zimmer mit Fliesenböden und heimeligen Möbeln. Man sollte versuchen, eines mit Balkon zur Flussseite zu bekommen. Auf der Speisekarte des Restaurants am Fluss stehen vor allem laotische Gerichte. Die Mitarbeiter kennen die Insel sehr gut und geben prima Auskünfte.

Pon's Riverside Guesthouse PENSION $
(Karte S. 252; ☎ 020-55406798; www.ponarenahotel.com; Muang Khong; Zi. 100 000 Kip; ❄️🛜) Muang Khongs beliebteste Adresse zum Schlafen und Essen ist Pon's. Die netten zitronengelben Zimmer sind gefliest und mit Kabel-TV ausgestattet, die Atmosphäre ist relaxt. Auf der anderen Straßenseite steht ein Terrassenrestaurant am Wasser. Gutes Preis-Leistungs-Verhältnis.

★ Pon Arena Hotel BOUTIQUE-HOTEL $$
(Karte S. 252; ☎ 020-22270037, 031-515018; www.ponarenahotel.com; Muang Khong; Zi. 50–85 US$; ❄️🛜🏊) Direkt am Fluss bietet dieses gehobene Hotel große Zimmer mit schickem Holzdekor und Flachbildfernsehern. Der kleine Swimmingpool reicht bis über das Flussbett hinaus. Im ursprünglichen Gebäude auf der anderen Straßenseite gibt's günstigere Zimmer – die Betten hier sind genauso weich, und auch was die Optik betrifft, muss es sich nicht verstecken.

Mekong Inn HOTEL $$
(Karte S. 252; ☎ 031-213668; www.gomekonginn.com; Muang Khong; Zi. mit Frühstück 30 US$; 🍽❄️🛜🏊) In dem Hotel ein Stück südlich des Zentrums sind die Zimmer etwas vornehmer als in einer typischen Pension, doch wenn das laotisch-kanadische Besitzerpaar da ist (manchmal reisen sie in der Nebensaison nach Kanada), hat das Mekong Inn die einladende Gemütlichkeit eines Gästehauses. Zum Frühstück gibt's Pfannkuchen mit Ahornsirup und Tim-Hortons-Kaffee. Die Zimmer sind auf zwei Gebäude verteilt (nicht in allen hat man WLAN), eins davon steht gegenüber vom Pool.

Senesothxeune Hotel HOTEL $$
(Karte S. 252; ☎ 031-515021; www.ssx-hotel.com; Muang Khong; Zi. 50–60 US$, Suite 80 US$; ❄️@🛜) Das moderne Hotel ist ein Stück von der Touristenmeile entfernt. Es bietet komfortable Zimmer und ein nettes Restaurant, durch dessen Blumengarten man den Fluss sieht. Die teureren Räume zeichnen sich durch Balkone, Holzböden und Flussblick aus. Diese Unterkunft hat schon ein paar Jahre auf dem Buckel, doch die französisch-laotischen Eigentümer halten den Laden in Schuss. Derzeit bauen sie einen Pool.

❶ Praktische Informationen

GELD
Agricultural Promotion Bank (Karte S. 252; Muang Khong; 🕓 Mo–Fr 8.30–16 Uhr) Western-Union-Niederlassung, tauscht die bekannteren Währungen und hat vorne einen Geldautomat.
BCEL ATM (Karte S. 252; Muang Khong) Vor dem Gebäudeturm der laotischen Telekom.

INTERNETZUGANG
Nur im Senesothxeune Hotel (200 Kip pro Min.).

MEDIZINISCHE VERSORGUNG
Muang Khong Hospital (Karte S. 252; 🕓 24 Std.) Am südlichen Ende von Muang Khong. Ein paar Mitarbeiter sprechen Englisch.

POLIZEI

Polizeiwache (Karte S. 252) Einen Häuserblock vom Flussufer entfernt in Muang Khong.

POST

Postfiliale (Karte S. 252; ⊘ Mo–Fr 8–11.30 & 13–16.30 Uhr) In Muang Khong.

TOURISTENINFORMATION

Touristeninformationszentrum Don Khong (Karte S. 252; ☐ 029-250303; panhjuki@ yahoo.com; Muang Khong; ⊘ Mo–Fr 8.30– 16.30 Uhr) Das Büro unweit der Bootsanlegestelle wird von dem hilfsbereiten Herrn Phan geführt. Er kann den Kontakt zu lokalen Guides herstellen (60 000 Kip pro Tag) und informiert über die gesamte Region Si Phan Don.

❶ An- & Weiterreise

BUS

Die große Mehrheit der Reisenden nimmt den Touristenbus. Das bedeutet: Ausstieg an der Route 13 mit Anschlussverbindung zur Insel. Manchmal halten die Busse an der Straße zur Brücke, von wo es mit dem *tuk-tuk* nach Muang Khong geht, manchmal ist in Hat Xay Khun auf dem Festland (1 km von der Autobahn entfernt) Endstation und man muss sich auf eine kleine **Fähre** (Karte S. 252) quetschen. Wer das **Boot** (Karte S. 252) oder ein *tuk-tuk* für sich allein haben will, zahlt 15 000 Kip pro Nase bei einem Mindestpreis von 30 000 Kip.

Die Abreise gestaltet sich so: Touristen, die in Richtung Süden wollen, nach Don Det (60 000 Kip) oder Don Khon (70 000 Kip inkl. Bootstransfer, 2 Std.), werden gegen 10 Uhr eingesammelt. Die Abholung von Travellern nach Pakxe (60 000 Kip, 2 Std.) erfolgt gegen 11.30 Uhr.

Um 9 Uhr fährt zudem ein nicht klimatisierter Bus (60 000 Kip, 3 Std.) von Muang Khong zum Busterminal Süd in Pakxe (S. 224). Oder man steigt an der Route 13 in das stündlich verkehrende Pakxe–Nakassang-*sŏrngtăaou*.

FAHRRAD

Lust auf ein kleines Abenteuer? Man kann 15 km quer über Don Som bis nach Don Det radeln (oder wandern bzw. mit dem Motorrad fahren) und den Fluss mit der **Fähre** (Karte S. 252; 10 000 Kip pro Pers.) überqueren. In der Regenzeit ist die Tour anstrengend bis unmöglich (Schlamm!). Die Bewohner von Muang Khong sind nicht die richtigen Ansprechpartner, wenn es um den Zustand des Terrains zu verschiedenen Zeitpunkten geht, wohl aber der Fährmann.

SCHIFF/FÄHRE

Die Bootsführervereinigung von Don Khong schickt fast jeden Tag um 8.30 Uhr ein Schiff nach Don Det und Don Khon (einfache Fahrt/hin & zurück 40 000/60 000 Kip pro Pers.), die Rückfahrt ab Don Det ist um 15 Uhr. Stromabwärts dauert die Fahrt anderthalb, zurück stromaufwärts zwei Stunden. Fahren weniger als sechs Leute mit, steigt der Preis, aber: alles ist Verhandlungssache! Vielleicht kann man ein Boot für um die 200 000 Kip chartern. Buchung in der jeweiligen Unterkunft.

❶ Unterwegs vor Ort

Motorräder (ab 50 000–60 000 Kip pro Tag) – echte Knatteröfen – und relativ neue Fahrräder (10 000 Kip) kann man an mehreren Stellen entlang der Touri-Meile von Muang Khong mieten.

Don Det & Don Khon
ດອນເດດ/ດອນຄອນ

Die große Mehrheit der Besucher von Si Phan Don landet auf diesen Zwillingsinseln. Don Det zeichnet sich durch eine Partyszene mit Hippie-Flair aus, wobei tatsächlich nichts Härteres als Gras konsumiert wird, auch in Form von „Happy-Snacks", die in manchen Bars ganz offen verkauft werden.

Natürlich haben die beiden Inseln viel mehr zu bieten. Wenn man von Ban Houa Det nach Süden fährt, dünnen die Gästehäuser immer mehr aus und die Zeichen des ländlichen Insellebens – Fischer, Reisbauern, Weber, Büffel, Zuckerpalmen – nehmen zu. Hier kann man sich in einer Hängematte entspannen, ziellose Wanderungen um die Inseln unternehmen oder mit einem Reifenschlauch auf den türkisfarbenen Flussarmen des Mekong langsam stromabwärts gleiten.

Auch auf Don Khon auf der anderen Seite der Französischen Brücke herrscht heitere Gelassenheit in Form von traumhaften Wasserfällen, Sandstränden, badenden Delfinen und sogar einem kleinen Stück unberührter Wildnis.

◉ Sehenswertes

Die Zwillingsinseln sind ideal, um den normalen Dorfalltag kennenzulernen, denn ungewöhnliche Attraktionen bieten sie kaum. Sehenswert sind natürlich die Delfine und Wasserfälle von Don Khon.

Wenn man die Französische Brücke nach Don Khon überquert, muss man eine Touristensteuer von 35 000 Kip an der kleinen blauen Bude bezahlen. Sie gilt den ganzen Tag und beinhaltet den Eintritt zum Tad Somphamit. Wer dagegen auf Don Khon übernachtet und nach Norden fahren möchte, muss keine Steuer zahlen – einfach Bescheid sagen, wenn man nach Don Det hinüberfährt, und darauf

Don Det & Don Khon

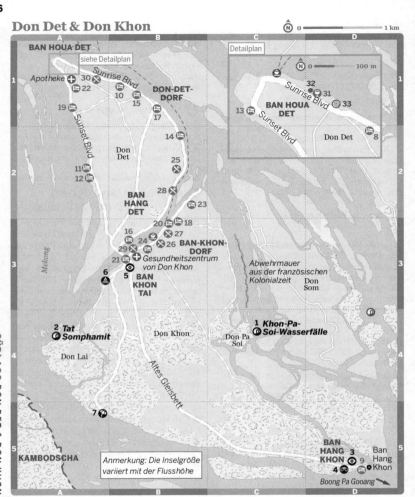

bauen, dass sich die Mitarbeiter bei der Rückkehr noch an einen erinnern.

⭐ **Khon-Pa-Soi-Wasserfall** WASSERFALL
(ຕາດຄອນປາສອຍ; Karte s. oben; Don Khon) **GRATIS**
Er ist nicht der größte Wasserfall auf den Inseln, aber doch recht beeindruckend, und aufgrund der abgeschiedenen Lage ist nie allzu viel los. Von dem kleinen Restaurant aus (manchmal gibt's nichts anderes als kalte Getränke) führt eine große Hängebrücke aus Holz (je nach persönlichem Geschmack spaßig oder furchteinflößend) auf die Insel Don Po Soi hinüber. Dort einfach dem Wasserrauschen nach bis zum Hauptwasserfall (200 m).

⭐ **Tad Somphamit** WASSERFALL
(ຕາດສົມພະມິດ,Li-Phi-Fälle; Karte s. oben; Don Khon; 35 000 Kip.; ⊙ Ticketstand 8–17 Uhr) Der stattliche Tad Somphamit befindet sich auf Don Khon, 1,5 km flussabwärts von der Französischen Brücke. Er besteht aus mehreren tosenden Stromschnellen. Sein anderer Name, Li Phi, bedeutet „Geisterfalle". Ortsansässige glauben fest daran, dass die Kaskaden genau das sind: eine Falle für böse Geister, die den Fluss hinuntergespült werden. Das Wasser schäumt hier ungebändigt durch die Schnellen, selbst in der Trockenzeit. Örtliche Fischer riskieren Kopf und Kragen, wenn sie

Don Det & Don Khon

sich durch die rasante Strömung zu den Felsen durchkämpfen, um ihre Bambusreusen auszuleeren. Man sollte diesen waghalsigen Stunt nicht nachahmen – es sind schon einige Traveller hinter der Absperrung von den Felsen abgerutscht und ums Leben gekommen.

Am hinteren Ende des Parks, unterhalb des Wasserfalls, befindet sich der kleine **Li-Phi-Strand** (in der Regenzeit unter Wasser). Da die Einheimischen die bösen Geister fürchten, wird man hier niemanden schwimmen sehen! Wer dem Aberglauben trotzt und trotzdem ins Wasser geht, muss höllisch aufpassen, denn die Strömung ist sehr stark. Eine sicherere Alternative ist der Strand Xai Kong Nyai einen Kilometer flussabwärts, an dem man das ganze Jahr über baden kann.

Khon-Phapheng-Fälle　　　　WASSERFALL
(ຕາດຄອນພະເພັງ; Karte S. 252; 55 000 Kip; ⊙ 8–17 Uhr) Der größte und mit Abstand schönste Wasserfall am Mekong. Man erlebt ihn als Sinnbild für pure, zügellose Gewalt, denn pro Sekunde brechen Millionen Liter Wasser über die Felsen. Es stellt sich dennoch die Frage, ob sich der hohe Eintritt lohnt, da man den kleineren, aber doch ähnlichen Tad Somphamit für weniger Kip und ohne Busreisegruppen besuchen kann.

Wie an allen Wasserfällen in der Gegend befindet sich auch hier ein wackeliges Geflecht aus Bambusgerüsten auf den Felsen neben den Kaskaden, auf denen mutige Fischer balancieren. Ein kostenloser Shuttlebus pendelt regelmäßig zwischen beiden Enden des Parks (pro Strecke 500 m).

Die Khon-Phapheng-Fälle sind am östlichen Mekong-Ufer nahe Ban Thakho zu finden. Von Ban Nakassang sind es 3 km zur Route 13, dann 8,5 km in südöstlicher Richtung zum Abzweig und von dort aus noch mal 1,5 km bis zu den Fällen. Für ein *săhm-lór* ab Nakassang zahlt man ca. 50 000 Kip (hin & zurück) mit einer Stunde Wartezeit. Auch die Anfahrt mit dem Motorrad ab Don Khong ist entspannt. Ebenfalls interessant: Die Kajaktouren ab Don Det und Don Khon beinhalten einen Abstecher zu den Kaskaden. Anfänger dürfen sich nicht im Kajak in die Nähe der Fälle begeben, deshalb muss man in einen Wagen umsteigen, während die Kajaks nach Ban Nakassang transportiert werden.

Xay-Kong-Nyai-Strand　　　　STRAND
(Tha Sanam; Karte S. 256; Don Khon) Für alle, die lieber auf einem Strandtuch herumliegen als in einer Hängematte, ist dieser kleine Strand genau richtig. Man kann das ganze Jahr über baden, muss aber vorsichtig sein, denn ein Stück vom Ufer entfernt wird die Strömung rasant schnell. Zwei einfache Restaurants bieten kalte Getränke und die Fischer nehmen Touristen in ihren kleinen Langbooten zu den Wasserfällen und zu Delfinen mit (auch bei Sonnenuntergang). Achtung: keine Festpreise, keine Schwimmwesten und kein schattenspendendes Dach o. Ä. an Bord.

Wat Khon Tai BUDDHISTISCHER TEMPEL
(ວັດຄອນໃຕ້;Karte S. 256; Don Khon) Der wichtigste buddhistische Tempel auf Don Khon wurde auf dem Fundament eines sehr alten Khmer-Schreins errichtet. Hinter der alten Ordinationshalle, die wiederum versteckt hinter einem modernen Gebäude liegt, stehen ein ebenfalls betagter verfallender Stupa (sehr hübsch) und ein Shiva-Lingam aus der Khmer-Zeit. Das Gelände ist mit alten Steinblöcken übersät. In der Nähe werden ein paar lange Rennboote gelagert.

🏃 Aktivitäten

Dass Kajakfahrten sehr beliebt sind, ist nicht verwunderlich: In dieser Gegend ist der Mekong wirklich unfassbar schön. Bei Ganztagestouren (180 000 Kip pro Pers.) werden die Khon-Pa-Soi-Fälle und ein „Delfinbecken" angesteuert (aber Achtung: anders als bei regulären Delfinbeobachtungen hat man bei den Kajakfahrten keine Garantie, dass man ein paar der Tiere zu sehen bekommt), bevor es zu den Khon-Phapheng-Fällen geht – letztere Etappe erfolgt allerdings im Auto. Die Preise sind – vor allem in der Nebensaison – verhandelbar. Manchmal stellen die Unterkünfte, in denen man die Tour bucht, ein kostenloses Frühstück am Tourtag bereit anstatt einen Rabatt zu gewähren.

Aufgrund des Sicherheitsrisikos werden keine Kajaks ohne Tourpaket verliehen, Tubing (10 000 Kip) auf eigene Faust ist aber total angesagt. Auf keinen Fall die Französische Brücke passieren, sonst gelangt man in den reißenden Sog der Fälle! Wer mag, kann sich von einem Boot den Fluss hinaufbringen lassen, um sich dann zurück nach Don Det zu treiben. Die beste Tubing-Zeit ist von Dezember bis Juli (die übrigen Monate gehen auch).

Eine entspannte Alternative zu Kajakausflügen sind die nachmittäglichen Barbecue-Bootsfahrten (55 000 Kip pro Pers. oder 30 000 Kip nur für den Transport), wie sie etwa das Souksan Guesthouse (Karte S. 256; ☎ 020-22337722) anbietet. Alle Pensionen organisieren Bootsexkursionen, Insel-Hopping (ganzer Tag), Vogelbeobachtungen am Morgen, Angeln und mehr.

🛏 Schlafen

Die Faustregel: auf Don Det wird Party gemacht, auf Don Khon entspannt. Die Wirklichkeit sieht dennoch anders aus. Gefeiert wird nur an der Nordspitze von Don Det, in dem betriebsamen Dorf, in dem die Fähre aus Ban Nakassang anlegt, während man die ruhigsten, entlegensten Pensionen von ganz Si Phan Don ebenfalls auf Don Det findet, und zwar im südlichen Teil der Insel. Viele Unterkünfte locken in der Nebensaison mit Rabatten; manchmal gibt's sie automatisch, manchmal muss danach gefragt werden.

🛏 Don Det

Die besten Unterkünfte (und entsprechend höchsten Preise) findet man an der Sonnenaufgangsseite von Don Det, doch auch für Budgetreisende ist ausreichend gesorgt. Die Sonnenuntergangsseite dominieren dünnwandige Bambusbungalows. Der Nachteil hier ist, dass sich die Zimmer aufgeheizt von der Nachmittagssonne gegen Abend in kleine Glutöfen verwandeln. Dafür ist hier die Lärmbelästigung durch den Bootsverkehr geringer.

DELFINBEOBACHTUNG

Vor der Südküste von Don Khon ist eine kleine Gruppe (nur noch 5!) der vom Aussterben bedrohten Irawadidelfine heimisch. Ein paar der liebenswerten Säuger in freier Wildbahn zu sichten gehört zu den Highlights jeder Reise durch Südlaos. Es gibt zwar keine Garantie, doch bei den Beobachtungstouren bekommt man fast immer einen Delfin vor die Linse.

Am alten französischen Pier in Ban Hang Khon können Boote gechartert werden (70 000 Kip, höchstens 4 Passagiere). Wohin die Reise geht, hängt davon ab, wo die Tiere sind: Wenn es heiß ist, halten sie sich in der Nähe des Dorfs auf, wenn der Fluss viel Wasser führt, muss man schon mal etwas weiter fahren. Manchmal sind sie vom Boot aus zu sehen, manchmal steigt man in Kambodscha aus und spaziert zu einem Aussichtspunkt oberhalb des Schutzgebiets. In letzterem Fall müssen 20 000 Kip an die hiesigen Angestellten gezahlt werden. Am besten früh morgens oder am frühen Abend kommen, wenn es nicht so heiß ist.

Die Bootsfahrten ab Bang Hang Khon kombinieren die Delfinbeobachtung z. T. mit dem Besuch der Khon-Phapheng-Fälle (250 000 Kip) oder des kleinen Nook-Xume-Wasserfalls (100 000 Kip).

DON KHON MIT DEM RAD ENTDECKEN

Eine Fahrradtour auf Don Khon ist eine super Sache. Von Ban Khon aus folgt man dem gepflasterten Weg zum Tempel von Ban Don Khon Neua und anschließend den gewundenen kleinen Pfaden durch die Reisfelder bis zum Flussufer.

Es geht nach Süden zu den **Betonkanälen**, die die Franzosen errichteten, um treibende Baumstämme in die gewünschte Richtung zu lenken. Sie wurden gewöhnlich in den Wäldern der Provinz Xayaboury westlich von Vientiane zu kleinen Flößen aus drei Stämmen zusammengebunden und zu Wasser gelassen. Um sie auf Kurs zu halten, gingen Laoten „an Bord" und bugsierten sie durch das Insellabyrinth. Am Nordende von Don Khon lenkten die Steuermänner ihre Flöße dann auf einen Eisenbetonkeil, der die Seile zerriss und die Holzstämme in die Kanäle dahinter schob. Die armen Flößer mussten kurz vor dem Aufprall um ihr Leben springen.

An dem Schild biegt man zum Wasserfall Khon Pa Soi ab, der über eine große Hängebrücke aus Holz zu erreichen ist. Die Brücke allein ist schon einen Abstecher wert! Südlich des Wasserfalls führt der Weg in einen dichten, vogelreichen Wald, überquert drei schiefe Brücken mit alten Eisenbahnschienen, passiert ein Dörfchen und spuckt einen zuletzt an den Ruinen des großen **französischen Hafens** in Ban Hang Khon am südlichen Ende der Insel aus. Hier starten Delfintouren.

Im Dorf gibt's einen **Aussichtspunkt** (Karte S. 256; Ban Hang Khon) auf einem Hügel, eine **Dampflokomotive** (Karte S. 256) aus der französischen Kolonialzeit, mehrere Restaurants und eine authentische Privatunterkunft (s. unten).

Die Straße, auf der man zurück gen Norden fährt, folgt dem alten Schienenstrang 5 km über die Insel. Neben der **Französischen Brücke** befindet sich eine noch besser erhaltene französische **Dampflokomotive** (Karte S. 256). Dort orientiert man sich nach Südwesten und nimmt entweder die Straße zum historischen Wat Khon Tai (S. 258) oder die Umgehung. Die letzte Station ist der eindrucksvolle Tad Somphamit (S. 256).

An beiden Küsten muss man nur ein Stück laufen (auf der Sonnenaufgangsseite bis hinter den alten französischen Hafen des Dorfs Don Det, auf der Sonnenuntergangsseite nur einen Kilometer), um die (bescheidene) Partyszene von Ban Houa Det weit hinter sich zu lassen.

🛏 Sonnenuntergangsseite

Last Resort PENSION **$**
(Karte S. 256; mrwatkinsonlives@googlemail.com; Sonnenuntergangsseite, Don Det; Zi. 60 000 Kip) In dem Tipi-„Resort" auf einem Feld 20 Gehminuten südlich von Ban Houa Det lebt man im Einklang mit der Natur. Der Besitzer, ein Expat, baut sein eigenes Gemüse an und backt Brot. Die Tipis aus Bambus und Stroh stehen im Schatten alter Bäume, das Bad teilt man sich. Häufig wird gemeinsam gegessen und am Abend gibt's Open-Air-Kino.

Seng Thavan 1 Guesthouse PENSION **$**
(Karte S. 256; ☏ 020-56132696; Sonnenuntergangsseite, Don Det; Zi. 100 000 Kip; 🛜) Wahrscheinlich das Beste, was die Sonnenuntergangsseite im Budgetsegment zu bieten hat. Die vier Zimmer mit eigenen Bädern sind alt, aber tadellos sauber. Das Seng Thavan liegt abseits des Flusses, doch von dem schlichten Café aus sieht man ihn hervorragend.

Peace Love Guesthouse PENSION **$**
(Karte S. 256; ☏ 020-56763298; Sonnenuntergangsseite, Don Det; Zi. 50 000 Kip) Die betagten Bambusbungalows oberhalb des Flussufers stammen noch aus der Zeit, als Zimmer auf Don Det für 1 US$ zu haben waren. Deko: Fehlanzeige! Die sanitären Anlagen (kein Warmwasser) sind auf der anderen Straßenseite, doch die Aussicht ist riesig und die Lage authentisch-laotisch. Außerdem ist die Besitzerfamilie wirklich goldig. Das Schild ist schwer zu sehen, deshalb am Restaurant „Take It Easy" orientieren.

Little Eden HOTEL **$$**
(Karte S. 256; ☏ 020-77739045; www.littleedendon det.com; Sonnenuntergangsseite, Ban Houa Det; Zi. ab 41–50 US$; 🌀❄🛜🍽) Don Dets luxuriösester Komplex nimmt ein großes Grundstück an der Nordspitze ein. Die duftenden Zimmer locken mit zeitgenössischen Möbeln aus dunklem Holz, glänzenden Holzböden und jeder Menge modernem Schnickschnack. Außerdem punktet das Hotel mit einem wunderschönen 18 m langen Swimmingpool, einer Bar und einem Restaurant.

📍 Sonnenaufgangsseite

★ Crazy Gecko   PENSION $

(Karte S. 256; ☎ 020-97193565; www.crazygecko.ch; Sonnenaufgangsseite, Don Det; Zi. 80 000–100 000 Kip; 🛜) In einem Stelzenhaus aus solidem Holz bietet das Crazy Gecko vier gepflegte Zimmer rund um einen Balkon, der gleichermaßen funky und funktional ist. Das Gästehaus ist mit Hängematten und allerlei Deko ausgestattet. Ein toller Platz zum Relaxen. Es gibt einen Billardtisch und Brettspiele, auf der anderen Straßenseite lockt ein kleines Restaurant mit Flussterrasse.

Mama Piang   PENSION $

(Karte S. 256; ☎ 020-91816479; Sonnenaufgangsseite, Don Det; Zi. 50 000 Kip) Mama Piang – die sich selbst stolz als „durchgeknallt" bezeichnet – ist die wohl lustigste und liebenswerteste Gastgeberin in Si Phan Don. Gegenüber von ihrem Restaurant am Ufer vermietet sie sechs Zimmer mit Ventilatoren und kaltem Wasser.

Mama Leuah Guesthouse   PENSION $

(Karte S. 256; ☎ 020-59078792; www.mamaleuah-dondet.com; Sonnenaufgangsseite, Don Det; Zi. mit/ohne Bad 100 000/80 000 Kip; 🛜) Sehr einfache Zimmer, aber ruhig und schön gelegen. Abhängen kann man im Restaurant, in dem Ambient-Musik gespielt wird. Hier gibt's exzellente thailändische Küche und Überraschungen wie Zürcher Geschnetzeltes.

Mr. Tho's Bungalows   PENSION $

(Karte S. 256; ☎ 020-55928598; mrthobungalow@gmail.com; Sonnenaufgangsseite, Don Det; Bungalows 10 000 Kip, neue Zi. Ventilator/Klimaanlage 120 000/160 000 Kip; ❄🛜) Gleich südlich des Dorfes Don Det. Das Haus ist seit Langem sowohl wegen seiner entspannten Atmosphäre beliebt, die hilfsbereite Englisch sprechende Besitzerfamilie verbreitet, als auch wegen der Lage: Ab hier hat man den Eindruck, eher in einem Dorf als in einem Ferienort zu sein. Die alten Bungalows (nur kaltes Wasser) sind gleich am Ufer, die Unterkünfte auf der anderen Straßenseite fallen bereits in die „Flashpacker"-(Edel-Backpacker-)Kategorie.

Baba Guesthouse   PENSION $$

(Karte S. 256; ☎ 020-98893943; www.dondet.net; Sonnenaufgangsseite, Ban Houa Det; Zi. 350 000 Kip; ❄🛜) Eine Seite dieser wunderbaren Pension liegt zum Mekong hin, von der anderen überblickt man smaragdgrüne Reisfelder. Preislich ist es weit über dem Durchschnitt, man bekommt aber auch einiges geboten. Die Zimmer sind schnittig-weiß und beinahe luxuriös aufgemacht, mit eigenem Balkon, geschmackvollem Dekor und einem blitzsauberen Bad.

📍 Süden

★ Mekong Dream Guesthouse   PENSION $

(Karte S. 256; ☎ 020-55275728; Don Det; Zi. 50 000 Kip; 🛜) Die Pension im Süden von Don Det blickt direkt auf Don Khons Touristenmeile und ist eines der heimeligsten Gästehäuser auf den Inseln. Die zwölf Zimmer – alle mit Privatbalkon und gemütlichen Kingsize-Betten – sind das Gegenteil der engen Räume in anderen Unterkünften (abgesehen von den drei nicht so tollen Zimmern im Untergeschoss). Sie teilen sich einen Gemeinschaftsbalkon, der auch als Hängematten-Lounge durchgehen könnte.

📍 Don Khon

Ban Hang Khon Homestay   HOMESTAY $

(Karte S. 256; ☎ 020-98893204; Don Khon; 36 000 Kip pro Pers., 20 000 Kip pro Mahlzeit) Einen unverfälschten Einblick in den Alltag der Einheimischen gewährt ein Homestay in dem kleinen Dorf Ban Hang Khon am südlichen Ende von Don Khon. Hier starten auch die Delfintouren. Englisch wird kaum gesprochen, doch die sieben Familien, die Touristen aufnehmen, sind hervorragende Gastgeber. Am besten vorher anrufen.

Xaymountry Guesthouse   PENSION $

(Karte S. 256; ☎ 020-96516513; Don Khon; Zi. mit/ohne Bad 80 000/50 000 Kip; 🛜) Keine Bleibe auf Don Khon hat mehr Charakter als dieses riesige aus Holz gebaute Stelzenhaus. Es war die erste Unterkunft auf der Insel. Die Veranda vorn ist ein tolles Plätzchen zum Ausspannen, trotz des fehlenden Flussblicks.

Pa Kha Guesthouse   PENSION $

(Karte S. 256; ☎ 055-847522; Don Khon; Zi. mit Ventilator/klimatisiert 80 000/120 000 Kip; ❄🛜) Preiswerte, einladende, saubere Zimmer, guter Service und ruhige Lage. Die günstigsten Räumlichkeiten befinden sich am Fluss, die neueren sind klimatisiert (auf der anderen Straßenseite, genau wie das Restaurant).

★ Sala Done Khone   BOUTIQUE-HOTEL $$

(Karte S. 256; ☎ 031-260940; www.salalaoboutique.com; Don Khon; Zi. 60–80 US$; ➡🛜❄) 🖈 Gleich fünf Hotels vereint das Sala Done Khone und bietet so die klassischsten und gleichzeitig die originellsten Zimmer von ganz Si Phan Don. Das Glanzstück ist die „Französische Residenz", ehemals Hauptsitz eines Holzhandels (1921), die renoviert wurde und mit Fliesenböden und Jalousien aufwartet. Draußen, auf dem Fluss, locken die schwimmenden Häuschen des „Sala Phae"-Flügels mit Öko-Toiletten und privaten Terrassen.

Seng Ahloune Resort RESORT **$$**
(Karte S.256; 📳 031-260934; www.sengahloune resort.com; Don Khon; Zi./FZ mit Frühstück 300 000/ 450 000 Kip; ✳️ 🛜) Die betriebsame Umgebung neben der Brücke wirkt erst mal nicht so toll – aber dann geht die Sonne unter! Die gemütlichen, solide gebauten Bungalows haben Korbwände und Holzböden. Mittags fallen Reisegruppen in dem großen Restaurant am Fluss ein (Hauptgerichte 20 000–100 000 Kip), abends geht's ruhiger zu.

✖️ Essen

In den meisten Pensionen werden laotische, thailändische und westliche Gerichte serviert und die Speisekarten sind nahezu identisch. Eigenständige Restaurants sind tendenziell besser als Pensionslokale und die 5000 bis 10 000 Kip pro Gericht, die man zusätzlich hinlegen muss, sind dort gut investiert. Das beste Essen gibt's auf Don Khon und an der Südostküste von Don Det.

✖️ Don Det

⭐ King Kong Resort INTERNATIONAL **$$**
(Karte S.256; Don Det; Hauptgerichte 25 000– 120 000 Kip; ⏱️ 6–23 Uhr; 🛜) Ein friedliches Stück Mekong-Idyll unter britischer Leitung im Süden von Don Det. Das King Kong Resort ist einen Tick besser als die Konkurrenz. Hier gibt's Pasta, Pizzas, Burger, Fish & Chips, thailändische Currys, Sonntagsbraten (60 000 Kip) und, wie man hört, die leckersten „Happy"-Shakes der Insel. Gitarren und Schachspiele runden das Ambiente ab. Die Bungalows (neu) auf der anderen Straßenseite gehören dazu (40 000 Kip).

Street View Restaurant PIZZA **$$**
(Karte S.256; Sonnenaufgangsseite, Don Det; Hauptgerichte ab 25 000–65 000 Kip; ⏱️ 8–23 Uhr; 🛜) Attraktives Lokal aus Holz am Flussufer mit Terrassen zum Chillen, einer langen Bar mit großer Auswahl und einem guten Ruf. Angesichts der Holzofenpizza und Rinderkoteletts, des gegrillten Huhns und des Fischs aus dem Mekong sowie der Salate, Burger und gesunden Frühstücke läuft einem das Wasser im Munde zusammen. Nicht ganz billig, aber es lohnt sich.

Boathouse FISCH & MEERESFRÜCHTE **$$**
(Karte S.256; Don Det; Hauptgerichte 20 000– 65 000 Kip; ⏱️ 7–23 Uhr) Ein ehemaliger deutscher Fischer, der eine Einheimische geheiratet hat, führt das Boathouse, dessen Schwerpunkt auf frischen Fischgerichten liegt. Wir empfehlen den im Bananenblatt gedämpften Seewolf-*mók* oder das Fischbarbecue, das vorab bestellt werden muss. Das Lokal befindet sich in einem stabilen, erhöht gebauten Gebäude abseits des Flusses im Süden von Don Det.

Little Eden Restaurant LAOTISCH, INTERNATIONAL **$$**
(Karte S.256; Sonnenuntergangsseite, Ban Houa Det; Hauptgerichte 30 000–140 000 Kip; ✳️🛜) Das neue Restaurant des Little Eden hat die perfekte Lage – hier weht ein laues Lüftchen von der Spitze der Insel. Eine der besten Anlaufstellen für gehobene laotische und westliche Küche, z. B. zarte Ente *à l'orange,* Spaghetti Bolognese und Fisch-*láhp* mit Seewolf aus dem Mekong.

✖️ Don Khon

Garden LAOTISCH, THAILÄNDISCH **$**
(Karte S.256; Don Khon; Hauptgerichte 20 000– 65 000 Kip; ⏱️ 7–22 Uhr; 🖉) In dem Restaurant mit der offenen Küche und dem Strohdach wird Wert auf Frische gelegt – eine Top-Adresse für Leute, die sich zum ersten Mal an laotische Kost heranwagen: pikanten Papayasalat, gegrillten Mekong-Fisch etc. Zudem gibt's die bekannten Traveller-Leibspeisen und Zitronengras-Hühnchen à la Chef.

Chanthoumma's Restaurant LAOTISCH **$**
(Karte S.256; Don Khon; Hauptgerichte 20 000– 70 000 Kip; ⏱️ 6.30–21 Uhr; 🖉) Eine freundliche Familie bereitet schon seit vielen Jahren gutes Essen vor ihrem baufälligen Wohnhaus zu. Es gibt z. B. Frühlingsrollen, Papayasalat und andere vegetarische Gerichte.

Pizza Don Khon LAOTISCH, INTERNATIONAL **$**
(Karte S.256; Don Khon; kleine Pizzas 40 000 Kip; ⏱️ 7.30–22 Uhr) Der Fokus liegt auf hochwertigen, frischen Zutaten, was man den wunderbaren Pizzas auch anmerkt. Auf der umfassenden Speisekarte stehen englisches Frühstück und spezielle Tagesgerichte wie *mók* (in Bananenblättern gedämpfter Fisch und Eier).

⭐ Four Thousand Sunsets FUSIONSKÜCHE **$$**
(Karte S.256; Don Khon; Hauptgerichte 25 000– 80 000 Kip; ⏱️ 7–23 Uhr; 🛜🖉) Der Name bringt es auf den Punkt. Zudem entschleunigt das erstklassige schwimmende Restau-

rant und lässt das Herz ruhiger schlagen. Die Speisekarte macht Schluss mit dem typischen Einheitsbrei – viele Gerichte wie das nordthailändische *hinlay*-Curry und den Hühnchen-*láhp*-Burger findet man nirgendwo sonst auf den Inseln. Darüber hinaus gibt's gedämpften und gegrillten Fisch frisch aus dem Fluss, geräucherte laotische Kräuterwurst und Verschiedenes aus der Pfanne.

Ausgehen & Nachtleben

Das Nachtleben konzentriert sich auf Ban Houa Det. Um Mitternacht scheint es eine halboffizielle Sperrstunde zu geben: Dann schließen die Bars und das Partyvolk zieht weiter zum Strand (in der Regenzeit unter Wasser), um sich an Lagerfeuern und beim nächtlichen Baden zu vergnügen.

Adam's Bar   BAR
(Karte S. 256; Sonnenaufgangsseite, Ban Houa Det) Die Mitarbeiter machen keinen Hehl daraus, welche „geheimen" Zutaten sie verwenden – wer Hanf & Co. mag, wird auch diesen Schuppen mögen, der eine umfangreiche Speisekarte mit laotischen und westlichen Gerichten bietet. Außerdem erhält man hier wertvolle Infos zu den Inseln.

Praktische Informationen

GELD

Auf den Inseln gibt's keine Bank. In den meisten Gästehäusern kann Bargeld zu schlechten Konditionen gewechselt werden. In manchen, z. B. im Baba (S. 260), gibt man Barvorschüsse auf Kreditkarten gewährt (6 % Kommission). In Ban Nakassang haben sich Niederlassungen der Agricultural Promotion Bank und der BCEL mit Geldautomaten an der Hauptstraße angesiedelt. Die Anbieter von Kajaktouren kalkulieren Zeit für einen Stopp am Geldautomaten am Ende des Ausflugs ein.

INTERNETZUGANG

Fast alle Pensionen und Hotels haben mittlerweile WLAN, Internetcafés gibt's kaum noch. **Mr. Khieo Internet** (Karte S. 256; Sonnenaufgangsseite, Ban Houa Det; 200 Kip pro Min.; ⏰ 7–22 Uhr) auf Don Det hält sich wacker.

MEDIZINISCHE VERSORGUNG

Auf Don Khon gibt's ein einfaches **Gesundheitszentrum** (Karte S. 256; Don Khon), auf Don Det lediglich eine kleine **Apotheke** (Karte S. 256; Sonnenuntergangsseite, Ban Houa Det). Diese Art der medizinischen Versorgung findet man auch in Ban Nakassang auf dem Festland. Das nächste Krankenhaus ist auf Don Khong, bei ernsteren Problemen muss man aber nach Pakxe fahren.

TOURISTENINFORMATION

Es gibt keine Touristeninformation auf den Inseln; Infos erhält man in den Unterkünften und bei Reiseveranstaltern. Nützlich ist auch die Website des Baba Guesthouse (S. 260; (www.dondet.net).

ℹ️ An- & Weiterreise

SCHIFF/FÄHRE

Eine lokale Bootsführervereinigung hat fixe Preise für Überfahrten zwischen **Ban Nakassang** (Karte S. 252) und den Inseln festgelegt. Es verkehren nur wenige „Sammelboote" (um Kosten zu teilen) pro Tag. Nach Don Det werden 15 000 Kip pro Person fällig (oder 30 000 Kip für Alleinreisende), nach Don Khon (Karte S. 256) 20 000 Kip pro Person (bzw. 60 000 Kip für Alleinreisende).

Für die Fahrt nach Pakxe kaufen die meisten Traveller Fahrkarten auf der Insel; sie umfassen die Bootsüberfahrt und den Bus/Minibus um 11 Uhr (60 000 Kip, 3 Std.). Wer zu einer anderen Uhrzeit reisen will: Stündlich machen sich *sŏrngtǎaou* auf den Weg von Ban Nakassang zum Busterminal Süd (S. 224) in Pakxe (40 000 Kip, 3½ Std.). Ein Sammelboot legt immer so von den Inseln ab, dass die Passagiere das *sŏrngtǎaou* um 8 Uhr erwischen. Sie halten alle in Hat Xay Khun (zur Weiterfahrt nach Don Khong).

Selbst unter den bestmöglichen Bedingungen ist die Fahrt mit öffentlichen Verkehrsmitteln von den Inseln nach Kambodscha (S. 265) nervenaufreibend. Eine tolle Alternative sind die Kajak-Boot-Touren von Don Det nach Stung Treng, angeboten von **Xplore-Asia** (Karte S. 220; ☏ 031-251983; www.xplore-laos.com; Th 14; ⏰ 7.30–18.30 Uhr).

Wer auf dem Fluss nach Don Khong (200 000 Kip) und Champasak (200 US$) reisen will, muss ein Boot chartern. Häufig findet man andere Reisende, die dasselbe im Sinn haben, und kann die Kosten teilen. Wenn Don Khong das Ziel ist, kann man auch im Done Khong Guesthouse (S. 254) oder Pon's Riverside Guesthouse (S. 254) auf der Insel anrufen und fragen, ob am Morgen ein Boot von dort kommen wird; wenn ja, dann besteht die Möglichkeit, einen Platz (40 000 Kip) auf der Rückfahrt zu ergattern.

ℹ️ Unterwegs vor Ort

Da so gut wie keine Autos fahren und es nur wenige kleine Hügel gibt, eignen sich Don Det und Don Khon hervorragend für Erkundungstouren mit dem Fahrrad (können in fast jeder Pension für 10 000 Kip pro Tag geliehen werden). Davon abgesehen ist so ziemlich alles auch zu Fuß machbar, da die Inseln klein sind.

In Ban Houa Det und Don Khon verkehren ein paar *sǎhm-lór*. Die Fahrten nach Ban Houa Det zur Delfinbeobachtung und zum Tad Somphamit, inklusive ausreichend Zeit vor Ort, kosten 100 000 Kip. Für die reine Fahrt von Ban Houa Det nach Ban Khon bezahlt man 40 000 Kip.

Laos verstehen

Laos aktuell

Laos befindet sich an einem bedeutenden geopolitischen Knotenpunkt – hier trifft Südostasien auf China –, und für ein solch kleines Land ist das eine enorme Herausforderung. Umkreist von asiatischen Boomnationen (China, Vietnam und Thailand), scheint Laos manchmal auf verlorenem Posten. Traditionell gibt Vietnam politisch den Ton an, China ist die finanzielle Macht und Thailand hat einen starken kulturellen Einfluss. Die laotische Regierung versucht, diese konkurrierenden Kräfte in Schach zu halten, doch die Bevölkerung vernetzt sich immer mehr mit der Welt „da draußen". Da sind Spannungen vorprogrammiert.

Top-Filme

The Rocket (2013) Ein laotischer Junge wird für das Unglück seiner Familie verantwortlich gemacht. Um ihr Vertrauen zurückzugewinnen, möchte er am jährlichen Raketenfest teilnehmen und baut eine riesige Rakete.

Bomb Harvest (2007) Eindrücklicher Dokumentarfilm über den Einfluss nicht geräumter Blindgänger (UXO) auf laotische Gemeinden und die Versuche der Mines Advisory Group (MAG), das Erbe des Krieges zu beseitigen. Für manche dauert der Krieg noch immer an.

Top-Bücher

Dr. Siri und seine Toten (Colin Cotterill; 2004) Handelt von der wunderbaren Welt des Dr. Siri, einem Vollzeitpathologen und Hobbydetektiv der 1970er-Jahre. Nach Lektüre des ersten Bandes locken weitere neun Bücher der Serie.

Ant Egg Soup (Natacha Du Pont de Bie; 2004) Das Buch mit dem Untertitel *The Adventures of a Food Tourist in Laos* befasst sich mit lokalen Spezialitäten (nicht alle eignen sich für empfindliche Mägen!).

One Foot in Laos (Dervla Murphy; 2001) Eine bekannte irische Reiseautorin erkundet Laos zu Beginn der 1990er und findet ein Land vor, das sich stark im Wandel befindet.

Politik

Offiziell ist Laos ein kommunistischer Einparteienstaat, kontrolliert von der Laotischen Revolutionären Volkspartei (LPRP). Doch schon vor einiger Zeit hat die „kommunistische" Regierung ihr marxistisches Gewand abgestreift und sich in einen feschen kapitalistischen Zwirn geworfen. Die LPRP ist nicht so geschlossen und einheitlich, wie es vielleicht den Anschein hat. Sie besteht vielmehr aus unterschiedlichen Lagern, und diesen „Haufen" zusammenzuhalten ist nicht leicht. Präsident Bounnhang Vorachith und Premierminister Thongloun Sisoulith sind beide seit 2016 im Amt. Zu ihren ersten populistischen Beschlüssen gehörte das landesweite Abholzungsverbot. Ob die Politiker es ernst damit meinen und das Gesetz auch wirklich Anwendung findet, bleibt abzuwarten.

Wirtschaft & Infrastruktur

Die laotische Wirtschaft ist zwischen 2010 und 2015 um 7 bis 8 % gewachsen, das ist eine der eindrucksvollsten Bilanzen weltweit. Laut der Weltbank ist Laos aber noch immer eines der am wenigsten entwickelten Länder Ostasiens. Über 75 % der Menschen stehen noch nicht einmal 2 US$ am Tag zu Verfügung.

Die wichtigsten Exportgüter sind Holzwaren, Textilien, Strom und Kaffee. In den letzten Jahren entwickelte sich der Tourismus zu einem der Hauptfaktoren für ausländische Einkünfte, von denen viele Bedürftige unmittelbar profitieren.

Entwicklungshilfe, die vor allem von westlichen Regierungen und NROs bereitgestellt wird, ist weiterhin eine wichtige Stütze der laotischen Wirtschaft. China ist das politische Vorbild, aber auch ein wichtiger Geldgeber, wobei die chinesischen Finanzspritzen, anders als die Hilfe aus dem Westen, nicht an Reformverpflichtungen geknüpft sind.

Das wichtigste Schlagwort ist Infrastruktur – die Investitionen fließen in Wasserkraft zur Stromgewinnung sowie den Straßen- und Brückenbau. China finanziert eine neue Eisenbahnstrecke für Hochgeschwindigkeitszüge, die von Kunming via Luang Prabang und Vientiane nach Bangkok rauschen werden. Ein weiteres Großprojekt ist z. B. die Xayaburi-Talsperre am unteren Mekong, die den Anrainern flussabwärts, Kambodscha und Vietnam, Kopfzerbrechen bereitet. Die beiden Länder brauchen den Strom zur Bewässerung und sind auf seine Fischvorkommen angewiesen.

Korruption

Korruption bleibt ein großes Problem. Laut Transparency International belegte Laos 2015 beim Korruptionswahrnehmungsindex von 168 Ländern den 139. Platz und lag damit gleichauf mit Bangladesch und Guinea. Höhere Investitionen haben Exporte und Gewinne der Regierung angekurbelt, doch über einen Großteil des neuen Wohlstands ist im Staatsbudget nicht zufriedenstellend Rechenschaft abgelegt worden. Die weitverbreitete Korruption ist für die laotischen Bürger ein Quell der Frustration und vergrößert die Unterschiede zwischen dem Lebensstandard in ländlichen Regionen und in den Städten.

Wir, das Volk

Und was ist mit den Menschen? Politisch haben sie weiterhin kein Mitspracherecht, doch wirtschaftlich geht es ihnen besser als in der Vergangenheit. Außerdem wurde der Zugang zu Strom und fließendem Wasser ausgebaut, eine bahnbrechende Entwicklung gegenüber den düsteren Zeiten der Kollektivierung. Auch vom technischen Fortschritt profitieren immer mehr Laoten: Die Zahl der Internetnutzer im Land hat sich in den letzten fünf Jahren mehr als verdoppelt.

Ethnische Minderheiten, die einen großen Prozentsatz der Gesamtbevölkerung ausmachen, haben jedoch keinen Anteil an dem wirtschaftlichen Boom, von dem die Flachland-Laoten profitieren, die in den Städten die Mehrheit bilden. Und obwohl die sozialen Medien ihren Eroberungszug auch in Laos fortsetzen, beschneiden Gesetze die Redefreiheit: Seit 2014 ist es z. B. verboten, die Regierung online zu kritisieren (2016 wurden drei laotische Bürger aufgrund von Verstößen gegen diese Verordnung festgenommen), und die meisten Medien sind in staatlicher Hand. Laos ist ein konservatives Land, doch viele Angehörige der jüngeren Generation, die z. B. Auslandserfahrung in Thailand gesammelt haben oder im Tourismussektor arbeiten und in Kontakt zu Ausländern stehen, können sich immer weniger mit der alternden politischen Führung identifizieren.

BEVÖLKERUNG: **6,9 MILLIONEN**

FLÄCHE: **236 800 KM²**

AMTSSPRACHE: **LAOTISCH**

INFLATION: **1,3 %**

BIP PRO KOPF: **1660 US$**

ANGRENZENDE LÄNDER:
KAMBODSCHA, CHINA, MYANMAR (BIRMA), THAILAND, VIETNAM

Gäbe es nur 100 Laoten, wären ...

55 Lao
11 Khamu (Mon-Khmer)
8 Hmong
3 Chinesen
3 Vietnamesen
20 Angehörige ethnischer Minderheiten

Religiöse Gruppen
(% der Bevölkerung)

50 — buddhistisch
45 — animistisch
2 — christlich
3 — sonstige

Bevölkerung pro km²

LAOS   DEUTSCHLAND   THAILAND

 ≈ 25 Personen

Geschichte

Laos wurde in der Region erstmals im 14. Jh. als Lan Xang oder „Königreich der eine Million Elefanten" erwähnt. Trotz einiger kurzer Phasen der Unabhängigkeit musste das Land fast immer Tribute an seine mächtigeren Nachbarn wie Siam und Vietnam entrichten. Aufgrund seiner geografischen Lage wurde es in den Vietnamkrieg hineingezogen und 1975 führte ein langer Bürgerkrieg zur Machtübernahme der Kommunisten. Nach vielen Jahren der Isolation experimentierte Laos in den 1990er-Jahren mit wirtschaftlichen Reformen, doch eine politische Neuordnung bleibt ein weit entfernter Traum.

Martin Stuart-Fox ist emeritierter Professor für Geschichte an der Universität von Queensland, Australien. Er hat zahlreiche Bücher sowie Dutzende Artikel und Beiträge über die Politik und Geschichte von Laos verfasst.

Vorgeschichte & Tai-Lao-Einwanderung

Nach laotischem Glauben sind die meisten *ngeuk* (Schlangengötter) verwandelte Schlangen, die Buddha beschützen und *naga* (auf Laotisch *nak*) heißen. Sie müssen besänftigt werden, deshalb finden ihnen zu Ehren jedes Jahr Bootsrennen statt. Viele buddhistische Tempel haben *naga*-Balustraden, die Schutz bringen sollen.

Vor rund 50 000 Jahren kamen die ersten modernen Menschen *(Homo sapiens)* nach Südostasien. Ihre Steinzeittechnologie blieb bis vor 10 000 Jahren nahezu unverändert, dann bildete sich eine neolithische Kultur heraus. Die Sammler und Jäger dieser Zeit verteilten sich über weite Bereiche Südostasiens, darunter auch Laos. Bald tauchten erste Tonwaren auf, denen einige Jahrtausende später Bronzegegenstände folgten. Mit der Zeit entwickelten sich die Sammler und Jäger zu Bauern, die, ausgehend von Südchina, schließlich auch in den Flussebenen des Mekong Reisanbau betrieben. Sie waren die Vorfahren der heutigen Minderheiten in den Bergen, die allgemein als Lao Thoeng (Hochlandlaoten) bezeichnet werden. Die größte Gruppierung sind die Khamu im nördlichen Laos.

Während des 5. Jhs. entstand in dieser Gegend das erste Königreich, Zhenla genannt. Eine seiner Hauptstädte befand sich in der Nähe von Champasak, unweit der späteren Khmer-Tempelanlage Wat Phou. Später gründeten die Mon, die eine andere austroasiatische Sprache beherrschten, zwei Königreiche am mittleren Mekong – Sri Gotapura (Sikhottabong auf Laotisch) mit der Hauptstadt nahe Thakhek, sowie Chanthaburi in der Nähe von Viang Chan (Vientiane).

Die Tai-Völker verließen vermutlich um das 8. Jh. Südchina. Zu ihnen gehörten die Tai-Lao in Laos, die Tai-Syam und Tai-Yuan im zentralen und

ZEITACHSE

500	1181	1256
Die frühe Hauptstadt Zhenla des Mon-Khmer-Königreichs Shrestapura ist ein blühender Ort, der sich rund um den Wat Phou Champasak erstreckt.	Jayavarman VII. wird zum mächtigsten Herrscher des Khmer-Reichs. Er erweitert die Grenzen des Gebietes, das schon damals einen Großteil des heutigen Laos' umfasst.	Kublai Khan brandschatzt den Tai-Staat Nan Chao, der zur Xishuangbanna-Region (heute Yunnan) in China gehört. Dies führt zu einer Massenauswanderung des Tai-Volkes nach Süden.

nördlichen Thailand sowie die Tai-Shan im nordöstlichen Birma. Sie werden Tai genannt, um sie von den Bewohnern (Thai) im heutigen Thailand zu unterscheiden. Die Tai-Völker hatten ähnliche, eng verwandte Sprachen, bauten an den Flusstälern Nassreis an und organisierten sich in kleinen Einheiten, den sogenannten *meuang*. Jeweiliger Regent war der *jow meuang* (König der *meuang*), der durch Erbfolge an die Macht kam. Die Tai-Lao, abgekürzt Lao, bewegten sich langsam die Flüsse wie den Nam Ou und den Nam Khan im Norden von Laos hinab. Sie wanderten von Nordosten nach Südwesten, bis sie den Mekong erreichten.

Das Königreich von Lan Xang

Das erste erweiterte laotische Königreich entstand Mitte des 14. Jhs. Es wurde im Kontext eines Jahrhunderts beispielloser politischer und sozialer Umwälzungen auf dem südostasiatischen Festland gegründet. Der große Khmer-König Jayavarman VII., der die Macht der Kambodschaner wiederhergestellt und die Stadt Angkor Thom gebaut hatte, setzte zu Beginn des 13. Jhs. seine Armeen nach Norden hin in Bewegung, um die Herrschaft der Khmer über die gesamte Mekong-Region sowie über den Norden und das Zentrum Thailands auszudehnen. Doch ein derart großes Territorium war schwer zu kontrollieren und so zogen sich die Khmer Mitte des 13. Jhs. zurück. Gleichzeitig verwarf die mongolische Dynastie der Yuan in China ihr Vorhaben, den südostasiatischen Raum weiter zu erobern.

Das dadurch entstandene politische Vakuum im zentralen Thailand nutzte Ramkhamhaeng, Gründer des Tai-Syam-Königreichs von Sukhothai. Nördlich von ihm gründete sein Verbündeter Mangray das Tai-Yuan-Königreich von Lan Na (was „eine Million Reisfelder" bedeutet) mit der Hauptstadt Chiang Mai. Einige kleinere Tai-Königreiche entstanden in Phayao und Xiang Dong Xiang Thong (Luang Prabang). Unterdessen hielten die Khmer in Südlaos und Ostthailand die Stellung.

Der kambodschanische Hof sah sich nach einem Verbündeten um und fand ihn in Form des jungen Lao-Prinzen Fa Ngum, der in Angkor erzogen worden war. Fa Ngums Vater war aus Xiang Dong Xiang Thong verstoßen worden, nachdem er die Konkubine seines eigenen Vaters verführt hatte. Dadurch war für Fa Ngum der direkte Weg auf den Thron frei.

Die Khmer gaben Fa Ngum eine ihrer Prinzessinnen sowie eine Armee und schickten ihn nach Norden, um das Gebiet am mittleren Mekong von der Kontrolle Sukhothais zu befreien. Dieses Vorgehen teilte und schwächte das Tai-Syam-Königreich. Fa Ngum wurde zum König von Xiang Dong Xiang Thong ernannt und brachte danach auch Viang Chan gewaltsam unter seine wachsende Herrschaft. Er nannte sein Machtzentrum Lan Xang Hom Khao, („eine Million Elefanten und der weiße Schirm"), baute Xiang Dong Xiang Thong zu einer großartigen Hauptstadt aus und organisierte Hofstaat sowie Königreich neu.

Indem er sein Königreich Lan Xang Hom Khao nannte, gab Fa Ngum eine Erklärung über seine Machtstellung ab. Elefanten waren sozusagen die Kriegspanzer in südostasiatischen Schlachten. Der Name „Reich der eine Million Elefanten" stellte eine Warnung an die Nachbarn à la „Legt euch nicht mit den Laoten an" dar. Der weiße Schirm war das traditionelle Symbol des Königtums.

1353	1421	1479	1501
Fa Ngum gründet das laotische Königreich Lan Xang und errichtet in Xiang Dong Xiang Thong eine prächtige Hauptstadt.	König Fa Ngums Sohn und Nachfolger Samsenthai stirbt. Lan Xang zerfällt in Einzelregionen und wird im darauffolgenden Jahrhundert zum Schauplatz regionaler Kriege.	Der vietnamesische Kaiser Le Thanh Tong dringt mit einer großen Streitmacht, zu der auch viele Kriegselefanten gehören, in Lan Xang ein.	König Visounarath besteigt den Thron und baut das laotische Königreich neu auf – der Beginn einer kulturellen Renaissance. Er bringt die Pha-Bang-Buddhafigur nach Luang Prabang.

Fa Ngum brachte den *phĭi* (traditionelle Geister) des Königreichs sowie den *ngeuk* im Mekong Opfer dar. Er verführte die Frauen und Töchter des Hofadels und wurde deshalb abgesetzt undins Exil nach Nan (im heutigen Thailand) geschickt, wo er fünf Jahre später starb. Sein Erbe aber überdauerte die Zeit. Das Königreich Lan Xang behielt seine Machtstellung auf dem südostasiatischen Festland bis ins frühe 18. Jh. und konnte sich gegenüber Siam, Vietnam und Birma behaupten.

Nach Fa Ngum übernahm sein Sohn Un Heuan den Thron. Er heiratete Prinzessinnen der wichtigsten Tai-Königreiche (Lan Na und Ayutthaya, das Sukhothai ersetzt hatte), konsolidierte seine Herrschaft und förderte den Handel. Sein Vermögen setzte er vor allem für den Bau von Tempeln und die Verschönerung der Hauptstadt ein.

Nach Un Heuans (der sich Samsenthai nannte) stabiler Herrschaft über 42 Jahre wurde Lan Xang von Thronfolgestreitigkeiten heimgesucht, ein Problem, mit dem sich alle südostasiatischen Machtzirkel herumschlagen mussten. Den Thron übernahm daraufhin Samsenthais jüngster Sohn, der sich Xainya Chakkaphat – „Universeller Herrscher" – nannte. Das klingt überheblich, doch er regierte besonnen und gut.

Am Ende seiner Regierungszeit ereignete sich eine Tragödie, als Lan Xang erstmals unter ihm eine großangelegte Invasion erlebte. Nach einer erbitterten Schlacht nahmen die vietnamesischen Truppen Xiang Dong Xiang Thong ein und plünderten es. Xainya Chakkaphat floh und organisierte den Wiederstand. Am Ende mussten sich die Vietnamesen, von Malaria und Hunger dezimiert, zurückziehen. Ihre Verluste waren so groß, dass sie schworen, Lan Xang nie wieder anzugreifen..

Konsolidierung des Königreichs

Das laotische Königreich erholte sich unter König Visounarath, einem der besten Herrscher des Landes, der 1501 auf den Thron kam und vorher Gouverneur von Viang Chan und ein großer Verehrer der Buddhastatue Pha Bang war. Er brachte die Figur mit nach Xiang Dong Xiang Thong, wo sie von nun an bleiben sollte, und ließ dafür den großartigen Wat Visounarath (Wat Visoun) errichten. Der Tempel wurde über die Jahre oftmals beschädigt und wieder repariert und steht noch immer in Luang Prabang.

Dann entstand in Südostasien ein neues Königreich: Birma. Setthathirat sah darin eine große Gefahr und verlegte seine Hauptstadt 1560 nach Viang Chan. Doch zuvor baute er noch den schönsten bis heute erhaltenen buddhistischen Tempel, den Wat Xieng Thong. Zurück ließ er die Buddha-Statue Phra Bang und nannte ihr zu Ehren Xiang Dong Xiang Thong wieder Luang Prabang. Mit sich nahm er den seiner Meinung nach noch mächtigeren Pha Kaeo (Smaragdbuddha), der sich heute in Bangkok befindet.

Setthathirat galt als größter Baumeister in der Geschichte des Landes. Neben dem Wat Xieng Thong konstruierte und renovierte er zahlreiche

---

Südostasiatische Königreiche waren keine Staaten im modernen Sinn mit festgelegten Grenzen. Vielmehr änderte sich ihre Ausdehnung je nach der Stärke des Zentrums. Die außerhalb liegenden *meuang* (Fürstentümer) schlossen sich gelegentlich mit anderen Herrschern zusammen, wenn die Zentralmacht schwach war. Aus diesem Grund bevorzugen die Wissenschaftler den Begriff *mandala*, ein Sanskritwort, das „Zirkel der Macht" bedeutet (auf Laotisch *monthon*).

1560	1638	1641–1642	1694
König Setthathirat, Visouns Enkel, verlegt die Hauptstadt nach Viang Chan. Grund dafür ist die Bedrohung durch Birma, das zu einer neuen Macht in der Region aufsteigt.	Der große laotische König Suriya Vongsa tritt eine 57-jährige Regierungszeit an, die als „Goldenes Zeitalter" von Lan Xang in die Geschichte eingeht.	Die ersten Europäer treffen in Viang Chan ein und verfassen Berichte über Lan Xang. Sie erzählen von Handel, Kultur, den Machtverhältnissen und Setthathirats Palast.	Suriya Vongsa stirbt und Lan Xang zerfällt abermals in rivalisierende Königreiche.

GRÜNDUNGSMYTHOS VON LAOS

Ein früher Lao-Text, bekannt als die *Nithan* (Geschichte von) *Khun Borom*, erzählt den Gründungsmythos der Laoten, ihren Umgang miteinander und die Entstehung des ersten laotischen Königreichs in der Nähe von Luang Prabang. Der Legende zufolge wuchsen in Meuang Thaeng (Dien Bien Phu im heutigen Vietnam) zwei gigantische Kürbisse heran, aus deren Innerem Geräusche drangen. Göttliche Regenten, bekannt als *khun*, bohrten einen der beiden Kürbisse mit einer heißen Lanze auf, und aus der verkohlten Frucht krochen die dunkelhäutigen Lao Thoeng (Hochlandlaoten). Nun bohrten die *khun* mit einem Messer auch den zweiten Kürbis auf, aus dem die Tai-Lao (oder Lao Loum, Tieflandlao) kamen, die eine hellere Haut hatten. Daraufhin schickten die Götter Khun Borom, der über beide Bevölkerungsgruppen herrschte. Khun Borom hatte sieben Söhne. Er sandte sie in die von Tai bewohnten Regionen, damit sie dort Königreiche errichteten (im Tai-Hochland von Vietnam, im südchinesischen Xishuangbanna, im Shan-Staat in Birma sowie in Thailand und Laos). Während der jüngste Sohn das Königreich Xieng Khouang auf der Ebene der Tonkrüge gründete, folgte der älteste Sohn Khun Lo dem Nam Ou flussabwärts, nahm den Lao-Thoeng-Herrschern ihr Fürstentum Meuang Sua und nannte es Xiang Dong Xiang Thong (später Luang Prabang genannt).

Klöster in Luang Prabang und Viang Chan. Der neue Palast am Mekong, der That-Luang-Stupa und der Tempel für den Smaragdbuddha, der Wat Pha Kaeo, zählten zu seinen wichtigsten Projekten. Außerdem ließ er mehrere Königstempel in der Nähe des Palasts errichten.

60 Jahre später, nach Teilungen, Erbfolgestreitigkeiten und Birmas wiederkehrender Vorherrschaft, bestieg ein anderer großer König den Thron von Laos: 1638 begann die 57 Jahre während Regierungszeit von Suriya Vongsa, die längste in der Geschichte des Landes. Während dieser Periode entwickelte sich Lan Xang zum mächtigen Königreich und Viang Chan wurde ein großes buddhistisches Gelehrtenzentrum, das viele Mönche aus ganz Südostasien anlockte.

Geteiltes Königreich

König Suriya Vongsa muss im hohen Alter streng und unnachgiebig gewesen sein. So griff er nicht ein, als man seinen Sohn und Erben des Ehebruchs beschuldigte und hinrichten ließ. Nachdem er 1695 starb, kam es zu einer Führungskrise im Königreich, die in einer Teilung Lan Xangs mündete. Zunächst erklärte der Regent von Luang Prabang seine Unabhängigkeit von Viang Chan, wenige Jahre später folgte Champasak im Süden.

Dies schwächte das einst so mächtige Lan Xang auf fatale Weise. An seiner Stelle gab es nun drei – zählt man Xieng Khouang hinzu, sogar vier – schwache regionale Reiche, von denen keines imstande war, sich der wachsenden Macht des Tai-Siam-Reichs von Ayutthaya zu widerset-

Naga Cities of Mekong (2006) von Martin Stuart-Fox beschreibt anschaulich die Gründungslegenden und die Geschichte von Luang Prabang, Vientiane sowie Champasak und ist ein Führer zu den dortigen Tempelanlagen.

1707–1713	1769	1778	1826–1828
Lan Xang wird in drei kleinere und schwächere Königreiche unterteilt: Viang Chan, Luang Prabang und Champasak.	Birmanische Truppen nehmen Nordlaos und das Königreich Luang Prabang ein.	Thailändische Truppen überfallen Südlaos und erobern das Königreich Champasak.	Nach seinen beiden älteren Brüdern besteigt Chao Anou den Thron von Viang Chan und kämpft für die Unabhängigkeit von Siam. Er gerät in Gefangenschaft und Viang Chan wird von den Siamesen geplündert.

zen. Während des nächsten halben Jahrhunderts wurden dann allerdings die Siamesen immer wieder von den Truppen Birmas angegriffen, die Ayutthaya schlussendlich überrannten und plünderten. Chiang Mai und Luang Prabang mussten Birma bereits vorher Tribut leisten.

Doch die Siamesen brauchten nicht lange, um sich zu erholen. Unter der inspirierenden Führung eines jungen Militärs namens Taksin, Sohn eines chinesischen Vaters und einer siamesischen Mutter, vereinigten sie sich und vertrieben die Birmanen. Nachdem er sein Königreich organisiert und eine neue Hauptstadt gebaut hatte, suchte Taksin neue Möglichkeiten seinen Herrschaftsbereich zu erweitern. Dafür boten sich die laotischen Königreiche an. 1779 waren alle drei unter Kontrolle seiner Armee und mussten die Oberhoheit von Siam akzeptieren. Den Smaragdbuddha brachten die Siamesen außer Landes.

Nachdem Chao Anou (auch Anouvong genannt) seinen beiden älteren Brüdern auf den Thron von Viang Chan gefolgt war, machte er sich für die Unabhängigkeit gegenüber Siam stark. Zunächst unterstützte er buddhistische Klöster und baute seinen eigenen Tempel (Wat Si Saket), doch 1826 schickte er schließlich drei Armeen den Mekong hinunter und über das Khorat-Plateau. Dieser Schachzug überraschte die Siamesen, allerdings schlugen sie die laotischen Soldaten rasch zurück und eroberten Viang Chan. Chao Anou flüchtete und wurde ein Jahr später beim Versuch, die Stadt zurückzuerobern, gefangen genommen. Nun zeigten die Siamesen keine Gnade. Viang Chan wurde dem Erdboden gleichgemacht, und die Bevölkerung musste sich östlich des Mekong neu ansiedeln. Einzig der Wat Si Saket wurde verschont. Chao Anou starb später in einem Bangkoker Gefängnis.

DER ERSTE KONTAKT

Der erste Europäer, der Spuren im laotischen Königreich hinterließ, traf 1641 in Viang Chan (Vientiane) ein. Es war der Kaufmann Gerrit van Wuysthoff, ein Angestellter der Niederländischen Ostindienkompanie. Ähnlich wie Setthathirat bemühte er sich um die Errichtung einer Handelsroute den Mekong hinab. Er und seine wenigen Begleiter wurden während ihres achtwöchigen Aufenthalts in der Hauptstadt fürstlich bewirtet und unterhalten. Leider erfahren wir von ihm weit mehr über Handelspreise als über die laotische Kultur. Nur ein Jahr später folgte ein weiterer europäischer Besucher, der jesuitische Missionar Giovanni-Maria Leria, der sehr viel tiefere Einblicke in das Viang Chan des 17. Jhs. gewährte. Er blieb fünf Jahre, war fasziniert von der Macht des Königs und beschäftigte sich intensiv mit dem Mönchstum. Weil seine missionarischen Ambitionen kaum Erfolg hatten, gab er diese bald auf. Dennoch mochte er die Laoten (auch wenn das nicht für die Mönche galt) und verfasste eine wunderbare Beschreibung des Königspalasts sowie der Adelshäuser.

1867	1885	1887	1893
Die Franzosen erreichen Luang Prabang. In den folgenden 20 Jahren ist die Stadt Kämpfen und Auseinandersetzungen ausgesetzt, die dazu führen, dass Frankreich dem König seinen Schutz anbietet.	Seit Jahrhunderten von Invasionen der Nachbarmächte geschwächt, zerfällt das einstige Lan-Xang-Reich in mehrere Einzelstaaten unter siamesischer Kontrolle.	Luang Prabang wird von Hochland-Tai- und Ho-Truppen geplündert und abgebrannt. Nur der Wat Xieng Thong bleibt verschont.	Ein französisches Kriegsschiff richtet seine Kanonen auf den Palast in Bangkok. So werden die Siamesen gezwungen, den Franzosen die Herrschaft über alle laotischen Gebiete östlich des Mekong zu geben.

Während der nächsten 60 Jahre waren die laotischen *meuang* von Champasak bis Luang Prabang den Siamesen erneut tributpflichtig. Anfangs hatten die beiden kleinen Königreiche noch partielle Unabhängigkeit ausgehandelt, doch bald wurden sie mehr und mehr von den Siamesen vereinnahmt. Ein Grund dafür war, dass sich Siam selbst von einer neuen Macht in der Region bedroht sah und deshalb seinen Herrschaftsbereich festigen wollte. Die besagte neue Macht hieß Frankreich und deklarierte 1863 den Großteil Kambodschas als französisches Protektorat.

Vier Jahre später erreichte eine französische Expedition, die den Mekong erforschen und Karten zeichnen sollte, Luang Prabang und Phnom Penh, die größte Ansiedlung flussaufwärts. In den 1880er-Jahren war Luang Prabang Schauplatz von Kämpfen zwischen Siamesen, Franzosen und umherstreifenden chinesischen Banden, auch Ho genannt. 1887 wurde die Stadt von einer gemischten Truppe aus Hochland-Tai und Ho geplündert und niedergebrannt. Nur der Wat Xieng Thong konnte diesem Schicksal entgehen. Der König floh flussabwärts, begleitet von einem französischer Kundschafter namens Auguste Pavie, der ihm Frankreichs Schutz anbot.

Französische Kolonialherrschaft

Die Herrschaft der Franzosen war das Ergebnis einer Kanonenbootdiplomatie. 1893 kämpfte sich eines ihrer Kriegsschiffe auf dem Chao-Phraya-Fluss nach Bangkok vor und zielte mit schwerem Geschütz auf den Palast. Mit dieser Aktion zwang man die Siamesen, das gesamte Territorium östlich des Mekong auf Frankreich zu übertragen. Laos war nun französische Kolonie und das Königreich Luang Prabang Protektorat. Der Rest des Landes stand unter direkter französischer Verwaltung.

1900 bekam Viang Chan, französisch „Vientiane", wieder den Status der administrativen Hauptstadt von Laos, allerdings ging die eigentliche Macht von Hanoi, der Hauptstadt Französisch-Indochinas, aus. 1907 wurde ein weiterer Vertrag mit Siam ausgehandelt, womit zwei Gebiete westlich des Mekong – die Provinz Xayaboury sowie ein Teil von Champasak – an Laos übergingen. Kambodscha erhielt die Provinzen Siem Reap und Battambang zurück.

In den folgenden Jahren etablierte Frankreich ein koloniales Kontrollsystem, aber Laos blieb ein Nebenschauplatz. Frankreichs Pläne einer wirtschaftlichen Ausbeutung des Landes gingen nicht auf, denn Laos kostete mehr, als es einbrachte, daran änderten auch die Einführung von Fronarbeit, vor allem beim Straßenbau, und sehr hohe Steuern nichts. Die Kolonie sollte sich wirtschaftlich nie selbst tragen. Im Zentrum des Landes gab es etwas Zinn, zudem konnte man auf dem Mekong Nutzholz transportieren. Große Gewinne machte man damit allerdings nicht. Auch nicht mit dem Kaffee, der im Süden des Landes wuchs, oder mit dem Opium, das man im Norden anbaute und das hauptsächlich nach China geschmuggelt wurde.

Der erste Franzose, der in Laos eintraf, war der Entdecker und Naturforscher Henri Mouhot. 1861 starb er nahe Luang Prabang (sein Grab ist dort heute noch zu sehen) an Malaria.

1904	1907	1935	1942
König Sisavang Vong gründet die heutige Königsfamilie.	Ein internationales Abkommen legt die gegenwärtigen Grenzen von Laos fest. Verwaltungshauptstadt wird Vientiane (die französische Schreibweise von Viang Chan).	Die ersten beiden Laoten treten der Kommunistischen Partei Indochinas (KPI) bei, die Ho Chi Minh 1930 gegründet hat.	Als sich der Zweite Weltkrieg bis nach Asien ausbreitet, besetzen die Japaner in Kooperation mit dem Vichy-Regime nahestehenden französischen Kolonialbehörden das Land.

Zwischen den beiden Weltkriegen bemühte sich Frankreich Wege zu finden, das Land wirtschaftlich produktiver zu machen. Ein Plan bestand darin, durch eine Eisenbahnlinie über das Gebirge zwischen den zwei Kolonien die Städte am Mekong mit der Küste Vietnams zu verbinden. So wollte man vietnamesische Bauern nach Laos locken, um durch sie die in den Augen der Franzosen arbeitsscheuen und leichtlebigen Einheimischen nach und nach zu ersetzen. Man dachte, dass sich der wirtschaftliche Erfolg automatisch einstellen würde, sobald in Laos mehr Vietnamesen lebten. Mit dem Bau der Schienen begann man auf vietnamesischer Seite, doch während der Weltwirtschaftskrise wurde das Geld knapp und die Vietnamisierung von Laos fand keine Fortsetzung.

Nationalismus & Unabhängigkeit

Die Unabhängigkeitsbewegung entwickelte sich in Laos nur langsam. Frankreich rechtfertigte seine Kolonialherrschaft damit, das Land vor aggressiven Nachbarn schützen zu müssen, besonders vor den Siamesen. Die kleine Elite der Einheimischen, die sich ihrer eigenen Schwäche wohl bewusst war, empfand diese Argumentation als überzeugend, doch die Präsenz der vielen Vietnamesen begeisterte sie trotzdem nicht. Die Kommunistische Partei Indochinas (KPI), die Ho Chi Minh gegründet hatte, trat nicht für die Unabhängigkeit von Vietnam, Laos und Kambodscha ein und konnte erst 1935 die ersten beiden laotischen Mitglieder rekrutieren.

Mit dem Ausbruch des Kriegs in Europa wurde die Position Frankreichs in Indochina geschwächt. Eine neue, ausgesprochen nationalistische Regierung in Bangkok sah die Gunst der Stunde gekommen, nun zurückzugewinnen, was man 50 Jahre zuvor verloren hatte. Sie benannte Siam in Thailand um und begann mit dem Säbelrasseln. Ein von Japanern arrangiertes Friedensabkommen nahm Laos seine Gebiete westlich des Mekong, was die Laoten sehr aufbrachte.

Um der Pan-Tai-Propaganda Bangkoks zu begegnen, unterstützte Frankreich die Nationalisten in Laos. Nach einem Abkommen zwischen Japan und der französischen Vichy-Regierung in Indochina blieb die Oberherrschaft Frankreichs bestehen, doch die japanische Armee durfte sich in dem Gebiet ungehindert bewegen. So lange Japan vor Ort, als es Anfang 1945 den Eindruck bekam, Frankreich könne seine Bündnistreue aufgeben und die Seiten wechseln. Am 9. März nahmen japanische Soldaten in einer Blitzaktion überall in Indochina das französische Militär und Zivilpersonal in Haft. Nur in Laos konnten ein paar französische Soldaten in die Berge fliehen und mit verbündeten Einheimischen schwachen Widerstand leisten.

Japan herrschte nur sechs Monate über Laos, bis durch die Atombomben auf Hiroshima und Nagasaki der Zweite Weltkrieg endete. In dieser

Paths to Conflagration: Fifty Years of Diplomacy and Warfare in Laos, Thailand and Vietnam, 1778–1828 (1998) von Mayoury Ngaosyvathn und Pheuiphanh Ngaosyvathn ist die beste Studie zur Revolte gegen Bangkok aus Sicht der Laoten.

1945	**1946**	**1949**	**1950**
Japan besetzt Laos und zwingt den König die Unabhängigkeit zu erklären. Eine nationale Widerstandsbewegung, die Lao Issara, formiert sich und bildet eine Übergangsregierung.	Frankreich besetzt Laos erneut und sendet die Lao-Issara-Regierung ins Exil.	Die Franzosen garantieren Laos partielle Unabhängigkeit innerhalb des Indochinesischen Staatenbundes. Einige Lao-Issara-Führer kehren zurück, um für die vollständige Unabhängigkeit zu kämpfen.	Laotische Kommunisten, die Pathet Lao, gründen eine „Widerstandsregierung". Deren öffentlicher Vertreter wird Souphanouvong, Präsident der „Front Freies Laos".

Zeit zwang es König Sisavang Vong, die laotische Unabhängigkeit von Frankreich zu erklären, und eine nationale Widerstandsbewegung nahm Gestalt an, bekannt als Lao Issara (Freies Laos). Als die Japaner am 15. August kapitulierten, stellte die Lao Issara eine Interimsregierung unter dem Vorsitz von Prinz Phetsarath, einem Cousin des Königs. Erstmals seit dem frühen 18. Jh. war das Land wieder vereint. Sisavang Vong erklärte jedoch die Unabhängigkeit für ungültig, denn er glaubte, Laos sei weiterhin auf den Schutz Frankreichs angewiesen. Er entließ Phetsarath als Premierminister, woraufhin 45 prominente Nationalisten der provisorischen Regierung einen Antrag stellten, Sisavang Vong abzusetzen.

Frankreich war unterdessen fest entschlossen, die Herrschaft über Indochina zurückzugewinnen. Im März 1946, während eines Waffenstillstands in Vietnam zwischen der Vietminh und Frankreich, drangen französische Truppen in den Norden vor, um auch den Rest des Landes unter ihre Kontrolle zu bringen. Die Lao-Issara-Regierung war gezwungen, ins Exil nach Bangkok zu fliehen, und Frankreich unterzeichnete einen Modus Vivendi mit Sisavang Vong, der die Einheit von Laos bestätigte und das Herrschaftsgebiet des Königs von Luang Prabang auf ganz Laos erweiterte. Die Gebiete am Westufer des Mekong, die Thailand 1940 beschlagnahmt hatte, gingen zurück an Laos.

1949 hatte sich auf dem Hauptschauplatz des Kriegs in Vietnam eine Art Patt zwischen Frankreich und der Vietminh entwickelt. Um die Position in Laos zu verbessern, garantierte Frankreich dem Land ein größeres Maß an Unabhängigkeit. Ein Amnestieversprechen gegenüber den Widerstandskämpfern der Lao-Issara-Bewegung führte dazu, dass viele von ihnen zurückkamen und sich an der politischen Weiterentwicklung beteiligten. Einer der Rückkehrer war Souvanna Phouma, ein jüngerer Bruder von Phetsarath, der zuvor in Thailand lebte. Ein Halbbruder der beiden Prinzen, Souphanouvong, schloss sich dagegen der Vietminh an und hielt so den antikolonialen Kampf aufrecht.

Die Enstehung der Pathet Lao

Die Entscheidung der drei Prinzen, eigene Wege zu gehen, spaltete die Lao Issara. Mitglieder, die nach Laos zurückkehrten, arbeiteten weiter daran, die vollständige Unabhängigkeit von Frankreich zu erreichen, allerdings auf legalem Weg. Wer sich im Vietminh angeschlossen hatte, verfolgte ein anderes politisches Ziel: die Vertreibung der Franzosen und die Gründung eines marxistischen Regimes. Diese 1950 entstandene Bewegung wurde als Pathet Lao (Land der Laoten) bekannt.

Architekt der Allianz zwischen der Lao Issara und der Vietminh war Prinz Souphanouvong. Im August 1950 wurde er das öffentliche Gesicht der Widerstandsregierung und Präsident der Naeo Lao Issara (Front Freies Laos). Dabei handelte es sich um die Nachfolgeorganisation der

Kaysone Phomvihane kam in Zentrallaos zur Welt. Seine Mutter war Laotin, sein Vater aber Vietnamese, daher der vietnamesische Familienname. Den Namen Phomvihane, ein laotischer Begriff für Brahmavihara (eine Reihe von vier göttlichen Staaten), suchte er sich selbst aus – für einen überzeugten Marxisten eine interessante Wahl.

1953	1955	1957	1958
Das französisch-laotische Abkommen garantiert die Unabhängigkeit von Laos. Bei der Genfer Konferenz wird ein Gebiet festgelegt, in dem sich Truppen der Pathet Lao aufhalten dürfen.	Führer der Pathet Lao gründen die Laotische Volkspartei (später Laotische Revolutionäre Volkspartei, LRVP) und etablieren eine breite politische Front, genannt Laotische Patriotische Front (LPF).	Die erste Koalitionsregierung des vereinten Staates nimmt ihre Arbeit auf, doch schon im folgenden Jahr zerbricht sie nach einer finanziellen und politischen Krise.	Nach dem Sturz der Regierung gerät Laos unter die Kontrolle des rechtsgerichteten, von den USA unterstützten Komitees für die Verteidigung Nationaler Interessen.

aufgelösten Lao Issara. Die tatsächliche Macht lag aber in den Händen zweier anderer Männer, die im Gegensatz zu Souphanouvong Mitglieder der kommunistischen Partei Indochinas waren: Kaysone Phomvihane, zuständig für die Verteidigung, und Nouhak Phoumsavan, verantwortlich für Wirtschaft und Finanzen.

Zu diesem Zeitpunkt hatte der Krieg in Indochina durch den Sieg des Kommunismus in China 1949 eine entscheidende Wendung genommen. Als China begann, die Vietminh mit Waffen zu beliefern, weiteten sich die Kampfhandlungen aus und Frankreich geriet in die Defensive. Der Sieg im entlegenen Tal von Dien Bien Phu, nahe der laotischen Grenze in Nordvietnam, stellte sich als die entscheidende Schlacht im Indochinakrieg heraus. Die isolierte französische Garnison wurde von Einheiten der Vietminh eingekesselt und von den Hügeln aus mit Artillerie beschossen. Dank der Unterstützung aus der Luft konnten sich die Franzosen zwar noch mehr als zwei Monate halten, mussten aber am 7. Mai aufgeben. Einen Tag später begann in Genf die Konferenz, die das Ende der französischen Kolonialperiode in Indochina einleitete.

Teilung & Einheit

Auf der Genfer Konferenz wurde entschieden, Vietnam temporär in einen südlichen und einen nördlichen Teil mit jeweils eigenständiger Administration aufzuspalten. Kambodscha blieb ungeteilt, und in Laos wurden zwei nordöstliche Provinzen (Houa Phan und Phongsaly) ausgewählt, in denen sich die Truppen der Pathet Lao aufhalten konnten. Dies ermöglichte der Widerstandsbewegung, ihre politische und militärische Organisation zu konsolidieren, während sie mit der Königlichen Regierung über eine Wiedereinbindung der beiden Provinzen in ein geeintes Laos verhandelte.

Die Anführer der Pathet Lao gründeten 1955 die marxistische Laotische Volkspartei, die 1972 in Laotische Revolutionäre Volkspartei, LRVP, umbenannt wurde und noch heute Regierungspartei der Demokratischen Volksrepublik Laos ist. 1956 etablierte die Partei eine breite politische Front, genannt Laotische Patriotische Front (LPF) mit Souphanouvong als Präsident und Kaysone als Generalsekretär. Mit anderen Mitgliedern führten sie die Laotische Revolution in einem „30-jährigen Krieg" (1945–1975) an die Macht.

Hauptaufgabe der Königlichen Regierung war die Wiedervereinigung des Landes durch eine auch von Pathet Lao tragbare politische Lösung. In ihren Rückzugsgebieten war die Pathet Lao von Waffen und anderen Gütern der Nordvietnamesen abhängig, auf deren Agenda die Wiedervereinigung Vietnams unter kommunistischer Herrschaft stand. Gleichzeitig wurde die Regierung immer abhängiger von den USA, die nach den Franzosen wichtigster wirtschaftlicher Helfer des Landes wurden, was Laos in eine brisante Situation während des Kalten Kriegs führte.

1960	1961	1962	1964
In großen Gebieten des Landes herrscht ein Guerillakrieg. Auf einen Putsch der Neutralisten folgt schließlich die Schlacht um Vientiane.	Im Zuge des Vietnamkriegs wird die CIA beauftragt, in Nordlaos eine „geheime Armee" zu gründen.	Das Genfer Abkommen führt zur Bildung der zweiten Koalitionsregierung, die ein Gleichgewicht zwischen der Pathet Lao, Vertretern der prowestlichen Kräfte und Neutralisten herstellt.	Die USA bombardieren laotische Ziele aus der Luft, darunter vor allem Stellungen der Kommunisten in der Ebene der Tonkrüge.

Souvanna Phouma musste eine Lösung in dieser vertrackten Lage finden. Als Ministerpräsident vereinbarte er deshalb mit seinem Halbbruder Souphanouvong, dass zwei Minister und zwei weitere Abgeordnete der Pathet Lao in einer neuen Regierungskoalition eingebunden sein sollten. Die Pathet-Lao-Provinzen gingen wieder an die königliche Administration über. Wahlen wurden abgehalten, bei denen die LPF erstaunlich gut abschnitt, was den Amerikanern ganz und gar nicht gefiel.

Seit 1955 hatten die USA 120 Mio. US$ und damit viermal mehr als Frankreich in den acht Jahren davor investiert. Laos war fast völlig von der amerikanischen Hilfe abhängig. Als die finanzielle Unterstützung im August 1958 als Antwort auf die Einbindung der Minister der Pathet Lao zurückgehalten wurde, stürzte das Land in eine finanzielle und politische Krise. Die nur acht Monate alte erste Regierungskoalition zerbrach.

Der nun einsetzende Guerillakrieg ließ die Bevölkerung bald am Sinn des Blutvergießens unter den eigenen Landsleuten zweifeln. Im August 1960 putschte sich vor diesem Hintergrund der Kommandeur einer Elite-Fallschirmtruppe der Königlichen Laotischen Armee in Vientiane an die Macht. Die Regierung in Luang Prabang war gerade damit beschäftigt, König Sisavang Vongs Beerdigung vorzubereiten. Hauptmann Kong Le erklärte öffentlich, Laos sei zur Politik der Neutralität zurückgekehrt, und verlangte, Souvanna Phouma seinen Posten als Ministerpräsident zurückzugeben. König Sisavang Vatthana nahm dies hin, aber General Phoumi lehnte ab und floh nach Zentrallaos, wo er die Opposition gegen die neue Regierung organisierte.

Phoumi konnte auf die thailändische Regierung und die amerikanische CIA bauen, von denen er mit Geld und Waffen versorgt wurde. Trotzdem nahm die neutrale Regierung weiter für sich in Anspruch, die legitime laotische Regierung zu sein, und bezog Waffen aus Vietnam und der Sowjetunion, die allerdings oft bei der Pathet Lao landeten. Ganze Landstriche fielen nun unter die Kontrolle der Kommunisten. Die USA sendeten Truppen nach Thailand, um zu verhindern, dass kommunistische Einheiten den Mekong nach Westen überquerten. Eine Zeit lang sah es so aus, als sollte der größte Einsatz der US-Armee in Südostasien eher in Laos als in Vietnam stattfinden.

Der Vietnamkrieg

In dieser Phase hatte die neue US-Administration von Präsident John F. Kennedy offensichtlich Zweifel am Sinn eines Kriegseinsatzes in Laos. Sie machte eine Kehrtwendung und entschied, die Neutralität des Landes anzuerkennen. Im Mai 1961 kam es zu einer neuen Laos-Konferenz in Genf.

Im Juli 1962 versammelten sich die Delegierten der 14 teilnehmenden Länder und unterzeichneten eine internationale Übereinkunft, die Laos Neutralität garantierte und die Präsenz von ausländischem Militärperso-

1964–1973	1968	1974	1975
Laos wird in den Vietnamkrieg verwickelt. Die Präsenz der Nordvietnamesen sowie der Amerikaner steigt massiv an und es kommt überall im Land zu Luftangriffen.	Die Tet-Offensive des Vietcong im benachbarten Vietnam verändert die öffentliche Meinung in den USA, die sich nun gegen den Vietnamkrieg wendet.	Mit dem Waffenstillstand in Vietnam 1973 enden auch in Laos die Kämpfe. Die dritte Koalitionsregierung wird gebildet.	Die Kommunisten kommen an die Macht und deklarieren die Demokratische Volksrepublik Laos; damit enden 650 Jahre Monarchie.

DIE „GEHEIME ARMEE" & DIE HMONG

Nachdem Laos 1953 unabhängig geworden war, trainierten und unterstützten die USA die Königliche Laotische Armee als Teil ihrer Strategie, den Kommunismus in Südostasien zu bekämpfen. 1961 nahmen CIA-Agenten Kontakt mit der Hmong-Minderheit auf, die rund um die Ebene der Tonkrüge lebte. Ihre Botschaft war simpel: „Vorsicht vor den Vietnamesen, die wollen euer Land." Die Agenten verteilten Waffen und sorgten für die Grundausbildung. Außerdem wurden vage Versprechungen hinsichtlich einer Hmong-Autonomie gemacht. Um gefährdete Gemeinden zu schützen, ließen sich Tausende Hmong in Berglagern südlich der Ebene nieder. Ihr Anführer war ein junger Offizier namens Vang Pao.

Im Oktober 1961 ordnete Präsident John F. Kennedy an, eine Armee von 11 000 Hmong unter dem Kommando von Vang Pao zu rekrutieren. Sie wurde von mehreren Hundert amerikanischen und thailändischen Spezialausbildern trainiert. Waffen und Nahrungsmittel wurden per Fallschirm der US-Luftwaffe geliefert, alles unter Kontrolle der CIA.

Als Laos 1962 Neutralität erlangte und sich die zweite Regierungskoalition bildete, zog sich das US-Militärpersonal offiziell zurück. Doch selbst als 1962 das Abkommen von Genf verabschiedet wurde, operierten die USA verdeckt weiter. Sie unterstützten und trainierten die „geheime Armee" für den Guerillakrieg. Das geheime CIA-Hauptquartier lag in Longcheng, während sich der größte Standort der Hmong mit mehreren Tausend Bewohnern in Sam Thong befand.

Während der nächsten zwölf Jahre lieferte sich die „geheime Armee" kontinuierliche Gefechte mit den schwer bewaffneten regulären nordvietnamesischen Truppen auf der Ebene der Tonkrüge. Dabei wurde sie durchgehend von den USA unterstützt, was der amerikanischen Öffentlichkeit bis 1970 verheimlicht wurde. Während die amerikanischen Truppen in Vietnam kämpften, fand in Laos also gleichzeitig ein „geheimer Krieg" statt. Die Hmong kämpften, weil sie den Kommunisten misstrauten und darauf hofften, dass die USA ihre Autonomie befürworten würde.

Im Verlauf des Kriegs wurden so viele Hmong getötet, dass man kaum noch Rekruten ausfindig machen konnte. Nun schickte man sogar Zwölfjährige in den Krieg. Die „geheime Armee" wurde von Rekruten anderer Minderheiten unterstützt, darunter die Yao (Mien) und Khamu sowie ganze Bataillone thailändischer Freiwilliger. In den frühen 1970er-Jahren wuchs die Armee auf über 30 000 Mann an, ein Drittel davon Thailänder.

Als der Waffenstillstand 1973 vornehmlich zur Gründung der dritten Regierungskoalition unterzeichnet wurde, löste man die „geheime Armee" offiziell auf. Die thailändischen Freiwilligen kehrten nach Hause zurück und die Einheiten der Hmong gingen in die Königliche Laotische Armee über. Die Opfer unter den Hmong wurden auf 12 000 Tote und mehr als 30 000 Verletzte beziffert, doch es waren wohl mehr.

Die Kriegsjahre hatten tiefes Misstrauen hervorgerufen, und nicht weniger als 120 000 der 300 000 Hmong flohen nach 1975 lieber aus dem Land als unter dem kommunistischen Regime zu leben. Viele ließen sich in den USA nieder. Einige der Hmong, die sich damals auf die Seite der Pathet Lao stellten, nehmen heute ranghohe Positionen in der Laotischen Revolutionären Volkspartei (LRVP) und der Regierung ein.

1979	1986	1987	1991
Die ersten Kooperativen in der Landwirtschaft werden aufgegeben und erste wirtschaftliche Reformen eingeführt.	Der „neue ökonomische Mechanismus" macht den Weg frei für Marktwirtschaft und Auslandsinvestitionen.	Zwischen Laos und Thailand bricht ein dreimonatiger Grenzkrieg aus, der im Februar 1988 mit einem Waffenstillstand endet.	Verkündung der Verfassung der neuen Volksrepublik. General Khamtay Siphandone wird Staatspräsident.

nal im Land untersagte. Die Arbeit der neuen Koalition begann in einem Klima von Wohlwollen und Hoffnung.

Doch es dauerte nur Monate, bis die Fassade erste Risse bekam. Das Problem war der Vietnamkrieg. Sowohl Nordvietnam als auch die USA suchten nach strategischen Vorteilen, und keiner von beiden wollte die Neutralität Laos' aufrechterhalten. Entgegen der Übereinkunft von Genf begannen beide, ihre jeweiligen Anhänger mit Waffen und anderen Waren zu versorgen. Keine Hilfe von außen bekamen dagegen die Neutralisten, die sich immer mehr zwischen Links und Rechts eingezwängt sahen.

Ende 1963, als sich beide Seiten gegenseitig beschuldigten, die Übereinkunft zu brechen, kam die zweite Regierungskoalition endgültig in eine Krise. Dennoch war es im Interesse aller, wenigstens auf dem Papier neutral zu erscheinen. Mit internationaler diplomatischer Hilfe wurde Souvanna Phouma dabei unterstützt, rechte Generäle von Militärputschen abzuhalten, wie 1964 und 1965 versucht.

1964 begannen die USA den Luftkrieg über Laos, indem sie Stellungen der Kommunisten auf der Ebene der Tonkrüge bombardierten. Als der nordvietnamesische Waffentransport durch Laos entlang dem Ho-Chi-Minh-Pfad bekannt wurde, dehnten sich die Angriffe über das ganze Land aus. Nach offiziellen Zahlen warf die US-Luftwaffe bei 580 944 Einsätzen 2 093 100 Tonnen Bomben ab. Die Kosten dafür bezifferten sich auf 7,2 Mrd. US$, also gut 2 Mio. US$ pro Tag und das über neun Jahre hinweg. Ein Drittel der laotischen Bevölkerung wurde zur Flucht getrieben; wie viele Tote es gab, weiß bis heute niemand.

In den 1960er-Jahren stieg die Präsenz der Nordvietnamesen und Amerikaner massiv an. 1968 sollen 40 000 reguläre nordvietnamesische Militäreinheiten in Laos stationiert gewesen sein, um den Ho-Chi-Minh-Pfad abzusichern und die rund 35 000 Soldaten der Pathet Lao zu unterstützen. Die von den USA ausstaffierte Königliche Laotische Armee wurde auf 60 000 Mann beziffert. Vang Paos Streitmacht (siehe Kasten S. 276), noch immer unter Einfluss der CIA, war etwa halb so groß, und die Neutralisten von Kong Le hatten 10 000 Mann. Der von außen initiierte Stellvertreterkrieg zog sich über mehr als fünf Jahre bis zur Waffenruhe 1973 hin.

1968 markierte die Tet-Offensive den Wendepunkt des Vietnamkriegs. Sie machte der amerikanischen Bevölkerung klar, dass der Krieg mit militärischen Mitteln wohl nicht zu gewinnen war und eine politische Lösung angestrebt werden sollte. Für Laos war dies eher von Nachteil, denn die Luftangriffe und Kämpfe auf der Ebene der Tonkrüge verschärften sich, nachdem die Flächenbombardements über Nordvietnam eingestellt worden waren. Dadurch sollte die Pathet Lao eliminiert werden. Ihre Anhänger verschanzten sich daraufhin in den Höhlen von Vieng Xay.

Als Mitte 1972 Friedensverhandlungen anstanden, beherrschten die Kommunisten rund vier Fünftel des Landes. Im Krieg wie im Frieden

The Politics of Ritual and Remembrance: Laos Since 1975 (1998) von Grant Evans ist eine gründliche Studie über die politische Kultur in Laos, inklusive der Haltung zum Buddhismus und des „Kults" um Kommunistenführer Kaysone.

1992	1995	1997	1998–2000
Der frühere Premierminister und Führer der LRVP, Kaysone Phomvihane, stirbt im Alter von 71 Jahren.	Luang Prabang zählt nun zu den Welterbestätten der UNESCO. Kurz darauf wird auch der Wat Phou, der alte Khmer-Tempel nahe Champasak, in die Welterbeliste aufgenommen.	Laos wird Mitglied der Vereinigung Südostasiatischer Nationen (ASEAN).	Die asiatische Wirtschaftskrise schadet Laos in hohem Maße. China und Vietnam kommen mit Krediten und Beratern zu Hilfe.

hingen die Geschicke Laos' von den Ereignissen in Vietnam ab. Erst mit der Waffenruhe in Vietnam im Januar 1973 konnten auch die Kämpfe in Laos beendet werden. Doch dann begann die politische Rangelei. Erst im September 1973 wurde eine Übereinkunft zu einer dritten Regierungskoalition erreicht.

Revolution & Reform

Im April 1975 fielen Phnom Penh und Saigon an die kommunistischen Truppen. Sofort übte die Pathet Lao politischen Druck auf die Rechte in Laos aus. Eskalierende Straßendemonstrationen zwangen führende konservative Politiker und Generäle zur Flucht. Daraufhin wurde in ganz Laos eine Stadt nach der anderen ohne weitere Kampfhandlungen von den Anhängern der Pathet Lao „befreit". Im August traf es Vientiane.

Post-War Laos: The Politics of Culture, History and Identity (2006) von Vatthana Pholsena untersucht fachkundig, wie in Laos Ethik, Geschichte und Identität miteinander verbunden sind.

Souvanna Phouma wollte weiteres Blutvergießen verhindern und kooperierte mit der Pathet Lao. Hunderte ehemalige Offiziere und Beamte begaben sich aus freien Stücken in die Lager zur „politischen Umerziehung" – in dem Glauben, dort höchstens ein paar Monate bleiben zu müssen. Doch die Aufenthalte dauerten oft mehrere Jahre.

Bei einem außerordentlichen Treffen der übrig gebliebenen dritten Regierungskoalition wurde im November die Bildung einer „demokratischen Volksregierung" akzeptiert. Unter Druck dankte der König ab und am 2. Dezember erklärte ein Nationalkongress der Volksvertreter, einberufen durch die Partei, das Ende der 650 Jahre alten Monarchie sowie die Gründung der Demokratischen Volksrepublik Laos. Kaysone Phomvihane war nun nicht nur Führer der LRVP, sondern nahm auch den Posten des Ministerpräsidenten in der neuen marxistisch-leninistischen Regierung ein. Souphanouvong wurde zum Staatspräsidenten ernannt.

Das neue politische System orientierte sich an sowjetischen und nordvietnamesischen Modellen. Die Regierung und die Bürokratie unterstanden unmittelbar der Partei und seinem siebenköpfigen Politbüro. Die Partei schränkte umgehend die Meinungs- und Versammlungsfreiheit ein und verstaatlichte die Wirtschaft. Als die Inflation stieg, kam es zu Preiskontrollen. Rund zehn Prozent der Bevölkerung, darunter praktisch die gesamte Bildungsschicht, flohen über den Mekong nach Thailand, was die Entwicklung des Landes um mindestens eine Generation zurückwarf.

Der Hmong-Aufstand fand also seine Fortsetzung und sollte noch lange andauern. 1977 nahmen die neuen Machthaber den unter Hausarrest stehenden König und seine Familie gefangen. Sie befürchteten, er könnte den Widerstand anführen, und brachten deshalb die Königsfamilie nach Vieng Xay, einem alten Kriegshauptquartier der Pathet Lao. Zur harten Feldarbeit gezwungen, starben der König, die Königin und der Kronprinz bald, möglicherweise an Malaria oder Unterernährung. Eine offizielle Erklärung dazu gab es allerdings nie.

2000	2001	2004	2005
Durch die Wirtschaftskrise werden politische Unruhen ausgelöst. Regierungsfeindliche Rebellen greifen einen Posten an der Grenze zu Thailand an; es gibt fünf Tote.	Eine Serie kleiner Bombenexplosionen verunsichert das Regime, das mit verschärften Sicherheitsmaßnahmen reagiert.	Unter starken Sicherheitsvorkehrungen findet der zehnte ASEAN-Gipfel in Vientiane statt. Es handelt sich um das größte Treffen internationaler Spitzenpolitiker, das Laos je erlebt hat.	Die alle zehn Jahre stattfindende Volkszählung ermittelt 5 621 982 Laoten.

Um 1979 wurde deutlich, dass sich auch in Laos der politische Wind drehte. Kaysone kündigte an, dass man die Kooperativen verlassen durfte, um eigenes Land zu bebauen, darüber hinaus ließ die Partei nun Privatunternehmen zu. Die Reformen reichten nicht aus, um die laotische Wirtschaft nachhaltig zu sanieren, was in den folgenden Jahren zu großen Diskussionen in der Partei führte. Mit dem Machtantritt Michail Gorbatschows 1985 begann die Sowjetunion zudem mit eigenen wichtigen Reformen und war es langsam leid, ständig die laotische Regierung zu unterstützen. In der Zwischenzeit musste sich Vietnam um Kambodscha kümmern. Schließlich überzeugte Kaysone seine Partei davon, den chinesischen Weg zu gehen: die Wirtschaft den Märkten zu öffnen, aber daneben das Monopol der politischen Macht zu erhalten. Die Wirtschaftsreformen wurden bekannt als „neuer ökonomischer Mechanismus" und traten im November 1986 in Kraft.

Doch die wirtschaftliche Belebung kam noch nicht richtig in Gang, z.T. auch deshalb, weil die Beziehungen zu Thailand angespannt blieben. Im August 1987 fand wegen eines umstrittenen Gebietes ein kurzer Grenzkrieg statt, bei dem 1000 Menschen starben. In den folgenden Jahren verbesserte sich das Verhältnis zu Thailand und China wieder. Die ersten Wahlen für eine Nationalversammlung wurden abgehalten und schließlich verabschiedete man eine Verfassung. Allmählich entwickelte sich ein legales System und in den frühen 1990er-Jahren kurbelten erste direkte ausländische Investitionen die Wirtschaft an..

Das moderne Laos

1992, nach über einem Vierteljahrhundert als Führungspersönlichkeit des laotischen Kommunismus, starb Kaysone Phomvihane. Zur großen Enttäuschung der Exillaoten im Ausland organisierte die Partei den Führungswechsel mit umsichtiger Effizienz. General Khamtay Siphandone wurde sowohl Parteichef als auch Ministerpräsident. Letzteres Amt gab er später auf, um Staatspräsident zu werden. Sein Aufstieg signalisierte, dass inzwischen eine neue Generation von Militärführern die Partei kontrollierte. Als Khamtay 2006 abtrat, übernahm sein enger Gefährte General Choummaly Sayasone die Macht.

Der wirtschaftliche Erfolg in der Mitte der 1990er-Jahre lag an den vermehrten Investitionen und Auslandshilfen, von denen Laos in starkem Maße abhängig war. Nun unterhielt die Regierung freundschaftliche Beziehungen zu den Nachbarn, besonders mit Vietnam, was auch das Verhältnis zu China verbesserte. Mit Bangkok lief die Diplomatie manchmal etwas holprig, aber Thailand tätigte wichtige Investitionen in Laos. 1997 wurde Laos Mitglied der Vereinigung Südostasiatischer Staaten (ASEAN).

Die guten Zeiten endeten mit der asiatischen Wirtschaftskrise Ende der 1990er-Jahre. Der Kollaps des thailändischen Bath wirkte sich we-

Bamboo Palace: Discovering the Lost Dynasty of Laos (2003) von Christopher Kremmer basiert auf seinen Reiseerlebnissen, die er in *Stalking the Elephant Kings* (1997) schildert. In beiden Büchern versucht er das Schicksal der laotischen Königsfamilie aufzudecken.

2006	2009	2010	2012
Der achte Kongress der Revolutionären Volkspartei und die Wahlen zur Nationalversammlung bestätigen eine neue politische Führung.	Laos ist Gastgeber der 25. Südostasienspiele. 4000 Hmong-Flüchtlinge werden aus Thailand abgeschoben und in ihre frühere Heimat zurückgeschickt.	Der Nam-Theun-2-Wasserkraftstaudamm, Südostasiens größte Anlage dieser Art, wird in Betrieb genommen.	Sombath Somphone, ein international angesehener Bürgerrechtler, verschwindet. Die laotische Regierung streitet jede Verantwortung ab

gen der engen wirtschaftlichen Beziehungen negativ auf die laotische Währung aus. Diese Krise lehrte die Regierung in Laos zwei Dinge: zum einen, welche Gefahren der freie Markt mit sich bringt, zum anderen, dass die wahren Freunde China und Vietnam sind, denn beide Staaten unterstützten das Land in dieser Zeit mit Darlehen und Rat.

Die Wirtschaftskrise verursachte einige politische Unruhen. Eine kleine Studentengruppe demonstrierte gegen das politische Machtmonopol der LRVP. Sie wurde schonungslos auseinandergeprügelt und die Anführer bekamen lange Haftstrafen.

2003 gelang es westlichen Journalisten zum ersten Mal, Kontakt zu Hmong-Rebellen aufzunehmen. Ihre Berichte offenbarten einen Aufstand am Rande des Zusammenbruchs. Erneuter militärischer Druck zwang einige Hmong, sich zu ergeben, während andere nach Thailand flohen. Dort stufte man sie jedoch als illegale Einwanderer ein; Verhandlungen über die Umsiedlung in ein Drittland scheiterten. So wurden im Dezember 2009 etwa 4000 Hmong zwangsweise wieder in Laos eingebürgert, obwohl dies international verurteilt wurde..

Politische & wirtschaftliche Inspiration

Im ersten Jahrzehnt des neuen Jahrtausends nahmen die chinesischen Investitionen in Laos stark zu und konnten jetzt mit denen von Thailand mithalten. Das größte Geberland blieb jedoch weiterhin Japan. Chinesische Unternehmen investierten in große Projekte des Bergbaus, der Wasserkraft, der Plantagenlandwirtschaft und der Holzwirtschaft. Gleichzeitig nahm der grenzüberschreitende Handel rasch zu. Die wachsende Wirtschaftskraft stärkte den politischen Einfluss des Landes zulasten Vietnams, trotzdem blieben die Beziehungen zwischen den beiden Nachbarn eng und freundschaftlich. Leitende Führungskräfte der Partei besuchen noch heute gern Marxismus-Leninismus-Kurse in Vietnam, beziehen ihre ökonomische Inspiration eher vom mächtigen Nachbarn China im Norden.

Im April 2016 wurde der ehemalige Vizepräsident Bounnhang Vorachith neuer Präsident von Laos, und ging hart gegen Korruption vor. Außerdem stoppte er die Abholzung, versprach, bis 2020 70 % des Landes aufzuforsten, und entließ (angeblich) eine Reihe von Ministern, die er mit seinen Vertrauensleuten ersetzte. Damit schaffte er die Voraussetzungen für das ASEAN-Treffen in Laos, bei dem auch der ehemalige US-Präsident Barack Obama anwesend war. Anschließend folgten vielbeachtete Besuche von Hillary Clinton (2010) und John Kerry (2015). Die USA schien ein deutliches Signal an China zu senden, dass es ein Interesse an der Zukunft von Laos hat, während die asiatische Supermacht weiter Dämme und Hochgeschwindigkeitszüge finanzierte, und dabei den kleineren Nachbarn immer abhängiger machte, als Teil seines Plans einer „neuen Seidenstraße" in Südostasien.

2012	2013	2016	2016
Im November 2012 ist Laos Gastgeber des neunten ASEM (Asien-Europa-Treffens), das in Vientiane stattfindet.	Die Bauarbeiten am Xayaboury-Damm beginnen. Dies ist die erste Stauanlage, die im Mekong in Laos erbaut wird. Kambodscha und Vietnam erheben Einwände.	Laos' Vizepräsident Bounnhang Vorachith wird das neue Staatsoberhaupt.	Barack Obama besucht als erster amtierender US-Präsident Laos, und verspricht Hilfen in Höhe von 90 Millionen US$ über die nächsten drei Jahre für die Räumung von Landminen.

Menschen & Kultur

Kaum eine andere Nation ist so unkompliziert und entspannt wie die Laoten – *bor ben nyăng* (kein Problem) könnte das Motto des Landes sein. Zumindest oberflächlich scheint dieses Volk nichts aus der Ruhe zu bringen, dessen Gelassenheit in einem Zusammenspiel von Kultur, Umwelt und Religion begründet liegt.

Der Nationalcharakter

„Laotisch-Sein" definiert sich in hohem Maße durch den Buddhismus, hauptsächlich durch den Theravada-Buddhismus, dessen Anhänger die Rationalität des Menschen hervorheben. Aus diesem Grund sind Gefühlsäußerungen in der laotischen Gesellschaft tabu. Viel mehr als die Hingabe, das Gebet oder die harte Arbeit bestimmt das *kamma* (Karma) das Los der Menschen, deshalb machen sich die Laoten kaum Gedanken über die Zukunft. Das wiederum wird von Außenstehenden nicht selten als fehlender Ehrgeiz interpretiert.

Laoten äußern oft, dass „zu viel Arbeit dem Gehirn schade" und dass ihnen Menschen leid tun, die „zu angestrengt denken". Bildung hat allgemein keinen hohen Stellenwert. Doch mit der Modernisierung und den verbesserten Möglichkeiten außerhalb der Landesgrenzen ändert sich diese Einschätzung inzwischen zunehmend. Jeden übermäßigen psychologischen Stress zu vermeiden liegt den Laoten aber nach wie vor im Blut, es sei denn, eine Tätigkeit – egal ob Arbeit oder Spiel – bringt *móoan* (Spaß).

Im Vergleich von Laoten und Vietnamesen zeigt sich, wie die Annamiten als kulturelle und geografische Trennungslinie zwischen dem indoasiatischen und dem sinoasiatischen Einflussbereich wirkten. Die Franzosen formulierten es so: „Die Vietnamesen pflanzen Reis, die Kambodschaner schauen ihm beim Wachsen zu und die Laoten hören ihn wachsen." Obwohl das nicht als Kompliment gedacht war, konnten viele französische Kolonialisten der verlockenden Lebensart der Laoten nicht widerstehen und blieben.

Die Einheimischen waren immer äußerst empfänglich für ausländische Hilfe und Investitionen, sofern diese die wirtschaftliche Entwicklung förderten, ohne eine entsprechende Leistungssteigerung zu verlangen. Zwar wünscht sich die laotische Regierung all die Verlockungen der modernen Technologie – etwa die Wolkenkratzer, die auf sozialistischen Propagandaplakaten zu sehen sind –, doch ihre Traditionen wie die *móoan*-Philosophie will sie nicht aufgeben. Laos steht vor der Herausforderung, ein Gleichgewicht zwischen kultureller Bewahrung und Entwicklung neuer Strategien zu finden, die das Land in eine Art wirtschaftliche Unabhängigkeit führen.

Laos: Culture and Society (2000), herausgegeben von Grant Evans, enthält ein Dutzend Essays über die laotische Kultur, darunter das Porträt einer freiwillig im Exil lebenden laotischen Familie, die schließlich in ihre Heimat zurückkehrte, sowie zwei gut recherchierte Studien über die Modernisierung und Politisierung der laotischen Sprache.

Lebensart

Fast jeder Laote ist schon vor 6 Uhr auf den Beinen, entsprechend früh schließen die Geschäfte abends, selbst in der Hauptstadt. Der Tag beginnt gewöhnlich mit einem schnellen Frühstück zu Hause oder bei einem örtlichen Nudelimbiss. In Gegenden, wo viele Lao Loum (Tieflandlaoten) und andere Buddhisten leben, gehen am Morgen Mönche von Haus zu Haus und sammeln Almosen. Ihnen geben gewöhnlich eher Frauen als Männer Reis und Gemüse und lassen sich dann dafür segnen.

Zu dieser Zeit sind auch jede Menge Kinder unterwegs, die in überfüllten Klassenzimmern von ein oder zwei Lehrern unterrichtet werden. Zu ihnen gesellen sich unter der Woche oft noch Schüler von weiterführenden Schulen, die spärlich gesät und manchmal zu weit entfernt sind. Fast jede Familie, die es sich leisten kann, schickt ihre Kinder zum Englischunterricht. Er gilt als Garantie für einen künftigen Arbeitsplatz.

Ein Großteil der Bevölkerung lebt in ländlichen Gemeinden, wo Arbeit irgendeine Art körperlicher Betätigung darstellt. Abhängig von Jahreszeit, Wohnort und Geschlecht (Frauen und Männer haben genau festgelegte Aufgaben) besteht diese aus dem Pflanzen und Ernten von Reis oder anderem Saatgut. Im Unterschied zum benachbarten Vietnam ernten die Laoten den Reis jedes Jahr gewöhnlich nur einmal, es geht hier also nur selten hektisch zu.

Während der ruhigen Perioden gehen die Männer fischen, jagen und reparieren das Haus. Unterdessen beschäftigen sich die Frauen z. B. damit, im Wald Pflanzen und Feuerholz zu sammeln und zu weben. Wer in diesen Zeiten an einem Nachmittag im Dorf ankommt, kann sich einfach vor den örtlichen „Laden" setzen und mit Einheimischen einen oder zwei *lòw-lów* (Whisky) trinken, ohne dabei das Gefühl haben zu müssen, dass man ihnen die Zeit stiehlt.

Lòw-lów gilt als das beliebteste Rauschmittel der Laoten, denn das Durchschnittseinkommen, besonders in ländlichen Gebieten, reicht meist nicht für Beerlao. Von den Drogen, die hier traditionell konsumiert und toleriert werden, ist Opium die bekannteste, allerdings durch neuerlichen Erntekahlschlag schwer erhältlich. Unter den jungen Leuten in den Städten ist *yaba* (Methamphetamin) sehr beliebt.

Da der Durchschnittslohn in Laos sehr niedrig ist (111 US\$ pro Monat), und das obwohl der Mindestlohn 2015 um 44 % erhöht wurde, leben die Einheimischen in großen Familienverbänden mit drei oder mehr Generationen in einem Haus oder auf einem Grundstück. Sie legen ihre Einnahmen zusammen und erfreuen sich gemeinsam an einem *bun wat* (Tempelfest) oder einem Picknick am Wasserfall. Gegessen wird Reis, und zwar aus einer einzigen großen Schüssel für alle.

Viele Laoten ziehen bei Festen und Zeremonien einen Teil der traditionellen Tracht an: die Männer eine *pàh beeang* (Schulterschärpe), die Frauen etwas Ähnliches sowie eine eng anliegende Bluse und einen *phùa nung* (Sarong). Während die Männer im Alltag gepflegte, aber unauffällige Kombinationen aus Hemd und Hose tragen, sind die Frauen auch dann mit *pàh nung* oder *sin* (Sarong) bekleidet. Angehörige anderer Völker, die in Laos leben – vor allem Chinesinnen und Vietnamesinnen –, legen den *pàh nung* an, wenn sie einen Termin bei den staatlichen Behörden haben, andernfalls riskieren sie eine Zurückweisung ihrer Anfrage.

Bevölkerung

Obwohl sich die Einwohnerzahl in den letzten 30 Jahren mehr als verdoppelt hat und weiterhin rasch steigt, weist das kleine Land eine der geringsten Bevölkerungsdichten in ganz Asien auf. Ein Drittel der 7 Mio. Einwohner lebt in den Städten des Mekong-Tals, hauptsächlich in Vientiane, Luang Prabang, Savannakhet und Pakxe. Ein weiteres Drittel wohnt an den anderen großen Flüssen.

Fast 10 % der Bevölkerung haben das Land verlassen, seit 1975 die Kommunisten an die Macht kamen. Trotzdem wächst die Einwohnerzahl rasch an. Vientiane und Luang Prabang – allein hier ging rund ein Viertel der Bürger ins Ausland – verloren die meisten Leute. In den vergangenen Jahrzehnten ist dieser Auswanderungstrend wieder rück-

Die Website Laos Cultural Profile (www.cultural profiles.net/ Laos) wurde von der Organisation Visiting Arts und dem Ministerium für Information und Kultur eingerichtet. Sie beinhaltet viele verschiedene Aspekte der Kultur von Architektur bis Musik.

läufig, sodass inzwischen der Zustrom von Einwanderern – meistens laotische Rückkehrer, aber auch Chinesen, Vietnamesen und andere Nationalitäten – die Zahl der Auswanderer übersteigt.

Viele Menschen aus dem Westen, die in Laos leben, haben zeitlich begrenzte Arbeitsverträge bei multilateralen und bilateralen Hilfsorganisationen. Eine kleinere Zahl ist bei ausländischen Gesellschaften angestellt, die im Bergbau, in der Mineralölindustrie, der Wasserkraftnutzung und im Tourismusgeschäft tätig sind.

Ethnische Gruppen

Von Laos wird oft gesagt, es sei weniger ein Nationalstaat als ein Sammelsurium von Stämmen und Sprachen. Je nachdem, mit wem man spricht, sind es 49 bis 134 verschiedene ethnische Gruppen, wobei die niedrige Zahl aus der offiziellen Statistik der Regierung stammt.

Es gibt zwar jede Menge unterschiedliche Stämme, aber die Laoten selbst ordnen sich traditionell in nur vier Gruppen ein, nämlich in Lao Loum, Lao Tai, Lao Thoeng und Lao Soung. Diese Einordnung entspricht in etwa den Höhenlagen, auf denen die einzelnen Gruppen leben, sowie ihren kulturellen Gepflogenheiten. Um sie klarer voneinander abzugrenzen, teilte die laotische Regierung die Gruppen kürzlich neu in drei Hauptsprachfamilien ein: Austro-Tai, Austroasiatisch und Sinotibetisch. Viele Laoten wissen allerdings gar nicht, zu welcher Sprachfamilie sie gehören.

Etwas mehr als die Hälfte der Bevölkerung zählt zu den ethnischen Lao oder Lao Loum (Tieflandlaoten). Vom Rest sind 10 bis 20 % Tai-Völker, 20 bis 30 % Lao Thoeng (Hochlandlaoten) oder Bewohner niedrigerer Gebirge, die meist von Ur-Malaien oder Mon-Khmer abstammen, und 10 bis 20 % Lao Soung (Berglaoten), hauptsächlich Hmong oder Mien, die vorwiegend in höheren Gegenden leben.

Nach der alternativen Dreiteilung der laotischen Regierung gehören die Lao Tai zur Gruppe der Lao Loum. Das Dreigestirn ist auf der Rückseite der 1000-Kip-Banknote in nationaler Tracht dargestellt – von links nach rechts: Lao Soung, Lao Loum und Lao Thoeng.

Zu den kleinen tibetisch-birmanischen Bergvölkern in Laos zählen die Lisu, Lahu, Lolo, Akha und Phu Noi. Sie werden manchmal als Lao Thoeng eingestuft, aber sie leben wie die Lao Soung in den Bergen von Nordlaos.

Lao Loum

In den Ebenen des Mekong sowie den Unterläufen seiner Nebenflüsse leben die Lao Loum (Tieflandlaoten). Dank ihrer zahlenmäßigen Überlegenheit und besserer Lebensbedingungen dominieren sie seit Jahrhunderten die kleineren ethnischen Gruppen in Laos. Ihre Sprache ist die Nationalsprache, ihre Religion der Buddhismus, die nationale Religion, und viele ihrer Bräuche, etwa der Verzehr von Klebreis und die *baasii* (heilige Schnurbindezeremonie), gelten als die der gesamten Nation, auch wenn sie im Leben vieler anderer ethnischer Gruppen keine Rolle spielen.

Die Lao Loum pflegen traditionell eine sesshafte und autarke Lebensweise, die auf Nassreisanbau basiert. Sie hängen wie die meisten Austro-Tais dem Theravada-Buddhismus an, der bei ihnen allerdings mit starken Elementen des animistischen Geisteranbetung durchsetzt ist.

Die Unterscheidung zwischen „Lao" und „Tai" ist ein eher junges historisches Phänomen, besonders wenn man bedenkt, dass 80 % von allen, die „Lao" oder eine Lao-ähnliche Sprache sprechen, im Nordosten Thailands wohnen. Selbst Lao, die in Laos leben, bezeichnen verschiedene Lao-Loum-Gruppen als „Tai" oder „Thai", etwa als Thai Luang Phabang (Lao aus Luang Prabang).

Lao Tai

Obwohl mit den Lao verwandt, sind die Tai-Untergruppen nicht der Hauptströmung der laotischen Kultur zuzurechnen. Sie werden nach geringfügigen Stammesunterschieden untergliedert. Ebenso wie die Lao Loum leben sie in den Flusstälern, allerdings eher im Hochland statt im Tiefland der Mekong-Talaue.

Abhängig von ihrem Wohnort bauen sie Trocken-, Berg- bzw. bewässerten Nassreis an. Sie vermischen Theravada-Buddhismus und Animismus, neigen aber noch mehr als die Lao Loum zur Geisterverehrung.

Man unterscheidet die verschiedenen Lao-Tai-Gruppen entweder anhand der Hauptfarbe ihrer Kleidung oder aufgrund ihres Wohngebiets, darunter die Tai Dam (Schwarze Tai), Tai Khao (Weiße Tai), Tai Pa (Wald-Tai) und Tai Neua (Nord-Tai).

Lao Thoeng

Die Lao Thoeng sind ein loser Zusammenschluss von meist austroasiatischen Völkern, die in den mittelhohen Gebirgen Nord- und Südlaos' leben. Größte Gruppe darunter sind die Khamu, gefolgt von den Htin, Lamet und kleineren Völkern wie den Laven, Katu, Katang, Alak sowie anderen Mon-Khmer-Gruppen im Süden. Hochlandlaoten werden auch abwertend als *khàa* bezeichnet, was so viel heißt wie „Sklave" oder „Diener". Sie wurden in früheren Jahrhunderten von abwandernden Austro-Thai-Völkern und in jüngerer Vergangenheit von den laotischen Monarchen als Zwangsarbeiter eingesetzt. Auch heute noch arbeiten sie oft als Tagelöhner für die Lao Soung.

Bei den Lao Thoeng ist der Lebensstandard erheblich niedriger als bei den anderen drei Lao-Stämmen. Der Warenverkehr zwischen diesen ethnischen Gruppen funktioniert hauptsächlich im Tauschhandel mit Naturalien. Die Sprachen der Htin (auch Lawa genannt) und Khamu ähneln sich sehr. Vermutlich gab es beide Völker hier schon lange vor Ankunft der Tieflandlaoten, der Tai und der Lao Soung. Während der Neujahrsfeierlichkeiten in Luang Prabang ehren die Tiefland-Laoten die Khamu als Vorfahren und „Hüter des Landes".

Lao Soung

Die Lao Soung haben sich in den höchstgelegenen Gegenden des Landes niedergelassen. Sie sind die jüngsten Einwanderer in Laos. Ihre Vorfahren kamen innerhalb der letzten 150 Jahre aus Myanmar (Birma), Südchina und Tibet hierher.

Zur größten Gruppe der Berglaoten, den Hmong (auch als Miao oder Meo bekannt), zählen mehr als 300 000 Angehörige, die noch einmal in vier Untergruppen eingeteilt und nach ihrer Kleidung Weiße Hmong, Gestreifte Hmong, Rote Hmong und Schwarze Hmong genannt werden. Sie leben in den neun nördlichen Provinzen und in Bolikhamxay in Zentrallaos.

Ihre landwirtschaftlichen Haupterzeugnisse sind Trockenreis und Mais; die Anbauflächen schaffen sie durch Brandrodung. Darüber hinaus züchten sie Schweine und Wasserbüffel, die sie ebenso wie Hühner beim Warentausch einsetzen. Geld bekamen die Hmong jahrelang nur für das Opium, das sie intensiver als alle anderen Völker in Laos anbauten. In den vergangenen Jahren wurden jedoch durch ein offizielles Vernichtungsprogramm der Regierung mit Unterstützung der USA große Teile des Bestands beseitigt, wodurch die Hmong ihr wohl wichtigstes Handelsgut und damit eine wesentliche Lebensgrundlage verloren.

Zweitgrößte Gruppe unter den Bergstämmen sind die Mien, auch Iu Mien, Yao oder Man genannt. Sie leben hauptsächlich in Luang Namtha, Luang Prabang, Bokeo, Oudom Xay und Phongsaly. Wie die Hmong bauten auch die Mien traditionell Opium an. Als Ersatz dafür soll nun Kaffee

Wegen der vielen unterschiedlichen Ethnien existiert die „Lao-Kultur" nur unter den Lao Loum (Tieflandlaoten), die etwa die Hälfte der Bevölkerung ausmachen. Ihre Bräuche und Traditionen beherrschen die Städte und Dörfer im Mekong-Tal.

herhalten, allerdings wird es noch etwas dauern, bis die Erträge einigermaßen rentabel sind.

Die Mien und Hmong haben viele ethnische und sprachliche Gemeinsamkeiten. Beide Gruppen sind überwiegend animistisch, allerdings gelten die Hmong als aggressiver und kriegerischer: Aus diesem Grund wurden sie in den 1960er- und frühen 1970er-Jahren von der CIA ausgebildet und in den speziellen konservativen, königstreuen Regierungstruppen von Laos eingesetzt. Nach 1975 flohen viele Hmong und Mien ins Ausland.

Andere Asiaten

In ganz Südostasien haben die Chinesen über Jahrhunderte als Kaufleute und Händler gearbeitet, viele auch in Laos. Die meisten kamen direkt aus Yunnan, aber in den letzten Jahrzehnten wanderten sie vermehrt über Vietnam ein. Man schätzt, dass 2 bis 5 % der Gesamtbevölkerung des Landes chinesischer Abstammung sind. Etwa die Hälfte davon lebt in Vientiane und Savannakhet, aber auch weit im Norden des Landes gibt's Tausende chinesische Wanderarbeiter.

In allen Provinzen, die an Vietnam grenzen, sowie in den Städten Vientiane, Savannakhet und Pakxe hat sich zudem eine beachtliche Zahl von Vietnamesen niedergelassen. Diese arbeiten hier oftmals als Händler oder in ihren eigenen kleinen Betrieben. In den Provinzen Xieng Khouang und Houa Phan stößt man nach wie vor auf vietnamesische Soldaten. Eine kleine kambodschanische Minderheit ist im Süden des Landes zu finden.

Religion

Buddhismus

60 % der laotischen Bevölkerung sind Theravada-Buddhisten, hauptsächlich die Tieflandlaoten, aber auch ein kleiner Teil der Tai. Diese Form des Buddhismus entstand wahrscheinlich Ende des 13. Jhs. zunächst in Luang Prabang, das damals noch Muang Sawa hieß. Erheblich früher, bereits im 8. bis 10. Jh., kannte man im Land schon den Mahayana-Buddhismus und noch etwas früher den Tantra-Buddhismus.

König Visounarath, ein Nachfolger des ersten Monarchen von Lan Xang, König Fa Ngum, erklärte den Buddhismus zur Staatsreligion. Zuvor hatte er von den Khmer, seinen Förderern, die Buddhafigur Pha Bang erhalten. Heute wird die Statue im Königlichen Palast in Luang Prabang aufbewahrt. Der Buddhismus breitete sich in Laos nur langsam aus. Besonders die Tieflandvölker, die bis dahin *pĕe* (Erdgeister) verehrten, nahmen den neuen Glauben zögerlich und manchmal nur neben ihrer ursprünglichen Religion an.

Der Theravada-Buddhismus ist eine ältere und – glaubt man ihren Anhängern – eine weniger vereinnahmende Form dieser Glaubensrichtung als der schon erwähnte Mahayana-Buddhismus, der weiter nördlich in Ostasien und im Himalaja die meisten Anhänger besitzt. Er wird manchmal auch als „Südliche Schule" bezeichnet, weil er sich auf der südlichen Route von Indien über Sri Lanka und Südostasien ausgebreitet hat.

Die Theravada-Lehre betont drei Hauptaspekte des Daseins: *dukkha* (Leiden, Unzufriedenheit, Krankheit), *anicca* (Unbeständigkeit, Vergänglichkeit aller Dinge) und *anatta* (Unwirklichkeit oder Nichtwesentlichkeit der Realität – es gibt keine bleibende „Seele"). Die Bedeutung des Begriffs *anicca* besagt, dass keine Erfahrung, kein Geisteszustand, kein materieller Gegenstand für immer bleibt. Alles ändert sich ständig und der Versuch, es festzuhalten, schafft *dukkha*. *Anatta* ist das Verstehen, dass es in der sich verändernden Welt nichts gibt, von dem man sagen kann „das bin ich", „das ist Gott" oder „das ist die Seele".

Als oberstes Ziel des Theravada-Buddhismus gilt *nibbana* (in Sanskrit „Nirwana"), wörtlich übersetzt das „Ausblasen" oder „Auslöschen" aller Ursachen für *dukkha*. Es bedeutet gewissermaßen ein Ende aller körperlichen oder sogar himmlischen Existenz, die fortwährend Gegenstand des Leidens und von Augenblick zu Augenblick vom *kamma* (Karma, beabsichtigte Handlung) abhängig ist. Die meisten Buddhisten in Laos streben eher nach der Wiedergeburt in ein „besseres" Leben als nach dem überirdischen Ziel des *nibbana*. „Verdienste" (auf Lao *bun*) für dieses bessere Leben erwerben sich die Gläubigen, indem sie Mönchen zu essen geben, in Tempeln spenden und regelmäßig im örtlichen Wat beten. Da der laotische Buddhist bestrebt ist, viele dieser Verdienste anzusammeln, kann man ihn oft „in Aktion" sehen. So gehen etwa Mönche während der Dämmerung durch die Straßen und sammeln Gaben von Menschen, die vor ihren Häusern knien. Ein beeindruckendes Ritual.

Laotische Buddhisten besuchen den Wat nicht an einem bestimmten Tag. Meistens nutzen sie dafür ein *wán Sin* (ວັນສິນ) oder Regaltag, jeden

DER BUDDHISMUS NACH DER REVOLUTION

In den Kriegsjahren 1964 bis 1973 versuchten gegeneinander kämpfende Seiten ihre Ansichten mit den Lehren des Buddhismus zu rechtfertigen. Anfang der 1970er-Jahre gewann die Laotische Patriotische Front (LPF) diesen Propagandakrieg, als sich mehr und mehr Mönche hinter die Kommunisten stellten.

Trotzdem brachte die Machtübernahme 1975 größere Veränderungen für die Sangha (Mönchsgemeinschaft) mit sich. Zunächst wurde der Buddhismus als Unterrichtsfach in der Grundschule gestrichen. Außerdem verbot man den Menschen, Verdienste anzusammeln, indem sie den Mönchen zu essen gaben. Stattdessen sollten die Mönche Land bestellen und Tiere züchten, was eine unmittelbare Verletzung ihrer klösterlichen Gelübde bedeutete.

Die allgemeine Unzufriedenheit der Gläubigen brachte die Regierung 1976 allerdings dazu, das Verbot wieder aufzuheben. Ende des Jahres erlaubte sie nicht nur die traditionellen Almosengaben, sondern schenkte der Sangha auch eine tägliche Ration Reis.

1992 – und das war vielleicht die größte Genugtuung für den Buddhismus seit der Revolution überhaupt – ersetzte die Regierung den Hammer und die Sichel auf dem nationalen Wappen von Laos durch eine Zeichnung des Pha That Luang, das heiligste buddhistische Symbol des Landes.

Heute kontrolliert das Amt für Religiöse Angelegenheiten die Orden und stellt sicher, dass der Buddhismus in Übereinstimmung mit marxistischen Prinzipien gelehrt wird. Alle Mönche müssen sich als Teil ihrer klösterlichen Ausbildung einer politischen Indoktrination unterziehen, zudem wurden sämtliche kanonische sowie außerkanonischen buddhistischen Texte „bearbeitet". Kein Mönch darf die Verehrung von *pěe* (Erdgeister) fördern, die in Laos genauso wie *sǎinyasạht* (Zauberei) offiziell verboten ist. Nicht davon betroffen ist der Kult der *khwǎn* (32 Schutzgötter für geistige und körperliche Funktionen).

Eine größere Veränderung im laotischen Buddhismus bildete die Auflösung der Thammayut-Bewegung. Früher war die Sangha in Laos in zwei Religionsgemeinschaften – Mahanikai und Thammayut (wie in Thailand) – aufgeteilt. Letztere, die Minderheitengruppe, wurde von Thailands König Mongkut begründet. Die Pathet Lao sah sie als Werkzeug der Thai-Monarchie und somit des US-Imperialismus an und warf ihr vor, die politische Kultur des Landes zu unterwandern.

Etliche Jahre lang war auf Thai verfasste buddhistische Literatur verboten und der Buddhismusunterricht in Laos stark eingeschränkt. Mittlerweile sind diese Restriktionen aufgehoben. Laotische Mönche dürfen nun sogar an buddhistischen Universitäten in Thailand studieren, doch das Thammayut-Verbot bleibt weiterhin bestehen. Aus diesem Grund wird in Laos viel weniger Wert auf Meditation gelegt, die in vielen Theravada-Ländern als Hauptbestandteil buddhistischer Praktiken betrachtet wird. Die klösterliche Disziplin ist hier inzwischen viel lockerer als vor 1975.

Voll-, Neu- und Viertelmond (etwa alle sieben Tage). Bei einem solchen Besuch bringen sie Lotosblüten, Weihrauch und Kerzen an verschiedenen Altären und Reliquienschreinen dar, spenden Essen für die Mönche, meditieren und warten auf ein *táirt* (Dharma-Gespräch) mit dem Vorsteher.

Mönche & Nonnen

Anders als in den meisten Religionen, in denen Priester und Nonnen sich lebenslang ihrer religiösen Berufung widmen, kann man im Buddhismus nur vorübergehend Mönch oder Nonne sein. In der laotischen Gesellschaft wird aber von jedem männlichen Buddhist erwartet, dass er wenigstens für eine kurze Zeit in seinem Leben ein *khôo-bąa* (Mönch) wird, am besten zwischen dem Ende seiner Schulzeit und dem Beginn einer Berufslaufbahn oder auch bevor er heiratet. Männer und Jungen unter 20 Jahren können als *náirn* (Novizen) in die Sangha (Mönchsgemeinschaft) eintreten. Das ist nicht ungewöhnlich, denn eine Familie erwirbt sich Verdienste, wenn einer ihrer Söhne Gewand und Schale nimmt. Früher blieb man in der Regel drei Monate während der *phansăh* (buddhistische Fastenzeit), die mit der Regenzeit zusammenfällt, im Wat. Heute verbringen die Männer gerade noch eine oder zwei Wochen damit, als Mönch oder Novize Verdienste anzusammeln. Daneben gibt's allerdings auch Mönche, die eine sehr lange Zeit im Wat verbringen.

Geisterverehrung

Überall in Laos werden *pĕe* (Geister) verehrt. Dieser Glaube wird Animismus genannt und ist deutlich älter als der Buddhismus. Obwohl offiziell verboten, hält er sich hatnäckig als beherrschendes nichtbuddhistisches Glaubenselement, wobei die meisten Laoten Buddhismus und Geisteranbetung durchaus nicht als widersprüchlich ansehen. Ersteres verträgt sich nämlich gut mit dem Respekt für die in der Natur ansässigen *pĕe*.

Ein anschauliches Beispiel für ein solches Nebeneinander sind „Geisterhäuser", die in der Nähe von fast jedem Gebäude stehen. Diese oft üppig geschmückten Miniaturtempel werden für den Hausgeist errichtet und sollen ihm als Wohnung dienen. Um den unsichtbaren Mitbewohner zufriedenzustellen und milde zu stimmen, opfert man ihm Weihrauch und Nahrungsmittel.

Auch im Wat Si Muang in Vientiane existieren Buddhismus und Geisteranbetung Seite an Seite. Im Zentrum des Tempels befindet sich keine Buddhafigur, sondern die *lák méuang* (Stadtsäule aus der Zeit des Khmer-Reichs). In ihr soll der Schutzgeist Vientianes leben. Viele Menschen bringen täglich ein Opfer vor der Säule dar und beten gleichzeitig zu einer Buddhastatue. Eine Form der *pĕe*-Anbetung, bei der man als Tourist sogar teilnehmen kann, ist die *bąasîi*-Zeremonie.

Außerhalb des Mekong-Tals wird der *pĕe*-Kult vor allem bei Tai-Stämmen praktiziert, insbesondere bei den Tai Dam, die eine bestimmte Art von *pĕe,* die *then,* verehren. Diese Erdgeister wachen nicht nur über die Pflanzen und Böden, sondern auch über ganze Gebiete. Zudem glauben die Tai Dam an die 32 *khwăn* (Schutzgeister). Ihre wichtigsten Feste und Zeremonien werden von *mŏr* (Meister/Schamane) geleitet, die auf die Versöhnung und Austreibung von Geistern spezialisiert sind. Wenn man bei einer Wanderung durch die Wälder des Dong Phou Vieng National Protected Area (NPA) in einem Katang-Dorf übernachtet, kann man Bräuche der Geisteranbetung miterleben.

Die Hmong- und Mien-Stämme hängen ebenfalls dem Animismus an und verehren darüber hinaus ihre Ahnen. Diese Vermischung wird auch von den Akha, Lisu und anderen tibetobirmanischen Völkern gepflegt. Einige Hmong-Gruppen huldigen einem überragenden Geist, der über allen Erdgeistern steht.

Artikel 9 der aktuellen laotischen Verfassung verbietet jede religiöse Missionierung. Die Verteilung von Materialien mit religiösem Inhalt außerhalb von Kirchen, Tempeln oder Moscheen ist demnach illegal. Ausländer, die dabei ertappt werden, können verhaftet und des Landes verwiesen werden.

Andere Religionen

Eine geringe Anzahl von Laoten, die meistens aus der verbliebenen französisch erzogenen Elite stammen, sind Christen. In Vientiane leben auch ein paar Muslime, hauptsächlich arabische und indische Händler, deren Vorfahren schon im 17. Jh. nach Laos kamen. Darüber hinaus findet man in der Hauptstadt eine Gemeinde von Cham, kambodschanische Muslime, die in den 1970er-Jahren aus Pol Pots Kampuchea flohen. In Nordlaos haben sich muslimische Yunnanesen niedergelassen, bei den Laoten als *jęen hór* bekannt.

Lao Buddha: The Image & Its History (2000) von Somkiart Lopetcharat ist ein großartiger Bildband mit einer Menge Informationen über die laotische Deutung der Buddhafigur.

Frauen in Laos

Je nach Volkszugehörigkeit haben die Frauen hier ganz unterschiedliche Aufgaben in ihrer jeweiligen Gemeinschaft. Gegenüber Männern werden sie aber in praktisch allen ethnischen Gruppen als untergeordnet angesehen. Sie müssen sogar noch härter und meist länger zupacken. Freizeit scheinen sie nie zu haben.

Nach dem Erbschaftsrecht der Lao Loum können sowohl Frauen als auch Männer Land und Geschäftsanteile erben. Das geht auf eine matrilokale Tradition zurück, nach der Ehemänner grundsätzlich zur Familie der Frau ziehen. Häufig leben die jüngste Tochter und ihr Mann bei den Eltern und sorgen bis zum Tod für sie, um dann einen Teil des elterlichen Landes zu erben. Aber auch wenn eine Lao-Loum-Frau das Ackerland ihres Vaters übernimmt, kann sie nur begrenzt mitbestimmen, wie es genutzt wird. Der Ehemann hat bei allen wichtigen Entscheidungen das letzte Wort, während die Frau für die Familie sorgen muss.

Diese Bevorzugung des Mannes passt zum laotischen Buddhismus, nach dessen Lehren eine Frau erst als Mann wiedergeboren werden muss, bevor sie das Nirwana überhaupt erreichen kann. Zwischen Frauen und Männern herrscht folglich ein deutlicher Statusunterschied, wobei Lao-Loum-Frauen eine höhere Anerkennung genießen als Frauen anderer ethnischer Gruppen, die meist nichts erben und nach der Heirat zur Familie ihres Ehemannes gehören.

Daneben müssen Frauen noch diverse andere Nachteile in Kauf nehmen. Auf Schulbildung wird bei Jungen deutlich mehr Wert gelegt als bei Mädchen. So verwundert es auch nicht, dass Frauen in höheren Berufen oder in der Regierung völlig unterrepräsentiert sind. Obwohl mehr als die Hälfte aller Erwerbstätigen Frauen sind, verdienen diese auch bei gleicher Arbeit deutlich weniger als Männer. Wenn sich eine Lao-Frau scheiden lässt, ganz gleich aus welchen Gründen, ist es für sie sehr schwierig, einen anderen Mann zu finden, es sei denn, er ist erheblich älter oder Ausländer.

Einen langsamen Wandel dieser Verhältnisse kann man in den größeren Städten beobachten. Wohlstand, Bildung und neue Ideen aus anderen Ländern bringen Veränderungen mit sich, die auch bei den Frauen nicht haltmachen und diese selbstsicherer und eigenständiger werden lassen. Sie kommen nun mehr und mehr in verantwortungsvollere Positionen, wie Pany Yathortou, eine Hmong, die zur Parlamentspräsidentin ernannt wurde.

Kunst & Kultur

Die traditionelle Kunst in Laos ist hauptsächlich religiös bzw. buddhistisch beeinflusst. Anders als die bildende Kunst in Thailand, Myanmar und Kambodscha kann man sie hier nicht in eine umfassende Abfolge von Stilen und Epochen einteilen. Grund dafür sind die stets wenig ausgeprägten Machtstrukturen in dem kleinen Land, das erst seit kurzer Zeit als politische Einheit existiert. Da Laos mit Unterbrechungen von seinen Nachbarn beherrscht wurde, ist außerdem viel von den Kunstwerken zerstört oder, wie im Fall des Smaragdbuddhas, von den siegreichen Armeen verschleppt worden.

Die relativ kleine und arme Bevölkerung sowie die turbulente jüngere Geschichte erklären auch, warum es keine fortlaufende Entwicklungslinie zeitgenössischer Kunstwerke gibt. Langsam ändert sich das jedoch: In Vientiane und Luang Prabang findet moderne Kunst nach und nach ihren Weg in Galerien und Läden.

Fast im ganzen Land entdeckt man ansprechende Webarbeiten, deren Stil je nach Ort und Stammesgruppe variiert. Die hübschen Stücke werden meist direkt vom jeweiligen Künstler verkauft.

Literatur & Film

In der klassischen Literatur hat *Pha Lak Pha Lam,* eine laotische Version des indischen Epos *Ramayana,* die Kultur des Landes am stärksten beeinflusst. Hinduistische Khmer brachten das aus Indien stammende Werk auf Steinreliefs in die Tempel der Angkorzeit, z. B. in den Wat Phou Champasak. Mündliche und schriftliche Fassungen davon waren offenbar ebenfalls im Umlauf. Die Laoten entwickelten das Epos auf ihre eigene Weise weiter, die sich sowohl vom Original als auch vom kambodschanischen *Ramakian* stark unterscheidet.

Die 547 Jataka-Geschichten im *Pali Tipitaka,* die zum ersten Mal in Sri Lanka niedergeschrieben wurden und über ein früheres Leben Buddhas berichten, sind in Laos in ihrer Urfassung verbreitet. 50 zusätzliche bzw. „unechte" Geschichten, basierend auf Volksmärchen der Lao Tai, wurden vor 300 bis 400 Jahren von Pali-Gelehrten in Luang Prabang hinzugefügt.

Jahrzehntelang verhinderten der Krieg und das kommunistische Regime die Entwicklung der zeitgenössischen Literatur. Der erste Roman auf Laotisch erschien 1944, und erst 1999 wurde mit Ounthine Bounyavongs *Mother's Beloved: Stories from Laos* die erste Sammlung laotischer Dichtung als zweisprachige Ausgabe in Laotisch und Englisch herausgegeben. Seither sind immer mehr Werke ins Thailändische übertragen worden, selten aber ins Englische. Eines der beliebtesten erschien 2009 auf Englisch – *When the Sky Turns Upside Down: Memories of Laos.* Es handelt sich um Kurzgeschichten, die zum Teil aus den 1960er-Jahren stammen, verfasst von den berühmten laotischen Autoren Dara Viravongs Kanlaya und Douangdeuane Bounyavong.

Dass Laos eine der ruhigsten Filmindustrien Südostasiens hat, wird wohl kaum jemanden verwundern. *Good Morning, Luang Prabang* aus dem Jahre 2008 ist einer der wenigen hier seit 1975 produzierten Spielfilme. Obwohl der Streifen mit dem laotisch-australischen Mädchenschwarm Ananda Everingham unter Regie des Thailänders Sakchai Deenan nur von der Liebe handelt, überwachten die laotischen Behörden die Dreharbeiten streng.

The Betrayal (Nerakhoon, 2008), ein Dokumentarfilm, wurde von der Amerikanerin Ellen Kuras gedreht. Als Hauptdarsteller fungierte Thavisouk Phrasavath. Der Film zeigt im Verlauf von 23 Jahren die Erlebnisse von Phrasavaths Familie, die nach der kommunistischen Revolution nach New York auswanderte.

2013 erschien *The Rocket,* die Geschichte eines laotischen Jungen, der eine Rakete baut, um das Vertrauen seiner Familie zurückzugewinnen.

Im Jahr 2015 wurde *Banana Pancakes and The Children of Sticky Rice* veröffentlicht, der sanft und berührend vom Zusammenstoß zweier Kulturen erzählt, beim Treffen eines laotischen Jungen und eines westlichen Mädchens.

Laos' erste Regisseurin, Mattie Do, schuf 2016 mit *Dearest Sister* einen verstörenden und gut durchdachten Horrorfilm. Er handelt von einem Mädchen vom Land, das auf der Suche nach ihrem Cousin in Vientiane erblindet, aber plötzlich mit den Toten kommunizieren kann.

Mit *Than Heng Phongphai* (Der Verzauberte Wald) von Vithoun Sundara wurde in Laos 1997 der erste Spielfilm seit langer Zeit veröffentlicht. 2001 folgte *Falang Phon* (Klarer Himmel nach dem Regen) und 2004 *Leum Teua* (Ungerechtigkeit), ebenfalls beide von Sundara.

Musik & Tanz

Die klassische Musik entwickelte sich im 19. Jh. als Hofmusik zu königlichen Zeremonien und zu traditionellem Tanztheater im Reich des Chao Anou von Vientiane, der am siamesischen Hof in Bangkok erzogen worden war. Das Standardensemble für dieses Genre ist das *sep nyai*. Es besteht aus *kôrng wóng*, einem Satz aufeinander abgestimmter Gongs, *ranyâht*, einem xylophonartigen Instrument, *kooi*, einer Bambusflöte, und *ƀee*, einem Doppelblatt-Blasinstrument ähnlich der Oboe.

Weil Laos 40 Jahre lang immer wieder von Krieg und Revolution erschüttert wurde, hatten die Menschen wenig Sinn für klassische Musik und Theater, deshalb geriet diese Art der Unterhaltung in den Hintergrund. Heute hört man die Musik meist nur noch bei den öffentlichen Aufführungen des *Pha Lak Pha Lam* – ein Tanztheater, das auf das hinduistische *Ramayana*-Epos zurückgeht.

Anders sieht es dagegen mit der laotischen Volks- und Populärmusik aus, die von den Menschen stets gepflegt wurde. Als Hauptinstrument in der Volksmusik, und teilweise auch im Pop, gilt die *kåan* (häufig auch französisch *khene* geschrieben), ein Blasinstrument mit Doppelreihen bambusartiger Röhren, die in einen Klangkörper aus Hartholz eingesetzt und mit Bienenwachs abgedichtet werden. Die Reihen können vier- oder achtläufig sein (max. 16 Pfeifen), die Länge des Instruments variiert zwischen 80 cm und 2 m. Ein guter Spieler entlockt dem Instrument eine aufwühlende kalliopeartige Tanzmusik.

Wenn die *kåan* gespielt wird, führen die Einheimischen oftmals den *lám wóng* (Kreistanz) auf, den beliebtesten Volkstanz im Land. Dabei werden insgesamt drei Kreise umeinander geschlossen: einer von jedem Einzelnen, ein zweiter von jedem Paar und ein dritter von der ganzen Gruppe.

Mŏr Lám

Das laotische Mundarttheater mit Musik beruht auf der *mŏr-lám*-Tradition. Der Begriff ist schwer zu übersetzen und bedeutet in etwa „Meister der Lyrik". Ein oder mehrere Sänger leiten die Aufführungen, bei denen eine Kombination aus Sprech- und Gesangseinlagen mit witzigen und aktuellen Themen, von Politik bis Sexualität, dargeboten wird. Gesprochen wird dabei sehr umgangssprachlich, mitunter sogar recht derb. Irgendwie gelang es den Mundartstücken immer, der staatlichen Zensur zu entgehen. Bis heute ist diese Unterhaltung ein wichtiges Ventil für die Volksseele.

Es gibt verschiedene Arten von *mŏr lám*, abhängig von der Sängerzahl und der Herkunftsregion. Beim *mŏr lám khuu* (Paar-*mŏr-lám*) kokettieren ein Mann und eine Frau im verbalen Schlagabtausch miteinander. Zwei Akteure desselben Geschlechts „duellieren" sich beim *mŏr lám jót* (Duell-*mŏr-lám*). Die beiden müssen Fragen beantworten oder eine angefangene Geschichte zu Ende erzählen, was an Freestyle-Rap erinnert.

Die nördliche laotische *kåan*-Volksmusik geht gewöhnlich eher auf *kåp* als auf *lám* zurück. Live kann man *mŏr lám* auf Tempelmärkten und im laotischen Radio hören. Der in Amerika geborene und aufgewachse Künstler Jonny Olsen (auch bekannt als Jonny Khaen) ist mit seiner *kåan*-Musik in Laos eine Berühmtheit.

Lao Pop

Bis 2003 war „moderne" Musik in Laos verpönt. Die Regierung sah sie als unlaotisch an, und Bands wie die einheimische Heavy-Metal-Gruppe Sapphire, die trotzdem spielten, wurden gewissermaßen „ausgeschaltet". Die Jugend hörte illegal kopierte thailändische und westliche Musik, während Pop in laotischer Sprache beschränkt war auf *look tûng* – lieb-

Traditional Music of the Lao (1985) von Terry Miller legt zwar den Schwerpunkt auf den Nordosten Thailands, ist aber derzeit das einzige Buch über laotische Musik und sehr informativ.

liche Arrangements, die Cha-cha- und Bolerorhythmen mit Lao-Tai-Melodien verbinden.

Dann änderte die Regierung ihr Konzept: Weil die laotische Jugend nicht auf modernen Pop verzichten wollte, sollte dieser wenigstens hausgemacht sein. Der erste „Star" war Thidavanh Bounxouay, eine Laotisch-bulgarische Sängerin. Bekannter ist sie unter dem Namen Alexandra. Ihre Songs sind nicht gerade anspruchsvoll, aber verglichen mit allem Vorherigen etwas Neues. In den letzten paar Jahren folgten andere Gruppen, z.B. die Girlband Princess und die Pop-Rock-Band Awake.

Inzwischen haben sich etwas bissigere Rockgruppen wie Crocodile und Leprozy etabliert. Letztere konnten sich vor allem in Thailand einen Namen machen. Für die Hardrockband Cells ist der Erfolg in Thailand ebenfalls viel größer als in Laos. In Bangkok hatte Cells große, ziemlich lukrative Gigs und durch den Wettbewerb mit Thai-Musik wird sie nun auch in ihrer Heimat stärker wahrgenommen.

Außerdem gibt's eine winzige, aber wachsende Hip-Hop-Bewegung auf Laotisch. Bis vor Kurzem war diese fast ausschließlich auf Los Angeles und die dort lebende Einwanderergemeinde beschränkt. Zuletzt entwickelte sich daneben auch in Laos eine Szene rund um Bands wie Hip Hop Ban Na oder L.O.G., die sogar einen Hit in Thailand landete.

In Vientiane werden Aufnahmen von vielen der hier genannten Künstler auf dem Freiluftmarkt nahe des Pha That Luang und auf dem Talat Sao verkauft. Manche Bands kann man möglicherweise live erleben, am ehesten an größeren Festtagen.

Architektur

Wie in allen anderen Gebieten der Kunst haben sich auch in der Architektur die Besten des Landes über Jahrhunderte auf buddhistische Tempel konzentriert. Besonders beeindruckend sind die Ergebnisse in Luang Prabang.

Aber nicht nur dort hat sich ein eigener architektonischer Stil entwickelt. Auch die *that* unterscheiden sich von allen anderen Stupas, die man sonst in der buddhistischen Welt findet. Es handelt sich dabei um Monumente auf einem Reliquienschrein, der errichtet wurde, um einen Überrest von Buddha zu bewahren, üblicherweise ein Haar oder ein Knochenfragment. In Asien gibt's unterschiedliche Formen und Größen von mehrstöckigen, spitz zulaufenden Pagoden in Vietnam bis zu abgerundeten Steinblöcken in Sri Lanka. In Laos haben Stupas eckige Formen, die mit schwungvollen Bogen kombiniert werden. Der berühmteste *that* in Laos ist der goldene Pha That Luang in Vientiane, das laotische Nationalsymbol.

Traditionelle einfache Häuser, egal ob in Flusstälern oder in den Bergen, bestehen aus Holz oder Bambus und sind mit Laub oder mit Gräsern gedeckt. Tieflandlaoten bevorzugen Pfahlbauten, um während der Monsunmonate vor den Wasserfluten geschützt zu sein und um unter den Gebäuden Reis einlagern zu können. Hochlandlaoten bauen dagegen direkt auf dem Boden. Bisweilen haben die schönsten Häuser der Tieflandlaoten ein Sternenmuster im Gebälk; leider sieht man diese aber immer seltener.

Die koloniale Architektur brachte den Städten Gebäude im klassischen französischen Provinzstil: dickwandige Bauten mit Fensterläden und ziegelgedeckten Giebeldächern. Um im stickigen südostasiatischen Klima die Luftzirkulation zu gewährleisten, richtete man zusätzlich Balkone und Belüftungssysteme ein. Leider wurden viele dieser Gebäude nach der Unabhängigkeit von Frankreich abgerissen oder dem Verfall preisgegeben. Inzwischen sind sie vor allem bei Ausländern sehr gefragt. In Luang Prabang und Vientiane gibt's einige schön restaurierte Bauwer-

An den Wänden traditioneller Khamu-Häuser hängen oft die Schädel von Haustieren über einem Altar. Die Schädel stammen von den Tieren, die die Familie ihren Ahnen geopfert hat, und es ist streng tabu, sie zu berühren.

ke aus dieser Zeit, in den Mekong-Städten Thakhek, Savannakhet und Pakxe werden sie dagegen weiterhin vernachlässigt.

Die nachrevolutionäre Periode bescherte Laos Bauten aus der Schule des sozialistischen Realismus, der sich in der Sowjetunion, Vietnam und China entfaltete. Kubische Formen, strenge Linien und fast vollkommener Verzicht auf Schmuckelemente waren die Norm. In letzter Zeit festigte sich ein neuer Trend, der Motive der klassischen laotischen Architektur mit moderner Zweckmäßigkeit verbindet. Als Paradebeispiele gelten die Nationalversammlung in Vientiane und der Flughafen von Luang Prabang, beide wurden von dem in Havanna und Moskau ausgebildeten Architekten Hongkad Souvannavong entworfen. Bei anderen besonderen Gebäuden wie der Siam Commercial Bank in der Th Lan Xang von Vientiane spielt man dagegen wieder mit französischen Kolonialelementen.

Bildhauerei

Die vielleicht beeindruckendste aller traditionellen laotischen Künste ist die buddhistische Bildhauerei vom 16. bis zum 18. Jh., der Blütezeit des Königreichs Lan Xang. Materialien waren damals Bronze, Stein oder Holz, dargestellt wurden ausnahmslos Buddha oder Figuren, die mit dem Jataka *(sáh-dók;* Geschichten aus den früheren Leben des Buddha) in Verbindung standen. Wie andere buddhistische Bildhauer betonten auch die laotischen Künstler die Merkmale, die man am historischen Buddha für besonders auffällig und wichtig hielt: eine schnabelartige Nase, langgezogene Ohrläppchen und fein gelocktes Haar.

TEMPELARCHITEKTUR: DIE GESCHICHTE DREIER STÄDTE

Die *sĭm* (Versammlungshalle) ist das wichtigste Gebäude in einem Wat des Theravada-Buddhismus. Ihre hohen, spitz zulaufenden Dächer sind in bis zu neun verschiedene Ebenen unterteilt, die den unterschiedlichen buddhistischen Lehren entsprechen. Die Dachränder zeigen fast immer ein sich wiederholendes Flammenmotiv mit langen fingerähnlichen Haken an den Ecken, den *chôr fâh* (Sternenhaufen). Schirmähnliche Türme auf dem Hauptdachfirst einer Versammlungshalle, genannt *nyôrt chôr fâh* (höchste *chôr fâh*), tragen manchmal kleine Pavillons (*nagas* – mythische Wasserschlangen). Diese sind doppelstufig angeordnet und repräsentieren den Berg Meru, das mythische Zentrum des hinduistisch-buddhistischen Kosmos.

Im Wesentlichen gibt's für solche Gebäude drei Architekturstile – den Vientiane-, den Luang-Prabang- und den Xieng-Khouang-Stil.

An der Vorderseite einer *sĭm* im Vientiane-Stil befindet sich eine große Veranda mit schweren Säulen und einem geschmückten überhängenden Dach. Manche haben auch eine weniger verzierte rückwärtige Terrasse. Vom Bangkoker Stil beeinflusst sind die *sĭm* mit einer um das komplette Gebäude verlaufenden Veranda.

In Luang Prabang ist der Tempelstil ähnlich wie der nordsiamesische oder Lan-Na-Stil. Das überrascht nicht, da Laos und Nordthailand etliche Jahrhunderte lang Teil desselben Königreichs waren. Die Dächer von Tempeln in Luang Prabang reichen weit nach unten und berühren bei manchen Gebäuden sogar fast den Boden. Dadurch entsteht der Eindruck, als wolle die *sĭm* gleich davonfliegen. Einheimische deuten die Dachlinie als Flügel einer Henne, die ihre Küken beschützt.

Vom Xieng-Khouang-Stil der *sĭm*-Architektur sind nur wenige Gebäude erhalten, weil die Provinz im Vietnamkrieg stark bombardiert wurde. Einige der wenigen verbliebenen Beispiele findet man in Luang Prabang. Wenn man sie genauer betrachtet, erkennt man Elemente sowohl des Vientiane- als auch des Luang-Prabang-Stils. Die auf einer mehrstufigen Plattform errichtete *sĭm* erinnert an Vientiane-Tempel, während die tief reichenden, breiten Dächer dem Luang-Prabang-Stil ähneln, obwohl sie normalerweise nicht abgestuft sind. Das ausladende Dach beeinflusst die Gesamtästhetik des Gebäudes stark, denn es verleiht der Vorderansicht eine fünfeckige Form.

In Laos unterscheidet man zwei Arten von stehenden Buddhafiguren. Die eine ist der um Regen bittende Buddha, der seine Hände starr an der Seite hält, wobei die Finger auf den Boden zeigen. Diese Haltung sieht man bei anderen südostasiatischen Skulpturen dieser Art eher selten. Das leicht gerundete, knochenlose Aussehen erinnert an Thailands Sukhothai-Stil. Die Art, wie das untere Gewand über die Hüften fällt, weckt Assoziationen mit den Khmer. Aber die flachen, scheibenartigen Ohrläppchen, die geschwungenen Augenbrauen und die gebogene Nase sind unverwechselbar laotisch. Der untere Teil des Gewandes wellt sich exakt symmetrisch an beiden Seiten aufwärts, auch das ist eine laotische Besonderheit.

Die andere Figurenart ist der den Bodhi-Baum betrachtende Buddha. Der Bodhi-Baum („Baum der Erleuchtung") spielt auf den großen Banyanbaum an, unter dem der historische Buddha gesessen haben soll, als er im 6.Jh. v.Chr. im indischen Bodhgaya erleuchtet wurde. Die Skulptur ähnelt dem um Regen bittenden Buddha, allerdings sind die Hände vor dem Köper verschränkt.

Die schönsten Beispiele laotischer Bildhauerei findet man in Vientiane im Ho Pha Keo und im Wat Si Saket sowie im Königlichen Palastmuseum von Luang Prabang.

Kunsthandwerk

Geflochtene Matten und Körbe aus Stroh, Rattan und Schilf entwickeln sich immer mehr zu einem zahlenmäßig kleinen, aber wichtigen Exportgut. Viele Produkte des laotischen Kunsthandwerks waren bis vor Kurzem nicht nur Schmuckstücke, sondern auch in Benutzung, und mancherorts tragen die ethnischen Minderheiten sie noch. In den Dörfern kann man direkt bei den Herstellern kaufen. Zu den schönsten Exemplaren gehören die der Htin (Lao Thoeng).

Bei den Bergvölkern Hmong und Mien spielen Silberschmiedearbeiten eine wichtige Rolle als Zeichen des Reichtums und als Erbstücke. Hauptquelle für das benötigte Silber waren in den vergangenen Jahren französische Münzen, die man entweder einschmolz oder direkt in den Schmuck einarbeitete, aber auch neuere Münzen werden inzwischen gern für einen aufwendigen Kopfschmuck verwendet.

Ebenfalls eine lange Tradition als Silber- und Goldschmiede haben die Tieflandlaoten. Obwohl dieses Kunsthandwerk seit einiger Zeit weniger gepflegt wird, kann man auf Märkten im ganzen Land immer noch viele Juweliere sehen, die über ihren Flammen arbeiten.

Handgeschöpftes Papier von *săa* (die Rinde des Maulbeerbaumes) findet man hauptsächlich im Nordwesten, vor allem in den Städten Vientiane und Luang Prabang. Es ist relativ einfach herzustellen und praktischerweise recycelbar.

Textilien

Seide- und Baumwollstoffe werden je nach geografischer und ethnischer Herkunft der Weber in vielen verschiedenen Stilen gewoben. Textilien aus Laos ähneln zwar denen anderer asiatischer Länder, aber die hiesigen Techniken sind einzigartig, sowohl was das Design der Webstühle als auch den Stil betrifft. Daher lässt sich die laotische Herkunft eines Stoffs leicht erkennen.

Weber aus Südlaos, die oft Fußwebstühle statt Rahmenwebstühlen verwenden, sind bekannt für beste Seidenarbeiten und komplizierte *mat-mii*-Ausführungen *(ikat* oder Batik), zu denen von den Khmer beeinflusste Tempel- und Elefantenmotive gehören. Das Ergebnis ist ein sanftes gepunktetes Muster, das an indonesische *ikat* erinnert. *Mat-mii*-Stoffe können für verschiedene Arten von Kleidung und als Wandbehang verwendet werden. In den Provinzen Xekong und Attapeu schmücken

Lao Textiles and Traditions (1997) von Mary Connors ist die beste und umfassendste Einführung zum Thema laotische Webarbeiten.

MENSCHEN & KULTUR KUNST & KULTUR

manchmal Perlen und Stickereien gewebte Stoffe. Einteilige *pàh nung* kommen häufiger vor als aus mehreren Stoffstücken genähte Kleidung.

Typische Webarbeiten in Zentrallaos sind indigogefärbte *mat-mii* und in kleinerem Umfang auch gewebter Brokat *(jók* und *kit),* dazu kommen gemischte Techniken, die von Einwanderern nach Vientiane gebracht wurden.

In der Regel prägt eine Kombination aus kräftigen Farben und komplexen geometrischen Mustern die Stoffe aus dem Norden. Verbreitet sind Streifen, Diamanten, Zickzacklinien, Tiere und Pflanzenformen, in der Regel tragen die Frauen *pàh nung* oder *sín* (Wickelröcke). Manchmal werden Gold- oder Silberfäden in die Säume gewebt. Ein anderes Kleidungsstück ist der *pàh bęeang,* ein schmaler Lao-Thai-Schal. Bei Hochzeiten und Festen tragen Männer und Frauen einen oder zwei solcher Schals über der Schulter.

Das traditionelle Luang-Prabang-Design besteht aus Gold- und Silberbrokat mit komplizierten Mustern und importierten Tai-Lü-Formen. Im Norden verwendet man Rahmenwebstühle; Taille, Hauptteil und die schmale *sín* (untere Kante) eines *phàh nung* sind oft aus einzeln gewebten Teilen zusammengenäht.

Im Nordosten stellen Angehörige der Tai aus Rohseide, Baumwollgarn und natürlichen Färbemitteln gewebten *ỳap kǫ* (Brokat) her, manchmal mit *mat-mii*-Techniken und häufig mit großen Rautenmustern.

Bei den Hmong und Mien werden quadratische Stoffstücke bestickt und gequiltet. So entstehen höchst farbenfrohe Textilien mit scheinbar abstrakten Mustern, die rituelle Bedeutungen haben. Auf Hmong heißen sie *pandau* (Blumenstoffe). Auf größeren Quilts sind manchmal Szenen des Dorflebens dargestellt und auch Menschen und Tiere abgebildet.

Lao Soung und Lao Thoeng fertigen oft gewebte Schultertaschen in der tibetobirmanischen und Austro-Thai-Tradition an. Man sieht die Stücke überall in den Bergregionen Süd- und Südostasiens. Zu den beliebtesten *nyaam* (so ihre Bezeichnung in Laos) zählen die Taschen aus älteren Stoffen von *pàh nung* oder alter Kleidung der Bergvölker. Für diese Art von Accessoires ist der Talat Sao in Vientiane eine der besten Adressen.

Die Textilien werden mit natürlichen Färbemitteln behandelt: Ebenholz (Samen und Holz), Tamarinde (Samen und Holz), *Coccus lacca* (Lackschildlaus), Kurkuma (Wurzel) und Indigo. Die daraus gewonnenen fünf natürlichen Farben – Schwarz, Orange, Rot, Gelb und Blau – können so gemischt werden, dass eine enorme Auswahl an Farbschattierungen entsteht. Ungemischte zarte Töne sind Khaki (von der Rinde des Indischen Trompetenbaums), Pink (Sappan-Holz) und Gold (Jackfrucht- und Brotbaum).

Sport

Laos hat einige traditionelle Sportarten, die für manche tatsächlich ein Mittel zur körperlichen Betätigung sind, für andere dagegen eher eine Möglichkeit, ihrer Wettleidenschaft zu frönen. *Gá-đôr* und *móoay láo* (der laotische Boxstil) erfordern eine Menge Training. Durch internationale Wettbewerbe und die Beachtung in den Medien gewinnen beide zunehmend an Popularität.

In Gebieten der Tai findet man den noch ungewöhnlicheren „Sport" des Käferkampfes, der häufig während der Regenzeit zelebriert wird. Dabei treten Nashornkäfer, die als besonders reizbar gelten, gegeneinander an. Die Leute setzen Wetten auf die Tiere, und es fließen nebenher großzügige Portionen *lòw-lów.* Die Käfer greifen fauchend an und nehmen sich gegenseitig auf die Hörner, bis einer der beiden beschließt, bei dieser „Unterhaltung" nicht mehr mitzuspielen, und davonrennt. Wer auf ihn gesetzt hat, geht leer aus.

Kinder in Laos toben häufig mit einem Fußball (oder zumindest mit etwas Ähnlichem) herum. Gelegenheiten, professionell zu spielen, gibt's kaum, denn Plätze und Ligen für Jugendliche fehlen fast vollständig. Dennoch steht Laos im Vergleich zu den südostasiatischen Nachbarn in der Fifa-Rangliste besser da. Im Nationalstadion in Vientiane oder in kleineren Stadien der Provinzhauptstädte werden gelegentlich relativ gut besuchte Spiele zwischen den Mannschaften der Provinzen ausgetragen.

Natur & Umwelt

Laos' Natur war in der jüngeren Vergangenheit noch massiv bedroht durch legale und illegale Holzgewinnung. Aber selbst wenn diese Gefährdung wegen eines temporären Abholzungsverbots aktuell nicht mehr besteht, sind der zunehmende Bergbau und die Landwirtschaft sowie der weit verbreitete Bau von Wasserkraftwerken ein hoher Stressfaktor für die Umwelt. Der Tourismus ist anerkanntermaßen eine lukrative Einnahmequelle. Er könnte entscheidend dazu beitragen, dass die verbliebenen naturbelassenen Gebiete geschützt werden, doch derzeit scheint der Handel die Überhand über den Naturschutz zu haben.

Geografie

Laos ist so groß wie zwei Drittel Deutschlands. Es hat keine Küste und grenzt an China, Myanmar (Birma), Thailand, Kambodscha und Vietnam. Gewässer und Berge prägen das Land. Eindrucksvolle Gebirgskämme und Täler, Flüsse und Bergpässe erstrecken sich von der laotisch-vietnamesischen Grenze im Osten bis nach Thailand im Westen.

Berge und Hochplateaus nehmen über 70 % der Fläche ein. Ungefähr bis zur Mitte des Landes zieht sich parallel zum Lauf des Mekong die raue Bergkette der Annamiten, deren Gipfel zwischen 1500 und 2500 m hoch sind. In ihrem Zentrum liegt das Khammouane-Plateau, eine Welt voller aufregender Kalksteinhöhlen und -schluchten, deren Wände Hunderte von Metern aus dem Dschungel senkrecht nach oben steigen. Am südlichen Ende der Annamiten-Kette, die eine Fläche von 10 000 km^2 bedeckt, schließt sich das Bolaven-Plateau an, ein wichtiges Anbaugebiet von ertragreichem Bergreis, Kaffee, Tee und anderen Früchten, die in dem kühleren Klima dieser höheren Lagen gedeihen.

Der größere nördliche Teil von Laos besteht fast ausschließlich aus Bergketten. Die eindrucksvollsten Berge findet man in der Provinz Xieng Khouang, darunter der Phou Bia, mit 2820 m der höchste Gipfel des Landes, der aber zurzeit für Traveller nicht zugänglich ist. Etwas nördlich davon erstreckt sich das Xieng-Khouang-Plateau 1200 m über dem Meeresspiegel. Der berühmteste Teil des Plateaus ist die Ebene der Tonkrüge, ein Gebiet, das ein bisschen an Irlands sanft geschwungene Hügel erinnert, denkt man sich die zahllosen Bombentrichter weg. Ihren Namen hat die Ebene von den riesigen prähistorischen Steinkrügen, die man vor Ort findet. Man könnte meinen, Riesen hätten hier eine Kneipentour gemacht und ihre leeren Bierkrüge einfach liegen lassen.

Der Rest des Landes ist überwiegend mit Wald bedeckt, hauptsächlich mit gemischtem Laubwald, der in einer komplexen Beziehung zum Mekong und seinen Nebenflüssen steht. Wie ein Schwamm saugt er die Monsunregen auf und gibt sie dann in der langen Trockenzeit wieder langsam an die Flüsse und in die Atmosphäre ab.

Der Mekong & andere Flüsse

Der Mekong entspringt 5000 km vom Meer entfernt auf der tibetischen Hochebene. Er beherrscht die Topografie des Landes, die sich stark an seinem Verlauf orientiert. Obwohl der Länge nach die Hälfte des Flusses in

Der Mekong ist ein Fluss mit vielen Namen: In China heißt er Lancang Jiang (Stürmischer Fluss), in Thailand, Myanmar (Birma) und Laos Mae Nam Khong (Mutter des Wassers), in Kambodscha Tonle Thom (Großes Wasser) und in Vietnam Cuu Long (Neun Drachen).

China liegt, fließt mehr von seinem Wasser durch Laos als durch irgendein anderes südostasiatisches Land. An seiner breitesten Stelle, bei Si Phan Don im Süden, dehnt sich der Strom während der Regenzeit auf 14 km aus und umspült auf seinem weiteren Weg nach Süden Tausende Inseln.

Der mittlere Bereich von Heuan Hin (nördlich der Khemmarat-Strom-schnellen in der Provinz Savannakhet) bis Kok Phong in Luang Prabang ist das ganze Jahr über schiffbar. Die Stromschnellen und die wilden Kaskaden bei Khong Phapeng haben den Mekong – im Gegensatz zu vielen anderen Flüssen – jedoch vor dem Schicksal bewahrt, zu einer Art regionaler Wasserschnellstraße zu werden.

Die fruchtbare Flussebene zwischen Xayaboury und Champasak ist der flachste und tropischste Teil von Laos. Nahezu die gesamte laotische Reisproduktion findet in dieser Region statt. Ein kleiner Teil des nationalen Verbrauchs wird außerdem vermutlich aus Thailand importiert, jedenfalls sprechen dafür Reispackungen mit dem Aufdruck „Produce of Thailand", die man in den Läden sieht. Darüber hinaus finden sich auch fast alle anderen wichtigen landwirtschaftlichen Bereiche, bei denen große Flächen benötigt werden, in der Mekong-Ebene. Zusammen mit seinen Nebenflüssen hat der riesige Strom natürlich auch für den Fischfang große Bedeutung. Fisch ist für die meisten Laoten ein sehr wichtiges Nahrungsmittel. An den breitesten Stellen des Mekong-Tals rund um Vientiane und Savannakhet liegen nicht von ungefähr zwei der bevölkerungsreichsten Zentren des Landes.

Größere Nebenflüsse sind der Nam Ou und der Nam Tha. Beide fließen von Norden her durch tiefe, enge Kalksteintäler. Am Nam Ngum, der über eine breite Ebene in der Provinz Vientiane den Mekong erreicht, stehen die ältesten Wasserkraftanlagen von Laos. Sie liefern Energie für die Region rund um Vientiane und für Thailand. Durch einen großen Teil von Südlaos verläuft der Xe Kong, bevor er schließlich in Kambodscha dem Mekong zufließt. Wichtige Flüsse in Zentrallaos sind der Nam Kading und der Nam Theun.

Alle Fließgewässer westlich der Annamiten-Kette münden in den Mekong, während die Wasserwege östlich der Annamiten in den Provinzen Houa Phan und Xieng Khouang zum Golf von Tonkin vor der vietnamesischen Küste strömen.

Pflanzen & Tiere

Da Laos kaum erschlossen ist und eine geringe Bevölkerungsdichte hat, gilt das Ökosystem im Vergleich zu anderen asiatischen Ländern noch immer als relativ intakt. Trotzdem ist auch hier die Natur nicht ungestört, und für viele Tierarten wie den Tiger und den Asiatischen Elefanten sieht die Zukunft alles andere als rosig aus.

Tiere

Die Berge, Wälder und Flussläufe des Landes beherbergen eine Reihe endemischer und anderer Tierarten, die ebenfalls in den südostasiatischen Nachbarländern vorkommen. Etwa die Hälfte der in Thailand beheimateten Spezies findet man auch in Laos. Obwohl ihre Anzahl hier oft sogar höher ist als in Thailand, sind fast alle durch die Jagd und den Verlust ihres Lebensraumes gefährdet.

Gleichzeitig wurden in den letzten Jahren etliche neue seltene Arten entdeckt, so z. B. der Bogenfingergecko und die Langzahnfledermaus, die inzwischen ebenfalls auf der Liste der bedrohten Arten stehen. Einige andere Tiere, die man schon als ausgestorben betrachtete, tauchten hingegen plötzlich wieder in abgelegenen Wäldern auf.

Wie in Kambodscha, Vietnam, Myanmar und weiten Regionen Thailands gehört auch in Laos der größte Teil der Fauna zoogeografisch zur indochinesischen Faunenregion (im Gegensatz zur indoaustralischen

NATUR & UMWELT PFLANZEN & TIERE

Als erster Europäer hat wahrscheinlich Marco Polo im 13. Jh. den Mekong überquert. Ihm folgte im 16. Jh. eine Gruppe portugiesischer Gesandter. Der holländische Händler Gerrit van Wuysthoff kam im 17. Jh. hierher.

The Mekong: Turbulent Past, Uncertain Future (2000) von Milton Osborne erzählt die faszinierende Kulturgeschichte des Mekong und umfasst 2000 Jahre der Erkundung, Kartierung und Kriege.

VERANTWORTUNGSVOLLES REISEN & TIERE

Die laotische Regierung erlaubt zwar einheimischen Dorfbewohnern die Jagd für den eigenen Verbrauch, aber Kauf und Verkauf jeglicher wilder Tiere ist illegal. Hält man sich an die folgenden Hinweise, hilft man, vom Aussterben bedrohte Arten nicht noch weiter zu gefährden:

➡ Niemals ein wildes Tier, egal ob tot oder lebendig, auf einem Markt kaufen.

➡ Zwar stehen sie auf vielen Speisekarten, doch sollte man vom Aussterben bedrohte Arten und deren Beute wie Weichschildkröten, Rattennattern, Hirschferkel, Sambarhirsche, Eichhörnchen, Bambusratten, Muntjaks und Schuppentiere meiden.

➡ Finger weg von Ringen und Halsketten aus Tierzähnen, ausgestopften Tieren, Spinnen hinter Glas und in Alkohol eingelegten Schlangen, Vögeln oder Insekten.

➡ Nach Produkten mit einem CITES-Prüfsiegel (Convention on International Trade in Endangered Species of Wild Fauna and Flora) Ausschau halten, die rechtmäßig verkauft und in die Heimat mitgenommen werden dürfen.

Mehr Infos bekommt man auf der Website der **Wildlife Conservation Society** (www.wcs.org/international/Asia/laos).

Region südlich der thailändischen Landenge von Kra oder zur nördlich gelegenen paläarktischen Region in China).

Zu den erwähnenswerten endemischen Säugetieren in Laos gehören der Kleine Panda, der Marderhund, die Laos-Marmosettratte, der Fleckenroller und der Zwergplumplori. Weitere wichtige exotische Arten, die man in der Region gefunden hat, sind das Javanische und das Chinesische Ohrenschuppentier, zehn Zibetkatzenarten, die Marmorkatze, der Kleine Mungo, die Krabbenmanguste, der Serau (manchmal auch Asiatische Bergziege genannt), der Goral (eine andere Art von Ziegenantilope) sowie weitere Katzenarten wie die Bengalkatze und die Asiatische Goldkatze.

Zu den auffälligsten Tieren zählen die Primaten, darunter der Phayre-Brillenlangur, der Tonkin-Schwarzlangur, der Kleideraffe und mehrere Makakenarten. Endemische Primaten in Laos sind der Schopfgibbon und der Stumpfnasenaffe. Am meisten Beachtung finden die fünf Gibbon-Arten. Der Schwarze Schopfgibbon ist vom Aussterben bedroht, weil man ihn teuer als Haustier nach Thailand verkaufen kann und sein Fleisch viel Geld bringt. Etliche Initiativen wollen die Behörden vor Ort dazu bewegen, Schutzgebiete für die Affen einzurichten.

Die World Conservation Union (www.iucn.org) schätzt die Überlebenschancen für wild lebende Tiere in Laos viel besser ein als im benachbarten Vietnam. Ein Beispiel dafür ist das Annamitische Pustelschwein *(Sus bucculentus)*. Bis vor Kurzem galt diese Art als ausgestorben, da sie zuletzt 1892 in Vietnam gesehen wurde.

Elefanten

Laut einer traurigen Studie des Elephant Conservation Centre in Xayaboury überleben von zehn Elefanten, die in Laos geboren werden, nur zwei, bis sie ausgewachsen sind. Eine umfassende tierärztliche Betreuung und die Möglichkeit, einem weiblichen Arbeitselefanten drei bis vier Jahre Zeit zu geben – um trächtig zu sein, das Kalb zu gebären, es zu säugen und aufzuziehen – ist mehr, als der durchschnittliche *mahout* (Elefantentreiber) sich leisten kann. Etwa drei bis vier Jahre zu viel. Es ist also kein Wunder, dass die Elefantenpopulation schrumpft.

Einst war Laos als „Königreich der eine Million Elefanten" bekannt. Heute sind es nur noch etwa 800 Tiere. Exakte Zahlen sind nur schwer zu ermitteln. Nach Schätzungen wandern etwa 300 bis 400 wilde Elefanten in weniger dichten Waldgebieten umher, besonders in der Provinz Xayaboury westlich von Vientiane, in der Provinz Bolikhamxay im Phou Khao Khouay NPA und auf dem Nakai-Plateau im Zentrum von Ostlaos.

Sie werden vor allem durch die Jagd und den Verlust ihres Lebensraumes bedroht. Auf dem Nakai-Plateau töten vietnamesische Wilderer sie wegen ihres Fleisches und der Haut. Andernorts verschlingen Bauprojekte wie das Wasserkraftwerk Nam Theun 2 in der Provinz Khammouane große Teile ihrer angestammten Gebiete. Die **Wildlife Conservation Society** (WCS, www.wcs.org) führt in dieser Gegend ein Projekt durch, bei dem ein „Demonstrationsgelände" als landesweites Modell dazu dienen soll, den Konflikt zwischen Mensch und Elefant langfristig zu verringern.

In zahlreichen Provinzen nutzt man die Dickhäuter auch als Haus- oder Arbeitstiere. Elefanten, die bei Holzfällarbeiten eingesetzt werden, sind derzeit einem extrem hohen Risiko ausgesetzt, da sie an Berghängen an das letzte verfügbare Hartholz herankommen müssen. 2016 hat der neue laotische Präsident die Abholzung auf unbestimmte Zeit verboten. Seither sind zahlreiche *mahouts* und ihre Elefanten arbeitslos. Wegen der hohen Kosten für Futter (ca. 25 US$ pro Woche) müssen die Besitzer der Tiere andere Einnahmequellen suchen, z. B. im Tourismus, wo die Dickhäuter mit einer Sänfte auf dem Rücken Besucher durch die Gegend schaukeln.

Da die Rücken von Elefanten spitze Überstände an den Bandscheiben haben und gewölbt sind, bereitet dies den Tieren enorme Schmerzen. Die meisten Reisenden machen sich nicht klar, dass junge Elefanten, bevor sie Traveller auf dem Rücken durch die Gegend tragen können, zuerst in einem Käfig gefügig gemacht und ausgehungert werden müssen, wobei die Tiere regelmäßig mit einem Ankus (Elefantenhaken) geschlagen werden. Die Furcht vor dem Ankus zwingt ausgewachsene Elefanten zum Gehorsam. Das Elephant Village ist nach unserem Kenntnisstand das einzige Camp weit und breit ohne Sänften und Ankus. Zwar dürfen auch hier Touristen auf Elefanten reiten, allerdings sitzen sie auf dem Hals statt auf dem Rücken.

Problematisch ist auch, dass die meisten der Arbeitselefanten männlich sind. In der Brunftzeit steigt ihr Testosteronspiegel und die Tiere können ausgesprochen launenhaft und für Reiter gefährlich werden. Besteht z. B. ein Campbetreiber dennoch darauf, dass die Tiere geritten werden, sind die *mahouts* machtlos. Dabei ist es in der Vergangenheit schon zu tragischen Unfällen gekommen: 2015 tötete in Thailand ein Elefant seinen *mahout* und einen schottischen Touristen.

In Laos kann man Elefanten aber auch auf positive Weise begegnen. Das beeindruckende **Elefantenschutzzentrum** (ECC; ☎020-23025210; www.elephantconservationcenter.com; 1-tägiger Besuch 60 US$, 3-tägige Erlebnistour 205 US$, 6-tägige Öko-Erlebnistour 495 US$) ✎ nahe Xayaboury bietet Besuchern tolle Erlebnisse mit den Dickhäutern in ihrem natürlichen Umfeld, und auch das jährliche Elefantenfest gewinnt als touristisches Event immer mehr an Popularität. 2015 wanderten rund 12 Elefanten und ihre *mahouts* die 440 km lange Strecke vom Elefantenschutzzentrum in der Provinz Xayaboury nach Luang Prabang (als die Stadt ihr 20-jähriges Jubiläum als Weltstätte feierte), wobei sie in Schulen und Dörfern Zwischenstopps einlegten, um die Laoten an ihr natürliches Erbe zu erinnern und die Misere der schnell schrumpfenden Elefantenpopulation im Land vor Augen zu rufen.

Bedrohte Arten

Alle Wildtiere in Laos sind bedroht, insbesondere durch die weit verbreitete Jagd und den allmählichen, aber andauernden Verlust von Lebensraum. Laos unterzeichnete 2004 die UN-Konvention zum internationalen Handel mit gefährdeten Tier- und Pflanzenarten (Washingtoner Artenschutzabkommen). Infolgedessen ist es in Verbindung mit anderen gesetzlichen Maßnahmen leichter geworden, den Handel mit bedrohten Arten zu bestrafen, sofern ein unmittelbarer Zusammenhang mit dem internationalen Markt besteht. Tatsächlich muss man sich allerdings nicht groß anstrengen, um bedrohte Tiere zu finden, da sie tot oder lebendig auf den Märkten im Land verkauft werden. Vor allem die

NATUR & UMWELT PFLANZEN & TIERE

In ganz Laos werden unregelmäßig geformte Felsen verehrt. Selbst in völlig abgelegenen Gegenden stößt man auf Steine, die ein bisschen wie Schildkröten, Fischerkörbe oder Stupas aussehen. Legenden erzählen von ihrer Entstehung und wofür sie verwendet wurden. Manche sind im ganzen Land berühmt.

Der Mekong-Riesenwels kann 3 m lang und 300 kg schwer werden. Wegen des Dammbaus und weil die Chinesen im Oberen Mekong ganze Fischschwärme sprengen, ist er in Laos inzwischen vom Aussterben bedroht.

Grenzmärkte gelten als Fundgruben für die seltensten Arten: Thais kaufen z. B. Gibbons als Haustiere, während Chinesen und Vietnamesen auf der Suche nach exotischen Speisen und Arzneimitteln sind.

Von den hundert in Laos bekannten Säugetierarten sind laut der **Roten Liste der IUCN** (www.iucnredlist.org; International Union for Conservation of Nature) einige Dutzend bedroht, darunter Asiatische Schwarzbären und Malaienbären, Gaur- und Banteng-Rinder sowie Tiger, Leoparden und Nebelparder. Wie stark die Bedrohung ist, lässt sich allerdings schwer sagen. Projekte, bei denen die Tiere mittels Kameras beobachtet und überwacht werden, werden von verschiedenen Nichtregierungsorganisationen, im Fall des Nakai Nam Theun NPA aber auch von den Betreibern des Nam-Theun-2-Staudamms selbst durchgeführt.

Im Nam Et-Phou Louey NPA sollen noch neun Tiger leben – vielleicht die letzten in Laos. Die WCS beschäftigt 150 Angestellte, darunter Förster, Militärs, Einheimische und Biologen, und baut ein erfolgreiches gemeindebasiertes Hilfsprogramm (Nam Nern Night Safari; S. 85) auf, um den Bestand dieser besonders gefährdeten Tierart zu schützen. Weiterhin konzentriert die WCS ihre Schutzmaßnahmen auf Spezies wie den Asiatischen Elefanten, das Siamkrokodil, den Westlichen Schwarzen Schopfgibbon und den Leierhirsch.

Einige sehr seltene Arten wurden erst jüngst entdeckt, darunter das Spindelhorn *(Pseudoryx nghethingensis,* in Vietnam als *saola* und in Laos als *nyang* bekannt). 1992 wurde das bereits in chinesischen Schriften des 14. Jhs. beschriebene Horntier in der Annamiten-Kette an der laotisch-vietnamesischen Grenze aufgespürt. Davor war seine Existenz lange Zeit umstritten. Sein Fortbestand ist aber alles andere als gesichert, gilt doch das Horn der *nyang* in gewissen Kreisen auf beiden Seiten der Grenze als wertvolle Trophäe.

2005 besuchten Wissenschaftler der WCS einen lokalen Markt in der Provinz Khammouane und entdeckten eine „laotische Felsenratte", deren Fleisch zum Verkauf angeboten wurde. Bei Genuntersuchungen entpuppte sich diese als Relikt einer prähistorischen Gruppe von Nagetieren mit dem Namen *Laonastes aenigmamus,* von denen man dachte, sie wären schon vor ungefähr 11 Mio. Jahren ausgestorben. Mit viel Glück erspäht man eines der Tiere bei den Höhlen an der Route 12 in der Provinz Khammouane.

Zu den am stärksten bedrohten Säugern gehört der Irawadidelfin, der in den schrumpfenden Nebenarmen des Mekong nahe der kambodschanischen Grenze lebt. Beim Bau des nur 3,2 km von seiner Futterstelle entfernten Wasserkraftwerks Don Sahang wird Dynamit zur Sprengung eingesetzt.

Wildlife Trade in Laos: The End of the Game (2001) von Hanneke Nooren und Gordon Claridge ist ein beängstigender Bericht über die Wilderei in Laos.

Vögel

Traveller, die zum ersten Mal in Laos sind, wundern sich häufig darüber, dass hier nicht mehr Vögel zu hören sind. Die einfache Antwort lautet „billige Proteine". Abseits der Wohngebiete in den Wäldern und Bergen tummeln sich aber viele verschiedene Stand- und Zugvogelarten. Studien eines britischen Ornithologenteams verzeichneten in den 1990er-Jahren 437 Arten, darunter acht weltweit gefährdete und 21 äußerst seltene. Andere Zählungen ergaben sogar bis zu 650 Spezies.

Besonders interessant sind der Prälatfasan, der Ährenträger- und der Grüne Pfau, der Halsbandspecht, der Austenhornvogel, der Himalaya-Fischuhu, der Saruskranich, der Riesenibis und der Kernbeißerweber. Die Jagd hält städtische Vogelpopulationen merklich klein. 2008 haben Wissenschaftler der WCS und der University of Melbourne bei Forschungen in Zentrallaos eine neue Vogelart aufgespürt, den Kahlgesichtigen Bülbül. Dabei handelt es sich um den ersten glatzköpfigen Singvogel, der auf dem Festland Asiens gefunden wurde, zudem ist es der erste neu entdeckte Bülbül in den letzten hundert Jahren.

Pflanzen

Laut der Food and Agriculture Organization der UN waren 2005 über 69 % des Landes mit Wald bedeckt. Die aktuellen Zahlen liegen bei rund 45 %. 11 % davon bestehen aus Urwald.

Die einheimische Vegetation ist überwiegend mit Monsunwäldern verbunden. Viele Bäume in den gemischten Laubwäldern werfen ihre Blätter in der Trockenzeit ab, um Wasser zu sparen. Aus diesem Grund gibt's so gut wie keine immergrünen Wälder, ausgenommen jene mit nichtheimischen Regenwaldpflanzenarten wie den Kokospalmen im unteren Mekong-Tal. Außerdem sollte man keine turmhohen Wälder wie in anderen Teilen Südostasiens erwarten, auch wenn vereinzelt große Bäume zu sehen sind.

Dafür wachsen aber die Monsunwälder ganze drei Stockwerke in die Höhe. Flügelfruchtgewächse, große hellrindige und einstämmige Bäume, die mehr als 30 m hoch werden können, beherrschen die oberste Schicht des Waldes, während die mittlere, sehr gefährdete Schicht mit teurem Hartholz wie Teak, Padauk (auch „Asiatisches Rosenholz" genannt) und Mahagoni bestückt ist. Viele kleinere Bäume, Sträucher, Gräser und an Flüssen auch Bambus bilden die unterste Schicht. Auf manchen Hochflächen im Süden weisen die trockenen Dipterocarpaceae-Wälder offenere Baumkronen und eine dünnere mittlere Etage auf, haben jedoch einen ausgeprägten Untergrund aus Gras und Bambus. Teile der Annamiten-Kette, die sowohl vom südwestlichen Monsun als auch vom Südchinesischen Meer Regen erhalten, sind – und das ist eine der spärlichen Ausnahmen – mit immergrünem tropischem Bergwald bedeckt, während tropische Pinienwälder auf dem Nakai-Plateau im Xe-Kong-Gebiet im Süden zu finden sind.

Neben den begehrten Harthölzern gedeihen in Laos Obstbäume, mehr Bambusarten als in irgendeinem anderen Land außer Thailand und China und eine Fülle blühender Pflanzen wie Orchideen. Letztere werden allerdings in manchen Gegenden, oft sogar in Schutzgebieten, gern an Touristen verkauft, etwa auf den Märkten bei den Wasserfällen des Bolaven-Plateaus. Auf den Hochflächen der Annamiten-Kette überwiegen ausgedehntes Weideland und Savanne.

Etwa 85 % von Laos sind bergiges Terrain und weniger als 4 % Ackerland.

Nationale Schutzgebiete (NPAs)

Laos verfügt über eine sehr moderne und sinnvolle Einteilung in Schutzgebiete. 1993 richtete die Regierung 18 sogenannte National Biodiversity Conservation Areas für die Artenvielfalt ein, die eine Gesamtfläche von 24 600 km² umfassen – das sind mehr als 10 % des gesamten Landes. Glücklicherweise tat sie dies im Anschluss an gründliche Beratungen, statt die Gebiete einfach aus dem Stegreif zu schaffen, wie es in vielen anderen Ländern der Fall ist. 1995 kamen zwei weitere Reservate hinzu, sodass nun 20 Schutzgebiete insgesamt 14 % von Laos abdecken. Weitere 4 % sind Provincial Protected Areas.

Vor ein paar Jahren benannte man die Gebiete in National Protected Areas (NPAs) um. Die Namensgebung mag zwar von der Wortbedeutung her trivial erscheinen, brachte allerdings einige wichtige Veränderungen mit sich. Anders als in einem Nationalpark, in dem traditionelle Gewohnheiten wie Jagen und Holzgewinnung verboten sind und nur Aufseher und Parkangestellte leben dürfen, sind innerhalb der Grenzen eines NPAs Gemeinden ansässig. Wälder wurden hier in Produktionswald für Bauholz und Schutzwald für Wassereinzugsgebiete sowie für die reine Flora- und Faunaerhaltung aufgeteilt.

Die größten Schutzgebiete liegen in Südlaos, wo es trotz anderslautender Gerüchte einen höheren Prozentsatz an natürlicher Walddecke gibt als im Norden. Das größte NPA, Nakai-Nam Theun, erstreckt sich über

Ausführliche Beschreibungen der Nationalen Schutzgebiete (NPAs) gibt's unter www. ecotourismlaos. com.

3710 km² und ist Heimat des erst kürzlich entdeckten Vietnamesischen Waldrindes sowie etlicher anderer Tierarten, die der Wissenschaft vor noch nicht allzu langer Zeit vollkommen unbekannt waren.

Einzelne NPAs erreicht man nur mit entsprechender Expeditionsausrüstung, während andere mittlerweile leichter zugänglich sind. Am besten kommt man zu Fuß dorthin.

Wilde Tiere, von seltenen Vögeln bis zu Elefanten, lassen sich in diesen Gebieten gut beobachten, insbesondere nach der Monsunzeit im November. Natürlich muss man auch immer etwas Glück haben, denn die Tiere sind menschenscheu und häufig nachtaktiv, außerdem behindert der oftmals dichte Wald die Sicht. Wer sich einem empfohlenen Veranstalter anschließt, hat bessere Chancen, Tiere zu Gesicht zu bekommen.

Umweltprobleme

Wenn man Laos vom Flugzeug aus betrachtet, scheint ein großer Teil des Landes mit unberührter Natur bedeckt zu sein. Doch der erste Eindruck trügt, denn der zerstückelte grüne Teppich ist etlichen sich gegenseitig beeinflussenden Gefahren ausgesetzt. Fast alle Umweltprobleme sind grundsätzlicher Art. Die Jagd bedroht alle Lebewesen in den Wäldern, umso mehr, als die Jäger, die sich Fleisch vom Markt nicht leisten können, darauf angewiesen sind. Bäume werden in unglaublichen Mengen gerodet, da Holz sehr viel Geld bringt und Holzfäller in erster Linie ihren Profit im Blick haben. Wasserkraftprojekte beeinträchtigen die Flüsse und die davon abhängigen Ökosysteme einschließlich der Wälder. Laos ist von den Einnahmen aus diesen Projekten teilweise abhängig, und die Energiegesellschaften schätzen es, dass man hier auf günstige Weise Strom aus Wasserkraft gewinnt.

Wilde Tiere sind zwar per Gesetz geschützt und große Teile des Landes in NPAs eingeteilt, doch die meisten Laoten sind sich der Umweltproblematiken nicht bewusst und zeigen wenig Bereitschaft, Schutzmaßnahmen zu unterstützen. Darüber hinaus gibt's kaum finanzielle Mittel für den Einsatz von Parkaufsehern oder für die Verfolgung von Umweltsündern. Der Mangel an Kommunikation zwischen der nationalen und den örtlichen Regierungen sowie Kompetenzgerangel in den Schutzgebieten tun ihr Übriges.

Als eines der größten Hindernisse im laotischen Umweltschutz gilt die Korruption (Im Corruption Perceptions Index von Transparency International belegte Laos 2015 von 168 Ländern den 139. Platz). Dank einiger engagierter Einzelpersonen und Nichtregierungsorganisationen, die sich für den Ökotourismus stark gemacht und ihn überall im Land verbreitet haben, begreifen aber auch Dorf- und Stadtbewohner langsam, dass eine intakte Umwelt mehr Bares einbringt als eine zerstörte.

Ein lang andauerndes Umweltproblem, das allmählich gelöst wird, sind Blindgänger. Man findet sie vor allem in den östlichen Gebieten des Landes, wo während des Vietnamkriegs der Ho-Chi-Minh-Pfad verlief. Die Bomben aufzuspüren und zu entschärfen ist extrem aufwendig und langwierig; bei seinem Besuch im Jahr 2016 sicherte der ehemalige US-Präsident Barack Obama finanzielle Unterstützung in Höhe von 90 Mio. US$ über einen Zeitraum von drei Jahren zu, um den Prozess zu beschleunigen.

Folglich sind die größten Schwierigkeiten in puncto Umwelt im internen Streben nach wirtschaftlichem Wachstum und im externen Druck durch die stärker bevölkerten und reicheren Nachbarn begründet. Besonders China, Vietnam und Thailand profitieren von Laos' reichen Ressourcen.

Staudämme zur Wasserkraftgewinnung am Mekong

Seit Jahrtausenden ist der Mekong Laos' Lebensnerv und Hauptschlagader. Etwa 60 Mio. Menschen sind in Südostasien wegen der reichen

---

In Laos baut man schon seit Jahrhunderten Opium an, doch erst mit der Freigabe des Antidrogengesetzes 1971 wurde das Land ein Großproduzent. Zwischenzeitlich war der Opiumanbau in Laos fast gänzlich eingestellt, doch in abgelegenen Teilen im Norden des Landes wurde nun vermutlich wieder damit begonnen.

Fischbestände und anderer Ressourcen von dem Strom und seinen Nebenflüssen abhängig. Was seine Länge angeht, steht der Fluss weltweit an zwölfter Stelle und in Bezug auf die Wassermenge an zehnter. Im Gegensatz zu vielen anderen großen Flüssen ist der Mekong dank seiner zahlreichen Stromschnellen keine Transport- und Frachtverkehrsstraße geworden und an seinen Ufern sind keine großen Industrieansiedlungen entstanden.

Als die Weltbank den Staudamm Nam Theun 2 in der Provinz Khammouane 2005 endlich genehmigte, öffnete sich für die Wasserkraftindustrie sozusagen die Büchse der Pandora. Seitdem leistet die Wasserkraft einen wesentlichen Beitrag zu Laos' Wirtschaftswachstum. Mittlerweile sind sechs große Staudämme in Betrieb, sieben werden derzeit gebaut und mindestens 12 weitere sind geplant, während noch einmal 35 Projekte langfristig in Betrachtung gezogen werden. Laut einem BBC-Bericht wird der 3,5 Mrd. US$ teure von Thailand finanzierte Xayaburi-Staudamm entscheidende Migrationsrouten von 23 bis 100 Fischarten blockieren, darunter die des Mekong-Riesenwels. Gleichzeitig wurde in Südlaos nahe Si Phan Don (Viertausend Inseln) der von Malaysia finanzierte 300 Mio. US$ teure Bau des Don-Sahong-Staudamms begonnen. Massive Proteste von kambodschanischen Fischern und dem WWF, der den Untergang der kleinen Population von Irawadidelfinen in einem nahe gelegenen Tiefwasserbecken befürchtet, wurden bislang ignoriert.

Die negativen Auswirkungen durch die Dämme gehen so weit, dass ganze traditionelle Dörfer in Flusslage umgesiedelt wurden, was für sie zu einer kulturellen Entwurzelung führte. Stromaufwärts liegende Gebiete werden geflutet, der Sedimentfluss wird behindert und auch die vermehrte Erosion flussabwärts verursacht offensichtliche Probleme, in diesem Fall hauptsächlich für den Fischbestand und die Berufsfischer. Nicht sofort erkennbar ist dagegen die längerfristige Gefahr durch die Veränderung der Fließgeschwindigkeit des Mekong, welche sich möglicherweise noch verheerender auf Millionen von Menschen auswirken wird und vor allem den Tonlé-Sap-See in Kambodscha betrifft.

Nichtsdestotrotz ist Wasserkraft eine recht saubere Energiequelle und bis zu einem gewissen Grad sind Staudämme in Laos unvermeidlich. Die Wasserkraft hat wesentlich zum steigenden Wohlstand des Landes beigetragen, sodass es kein Wunder ist, dass der Bau weiterer Kraftwerke im ganzen Land vorangetrieben wird.

Mehr Informationen gibt's im Internet auf der Website der **Mekong River Commission** (www.mrcmekong.org), die den Dammbau überwacht, auf der Seite **Save the Mekong Coalition** (www.savethemekong.org) und beim **WWF** (www.panda.org).

Abholzung

2016 verhängte der neue Präsident des Landes ein Verbot für den Holzexport, wodurch er die lang bestehende illegale Holzschmugglerszene in Panik versetzte. Seit dem Verbot wurden Wagenladungen voll Hartholz in Verstecken im Wald und in Sägemühlen im ganzen Land beschlag-

---

UMWELTSCHUTZORGANISATIONEN IM INTERNET

➡ ElefantAsia (www.elefantasia.org)

➡ Traffic East Asia (www.traffic.org)

➡ Wildlife Conservation Society (www.wcs.org)

➡ World Conservation Union (www.iucn.org/lao)

➡ World Wildlife Fund (www.panda.org)

nahmt. 2015 entlarvte Radio Free Asia den Sohn eines laotischen Polit-
büros als größten Schmuggler von Hartholz über die Grenze ins chinesische Móhān. Vermutlich stecken außerdem Teile der Laotischen Armee
u. a. hinter der illegalen Abholzung in der Provinz Khammouane und in
abgelegenen Gegenden ganz im Süden des Landes.

Auch die staatliche Gesellschaft zur Erzeugung von Elektrizität profi-
tiert jedes Mal davon, wenn sie eine Stadt oder ein Dorf in Laos an das
nationale Energieversorgungsnetz anschließt. Sie schlägt dafür nämlich
entlang der laotischen Nationalstraßen kahl. Lebensraum geht durch
Großplantagen und Bergbau sowie durch zerstörerische Anbaumetho-
den (Brandrodung) verloren. Dies kann in ländlichen Gemeinden zu einem Dominoeffekt führen: in einigen dieser Regionen liefert der Wald
nämlich 70 % der Nahrungsmittel, wenn man den Reis beiseite lässt.

Jagd & Überfischung

Die Laoten gewinnen den größten Teil an Proteinen aus Nahrungsmit-
teln direkt aus der Natur, nicht von Bauernhöfen oder Viehfarmen. In
Anbetracht der geringen Bevölkerungsdichte dürfte die Bedrohung
durch die traditionelle Jagd für die überlebenden Arten nicht allzu groß
sein. Zusammen mit dem Verlust von Lebensraum stellt sie allerdings
eine wachsende Belastung für den Bestand wild lebender Tiere dar.

Der grenzübergreifende Handel mit seltenen Tieren ist ebenfalls ernst
zu nehmen. Gerüchten zufolge wildern verstärkt vietnamesische Jäger in
den NPAs. Sie reisen illegal nach Zentrallaos ein und töten u. a. Schuppentiere, Zibetkatzen, Muntjaks, Gorale sowie Marderhunde, die sie in
ihrer Heimat für viel Geld verkaufen. In Vietnam, Thailand und China
werden die Tiere als Nahrung und als Arzneimittel verwendet. Da dort
mit wachsendem Wohlstand die Nachfrage steigt, sind potenzielle Käu-
fer bereit, entsprechende Preise zu bezahlen.

Ausländische Nichtregierungsorganisationen führen in ganz Laos
Schulungen durch, um das Bewusstsein für bedrohte Arten und für die
Auswirkungen der Jagd auf die einheimischen Ökosysteme zu schärfen.
Aber wie so oft ist auch hier das Geld der Schlüssel zum Erfolg.

In dichter besiedelten Gebieten wie den Provinzen Savannakhet und
Champasak ist die Überfischung von Seen und Flüssen eine Gefahr für
bestimmte Fischarten. Schulungsprojekte, die den Einheimischen erklären, woher genau ihr Fang stammt und wie man diese Quelle schützen
kann, haben einige unerfreuliche Praktiken eingedämmt, darunter vor
allem die Fischerei mit Sprengstoff. Diese im Übrigen verbotene Praxis,
bei der man Sprengsätze im Wasser detonieren lässt und dann die nach
oben treibenden toten Fische einsammelt, ist unglaublich verschwen-
derisch: Mindestens die doppelte Menge der getöteten Fische bleibt am
Grund zurück.

Praktische Informationen

Allgemeine Informationen

Botschaften & Konsulate

Es gibt in Vientiane etwa 25 Botschaften und Konsulate. Viele Nationalitäten wie Österreicher und Schweizer werden von den diplomatischen Vertretungen ihrer Heimatländer in Bangkok oder auch in Hanoi bzw. Peking mitbetreut.

Chinesische Botschaft (Karte S. 142; ☎021-315105; http://la.china-embassy.org/eng; Th Wat Nak Nyai, Ban Wat Nak, Vientiane; ⏰Mo–Fr 8.30–11.30 Uhr) Stellt innerhalb von vier Werktagen Visa aus.

Deutsche Botschaft (Karte S. 142; ☎021-312110; www.vientiane.diplo.de; Th Sok Pa Luang, Vientiane; ⏰Mo–Fr 9–12 Uhr)

Kambodschanische Botschaft (Karte S. 142; ☎021-314952; Th Tha Deua, Km 3, Ban That Khao, Vientiane; ⏰Mo–Fr 8.30–15.30 Uhr) Touristenvisa für 30 US$.

Myanmarische Botschaft (Karte S. 142; ☎021-314910; Th Sok Pa Luang, Vientiane) Stellt innerhalb von drei Tagen Touristenvisa für 20 US$ aus.

Thailändische Botschaft (Karte S. 142; ☎021-214581; www.thaiembassy.org/vientiane; Th Kaysone Phomvihane, Vientiane; ⏰Mo–Fr 8.30–12 & 13–15.30 Uhr) Visaausstellung und -verlängerungen in den Konsulaten in Vientiane (Karte S. 142; ☎021-214581; 15 Th Bourichane, Vientiane; ⏰8–12 & 13–16.30 Uhr)

oder in Savannakhet (☎041-212373; Route 9 West, Savannakhet; ⏰Mo–Fr 8.30–16.30 Uhr), wo Touristen- und Nichteinwanderungsvisa (1000 B) am selben Tag ausgestellt werden.

Vietnamesische Botschaft (Karte S. 142; ☎021-413400; www.mofa.gov.vn/vnemb.la; Th That Luang, Vientiane; ⏰Mo–Fr 8.30–17.30 Uhr) Touristenvisa sind für 45 US$ innerhalb von drei Werktagen zu haben, für 60 US$ innerhalb eines Tages. Das Konsulat in Luang Prabang (Karte S. 38; www.vietnamconsulate-luangprabang.org; Th Naviengkham, Luang Prabang; ⏰Mo–Fr 9–11.30 & 13.30–17.30 Uhr) stellt in wenigen Minuten Touristenvisa für 60 US$ aus. Wer ein paar Tage wartet, zahlt 45 US$. In den Konsulaten in Pakse (Karte S. 220; ☎031-214199; www.vietnamconsulate-pakse.org; Th 21; ⏰Mo–Fr 7.30–11.30 & 14–16.30 Uhr) und Savannakhet (Karte S. 206; ☎041-212418; Th Sisavangvong, Savannakhet) kosten Visa 60 US$.

Essen & Trinken

Die laotische Küche ist zwar nicht so unglaublich vielfältig und raffiniert wie die der Nachbarländer China, Thailand und Vietnam, aber wer sich Zeit nimmt, ein wenig über die einheimische Küche zu erfahren, kann in Laos trotzdem kulinarische Abenteuer erleben. Probieren geht über studieren und ist der lohnendste Weg, die laotische Küche schätzen zu lernen.

Angesichts der lang miteinander verwobenen Geschichte beider Länder verwundert es nicht, dass die laotische Küche der thailändischen ähnelt, aber einige Gerichte sind unverwechselbar laotisch.

Die Grundlagen

In den Städten gibt's ein großes Spektrum an Restaurants fürs Abendessen, aber in entlegenen Gegenden schrumpft die Auswahl recht schnell. In der Hochsaison oder am Wochenende kann es in beliebten Lokalen in Luang Prabang oder Vientiane ratsam sein, zu reservieren.

➡ **Cafés** Aus der Zeit der französischen Besatzung hat Laos eine gepflegte Kaffeekultur bewahrt. Die besten Cafés gibt's in Luang Prabang und Vientiane, und in den meisten größeren Städten lässt sich der Koffein-Bedarf ebenfalls gut decken.

➡ **Biergärten** Viele größere Restaurants im ländlichen Laos fungieren abends als Biergärten und servieren jede Menge Beerlao an überwiegend einheimische Gäste.

➡ **Restaurants** Das Spektrum reicht von kleinen Spelunken und Straßenmarktständen bis zu gehobenen internationalen Bistros. In Vientiane und Luang Prabang findet man Gerichte aus fast allen Ländern, aber sonst sind vorwiegend laotische, thailändische, chinesische und vietnamesische Restaurants vertreten.

Typische Gerichte

Zum Frühstück gibt's normalerweise *fĕr* (Reisnudeln), meist in Gemüsebrühe mit Fleisch nach Wahl. Das Ganze wird dann mit etwas Fischsoße, Limettensaft, getrockneten Chilis, Minze- und Basilikumblättern oder einer der herrlichen scharfen Chilisoßen abgeschmeckt, die manche Nudelshops selbst zubereiten.

Láhp ist eines der typischsten laotischen Gerichte, ein köstlicher pikanter Salat mit Hackfleisch, Schweinefleisch, Ente, Huhn oder Fisch und Fischsoße, kleinen Schalotten, Minzeblättern, Limettensaft, gebratenem Reis und jeder Menge Chilis. Großer Beliebtheit erfreut sich auch *đạm mằhk hung* (in Thailand bekannt als *som tam*), ein Salat aus zerkleinerter grüner Papaya mit Knoblauch, Limettensaft, Fischsoße, manchmal Tomaten, Palmzucker, Landkrebsen oder getrockneten Shrimps und natürlich reichlich Chilis.

Im Tiefland enthält fast jedes Gericht *kòw nĕeo* (Klebreis), der in einem kleinen Korb gereicht wird. Einfach mit einer Hand etwas Reis nehmen, diesen zu einem walnussgroßen Ball formen und in das Essen tauchen.

In touristischen Gebieten und Städten isst man gern französische Baguettes zum Frühstück, z. B. mit Kondensmilch oder *kai* (Eier) sowie laotischer Pastete und Gemüse.

Vegetarier & Veganer

Fast alle laotischen Speisen enthalten tierische Produkte wie Fischsoße, Shrimpspaste oder Speck. Es gibt nur sehr wenige vegetarische oder vegane Restaurants, aber oft bekommt man in touristischen Lokalen einige fleischlose Gerichte. In entlegenen Gegenden sollte man ein paar einfache Küchenvokabeln kennen, darunter den Satz „Ich esse nur Gemüse" – „*kòy gin đaa pak*".

Getränke

Als Getränk bevorzugen 90 % der Bevölkerung Beerlao. Tieflandlaoten favorisieren den illegalen *lòw-lów* (laotischer Likör oder Reisschnaps), den man pur genießt und der in Dörfern häufig zur Begrüßung angeboten wird. International bekannte Weine und Spirituosen sind in größeren Städten leicht zu bekommen, in kleineren Städten und Dörfern braucht man Glück.

Gereinigtes Trinkwasser heißt einfach *nâm deum*, egal ob gekocht oder gefiltert. Hotels und Restaurants bieten ausschließlich gereinigtes Wasser an, das außerdem an jeder Ecke verkauft wird. Unbedingt nachfragen, ob auch das Eis im Getränk aus gereinigtem Wasser besteht.

In und um Vientane sowie Luang Prabang findet man zahlreiche Saftbars. Darüber hinaus stehen in den meisten international ausgerichteten Cafés Smoothies auf der Karte. Laotischer Kaffee wird stark und süß serviert. Selbst auf dem Land bekommt man inzwischen Latte und Cappuccino mit pasteurisierter Milch aus Thailand.

Grüner Tee nach chinesischer Art ist die übliche Zutat für *nâm sáh* oder *sáh lôw*. Dieser schwache erfrischende Tee wird in Restaurants traditionell kostenlos serviert. Wer so etwas wie Lipton-Tee möchte, sollte um *sáh hôrn* (warmer Tee) bitten.

Etikette

Laoten sind in der Regel sehr tolerante Gastgeber, aber dennoch gibt's einige Verhaltensregeln unbedingt zu berücksichtigen:

➡ **Buddhismus** Wenn man Tempel besucht, sollten Schultern und Ellbogen bedeckt sein, und wer einen Tempel betritt, muss die Schuhe ausziehen und den Kopf bedecken. Man setzt sich so hin, dass die Füße nach hinten zeigen, damit sie nicht auf eine Buddha-Statue weisen. Frauen sollten nie einen Mönch oder seinen Besitz berühren; man macht Mönchen Platz und setzt sich in öffentlichen Verkehrsmitteln nicht neben sie.

➡ **Lokale Begrüßung** Sie nennt sich *nop*, und man legt die Hände dabei wie zum Gebet zusammen. So grüßt man z. B., wenn man neuen laotischen Personen vorgestellt wird.

➡ **Dezente Kleidung** In den Städten von Laos sollte man keine Badekleidung tragen oder zu viel Haut zeigen. Das gilt besonders, wenn man vom Tubing in Vang Vieng kommt. Um sich zu bedecken, kann man sich in einen Sarong oder Ähnliches hüllen.

➡ **Das Gesicht wahren** Man sollte sich mit Laoten nie streiten. Es ist besser, bei einem Konflikt die ganze Zeit zu lächeln.

Feiertage

Schulen und Ämter schließen an den nachfolgend genannten offiziellen Feiertagen. Zu Festzeiten arbeiten staatliche Einrichtungen – wenn überhaupt – nur sehr langsam.

Internationaler Neujahrstag
(1. Januar)

Tag der Armee (20. Januar)

Internationaler Frauentag
(8. März)

Laotisches Neujahrsfest
(14.–16. April)

Internationaler Tag der Arbeit
(1. Mai)

Internationaler Tag des Kindes
(1. Juni)

Laotischer Nationalfeiertag
(2. Dez.)

Feilschen

In den meisten Orten in Laos wird nicht annähernd so aggressiv gefeilscht wie in anderen Teilen Südostasiens, und wer gut handelt (das erfordert einige Übung), kann einiges sparen. Hier ist das Ganze eine freundliche Angelegenheit, bei der sich zwei Personen auf einen Betrag einigen, der beiden fair erscheint. So gut wie alle Preise auf dem Markt sind verhandelbar, während Geschäfte Festpreise haben. Die erste Regel: Man sollte eine grobe Vorstellung von der angemessenen Summe haben, deshalb erkundigt man sich am besten bei mehreren Händlern. Wenn man tatsächlich etwas kaufen möchte, bietet man einfach 50 % des geforderten Betrags an und tastet sich dann nach oben vor. Bleibt man generell höflich und flexibel, kann man zumeist einen angemessenen Preis aushandeln. Man sollte sich keinesfalls über ein paar Tausend Kip aufregen. Die Einheimischen, die deutlich weniger Geld haben als man selbst, würden das nie tun.

Frauen unterwegs

Für Frauen ist Laos ein angenehmes Reiseland. Feinfühlig verhalten sollte man sich allerdings in Bezug auf viele kulturelle Eigenheiten, die hier ausgeprägter sind als in weiten Teilen des benach-

barten Thailands. Laos gilt als sehr sicher und Gewalt gegenüber Touristinnen kommt extrem selten vor. Die alltägliche sexuelle Belästigung hat zwar in den vergangenen Jahren zugenommen, ist aber immer noch viel seltener als in jedem anderen asiatischen Land.

Vorteilhaft für weibliche Reisende ist auch, dass es in Laos im Vergleich zu Thailand praktisch keine Prostitution gibt. Eine thailändische Frau, die ein „sauberes" Image bewahren will, vermeidet den Umgang mit ausländischen Männern aus Angst, für eine Prostituierte gehalten zu werden. In Laos ist das nicht der Fall. Umgekehrt wird eine ausländische Frau, die in einem Café oder Restaurant sitzt und etwas trinkt, nicht automatisch als „Freiwild" angesehen, wie es wohl in Thailand der Fall wäre. Deshalb haben Frauen meist weniger Probleme mit unerwünschter männlicher Belästigung.

Trägertops oder sehr kurze Röcke sowie Shorts sind für die meisten laotischen Frauen unüblich. Wer sie dennoch trägt, darf sich nicht wundern, wenn Einheimische starren.

Fürs Baden nahe einem Dorf oder in einem Fluss sollte man sich einen Sarong besorgen.

Früher glaubten Laoten, dass es Unglück bringt, wenn Frauen auf den Dächern von Booten sitzen, aus diesem Grund werden sie im Gegensatz zu Männern auch heute noch gelegentlich darum gebeten, das Dach zu verlassen.

Freiwilligen-arbeit

Seit Jahren schuften in Laos Freiwillige für ein minimales monatliches Taschengeld, üblicherweise mit einem Ein- oder Zweijahresvertrag. Oftmals werden sie in einem staatlichen Büro eingesetzt, wo sie sozusagen ihre Be-

lastbarkeit erproben können. Diese Art von Job kann bei Nichtregierungsorganisationen zu einer bezahlten Stelle führen.

„Freiwilligenarbeit", bei der man einen bestimmten Betrag dafür entrichten muss, um für Wochen oder Monate eingesetzt zu werden, ist in Laos noch nicht in größerem Umfang etabliert. Ein paar Gruppen in Luang Prabang brauchen gelegentlich Helfer, zudem gibt's lokale Projekte an so unterschiedlichen Orten wie Houay Xay, Muang Khua und Xayaboury.

Freiwilligenarbeit (www.freiwilligenarbeit.de) Portal rund um Freiwilligenarbeit weltweit.

Global Volunteers (www.globalvolunteers.org) Koordiniert Teams für kurzfristige Projekte humanitärer Art und in der Wirtschaftsentwicklung.

Voluntary Service Overseas (VSO; www.vsointernational.org) Vermittelt qualifizierte und erfahrene Freiwillige für bis zu zwei Jahre.

Geld

Die offizielle nationale Währung in Laos ist der Kip. Obwohl nur sie in den alltäglichen Transaktionen juristisch handelsfähig ist, werden in der Wirtschaft tatsächlich drei Währungen verwendet: Kip, thailändische Baht (B) und US-Dollars (US$).

Geldautomaten

In ganz Laos gibt's Geldautomaten (ATMs), allerdings darf man je nach Bank maximal 700 000 bis 2 000 000 Kip (etwa 85–250 US$) auf einmal abheben. Auch die Gebühren schwanken: An Automaten von ANZ zahlt man beispielsweise 40 000 Kip (rund 5 US$) pro Abhebung. Wenn man, wie so oft, auch noch an die Bank in der Heimat für jede Auslandsabhebung unverschämte Gebühren bezahlen muss, kommen schnell hohe Summen zusammen.

Geldwechsel

Nach Jahren der Unbeständigkeit blieb die Währung zuletzt stabil bei rund 8000 Kip pro Dollar. Das kann sich allerdings schnell ändern.

Die Wechselkurse sind in der Regel überall etwa gleich, egal ob bei einer Bank oder einem Wechselstand. Beide bieten für größere Summen (50 und 100 US$) etwas bessere Kurse an als für kleinere (weniger als 20 US$). Filialen in Vientiane und Luang Prabang wechseln u. a. Euros, US-Dollars und thailändische Baht. Dagegen tauschen die meisten Provinzbanken nur US-Dollars oder Baht.

Zugelassene Geldwechsler haben Stände in sowie rund um Vientiane (z. B. auf dem Talat Sao) und an einigen Grenzübergängen. Ihre Kurse ähneln denen der Banken und sie haben länger geöffnet.

Es gibt in Laos keinen richtigen Schwarzmarkt. Sofern die Wirtschaft nicht zusammenbricht, wird sich das wahrscheinlich auch nicht ändern.

Kreditkarten

Immer mehr Hotels, gehobene Restaurants und Souvenirshops in Vientiane und Luang Prabang akzeptieren Visa und MasterCard sowie in weit geringerem Ausmaß auch American Express und JCB (Japan Credit Bureau). Außerhalb dieser zwei Städte sind die Karten allerdings praktisch nutzlos.

Filialen der Banque pour le Commerce Extérieur Lao (BCEL) bieten in den meisten größeren Städten Barauszahlungen und Abhebungen auf MasterCard und Visa-/Debitkarten gegen eine Bearbeitungsgebühr von 3 %. Bei anderen Geldinstituten zahlt man eventuell etwas weniger für diesen Service, deshalb lohnt es, in Vientane zu vergleichen.

Trinkgeld

Trinkgeld ist in Laos nur in touristischen Restaurants üblich, wo etwa 10 % des Rechnungsbetrags erwartet werden, wenn nicht schon ein Bedienungsgeld im Preis enthalten ist.

Währung

Laos setzt in puncto einheimische Geldwirtschaft vor allem auf den thailändischen Baht und den US-Dollar. Ein Drittel des gesamten Bargeldes, das in Vientiane im Umlauf ist, weist das Porträt des thailändischen Königs auf, ein weiteres Drittel verschiedene US-Präsidenten.

Bei geringeren Beträgen bevorzugt man den Kip, während teurere Waren und Dienstleistungen in allen drei Währungen gehandelt werden. Alles, was umgerechnet mindestens 100 US$ kostet, muss man meistens mit US-Dollars zahlen.

Dennoch wird die große Mehrheit der Transaktionen in Kip abgewickelt, deshalb ist es immer gut, Bares in der Tasche zu haben. Banknoten gibt's mit den Werten 500, 1000, 2000, 5000, 10 000, 20 000, 50 000 und 100 000 Kip. Kleine Verkaufsstellen, besonders in ländlichen Gebieten, werden die 100 000-Kip-Noten allerdings kaum wechseln können.

Internetzugang

Kostenloses WLAN gehört heutzutage in der Regel zum Standard und ist in vielen Gästehäusern, Hotels und Cafés an touristischen Orten verfügbar. Es gibt noch Internetcafés, aber ihre Zahl nimmt stetig ab. Man kann in fast allen Provinzhauptstädten online gehen; die Preise in Internetcafés reichen von 5000 Kip pro Stunde in beliebten Regionen bis zu 10 000 Kip pro Stunde oder mehr in Provinznestern. Oft sind auf den Computern Chat- und Videotelefonie-Programme wie Skype installiert, allerdings gibt's nicht immer Headsets.

Klima

Die jährlichen Monsunzyklen, die das ganze Festland von Südostasien beeinflussen, erzeugen ein „trockenes und nasses Klima" mit drei Hauptjahreszeiten in den meisten Regionen des Landes. Der Südwestmonsun erreicht Laos zwischen Mai und Juli und dauert bis in den November.

Ihm folgt eine Trockenperiode bis Mitte Februar mit zunächst verhältnismäßig niedrigen Temperaturen und kühlen Winden, die durch Asiens Nordostmonsun entstehen, der fast überall in Laos weht. Ausnahmen bilden die Provinzen Xieng Khouang, Houa Phan und Phongsaly, die auch im April und Mai von Vietnam und China aus mit Regen versorgt werden.

Die Temperaturen richten sich außerdem nach der Höhe. Im feuchten, tief gelegenen Mekong-Tal reichen sie von 15 bis 38 °C, während sie in den Bergen des äußersten Nordens nachts auf 0 °C fallen können.

Öffnungszeiten

Bars und Clubs 17–23.30 Uhr (in Vientiane länger)

Geschäfte 9–18 Uhr

Nudelshops 7–1 Uhr

Restaurants 10–22 Uhr

Staatliche Büros Mo–Fr 8–12 und 13–17 Uhr

Post

Von Laos Post abzuschicken ist zwar ziemlich günstig, trotzdem versenden viele Traveller ihre Pakete lieber in Thailand. Wer nach Kambodscha reist, sollte seine Post allerdings besser schon von Laos aus versenden.

Alle Pakete müssen für die Kontrolle durch einen Postbeamten offen bleiben. Wer ein Paket bekommt, muss es eventuell ebenfalls öffnen und für diesen „Service" unter Umständen sogar eine kleine Gebühr bezahlen.

Die Hauptpost in **Vientiane** (Karte S. 146; ☑020-22206362; Th Saylom; ⊙Mo–Fr 8–17, Sa & So bis 12 Uhr) bietet Postlagerung an.

Rechtsfragen

Obwohl auf dem Papier bestimmte Rechte garantiert sind, kann man aus beliebigem Anlass mit einem Bußgeld belegt, inhaftiert oder abgeschoben werden – so ist es jedenfalls in der Vergangenheit bereits mehrmals geschehen, auch bei Ausländern.

Wer sich von allem Illegalem fernhält, sollte keine Probleme haben. Falls doch, kann es chaotisch und teuer werden. Drogenbesitz und Sex mit Prostituierten sind die häufigsten Verbrechen, bei denen Touristen gefasst werden. Oft informieren die Dealer oder Zuhälter selbst die Behörden.

Sexuelle Beziehungen zwischen Ausländern und laotischen Bürgern ohne Trauschein sind illegal. Strafen dafür reichen von 500 bis 5000 US$, zudem droht Gefängnis oder Abschiebung.

Wer inhaftiert wird, muss auf einem Anruf bei seiner Botschaft oder seinem Konsulat in Laos bestehen, falls überhaupt vorhanden. Ein Gespräch zwischen laotischen Beamten und jemandem von der Botschaft bzw. dem Konsulat kann die Rechtsprechung oder die Entlassung eventuell beschleunigen.

Bei Verkehrsdelikten oder kleineren Ordnungswidrigkeiten verlangt die Polizei gelegentlich Bestechungsgeld.

Reisen mit Behinderung

Der Mangel an geteerten Straßen und Fußgängerwegen erschwert Menschen mit eingeschränkter Mobilität das Reisen. Öffentliche Gebäude verfügen nur selten über Rampen oder andere Zugangsmöglichkeiten für Rollstühle, Sehenswürdigkeiten ebenso wenig, und auch die meisten Hotels (mit wenigen Ausnahmen bei den teuersten Unterkünften in Vientiane und Luang Prabang) haben keine behindertengerechte Ausstattung. Insbesondere Fahrten mit den überfüllten öffentlichen Verkehrsmitteln gestalten sich schwierig, selbst für Menschen ohne Behinderung.

Wer im Rollstuhl sitzt, muss jede Reise nach Laos vorab sorgfältig durchplanen. Erfreulicherweise vermittelt ein wachsendes Netzwerk an Informationsforen Kontakt mit Leuten, die schon früher im Rollstuhl durch das Land gereist sind.

Access-Able Travel Source (www.access-able.com)

Mobility International USA (www.miusa.org)

Society for Accessible Travel & Hospitality (www.sath.org)

Reisen mit Kindern

Wie in vielen anderen südostasiatischen Ländern kann Reisen mit Kindern in Laos sehr viel Spaß machen, solange man es mit der richtigen Einstellung angeht. Der Lonely Planet Band *Travel with Children* enthält hilfreiche Tipps, wie man unterwegs zurechtkommt und was man mitbringen sollte, damit alles möglichst reibungslos abläuft.

Praktisch und konkret

Kinderfreundliche Annehmlichkeiten wie Hochstühle in Restaurants, Autokindersitze oder Wickeltische in öffentlichen Toiletten sind in Laos so gut wie unbekannt. Eltern müssen erfinderisch sein oder einfach dem Beispiel laotischer Familien folgen und die Kleinen die meiste Zeit auf den Schoß nehmen.

Laoten lieben Kids und überschütten sie bei jeder Gelegenheit mit Aufmerksamkeit. Kinder dürften überall leicht Spielkameraden unter laotischen Gleichaltrigen finden. Nahezu überall gibt's außerdem einen Babysitterservice.

Babykost und Windeln erhält man in den Minimärkten (Minimart) größerer Städte. In ländlichen Gegenden muss man einen ausreichenden Vorrat mitbringen.

Vor Krankheiten brauchen Eltern in der Regel keine Angst zu haben, trotzdem sollte man ein paar Grundregeln beachten, z. B. regelmäßiges Händewaschen oder die Verwendung eines Reinigungsgels für die Hände, um gesundheitlichen Problemen vorzubeugen. Es gelten die üblichen Gesundheitsvorkehrungen. Da Tollwut in Laos leider sehr verbreitet ist, sollte man Kinder ausdrücklich davor warnen, mit Tieren zu spielen.

In entlegenen Gegenden, die während des Vietnamkriegs stark bombardiert wurden, darf man keinesfalls die Wege verlassen! Blindgänger sind hier noch immer eine tägliche Bedrohung und Kinder die häufigsten Opfer, weil die Sprengkörper Tennisbällen ähneln.

Schwule und Lesben

Im Großen und Ganzen gilt die laotische Kultur als sehr tolerant gegenüber Homosexualität. Allerdings wird sie oft entweder komplett verleugnet oder missverstanden. Die Schwulen- und Lesbenszene ist nicht annähernd so ausgeprägt wie im benachbarten Thailand, aber mit etwas Glück findet man Kneipen oder Veranstaltungen in Vientiane. Streng genommen ist Homosexualität illegal, aber in den letzten Jahren hat die Polizei deshalb wohl niemanden verhaftet, jedenfalls ist uns nichts darüber zu Ohren gekommen. Öffentliche Liebesbekundungen, egal ob hetero- oder homosexueller Art, sind verpönt.

Sticky Rice (www.stickyrice.ws)
Reiseführer zu Laos und Asien
für Schwule.

Utopia (www.utopia-asia.com)
Reiseinformationen und Kon-
taktadressen für Homosexuelle
sowie lokales Vokabular aus der
Schwulenszene.

REISEWARNUNGEN

Die folgenden Internetseiten enthalten Reiseempfehlun-
gen und Infos zu aktuellen Gefahren und Risiken:

Deutsches Auswärtiges Amt (www.auswaertiges-amt.de)
Österreichisches Außenministerium (www.bma.gv.at)
**Schweizer Eidgenössisches Departement für aus-
wärtige Angelegenheiten** (www.eda.admin.ch)

Shoppen

Die Shoppingmöglichkeiten
verbessern sich kontinuier-
lich. Es gibt schon viele Läden,
die regionale Textilien und
Kunsthandwerk und regionalen Besonderheiten aus Thailand und Vietnam verkaufen.
In den Haupteinkaufszentren
Vientiane und Luang Prabang
kann man am besten Qua-
lität und Preis vergleichen.
Zudem bieten viele Dörfer
die Möglichkeit, direkt beim
Hersteller einzukaufen.

Antiquitäten

Vientiane und Luang Prabang
sind voller Antiquitätenläden.
Dort wird alles verkauft, was
alt aussieht, etwa asiatische
Keramik (vor allem Porzel-
lan aus der chinesischen
Ming-Dynastie), Schmuck,
Kleidung, Holzschnitzereien,
Musikinstrumente, Münzen
und Bronzestatuetten. Die
Ausfuhr von Antiquitäten
und Buddhafiguren ist streng
verboten, auch wenn diese
Vorschrift nur lasch befolgt
wird.

Schnitzarbeiten

Die Laoten fertigen wun-
derschöne Schnitzarbeiten
aus Holz, Knochen und
Stein mit den unterschied-
lichsten Motiven, z. B. aus
der hinduistischen oder
buddhistischen Mythologie
oder auch dem Alltag an.
Echte Opiumpfeifen, darunter welche mit kompliziert
gefertigten Knochen- oder
Bambushälsen, findet man
vor allem im Norden. Andere
Schnitzarbeiten bekommt
man in Antiquitäten- oder
Kunsthandwerksläden.
Bitte nichts kaufen, was aus
Elfenbein gemacht ist, denn
Laos ist ein bedeutendes
Zentrum für die Verschif-

fung illegaler Produkte von
Tieren aus freier Wildbahn
geworden.

Stoffe (Textilien)

Wer etwas Landestypisches,
Schönes und Leichtes erste-
hen will, der ist mit Textilien
gut beraten. Anders als viele
Kunsthandwerksobjekte,
die sich in ganz Indochina
gleichen, sind diese nämlich
unverwechselbar laotisch.

Am besten kauft man
sie direkt in den Dörfern.
Hier kann man zuschauen,
wie der Stoff gemacht wird,
und bekommt „Großhan-
dels"-Preise. Wer keine
Gelegenheit dazu hat, findet
eine ordentliche Auswahl
und vernünftige Preise auch
auf offenen Märkten in
Provinzstädten, einschließlich Vientianes Talat Sao.
Schneidereien und Kunst-
handwerksläden verlangen
im Allgemeinen mehr und die
Qualität ist unterschiedlich.

Sicherheit

In den letzten Jahrzehnten
hat sich Laos einen Ruf als
außergewöhnlich sicheres
Reiseland mit wenig Krimina-
lität erworben. Betrügereien,
die man von den klassischen
Traveller-Zielen wie Vietnam,
Thailand und Kambodscha
kennt, gibt's kaum. Doch
auch wenn die große Mehr-
heit der Laoten einem noch
immer ehrlich und herzlich
begegnet, sind die Dinge
nicht mehr ganz so beschau-
lich, wie sie es einst waren.
Die Zahl der kleinkriminellen
Delikte wie Diebstahl und
Betrügereien, die eher ärger-
lich als gefährlich sind, ist am
deutlichsten angestiegen.

Blindgänger & Minen (UXO)

Große Gebiete im Osten und
Süden des Landes sind mit
Blindgängern und Minen
*(unexploded ordnance;
kurz: UXO)* verseucht. Laut
Studien des nichtstaatli-
chen Laotischen Nationalen
UXO-Programms (UXO Lao)
sind Saravan, Savannakhet
und Xieng Khouang am
stärksten betroffen, gefolgt
von Champasak, Houa Phan,
Khammouane, Luang Pra-
bang, Attapeu und Xekong.

Statistisch gesehen ist das
Risiko für den durchschnitt-
lichen Besucher niedrig.
Wenn man aber in den oben
genannten Provinzen abseits
der Straße durch die Wildnis
wandert, sollte man vorsichtig sein. Immer auf den markierten Wegen bleiben! Und
niemals einen Gegenstand
berühren, der ein Blindgänger sein könnte, ganz egal
wie alt und harmlos er auch
aussehen mag.

Diebstahl

Laoten sind vertrauenswürdige Menschen und Diebstähle
weit weniger üblich als anderswo in Südostasien, doch
in den letzten Jahren haben
sie trotzdem zugenommen.
Viele bekannte Fälle sind
Gelegenheitsdelikte, die man
mit entsprechender Umsicht
leicht vermeiden kann.

Geld oder Wertsachen
verschwinden immer häufi-
ger aus dem Hotelzimmer,
deshalb sollte man diese
Dinge sowie auch andere verlockende Gegenstände nicht
sichtbar herumliegen lassen
oder zur Schau stellen. In
überfüllten Bussen empfiehlt
es sich, das Gepäck im Auge

ALLGEMEINE INFORMATIONEN SHOPPEN

zu behalten und Geld nicht in den Hosentaschen aufzubewahren. Wer in Vientiane mit dem Fahrrad oder Motorrad unterwegs ist, sollte nichts Wertvolles in den Korb legen. Es ist schon vorgekommen, dass dreiste Diebesduos auf Motorrädern nah heranfuhren und sich die Tasche aus dem Korb schnappten.

Motorrad-Diebstähle sind ein zunehmendes Problem. Auf dem Land oder nachts sollte man das Motorrad immer gut abschließen, und wenn möglich auf kostenpflichtigen Parkplätzen abstellen.

Gefahren auf Straßen & Flüssen

Bessere Straßen, vernünftigere Fahrzeuge und wenige Aufständische machen das Reisen auf Laos' Straßen ziemlich sicher, wenn auch nicht immer komfortabler. Obwohl das geringe Verkehrsaufkommen für weitaus weniger Unfälle sorgt als in den Nachbarländern, sind Unfälle immer noch das größte Risiko für Traveller.

Analog zum Beliebtheitsgrad von Motorrädern bei Reisenden steigt auch die Zahl der Unfälle, in die solche Fahrzeuge verwickelt sind. Noch häufiger kommt aber die laotische Version des „Thai-Tattoos" vor: Diese Narbe an der inneren rechten Wade fügt man sich selber zu, wenn man an das heiße Auspuffrohr kommt.

So flott die Schnellboote über den Mekong in Nordlaos rasen, so gefährlich sind sie auch. Wenn es nicht absolut notwendig ist, sollte man Fahrten mit ihnen tunlichst vermeiden.

Warteschlangen

Die Laoten stellen sich für Dienste nach der üblichen südostasiatischen Methode in einer Schlange an: Das heißt, sie bilden nicht etwa eine Reihe, sondern sie streben einfach auf die Tür oder den Schalter zu. Hier geht es nach dem Motto „Wer zuerst gesehen wird, kommt zuerst dran". Am besten hält man sich an die laotischen Spielregeln und streckt Geld, Reisepass, Briefe oder was auch immer so gut man kann vor die Menge. Allerdings geht's nicht so chaotisch zu wie in einigen der größeren Nachbarländer.

Strom

230V/50Hz

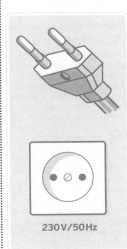

230V/50Hz

Telefon

Mit einer örtlichen SIM-Karte und einer Internetverbindung über 3G oder WLAN lassen sich am preiswertesten Dienste wie WhatsApp oder Skype nutzen.

Internationale Ferngespäche kann man von Lao-Telecom-Büros oder in den Postfilialen der meisten Provinzhauptstädte führen. Sie werden auf Minutenbasis abgerechnet, man zahlt aber immer für mindestens drei Minuten. In zahlreiche Länder kosten die Gespräche zwischen 2000 und 4000 Kip pro Minute. Die Öffnungszeiten sind in der Regel 7.30–22.30 Uhr.

Handys

Roaming funktioniert, ist in Laos aber grundsätzlich teuer. Lokale SIM-Karten und Handys, die kein SIM-Lock haben (nicht gesperrt sind) kann man überall bekommen.

REICHWEITE & KOSTEN

Lao Telecom und verschiedene private Gesellschaften bieten Mobilfunkservice mit GSM- und 3G-System an. Die Konkurrenz ist hart, und man bekommt fast überall eine Inlands-SIM-Karte für nur 10 000 Kip. Anrufe sind günstig und wiederaufladbare Karten nahezu flächendeckend erhältlich. Die Netzbereiche variieren abhängig von der Gesellschaft und der Region.

VORWAHLEN

Die Landesvorwahl von Laos ist ✆856. Für Ferngespräche innerhalb des Landes wählt man die ✆0 vor, dann die regionale Vorwahl und zum Schluss die Nummer des Teilnehmers. Für Gespräche ins Ausland muss man zuerst ✆00 eingeben, dann die Landes- und die Ortsvorwahl und schließlich die Nummer.

Alle Handynummern haben eine ✆020-Vorwahl und alle WIN-Satelliten-Telefon-Nummern beginnen mit ✆030.

Toiletten

Mittlerweile gibt's in den meisten Mittel- und Spitzenklassehotels westliche Toiletten, aber wer mit kleinem Geldbeutel reist, sollte in manchen Pensionen und besonders bei Homestays auf weniger komfortable Hocktoiletten gefasst sein.

Selbst dort, wo Sitztoiletten installiert sind, sieht das Abflusssystem die Benutzung von Toilettenpapier eventuell nicht vor. In solchen Fällen gibt's für benutztes Papier normalerweise einen Mülleimer.

Außer in Hotellobbys und auf Flughäfen sind öffentliche Toiletten unüblich. Unterwegs auf der Straße zwischen Städten und Dörfern kann man getrost hinter einen Baum gehen oder sich am Straßenrand erleichtern. Nicht wundern: Laotische Fremdenführer beschönigen dieses dringende menschliche Bedürfnis gern und sagen dazu *„shooting rabbits"* („Kaninchen schießen" – für Männer) bzw. *„picking flowers"* („Blumen pflücken" – für Frauen).

Touristeninformation

Die Lao National Tourism Administration (LNTA) hat überall im Land Filialen. Am hilfreichsten sind die Geschäftsstellen in Vientiane und Luang Prabang.

Viele Touristeninformationen haben Broschüren, Karten, leicht verständliches Material zu den Attraktionen ihrer Provinz sowie Englisch sprechendes Personal. Die Büros in Thakhek, Savannakhet, Pakxe, Luang Namtha, Xayaboury, Phongsaly und Sam Neua sind alle recht gut: Die Angestellten bieten Trekkingtouren sowie andere Aktivitäten in den Provinzen an und geben dazu Flyer und Infos aus erster Hand weiter. Außerdem können einem die Mitarbeiter bei Fragen zum öffentlichen Nahverkehr und bei Buchungen helfen.

PRAKTISCH & KONKRET

Medien

Vientiane Times (www.vientianetimes.org.la) Die einzige englischsprachige Zeitung des Landes und der Partei treu ergeben. Erscheint von montags bis samstags.

Le Rénovateur (www.lerenovateur.la) Ein Sprachrohr der Regierung auf Französisch, ähnlich wie die *Vientiane Times*.

Lao National Radio (LNR; www.lnr.org.la) Strahlt zweimal täglich zensierte englischsprachige Nachrichten aus.

Radio Kurzwellenradios können BBC, VOA, Radio France International und Deutsche Welle (Infos zu Zeiten und Frequenzen siehe www.dw-world.de) empfangen. Eine gute Frequenz, um nachmittags Deutsche Welle zu hören, ist 15605.

TV Lao National TV verfügt über ein so bescheidenes Programm, dass die meisten Laoten nur thailändisches Fernsehen und/oder Karaokevideos schauen.

Rauchen

Während viele Leute auf dem Land rauchen, werden die kleineren und größeren Städte zunehmend rauchfrei. Fast alle Hotels in Laos bieten Nichtraucherzimmer an; in Vientiane und Luang Prabang darf in Cafés und Restaurants nicht geraucht werden.

Maße & Gewichte

Für Maße wird das metrische System benutzt. Gold und Silber werden manchmal in *baht* (15 g) angegeben.

Alternativ bekommt man in den beliebteren Gästehäusern meist aktuelle Informationen.

Zur Reisevorbereitung sollte man sich die folgenden Websites der LNTA ansehen:

Central Laos Trekking (www.trekkingcentrallaos.com)

Laos National Tourism Administration (www.tourismlaos.org)

Unterkunft

Für beliebte Ziele wie Luang Prabang und Vientiane lohnt es sich, während der Hochsaison von November bis Februar und in der Zeit um das laotische Neujahrsfest im April, im Voraus zu buchen.

Zimmerpreise

Grundsätzlich ist es billiger, in der Landeswährung zu bezahlen, als das Hotel oder die Pension den Betrag in eine andere Währung umrechnen zu lassen. Wird der Preis in Kip genannt, bezahlt man also am besten in Kip, werden Dollar verlangt, bezahlt man in Dollar.

Bevor man zu feilschen versucht, sollte man daran denken, dass die Preise gemessen an internationalen Standards in der Regel recht niedrig sind, besonders in der unteren Hotelkategorie, wo ein starker Konkurrenzdruck herrrscht und die Gewinnspannen gering sind. In der Regel handeln die Laoten gern ein wenig, aber sie feilschen nicht um den letzten Cent.

Die Zimmerpreise steigen tendenziell weiter an, da Inflation und Lebenshaltungskosten für die laotische Bevölkerung echte Probleme darstellen.

Homestays

Homestays in Dörfern erfreuen sich immer größerer Beliebtheit. Sie kosten nicht viel (Übernachtung ca. 5 US$, mit Vollpension 10 US$), zudem haben Traveller so die Möglichkeit, am Alltagsleben der Laoten teilzunehmen.

Die Dörfer sind klein, voller Kinder und je nach Jahreszeit staubig oder matschig. Gäste werden einer Familie zugewiesen; meist kommen pro Haus höchstens zwei Reisende unter. Normalerweise gibt's nur ein Plumpsklo in einer Hütte an der Ecke des Wohnblocks. Vor dem Essen wäscht man sich in einem nahen Bach oder Fluss oder schöpft das Wasser aus einem Brunnen, einem Fass oder Betonbecken im Garten. Da das Ganze eine öffentliche Veranstaltung ist, braucht man einen Sarong. Einen Spiegel darf man nicht erwarten.

Das Essen ist einfach und besteht oft aus zwei Gerichten. Uns hat es immer geschmeckt, allerdings muss man damit klarkommen, dass es meist Klebreis gibt. Auch wenn einem die Speisen nicht schmecken, sollte man etwas essen, um den Gastgeber nicht zu beleidigen. Das Abendessen wird auf Matten auf dem Boden serviert und man muss es sich im Lotussitz oder mit untergeschlagenen Beinen bequem machen. Auf Kissen zu sitzen gilt als schlechtes Benehmen. Bevor man ein Haus betritt, immer die Schuhe ausziehen.

Nach dem Essen folgt meistens das gemeinsame Trinken. Mit etwas Glück bekommt man kaltes Beerlao in Flaschen, ansonsten wird hausgemachter Reisschnaps in einer Tasse für alle herumgereicht. Das Getränk kann einen schon ganz schön aus den Latschen hauen, aber wer es trinkt, bricht schnell das Eis. Wir haben auf diese Weise einige unserer schönsten Abende in Laos erlebt.

Wahrscheinlich schläft man unter einem Moskitonetz auf einer Matratze auf dem Boden und wird am frühen Morgen durch das Hahnengeschrei vor dem Fenster aufgeweckt.

Luxuriös ist das Ganze nicht, aber dafür lernt man bei einem Homestay das echte Laos kennen. Die meisten Dorfbewohner haben nur selten Kontakt zu *falang* (Ausländern) und sind auf die Begegnung mit Fremden und ihre Reaktionen neugierig. Ihr Enthusiasmus bleibt erhalten, solange ihre Gäste sich auf sie und ihren Lebensstil einlassen, ohne unangemessene Kritik zu üben. Ins Gepäck gehören ein Wörterbuch mit ein paar Redewendungen, Fotos der eigenen Familie, und – am wichtigsten – eine Taschenlampe, Flipflops, ein Sarong und Toilettenpapier.

Hotels

Standardzimmer mit Bad und Ventilator kosten in Vientiane, Luang Prabang, Vang Vieng, Savannakhet und Pakxe 10 bis 20 US$ pro Nacht.

Kleine und mittelgroße Hotels, die auf asiatische Geschäfts- und Vergnügungsreisende sowie auf Reisegruppen spezialisiert sind, gibt's nur in den größeren Städten. Die Preise in solchen Hotels liegen zwischen 40 und 100 US$ für ein Zimmer mit Klimaanlage, Warmwasser, TV und Kühlschrank.

Darüber gibt's ein paar Luxusbleiben mit besserer Ausstattung, mehr Annehmlichkeiten und einem persönlicheren Service. Sie schlagen mit 80 bis 200 US$ (in Luang Prabang manchmal mehr) zu Buche.

Meist stimmt der Preis, doch bei den Dienstleistungen muss man Abstriche machen. Nur wenige Hotels in Laos haben es geschafft, ihren Service westlichen Standards anzupassen, und meist spricht das Personal kein oder nur wenig Englisch, noch nicht einmal unbedingt in gehobenen Häusern.

Pensionen

Der Unterschied zwischen „Pension", „Gästehaus", „Hotel" und „Resort" ist oft nur der Name. Streng genommen darf Erstere in Laos nicht mehr als 16 Zimmer haben. In Orten wie Don Det im Süden oder Muang Ngoi Neua im Norden sind manche Pensionen einfache Bambushütten mit gemeinsam genutzten Einrichtungen, die pro Nacht nur 3 US$ kosten.

Überall im Land wird die Ausstattung besser, aber günstigste Bleiben müssen trotzdem nur Kaltwasserduschen oder einfache laotische Sanitäranlagen. Im Tiefland ist warmes Wasser kaum notwendig, in den Bergen jedoch sehr angenehm.

Schlichte Pensionszimmer mit Gemeinschaftsbad kosten in den meisten Städten zwischen 5 und 10 US$ pro Nacht. Für Zimmer mit Bad und Warmwasserdusche ist mit etwa 10 bis 20 US$ zu rechnen. Alles, was teurer ist, dürfte mit etwas Glück auch über eine Klimaanlage und englischsprachiges Kabelfernsehen verfügen. Einige Gästehäuser, insbesondere in Luang Prabang, haben ihre Ausstattung aufgestockt und bieten gehobene Zimmer zwischen 20 und 50 US$.

Resorts

Der Begriff „Resort" wird in Laos für jede Unterkunft verwendet, die außerhalb kleiner und großer Städte liegt. In laotischen Hotelanlagen werden anders als in den meisten Ländern keine Sport.

UNTERKUNFT ONLINE BUCHEN

Weitere Hotelbeschreibungen von Lonely Planet Autoren gibt's unter http://hotels.lonelyplanet.com. Dort findet man unabhängige Kritiken und Empfehlungen zu den besten Unterkünften, außerdem kann man gleich online buchen.

aktivitäten, Wellnesscenter und Ähnliches angeboten.

Normalerweise kosten diese Unterkünfte etwa so viel wie ein Zimmer im Mittelklassehotel, also zwischen 25 und 75 US$ pro Nacht. Ein paar Bleiben, z. B. die rund um Luang Prabang, kommen der internationalen Vorstellung von einem Resort etwas näher, auch bei den Preisen.

UNTERKUNFTSPREISE

Die folgenden Preiskategorien beziehen sich auf ein Doppelzimmer mit Bad während der Hochsaison (außer wenn es im Kapitel anders angegeben ist).

**$** weniger als 25 US$ (200 000 Kip)

**$$** 25–75 US$ (200 000–600 000 Kip)

**$$$** mehr als 75 US$ (600 000 Kip)

Versicherungen

Eine gute Reiseversicherung abzuschließen ist auch für Laos ratsam, zumal das Land als risikoreiches Gebiet eingestuft wird. Da die medizinische Versorgung begrenzt ist, lohnt sich eine Versicherung, die den Krankentransport – falls nötig auch per Flugzeug – in ein thailändisches Krankenhaus mit einschließt. Man sollte unbedingt in jedem Vertrag das Kleingedruckte lesen und genau prüfen, ob auch „gefährliche" Aktivitäten abgedeckt sind; Felsklettern, Rafting und Motorradfahren sind nämlich oft nicht enthalten.

Wer sich in Laos oder Thailand einer medizinischen Behandlung unterzieht, muss für die Versicherung alle Rezepte und Kopien der Arztberichte (wenn möglich auf Englisch) aufbewahren.

Weltweite Reiseversicherungen findet man unter www.lonelyplanet.com/travel_services. Man kann sie jederzeit online abschließen, verlängern oder beanspruchen, auch von unterwegs.

Visa

Ein Touristenvisum für 30 Tage bekommen Reisende bei der Ankunft an internationalen Flughäfen und den meisten Grenzübergängen.

Bürger der Association of Southeast Asian Nations (ASEAN) sowie Japan, Südkorea, Russland und Schweiz brauchen für Laos kein Visum. Bürger der meisten anderen Länder, darunter EU-Bürger, Nordamerikaner und Australier, bekommen ihr Visum bei der Einreise. Staatsangehörige einiger Länder Afrikas und des Mittleren Ostens müssen ihr Visum im Voraus beantragen.

Touristenvisa bei der Einreise

Die laotische Regierung gibt bei der Ankunft an den meisten offiziellen Grenzübergängen sowie den internationalen Flughäfen 30 Tage gültige Touristenvisa aus. Das Prozedere ist ganz unkompliziert: Man zahlt den Betrag für das Visum bar, legt ein Passbild vor und gibt den Namen seiner Unterkunft an. Wer kein Passbild dabeihat oder an einem Wochenende oder Feiertag oder außerhalb der Öffnungszeiten ankommt, muss ein bis zwei Dollar mehr zahlen.

Die Gebühren für das Visum richten sich nach der Nationalität: Für Deutsche liegen sie bei 30 US$, für Österreicher und Schweizer bei 35 US$. Am besten zahlt man den Betrag in US-Dollar, da für thailändische Baht ein Pauschalpreis von 1500 B (rund 50 US$) erhoben wird. Andere ausländische Währungen werden nicht akzeptiert.

Touristenvisa

Wer kein Visum bei der Einreise erhält oder es dort nicht besorgen möchte, bekommt die 30-Tage-Genehmigung auch bei laotischen Botschaften und Konsulaten. Dafür wird ein ähnlicher Preis verlangt, außerdem braucht man die gleichen Dokumente. Die Ausstellung nimmt drei Arbeitstage in Anspruch. In Bangkok erhält man die Genehmigung für einen Expresszuschlag von 200 B noch am selben Tag.

Arbeitsvisa

Geschäftsvisa, die 30 Tage gelten, sind relativ leicht zu bekommen, wenn man in Laos einen Auftraggeber hat. Sie können bis zu einem Jahr verlängert werden.

Visaverlängerungen

Ein Touristenvisum kann bei einer Gebühr von 2 US$ pro Tag um 90 Tage verlängert werden, allerdings nur in größeren Städten wie Vientiane und Luang Prabang, Pakxe und Savannakhet.

Abgelaufene Visa

Das Visum zu überziehen ist nicht dramatisch, geht aber ins Geld. Für jeden Tag muss man bei der Abreise an der Kontrollstelle eine Bußgebühr von 10 US$ bezahlen.

Zeit

Laos ist der Mitteleuropäischen Zeit (MEZ) sechs Stunden voraus. Während der Sommerzeit (MESZ) sind es fünf Stunden. Um 12 Uhr in Vientiane ist es also 6 (bzw. im Sommer 7 Uhr) in Berlin.

Zoll

In Häfen sind die Zollkontrollen recht locker, solange den Beamten der Umfang der Gepäckstücke angemessen erscheint. Man darf nicht mehr als 500 Zigaretten und 1 l Spirituosen ins Land einführen. Es gelten alle üblichen Verbote von Drogen, Waffen und Pornografie.

Verkehrsmittel & -wege

AN- & WEITERREISE

Viele Traveller reisen über die zahlreichen Land- und Flussgrenzübergänge ein bzw. aus. Auch ein Flug ist unkompliziert, denn Laos wird nur von wenigen Airlines bedient und die Preise unterscheiden sich nicht groß. Flüge und Touren kann man online unter www.lonelyplanet.de/buchen buchen.

Einreise nach Laos

Internationaler Flughafen Wattay (Karte S. 142; 021-512165; www.vientianeairport.com) Busse und *jumbos* (motorisierte dreirädrige Taxis, auch *tuk-tuk* genannt) fahren zum/vom Flughafen in Vientiane. Taxis/Minibusse verlangen einen Festpreis von 7/8 US$.

Internationaler Flughafen Luang Prabang (071-212173;) Taxis zum/vom Flughafen kosten einheitlich 50 000 Kip.

Internationaler Flughafen Savannakhet (Karte S. 206; 041-212140; Th Kaysone Phomvihane) *Jumbos* vom Flughafen kosten 30 000 Kip, viele Fahrer setzen jedoch einen höheren Preis an.

Internationaler Flughafen Pakxe (Route 13) Ein *sähm-lór* oder *tuk-tuk* zum Flughafen kostet rund 50 000 Kip.

Auf dem Landweg

Laos hat Land- und/oder Flussgrenzen mit Thailand, Myanmar (Birma), Kambodscha, China und Vietnam. Die Formalitäten an den einzelnen Posten ändern sich ständig, deshalb sollte man sich umhören oder bei **Thorn Tree** (lonelyplanet.com/thorntree) informieren, bevor man sich auf den Weg macht. Mit den entsprechenden Papieren kann man von Kambodscha und Thailand aus ein Auto oder Motorrad mit ins Land bringen. Außerdem ist es normalerweise möglich, Fahrräder ins Land

einzuführen, derzeit jedoch nicht aus Vietnam, China oder Myanmar.

China

Praktische Direktbusse fahren von größeren Städten in Yunnan nach Nordlaos, z. B. auf folgenden Strecken: Luang Namtha–Jinghong (6 Std.), Oudom Xay–Mengla (5 Std.) und Kunming–Luang Prabang (ca. 24 Std. in einem chinesischen Schlafbus). Man kann die Reise aber auch problemlos in kleineren Abschnitten über Boten zurücklegen, dem einzigen chinesisch-laotischen Grenzübergang, der gegenwärtig für Ausländer geöffnet ist. Von Móhan auf der chinesischen Seite benötigt man mit dem Minibus etwa zwei Stunden bis Mengla, der ersten größeren Stadt in Laos.

Kambodscha

Es gibt tägliche Bus- und Minibusverbindungen von Pakxe nach Stung Treng (4 Std.), Kratie (6 Std.) und Phnom Penh (11 Std.) mit

---

KLIMAWANDEL & REISEN

Fast jede Art der motorisierten Fortbewegung erzeugt CO_2 (die Hauptursache für die globale Erwärmung), doch Flugzeuge sind mit Abstand die schlimmsten Klimakiller – nicht nur wegen der großen Entfernungen und der entsprechend großen CO_2-Mengen, sondern auch weil sie diese Treibhausgase direkt in hohen Schichten der Atmosphäre freisetzen. Auf vielen Websites kann man mit speziellen „CO_2-Rechnern" ermitteln, wie das persönliche Emissionskonto nach einer Reise aussieht, und mit einer Spende für Umweltprojekte eine Art Wiedergutmachung leisten. Auch Lonely Planet spendet Gelder, wenn Mitarbeiter und Autoren auf Reisen gehen.

Flugpreise

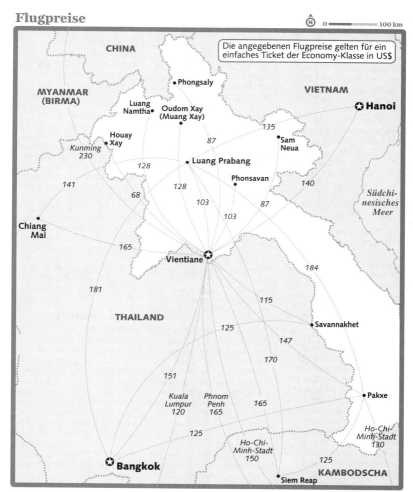

Die angegebenen Flugpreise gelten für ein einfaches Ticket der Economy-Klasse in US$

Halt in Ban Nakassang und Ban Hat Xay (toll für alle, die in Si Phan Don ausspannen wollen). Die Direktbusse sind sehr empfehlenswert, denn am Grenzübergang Non Nok Khiene (Laos)/Trapaeng Kriel (Kambodscha) ist es schwer, selbstständig Transportmöglichkeiten zu organisieren.

Myanmar (Birma)

Die erste Freundschaftsbrücke zwischen Laos und Myanmar wurde offiziell im Mai 2016 eröffnet. Sie verbindet Xieng Kok in der Provinz Luang Namtha mit dem Distrikt Tachelik im Shan-Staat. Unstimmigkeiten bei der Grenzziehung haben die Eröffnung für internationale Besucher verzögert, daher sollte man sich vor der Abreise in Vientiane oder Luang Namtha nach dem Stand der Dinge erkundigen oder gleich über Chiang Khong und Mae Sai in Thailand bis zur birmanischen Stadt Tachilek reisen.

Thailand

Thailand und Laos haben acht Grenzübergänge, die Ausländer nutzen dürfen. Bei einigen geht's über den Mekong, entweder per Boot oder über eine der Freundschaftsbrücken.

VON THAILAND NACH VIENTIANE

Zwischen Vientiane und den thailändischen Städten Khon Kaen (4 Std.), Nakhon Ratchasima (7 Std.), Nong Khai (1½ Std.) und Udon Thani (2½ Std.) verkehren regelmäßig Busse über die Freundschaftsbrücke. Außerdem starten jeden

Tag mehrere Züge (www.railway.co.th/english) von Bangkok nach Nong Khai (ca. 12 Std.) und von Nong Khai zum Bahnhof Dongphasy in Vientiane. Von Udon Thani gibt's billige Flüge mit Air Asia (www.airasia.com) nach Bangkok und in andere thailändische Städte.

VON THAILAND NACH NORDLAOS

Viele Traveller reisen von oder nach Luang Prabang. Es gibt drei Hauptrouten, doch keine ist in einem Rutsch zu bewältigen. Die Strecke Chiang Rai–Houay Xay–Luang Prabang gilt als die bei Weitem touristenfreundlichste und potenziell schnellste. Mit Bussen braucht man dafür 24 Stunden, mit der Kombination aus Bus und Boot zwei Tage. Wer sich für sie entscheidet, fährt über Chiang Khong/Houay Xay. Wenn man morgens mit dem ersten Bus in Chiang Rai startet, erwischt man noch das Slowboot von Houay Xay nach Luang Prabang, das am nächsten Abend ankommt. Alternativ fährt man mittags in Chiang Rai los und nimmt den Nachtbus um 17 Uhr (schneller, aber nicht empfehlenswert, wenn man die Reise mit der schönen Schifffahrt vergleicht), die am späten Vormittag des darauffolgenden Tages in Luang Prabang eintrifft. Durchgangsfahrkarten für die gesamte Reise ab Chiang Mai oder Chiang Rai sind meistens überteuert. Die anderen Routen sind ebenfalls durchaus machbar, werden aber von ausländischen Touristen kaum genutzt, deshalb sollte man sich auf irgendeine Art und Weise mit den Einheimischen verständigen können, wenn man sich dafür entscheidet. Wegen der begrenzten Verkehrsmittel und schlechten Straßen ist man unter Umständen mehrere Tage unterwegs. Zur Wahl stehen die Strecke Nan–Muang Ngeun–Luang Prabang und die noch abgelegenere Route Loei–Pak Lai–Xayaboury.

VON THAILAND NACH ZENTRALLAOS

Die Grenzübergänge, die zwischen dem Nordosten Thailands und Zentrallaos über den Mekong führen, werden zwar nur von wenigen Touristen genutzt, sind aber bequem und unkompliziert.

Überquert man die Grenze bei Nakhon Phanom und Thakhek, geht's mit den täglich verkehrenden Bussen von Bangkok nach Nakhon Phanom (12 Std.) weiter. Billigfluglinien sind allerdings fast genauso günstig und viel schneller.

Die Brücke zwischen Mukdahan und Savannakhet ist der südlichste für Ausländer geöffnete Grenzposten über den Mekong. Zwischen Bangkok und Mukhadan pendeln mehrere Busse (10 Std.), und zwischen Mukhadan und dem Busbahnhof in Savannankhet fährt der Thai-Lao International Bus (45 Min.). Außerdem gibt's Kombi-Optionen aus Fahren und Fliegen mit Billigfluglinien über den Flughafen Nakhon Phanom.

Weniger empfehlenswert ist der Mekong-Grenzübergang zwischen Bung Kan und Pakxan, da auf der thailändischen Seite reguläre Verkehrsverbindungen fehlen.

VON THAILAND NACH SÜDLAOS

Internationale Busse verkehren zweimal täglich zwischen Pakxe und Ubon Ratchathani (4 Std. inklusive Flussüberfahrt) und passieren dabei den Grenzübergang bei Vang Tao (Laos) und Chong Mek (Thailand). Außerdem gibt's jeden Tag eine Direktverbindung nach Bangkok. In Pakxe werden kombinierte Bus- und Zugtickets verkauft.

Vietnam

Bei Redaktionsschluss konnten Ausländer zwischen Laos und Vietnam sieben verschiedene Grenzposten nutzen und dort 30-tägige Touristenvisa für Laos bekommen. Das Visum für Vietnam müssen Besucher bestimmter Herkunftsländer dagegen im Voraus besorgen (in Luang Prabang, Vientiane, Savannakhet oder Pakxe). Ausgenommen sind Bewohner der Länder des Verbands Südostasiatischer Nationen (ASEAN), Japans und Südkoreas sowie Skandinaviens, Frankreichs, Italiens, Spaniens, Deutschlands und Großbritanniens. Wir empfehlen den Direktbus anstelle einer Reise in Etappen, denn an entlegenen Grenzübergängen kann es sehr schwierig sein, die Weiterreise zu arrangieren.

VON VIETNAM NACH NORDLAOS

Eine immer beliebtere Alternative zu der höllischen 24-Stunden-Busfahrt zwischen Hanoi und Vientiane ist es, im Nordwesten Vietnams zu starten, dann in den täglichen Bus von Dien Bien Phu nach Muang Khua zu steigen und die Grenze in Tay Trang zu passieren, von wo aus man die faszinierende Provinz Phongsaly erreicht. Wer es eilig hat, kann in zwei Tagen von Dien Bien Phu nach Luang Prabang reisen (mit Übernachtung in Muang Khua). Schöner ist es aber, es langsam angehen zu lassen, die Flussboote auf dem Nam Ou zu nutzen und in Nong Khiao einen Zwischenstopp einzulegen.

Andere geeignete Ausgangspunkte sind die vietnamesischen Städte Thanh Hoa und Vinh. Die täglichen Busse von Thanh Hoa nach Sam Neua über den Grenzübergang bei Nam Soi verkehren auf einer reizvollen Strecke und bieten sich an, wenn man auf der langen Überlandreise nach Luang Prabang die denk-

Grenzübergänge

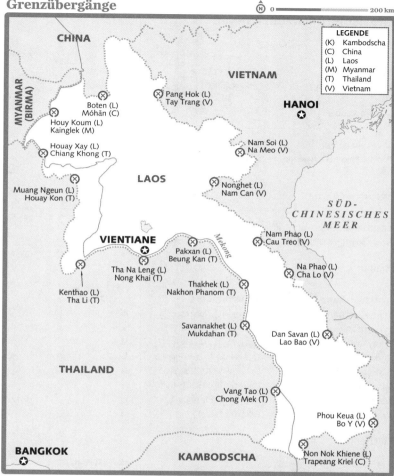

⊙Ⓝ 0 ▬▬▬▬▬▬▬▬▬▬▬ 200 km

CHINA

VIETNAM

HANOI ✪

LEGENDE
(K) Kambodscha
(C) China
(L) Laos
(M) Myanmar
(T) Thailand
(V) Vietnam

MYANMAR (BIRMA)

⊗ Boten (L)
Móhān (C)

⊗ Houy Koum (L)
Kainglek (M)

⊗ Houay Xay (L)
Chiang Khong (T)

⊗ Pang Hok (L)
Tay Trang (V)

⊗ Nam Soi (L)
Na Meo (V)

LAOS

⊗ Nonghet (L)
Nam Can (V)

⊗ Muang Ngeun (L)
Houay Kon (T)

*SÜD-
CHINESISCHES
MEER*

VIENTIANE ✪

⊗ Nam Phao (L)
Cau Treo (V)

⊗ Pakxan (L)
Beung Kan (T)

⊗ Tha Na Leng (L)
Nong Khai (T)

⊗ Na Phao (L)
Cha Lo (V)

Mekong

⊗ Kenthao (L)
Tha Li (T)

⊗ Thakhek (L)
Nakhon Phanom (T)

⊗ Savannakhet (L)
Mukdahan (T)

⊗ Dan Savan (L)
Lao Bao (V)

THAILAND

⊗ Vang Tao (L)
Chong Mek (T)

⊗ Phou Keua (L)
Bo Y (V)

BANGKOK ✪

⊗ Non Nok Khiene (L)
Trapeang Kriel (C)

KAMBODSCHA

---

würdigen Vieng-Xay-Höhlen besuchen möchte.

Die Busse auf der Strecke von Vinh nach Phonsavan passieren die Grenze am einsamen Übergang Nam Can und ermöglichen unterwegs den Besuch der mysteriösen Ebene der Tonkrüge, allerdings fahren sie nicht jeden Tag.

VON VIETNAM NACH VIENTIANE & ZENTRALLAOS

Es gibt Direktbusse von Hanoi und Ho-Chi-Minh-Stadt nach Vientiane. Alternativ kann man einen Zwischenstopp im sehr schönen, aber relativ selten besuchten Zentrallaos einlegen. In Zentralvietnam hat man mehrere Möglichkeiten. Der größte und unkompliziierteste Grenzübergang ist der bei Lao Bao, den man am leichtesten von Dong Ha aus erreicht. In Laos lohnt ein Zwischenstopp in Savannakhet oder in Xephon, wo man die Überreste des Ho-Chi-Minh-Pfads besichtigen kann. Weiter nördlich befin-

det sich der Grenzübergang bei Chao Lo, doch das einzige Verkehrsmittel dort ist der Bus zwischen Dong Hoi und Thakhek. Als beliebtester Grenzübergang gilt der bei Cau Treo. Über Vinh ist er leicht zu erreichen, außerdem verkehren auf dieser Route auch die Direktbusse zwischen Vientiane und Hanoi. Unterwegs bietet sich ein Abstecher an, um den spektakulären unterirdischen Fluss der Tham Kong Lor zu besuchen.

LAOTISCHE GRENZÜBERGÄNGE

China

GRENZÜBERGANG	NÄCHSTE STÄDTE	VISA BEI EINREISE ERHÄLTLICH
Boten (L)/Móhān (C)	Luang Namtha (L), Mengla (C)	Nur für Laos

Kambodscha

GRENZÜBERGANG	NÄCHSTE STÄDTE	VISA BEI EINREISE ERHÄLTLICH
Non Nok Khiene (L)/Trapeang Kriel (K)	Si Phan Don (L), Stung Treng (K)	Ja

Myanmar (Birma)

GRENZÜBERGANG	NÄCHSTE STÄDTE	VISA BEI EINREISE ERHÄLTLICH
Houy Koum (L)/Kainglek (M)	Luang Namtha (L), Tachilek (M)	Nein

Thailand

GRENZÜBERGANG	NÄCHSTE STÄDTE	VISA BEI EINREISE ERHÄLTLICH
Tha Na Leng (L)/Nong Khai (T)	Vientiane (L), Nong Khai (T)	Ja
Pakxan (L)/Beung Kan (T)	Pakxan (L), Beung Kan (T)	Nein
Houay Xay(L)/Chiang Khong (T)	Houay Xay (L), Chiang Rai (T)	Ja
Thakhek(L)/Nakhon Phanom(T)	Thakhek (L), Nakhon Phanom (T)	Ja
Savannakhet (L)/Mukdahan (T)	Savannakhet (L), Mukdahan (T)	Ja
Vang Tao (L)/Chong Mek (T)	Pakxe (L), Ubon Ratchathani (T)	Ja
Muang Ngeun (L)/Huay Kon (T)	Hong Sa (L), Phrae (T)	Ja
Kenthao (L)/Tha Li (T)	Pak Li (L), Loei (T)	Ja

Vietnam

GRENZÜBERGANG	NÄCHSTE STÄDTE	VISA BEI EINREISE ERHÄLTLICH
Dan Savanh (L)/Lao Bao (V)	Savannakhet (L), Dong Ha (V)	Laos alle/Vietnam einige
Phou Keua (L)/Bo Y (V)	Attapeu (L), Kontum (V)	Laos alle/Vietnam einige
Na Phao (L)/Cha Lo (V)	Thakhek (L), Dong Hoi (L)	Laos alle/Vietnam einige
Nonghet (L)/Nam Can (V)	Phonsavan (L), Vinh (V)	Laos alle/Vietnam einige
Nam Phao (L)/CauTreo (V)	Thakhek (L), Vinh (V)	Laos alle/Vietnam einige
Na Meo (L)/Nam Soi (V)	Sam Neua (L), Thanh Hoa (V)	Laos alle/Vietnam einige
Pang Hok (L)/Tay Trang (V)	Muang Khua (L), Dien Bien Phu (V)	Laos alle/Vietnam einige

VON VIETNAM NACH SÜDLAOS

Zwischen Pakxe und Kontum verkehrt jeden Tag jeweils ein Bus in beide Richtungen, der die Orte Xekong und Attapeu sowie die Grenze zwischen Phou Keua (Laos) und Bo Y (Vietnam) passiert. Die gesamte Fahrt dauert normalerweise ungefähr neun Stunden. Für die Strecke von Attapeu nach Kontum braucht man etwa halb so lange.

Flugzeug

Von Laos aus gibt's Verbindungen in viele Länder im Umkreis, etwa nach Thailand, Vietnam, Kambodscha, Malaysia, Singapur, China und Südkorea. Der beste internationale Ausgangspunkt, um nach Laos zu reisen, ist Bangkok. Zahlreiche Airlines steuern die thailändische Hauptstadt an. Wer nur für eine kurze Zeit nach Laos reist, kommt mit einem Flug nach Bangkok mit Zwischenstopp günstiger weg. Von dort aus kann man per Flugzeug, Zug oder Bus nach Laos weiterreisen.

Flughäfen & Fluglinien

In Laos gibt's vier internationale Flughäfen: den **Internationalen Flughafen Wattay** (Karte S. 142; ☑021-512165; www.vientianeairport.com) in Vientiane, den **Internationalen Flughafen Luang Prabang** (☑071-212173; ☎), den **Internationalen Flughafen Savannakhet** (Karte S. 206; ☑041-212140; Th Kaysone Phomvihane) und den **Internationalen Flughafen Pakxe** (Route 13).

Lao Airlines, die nationale Fluggesellschaft, hat allerdings ein Monopol auf die meisten internationalen Verbindungen.

Air Asia (Karte S. 142; www.airasia.com; Wattay Airport International Terminal) Fliegt täglich von Vientiane nach Bangkok und Kuala Lumpur, außerdem von Luang Prabang nach Bangkok und Kuala Lumpur.

Bangkok Airways (www.bangkokair.com) Verkehrt täglich zwischen Bangkok und Vientiane, Luang Prabang und Pakxe und fliegt außerdem von Chiang Mai nach Luang Prabang.

China Eastern Airlines (www.ce-air.com) Tägliche Flüge von Vientiane nach Kunming und Nanning.

Korean Air (www.koreanair.com) Tägliche Flugverbindungen zwischen Vientiane und Seoul.

Lao Airlines (www.laoairlines.com) Nationale Fluggesellschaft mit einem umfangreichen internationalen Streckennetz. Flüge von Vientiane nach Bangkok, Chiang Mai, Guangzhou, Hanoi, Ho-Chi-Minh-Stadt, Kunming, Phnom Penh, Siem Reap und Singapur; von Luang Prabang nach Bangkok, Chiang Mai, Hanoi und Siem Reap; von Pakxe nach Bangkok, Da Nang, Ho-Chi-Minh-Stadt und Siem Reap; sowie von Savannakhet nach Bangkok und Da Nang.

Thai Airways (www.thaiairways.com) Tägliche Verbindungen von Vientiane und Luang Prabang nach Bangkok.

Vietnam Airlines (www.vietnamairlines.com) Flüge zwischen Vientiane und Ho-Chi-Minh-Stadt, Hanoi und Phnom Penh sowie zwischen Luang Prabang, Hanoi und Siem Reap.

UNTERWEGS VOR ORT

Reisen sind in Laos generell sehr günstig, können aber deutlich länger dauern als ein Blick auf die Landkarte vermuten ließe.

Auto Wer nicht aufs Budget schauen muss und nur wenig Zeit zur Verfügung hat, reist am komfortabelsten und schnellsten in einem Mietwagen mit Fahrer.

Bus Auf den wichtigsten Strecken ab Vientiane verkehren moderne Busse, in den abgelegenen Teilen des Landes sind die Fahrzeuge so alt wie die Landschaft selbst.

Flugzeug Laos hat ein weit verzweigtes Netz an Inlandsflügen, das Besuchern bei einem kurzen Aufenthalt viel Zeit sparen kann.

Schiff/Boot Die Flüsse sind Laos' Herzstück und aus dem Verkehrsnetz nicht wegzudenken.

Auto & Motorrad

Fahren ist in Laos einfacher, als es aussieht, denn verglichen mit Vietnam, China oder Thailand gibt's außerhalb der großen Zentren nur ein sehr geringes Verkehrs-

aufkommen, allerdings auch verhältnismäßig wenig Straßen.

Motorradausflüge erfreuen sich bei Travellern immer größerer Beliebtheit. Eine Fülle an Infos darüber liefert **Golden Triangle Rider** (www.gt-rider.com).

Eigene Fahrzeuge mitbringen

Um ein Fahrzeug mit nach Laos zu bringen, braucht man lediglich einen Eigentümernachweis und ein *carnet*, das an einer internationalen Grenze abgestempelt werden muss. Eine zusätzliche Gebühr oder Erlaubnis ist nicht erforderlich.

Wer aus Thailand kommt, wo das *carnet*-System nicht anerkannt wird, benötigt eine Internationale Transportgenehmigung, die in Thailand *lêm sïi mûang* heißt. Man bekommt sie im Land Transport Office (☑0 4241 1591, App. 103; ⏰8.30–16.30 Uhr) in Nong Khai. Dafür braucht man den Fahrzeugschein, den Nachweis der bezahlten Kfz-Steuer, den Reisepass und einen Internationalen oder thailändischen Führerschein.

In Laos benötigt man alle bereits genannten Dokumente und muss außerdem eine laotische Fahrzeugversicherung abschließen (etwa 300 B pro Woche).

Wenn die Papiere in Ordnung sind, kann man relativ problemlos mit eigenem Fahrzeug nach Thailand oder Kambodscha ausreisen. Für Vietnam sieht das Ganze schon anders aus; am besten verzichtet man darauf, die Grenze mit dem eigenen Auto zu überqueren. Wer nach China will: Es ist praktisch unmöglich, mit einem Fahrzeug, das größer als ein Rad ist, über die Grenze zu kommen.

Führerschein

Zumindest offiziell ist ein Internationaler Führerschein erforderlich, um in Laos zu fahren. Wer nur ein Motorrad

KLEINER BOOTSFÜHRER

Hier einige der *héua* (Boote), die man unterwegs auf den vielen Flüssen des Landes sieht:

Héua sáh (Doppeldecker-Slowboot) Große alte und mittlerweile sehr selten gewordene Schiffe.

Héua dooan (Expressboot) Überdachtes Frachtschiff, das häufig auf der Strecke von Houay Xay nach Luang Prabang unterwegs ist. Langsam, aber schneller als Doppeldeckerboote.

Héua wái (Schnellboot) Ähnelt einem Surfbrett mit hinten aufgeschnalltem Automotor. Sehr schnell, berauschend, ohrenbetäubend laut, unbequem und ziemlich gefährlich. Nicht zu empfehlen.

Héua hähng nyáo (Langboot) In ganz Laos verbreitetes Boot mit frei am Heck aufgehängtem Automotor.

Héua pái (Ruderboot) Nicht viel mehr als ein Einbaum ist dieses in Si Phan Don verbreitete Ruderboot.

mieten will, wird praktisch nie nach irgendeiner Lizenz gefragt.

Sprit & Ersatzteile

Bei Redaktionsschluss kostete 1 l Benzin ungefähr 1 US$, Diesel etwas weniger. Kraftstoff für Motorräder wird in Dörfern auch privat direkt aus Fässern oder Beerlao-Flaschen verkauft, aber die Preise sind fast immer höher als an den Tankstellen. Diesel gibt's in den meisten Orten. Am besten tankt man in größeren Städten bei bekannten Tankstellenunternehmen, denn die Qualität des Kraftstoffs ist in abgelegenen Gegenden unter Umständen schlechter.

Mietfahrzeuge

In China und Japan hergestellte kleine Motorräder mit 100 bzw. 110 ccm kann man in den meisten großen und einigen kleineren Städten für 40 000 bis 100 000 Kip pro Tag mieten. Der Zustand der Maschinen ist höchst unterschiedlich. Ein Führerschein wird dafür nicht verlangt. Wer eine Tour außerhalb der großen Städte unternehmen möchte, besorgt sich am besten ein japanisches Motorrad. In Vientiane, Luang Prabang, Vang Vieng, Thak-

hek und Pakxe gibt's für etwa 25–50 US$ pro Tag Dirtbikes mit 250 ccm.

Autos mit oder ohne Fahrer werden zum selben Preis vermietet. Dabei sollte man bedenken, dass ein Fahrer die Verantwortung für Schäden übernimmt und weiß, wo es langgeht. Je nach Route liegen die Preise zwischen 40 und 100 US$ pro Tag.

Avis (Karte S. 146; ☑021-223867; www.avis.la; Th Setthathirath; ◔Mo–Fr 8.30–18.30, Sa & So bis 13 Uhr) in Vientiane ist eine verlässliche Autovermietung. Motorräder vermieten **Drivenbyadventure** (☑020-58656994; www.hochi minhtrail.org; Verleih pro Tag 38–95 US$, geführte Touren pro Tag 160–200 US$) und **Fuark Motorcycle Hire** (☑021-261970; fuarkmotorcross@ yahoo.com) in Vientiane.

Versicherung

Autoverleiher bieten fast immer Versicherungen an, die man allerdings genau unter die Lupe nehmen sollte. Achtung: Die meisten Reisepolicen decken die Nutzung von Motorrädern nicht ab.

Straßenverhältnisse

Der Straßenbau hat Laos in den vergangenen zehn Jahren größtenteils anständige

Hauptverbindungen beschert. Abseits dieser Routen erstrecken sich lediglich holprige unbefestigte Wege, die mehr als drei Viertel der 23 000 km an ausgewiesenen Straßen im ganzen Land ausmachen. Sie sind besonders in der Regenzeit tückisch, wenn auf ihnen oftmals nur noch Allradwagen und Motorräder verkehren können. Während der Trockenzeit machen die vom Gegenverkehr aufgewirbelten Staubwolken das Fahren ausgesprochen ungemütlich, besonders im *sŏrngtǎaou* oder auf einem Motorrad. Aus diesem Grund sollte man immer eine Gesichtsmaske dabeihaben. Unabhängig vom Wetter sorgen die bergigen Gegenden in Laos aber ohnehin für langsames Vorwärtskommen.

Risiken

Man sollte vermeiden, in der Dämmerung und bei Nacht zu fahren: Dann sind auf den unbeleuchteten Straßen Kühe, Büffel, Hühner und Hunde sowie jede Menge Menschen unterwegs und verwandeln diese in einen gefährlichen Hindernisparcours.

Verkehrsregeln

Im laotischen Straßenverkehr sollte man immer auf alles gefasst sein. Gefahren wird rechts, aber gelegentlich sieht man auch Laoten, die in der falschen Richtung auf der linken Spur unterwegs sind, bevor sie nach rechts hinüberziehen – wenn man nicht darauf vorbereitet ist, kann das gefährlich werden. An Einmündungen ist es ganz normal rechts abzubiegen, ohne vorher nach links zu sehen.

Tipps für Motorradtouren

Kaum ein Reiseerlebnis ist befreiender, als mit einem Motorrad loszubrausen und anzuhalten, wo und wann man will. Dafür gilt Laos als eine der besten Gegenden in der Region: Hier gibt's nur wenig Verkehr und erstaunlich schöne Routen. Allerdings sollte man ein paar Dinge wissen, bevor man seinen Pass als Pfand aushändigt, um ein Motorrad zu mieten.

Motorrad Weil sie preiswert und meist verfügbar sind, mieten fast alle Traveller chinesische 110-ccm-Maschinen. Solche Motorräder sind nicht darauf ausgerichtet, wie Dirtbikes gefahren zu werden. Japanische Modelle eignen sich besser und lohnen die paar Extradollars pro Tag.

Kilometerzähler Da zahlreiche Straßen keine Kilometersteine haben und Abzweigungen oft nicht angezeigt werden, sollte das Motorrad über einen funktionierenden Kilometerzähler verfügen. Fast alle Motorradläden können für ein paar Dollars innerhalb von zehn Minuten einen Zähler anbringen. Gut angelegtes Geld, solange man daran denkt, vor dem Losfahren den Kilometerstand zu merken.

Ausrüstung Nicht starten ohne Sonnencreme, Hut, Regenjacke oder -poncho, Bandana und Sonnenbrille! Vor allem die beiden Letzteren sind wichtig, denn selbst auf den geteerten Straßen

wird ordentlich Staub aufgewirbelt. Ein Helm ist unverzichtbar (danach fragen, wenn keiner angeboten wird), ebenso Hosen und Schuhe, um verbrannte Beine zu vermeiden.

Probleme Falls man nicht außerordentliches Glück hat, geht mit Sicherheit irgendwas schief. Dafür sollte man Zeit einplanen.

Haftung Im Allgemeinen kann man in Laos ohne Führerschein, Helm und jegliche Sicherheitsausrüstung Motorrad fahren, doch man muss auch die Verantwortung für eventuelle Folgen übernehmen. Wenn man einen Unfall hat, gibt's keinen Krankenwagen, der einen aufliest. Selbst wenn man eine Klinik findet, sind die Einrichtungen dort nur elementar. Am besten trägt man einen kleinen Verbandskasten und die Telefonnummern von thailändischen Krankenhäusern sowie der Reiseversicherungsagentur bei sich. Ähnlich verhält es sich mit dem Motorrad. Falls es liegen bleibt, kann man nicht einfach telefonisch Ersatz beim Unternehmen anfordern. Man wird es auf den nächsten Pick-up oder das nächste *sŏrngtăaou* laden und irgendwohin zur Reparatur bringen müssen. Einfach auf der Straße zurücklassen

sollte man es auch nicht, sonst muss man dem Vermieter eine neue Maschine bezahlen.

Bus & Sŏrngtăaou

Öffentliche Verkehrsmittel für Langstrecken sind in Laos entweder Busse oder *sŏrngtăaou* (wörtlich „zwei Reihen"), umgebaute Pickups oder Trucks mit Bänken auf beiden Seiten. Private Unternehmen haben auf einigen häufig genutzten Strecken VIP-Verbindungen mit schnelleren luxuriösen, klimatisierten Bussen eingerichtet, die etwas mehr als reguläre Busse kosten. Viele Pensionsbetreiber reservieren Plätze gegen eine kleine Gebühr.

Sŏrngtăaou legen normalerweise kürzere Strecken innerhalb einer Provinz zurück. Auch die kleinsten Dörfer haben mindestens einen Passagierlaster, der fast täglich in die Provinzhauptstadt und zurück fährt.

Fahrrad

Dank der wunderschönen Umgebung und des geringen,

VERKEHRSMITTEL & -WEGE BUS & SŎRNGTĂAOU

ENTFERNUNGEN (KM)

	Attapeu	Luang Namtha	Luang Prabang	Muang Khong	Nong Haet	Pakxe	Phongsaly	Phonsavan	Sam Neua	Savannakhet	Thakhek	Oudom Xay	Vang Vieng
Luang Namtha	1400												
Luang Prabang	1130	270											
Muang Khong	190	1380	1110										
Nong Haet	1280	580	350	1260									
Pakxe	210	1250	980	120	1130								
Phongsaly	1550	360	410	1520	720	1390							
Phonsavan	1170	470	250	1150	110	1020	620						
Sam Neua	1350	450	460	1320	300	1190	590	180					
Savannakhet	410	1050	780	390	930	250	1190	820	990				
Thakhek	480	920	650	460	800	370	1070	690	870	130			
Oudom Xay	1290	110	180	1270	470	1140	250	360	440	940	820		
Vang Vieng	970	440	170	940	320	810	580	220	480	650	490	350	
Vientiane	810	680	390	790	470	660	810	380	620	500	330	580	150

ziemlich langsamen Verkehrs in den meisten Städten sowie auf den Nationalstraßen ist Laos verglichen mit anderen südostasiatischen Ländern für Radfahrer überaus attraktiv.

Einfache Fahrräder ohne Gangschaltung kann man fast überall dort mieten, wo es Tourismus gibt. Sie kosten in der Regel rund 20 000 Kip pro Tag. Für bessere Mountainbikes zahlt man zwischen 40 000 und 80 000 Kip pro Tag.

Flugzeug

Inlandsflüge zu kleineren Flughäfen werden relativ häufig wegen Nebels gestrichen, im März auch wegen starken Rauchs aufgrund der saisonalen Brandrodung. Einen Flug in den Ferien bucht man am besten lange im Voraus, denn dann sind die Maschinen oft voll. Außerhalb der Urlaubszeiten, wenn Verbindungen häufiger gestrichen werden, sollte man sich den Flug ein oder zwei Tage vorher bestätigen lassen.

Fluglinien in Laos

Lao Airlines (www.laoairlines. com) Die wichtigste Fluglinie für Inlandsflüge verbindet Vientiane mit Luang Prabang, Luang Nam Tha, Pakxe, Phonsavan, Savannakhet und Udomxai.

Lao Skyway (Karte S. 142; 021-513022; www.laoskyway. com; Domestic Terminal, Internationaler Flughafen Wattay; 8–20 Uhr) Eine neuere Fluglinie für Inlandsflüge von Vientiane nach Udomxai, Luang Prabang, Huay Xai und Luang Namtha.

Mit Ausnahme der Büros von Lao Airlines' in den größeren Städten, wo Kreditkarten sowohl für Fern- als auch für Inlandsverbindungen akzeptiert werden, zahlt man Flugtickets bar in US-Dollar.

Nahverkehr

Obwohl die meisten Städte so klein sind, dass man alle wichtigen Punkte zu Fuß erreicht, befinden sich die Busbahnhöfe selbst in relativ kleinen Orten oft mehrere Kilometer außerhalb.

Bus

Vientiane ist die einzige Stadt mit einem lokalen Busnetz, doch für Traveller eignet es sich abgesehen von wenigen empfohlenen Routen nicht wirklich.

Sŏrngtăaou, Jumbo, Sähm-Lór & Tuk-tuk

Die Pick-ups und dreirädrigen Taxis haben je nach Region unterschiedliche Namen. Am größten sind sŏrngtăaou, die in manchen Gegenden als Busse und rund um größere Städte als Linienbusse eingesetzt werden. Größere dreirädrige Fahrzeuge, die vier bis sechs Passagiere auf zwei gegenüberliegenden Sitzen befördern können, heißen eigentlich jàmbòh (Jumbo). In Vientiane nennt man sie aber manchmal tuk-tuks wie in Thailand (obwohl ein tuk-tuk in Laos ein geringfügig längeres Fahrzeug als ein jumbo ist). Und zur endgültigen Verwirrung werden die dreirädrigen Verkehrsmittel auch einfach als taak-see (Taxi) oder – in der Regel bei Fahrrädern mit Motor und Seitenwagen – als sähm-lór (Dreirad bzw. Fahrradriksha) bezeichnet. Letzteres ist in anderen Ländern Indochinas als cyclo bekannt und in Laos quasi eine bedrohte Spezies.

Taxi

Normalerweise sind in Vientiane ein paar Autotaxis unterwegs, die von ausländischen Geschäftsleuten und gelegentlich auch von Touristen genutzt werden. In anderen Städten kann man etwas Ähnliches wie ein Taxi für eine bestimmte Strecke mieten, stundenweise oder für ganze Tage. Für Fahrten innerhalb der Stadt beträgt die Tagesmiete pro Taxi zwischen 35 und 50 US$. Der Betrag ist Verhandlungssache

Zug

Derzeit ist das Schienennetz in Laos nur 3 km lang: Es verbindet Nong Khai über die Freundschaftsbrücke mit der Präfektur Vientiane. Diese Strecke soll bis ins Zentrum von Vientiane ausgebaut und in Zukunft an die von China finanzierte Trasse Kunming–Vientiane über Luang Prabang, die momentan gelegt wird, angeschlossen werden.

Schiff/Fähre

Mehr als 4600 km schiffbare Wasserwege dienen als Hauptverkehrsstraßen des traditionellen Laos, darunter der Mekong, Nam Ou, Namkan, Nam Tha, Nam Ngum und Xe Kong. Als längste und wichtigste Wasserstraße ist der Mekong zwischen Luang Prabang im Norden und Savannakhet im Süden (etwa 70 % seiner Länge in Laos) das ganze Jahr über schiffbar. Nebenflüsse bieten Platz für kleinere Schiffstypen von Einbäumen bis zu „Bombenbooten", die aus Kriegsschrott bestehen.

Ob nun auf einer Touristenfähre von Houay Xay nach Luang Prabang oder auf einem einheimischen Boot, das man in irgendeiner versteckten Ecke des Landes aufgetrieben hat – eine Bootsfahrt in Laos lohnt sich immer.

Flussfähren (Slowboats) & Flusstaxis

Die Flussfahrt auf einem Slowboat zwischen Houay Xay und Luang Prabang ist die beliebteste in Laos und findet täglich statt. Sie dauert zwei Tage und kostet pro Person nur rund 200 000 Kip oder 25 US$. Von Houay Xay nach Luang Prabang sind die Boote oft gerammelt voll, in der Gegenrichtung von Luang Prabang scheint mehr Platz zu sein. Alle Passagiere sitzen, essen und schlafen auf dem Holzdeck. Die Toilette (wenn es eine gibt) ist ein abgedecktes Loch im Deck auf der Rückseite des Bootes.

Für kürzere Fahrten, etwa von Luang Prabang zu den Pak-Ou-Höhlen, bucht man am besten ein Flusstaxi. Meist handelt es sich dabei um *héua hang nyáo* (Langboote), die etwa 10 US$ pro Stunde kosten.

Auf dem oberen Mekong zwischen Houay Xay und Vientiane sind in Thailand hergestellte *héua wái* (Schnellboote) üblich. Sie legen in sechs Stunden eine Entfernung zurück, für die eine Fähre zwei Tage oder länger braucht. Die Miete beträgt mindestens 30 US$ pro Stunde. Da einige der Boote regelmäßig verkehren, können die Kosten unter den Passagieren aufgeteilt werden. Achtung: Sie sind recht gefährlich und sollten nur genommen werden, wenn es gar nicht anders geht.

Geführte Touren

Da es nicht mehr so viele öffentliche Fähren gibt, bieten Reiseveranstalter Kajak- und Raftingausflüge auf einigen der landschaftlich schöneren Flussabschnitte an. Die besten Anlaufstellen dafür sind Luang Namtha, Luang Prabang, Nong Khiao, Vang Vieng, Thakhek und Pakxe.

Wer es etwas luxuriöser mag: **Mekong Cruises** (www.mekong-cruises.com) und **Mekong River Cruises** (Karte S. 44; ✆030-78600017, 071-254768; www.cruiseme kong.com; 22/2 Th Sakkarin, Ban Xieng Thong, Luang Prabang; geführte Touren von/nach Bangkok inkl. Flug 1650–2980 US$ pro Pers.) haben mehrtägige Kreuzfahrten auf dem Mekong mit runderneuerten Flussschiffen im Programm.

Gesundheit

Dr Trish Batchelor
Je nachdem, wohin man in Laos reist, ist die Qualität der medizinischen Versorgung sehr unterschiedlich. Traveller neigen dazu, tropische Infektionskrankheiten zu überschätzen, obwohl sie selten zu ernsthaften Erkrankungen oder gar Todesfällen führen. Dagegen sind bereits bestehende körperliche Beschwerden wie eine Herzerkrankung sowie Unfallverletzungen für die häufigsten lebensbedrohlichen Probleme verantwortlich. Die meisten Krankheiten kann man aber entweder durch gesunden Menschenverstand vermeiden bzw. mithilfe einer gut ausgestatteten Reiseapotheke behandeln.

Vor der Reise

Arzneimittel sollten in der Originalverpackung bleiben. Zudem ist es sinnvoll, einen unterschriebenen und datierten Brief des Hausarztes mitzuführen, der die Notwendigkeit der Einnahme belegt. Das gilt auch für die Mitnahme von Spritzen und Nadeln.

Wer regelmäßig auf Medikamente angewiesen ist, bringt am besten die doppelte Menge mit, falls die Arzneimittel verloren gehen oder gestohlen werden. Einige Medikamente (insbesondere neue, die gerade auf dem Markt erschienen sind) sind in Laos unter Umständen nur schwer zu bekommen, besonders Antidepressiva,

Mittel gegen zu hohen oder zu niedrigen Blutdruck und die Antibabypille.

Versicherung

Auch wer fit und gesund ist, sollte nicht auf eine Reisekrankenversicherung verzichten, denn Unfälle können immer und jederzeit passieren. Vor Reiseantritt muss man der Versicherung jedes gesundheitliche Problem mitteilen. Viele Gesellschaften werden das überprüfen und die Kosten nicht übernehmen, wenn man Informationen zurückgehalten hat. Extremsportarten wie Klettern müssen möglicherweise extra versichert werden. Neben der Übernahme medizinischer Kosten sollte der Versicherungsschutz auch den Rücktransport ins Heimatland beinhalten. Weitere Infos findet man unter www. lonelyplanet.com/travel_ insurance. Eine Rückführung im Notfall kann für Nichtversicherte sehr teuer werden.

Man sollte sich vorab erkundigen, ob die Versicherung die Kosten direkt übernimmt oder man vor Ort zuerst selbst die Krankenrechnung bezahlen muss und das Geld dann zurückbekommt. In Laos erwarten fast alle Ärzte Barzahlung. Wenn man die Kostenerstattung nach der Reise beantragen muss, sollte man unbedingt sämtliche Quittungen aufbewahren.

Reiseapotheke

Checkliste für die persönliche Reiseapotheke:

➡ Abführmittel (Laxative) wie Dulcolax

➡ Antibakterielle Salben, z.B. Pyolysin

➡ Antihistaminika gegen Allergien, z.B. tagsüber Cetirizin und nachts Promethazin

➡ Antiseptikum für Schnitte und Kratzer, z.B. Betaisadonna

➡ Bei Neigung zu Blasenentzündung entsprechende Antibiotika

➡ Entzündungshemmer wie Ibuprofen

➡ Erste-Hilfe-Werkzeug wie Schere, Pflaster, Bandagen, Mullbinden, Fieberthermometer (elektronisch, kein Quecksilberthermometer), sterile Nadeln und Spritzen, Sicherheitsnadeln und Pinzette

➡ Flüssigkeitsersatz bei Durchfallerkrankungen, etwa Normhydral

➡ Halstabletten

➡ Insektenabwehrmittel mit DEET (für die Haut)

➡ Jodtabletten zur Wasserreinigung

➡ Krampflösende Mittel gegen Magenkrämpfe wie Buscopan

➡ Medikamente gegen Durchfall: „Durchfallbremsen" (z.B. Imodium), Antibiotika wie Norfloxacin, Cipro-

EMPFOHLENE & NOTWENDIGE IMPFUNGEN

Die einzige durch internationale Bestimmungen vorgeschriebene Impfung ist die gegen Gelbfieber. Ein Impfnachweis wird nur verlangt, wenn man sich sechs Tage vor der Einreise nach Vietnam in einem Land mit Gelbfiebervorkommen aufgehalten hat.

Auf Tropenmedizin spezialisierte Kliniken sind die beste Informationsquelle. Sie können individuell und reisespezifisch beraten.

Da viele Impfungen erst nach etwa zwei Wochen wirken, sollten sie bereits vier bis acht Wochen vor der Abreise verabreicht werden. Der Arzt stellt einen Internationalen Impfpass aus, der auch als gelbes Heft bezeichnet wird und in dem alle erhaltenen Impfungen aufgeführt sind.

Die Weltgesundheitsorganisation (WHO) empfiehlt Travellern für Südostasien folgende Impfungen, von denen manche Nebenwirkungen haben:

Diphtherie und Tetanus bei Erwachsenen Die Auffrischungsimpfung wird empfohlen, wenn die letzte Impfung zehn Jahre oder länger zurückliegt.

Hepatitis A Bietet nahezu 100 %igen Schutz für ein Jahr; eine Auffrischungsimpfung nach zwölf Monaten schützt mindestens weitere 20 Jahre.

Hepatitis B Gilt inzwischen als Routineimpfung für die meisten Reisenden und wird in drei Dosen über sechs Monate verabreicht. Man kann sie auch als Kombinationsimpfung mit Hepatitis A bekommen. 95 % der Behandelten haben danach lebenslangen Schutz.

Masern, Mumps und Röteln Zwei Impfungen sind nötig, es sei denn man hatte die Krankheit bereits. Viele junge Erwachsene brauchen eine Nachimpfung.

Polio Seit 2006 sind Indien, Indonesien, Nepal und Bangladesch die einzigen Länder, in denen vereinzelte Fälle von Polio auftraten. Um lebenslang geschützt zu sein, braucht man als Erwachsener nur eine Nachimpfung.

Typhus Wird empfohlen, außer wenn die Reise kürzer ist als eine Woche oder man sich nur in Großstädten aufhält. Die einmalige Impfung bietet etwa 70 %igen Schutz und hält zwei oder drei Jahre.

---

floxacin oder Azithromycin; gegen Giardiasis oder Amöbenruhr Metronidazol

➡ Medikamente gegen Pilzinfektionen, z. B. Clotrimazol-Creme oder Diflucan-Tabletten

➡ Mittel gegen Verstopfung, z. B. Leinsamen

➡ Paracetamol gegen Schmerzen

➡ Permethrin (zum Imprägnieren von Moskitonetzen und Kleidung) als Schutz gegen Insekten

➡ Sonnencreme und -hut

➡ Tabletten gegen Reiseübelkeit, z. B. Vomex

➡ Verhütungsmittel

Infos im Internet

Im Internet findet man eine Menge praktische Gesundheitstipps für die Reise.

Weltgesundheitsorganisation (WHO; www.who.int/ith) Gibt ein hervorragendes Buch mit dem Titel *International Travel & Health* heraus, das jährlich aktualisiert wird und online kostenlos bestellt werden kann.

Die Reisemedizin (www.die-reisemedizin.de)

NetDoktor (www.netdoktor.de/reisemedizin)

UNTERWEGS IN LAOS

Medizinische Versorgung & Kosten

Für größere medizinische Notfälle ist Laos nicht eingerichtet. Die staatlichen Krankenhäuser gehören in puncto Hygiene, Personalausbildung, Versorgung und bezüglich der Verfügbarkeit von Medikamenten zu den am schlechtesten ausgestatteten Kliniken in ganz Südostasien.

Leichte bis mittelschwere Fälle (einschließlich Malaria) werden in der **Mahasot Hospital's International Clinic** (Karte S. 142; ☑021-214021; Th Fa Ngoum; ⊙24 Std.) in Vientiane einigermaßen gut versorgt. Darüber hinaus unterstützen einige ausländische Botschaften kleine, aber dafür sehr professionelle medizinische Einrichtungen in der Hauptstadt, darunter die **Australian Embassy Clinic** (Karte S. 142; ☑021-353840; ⊙Mo–Fr 8.30–17 Uhr) und das **French Embassy Medical Center** (Karte S. 142; ☑021-214 150 ; Ecke Th Khu Vieng & Th Simeuang; ⊙Mo, Dir, Do & Fr 8.30–12 & 16.30–19, Mi 13.30–17, Sa 9–12 Uhr).

Bei ernsten Erkrankungen ist man in Thailand besser aufgehoben, vor allem in

Bangkok, wo es ausgezeichnete Krankenhäuser gibt.

Für medizinische Notfälle, die nicht auf den Transport nach Bangkok warten können, ruft man Krankenwagen aus den Orten Nong Khai oder Udon Thani in Thailand. Das **Nong Khai Wattana General Hospital** (☎042-465201) in Nong Khai ist dabei die nächstgelegene Klinik, während sich das besser ausgestattete **Aek Udon Hospital** (☎42-342555; Th Phosri) in Udon Thani eine Fahrstunde weiter von der Grenze entfernt befindet.

Medikamente vor Ort zu kaufen gilt als nicht empfehlenswert, da in Laos gefälschte Präparate und gering dosierte, falsch gelagerte oder abgelaufene Arzneimittel leider keine Seltenheit sind.

Infektions- krankheiten

Durchfall- erkrankungen

Durchfallerkrankungen sind das am weitesten verbreitete gesundheitliche Problem von Urlaubern: Ganze 30 bis 50 % leiden in den ersten zwei Wochen ihrer Reise daran.

Reisedurchfall ist durch mindestens drei wässrige Darmentleerungen innerhalb von 24 Stunden mit mindestens einer Begleiterscheinung wie Fieber, Krämpfen, Übelkeit, Erbrechen oder Unwohlsein definiert.

Die Behandlung besteht darin, zu viel Flüssigkeitsverlust zu verhindern. Am besten eignen sich dazu elektrolythaltige Lösungen wie Normhydral. Antibiotika wie Norfloxacin, Ciprofloxacin oder Azithromycin töten die Bakterien schnell.

Imodium stoppt nur die Symptome, behandelt also nicht die Ursache des Problems. Es kann aber z. B. auf einer langen Busreise hilfreich sein. Bei Fieber oder Blut im Stuhl sollte es jedoch nicht eingenommen werden.

Wer nicht auf ein entsprechendes Antibiotikum anspricht, muss sofort einen Arzt aufsuchen.

AMÖBENRUHR

Amöbenruhr kommt bei Travellern sehr selten vor, wird aber oft fälschlicherweise von schlecht ausgestatteten Labors in Südostasien diagnostiziert. Die Symptome wie Fieber, blutiger Stuhl und Unwohlsein ähneln denen einer bakteriellen Diarrhöe. Bei Blut im Stuhl sollte man sofort einen Arzt aufsuchen. Behandelt wird mit Tinidazole oder Metronidazole (töten die Parasiten im Darm ab) und einem zweiten Mittel (gegen die Zysten). Bleibt die Krankheit unbehandelt, können Leber- und Darmabszesse die Folge sein.

GIARDIASIS

Giardia lamblia ist ein kleiner Parasit, der Reisende recht häufig befällt. Zu den Symptomen zählen Übelkeit, schlimme Blähungen, Müdigkeit und zeitweilig auftretender Durchfall. Der Parasit verlässt den Körper möglicherweise ohne Behandlung, allerdings kann das Monate dauern. Ein übliches Medikament ist Tinidazol; als weitere Option gilt Metronidazol.

Geschlechts- krankheiten

Zu den durch Geschlechtsverkehr übertragbaren Krankheiten gehören in Laos Herpes, Warzen, Syphilis, Gonorrhöe (Tripper) und Chlamydien. Menschen mit diesen Krankheiten haben oft keinerlei Anzeichen einer Infektion. Kondome beugen Gonorrhöe und Chlamydien vor, nicht aber Warzen oder Herpes. Wenn man nach dem Geschlechtsverkehr Hautausschlag, Blasen, Ausfluss oder Schmerzen beim Urinieren bemerkt, sollte man sofort einen Arzt aufsuchen. Wer auf Reisen sexuell aktiv ist, sollte sich zu Hause auf Geschlechtskrankheiten untersuchen lassen.

Hepatitis A

Hepatitis A ist in Südostasien ein großes Problem. Der durch Aufnahme von verunreinigtem Wasser oder Lebensmitteln übertragene Virus infiziert die Leber und verursacht Gelbsucht (gelbe Haut und Augen), Übelkeit sowie Lethargie. Für Hepatitis A gibt's keine bestimmte Behandlung – die Leber regeneriert sich mit der Zeit. Jeder Laosreisende sollte sich gegen Hepatitis A impfen lassen.

Hepatitis B

Die einzige Krankheit, die durch sexuelle Kontakte (bzw. Austausch von Körperflüssigkeiten) übertragen wird und durch eine Impfung vermieden werden kann. In einigen Regionen Südostasiens tragen 20 % der Einwohner den Hepatitis-B-Virus, wobei die Betroffenen das meist gar nicht wissen. Langzeitfolgen können Leberkrebs und -zirrhose sein.

Hepatitis E

Hepatitis E wird durch verunreinigtes Wasser und Lebensmittel übertragen und bewirkt ähnliche Symptome wie Hepatitis A, ist aber weit weniger verbreitet. Für Schwangere stellt sie eine ernsthafte Bedrohung dar und kann zum Tod von Mutter und Kind führen. Es gibt derzeit keinen Impfstoff; zur Vorbeugung wird die Einhaltung der Vorsichtsmaßnahmen beim Essen und Trinken empfohlen.

HIV

Laut Unaids und WHO ist Laos ein „Land mit wenig HIV-Erkrankten". Man schätzt aber, dass in Laos nur etwa ein Fünftel aller Fälle erfasst sind. Sex ist die häufigste Übertragungsart.

Die Verwendung von Kondomen verringert das Infektionsrisiko, kann es aber nicht vollständig ausschließen.

Malaria

Viele Gegenden, das gilt besonders für Städte, stellen so gut wie kein Infektionsrisiko dar und die Nebenwirkungen der Medikamenteneinnahme sind stärker als die Wahrscheinlichkeit zu erkranken. In den meisten ländlichen Gegenden ist die Gefahr, Malaria zu bekommen, allerdings so groß, dass man die Nebenwirkungen der Tabletten in Kauf nehmen muss. Malaria kann immer tödlich enden.

Malaria ist eine parasitäre Infektion, die durch infizierte Moskitos übertragen wird. Das deutlichste Symptom ist Fieber, aber es können auch Anzeichen wie Kopfschmerzen, Durchfall oder Schüttelfrost auftreten. Eine sichere Diagnose bekommt man nur durch eine Blutuntersuchung.

Die Prophylaxe besteht aus dem Schutz vor Stechmücken und der Einnahme von Medikamenten gegen Malaria. Viele Leute, die sich mit Malaria infizieren, nehmen unwirksame oder gar keine Mittel zur Prophylaxe ein.

Traveller sollten sich wie folgt vor Moskitostichen schützen:

➡ Unterkünfte mit Malariagittern und Ventilatoren wählen

➡ Kleidung in Risikogebieten mit Permethrin imprägnieren

➡ Unter einem mit Permethrin imprägnierten Moskitonetz schlafen

➡ Insektenspray einsetzen, bevor man das Zimmer zum Abendessen verlässt

➡ Unbedeckte Hautstellen mit Insektenschutzmitteln einsprühen, die DEET enthalten

➡ Kleidung mit langen Ärmeln und helle Hosen tragen

MALARIAMITTEL

Es gibt verschiedene Mittel gegen Malaria. Lariam (Mefloquin) wurde in der Presse stark kritisiert, teilweise berechtigt. Viele Menschen vertragen die wöchentliche Tablette jedoch gut und ernsthafte Nebenwirkungen

wie Depressionen, Angstzustände, Psychosen oder Krämpfe sind selten. Wer schon unter Depressionen, Angstzuständen, anderen psychischen Erkrankungen oder Epilepsie gelitten hat oder noch leidet, sollte Lariam nicht einnehmen. Es ist fast überall in Südostasien zu 90 % effektiv, allerdings sind in einigen Gegenden Nordthailands, Laos' und Kambodschas erhebliche Resistenzen der Mücken gegen das Mittel aufgetreten. Die Tabletten nimmt man nach dem Verlassen des Risikogebiets noch vier Wochen.

Wer täglich eine Tablette des Breitbandantibiotikums Doxycyclin nimmt, hat zudem einen besseren Schutz vor zahlreichen Tropenkrankheiten. Mögliche Nebenwirkungen sind Lichtempfindlichkeit (mit einer größeren Sonnenbrandgefahr), Pilzinfektionen bei Frauen, Magenverstimmung, Sodbrennen, Übelkeit und Wechselwirkungen mit der Antibabypille. Ernsthaftere Nebenwirkung kann im Extremfall eine Vereiterung der Speiseröhre sein. Dies lässt sich verhindern, indem man die Tablette zu einer Mahlzeit und mit einem großen Glas Wasser einnimmt und sich danach eine halbe Stunde lang nicht hinlegt. Das Medikament muss noch vier Wochen lang genommen werden, nachdem man das Risikogebiet verlassen hat.

Das neue Medikament Malarone ist eine Kombination aus Atovaquone und Proguanil. Nebenwirkungen (Übelkeit und Kopfschmerzen) sind unüblich und schwach. Für Kurzreisende in Risikogebiete eignen sich die Tabletten am besten. Sie müssen nach dem Verlassen des Risikogebiets noch eine Woche genommen werden. Eine weitere Möglichkeit besteht darin, auf die Prophylaxe zu verzichten und ein Mittel zur Notfallbehandlung einzunehmen, sobald man Symptome entwickelt. Das ist jedoch nicht ideal und

man muss innerhalb von 24 Stunden nach dem Auftreten von Fieber ein Krankenhaus aufsuchen. Wenn man sich für diese Option entscheidet, gilt Malarone (4 Tabletten einmal tgl. über 3 Tage) als das effektivste und sicherste Mittel.

Opisthorchiasis (Leberegel)

Die winzigen Würmer kommen in Laos gelegentlich in Süßwasserfischen vor. Das Hauptrisiko besteht im Verzehr von rohem oder nicht ausreichend gekochtem Fisch. Besonders von ungekochtem *ƀạh dàak* (ein nicht pasteurisierter fermentierter Fisch, der als Beilage zu vielen laotischen Gerichten verwendet wird) sollten Traveller die Finger lassen, wenn sie durch ländliche Gebiete reisen.

Seltener zieht man sich beim Schwimmen im Mekong oder seinen Nebenflüssen rund um Don Khong weit im Süden von Laos Leberegel zu.

Bei der leichten Form der Opisthorchiasis spürt man praktisch keine Anzeichen. Wenn man stärker erkrankt, sind die üblichen Symptome allgemeine Müdigkeit, leichtes Fieber und eine angeschwollene oder empfindliche Leber bzw. Schmerzen im Unterleib, zusammen mit Würmern oder Wurmeiern im Stuhl. Opisthorchiasis kann mit Medikamenten recht gut behandelt werden.

Tollwut

Diese tödliche Krankheit wird durch Bisse oder den Speichel infizierter Tiere übertragen, meist von Hunden oder Affen. Nach jedem Tierbiss sollte man sofort einen Arzt aufsuchen und die Nachbehandlung (Postexpositions-Prophylaxe) beginnen. Eine Impfung vor der Reise vereinfacht die Maßnahmen. Wer von einem Tier gebissen wird, sollte die Wunde vorsichtig mit Wasser und Seife auswaschen und

TRINKWASSER

⇒ Niemals Leitungswasser trinken.

⇒ Wasser in Flaschen ist normalerweise in Ordnung. Beim Kauf sollte man prüfen, ob die Flasche richtig verschlossen ist.

⇒ Abkochen gilt als sicherste Methode, um Wasser zu reinigen.

⇒ Jod ist das beste chemische Reinigungsmittel. Schwangere oder Personen mit Schilddrüsenerkrankungen sollten es aber nicht verwenden.

⇒ Wasserfilter sieben Erreger heraus. Sie sollten eine chemische Barriere wie Jod und eine kleine Porengröße aufweisen.

ein jodhaltiges Desinfektionsmittel auftragen. Ist man nicht geimpft, braucht man so schnell wie möglich eine Behandlung mit Immunglobulinen gegen Tollwut.

Tuberkulose

Tuberkulose (TBC) ist bei Kurzzeitreisenden selten. Wer im medizinischen Bereich oder in der Entwicklungshilfe arbeitet, lange Zeit im Land unterwegs ist und Kontakte zur Bevölkerung hat, sollte sich schützen. Geimpft werden normalerweise nur Kinder unter fünf Jahren, aber bei gefährdeten Erwachsenen wird ein TBC-Test empfohlen. Die häufigsten Symptome sind Fieber, Husten, Gewichtsverlust, nächtliche Schweißausbrüche und Müdigkeit.

Typhus

Diese ernsthafte bakterielle Infektion verbreitet sich über verunreinigte Lebensmittel und Wasser. Zu den Symptomen gehören langsam ansteigendes und hohes Fieber sowie Kopfschmerzen, manchmal auch trockener Husten und Magenschmerzen. Typhus wird durch Bluttests nachgewiesen und mit Antibiotika behandelt. Allen Reisenden, die länger als eine Woche in Südostasien verbringen oder sich in ländlichen Regionen aufhalten, ist eine Impfung zu empfehlen.

Gesundheitsrisiken

Essen

In Restaurants besteht das größte Risiko, sich eine Durchfallerkrankung zu holen. Deshalb sollte man auf Folgendes achten: nur frisch zubereitetes Essen zu sich nehmen und einen Bogen um Schalentiere und Büfetts machen. Früchte sollten geschält und Gemüse grundsätzlich gekocht werden. Am besten speist man nur in gut besuchten Restaurants..

Hautprobleme

Pilzbefall ist in den Tropen üblich. Besonders achten muss man auf feuchte Stellen, an die wenig Luft kommt, wie der Schritt, die Achseln und zwischen den Zehen. Zuerst bilden sich rote Flecken, die sich dann langsam ausbreiten und meist jucken. Man sollte die Haut so trocken wie möglich halten, nicht reiben und eine Fungizidsalbe wie Clotrimazol oder Lamisil auftragen.

Schnitte und Kratzer entzünden sich in feuchtwarmem Klima leicht. Um Komplikationen wie Abszesse zu vermeiden, ist eine sorgfältige Pflege aller Verletzungen nötig. Wunden sollten sofort gereinigt und mit einem Antiseptikum behandelt werden.

Hitzeerschöpfung

Fast überall in Südostasien ist es das ganze Jahr über heiß und feucht und man braucht Zeit, um sich an das Klima zu gewöhnen. Füße und Knöchel können anschwellen, und starkes Schwitzen kann Muskelkrämpfe auslösen. Am besten beugt man dem Flüssigkeitsverlust vor und bewegt sich nicht zu viel.

Dehydrierung trägt am stärksten zu einer Erschöpfung durch Hitze bei. Symptome sind Schwächegefühl, Kopfschmerzen, Reizbarkeit, Übelkeit oder Erbrechen, feuchte Haut, ein schneller schwacher Puls kombiniert mit normaler oder leicht erhöhter Körpertemperatur. In diesen Fällen sollte man sofort aus der Sonne oder Hitze gehen, sich Luft zufächeln und kühle feuchte Tücher auf die Haut legen. Außerdem trinkt man am besten Wasser, das mit einem Viertel Teelöffel Salz pro Liter versetzt ist. Meistens erholt man sich schnell wieder, auch wenn man sich oft noch ein paar Tage schlapp fühlt.

Ein Hitzschlag ist ein ernster medizinischer Notfall. Die Symptome treten plötzlich auf: Schwächegefühl, Übelkeit, ein trockener heißer Körper mit Temperaturen über 41 °C, Schwindel, Verwirrung, Koordinationsverlust, Krämpfe und manchmal Kreislaufkollaps oder Ohnmacht. In diesem Fall sofort medizinische Hilfe holen, die Person an einen kühleren Ort bringen, ihre Kleidung ausziehen, kalte Luft zufächeln und kühle feuchte Tücher oder Eis auf den Körper legen, besonders auf die Leistengegend und die Achselhöhlen.

Hitzebläschen kommen in den Tropen häufig vor und werden durch einen Schweißstau unter der Haut verursacht. Die Folge sind kleine juckende Flecken. Sie lassen sich eindämmen, indem man sich aus der Wärme in einen klimatisierten

Raum begibt und kalt duscht. Vor Ort kann man Puder gegen Hitzebläschen kaufen, der ganz gut hilft.

Insektenbisse & -stiche

Wanzen übertragen zwar keine Krankheiten, aber ihre Bisse jucken. Die Tiere leben in den Ritzen von Möbeln und Wänden und wandern nachts in die Betten, um sich an den Schlafenden satt zu essen. Ihre Bisse werden z. B. mit Antihistaminen behandelt.

In ländlichen Gegenden fängt man sich schnell Zecken ein. Sie beißen sich am liebsten hinter den Ohren, am Bauch oder in den Achselhöhlen fest. Wer nach einem Biss Symptome wie Hautausschlag, Fieber oder Gliederschmerzen bemerkt, sollte einen Arzt aufsuchen. Doxycyclin kann durch Zecken übertragene Krankheiten verhindern.

Blutegel leben in feuchten Regenwaldgebieten. Sie übertragen keine Krankheiten, aber ihre Bisse jucken oft noch Wochen später und können sich leicht entzünden. Man sollte nach jedem Blutegelbiss ein Antiseptikum auf Jodbasis auftragen, um Entzündungen zu vermeiden.

Für Allergiker sind Bienen- und Wespenstiche eine ernsthafte Gefahr. Wer eine ausgeprägte Allergie hat, sollte für den Notfall immer eine Adrenalinspritze dabeihaben.

Schlangen

In Südostasien gibt's viele Schlangenarten, sowohl giftige als auch harmlose. Am besten sieht man einfach alle Schlangen als gefährlich an und versucht nie, eine zu fangen. Wer sich in Gegenden aufhält, wo Schlangen leben könnten, sollte knöchelhohe Schuhe und lange Hosen tragen. Als Erste-Hilfe-Maßnahme nach einem Biss bindet man das betroffene Körperteil mit einem elas-

tischen Verband ab. Dabei beginnt man an der Bissstelle und arbeitet sich Richtung Brust vor. Der Verband sollte nicht so fest sein, dass der Blutkreislauf unterbrochen wird, und Finger oder Zehen müssen frei bleiben, damit man den Puls fühlen kann. Keinen Druckverband verwenden und nicht versuchen, das Gift herauszusaugen!

Sonnenbrand

Sogar an bedeckten Tagen kann man sehr schnell einen Sonnenbrand bekommen. Man sollte also eine starke Sonnencreme (mindestens Schutzfaktor 30) verwenden und sich nach dem Schwimmen nochmals eincremen. Draußen trägt man am besten immer einen breitkrempigen Hut und eine Sonnenbrille. In der heißesten Zeit des Tages (zwischen 10 und 14 Uhr) sollte man sich nicht in die Sonne legen. Wer einen Sonnenbrand hat, meidet die Sonne, bis sich die Haut erholt hat.

Frauen & Gesundheit

In den urbanen Gegenden Südostasiens sind Hygieneprodukte leicht erhältlich, aber die Auswahl an Verhütungsmitteln ist gelegentlich begrenzt, deshalb sollte man seinen eigenen Vorrat mitbringen. Hitze, Feuchtigkeit und Antibiotika verursachen Pilzbefall, der mit Antimykotika und Wirkstoffen wie Clotrimazol behandelt wird. Als praktische Alternative gilt Fluconazol (Diflucan) in Tablettenform.

Schwangere sollten sich vor der Reise von einem Spezialisten beraten lassen. Ideal zum Reisen ist das zweite Drittel der Schwangerschaft (zwischen der 16. und 28. Woche). Dann sind die Risiken für Schwangerschaftsprobleme am geringsten und werdende Mütter fühlen sich meist am besten. Man sollte

eine Liste mit allen vertrauenswürdigen medizinischen Einrichtungen vor Ort mit sich führen und darauf achten, dass die ärztliche Betreuung während der Schwangerschaft gewährleistet ist. Vor allem muss man prüfen, ob die Kranken- oder Reisekrankenversicherung sämtliche mit der Schwangerschaft verbundenen Behandlungen deckt, auch bei frühzeitigen Wehen.

Malaria ist für Schwangere eine überaus gefährliche Krankheit. Keines der effektiveren Medikamente kann in der Schwanagerschaft risikofrei eingenommen werden.

Traditionelle Medizin

In ganz Südostasien sind Methoden der traditionellen Medizin weit verbreitet, wobei sie sich stark von der sogenannten „Volksmedizin" unterscheiden. Volkstümliche Heilmittel sollte man meiden, denn sie werden oft von dubiosen Prozeduren begleitet, die zu Komplikationen führen können. Im Vergleich dazu sind traditionelle Heilmethoden wie die der Chinesen sehr angesehen. Sie werden zunehmend von westlichen Medizinern verwendet.

Alle traditionellen medizinischen Heilmethoden in Asien gehen von einer Lebenskraft aus, die im Falle einer Krankheit blockiert oder gestört ist. Kräuter, Massagen und Akupunktur werden angewendet, um diese Lebenskraft zurück ins Gleichgewicht zu bringen oder um das Gleichgewicht zu erhalten. Traditionelle Heilmethoden eignen sich besonders gut für die Behandlung chronischer Krankheiten wie ständige Müdigkeit, Arthritis, Reizdarm und einiger chronischer Hautkrankheiten. Bei ernsthaften akuten Infektionen wie Malaria sollte man traditionelle Medizin vermeiden.

Sprache

Offizielle Sprache in Laos ist der in Vientiane gesprochene und geschriebene Dialekt. Er dient als Verkehrssprache zwischen den Lao-Stämmen und allen anderen ethnischen Gruppen des Landes.

Viele identische Silben werden nur durch die Betonung unterschieden. Der Dialekt in Vientiane hat sechs Töne. Drei davon sind Tonhöhen (tief, mittel und hoch), die anderen drei Veränderungen der Tonlage (steigend, hoch fallend und tief fallend). Alle sechs Variationen basieren auf dem natürlichen Stimmumfang des Sprechers, eine Tonlage kann sich also von Person zu Person unterscheiden.

➡ **tiefer Ton** – im untersten Bereich der Tonlage; gewöhnlich gleichmäßig und flach wie bei dẹe (gut) ausgesprochen

➡ **mittlerer Ton** – flach wie der tiefe Ton, aber etwa in der Mitte des Stimmumfangs gesprochen; ein Tonzeichen wird nicht benutzt; Beispiel: het (tun).

➡ **hoher Ton** – wieder flach, dieses Mal am oberen Ende des Stimmumfangs wie bei héu·a (Boot)

➡ **steigender Ton** – beginnt etwas unter dem mittleren Ton und steigt bis zum hohen Ton oder darüber hinaus an wie bei sǎhm (drei)

➡ **hoch fallender Ton** – beginnt beim hohen Ton oder höher und fällt auf mittlere Höhe ab; Beispiel: sôw (Morgen).

➡ **tief fallender Ton** – beginnt etwa auf der mittleren Tonhöhe und fällt auf die Ebene des tiefen Tons ab, z. B. kòw (Reis)

NOCH MEHR LAOTISCH?

Wer sich intensiver mit der Sprache beschäftigen möchte, legt sich am besten das englischsprachige *Lao Phrasebook* von Lonely Planet zu. Es ist unter **www. shop.lonelyplanet.com** erhältlich.

Es gibt keine offizielle Methode, um die laotische Sprache zu transkribieren, obwohl im öffentlichen und im privaten Sektor ein international leichter erkennbares System angestrebt wird – analog zum Königlich-Thailändischen Umschriftsystem (auf Englisch „Royal Thai General Transcription", kurz „RTGS"): Thailändisch und Laotisch ähneln sich nämlich sehr in Schrift und Klang.

In diesem Buch verwenden wir unser eigenes Transliterationssystem. Wer die blaue Aussprachehilfe liest, als hätte er einen englischen Text vor sich, sollte keine Probleme bei der Verständigung haben. Bindestriche zeigen Silbentrennungen an, etwa bei àng-gít (Englisch). Einige Silben werden auch durch Punkte getrennt, wenn Vokale deutlich getrennt voneinander ausgesprochen werden müssen wie bei kǐe·an (schreiben).

Vokale werden folgendermaßen ausgesprochen: i wie in „mit"; ii wie in „Lied"; ai wie in „Hai"; aa wie in „Vater"; e wie das „e" in „rennen"; ae wie in „Bären"; air wie in „Flair"; er wie in „fördern"; oe wie in „Flöte"; u wie in „Butter"; uu wie in „Mut"; ao wie in „Pfau"; aw wie in „Genre"; o wie in „Sonne"; oh wie in „Zoo"; ii·a wie im englischen Namen „Ian"; u·a wie in „Tour"; i·u wie das „ju" in „Jubel"; und awy wie in „Heu".

Die meisten Konsonanten ähneln ihren englischen Gegenstücken. Ausnahmen sind ḍ (ein hartes „t", ein bisschen wie „dt") und ḅ (ein hartes „p", ein bisschen wie „bp").

GRUNDLAGEN

Guten Tag.	ສະບາຍດີ	sábại-dèe
Auf Wiedersehen.	ສະບາຍດີ	sábại-dèe
Entschuldigung.	ຂໍໂທດ	kŏr tôht
Tut mir leid.	ຂໍໂທດ	kŏr tôht
Bitte.	ກະລຸນາ	ga-lú-náh
Danke	ຂອບໃຈ	kòrp jại
Ja./Nein.	ແມນ/ບໍ່	maan/bor

Wie geht's?
ສະບາຍດີບໍ່   sábại-děe bor

Gut, und Ihnen/dir?
ສະບາຍດີ ເຈົ້າເດ່   sábại-děe jôw dâir

Wie heißen Sie/heißt du?
ເຈົ້າຊື່ຫຍັງ   jôw seu nyăng

Ich heiße ...
ຂ້ອຍຊື່ ...   kòy seu ...

Sprechen Sie/Sprichst du Englisch?
ເຈົ້າປາກ   jôw bàhk
ພາສາອັງກິດໄດ້ບໍ່   páh-săh ạng-kít dâi bor

Ich verstehe nicht.
ບໍ່ເຂົ້າໃຈ   bor kòw jại

ESSEN & TRINKEN

Was haben Sie für Spezialitäten?
ມີຫຍັງພິເສດບໍ່   mée nyăng pi-sèt bor

Ich würde das gern probieren.
ຂ້ອຍຢາກລອງກິນເບິ່ງ   kòy yàhk lórng gịn berng

Ich esse nur Gemüse.
ຂ້ອຍກິນແຕ່ຜັກ   kòy gịn đaa pák

Ich mag es (nicht) scharf und würzig.
(ບໍ່) ມັກເຜັດ   (bor) mak pét

Das habe ich nicht bestellt.
ຂ້ອຍບໍ່ໄດ້ສັ່ງແນວນີ້   kòy bor dâi sang náa·ou nêe

Bitte bringen Sie die Rechnung.
ຂໍແຊັກແດ່   kŏr saak daa

Grundwortschatz

Flasche	ແກ້ວ	kâa·ou
Gabel	ສ້ອມ	sôrm
Glas	ຈອກ	jòrk
Löffel	ບ່ວງ	boo·ang
Messer	ມິດ	mêet
Schüssel	ຖ້ວຍ	tòo·ay
Speisekarte	ລາຍການ	lái-gahn
	ອາຫານ	ạh-hăhn
Stäbchen	ໄມ້ທູ່	mâi too
Teller	ຈານ	jạhn

Fisch & Fleisch

Fisch	ປາ	bạh
Hühnchen	ໄກ່	kai
Krebs	ປູ	bọo
Meeresfrüchte	ອາຫານທະເລ	ạh-hăhn ta-láir
Rind	ຊີ້ນງົວ	sèen ngóo·a

Schwein	ຊີ້ນໝູ	sèen mŏo
Shrimp/ Garnele	ກຸ້ງ	gûng

Obst & Gemüse

Ananas	ໝາກນັດ	màhk nat
Aubergine	ໝາກເຂືອ	màhk kĕua
Banane	ໝາກກ້ວຍ	màhk gôo·ay
Blumenkohl	ກະລ່ຳປີດອກ	gá-lam bẹe dòrk
Bohnen	ຖົ່ວ	too·a
Erdnüsse	ໝາກຖົ່ວດິນ	màhk too·a dịn
Frühlings- zwiebel	ຕົ້ນຜັກບົ່ວ	đôn pák boo·a
Gemüse	ຜັກ	pak
grüne Bohnen	ຖົ່ວຍາວ	too·a nyów
Guave	ໝາກສິດາ	màhk sĕe-đạh
Gurke	ໝາກແຕງ	màhk đaang
Jackfrucht	ໝາກມີ້	màhk mêe
Kartoffel	ມັນຝລັ່ງ	mán fa-lang
Knoblauch	ຫົວຜັກທຽມ	hŏo·a pák tée·am
Kohl	ກະລ່ຳປີ	gá-lam bẹe
Kokosnuss	ໝາກພ້າວ	màhk pôw
Kopfsalat	ຜັກສະລັດ	pák sá-lat
Limette	ໝາກນາວ	màhk nów
Litschi	ໝາກລິ້ນຈີ່	màhk lîn-jee
Longan	ໝາກລຳໄຍ	màhk nyám nyái
Mandarine	ໝາກກ້ຽງ	màhk gêe·ang
Mango	ໝາກມ່ວງ	màhk moo·ang
Papaya	ໝາກຫຸ່ງ	màhk hung
Rambutan	ໝາກເງາະ	màhk ngo
Sojasprossen	ຖົ່ວງອກ	too·a ngôrk
Tomate	ໝາກເລັ່ນ	màhk len
Wassermelone	ໝາກໂມ	màhk móh
Zuckerrohr	ອ້ອຍ	ôy
Zwiebel (Knolle)	ຫົວຜັກບົ່ວ	hŏo·a pák boo·a

Weitere Begriffe

Brot	ເຂົ້າຈີ່	kòw jẹe
Butter	ເບີ	bẹr
Chili	ໝາກເຜັດ	màhk pét
Ei	ໄຂ່	kai
Eis	ນ້ຳກ້ອນ	nâm gôrn

Fischsoße	ນ້ຳປາ	nâm bah
Reis	ເຂົ້າ	kòw
Salz	ເກືອ	geua
Sojasoße	ນ້ຳສະອີ້ວ	nâm sá-éw
Zucker	ນ້ຳຕານ	nâm-đahn

Getränke

Bier	ເບຍ	bee·a
Bier vom Fass	ເບຍສົດ	bee·a sót
Joghurt	ນົມສົ້ມ	nóm sòm
Kaffee	ກາແຟ	gah-fáir
Milch	ນ້ຳນົມ	nâm nóm
Orangensaft	ນ້ຳໝາກກ້ຽງ	nâm màhk gêe·ang
Reiswhisky	ເຫຼົ້າລາວ	lòw-lów
Sodawasser	ນ້ຳໂສດາ	nâm sǒh-đah
Tee	ຊາ	sáh
Trinkwasser	ນ້ຳດື່ມ	nâm deum

NOTFALL

Hilfe!	ຊ່ອຍແດ່	soo·ay daa
Gehen Sie weg!	ໄປເດີ້	bai dêr

Rufen Sie einen Arzt!
ຊ່ອຍຕາມຫາໝໍ
ໃຫ້ແດ່ — soo·ay đahm hǎh mǒr hài daa

Rufen Sie die Polizei!
ຊ່ອຍເອີ້ນຕຳລວດແດ່ — soo·ay êrn đam-lòo·at daa

Wo sind die Toiletten?
ຫ້ອງນ້ຳຢູ່ໃສ — hòrng nâm yoo sǎi

Ich habe mich verlaufen.
ຂ້ອຍຫຼົງທາງ — kòy lǒng táhng

Mir geht's nicht gut.
ຂ້ອຍບໍ່ສະບາຍ — kòy bor sá-bai

SHOPPEN & SERVICE

Ich suche ...
ຂ້ອຍຊອກຫາ ... — kòy sòrk hǎh ...

Wie viel kostet ...?
... ເທົ່າໃດ — ... tow dại

Das ist sehr teuer.
ລາຄາແພງຫຼາຍ — láh-káh páang lǎi

Ich möchte Geld wechseln.
ຂ້ອຍຢາກປ່ຽນເງິນ — kòy yàhk bee·an ngérn

Apotheke	ຮ້ານຂາຍຢາ	hâhn kǎi yah
Bank	ທະນາຄານ	ta-náh-káhn
Buchladen	ຮ້ານຂາຍປຶ້ມ	hâhn kǎi beum
Post	ໄປສະນີ (ໂຮງສາຍ)	bai-sá-née (hóhng sǎi)

UHRZEIT & DATUM

Wie viel Uhr ist es?
ເວລາຈັກໂມງ — wáir-láh ják móhng

heute Morgen	ເຊົ້ານີ້	sôw nêe
heute Nach-mittag	ບ່າຍນີ້	bai nêe
heute Abend	ຄືນນີ້	kéun nêe
gestern	ມື້ວານນີ້	mêu wáhn nêe
heute	ມື້ນີ້	mêu nêe
morgen	ມື້ອື່ນ	mêu eun

Montag	ວັນຈັນ	wán jan
Dienstag	ວັນອັງຄານ	wán ang-káhn
Mittwoch	ວັນພຸດ	wán put
Donnerstag	ວັນພະຫັດ	wán pa-hát
Freitag	ວັນສຸກ	wán súk
Samstag	ວັນເສົາ	wán sǒw
Sonntag	ວັນອາທິດ	wán ah-tit

UNTERKUNFT

Hotel	ໂຮງແຮມ	hóhng háam
Gästehaus	ທີ່ຮັບແຂກ	hǒr hap káak

Haben Sie ein freies Zimmer?
ມີຫ້ອງບໍ່ — mée hòrng bor

Einzelzimmer
ຫ້ອງນອນຕຽງດຽວ — hòrng nórn đěe·ang dee·o

Doppelzimmer
ຫ້ອງນອນຕຽງຄູ່ — hòrng nórn đěe·ang koo

Wie viel kostet es ...? — ... ເທົ່າໃດ — ... tow dại

pro Nacht	ຄືນລະ	kéun-la
pro Woche	ອາທິດລະ	ah-tit-la

Badezimmer	ຫ້ອງນ້ຳ	hòrng nâm
Klimaanlage	ແອເຢັນ	aa yen
Ventilator	ພັດລົມ	pat lóm
Warmwasser	ນ້ຳຮ້ອນ	nâm hôrn

VERKEHRSMITTEL & -WEGE

Boot	ເຮືອ	héu·a
Bus	ລົດເມ	lot máir
Flugzeug	ເຮືອບິນ	héu·a bïn
Minivan	ລົດຕູ້	lot đôo

Flughafen
ສະໜາມບິນ · sá-nǎhm bïn

Busbahnhof
ສະຖານີລົດປະຈຳທາງ · sa-tǎh-nee lot bá-jam táhng

Bushaltestelle
ບ່ອນຈອດລົດປະຈຳທາງ · born jòrt lot bá-jam táhng

Taxistand
ບ່ອນຈອດລົດແທກຊີ · born jòrt lot taak-sêe

Ich möchte nach ...
ຂ້ອຍຢາກໄປ ... · kòy yàhk ɓai ...

Ich hätte gern eine Fahrkarte.
ຂ້ອຍຢາກໄດ້ປີ້ · kòy yàhk dâi ɓêe

Wo können wir an Bord gehen?
ລົງເຮືອຢູ່ໃສ · lóng héu·a yoo sǎi

Wann fährt der/die/das ... ab?
... ຈະອອກຈັກໂມງ · já òrk ják móhng

Wann kommt er/sie/es hier an?
ຈະໄປຮອດພຸ້ນຈັກໂມງ · já ɓai hôrt pûn ják móhng

Darf ich hier sitzen?
ນັ່ງບ່ອນນີ້ໄດ້ບໍ່ · nang born nêe dâi bor

Bitte sagen Sie mir Bescheid, wenn wir in ... ankommen.
ເວລາຮອດ ... · wáir-láh hôrt ...
ບອກຂ້ອຍແດ່ · bòrk kòy daa

Halten Sie hier an.
ຈອດຢູ່ນີ້ · jòrt yoo nêe

Ich möchte gern ein ... mieten.
ຂ້ອຍຢາກເຊົ່າ ... · kòy yàhk sôw ...

Auto	ລົດ(ໂອໂຕ)	lot (ōh-đōh)
Fahrrad	ລົດຖີບ	lot tèep
Fahrradriksha	ສາມລໍ້	sǎhm-lôr
Motorrad	ລົດຈັກ	lot ják
Taxi	ລົດແທກຊີ	lot tâak-sée
Transporter	ສອງແຖວ	sǒrng-tǎa·ou
tuk-tuk	ຕຸ໊ກ ຕຸ໊ກ	đúk-đúk

Zahlen

1	ໜຶ່ງ	neung
2	ສອງ	sǒrng
3	ສາມ	sǎhm
4	ສີ່	see
5	ຫ້າ	hàh
6	ຫກ	hók
7	ເຈັດ	jét
8	ແປດ	ɓàat
9	ເກົ້າ	gôw
10	ສິບ	síp
11	ສິບເອັດ	síp-ét
12	ສິບສອງ	síp-sǒrng
20	ຊາວ	sów
21	ຊາວເອັດ	sów-ét
22	ຊາວສອງ	sów-sǒrng
30	ສາມສິບ	sǎhm-síp
40	ສີ່ສິບ	see-síp
50	ຫ້າສິບ	hàh-síp
60	ຫກສິບ	hók-síp
70	ເຈັດສິບ	jét-síp
80	ແປດສິບ	ɓàat-síp
90	ເກົ້າສິບ	gôw-síp
100	ຮ້ອຍ	hôy
200	ສອງຮ້ອຍ	sǒrng hôy
1000	ພັນ	pán
10 000	ໝື່ນ(ສິບພັນ)	meun (síp-pán)
100 000	ແສນ(ຮ້ອຍພັນ)	sǎan (hôy pán)
1 000 000	ລ້ານ	lâhn

WEGWEISER

Wo ist der/die/das ...?
... ຢູ່ໃສ · ... yòo sǎi

Welcher/e/s (Straße) ist das?
ບອນນີ້ (ຖນົນ) ຫຍັງ · born nêe (ta-nǒn) nyǎng

Wie weit?
ໄກເທົ່າໃດ · kai tow dai

Biegen Sie links/rechts ab.
ລ້ຽວຊ້າຍ/ຂວາ · lêe·o sâi/kwǎh

geradeaus
ໄປຊື່ໆ · ɓai seu-seu

GLOSSAR

aahaan – Essen

Anatta – buddhistische Lehre vom Nichtvorhandensein bzw. von der Nichtwesentlichkeit der Wirklichkeit; das bedeutet es gibt kein unveränderliches „Selbst"

Anicca – buddhistische Lehre der Unbeständigkeit, der Vergänglichkeit alles Seienden

ASEAN – Association of South East Asian Nations (Verband Südostasiatischer Nationen)

bâhn – allgemeines laotisches Wort für Haus oder Dorf; auf den Karten „Ban" geschrieben

baasii/bahsëe – manchmal auch *basi* oder *baci* geschrieben; eine Zeremonie, in der die 32 *kwăn* (Schutzgeister) für Gesundheit und Sicherheit symbolisch an die Teilnehmer gebunden werden

Baht – *(bàht)* thailändische Währungseinheit, die auch in Laos im Umlauf ist; außerdem eine laotische Maßeinheit, die 15 g entspricht

BCEL – Banque pour le Commerce Extérieur Lao (Laotische Bank für den Außenhandel)

beea – Bier; *beea sót* ist Bier vom Fass

bun – gesprochen *bun*, oft *boun* geschrieben; ein Fest; auch geistiger „Verdienst", den man durch gute Taten oder Religionsausübung erwirbt

corvée – unbezahlte Zwangsarbeit

dàht – Wasserfall; auch *nâm tók;* auf den Karten Tad geschrieben

dalàht – Markt; *talàat săo* ist der Morgenmarkt; *talàat mèut* ist der freie Markt oder „Schwarzmarkt"; auf den Karten Talat geschrieben

Don – *dawn* ausgesprochen; Insel

Dukkha – buddhistische Lehre des Leidens, des Unbefriedigtseins, der Unzulänglichkeit

falang – von laotisch *falang-sèht*, „Franzose"; ein Ausländer aus dem Westen

fër – Reisnudeln; eines der häufigsten Gerichte in Laos

häi – Gefäß

héua – Boot

héua hăhng nyáo – Langboot

héua pái – Ruderboot

héua wái – Speedboot

Homestay – einfache Unterkunft bei einer einheimischen Familie in einem Dorf oder in einer kleinen Ortschaft

hŏr đại – Klostergebäude zur Aufbewahrung der Tripitaka (buddhistische heilige Schrift)

hùay – Fluss; auf Landkarten *huay* geschrieben

Jataka – (Pali-Sanskrit) mythologische Geschichten über die früheren Leben Buddhas; auf Laotisch *sáa-dók* genannt

jeen hór – laotische Bezeichnung für die muslimischen Yunnanesen, die in Nordlaos leben

jehdii – buddhistische Stupa; auch Chedi geschrieben

jumbo – motorisiertes Dreiradtaxi, manchmal auch *tuk-tuk* genannt

kàan – Blasinstrument aus einer Doppelreihe bambusartiger Röhren, die in einen Klangkörper aus Hartholz eingesetzt werden und mit Bienenwachs abgedichtet sind

kanŏm – Gebäck oder Süßigkeit

kip – gesprochen gèep; laotische Währungseinheit

kòw – Reis

kòw jee – Brot

kòw nĕeo – Klebreis; Grundnahrungsmittel der Laoten

kóo-bah – buddhistischer Mönch in Laos

kwăn – Schutzgeister

láhp – scharfer laotischer Salat mit gehacktem Fleisch, Geflügel oder Fisch

lák méuang – Stadtsäule

lám wóng – „Kreistanz", der traditionelle Volkstanz der Laoten; in Discos ebenso üblich wie auf Festivals

Lao Issara – laotische Widerstandsbewegung gegen die Franzosen in den 1940er-Jahren

lòw-lów – destilliertes Reisgetränk, Reiswhisky

Lao Loum – „Tieflandlaoten"; ethnische Gruppen, die zur Lao-Tai-Diaspora gehören

Lao Soung – „Berglaoten"; Bergvölker, die in größeren Höhen leben, darunter Hmong und Mien; auch Lao Sung geschrieben

Lao Thoeng – „ Hochlandlaoten"; eine lose Gruppierung von Mon-Khmer-Völkern, die auf den mittleren Höhen der Berghänge leben

Lingam – Säule oder Phallussymbol für Shiva; üblicherweise in Tempeln der Khmer zu finden

LNTA – Lao National Tourism Administration (Nationale Touristenverwaltung von Laos)

LPF – Laotische Patriotische Front

LRVP – Laotische Revolutionäre Volkspartei

maa nâm – wörtlich: Wassermutter; Fluss; in Flussnamen gewöhnlich abgekürzt mit *nâm* wie in Nam Khong (Mekong)

meuang – *méuang* ausgesprochen; Bezirk oder Stadt; in früheren Zeiten ein Stadtstaat; auf den Karten oft „Muang" geschrieben

moo bâhn – Dorf

móoan – Spaß, den man nach Meinung der Laoten bei allem, was man tut, haben sollte

mŏr lám – laotisches traditionelles Volksmusiktheater; übersetzt etwa „Meister der Lyrik"

Muang – siehe *meuang*

naga – *nâa-kha* auf Laotisch; mythische Wasserschlange, häufig in Legenden und Kunst der Lao-Tai

náhng sée – buddhistische Nonnen

náirn – buddhistischer Novize; auch als *samanera* bezeichnet

nâm – Wasser; bedeutet auch „Fluss", „Saft" bzw. „Soße" oder bezieht sich auf etwas mit einer wässrigen Konsistenz

nibbana – „Erlöschen"; Nirwana; das Verlöschen mentaler Verunreinigungen; letztendliches Ziel des Theravada-Buddhismus

NPA – National Protected Area (Nationales Schutzgebiet); so werden in Laos 20 Gebiete mit wild lebenden Tieren bezeichnet

NRO – Nichtregierungsorganisation, typischerweise im Bereich der Entwicklungshilfe

NVA – Nordvietnamesische Armee

ʼbąh – Fisch

ʼbąh dàak – fermentierte Fischsoße; eine häufige Beilage zu laotischen Speisen

pa – heiliges Bildnis, gewöhnlich bezogen auf einen Buddha; anbetungswürdig

pàh – Stoff

pàh bęeang – von Männern getragenes Schultertuch

pàh nung – Sarong, wird von fast allen laotischen Frauen getragen

pàh salóng – von Männern getragener Sarong

Pathet Lao – wörtlich „Land Laos"; sowohl ein allgemeiner Ausdruck für das Land als auch eine journalistische Bezeichnung für den militärischen Arm der frühen Laotischen Patriotischen Front (ein anderer Name der Laotischen Revolutionären Volkspartei); oft abgekürzt mit „PL"

Pha Lak Pha Lam – laotische Version des indischen Nationalepos *Ramayana*

phúu – Hügel oder Berg; oft *phou* oder *phu* geschrieben

sähláh lóng tám – *sala* (Halle), in der Mönche und Laien die buddhistischen Lehren hören

sähm-lór – dreirädrige Fahrradrikscha

sakai-làap – alternativer Name für Jumbos in Südlaos wegen der Ähnlichkeit mit einer Weltraumkapsel (Skylab)

sala – ausgesprochen *săa-láa*; offener Unterstand; Halle oder Pavillon

samana – *săamanáa* ausgesprochen; „Seminar"; eine beschönigende Bezeichnung für Arbeits- und Erziehungslager, die nach der Revolution von 1975 eingeführt wurden

samanera – buddhistischer Novize; auch als *náirn* bezeichnet

sĕe – heilig; auch *si* geschrieben

Shophouse – zweistöckiges Gebäude mit einem Geschäft im Erdgeschoss und einer darüber gelegenen Wohnung

sĭm – Versammlungshalle in einem buddhistischen laotischen Kloster; benannt nach der *sima* (*siimáa* ausgesprochen), heiligen Steintafeln zur Abgrenzung der diesem Zweck gewidmeten Anlagen

soi – Gasse

sörngtăaou – wörtlich zwei Reihen; umgebaute Pick-ups oder Trucks mit Bänken auf beiden Seiten

taak-sée – Taxi

tanŏn – Straße/Weg; auf den Karten oft Thanon geschrieben; abgekürzt „Th"

tâht – buddhistischer Stupa oder ein Reliquienschrein; auf den Karten That geschrieben

tuk-tuk – siehe Jumbo

UXO – *unexploded ordnance* (Blindgänger, nicht explodierte Munition)

Vietminh – vietnamesische Streitkräfte, die für die Unabhängigkeit Indochinas von den Franzosen kämpften

Vipassana – Erkenntnismeditation

Wat – buddhistische Tempelund Klosteranlage in Laos

wihähn – (*vihara* in Pali-Sanskrit) Tempelhalle

xe – auch *se* geschrieben; südlaotischer Ausdruck für Fluss; Xe Don heißt also Don-Fluss, Pakxe bedeutet *pàak* (Mund) des Flusses

Hinter den Kulissen

WIR FREUEN UNS ÜBER EIN FEEDBACK

Post von Travellern zu bekommen ist für uns ungemein hilfreich – Kritik und Anregungen halten uns auf dem Laufenden und helfen, unsere Bücher zu verbessern. Unser reiseerfahrenes Team liest alle Zuschriften genau durch, um zu erfahren, was an unseren Reiseführern gut und was schlecht ist. Wir können solche Post zwar nicht individuell beantworten, aber jedes Feedback wird garantiert schnurstracks an die jeweiligen Autoren weitergeleitet, rechtzeitig vor der nächsten Nachauflage.

Wer Ideen, Erfahrungen und Korrekturhinweise zum Reiseführer mitteilen möchte, hat die Möglichkeit dazu auf **www.lonelyplanet.com/contact/guidebook_feedback/new**. Anmerkungen speziell zur deutschen Ausgabe erreichen uns über **www.lonelyplanet.de/kontakt**

Hinweis: Da wir Beiträge möglicherweise in Lonely Planet Produkten (Reiseführer, Websites, digitale Medien) veröffentlichen, ggf. auch in gekürzter Form, bitten wir um Mitteilung, falls ein Kommentar nicht veröffentlicht oder ein Name nicht genannt werden soll. Wer Näheres über unsere Datenschutzpolitik wissen will, erfährt das unter www.lonelyplanet.com/privacy.

UNSERE LESER

Vielen Dank an folgende Traveller, die uns nach der letzten Auflage hilfreiche Tipps, Ratschläge und spannende Anekdoten geschickt haben:

Adrien Be, Aileen Gerloff, Alex Vrees, Allan Wood, Amy Larkins, Faith Kramer, Friederike Haberstroh, George Crook, Goedele Dupont, Hans Ohrt, Julia Henke, Katherine Shea, Lewis Levine, Lotte Clemminck, Madeline Oliver, Marie-Aline de Lavau, Marjolaine & Hanael Sfez, Mark Fisher, Max Pit, Montserrat Aguilera, Philip Worrall, Pieter Verckist, Tessa Godfrey, Thomas Wiser, Tim Greene, Torben Retboll, Werner Bruyninx, William Murray-Smith, Yvonne Wei

DANK DER AUTOREN

Tim Bewer

Ein herzliches *kòrp jài* an alle, die mir meine ständigen Fragen beantwortet oder mir auf andere Art und Weise bei diesem Update geholfen haben. Ganz besonders danke ich Nicolas Papon-Phalaphanh, Latanakone Keokhamphoui, Yves Verlaine, Khun Buasone und Prapaporn Sompakdee. Wie immer war es eine Freude, mit Laura, Nick, Rich und dem Rest des Teams von Lonely Planet zusammenzuarbeiten. Und zu guter Letzt möchte ich noch meiner Frau danken, die mir bei der Arbeit an diesem Buch geholfen hat – und noch bei so viel mehr.

Nick Ray

Ich bedanke mich ganz herzlich bei den Bürgern von Laos, deren Wärme und Humor, Gelassenheit und Temperament es zu einem Ort machen, der gleichzeitig Freude und Demut lehrt. Mein größter Dank gilt meiner Frau Kulikar Sotho, ohne deren Unterstützung und Ermutigung diese Unternehmungen nicht möglich wären, und unsern Kindern Julian und Belle, die mitgemacht haben bei einem Familienabenteuer in Vang Vieng.

Außerdem danke ich allen Mitreisenden, Anwohnern, Freunden und Kontakten in Laos, die zu meinen Kenntnissen und Erfahrungen von Laos beigetragen haben, und meinen Mitautoren, die sich alle besonders ins Zeug gelegt haben, damit diese neue Auflage richtig gut wird.

Zu guter Letzt gilt mein Dank dem Team von Lonely Planet, das an diesem Band mitgearbeitet hat. Wir Autoren sind den Lesern vielleicht bekannt, aber hinter den Kulissen passiert unheimlich viel, ohne das dies kein lesenswertes Buch wäre. Deswegen vielen Dank an euch alle für eure harte Arbeit.

Richard Waters

Mein ganz besonderer Dank gilt Elizabeth Vongsa, Adri Berger, Ivan Schulte, Harp, Saly Phimpinith, Dennis Ulstrup, Annabel und Josef, Agnes, Herrn Vongdavone und Marco. Außerdem danke ich wie immer meiner Familie, den

Menschen von Laos, von denen ich bei jedem Besuch wieder etwas lerne. Und zu guter Letzt mein besonderer Dank an Laura Crawford, die mich als Verantwortliche Redakteurin schon so lange erträgt und gelassen bleibt, auch wenn mein Technikverständnis immer noch nicht im 21. Jahrhundert angekommen ist.

QUELLENANGABEN

Klimakartendaten aus Peel MC, Finlayson BL & McMahon TA (2007) 'Updated World Map of the Köppen-Geiger Climate Classification', Hydrology and Earth System Sciences, 11, 163344.

Umschlagfoto: Mönche am Wat In Paeng, Vientiane, Travel Pix Collection/AWL©

HINTER DEN KULISSEN

DIESES BUCH

Dies ist die 4. deutsche Auflage von *Laos*, basierend auf der mittlerweile 9. englischen Auflage. Verfasst wurde sie von Tim Bewer, Nick Ray und Richard Waters, unter der Leitung von Kate Morgan. Die vorherige Ausgabe stammt von Nick Ray, Greg Bloom und Richard Waters. Produziert wurde dieser Reiseführer von den folgenden Personen:

Verantwortliche Redakteurin Laura Crawford

Leitende Redakteurin Jenna Myers

Buchdesign Mazzy Prinsep

Redaktionsassistenz Nigel Chin, Victoria Harrison, Gabrielle Innes, Lauren O'Connell, Charlotte Orr

Kartografie Michael Garrett, Diana Von Holdt

Umschlagrecherche Naomi Parker

Dank an Bruce Evans, Jane Grisman, Liz Heynes, Catherine Naghten, Anthony Phelan, Martine Power, Vicky Smith, Professor Martin Stuart-Fox

Register

Kartenlegende

Sehenswertes

- Strand
- Vogelschutzgebiet
- Buddhistisch
- Burg/Festung
- Christlich
- Konfuzianisch
- Hinduistisch
- Islamisch
- Jainistisch
- Jüdisch
- Denkmal
- Museum/Galerie/ Historisches Gebäude
- Ruine
- Sento/Onsen
- Shintoistisch
- Sikhistisch
- Taoistisch
- Weingut/Weinberg
- Zoo/Tierschutzgebiet
- Andere Sehenswürdigkeit

Aktivitäten, Kurse & Touren

- Bodysurfen
- Tauchen
- Kanu-/Kajakfahren
- Kurs/Tour
- Skifahren
- Schnorcheln
- Surfen
- Schwimmen/Pool
- Wandern
- Windsurfen
- Andere Aktivität

Schlafen

- Hotel/Pension
- Campingplatz

Essen

- Restaurant

Ausgehen & Nachtleben

- Bar/Kneipe/Club
- Café

Unterhaltung

- Theater/Kino/Oper

Shoppen

- Geschäft/Einkaufszentrum

Praktisches

- Bank
- Botschaft/Konsulat
- Krankenhaus/Arzt
- Internet
- Polizei
- Post
- Telefon
- Toilette
- Touristeninformation
- Noch mehr Praktisches

Landschaften

- Strand
- Hütte/Unterstand
- Leuchtturm
- Aussichtspunkt
- Berg/Vulkan
- Oase
- Park
- Pass
- Rastplatz
- Wasserfall

Städte

- Hauptstadt
- Landeshauptstadt
- Stadt/Großstadt
- Ort/Dorf

Transport

- Flughafen
- Grenzübergang
- Bus
- Seilbahn/Standseilbahn
- Fahrradweg
- Fähre
- Metro/MRT-Bahnhof
- Einschienenbahn
- Parkplatz
- Tankstelle
- Skytrain-/S-Bahn-Station
- Taxi
- Bahnhof/Eisenbahn
- Straßenbahn
- U-Bahn-Station
- Anderes Verkehrsmittel

Hinweis: Nicht alle Symbole kommen in den Karten dieses Reiseführers vor.

Verkehrswege

- Mautstraße
- Autobahn
- Hauptstraße
- Landstraße
- Verbindungsstraße
- Sonstige Straße
- Unbefestigte Straße
- Straße im Bau
- Platz/Fußgängerzone
- Stufen
- Tunnel
- Fußgängerbrücke
- Spaziergang/Wanderung
- Wanderung mit Abstecher
- Pfad/Wanderweg

Grenzen

- Staatsgrenze
- Bundesstaaten-/Provinzgrenze
- Umstrittene Grenze
- Regionale Grenze/Vorortgrenze
- Meeresschutzgebiet
- Klippen
- Mauer

Gewässer

- Fluss/Bach
- Periodischer Fluss
- Kanal
- Gewässer
- Trocken-/Salz-/ Periodischer See
- Riff

Gebietsformen

- Flughafen/Start- & Landebahn
- Strand/Wüste
- Christlicher Friedhof
- Sonstiger Friedhof
- Gletscher
- Watt
- Park/Wald
- Sehenswertes Gebäude
- Sportanlage
- Sumpf/Mangroven

UNSERE AUTOREN

Kate Morgan

Kate arbeitet schon seit über zehn Jahren für Lonely Planet und hat in der Zeit als Reiseschrifstellerin schon zahlreiche Ziele besucht – darunter Shanghai, Japan, Indien, Simbabwe, die Philippinen und Phuket. Sie hat schon in London, Paris und Osaka gelebt, aber inzwischen ist sie an einem ihrer liebsten Plätze in der ganzen Welt heimisch geworden – Victoria, Australien. Wenn sie nicht durch die Welt reist und darüber schreibt, ist Kate daheim als freiberufliche Redakteurin tätig.

Tim Bewer

Südlaos

Nach dem Studium arbeitete Tim zunächst als Parlamentarischer Assistent, bevor er das Leben in der Hauptstadt aufgab, um als Packpacker durch Westafrika zu reisen. Während dieses Trips beschloss er, Reiseautor und -fotograf zu werden, und hat seitdem über 80 Länder bereist, darunter einen Großteil Südostasiens. Nach Laos kam er zum ersten Mal 1997, noch bevor der Highway von Vientiane in den Süden gepflastert war, und ist seitdem fast ein Dutzend Mal zurückgekehrt. Er lebt in Khon Kaen, Thailand.

Nick Ray

Vientiane, Vang Vieng & Umgebung, Zentrallaos

Nick ist in gewisser Weise Londoner, stammt aber aus Waterford – einer Stadt, die bei jedem unweigerlich die Reiselust weckt. Er lebt derzeit in Phnom Penh und hat bereits für zahlreiche Lonley Planet Bände, darunter *Kambodscha*, *Vietnam* und *Südostasien für wenig Geld* verfasst. Wenn er nicht gerade schreibt, treibt er sich oft in entlegenen Ecken der Region herum, wo er als Locationscout und Aufnahmeleiter für Film- und Fernsehproduktionen von *Tomb Raider* bis zu *Top Gear Vietnam* arbeitet. Laos ist einer seiner liebsten Länder auf der Welt und er war begeistert, dass er endlich die Loop fahren und die Höhlen von Thakhek erkunden konnte.

Richard Waters

Luang Prabang & Umgebung, Nordlaos, Natur & Umwelt, Menschen & Kultur

Richard lebt in den Cotswolds, in der Nähe von London und, noch viel wichtiger, nur zwei Stunden von der Brandung von Devon entfernt. In den letzten zwölf Jahren war er für Lonely Planet, *The Daily Telegraph*, *Sunday Times*, *Independent* und viele weitere Auftraggeber als Autor in der Welt unterwegs. Er macht manchmal auch die Fotos für seine Geschichten und ist immer auf der Suche nach Wildtieren und abgelegenen Orten.

DIE LONELY PLANET STORY

Ein uraltes Auto, ein paar Dollar in den Hosentaschen und Abenteuerlust, mehr brauchten Tony und Maureen Wheeler nicht, als sie 1972 zu der Reise ihres Lebens aufbrachen. Diese führte sie quer durch Europa und Asien bis nach Australien. Nach mehreren Monaten kehrten sie zurück – pleite, aber glücklich –, setzten sich an ihren Küchentisch und verfassten ihren ersten Reiseführer *Across Asia on the Cheap*. Binnen einer Woche verkauften sie 1500 Bücher und Lonely Planet war geboren. Heute unterhält der Verlag Büros in Franklin, London, Melbourne, Oakland, Dublin, Peking und Delhi mit über 600 Mitarbeitern und Autoren. Sie alle teilen Tonys Überzeugung, dass ein guter Reiseführer drei Dinge tun sollte: informieren, bilden und unterhalten.

Lonely Planet Global Limited,
Unit E, Digital Court,
The Digital Hub,
Rainsford Street,
Dublin 8,
Ireland

Obwohl die Autoren und Lonely Planet alle Anstrengungen bei der Recherche und bei der Produktion dieses Reiseführers unternommen haben, können wir keine Garantie für die Richtigkeit und Vollständigkeit dieses Inhalts geben. Deswegen können wir auch keine Haftung für eventuell entstandenen Schaden übernehmen.

Verlag der deutschen Ausgabe:
MAIRDUMONT, Marco-Polo-Straße 1, 73760 Ostfildern,
www.lonelyplanet.de, www.mairdumont.com, lonelyplanet-online@mairdumont.com

Chefredakteurin deutsche Ausgabe: Birgit Borowski

Redaktion: Thomas Grimpe, Kai Wieland; Verlagsbüro Wais & Partner, Stuttgart
Mitarbeit: Magdalena Mau
Übersetzung der 4. Auflage: Anne Cappel, Britt Maaß, Claudia Riefert, Petra Sparrer, Katja Weber
(An früheren Auflagen haben zusätzlich mitgewirkt: Julie Bacher, Tobias Büscher, Claudia Mark, Margit Riedmeier, Karin Weidlich)
Technischer Support: Primustype, Notzingen

Laos

4. deutsche Auflage September 2017,
übersetzt von *Laos 9th edition*, Juni 2017
Lonely Planet Global Limited Pty
Deutsche Ausgabe © Lonely Planet Global Limited, September 2017
Fotos © wie angegeben 2017

Printed in Poland

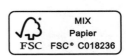

MIX
Papier
FSC FSC® C018236